《中国道教通史》编写组

主　　编：卿希泰　詹石窗

本卷主编：周　冶

本卷撰稿人：（按姓氏笔画为序）

白娴棠　孙瑞雪　张泽洪　张桥贵　张　悦　陈　兵

武清旸　周　冶　卿希泰　盖建民　曾召南

编辑主持：方国根　李之美

本卷责编：李之美

国家出版基金项目
NATIONAL PUBLICATION FOUNDATION

中国道教通史

第三卷

卿希泰　詹石窗　主编

人民出版社

本书系教育部人文社会科学重点研究基地
四川大学道教与宗教文化研究所
重大项目（批准号12JJD730003）成果

主编简介

卿希泰，1927年1月生，2017年2月仙逝。四川三台县人，四川大学文科杰出教授。1951年四川大学法律系本科毕业，1954年中国人民大学哲学专业研究生毕业。1959年负责创办四川大学哲学系，任系党总支书记、副系主任；1980年负责创建四川大学宗教学研究所，并任所长、教授、博士生导师。曾任国家社科基金宗教学科规划评审组副组长、首届全国高校哲学学科教学指导委员会委员、中国宗教学会副会长、四川省首批学术和技术带头人、国家“985工程”四川大学宗教与社会研究创新基地首席专家、四川大学学术委员会委员、四川大学宗教学研究所名誉所长等职。卿先生主编的《中国道教史》与《中国道教思想史》成为中国道教研究领域的标志性成果。此外，尚有《中国道教》《道教与中国传统文化》《中外宗教概论》以及《道教文化新探》《刍荛集》《道教文化与现代社会生活》等著作十多种，组织出版《儒释道博士论文丛书》百余种。先后荣获国家级和部省级的优秀科研成果奖13项，其中一等奖6项，二等奖6项。1991年，国务院颁予“在社会科学研究事业做出突出贡献的专家”证书，并被评为四川省优秀教师、四川省优秀博士生导师、成都市劳动模范。

主编简介

詹石窗，1954 年生，福建厦门市人，四川大学文科杰出教授。1982 年获厦门大学哲学学士学位，1986 年获四川大学宗教学研究所哲学硕士学位，1996 年获四川大学宗教学研究所哲学博士学位。曾任福建师范大学易学研究所教授、厦门大学闽江学者特聘教授、厦门大学人文学院副院长、中国国务院参事室“国学馆道家分馆文字总纂”、福建省老子研究会会长。现任四川大学老子研究院院长，四川大学道教与宗教文化研究所教授委员会主席、博士生导师，中国国家社会科学基金学科评审专家，中国老子道学文化研究会副会长等职。先后主持中国国家社会科学基金特别委托重大项目“百年道教研究与创新工程”（首席专家）、中国教育部哲学社会科学重大课题攻关项目“百年道学精华集成”（首席专家）、中国国家社会科学基金重大项目“百年道家与道教研究著作提要集成”（首席专家）等十多个课题。主要著作有《道教文学史》《易学与道教思想关系研究》《中国道教思想史》（副主编）等 30 余部，组织编纂《国学新知文库》等多系列大型学术丛书，在《中国社会科学》《哲学研究》等海内外学术刊物发表学术论文 250 多篇。论著先后获得省部级奖 15 项。其个人专著《道教与女性》《道教文化十五讲》已在国外出版并得到学界高度认可。

凡　例

一、为了保持一贯的体例和风格，本书遵照如下重要原则和要求：

1. 坚持实事求是的历史科学精神，对具体问题进行具体分析。

2. 从内容到结构均须正确反映道教本身发生、发展和演变的客观规律，依据其规律进行道教发展史的科学分期。

3. 坚持史论结合，以史为据，尽量采用第一手原始材料，避免空泛议论。

4. 对历史上的道派、人物和经典以及道教与儒释的关系等，要切实按照它的本来面目去认识和叙述，尽量做到客观、全面地辩证分析和正确评价。

5. 对疑难问题，应本着“百家争鸣”方针，采取商量态度，避免主观武断，强加于人。

6. 尽可能借鉴国内外已有研究成果，避免闭门造车。所依据的材料，必须详细注明出处，以便为读者进一步探讨提供线索。

二、本书凡引《道藏》，均系文物出版社、天津古籍出版社、上海书店1988年版本；《藏外道书》系巴蜀书社1994年影印版。引用时均略去出版年与书版地。

三、本书所引用的《二十五史》，均系中华书局标点本，引用时均略其作者姓名。

四、本书所谓《大正藏》，即日本国大正十三年（1924年）修纂的《大正新修大藏经》，引用时均略去出版年与出版地。

五、本书涉及《四库全书》所收本，均为台湾商务印书馆1986年出版《文渊阁四库全书》本，引用时略去出版年和出版地。

六、凡引用文集已包含作者名者，书前不再出现作者名。

七、凡行文中涉及传统干支纪年者，在其后用括号加上公元年作为说明，如“熹平二年（173 年）”；若属公元前者，在其后加上“前”字，如汉武帝刘彻（前 140—前 87 年在位）。至于人物的生卒年，则在其人名之后加括号说明之，括号内的阿拉伯数字即是其出生或去世之年。

目 录

第八章

道教在金与南宋的发展、改革及道派分化

公元1127年，腐朽的北宋王朝在金兵的铁蹄践踏下宣告灭亡，中国在统一未久后再度出现南北分裂的局面。偏安于淮南半壁河山的南宋小朝廷，始终屈服于北方女真族统治的金国武力压迫之下。激烈的民族斗争和沉重的阶级压迫，给南北方人民带来了深重的苦难。在这一百多年中，南北文化交流基本中断，双方文化在不同的社会环境下发展，表现出不同的特点。尖锐的民族矛盾，造成了汉民族传统的道教生长发展的适宜条件，再加上道教本身发展的大势所趋，使这一时代的道教相当兴盛，新道派纷纷出现，教义教制都表现出崭新的面目，在一定意义上，可以称为道教的又一革新运动。

在北方金国，由于旧道教在战乱中遭到严重破坏，为适应社会的宗教需要，新道派于金初从民间涌现，形成太一教、大道教、全真教三大派，三派新道教具有颇不同于旧道教的特色，表现出茁壮的生命力。尽管金廷采取了严格管理的政策，但新道教在民间仍然发展很快，成为金国道教的主流，出现了道教界前所罕见的兴盛局面，促使金廷予以承认，后来更多利用扶植。

在南宋，统治者吸取徽宗崇道误国的教训，对道教无多崇奉，管理也相当严格。但在民间，道教符箓和内丹术十分盛行，也出现了规模较小的新道派净明道、内丹派南宗、清微派等。各派的教义都表现出某种程度的革新色彩，符箓道法与内丹学大有发展。

金、南宋道教在教义上的共同特点，是承北宋道教文化发展的趋势，内丹说空前盛行，首次形成了专以内丹炼养为主旨的群众性大教团；内丹与符箓的结合，孕生了新的符箓道派，促使符箓道法理论革新，呈现出新的面目。

第一节　金代的社会状况与统治者对宗教的态度

金(1115—1234年)是由兴起于今日中国东北地区的女真族所建立的政权。女真族原属于辽朝的藩属,其首领完颜阿骨打在统一女真诸部后,于1115年在会宁府建都立国,国号大金。金立国后与北宋联手向辽朝宣战,于1125年灭辽。而后与北宋毁约,两次南下中原,最后于1127年灭北宋。后迁都中都,再迁都至汴京。1234年在蒙古与南宋的联合进攻下灭亡,共历十帝,120年。

金朝为女真族所建的新兴王朝,其部落制度的性质浓厚。初期采取贵族合议的勃极烈制度。而后吸取辽朝与宋朝制度,逐渐由二元政治走向单一汉法制度,使金朝的政治机制得以精简和强大。军事方面施行军民合议的猛安谋克制度,其铁骑兵与火器精锐,先后打败许多强国;经济方面大多继承自宋朝,陶瓷业与冶铁业兴盛;对外贸易方面建立榷场,与西夏和南宋进行贸易;文化方面已趋向汉化,金朝中期以后,女真贵族改汉姓、着汉服的现象越来越普遍,朝廷屡禁不止。但是另一方面,金朝统治者占据中原后,疯狂掠夺土地,称作"括田"、"刷田";还以搜检荒田为名,没收民间田地。女真贵族也大肆占领土地,奴役汉人,造成权势之家占田数十顷乃至上百顷,而"小民无田可耕"的局面。金朝政府对各族人民的赋役剥削也十分沉重。汉人所纳的正税为两税,分春秋两季缴纳,皆输粟米。正税之外,还有名目繁多的杂税,如物力钱、军需钱、免役钱、黄河夫钱等。金朝的徭役也很苛重,尤其是兵役,不仅猛安、谋克户要终身当兵,其他民族也大批地被签发入伍,称"签军"。此外还有营建宫室、修城、治河、运输等力役负担。在这样的统治下,各族人民苦难深重,与统治者的冲突加剧,不断爆发反抗金朝统治的斗争。在这样的社会状况下,人们对宗教的需求也是非常急切的。

放眼金朝所处的大环境,是中国历史上政治分裂、政权并存的时期,各种社会矛盾尖锐,其中民族矛盾尤为突出,民族战争也异常频繁。各政权对宗教问题的处理,深受贯穿这一时代始终的民族矛盾的影响。各政权相互对峙,或战或和,诸国又有某些共同的宗教信仰,于是宗教也往往被外交和军事所利用。宗教人士经常因其身份的特殊性而扮演各政权的间谍角色，一旦被敌国发现，反过来也会影响敌国宗教政策的改变，这一现象在金朝屡有发生。如金宣宗兴定二年（1218 年）十月，“尚书省言获奸细判亡，率多僧道”①。虽然各个政权在政治上有对峙，军事上有冲突，但始终无法割断千百年来逐步形成的文化内在联系——宗教，尤其是佛教、道教。它们为各地民众所共同信奉，不但与儒学一道成为这一分裂时期维系中华民族的共同的精神纽带，而且成为各政权赖以巩固统治、安定民心、柔摄异邦、促进大统的重要精神武器。②

在金朝统治者的宗教信仰中，既有女真人的原始宗教——萨满教，又有从中原传入的佛教和道教。为适应多民族统治的需要，金朝统治者对佛教和道教采取兼收并蓄、既限制又利用的政策，在一定程度上曾左右宗教的发展，使其为女真统治服务。另外，在适应政治统一的过程中，又显示出儒、佛、道三教合一的发展趋势。

一、萨满教

萨满教是女真本民族的原始宗教，它是北方阿尔泰语系诸民族所普遍信仰的多神教。萨满教的主要特点是具有强烈的自然属性并充溢着有灵论和有神论。金朝建国后，在女真民间，萨满教依然流行。金世宗大定二十六年（1186 年）就下诏：“曩者边场多事，南方未宾，致令孔庙颓落，礼典凌迟。女巫杂类，淫进非礼。自今有祭孔庙，制用酒脯而已，犯者以违制论。”③可见，女真皇帝并不提倡萨满教，甚至采取压制的态度。章宗时，后妃“李氏嫉妒，令女巫李定奴作纸木人、鸳鸯符以事魇魅，致绝圣嗣”④。卫绍王即位后，赐李氏自尽，其他人都依法治罪。女真统治者入主中原后，大力扶植从中原地区传入的佛教与道教，因此，佛教、道教迅速发展，并逐渐取代萨满

① 《金史》卷 15《宣宗纪》，北京：中华书局 1975 年版，第 2 册，第 340 页。

② 参见任杰、梁凌：《中国的宗教政策——从古代到当代》，北京：民族出版社 2006 年版，第 165 页。

③ （清）张金吾编纂：《金文最》卷 6《祭孔庙用酒脯诏》，北京：中华书局 1990 年版，第 77—78 页。

④ 《金史》卷 64《后妃传》，北京：中华书局 1975 年版，第 5 册，第 1530 页。

教，成为女真社会中占主导地位的宗教。①

二、佛教和道教

金以武立国，金初战事频繁，未修文事，各种宗教在金朝是逐渐发展起来的。佛教在金建国前已传入女真人中。10世纪初期，崇信佛教的渤海国、辽朝与女真比邻。渤海国灭亡后，有一部分渤海国遗民逃入女真内地，他们信奉的佛教自然会对女真人发生潜移默化的影响。辽朝曾把女真人中的一批大户强迁到辽朝腹地。辽朝崇佛很盛，对女真人的影响也是不言而喻的。②《大金国志》就载："浮图之教，虽贵戚、望族，多舍男女为僧尼。"③可见在女真贵族中有大量佛教信徒。道教方面，鉴于其在北方地区的影响力，金朝统治者对其也较为崇奉。《大金国志》曰："金国崇重道教，与释教同"，并且"自奄有中州之后，燕南、燕北皆有之"。④

在金朝初期，大业草创，金太宗注重更为实际的国家建设层面，《金史·太宗纪》赞曰："既灭辽举宋，即议礼制度，治历明时，缵以武功，述以文事，经国规摹，至是始定。"⑤在这样的状况下，太宗对宗教采取限制和控制的政策。太宗天会元年（1123年），上京庆元寺僧献佛骨，金太宗拒辞不受。⑥天会八年（1130年）五月癸卯，下诏"禁私度僧尼"⑦。此外，又为道教专门设立道职，置于帅府之下，"正曰道录，副曰道正，择其法箓精专者授之，以三年为任，任满则别择人"⑧。

随后即位的金熙宗，自幼学习汉文化，即位后为适应被征服的辽宋旧地相对先进的封建制度，依靠朝臣中的改革派，采纳辽宋汉法，改革官制，废女真旧勃极烈制，于天眷元年（1138年）颁布新官制，建都城，定礼仪，以经义、

① 参见武玉环：《论金代女真的宗教信仰与宗教政策》，《史学集刊》1992年第2期。
② 参见武玉环：《论金代女真的宗教信仰与宗教政策》，《史学集刊》1992年第2期。
③ （金）宇文懋昭：《大金国志》卷36《浮图》，济南：齐鲁书社2000年版，第272页。
④ （金）宇文懋昭：《大金国志》卷36《道教》，济南：齐鲁书社2000年版，第273页。
⑤ 《金史》卷3《太宗纪》，北京：中华书局1975年版，第1册，第66页。
⑥ 参见《金史》卷3《太宗纪》，北京：中华书局1975年版，第1册，第48页。
⑦ 《金史》卷3《太宗纪》，北京：中华书局1975年版，第1册，第61页。
⑧ （金）宇文懋昭：《大金国志》卷36《道教》，济南：齐鲁书社2000年版，第273页。

词赋两科取士①,进行了一系列政治改革。与此相应,对汉族传统文化儒释道诸家,也开始重视利用。天眷三年(1140 年)十一月癸丑,"以孔子四十九代孙璠袭封衍圣公"②。皇统元年(1141 年)二月,又"亲祭孔子庙,北面再拜",事后对侍臣讲道:"孔子虽无位,其道可尊,使万世景仰。太凡为善,不可不勉。"而他自己亦是"颇读《尚书》、《论语》及五代、辽史诸书,或以夜继焉"。③ 可见他对汉族传统文化中儒家文化的崇信。如此,在他统治前期"四方无事,敬礼宗室大臣,委以国政,其继体守文之治,足有观者"④。社会状况的好转也使他逐渐放松了对宗教的限制。对于道教,在延续之前的管理政策的基础上,"又置道阶,凡六等,有侍宸、授经之类。诸大贵人奉一斋施,动获千缗"⑤。与此同时,佛教也开始兴盛、发展起来。金熙宗崇信佛教,在其子出生时,他大赦天下,"令燕云汴三台普度,凡有师者皆落发,奴婢欲脱隶役者,才以数千嘱请,即得之,得度者亡虑三十万"⑥。女真皇帝、皇后都信奉佛教,在女真贵族的倡导下,佛教迅速发展,当时的燕京佛寺林立,佛教信徒众多。并且僧侣在金代社会中地位很高,"在京曰国师,帅府曰僧录、僧正,列郡曰都纲,县曰维那"⑦。

但是金熙宗后期"酗酒妄杀,人怀危惧"⑧,并且面临中原地区汉族民众的多次反抗,以及内地垦田之不足。皇统五年(1145 年)创设"屯田制",把数万女真、契丹人的猛安谋克户迁居中原,授予官田耕种,令其散居于汉族村落之间,起监视、镇压汉族人民的作用。金朝国内的阶级压迫、民族压迫十分沉重。

金海陵王弑熙宗而即帝位,在他执政的 12 年中,又进行了一系列政治改革,继续推行汉法,金朝的统治进一步稳固。但海陵王后期征兵伐宋,征

① 参见《金史》卷 4《熙宗纪》,北京:中华书局 1975 年版,第 1 册,第 72 页。
② 《金史》卷 4《熙宗纪》,北京:中华书局 1975 年版,第 1 册,第 76 页。
③ 《金史》卷 4《熙宗纪》,北京:中华书局 1975 年版,第 1 册,第 77 页。
④ 《金史》卷 4《熙宗纪》,北京:中华书局 1975 年版,第 1 册,第 87 页。
⑤ (金)宇文懋昭:《大金国志》卷 36《道教》,济南:齐鲁书社 2000 年版,第 273 页。
⑥ (宋)洪皓:《松漠纪闻》卷上,《丛书集成初编》第 3903 册,第 10 页。
⑦ (金)宇文懋昭:《大金国志》卷 36《浮图》,济南:齐鲁书社 2000 年版,第 272 页。
⑧ 《金史》卷 4《熙宗纪》,北京:中华书局 1975 年版,第 1 册,第 87 页。

敛繁急，人民不堪其苦，纷纷起义反抗，社会矛盾十分尖锐。这一点从《金史·世宗纪》的“赞”中可略窥一二：“重以海陵无道，赋役繁兴，盗贼满野，兵甲并起，万姓盼盼，国内骚然，老无留养之丁，幼无顾复之爱，颠危愁困，待尽朝夕。”而在《金史·海陵王》的“赞”中，史臣更是用“三纲绝矣”、“使天下后世称无道主以海陵为首”①这样的字眼来评价他，足见海陵王一朝社会政治之危机，人民生活之痛苦。

在这样的背景下，社会孕育着宗教的需求，这对佛、道教的发展来说十分有利。海陵王对于佛教的态度有一个由严到宽的变化过程。据《松漠纪闻》载：“胡俗奉佛尤谨。帝后见像设皆梵拜；公卿诣寺，则僧坐上坐。”②可见僧人坐上座为女真人的习俗，但是在贞元三年（1155年）三月壬子，“以左丞相张浩、平章政事张晖每见僧法宝必坐其下，失大臣体，各杖二十。僧法宝妄自尊大，杖二百”③。仅因大臣与僧人座次上的问题就施以如此惩罚，可见海陵王对宗教人士态度的严苛。而至正隆元年（1156年）二月，海陵王对佛教的态度就出现了比较大的变化，“御宣华门观迎佛，赐诸寺僧绢五百匹，彩五十段，银五百两”④。这与金太宗拒迎佛骨的态度相比，已经宽容了许多。

金世宗在接手海陵王留下的这样一个危机重重的政权后，及时以海陵王为鉴，调整、纠正其过失，施行了一系列改革措施来维护政权的稳固。首先，他采取兼容并蓄的政策，唯才是举，人尽其用，纠正了海陵王人为地排斥某一集团的弊政。其次，他一方面调集重兵围剿西北地区的契丹农牧民起义军，另一方面尽快结束了与南宋的战争，并于大定五年（1165年）与南宋订立和议，史称“隆兴和议”，议定边界仍依“绍兴和议”所定，宋割让海、泗、唐、邓、商、秦等州于金，对金称侄皇帝，每年纳币进贡。自此之后30年间，宋金矛盾缓和，再未有大的战事。⑤ 在相对和平的环境下，金廷全力巩固内

---

① 《金史》卷5《海陵王》，北京：中华书局1975年版，第1册，第118页。

② （宋）洪皓：《松漠纪闻》卷上，《丛书集成初编》第3903册，第10页。

③ 《金史》卷5《海陵王》，北京：中华书局1975年版，第1册，第103—104页。

④ 《金史》卷5《海陵王》，北京：中华书局1975年版，第1册，第106页。

⑤ 参见白寿彝总主编、陈得芝主编：《中国通史》第七卷（下册），上海：上海人民出版社1997年版，第2111—2113页。

政，修订官制，恢复生产，渐渐臻于鼎盛，《金史》对世宗更有“小尧舜”之誉。

金世宗即位之初，因财用缺乏，为解决财政急需问题，曾放松对民间宗教活动的禁令，如大定二年（1162年），“除迎赛神佛禁令”①。并承北宋之制，出售僧、道、尼、女冠度牒，及紫褐衣、师号、寺观名额。《金史·食货志》载：

世宗大定元年，以兵兴岁歉，下令听民进纳补官。又募能济饥民者，视其人数为补官格。五年，上谓宰臣曰：“顷以边事未定，财用阙乏，自东、南两京外，命民进纳补官，及卖僧、道、尼、女冠度牒，紫褐衣、师号、寺观名额。今边鄙已宁，其悉罢之。庆寿寺、天长观岁给度牒，每道折钱二十万以赐之。”②

可见通过出售度牒来解决财政问题只是应急性措施，事后即削弱了出售度牒的力度。但是这一政策作为财政困难时期的救命稻草，在后世仍不断被金朝统治者采用，如金章宗承安二年（1197年），又“卖度牒、师号、寺观额，复令人入粟补官。三年，西京饥，诏卖度牒以济之”③。

金世宗朝虽称“盛世”，但国内的阶级矛盾、民族矛盾仍相当尖锐。《金史·石琚传》记云：“时民间往往造作妖言，相为党与谋不轨，事觉伏诛。”④而在各地此起彼伏的起义中，颇有释道之徒的身影。《金史·石琚传》载：

上（世宗）问宰臣曰：“南方尚多反侧，何也？”石琚对曰：“南方无赖之徒，假托释道，以妖幻惑人，愚民无知，遂至犯法。”⑤

对于那些以妖术乱众的僧人，金世宗给予严厉打击。如大定三年（1163年）二月，“东京僧法通以妖术乱众，都统府讨平之”⑥。大定四年（1164年）七月，“故卫王襄妃及其子和尚以妖妄伏诛”⑦。大定十三年（1173年）九月，

---

① 《金史》卷6《世宗纪》，北京：中华书局1975年版，第1册，第125页。
② 《金史》卷50《食货志》，北京：中华书局1975年版，第4册，第1124—1125页。
③ 《金史》卷50《食货志》，北京：中华书局1975年版，第4册，第1125页。
④ 《金史》卷88《石琚传》，北京：中华书局1975年版，第6册，第1961页。
⑤ 《金史》卷88《石琚传》，北京：中华书局1975年版，第6册，第1961页。
⑥ 《金史》卷6《世宗纪》，北京：中华书局1975年版，第1册，第130页。
⑦ 《金史》卷6《世宗纪》，北京：中华书局1975年版，第1册，第134页。

“大名府僧李智究等谋反伏诛”①。一些不满金廷统治而又不想武装对抗金廷的汉族人士，则纷纷在民间创立新的宗教，各欲与金源氏分民而治。太一教、大道教、全真教、混元教等新道教相继创立，佛教则有糠禅、瓢禅、毗卢及五行等新宗派涌现，活跃于民间。而新宗教的活跃，成为金朝的一个重大社会问题。金廷一方面害怕汉人利用宗教组织抗金活动，一方面也看到宗教宣扬柔弱忍辱的不反抗主义，对金朝统治者安定民心、笼络汉人实际上有利。但各宗教的过分发展，也会给金廷带来经济上的损失。如大定十四年（1174 年）四月，世宗谕宰臣曰：“闻愚民祈福，多建佛寺，虽已条禁，尚多犯者，宜申约束，无令徒费财用。”②因此，金廷对各宗教一方面采取承认、保护之策，一方面又依辽宋旧制加强管理控制，以防其发展之滥及犯上作乱。

大定十六年（1176 年），金廷为清整宗教，依宋制普试僧道，考试合格者发与度牒。并且从金世宗大定中期到金章宗明昌年间，金世宗、金章宗先后采取措施抑制佛、道教的膨胀与发展。其措施是：（1）条禁、约束建立佛寺。如大定十八年（1178 年）三月己酉，“禁民间无得创兴寺观”③。（2）禁止私自披剃为僧道者。如明昌元年（1190 年）正月戊辰，“制禁自披剃为僧道者”④。（3）严禁女真贵族与僧尼道士往来。如明昌元年（1190 年）六月甲辰，“敕僧、道三年一试”⑤。明昌二年（1191 年）十月，“禁以太一混元受箓私建庵室者”⑥。又曾为防范汉人犯上作乱，一度禁罢全真道及五行、毗卢。此外，金章宗本人对于释道二教的态度是认为它们以“营利”为主，故应对其加以控制。如明昌五年（1194 年），金章宗在和辅臣关于儒、释、道三教寺庙宇像问题的讨论中讲道：“僧道以佛、老营利，故务在庄严闳侈，起人施利自多，所以为观美也。”⑦

明昌之后，章宗朝国内外社会状况发生了改变。由于他即位以来延续

① 《金史》卷 7《世宗纪》，北京：中华书局 1975 年版，第 1 册，第 160 页。
② 《金史》卷 7《世宗纪》，北京：中华书局 1975 年版，第 1 册，第 161 页。
③ 《金史》卷 7《世宗纪》，北京：中华书局 1975 年版，第 1 册，第 170 页。
④ 《金史》卷 9《章宗纪》，北京：中华书局 1975 年版，第 1 册，第 213 页。
⑤ 《金史》卷 9《章宗纪》，北京：中华书局 1975 年版，第 1 册，第 215 页。
⑥ 《金史》卷 9《章宗纪》，北京：中华书局 1975 年版，第 1 册，第 219 页。
⑦ 《金史》卷 10《章宗纪》，北京：中华书局 1975 年版，第 1 册，第 234 页。

世宗原定治国方针,使金朝政治、经济、文化都有所发展,堪称"鼎盛时期"。《金史·章宗纪》就赞曰:

承世宗治平日久,宇内小康,乃正礼乐,修刑法,定官制,典章文物粲然成一代治规。又数问群臣汉宣综核名实、唐代考课之法,盖欲跨辽宋而比迹于汉唐,亦可谓有志于治者矣。①

特别是在明昌、承定年间,金朝经济繁荣,人口增加,仓廪充实,各民族长期融合,社会矛盾、民族矛盾进一步缓和。然而在这极盛之下孕育着危机,承安、泰和年间金朝开始转衰。章宗朝后期,虽北有鞑靼侵扰,南有南宋反攻,内有契丹族的起义,但出兵未久皆获胜。因此,金朝也逐渐放宽了对佛、道教的约束和限制,二教重新开始恢复和发展。道教方面,多次命有司祈雨、祭岳镇海渎,行幸道观,召见高道,行斋设醮。如承安二年(1197年)四月丙辰,"命有司祈雨,望祭岳镇海渎于北郊。甲子,祈雨于社稷。尚书省奏,比岁北边调度颇多,请降僧道空名度牒紫褐师德号以助军储,从之"②。七月,"幸天长观,建普天大醮,禁屠宰七日,无奏刑,百司权停决罚"③。而章宗因久无皇嗣,更是多次祈祷于郊、庙、衍庆宫、亳州太清宫。④ 如泰和元年(1201年)三月,"幸天长观"⑤。《金史·完颜襄传》亦载:"泰和元年春,承命驰祷于亳州太清宫及后土方岳。"⑥直至次年八月皇子忒邻出生,又于十一月"幸玉虚观,遣使报谢于太清宫",十二月癸酉,忒邻出生满百日,"放僧道度牒三千道,设醮玄真观,宴于庆和殿"。⑦ 如此重视、崇信道教,在金代皇帝中前所未见。

章宗朝后期,近侍弄权,尚书省权力转弱,朝纲不振,政治腐败已见端倪。同时,北方遭遇连年灾害,流民增多,土地荒芜,税收减少。蒙古亦于此时崛起于漠北,其首领铁木真统一蒙古诸部,锐意扩张。金卫绍王大安三年

① 《金史》卷12《章宗纪》,北京:中华书局1975年版,第1册,第285—286页。
② 《金史》卷10《章宗纪》,北京:中华书局1975年版,第1册,第241页。
③ 《金史》卷10《章宗纪》,北京:中华书局1975年版,第1册,第242页。
④ 《金史》卷93《忒邻传》,北京:中华书局1975年版,第6册,第2059页。
⑤ 《金史》卷11《章宗纪》,北京:中华书局1975年版,第1册,第256页。
⑥ 《金史》卷94《内族襄传》,北京:中华书局1975年版,第6册,第2092页。
⑦ 《金史》卷93《忒邻传》,北京:中华书局1975年版,第6册,第2059页。

(1211年)蒙古开始侵金,金军屡屡受挫,北境不安,河南、河北各地人民纷纷起义,南宋亦乘机反攻,金国内外交困,开始走上末路。金宣宗即位时,朝中权臣柄政,蒙古大军又进逼中都。宣宗无力整顿朝纲,面对蒙古军队的强大攻势,他放弃积极抵抗的主张,执行投降、逃跑路线。贞祐二年(1214年),蒙古军围金中都,次年,金室被迫迁都于南京(开封),史称"贞祐南迁"。南迁之后,金国土日蹙,财政支绌,风雨飘摇。各族人民承受着战乱带来的屠戮掳掠,身心疲苦,这成为了宗教传播的大好条件。不仅民众需借宗教祈免灾难、安慰心灵,金廷也希图利用宗教挽救其厄运。贞祐三年(1215年)为解决军费急需,"降空名宣敕、紫衣师德号度牒,以补军储"①。哀宗正大五年(1228年)八月,"以旱,遣使祷于上清宫"②。各派道士大受重用,太一教道士侯元仙即被任为南京上清宫提点,未几又应请主持亳州太清宫,为该宫奏免岁赋粮数百斛。金末,金、蒙古、南宋在逐鹿中原时,各从争取民众、笼络人心的目的出发,拉拢各宗教首领。在这极为复杂的政治斗争形势下,各种宗教有了更大的发展空间。

第二节　太一教的创立及其在金代的发展

在金国三大新道派中,太一教最先创立。此教于元末绝嗣,教祖、道士未留下著述,只在金元文人集如金代王若虚《滹南遗老集》、元代王恽《秋涧集》中,保存着一些关于太一教的传、碑记、墓碣、诗文。已故历史学家陈垣先生于抗日战争时期利用金元文人集中的资料,并搜集民间所存碑记若干,参以地方史志,在其所撰《南宋初河北新道教考》卷4《太一篇》中,对太一教的历史作了较为全面的考核论述。但因史料有限,在该书所考三派新道教中,对太一教的考述最为简略。关于太一教的历史、教义教制,现在还只能略知大概。

一、萧抱珍与太一教的创立

太一教由卫州(今河南省汲县)人萧抱珍(?—1166年)创立于金熙宗

① 《金史》卷14《宣宗纪》,北京:中华书局1975年版,第2册,第309页。
② 《金史》卷17《哀宗纪》,北京:中华书局1975年版,第2册,第380页。

天眷初（1138年）。萧抱珍，明代《卫辉府志》称其为“卫州人，道貌纯古，性至孝。尝嗣道士李天竞业，以符水应治，随用辄验”①。元代王鹗《重修太一广福万寿宫碑》说，太一教“始祖讳元升”②，元升当为萧抱珍表字。其创教时间，《元史·释老传》云：“太一教者，始金天眷中道士萧抱珍。”③王鹗《重修太一广福万寿宫碑》依金翰林待制王若虚撰《一悟真人传》说，萧抱珍得道后，行祈禳呵禁之术，天眷初“其法遂大行，因名之曰太一教”④。而太一教酝酿的时间，应该还要早些。

太一教的酝酿、创立，正值宋金之交激烈的民族斗争之际。1127年4月，北宋都城汴京沦陷，徽、钦二帝做了金人的阶下囚，华北地区陷入了金兵的铁蹄蹂躏之下。不甘屈辱的汉族人民，在黄河南北各地纷纷组织武装力量，奋起抗金。离卫州不远的太行山一带，以“八字军”为主的抗金义军，多次狙击金兵，攻占州县。金人立足未稳，一方面残酷镇压各地人民的抗金斗争，一方面攻伐南宋，一直追击宋高宗至温州，然后大肆掳掠而北还。金太宗天会五年（1130年），金廷为缓解黄河流域的民族矛盾，封宋降臣刘豫为儿皇帝，国号齐，统辖中原、陕西地区，形成一个与南宋之间的缓冲地带。南宋一方，也一度振作，对内镇压了长江流域李成、孔彦周、张用、刘忠、杨么等农民起义，起用主战派大臣，修整武备，攻击金人控制下的齐。金熙宗上台之初，正值南宋声势大张之时。天会十五年（1137年），因刘豫已被南宋攻击得站不住脚，金廷下诏废齐，次年还河南、陕西之地于南宋，双方达成协议，宋向金纳币称臣。

金人统治下的北方人民，苦难十分深重。民族压迫、阶级压迫，加上战乱后的饥荒、瘟疫，使人们陷入重重苦海之中。他们盼望南宋王朝振兴，恢复故国，陆游的诗“遗民泪尽胡尘里，北望王师又一年”，正是当时北方汉族人民心情的写照。人们急切需要解除刀兵、疾病等灾难，医治战乱中妻离子

① 《卫辉府志》卷13，《稀见中国地方志汇刊》，北京：中国书店1992年版，第34册，第731页。

② 陈垣编纂：《道家金石略》，北京：文物出版社1988年版，第846页。

③ 《元史》卷202《释老传》，北京：中华书局1976年版，第15册，第4530页。

④ 陈垣编纂：《道家金石略》，北京：文物出版社1988年版，第845页。

散、家破人亡所造成的心灵创伤。他们不得不把希望寄托于冥冥中的神灵。这种社会心理氛围,对于传统符箓道教的神灵崇拜和符水治病等方术来说,正是传播的良机。但北宋末由徽宗政令推行的神霄道教,因林灵素等道士的诞妄和徽宗的失国,已丧失了吸引力。上层符箓道士,大多南渡,北方道教遭战争的破坏,形成空缺。社会需要一种能满足人们宗教需求的符箓道教。太一教祖萧抱珍看准了这一形势,于是应运而出,效法汉张陵之创五斗米道,以神道设教,利用中原地区传统的太一神信仰,创立新道教。在南宋势盛、北方各地义军奋起抗金的天眷初,萧抱珍在金边界地的卫州以道教旗号收拾人心、吸引群众,大概亦未尝无积蓄力量、相机而为的动机。

二、太一教的基本特征及其在金代的发展

太一教之名,主要由该教所崇奉的太一神而设。《元史・释老传》称萧抱珍"传太一三元法箓之术,因名其教为太一"①。"太一三元法箓"的具体内容已不存,顾名思义,当是一种声称出于太一神及其所辖三元神的符箓道法。太一,为秦汉以来传统信仰中统御五方五帝的至上天神,居北极宫,位于天之中央,下临中原。对太一神的信仰,在中原地区可谓根深蒂固。北宋王朝从太宗朝起,便在京城内外先后建东、西、中三大太一宫以奉祀太一。宋人洪迈《容斋三笔》卷7"太一推算"条云:

> 熙宁六年(1073年),司天中官正周琮言:"据《太一经》推算,熙宁七年甲寅岁(1074年),太一阳九百六之数至是年复元之初。故经言太岁有阳九之灾,太一有百六之厄,皆在入元之终或复元之初。阳九百六当癸丑甲寅之岁,为灾厄之会,而得五福太一移入中都,可以消灾为祥。窃详五福太一自雍熙甲申岁(984年)入东南巽宫,故修东太一宫于苏村;天圣己巳岁(1029年)入西南坤位,故修西太一宫于八角镇。望稽详故事,崇建宫宇。"诏度地于集禧观之东,于是为中太一宫。②

宋敏求《春明退朝录》卷中、周城《宋东京考》卷12皆有类似记载。宋人魏

① 《元史》卷202《释老传》,北京:中华书局1976年版,第15册,第4530页。

② 《文渊阁四库全书》第851册,第590—591页。

泰《东轩笔录》卷5云:“熙宁(1068—1077年)初,百官奏太一临中国,主天下康阜,诏作宫于京城之东南隅,谓之中太一。”①沈括《梦溪笔谈》卷3说有十神太一:

> 一曰太一,次曰五福太一,三曰天一太一,四曰地一太一,五曰君基太一,六曰臣基太一,七曰民基太一,八曰大游太一,九曰九气太一,十曰十神太一。②

并谓京师东西太一宫正殿祀五福太一。由于北宋王朝的历代崇祀,太一神尤其是五福太一,成为中原人民心目中主宰天下康阜的至上神,实质上是宋王朝皇权的神化。由太一教第五代掌教萧居寿立石的《太一二代度师赠嗣教重明真人萧公墓碑铭》曰:

> 粤自四象未分,太极含用,浑沦磅礴,寓妙理于无□之中……散而为五行……融而为群品……莫不各有一真之性,其原未有不本于天之一者。故一之□也,始乎辰极,其神太一,用斯显焉,实元工运化之枢,万有资生之本也。列宿之中最尊,二十八舍环于外,若三十轮(辐)共一数(毂)者,过于□□及中央各以四十五年为率。雨临之方,宿寿吉昌,是以汉武重泰峙之祠而礼□郊祀,汴都正四维之位而报极储祥,皆所以严象纬之尊,致钦崇之用也。祷祀之礼,于是乎兴。金天眷间,始祖一悟真人是生卫郡,远□汉仪,近追前代,上稽下考,而立教焉。③

这里明白表达了太一教对太一的认识:在太极、四象之先,生化万物;居于辰极,巡行五方。这与秦汉以来的信仰无异,说明了太一教对传统信仰的继承。据称,太一教科仪中将太一当成元始天尊之子,称青华帝君,作为救苦之主神,这与神霄派将太一称为青华救苦太一定福天尊或有关系。④ 另外,从“太一”的哲学含义而言,原为“大一”,汉魏以来一般释为元气,王鹗《重修太一广福万寿宫碑》依《一悟真人传》说,太一教以太一名者,“盖取元气

① 《文渊阁四库全书》第1037册,第441页。

② 《文渊阁四库全书》第862册,第724页。

③ 陈垣编纂:《道家金石略》,北京:文物出版社1988年版,第844页。

④ 参见刘仲宇:《太一教的唯一传世科仪——蓬壶炼度科》,《宗教学研究》2013年第2期。

浑沦、太极剖判、至理纯一之义也”①。这种解释，盖出太一教后学，非仅属王鹗或王若虚对“太一”的理解。

萧抱珍“远法汉仪，近追前代，上稽下考，而立教焉”，表明他直接参详取法的，是汉代（汉仪）和北宋（前代）的仪节。而很多传统仪式正是通过道教而留存传播，太一信仰在道教中也占有重要的地位，萧氏开宗立教而自认为道教之一支，说明其继承了道教的传统。所谓“远法汉仪”，或亦指效法汉张陵创五斗米道，以符水、首过为人治病解厄。“太一三元法箓”之“三元”，当有取于道教自五斗米道以来所奉的天、地、水三官，分别为赐福、赦罪、解厄的主司神。五斗米道、太平道皆令教民请祷于三官，书谢罪悔过之文为三通，分别着于山上、埋之地下、沉入水中，称“三官手书”。这一信仰为后世道教所继承，发展为“三元斋”，属唐代以来斋法中之重要者。《唐六典》卷 4 称道士三元斋以正月十五日、七月十五日、十月十五日设斋向三官自忏罪愆。三元斋乃至形成一种民俗，称“三元节”。清人赵翼《陔余丛考》卷 35 云：“其以正月、七月、十月之望为三元日，则自元魏始。”②太一教盖循民间三元节斋祭之习俗，以三元斋为其法箓中的重要内容。忽必烈说萧抱珍“道成一悟，箓阐三元，创兴太一之门”③，“三元”似乎又与某种箓有关。查六朝上清经中有《上清三元玉检三元布经》，内云：“《高上三元布经》，乃上清三天真书，上真玉检飞空之篇。上元检天大箓，下元检地玉文，中元检仙真书。”④又有“三元玉检箓”一组，包括“上元检天大箓，下元检地玉箓，中元检仙真书箓”⑤。此三元之法，有箓，有经，是较为完备的法术体系，宜乎其被太一教采用为基本法术。所谓“近追前代”，表现在很多方面，比如科仪的程式、融内丹入法术等，下文将分别讨论，这里先论其与清微派的关系。在蓬壶炼度科的咒食咒水节次，有这样的说法：“是以清微教主，无上

① 陈垣编纂：《道家金石略》，北京：文物出版社 1988 年版，第 845 页。

② （清）赵翼：《陔余丛考》卷 35《天地水三官》，上海：商务印书馆 1957 年版，第 750 页。

③ 《太一广福万寿宫令旨碑》，陈垣编纂：《道家金石略》，北京：文物出版社 1988 年版，第 841 页。

④ 《道藏》第 6 册，第 211 页。

⑤ 《正一修真略仪》，《道藏》第 32 册，第 180 页。

道师，曲轸慈悲，化身救苦，居青华长乐之界，处东极妙严之宫，放百宝之光明，洒一枝之甘露。”是其将太乙天尊看成是清微教主无上道宝所化，与清微派攀为宗亲。题为张与材撰《蓬壶炼度真科原序》说太一教有“五灵之法”，而《清微元降大法》卷16有“紫霄演庆五灵五雷”，可见清微雷法或是其渊源。①

凡符箓道派教祖之立教，莫不将其所传法箓托之于天降神授，萧抱珍当然也不会出此路数。《秋涧集》卷40《大都宛平县京西乡创建太一集仙观记》说：“一悟真人萧公（抱珍）以仙圣所授秘箓，创太一教法于汲郡。”②王鹗《重修太一广福万寿宫碑》说：“初，真人（萧抱珍）既得道，即以仙圣所授秘箓济人，祈禳诃禁，罔不立验。”③虽然未具体说明萧抱珍自称其法箓传自哪一位仙圣，但托之于仙圣所授，则是毫无疑问的。至太一教二祖萧道熙，则更以太一神降化自居，以为服众之手段。《秋涧集》卷47《太一二代度师萧公行状》说，萧抱珍卒后，葬事既毕，道熙“乃陈宝箓法物，具香火升堂，以二代嗣事谕众。有门弟子芉道省、刘道固等，思有以大厌众心，稽首求颂，且问师：它生云何贤圣？师（道熙）即走笔批曰：‘明月清风大德，颇讶愚人未识，忉忉询吾为谁？只是从来太一！’众遂詟服归心焉”④。这一事实，生动地反映出太一教神道设教的面目。

萧抱珍传行太一三元法箓祈禳呵禁，治病驱邪，适应了当时民间的宗教需要，未几便以符法灵验名世，信从者不少。《秋涧集》卷61《故太一二代度师先考韩君墓碣铭》称萧抱珍以神道设教，“远迩向风，受箓为门徒者岁无虑千数”⑤。可见其教发展之规模。萧抱珍的影响，及于山东、河北一带，教团大略以出身于社会中层的地主阶级人士为骨干。如太一二祖萧道熙之父韩矩，卫

① 参见刘仲宇：《太一教的唯一传世科仪——蓬壶炼度科》，《宗教学研究》2013年第2期。

② 《文渊阁四库全书》第1200册，第510页；陈垣编纂：《道家金石略》，北京：文物出版社1988年版，第856页。

③ 陈垣编纂：《道家金石略》，北京：文物出版社1988年版，第845页。

④ 《文渊阁四库全书》第1200册，第624页；陈垣编纂：《道家金石略》，北京：文物出版社1988年版，第859页。

⑤ 《文渊阁四库全书》第1200册，第793页；陈垣编纂：《道家金石略》，北京：文物出版社1988年版，第861页。

州人，出身世家，隐居不仕，“资慈祥，家故饶财”，投萧抱珍门下为弟子，“举族清修，信礼为尤至，香火之奉，虽寒暑风雨，不爽厥德”。[①] 太一教三祖萧志冲之父王守谦，博州堂邑（今山东聊城境）人，“世以播种为业，致资产丰阜，田以井而计者九，桑以株而会者盖万数焉，遂为里中巨家”[②]。这样一个大地主，也与其妻李氏不远千里而来，投在萧抱珍门下，将其家资赢余悉奉为供养。赵州人侯澄，出身胥吏，干练有才，曾任河北西路漕司掾，亦闻名往参萧抱珍为弟子，“授名道净，传太一三元法，得以便宜行化”[③]，成为太一教团中的骨干人物。

萧抱珍创教之初，尚无宫观，只在卫州家宅行法，后来徒众渐多，嫌居处湫隘，乃于州东三清院故址葺茅庵而居。其大弟子杨太玄，“独深传秘箓”，得萧抱珍“举太一法属之，自是道价张炽，传门弟子遍远□”，于太行山之阳卓水畔“规作道馆”，“毕手之日，谒于一悟公，得扁曰太清”。[④] 另一弟子侯澄受法后，在赵州及真定府（今河北正定）之第各建太一堂，以奉持香火，以符水为人治病。太一教在卫州、赵州、真定府开始有了本派的活动点，后来得到观额发展为宫观。

太一教刚刚创立，宋、金矛盾又趋于尖锐化。天眷三年（1140 年）五月，金熙宗采纳宗干、宗弼等改革派大臣的建议，下诏伐宋，一月之间，让给南宋的河南、陕西地区，全被金兵所占领。宗弼军继续进击淮南，遭到宋韩世忠、岳飞部的抵抗而兵败。次年四月，金熙宗再度下诏伐宋，南宋朝廷在秦桧为首的投降派大臣主张下，于这年十月与金议和，双方划定以淮水为界，宋仍向金纳币称臣，从此，金与南宋的对峙局面基本稳定。

民间新出现的太一教，很快便引起了金廷的注意。《秋涧集》卷 40《大都宛平县京西乡创建太一集仙观记》云：金廷召见萧抱珍，“悼后命之驱逐

---

① 《秋涧集》卷 61《故太一二代度师先考韩君墓碣铭》，《文渊阁四库全书》第 1200 册，第 793 页；陈垣编纂：《道家金石略》，北京：文物出版社 1988 年版，第 861 页。

② 《秋涧集》卷 61《太一三代度师先考王君墓表》，《文渊阁四库全书》第 1200 册，第 793 页；陈垣编纂：《道家金石略》，北京：文物出版社 1988 年版，第 852 页。

③ 《滹南集》卷 42《清虚大师侯公墓碣》，《文渊阁四库全书》第 1190 册，第 494 页；陈垣编纂：《道家金石略》，北京：文物出版社 1988 年版，第 838 页。

④ （元）宋渤：《太清宫铭并序》，陈垣编纂：《道家金石略》，北京：文物出版社 1988 年版，第 858 页。

鬼物，愈疗疾苦，皆获应验。事迹惝恍，惊动当世”①。《重修太一广福万寿宫碑》说：“皇统八年（1148年），熙宗闻其（萧抱珍）名，遣御带李琮驿召赴阙，……悼后尤加礼敬，赏赉不訾，其为奏乞观额，敕以‘太一万寿’赐之。”②金廷召见萧抱珍，赐以观额，表示承认太一教，支持它传播，是金廷采纳汉制、利用汉文化治世的措施之一。除了利用道教以收拾民心的政治目的之外，金廷对太一教的重视，还与女真族拜天敬神崇巫的萨满教习俗有关。《金史》卷28《礼志》说：“金之郊祀，本于其俗有拜天之礼。”③又谓金室拜风雨雷师，封山河，请巫治病。在女真贵族眼里，敬天拜神、祈禳治病的太一道士，与他们原来信奉的巫师属于一类。太一教的教义，很容易为女真贵族所接受。

太一教得到金廷的承认钦崇，教团发展更为顺利。而金国内民族矛盾、社会矛盾的尖锐，也有利于太一教的传播。统治者为了解决财政困难而鬻卖度牒，更是教派可资利用的发展良机。比如金世宗即位之初，为安定民心，解决财政急需，曾放松对民间宗教活动的禁令，并承北宋之制，出售寺观名额、僧道度牒、大师号。太一教乘机买了一些观额和度牒。《滹南遗老集》卷42《清虚大师侯公墓碣》云：“大定二年（1162年），凡释道之居无名额者，许进输赐之。”④太一道士侯澄于是投牒纳币，买了两个观额，以赵州太一堂为太清观，真定府太一堂为迎祥观。侯澄之孙元仙，当时十二三岁，“会朝廷鬻祠牒，由是度为道士”⑤。太一教中如侯澄、侯元仙者，当不仅一二。

大定六年（1166年），萧抱珍卒，弟子韩道熙嗣任掌教，改姓萧。萧道熙于大定二十六年（1186年）退位，掌教20年。他掌教期间，适当金世宗盛

① 《文渊阁四库全书》第1200册，第510页；陈垣编纂：《道家金石略》，北京：文物出版社1988年版，第856页。

② 陈垣编纂：《道家金石略》，北京：文物出版社1988年版，第845页。

③ 《金史》卷28《礼志》，北京：中华书局1975年版，第3册，第693页。

④ 《文渊阁四库全书》第1190册，第495页；陈垣编纂：《道家金石略》，北京：文物出版社1988年版，第838页。

⑤ 《文渊阁四库全书》第1190册，第495页；陈垣编纂：《道家金石略》，北京：文物出版社1988年版，第838页。

世，在金廷保护管理的政策下，太一教稳步发展。

据王恽《秋涧集》卷47《太一二代度师赠嗣教重明真人萧公行状》，萧道熙（1156—?）字光远，为萧抱珍门徒韩矩之子。韩矩夫妻俱奉太一教，妻阎氏怀孕时曾感病苦，韩矩祷之于萧抱珍，萧付以丹书服之而胎安，遂生道熙。才免怀，父母便送之于太一万寿观抚养，幼年时便受度为道士。萧抱珍卒后，道熙以父礼葬之，在其坟园附近建朝元观，并承师遗训，建造储放太一经箓的坛屋。道熙嗣教时，年甫十岁，他资质聪敏，自幼在道观中受到较好的文化教养，知诗书，颇有儒风。《行状》称他"丰仪潇爽，德宇冲粹，博学善文辞，动辄数百言，乐与四方贤士大夫游，谈玄论道，造极精妙，书画娇娇，有魏晋间风格"①。他的儒者风度，便于吸引结交士大夫，其名望于是渐闻于上层社会。大定九年（1169年），金廷下诏立熙宗所赐"太一万寿"观额碑于观内，为太一教增添了声价，"是后声教大振，门徒增盛，东渐于海矣"②。大定十一年（1171年）左右，金廷诏求国内高道主持新修复的中都天长观，萧道熙"幡然应诏。不阅月，户外之屦满矣"③。其名声显扬于京中。他主持天长观时，曾聚藏粮食，以备荒年，未几秋旱，京师物价腾涨，观中道士乃佩服他有先见之明。大定十四年（1174年）春辞归乡里。后四年（1178年），住持赵州太清观。金世宗晚年因色欲不节，体衰力倦，对道教养生之学发生兴趣。大定二十二年（1182年），召萧道熙至内殿，问以摄生之道。萧道熙对曰："嘘噏精气，以清虚自守，此野人之事。今朝廷清明，陛下当允执中道，恭已无为而已。"④世宗宠赐甚渥。大定二十六年（1186年），萧道熙忽思游历名山、栖真岩壑，付教事于弟子王志冲，飘然而去，不知其所终。

---

① 《文渊阁四库全书》第1200册，第625页；陈垣编纂：《道家金石略》，北京：文物出版社1988年版，第860页。

② 《秋涧集》卷47《太一二代度师萧公行状》，《文渊阁四库全书》第1200册，第624页；陈垣编纂：《道家金石略》，北京：文物出版社1988年版，第859页。

③ 《秋涧集》卷47《太一二代度师萧公行状》，《文渊阁四库全书》第1200册，第624页；陈垣编纂：《道家金石略》，北京：文物出版社1988年版，第860页。

④ 《秋涧集》卷47《太一二代度师萧公行状》，《文渊阁四库全书》第1200册，第625页；陈垣编纂：《道家金石略》，北京：文物出版社1988年版，第860页。

大定十六年(1176年),金廷为清整宗教,依宋制普试僧道,考试合格者发与度牒。当时太一道士已达万数,而多未试经具戒,《秋涧集》卷47《太一二代度师行状》谓萧道熙于大定二十六年(1186年)退席之前,密告萧道宗说:"吾门众万数,试经具戒者,完颜志宁、王志冲而已。"①又说王志冲师兄萧道宗应试"累被黜落,年过四十"②,可见太一教道士宗教修养之低劣及金朝对宗教管理之松疏。

太一教三祖萧志冲(1151—1216年),主要掌教于章宗朝。萧志冲,本姓王,字用道,号玄朴子,博州堂邑人。其父王守谦为萧抱珍门弟子。志冲少时颖悟强记,喜诵庄老等书,年十六,赴卫州礼太一二祖萧道熙为师。始事道士霍子华,密诵经文,于大定十六年(1176年)试经得度为道士,任为卫州管内道门威仪,领教门事。《滹南遗老集》卷42《太一三代度师墓表》称他"素不为辞章,及升堂谕众,随意而言,悉成文理,劝戒深切,听者耸然,内外相庆,以为宗门得人矣"③。大定二十六年(1186年)继任掌教。未几,有司选奏高道补住中都天长观,志冲应选,在京中颇有道誉。不久黄河泛滥,卫州受灾,居民迁徙,太一万寿观被冲毁,萧志冲闻讯返卫。次年水退,观中殿宇颓毁殆尽,他率众修复一新,增建者几倍,所费不赀。"声望既隆,求教者接迹而至,岁所传无虑数千人……明昌(1190—1195年)间,前尚书右丞刘公伟自大名移镇河中,道出淇上,谒师甚恭。"④承安元年(1196年)日食,于神霄宫作醮祈禳,士庶毕集。泰和(1201—1208年)初,章宗因皇嗣未立,设普天大醮于亳州太清宫,召国内高道行醮祈嗣,萧志冲应召,参与斋醮道士行列。泰和五年(1205年)再祈皇嗣于亳州太清宫,河南道士籍少被召,以斋醮事请教于萧志冲,萧告以勿遣重臣、禁止荤酒、务行善事为要,籍少至

① 《文渊阁四库全书》第1200册,第625页;陈垣编纂:《道家金石略》,北京:文物出版社1988年版,第860页。

② (金)王若虚:《太一三代度师墓表》,《文渊阁四库全书》第1190册,第492页;陈垣编纂:《道家金石略》,北京:文物出版社1988年版,第839页。

③ 《文渊阁四库全书》第1190册,第492页;陈垣编纂:《道家金石略》,北京:文物出版社1988年版,第839页。

④ 《文渊阁四库全书》第1190册,第492—493页;陈垣编纂:《道家金石略》,北京:文物出版社1988年版,第839页。

朝中奏其言，章宗采纳之，命萧志冲亦偕籍少赴太清宫行醮。事毕后又同赴中都太极宫，诵经百日。当时户部侍郎胥鼎提控寺观，怕萧志冲事毕南还，率朝士十余人迎候，劝他留主太极宫，宫中道士亦挽留之，遂从其请。泰和七年（1207年），蝗灾为害，奉诏作醮禳解，事毕后诏命赏赉，萧志冲固辞之，乃任命为道教提点，赐号“玄通大师”。还曾入宫以符水为宫人治病。卫绍王完颜永济即位，赐萧志冲“上清大洞法服”一袭。大安二年（1210年），萧志冲荐汾西道士李大方主持太极宫事，自己辞退回归卫州，以教事付萧辅道，退处西堂养老。贞祐二年（1214年），萧辅道主亳州太清宫，萧志冲随行，于贞祐四年（1216年）逝世。

章宗朝，太一教道士侯元仙（1162—1230年）也以行斋醮祈禳有名于时。《滹南遗老集》卷42《清虚大师侯公墓碣》说侯元仙于明昌初“以高德应诏，入住中都天长观。自泰和改元，国家事祈禳，连设大醮，羽流极天下之选，而师皆与焉”①。蒙赐紫衣及“观妙大师”号，奉诏佩符驰传降御香于泰山、长白山等地。崇庆（1212—1213年）间召住中都太极宫，因进补军储有功，授“清虚大师”号。

章宗朝后期，成吉思汗统一蒙古诸部。金卫绍王大安三年（1211年），蒙古开始侵金。蒙古军南侵，北方人民痛遭屠戮掳掠，太一教亦受到破坏。《秋涧集》卷39《堆金塚记》说，贞祐三年（1215年），蒙古兵攻破太一教传播中心卫州城，因守城金兵拒守不降，城破后蒙古兵悉驱城中居民出城，集于近甸，屠杀无遗，其中自不乏太一教徒。太一广福万寿观也被“烬为飞烟”。② 宋渤撰《太清宫铭并序》说，癸巳（1233年）兵定，萧辅道返回汲县，“更复太一万寿宫，访求一悟公（萧抱珍）时故事，及散亡诸弟子……时惟易代，太一徒侣无几”③。

在金、蒙古、南宋鼎峙争斗的极为复杂的政治情势下，太一教第四任掌

---

① 《文渊阁四库全书》第1190册，第495页；陈垣编纂：《道家金石略》，北京：文物出版社1988年版，第838页。

② 《文渊阁四库全书》第1200册，第498页；陈垣编纂：《道家金石略》，北京：文物出版社1988年版，第850、851、853页。

③ 陈垣编纂：《道家金石略》，北京：文物出版社1988年版，第858—859页。

教萧辅道善于观察形势以决定向背，表现出一个宗教活动家的卓越才干，把太一教的发展推向一个新的阶段。

萧辅道（1191—1252 年），字公弼，号东瀛子，卫州（今河南汲县）人，为萧抱珍的再从孙，大安二年（1210 年）嗣掌教事，年方弱冠。贞祐二年（1214 年）奉诏主持亳州太清宫。《堆金塚记》说，贞祐三年（1215 年）卫州城失陷于蒙古军时，萧辅道在城中，于危急之际“以智逸去”，得以保全性命。后来主持柘城延祥观。他“富文学而重气节，谨言行而知塞通”[①]，当时名士大夫如王若虚、王渥、冀禹锡等，皆与之交游，多有题赠。《静修集》卷 9《洺水李君墓表》云：“萧炼师公弼有重名，所与游皆当世名士。”[②]《滹南遗老集》卷 42《太一三代度师墓表》称赞萧辅道为“一世伟人，所交皆天下之士”[③]。萧辅道在士大夫中的声望，反映出当时太一教势之盛。金元之际，萧辅道因见知于忽必烈，与元室拉上了关系，成为太一教在元初臻于鼎盛的关键。

太一教本身关于教义的经籍文献尽佚，从文人集及残存碑记中的概括性介绍看，太一教虽以符水祈禳为主事，但也着重内炼。徒单公履《太一二代度师墓碑铭》谓萧抱珍立教“本之以湛寂，而符箓为之辅，于以上格园穹，妥安玄象，度群生于厄苦，而为之津梁，迹其冲静玄虚，与夫祈禳祷祀者，并行而不相悖”[④]。按此，则太一教以达心灵“湛寂”、“冲静玄虚”的内修功夫为本，以湛寂至诚的心念为感动上天、以致符法灵验的诀要。这与同一时期正一、神霄、清微等诸派的符法大略一致。所谓“湛寂”、“冲静玄虚”的内修功夫，有似内丹修炼中之“炼神还虚”，正可括之以“太一”二字，可见太一教以“太一”名，或有外奉内修的双重含义。新发现的《蓬壶炼度科》中题为萧抱珍撰的《炼度纲领》也说：“炼度者，炼己以度人也。”其炼己需达到“万缘顿息”，“一性圆明”。其“蓬壶”，指“身内祖宫之境界”，而《周易参同契》已

---

① 《太清观懿旨碑》，陈垣编纂：《道家金石略》，北京：文物出版社 1988 年版，第 840 页。

② 《文渊阁四库全书》第 1198 册，第 553 页；陈垣编纂：《道家金石略》，北京：文物出版社 1988 年版，第 855 页。

③ 《文渊阁四库全书》第 1190 册，第 494 页；陈垣编纂：《道家金石略》，北京：文物出版社 1988 年版，第 840 页。

④ 陈垣编纂：《道家金石略》，北京：文物出版社 1988 年版，第 844 页。

有“旁有垣阙，状似蓬壶”①之句，内丹家多以丹田释之，《性命圭旨》将“蓬壶”列为下丹田异名。② 在破狱环节中，法师存想体内坎阳上升、离火下降，会合丹田结为丹，下尾结（原注：此穴在谷道中之前，阴囊之后背）③，然后手结五岳印，擎珠（尾结）自夹脊升上顶门泥丸宫而去。这与内丹修炼的次第相符。在变神环节，法师存思天火、地火与自身三昧真火合烧，炼尽凡质，婴儿出现。这与内丹家讲的“三家相见结婴儿”也有类似之处。④

太一道士的内修功夫，可以三祖萧志冲为例。《滹南遗老集》卷42《太一三代度师墓表》说，明昌间，州倅移剌（契丹族人）数屏人独往萧志冲住处，见萧常静坐无为，因问：“先生于此有何受用？”萧回答说：“静中自有所得，非语言可以形容。若无得者，虽片时不能安，况终身乎？”其人乃服。⑤萧志冲终身静坐，并自称静中光景非语言可形容，其静坐功夫大抵以达虚静为旨，与全真教的修持相近。太一教二祖萧道熙答金世宗问说：“嘘噏精气，以清虚自守，此野人之事”⑥，谓由调息入手，炼化精气，以臻清静虚无，属内丹修炼一类。萧道熙自题画像云：“来自无中来，去复空中去。来去总一般，要识其间路。”⑦以无、空为本源，与内丹学人自虚无而生、内炼复归于虚无的理论相契合。太一教的内炼，很可能也采用了当时流行的内丹术。

太一教还本《老子》之说，以“弱”为道要。《秋涧集·太一二代度师行状》说，门人李悟真问：“何为仙道？”萧道熙答云：“做仙佛不难，只依一‘弱’字便是耳，曰‘弱者道之用’也。”⑧弱为道之用，用之于宗教修持，即柔

---

① （五代）彭晓：《周易参同契分章通真义》卷上，《道藏》第20册，第139页。

② 参见《性命圭旨·反照图》，《藏外道书》第9册，第518页。

③ 这个位置的穴位，内丹家称为“尾闾”。

④ 参见刘仲宇：《太一教的唯一传世科仪——蓬壶炼度科》，《宗教学研究》2013年第2期。

⑤ 参见《文渊阁四库全书》第1190册，第493页；陈垣编纂：《道家金石略》，北京：文物出版社1988年版，第839页。

⑥ 《秋涧集》卷47《太一二代度师萧公行状》，《文渊阁四库全书》第1200册，第625页；陈垣编纂：《道家金石略》，北京：文物出版社1988年版，第860页。

⑦ 《秋涧集》卷47《太一二代度师萧公行状》，《文渊阁四库全书》第1200册，第625页；陈垣编纂：《道家金石略》，北京：文物出版社1988年版，第860页。

⑧ 《文渊阁四库全书》第1200册，第624页；陈垣编纂：《道家金石略》，北京：文物出版社1988年版，第859页。

弱忍辱，这与大道教、全真教之说也相一致。以成仙成佛相提并论，是宋元时代道书中的常套，反映了佛、道一致乃至三教一致的思想，这是当时社会思潮的总趋势。《南宋初河北新道教考·太一篇》说“而太一特以符箓名，盖以老氏之学修身，以巫祝之术御世者也”，可谓点出了太一教教义之宗要。

太一教传行的“太一三元法箓”今已不存。《秋涧集·太一二代度师行状》说，萧抱珍以“灵章宝箓”传萧道熙，云乃“天神护持”，命起台建坛以供养之。萧道熙依命建坛，“扩充真训，尊光图箓，缔构层阁，制极壮丽，揭以灵章宝蕴之名”①。《秋涧集》卷38《万寿宫方丈记》谓萧道熙嗣法后，“至创灵章，诵仙品，有充类至极者”②。《滹南遗老集·清虚大师侯公墓碣》说萧抱珍每批经箓，必先授侯澄而后传，“前后千品”。③《太一三代度师墓表》谓萧志冲称“吾祖真人尝留经箓三百余阶”④。《秋涧集》卷47《太一五祖演化贞常真人行状》谓萧居寿“受戒为道士，命典符箓科式等事”，其时教内“箓文部秩，灵章宝篆，仙阶显职，称号广博”⑤。可见太一教当日经箓甚多，曾由萧道熙整理扩充。《秋涧集·太一二代度师行状》述萧道熙在赵州依法祷雨的情况说：

> 师乃书飞雷救旱符一道，张净几上，复咒法水数石，令州将已下人酌水沃符毕，雨即来矣。行未竟，雷电，雨且尺。⑥

又称他“持行法箓，捕逐鬼物，风声肃肃，除治户庭间，殆古之能吏然”⑦。这

① 《文渊阁四库全书》第1200册，第624页；陈垣编纂：《道家金石略》，北京：文物出版社1988年版，第859页。

② 《文渊阁四库全书》第1200册，第493页；陈垣编纂：《道家金石略》，北京：文物出版社1988年版，第853页。

③ 《文渊阁四库全书》第1190册，第495页；陈垣编纂：《道家金石略》，北京：文物出版社1988年版，第838页。

④ 《文渊阁四库全书》第1190册，第493页；陈垣编纂：《道家金石略》，北京：文物出版社1988年版，第839页。

⑤ 《文渊阁四库全书》第1200册，第630页；陈垣编纂：《道家金石略》，北京：文物出版社1988年版，第849页。

⑥ 《文渊阁四库全书》第1200册，第625页；陈垣编纂：《道家金石略》，北京：文物出版社1988年版，第860页。

⑦ 《文渊阁四库全书》第1200册，第625页；陈垣编纂：《道家金石略》，北京：文物出版社1988年版，第860页。

和符箓诸派道士画符咒水、召神驱鬼的行径无甚区别。《滹南遗老集·太一三代度师墓表》记萧志冲告河南道士籍少，行醮者皆须禁止荤酒，务行善事，这是一般符箓道士斋醮仪范的常谈。太一教的箓还是教派传承的信物，萧抱珍以“灵章宝箓”授萧道熙，道熙传王志冲时“设大醮，告祢庙，畀之传代秘箓”①。

太一教的科仪，近来发现仍流传于江苏南通地区，名为《太上蓬壶炼度津济法食真科》。据刘仲宇考证，这部目前仅见的太一教科仪本又叫“蓬壶炼度科”或简称“蓬壶炼”，乃是根据清嘉庆抄本和刻本整理而来，其最早的编纂者正是太一教创教之祖萧抱珍。科仪本的内容虽经后人整理修订，但基本可以反映太一教的科仪程式和思想。② 这部《蓬壶炼度科》，乃是“烛幽关为光明法界，度苦海作清净莲池”的超度亡灵、给亡灵施食的科仪，其内容包括了太一三元法术、五灵法术、陇西地区萨守坚一系流传的符咒等，是一部综合性的科仪。从现存的科仪本来看，这部科仪的仪式基本结构与金元时期的其他科仪差别并不太大，但也有一些独特之处。

举行这部科仪，首先需要净坛、请圣和变神。净坛又称禁坛，是建立起专门的法坛，并使其由凡入圣，变为天上众仙神降临、法师行法和众魂齐聚受度的区域。其他炼度科仪在净坛时一般会准备水池和火炤，作为祭炼亡

---

① 《秋涧集》卷47《太一二代度师行状》，《文渊阁四库全书》第1200册，第623—625页；陈垣编纂：《道家金石略》，北京：文物出版社1988年版，第859—860页。徒单公履撰《太一二代度师赠嗣教重明真人萧公墓碑铭》作“畀以传代宝箓”，另见陈垣编纂：《道家金石略》，北京：文物出版社1988年版，第844页。

② 此科仪本的发现与考证，参见刘仲宇：《太一教的唯一传世科仪——蓬壶炼度科》，《宗教学研究》2013年第2期。其云：“民间道士中长期流传的科仪……常常与民间的风俗混合在一起，代代相传，而因为道门对于科仪有特殊的信仰与敬畏，师徒相传时，尽可能不走样，以免‘冥考’，所以保留的文化信息极为稳固。”从信仰的角度来看，确有内在的“律令”来保证“神圣”经典的传抄习演，刘仲宇此说是有道理的，所以我们采用了其论文中披露的关于此科仪本的“文化信息”。但是，在“构造”经典的过程中，也会建构一些内容。比如，据论文介绍，该科仪本题“太乙三元西山萧抱珍纂辑”，“太乙嗣教南昌李居寿集注”，其“西山”、“南昌”之称与二人里贯不符，不知何据；又称序文是李居寿请三十八代天师张与材所作，而张序作于元贞四年（1297年）十一月（该年二月已改元大德），据王恽所撰《行状》，李居寿卒于至元十七年（1280年），所以这里的时间或人物存在问题。

灵、使其凝炼飞升之用,因此,炼度科仪也往往被称为水火炼。但在蓬壶炼中,则以香火和水盂替代,比较简便。请圣是在仪式正式开始之前,上香念咒,请太乙救苦天尊与众神临坛。变神则是在请圣之后,通过观想、手印、步伐和咒语的配合,与太乙天尊合而为一。蓬壶炼在变神这一步上比较特殊。大多数金元时期科仪是观想通过自身元气,使所请的神仙与自己合一,从而变成这位神仙,这种方法称为召合。而蓬壶炼在变神时需要先存想己身为枯木,紧接着存想天火、地火与丹田三昧真火并作,焚尽树身,炼去凡质,在灰烬中现出婴儿,然后存想婴儿化为太乙天尊,周围随侍众神。这种变神的观想方法,将自身看作其中自有宇宙,可以安炉立鼎、洗炼变化,别有壶天,蓬壶炼也正是由此得名。净坛、请圣和变神都是科仪正式开始之前的一些准备工作。

变神完成之后,就开始进入蓬壶炼的正式仪式。蓬壶炼是对亡灵超度、施食的一种炼度仪,因此,进行仪式时首先需要进行"破狱",即通过符咒、手诀和存想的方法,打破地狱之门,放出鬼魂。蓬壶炼在这一步的特别之处在于并没有使用其他炼度仪中较常见的破狱咒,而是使用了来自佛教陀罗尼的密咒。在破狱之后,进行"普召",即将六道鬼魂都召集过来,集中炼度。然后进行"调治",即通过符箓召请天医,前来为亡魂疗疾去灾。调治之后,要进行"解冤结",消除亡魂前世所造冤业。做完这些,就进入了仪式最重要的几个环节"咒食"、"咒水"、"施食"。也就是通过仪式,将凡间的食、水转变为无尽的法食、法水,再施予亡魂,解其饥渴之苦。蓬壶炼在这一步的独特性,在于其转变的法食分为"上元天谷"、"中元应谷"和"下元灵谷",这种称呼在其他炼度科仪中未见,应是太一教"三元"观念的体现。此外,一般的炼度科仪在这一步还会借助法坛上准备的水池火炤,对亡魂进行水火祭炼,洗涤本质、凝炼精神,而蓬壶炼不仅如上文已经提到的,以香火和水盂代替了水池火炤,连同水火祭炼也并未单独进行。从蓬壶炼中施食的咒文来看,其施食的过程应该已经将水火炼融合在一起了:"向来咏太上之真诠,咒云厨之妙供,水火炼于浊质,仙身佩服于真躯。"根据刘仲宇的考证,在当代流传的科仪中,全真教的《铁罐施食仪》和香港地区的《先天斛食济度仪》亦为这种有施食而无水火祭炼的科仪形式,可能受到了太一教科仪的影响。施食的环节之后,就进入了超度亡魂的仪式。首先需要宣“三皈九戒”，让受食的亡灵皈依道、经、师三宝，奉行戒律。然后是“发三大愿”，发愿奉持戒法、常处慈仁、虔心至道。发愿过后，就可以给亡魂们赐下符命宝箓，送生天界，最后恭送所请来的诸位神明回程，蓬壶炼的全部科仪结束。①

太一教道士还有一些周贫济苦的善行。《秋涧集·太一二代度师行状》谓萧道熙“生平好振（赈）施，养老恤孤近百人，人以镪伍千，月给为率，死乃已。贫者丧不能举，衣被棺椁，为俱具之”②。四祖萧辅道掩埋枯骨，为社会人士所称道。《秋涧集》卷39《堆金塚记》记述其事云：贞祐二年（1214年）正月十二日，蒙古兵攻破卫州城，尽屠其居民，这年十一月，萧辅道自河南归卫，“睨其城郭为墟，暴骨如莽，恻然哀之。遂刮衣盂所有，募人力敛遗骸，至断沟智井，攓蓬披塞，掇拾罔漏。乃卜州西北二里许故陈城内地，凿三坎，瘗而丘之。仍设醮祭，以妥厥灵”。人呼其冢曰“堆金冢”，意谓人骨久而化为金石。③ 这些颇得人心的善举，盖本于道教传统的“行善立仙基”之说。

太一教和大道教、全真道等新道派一样，承道教传统，极重宣扬封建伦理。这一点尤其突出地表现于太一教的特殊教制：掌教者一律改从始祖之萧姓，以示师徒之间尽父子之礼。《秋涧集·太一三代度师先考王君墓表》记太一教道士张居祐告王恽云：“太一教法，专以笃人伦翊世教为本。至于聚庐托处，似疏而亲。师弟子之两间，传度授受，实有父子之义焉。”④这确非过言。萧抱珍卒后，嗣教者萧道熙“缞绖哀戚，如丧考妣，于是相宅兆，具葬仪，及殡，整整有法”⑤。三祖萧志冲先事道士霍子华，“子华故有淹疾，师

① “蓬壶炼”的内容，参见刘仲宇：《太一教的唯一传世科仪——蓬壶炼度科》，《宗教学研究》2013年第2期。

② 《文渊阁四库全书》第1200册，第625页；陈垣编纂：《道家金石略》，北京：文物出版社1988年版，第860页。

③ 参见《文渊阁四库全书》第1200册，第498页；陈垣编纂：《道家金石略》，北京：文物出版社1988年版，第850页。

④ 《文渊阁四库全书》第1200册，第794页；陈垣编纂：《道家金石略》，北京：文物出版社1988年版，第852页。

⑤ 《秋涧集》卷47《太一二代度师行状》，《文渊阁四库全书》第1200册，第624页；陈垣编纂：《道家金石略》，北京：文物出版社1988年版，第859页。

(萧志冲)侍奉惟谨,前后十年无懈倦之色,或衣不解带者数月,人以为难"①。太一道士师徒间的这种父子之礼,表现出受儒家伦理影响之深。

太一教始祖萧抱珍起初居家传教,似非出家道士。但从现存资料看,太一教道士有出家者,如《滹南遗老集·太一三代度师墓表》谓王志冲16岁时父兄为之议婚,不从,曰:"性喜出家,不愿娶也。"逃去,投萧道熙门下为道士。②《静修集·洺水李君墓表》讲,太一教六祖李全祐的祖父李道元"年五十即断家事关白,就太一翁受道箓,开别第以居";其父李守通,"以全祐幼有羸疾,不任婚宦,乃命弃家师事之(萧辅道)"。③ 可见太一教也有出家之制。

关于太一教教义教制的资料虽然不多,但从以上所举概略来看,这一教派和当时南方的诸符箓道派甚多一致性,表现出由时代思潮所决定的普遍特征,确有不少新的特色。

第三节 大道教的创立及其在金代的发展

太一教创立后不久,黄河流域又出现了另一个新的道派——大道教。

和太一教一样,大道教也于元末绝传,教祖、道士的著述尽佚,无本派教史传世。其有关史料,散见于《元史·释老传》及程钜夫、吴澄、虞集、宋濂等人文集中。20世纪20年代,陈垣先生在北京艺风堂拓片中找出了几通关于大道教的碑刻,以后在其《南宋初河北新道教考》中,对大道教首次作了考述,使这一道派的历史轮廓重现于世。70年代,袁国藩先生撰《元代真大道教考》,对大道教史有所增补。80年代,陈智超先生又发现了一些有关大道教的史料,撰有《真大道教的新史料》等文章发表,极大地推动了对大

① 《滹南集》卷42《太一三代度师墓表》,《文渊阁四库全书》第1190册,第492页;陈垣编纂:《道家金石略》,北京:文物出版社1988年版,第839页。

② 参见《文渊阁四库全书》第1190册,第492页;陈垣编纂:《道家金石略》,北京:文物出版社1988年版,第839页。

③ 《文渊阁四库全书》第1198册,第552、553页;陈垣编纂:《道家金石略》,北京:文物出版社1988年版,第854、855页。

道教的研究，使大道教的面目进一步清晰。21 世纪以来，刘晓、赵建勇等又通过新的碑刻的发现和解读，继续推进着相关研究。刘晓撰有《元代大道教玉虚观系的再探讨——从两通石刻拓片说起》、《元代大道教史补注——以北京地区三通碑文为中心》等文，赵建勇撰有《元大道教史补考——以〈创建大明观更上清宫记〉等三方碑刻及山西省境为中心》等文，对于大道教的传播范围、元代大道教的分裂及之后各支系的发展提出了新的见解，使大道教的面貌更为明朗。

一、刘德仁与大道教的创立

大道教创始人刘德仁（1122—1180 年），号无忧子，宋徽宗宣和四年（1122 年）正月生于沧州乐陵县（今山东省乐陵）北界，幼年丧父。靖康之变中，刘德仁随母迁居于盐山县（今河北省盐山县北）太平乡。[①] 国亡之痛，战乱之灾，民族压迫之苦，深深刺激着刘德仁幼小的心灵。他“幼而颖悟，弱不好弄”[②]，“不喜与儿辈嬉戏”[③]，及长，读书通大义。关于他创教的酝酿过程，几种资料都仅仅记述了他遇“至人”授诀的外因，只有 1984 年出土的元元贞元年（1295 年）刻《汴梁路许州长社县创建天宝宫碑》对他追求宗教的过程有简略交代：

> 年七岁，读道经，悟“虚其心，实其腹”之语，遂割弃尘累，飘然为物外游。因抵淄川（今山东省淄博市南）颜城瓮口谷南，爱其山水，铲其荆棘，平其坳垤，乃建堂宇，我师（指刘德仁）莅止焉。

按此，则刘德仁为少年出家的道士。据元至元二十八年（1291 年）田璞撰《重修隆阳宫碑》，刘德仁于金熙宗皇统二年（1142 年）由奇遇而立教时，

---

① 参见（元）杜成宽：《洛京缑山改建先天宫记》，陈垣编纂：《道家金石略》，北京：文物出版社 1988 年版，第 818 页；（元）田璞：《重修隆阳宫碑》，陈垣编纂：《道家金石略》，北京：文物出版社 1988 年版，第 823 页；（明）宋濂：《书刘真人事》，陈垣编纂：《道家金石略》，北京：文物出版社 1988 年版，第 835 页。

② （元）张英：《汴梁路许州长社县创建天宝宫碑》，转引自陈智超：《真大道教新史料》，《世界宗教研究》1986 年第 4 期。

③ （元）田璞：《重修隆阳宫碑》，陈垣编纂：《道家金石略》，北京：文物出版社 1988 年版，第 823 页。

仅20岁,在此之前,应有一个宗教追求的过程,《天宝宫碑》之说当较可信。

道教中凡创宗立派者,一般总要把其教义托之于仙传神授,萧抱珍、王喆皆如此,刘德仁也不例外。几种有关刘德仁的资料,都以得仙圣秘授为他创教的启机,关于此事,几种资料说法不无龃龉,但大体上皆源于同一个传说。最早记述刘德仁事迹的《洛京缑山改建先天宫记》(杜成宽撰于至元十五年)说:

我祖师东岳真人刘君,生居沧州乐陵县之北界,首以爱敬事母,以清静处身。端由正念之克存,乃感圣师之临御,复驾青犊,来抵其家,授以宗乘,传以经笔,俾兴大道之正教,以度末世之黎民。①

稍晚的《重修隆阳宫碑》说:

有金皇统二年冬十一月既望,迟明,似梦而非,有老人须眉皓白,乘青牛犊车至,遂授玄妙道诀而别,不知所之。②

明初宋濂《宋学士文集》卷35《书刘真人事》说得更为具体:

一日晨起,有老叟乘犊车相过,摭拾《道德经》要言授之,曰:"善识之,可以修身,可以化人。"仍投笔一枝而去。自是玄学顿进,从之游者众。③

刘德仁受某某隐士或道士的指点而玄学顿进,是可能的。但所谓须眉皓白的老叟乘青牛犊车而授以《道德经》要言,则显然会令人联想到老子,而"似梦而非"之说,更给这一奇遇增添了神秘色彩。

刘德仁遇"至人"指授,创立大道教的金皇统初,黄河下游地区刚刚经过战火洗劫,社会动乱,生产凋敝,人心不稳。金熙宗废刘豫的傀儡政权齐后,民族矛盾激化,太行山一带和山东沿海、苏北邳州等地掀起了以张贵、梁小哥、张清、张模等为首的人民起义,反抗女真贵族统治。天眷三年(1140年),金大举伐宋。战乱期间,征敛繁急,民不聊生,社会生产遭到巨大破坏,田园荒芜,资食匮乏,长期以来被封建统治者从多种渠道予以规范化的封建社会秩序、伦理道德观念也被扰乱。沦陷于女真贵族统治下的北方辽

① 陈垣编纂:《道家金石略》,北京:文物出版社1988年版,第818页。
② 陈垣编纂:《道家金石略》,北京:文物出版社1988年版,第823页。
③ 陈垣编纂:《道家金石略》,北京:文物出版社1988年版,第835页。

汉人民，反抗斗争屡遭镇压，盼望南宋复兴反攻也遥遥无期，眼前又面临切身的生计问题，急需一种既能指导人们解决温饱问题，又能安定社会秩序、调节社会矛盾的意识形态。出身于下层社会，切感这种社会需要的刘德仁，于是应运而出，立教劝人。

二、大道教的教义教制及其在金代的发展

金初三大新道教中，太一教、全真教皆各承北宋道教符箓派、内丹派的学说而有所翻新。刘德仁所创大道教，却颇为特殊，其教旨与北宋道教旧派似无直接的相承关系，是道教史上一家独具特色的教派。《元史·释老传》概括大道教的宗旨说："其教以苦节危行为要，而不妄取于人，不苟侈于己。"宋濂《书刘真人事》谓刘德仁取乘犊老者所授《道德经》要言，敷绎其义以示人，其目有九：

> 一曰视物犹己，勿萌戕害凶嗔之心。
>
> 二曰忠于君，孝于亲，诚于人，辞无绮语，口无恶声。
>
> 三曰除邪淫，守清静。
>
> 四曰远势利，安贱贫，力耕而食，量入为用。
>
> 五曰毋事博弈，毋习盗窃。
>
> 六曰毋饮酒茹荤，衣食取足，毋为骄盈。
>
> 七曰虚心而弱志，和光而同尘。
>
> 八曰毋恃强梁，谦尊和光。
>
> 九曰知足不辱，知止不殆。学者宜世守之。①

刘德仁教人的这九条，都是一些伦理规范、立身处世之道。九条要义中，不杀、不盗、不邪淫、不饮酒茹荤、不绮语恶声及忠君孝亲等大略杂取于佛教五戒、十戒及道教初真十戒；远势利、安贫贱、虚心弱志、和光同尘、知足知止等，则为《老子》之说的通俗化；至于力耕而食、量入为用等更为切实、反映了劳动人民要求的诫条，可在《太平经》中找到其渊源。由此看来，大道教是一个以通俗的伦理实践为主旨，多取于《老子》之说的民众宗教。

① 陈垣编纂：《道家金石略》，北京：文物出版社 1988 年版，第 835—836 页。

在当时士大夫眼里，大道教是老子之道的实践者。程钜夫《雪楼集》卷17《郑真人碑》说："今之所谓大道者，其守慈俭不争之宝者欤？"慈俭不争，乃《老子》所主张宣扬。《元一统志》卷1载元元贞元年（1295年）翰林学士李谦撰《制赠大道正宗四世称号碑》有曰："大道之教，行于世久矣。清修寡欲，谦卑自守，力作而食，无求于人，得老氏立教之指（旨）为多。"①宋濂《书刘真人事》说："德仁在宋金之间，仿佛老子遗意以化人。"田璞撰《重修隆阳宫碑》以《老子》之说解释刘德仁立教之旨云：

> 真大道祖师无忧子之阐教门也，衣取以蔽形，不尚华美，目不贪于色也；祈祷不假钟鼓之音，耳不贪于声也；饮食绝弃五荤，口不贪于味也；治生以耕耘蚕织为业，四体不贪于安逸也；纤毫不乞于人，情不贪于嗜欲也。夫如是清静其心，燕处超然，默契太上众妙之理，其真大道教门也哉！②

指出大道教是从生计和伦理上"清静其心"，以契合《老子》所谓"众妙之门"的大道，而归根返本。这可谓对大道教名称的解释。

关于刘德仁立教之旨及大道教徒的宗教修养，诸有关史料所说基本一致。如元张英撰《汴梁路许州长社县创建天宝宫碑》说：

> （刘德仁）当亡金大定间立教，以大道为名，无执着，无爱憎，无彼此，清静冲抑，慈俭不争，见富贵者无谄媚之容，睹贫贱者无轻侮之意。其持身律己，往往自庐而居，凿而饮，耕而食，蚕而衣，一切必出于己，一介不取于人。

元大道教道士赵清琳撰《大道延祥观碑》说：

> 刘公无忧，得法于上圣，以大道而名。……其教则大率以无为清静为宗，以真常慈俭为宝。其戒则不色、不欲、不杀（下缺）不饮酒、不茹荤。以仁为心，恤其困苦，去其纷争，无私邪，守本分。而不务化缘，日用衣食，自力耕桑，为赡道之（下缺）③

大道教教义，大略亦分内修外用两个方面。杜成宽撰《洛京缑山改建

---

① （元）孛兰肹等撰，赵万里校辑：《元一统志》卷1，北京：中华书局1966年版，第42页。
② 陈垣编纂：《道家金石略》，北京：文物出版社1988年版，第823页。
③ 陈垣编纂：《道家金石略》，北京：文物出版社1988年版，第821—822页。

先天宫记》说，刘德仁所立大道正教"见素抱朴，少思寡欲，虚心实腹，守气养神"，这属大道教道士的内修之功，"守气养神"是道教传统的修炼方法，内丹修炼之要。《先天宫记》又说："及乎德盛功成，济生度死，以无为保正性命，以无相驱役鬼神"，这是大道教道士"成道"后的外用。此碑记的撰写者杜成宽，称"崇道广演大师、休庵老人、前进士"，是元初大道教中一位文化程度相当高的道士，他对大道教旨的概括，可看作大道教理论家的权威之论。

刘德仁不仅以通俗的伦理信条教人，而且以祈祷治病、驱役鬼神驰名。至元七年（1270年）参知政事杨果撰《玉虚观大道祖师传授之碑》称刘德仁"救病不用药，仰面祝天而疾无不愈"①。宋濂《书刘真人事》称刘德仁"且善于劾召之术"，并举例说："赵氏为狐所祟，真人（刘德仁）劾之，里中茔兆自焚，狐数百鸣啸赴火死，人尤神之。"《大道延祥观碑》说，刘德仁设教，"有疾者符药针艾之事悉无所用，惟默祷虚空，以至获愈。复能为人除邪治病"。《重修隆阳宫碑》说：刘德仁自得至人授诀后，"由是乡人疾病者远近来请治，符药针艾弗用，效如影响焉"。从今天气功治病的情况看，刘德仁很可能有相当深的气功功夫，能以意念或外气为人治病。当时人不理解其原理，视之为神，于是上门求医受教者云集。这当然是大道教能吸引群众的一个重要原因。

刘德仁虽承道教炼养之说，教人见素抱朴、少思寡欲、虚心实腹、守气养神，但并不神化其术，不侈言飞升成仙。《大道延祥观碑》说他"平日恬淡，自（下缺）无他技。彼言飞升化炼之术、长生久视之事，则曰：吾不得而知"②。他虽如符箓道士，为人祷天疗疾、劾治妖鬼，而以"无相"为诀，不假符箓，尽除科仪，唯默祷虚空而已。其教亦不奉祀众多神仙，"惟以一瓣香朝夕恳礼天地"③。这在道教诸派中，作风之平实，可谓罕见。它是根据时势民俗，取老氏、道教之切用者，而弃其宗教性的虚夸之谈、繁文缛节，颇能适应当时中下层社会的宗教需求，赢得了不少信徒。《大道延祥观碑》说：

---

① （元）孛兰肹等撰，赵万里校辑：《元一统志》卷1，北京：中华书局1966年版，第47页。

② 陈垣编纂：《道家金石略》，北京：文物出版社1988年版，第822页。

③ 《大道延祥观碑》，陈垣编纂：《道家金石略》，北京：文物出版社1988年版，第822页。

“远近之民，有愿为弟子列，随方立观，为不少焉。”①其传播区域，在金代主要在黄河以北，《汴梁路许州长社县创建天宝宫碑》说：“盖先是大道一宗，其所崇尚，不过河北有焉。”大道教之广泛传播，是金末以后的事。

和太一教、全真教一样，大道教也有出家之制，始祖刘德仁即出家道士。元人吴澄《草庐集》卷26《天宝宫碑》说：天宝宫大道教道士告吴澄言，“吾教之兴，自金人得中土时，有刘祖师，避俗出家，绝去嗜欲，屏弃酒肉，勤力耕种，自给衣食，耐艰难辛苦，朴俭慈愍，志在利物，戒行严洁，一时翕然宗之。”大道教出家道士聚庐而居，集体生活，共同劳动，大概建立过有本派特色的观庵制度。《重修隆阳宫碑》说，大道教五祖郦希成初嗣教时，“或出家，或在家，为弟子者，殆无旷日矣”②。大道教徒分出家、在家两种，当始于刘德仁立教之初。

大道教创立后不久，金朝的统治便由稳定而进入昌盛的世宗朝。大定（1161—1189年）初，平定内乱、征宋获胜之后，金廷即着手文治，依辽宋法改革官制，恢复生产，文化方面则扶植利用传统的儒、释、道三教。道教方面，除修复中都天长观等道观外，对民间新出现的太一教、大道教等管理、利用，成为金廷振兴三教文化、安定社会秩序的一个重要环节。大道教教人忍辱知足、谦卑自守，十分有利于消弭人民的反抗情绪，调节紧张的民族、阶级关系；大道教教人不杀不盗，忠君孝亲，有利于巩固封建宗法制度；大道教教人自力耕桑、节俭不侈，有利于恢复战乱中遭受破坏的社会生产，发展封建经济。大道教以通俗的宗教形式宣扬封建伦理，并辅以祈祷治病，比儒学更容易为中下层社会的广大群众所接受，是一种很有效的社会教化工具。元人虞集《道园学古录》卷50《真大道教第八代崇玄广化真人岳公之碑》说：

> 金有中原，豪杰奇伟之士，往往不肯婴世故、蹈乱离，辄草衣木食，或徉（佯）狂独往，各立名号，以自放于山泽之间。当是时，师友道丧，圣贤之学湮泯澌尽，惟是为道家者，多能自异于流俗，而又以去恶复善之说以劝诸人。一时州里田野，各以其所近而从之。受其教戒者，风靡

① 陈垣编纂：《道家金石略》，北京：文物出版社1988年版，第822页。

② 陈垣编纂：《道家金石略》，北京：文物出版社1988年版，第823页。

水流，散在郡县，皆能力耕作，治庐舍，联络表树，以相保守，久而未之变也。[①]

在当时出现的新道派中，大道教的教义对于稳定社会、安抚人心、发展生产的急切需要来说，可谓最为合适。大道教的这种社会作用，不久便被金廷所发现，对其教予以承认保护。《重修隆阳宫碑》、《书刘真人事》皆说，大定七年（1167 年），金廷诏刘德仁入居中都天长观，赐号"东岳真人"。号"东岳"者，盖取刘德仁所居山东淄川附近的泰山而为言。《玉虚观大道祖师传授之碑》则称刘德仁于"金大定间号东岳先生"[②]。"先生"是两宋朝廷对道士的最高赐号，刘德仁是金代道士中第一个受此封号的人，可见金廷对其教的赏识和重视。

大道教在金朝统治者的承认和提倡下，传播当更为顺利。大定初，金廷曾一度为解决军费急需而出售僧道度牒、寺观名额等，大道教想必也和太一教一样，乘机买了一些观额、度牒。

刘德仁于大定二十年（1180 年）二月十五日"瞻拜太虚，安然而逝"[③]。弟子陈师正嗣任掌教，为大道教二祖。陈师正号大通子，《玉虚观大道祖师传授之碑》记二祖名陈正谕[④]，正谕盖陈师正表字。陈师正出身贫苦，宋濂《书刘真人事》说他"幼渔于河，德仁挈以入道，能预知吉凶事"。《洛京缑山改建先天宫记》说："二祖既掌天权，弘宣祖道，度人罔极，设化无方，阐教垂一十五年，法寿则莫得而识。"[⑤]按此说，陈师正掌教时间是从大定二十年至金章宗明昌五年（1180—1194 年），正当金朝鼎盛阶段。从"度人罔极"之言看，大道教在这一阶段有大发展。章宗明昌元年（1190 年）曾以"惑众乱

---

① 《文渊阁四库全书》第 1207 册，第 691 页；陈垣编纂：《道家金石略》，北京：文物出版社 1988 年版，第 830 页。

② （元）孛兰肹等撰，赵万里校辑：《元一统志》卷 1，北京：中华书局 1966 年版，第 47 页。

③ （元）田璞：《重修隆阳宫碑》，陈垣编纂：《道家金石略》，北京：文物出版社 1988 年版，第 823 页。

④ （元）孛兰肹等撰，赵万里校辑：《元一统志》卷 1，北京：中华书局 1966 年版，第 47 页。

⑤ 陈垣编纂：《道家金石略》，北京：文物出版社 1988 年版，第 818 页。《玉虚观大道祖师传授之碑》则云"明昌庚戌（1190 年）传道与三祖张信真希夷子"。（元）孛兰肹等撰，赵万里校辑：《元一统志》卷 1，北京：中华书局 1966 年版，第 47 页。

民”为由禁罢全真及五行、毗卢，次年又禁以太一混元授箓私建庵室者，但史传中未见有禁断大道教的记载。陈垣先生说：“然则大道亦恐不免，特史有纪有不纪耳。”①大道教即使亦曾遭禁，但也会与全真等一样，未几即复，其势更炽。

大道教第三祖张信真，号希夷子，《洛京缑山改建先天宫记》称为“纯阳真人”，纯阳盖属道号，明万历版《续文献通考》卷243《仙释考》、嘉靖《青州府志》卷16《仙释传》有其小传，谓张信真为青州乐安（今山东广饶）人，家世以农桑为业，信真幼喜读书，年十五，参礼陈师正为道士。“戒行精严，祛邪治疾，大有灵应。”②《洛京缑山改建先天宫记》说他“处世五十五年，阐教二十五载”③，则张信真的生卒年当为1164—1218年。他掌教的25年，金廷由盛而衰，大道教稳定发展。该记又说张信真“禀质不凡，行法好古，敷宣圣教，克肖先师”④，大概以守成为特点。他掌教后期，金廷贞祐南迁，在蒙古军入侵的艰难岁月里，大道教也可能曾受到一定的破坏，然由于社会苦难，其势当更盛。

张信真是大道教诸祖师中唯一有诗文传世者，宋濂《书刘真人事》说他“有诗文数百篇，号《玄真集》”。《玄真集》早已不存。《续文献通考》卷243《小传》说张信真“后于大（天）长观问天师授正一盟威秘录，赐号真人”⑤，按正一天师居江西龙虎山，属南宋境，不得至金国，至元世祖平江南后，正一天师始传道于北方，此传所载不知何据。张信真以祛邪治病名世，当时金国境内亦有传正一法箓的道士，张信真也可能曾就某个正一道士学法。至于赐真人号事，据元翰林学士李谦撰《制赠大道正宗四世称号碑》，赠大道教四代祖师封号，张信真号“冲虚静照真人”，是元贞元年（1295年）的事。

张信真卒后，毛希琮嗣掌教事，为大道教第四祖。《洛京缑山改建先天宫记》称毛希琮为“元阳真人”，元阳盖其道号。该记又说毛希琮“见性达

① 陈垣：《南宋初河北新道教考》，北京：中华书局1962年版，第52页。
② （明）王圻：《续文献通考》卷243，台北：文海出版社1979年版，第23册，第14555页。
③ 陈垣编纂：《道家金石略》，北京：文物出版社1988年版，第818页。
④ 陈垣编纂：《道家金石略》，北京：文物出版社1988年版，第818页。
⑤ （明）王圻：《续文献通考》卷243，台北：文海出版社1979年版，第23册，第14555—14556页。

聪,罔愆成法,心厌尘世,不永斯年。掌教五星有奇,得年三十八岁”①。按此,则毛希琮的生卒年应为1186—1223年。宋濂《书刘真人事》说:“信真卒,毛希琮嗣,当金之亡,兵戈俶扰,希琮能以柔而存。”毛希琮掌教的五年间,金廷外侮内乱,奄奄一息,日蹙国百里,社会极不安定,大道教应当有所发展。

关于大道教二、三、四祖,史料不多,只能勾勒出一个大概的轮廓。几代祖师大多出身农民,其教大概亦主要流传于农民阶层中。大道教力耕而食、量入为用的教旨,尤反映了农民的思想,总的看来,这一道派基本上是一个反映农民意识的宗教。

大道教四祖毛希琮之后,其教分为燕京天宝宫与玉虚观两派,分别以郦希成、李希安为第五祖,他们二人主要活动于蒙古统治下的燕京一带,都受到蒙古宪宗及忽必烈的赏识,对其教予以承认和扶植,大道教于是得以在金末元初蓬勃发展,臻于鼎盛阶段。

第四节　全真道的创立及其在金代的发展

金初兴起的三大新道派中,全真教出现最晚,势力最大,教团骨干人物的文化程度最高,留下的著述、史料也最丰富,约占三派新道教史料的三分之二以上,足以提供相当清晰的全真教历史面目。

与太一教、大道教的教祖皆出身于中下层社会不同,全真教创建者王喆,文化素养较高,属庶族地主出身的中级知识分子,全真教中的骨干,亦多属此类人物。这使全真教的教义教制,带有地主阶级文化的明显烙印。

一、王重阳与全真道的创立

全真道创立者王喆(1113—1170年),原名中孚,入道后改名喆,字知明,号重阳子,陕西咸阳大魏村人,出生在一个“家业丰厚”、“以财雄乡里”的地主家庭,从小读书,修进士业,为京兆府学生员。金代刘祖谦《重阳祖

① 陈垣编纂:《道家金石略》,北京:文物出版社1988年版,第818页。

师仙迹记》称他“美须髯，目长于口，形质魁伟，任气而好侠”①，是一个颇有豪气、才气的富家子弟，和出身于这种家庭的大部分人一样，王喆年轻时热衷于仕进，其《全真集》卷9《悟真歌》自称：“不修家业不修身，只恁望他空富贵。”②然生不逢时，世途多艰，青年时期，正值宋、金交兵，生灵涂炭。关中地区沦陷后先属金国的儿皇帝刘豫的齐国所辖，齐阜昌（1130—1137年）年间，王喆曾应齐礼部试而不第。未几齐被废，关中沦入金人的统治之下，值此社会大变动的王喆，大概亦曾怀过乘时而起、兴汉复宋的希望。元人商挺《题甘河遇仙宫》诗说：“矫矫英雄姿，乘时或割据，妄迹复知非，收心活死墓。”③即意谓王喆曾有过反金割据的壮图，并且是由这种壮图的破灭而走向宗教的。当时一般抗金起义的人，都把希望寄托于南宋。但软弱腐朽的南宋朝廷很不争气，屡败于金，未几向金议和称臣，金在北方的统治渐趋稳固，开始设科举拉拢汉族士人。金熙宗天眷元年（1138年），下诏开科取士，分设女真与汉人进士科，王喆也参加应试，他改名德威，字世雄，弃文习武，考中了武举。但仕途坎坷，直至47岁，只做过小吏，郁郁不得志。正是：“天遣文武之进两无成焉，于是慨然入道。”④

王喆是在金朝统治稳固后依附金廷而又被排挤出官场的一类地主阶级的代表人物。他们和金女真贵族之间当然有很深的民族矛盾，心底里埋藏着亡国易服之辱，及对民族压迫的不满，但其阶级利益，与女真贵族终归有一致之处，因此他们也愿意为金廷服务。但当仕途失意之时，他们便无法遣除内心的种种抑郁愤懑，而宗教，正是一条既能安慰精神创伤、又对封建社会有所裨益的出路，于是，他们中的一类人，如王喆，便走向宗教道路。

王喆不仅半生仕途失意，而且于天眷（1138—1140年）初遭家财被盗之厄，心灰意懒，沉醉于酒，经过了一番痛苦的思想历程，酝酿着宗教的归求。他自称于正隆四年（1159年）在甘河镇酒肆中遇异人授以真诀，有诗自述

---

① 《甘水仙源录》卷1，《道藏》第19册，第726页。

② 《道藏》第25册，第739页。

③ 《甘水仙源录》卷10，《道藏》第19册，第813页。

④ （金）金源璹：《全真教祖碑》，《甘水仙源录》卷1，《道藏》第19册，第723页。

云:“四旬八上始遭逢,口诀传来便有功。”①金源璹《全真教祖碑》记述他的这一奇遇说:

正隆己卯季夏既望,于甘河镇醉中啖肉,有两衣毡者继至屠肆中,其二人形质一同……遂授以口诀……明年,再遇于醴泉,邀饮肆中酒家。问之乡贯年姓,答曰:濮人,年二十有二,姓则不知也。②

刘祖谦《重阳祖师仙迹记》也说:“正隆己卯间,忽遇至人于甘河,以师为可教,密付口诀,及饮以神水。”③遇奇人授以修炼口诀,完全是可能有的事,但从去王喆不远的金朝人金源璹、刘祖谦所撰的这两篇传记看,王喆大概没有说明他所遇异人的姓名,只是提供了一个神秘的故事,叫人们去猜想。到王喆门下,便明确以他所遇异人为鼎鼎大名的吕洞宾。如王处一《云光集》卷1《全真》诗说:“我师(指王喆)弘道立全真,始遇纯阳得秘文。”④马钰、谭处端集中也有类似说法。以后更名王喆从吕洞宾所得秘文为《灵文五篇》,收于《道藏辑要》中。在王喆的《重阳全真集》中,也有师承钟离权、吕洞宾、刘海蟾之说,如卷9《了了歌》云:“汉正阳(钟离权)兮为的祖,唐纯阳(吕洞宾)兮做师父,燕国海蟾(刘操)兮是叔主。”⑤这种说法,大概未必出于后人的伪托。钟、吕、刘是当时社会上享有盛名的活神仙,内丹派的代表人物,自称得活神仙的真传,表明其渊源有自,正是王喆这样一个聪明的创教者应该采用的手段。从全真道的教义来看,也确属北宋钟吕系内丹派的继承和发展。当然,王喆所遇,未必是吕洞宾,但很可能是钟吕系内丹的某一位传人。

甘河“遇仙”后,王喆假托疯病,弃家入终南山南时村修炼。他掘地为隧,封高数尺,在四隅各栽海棠一株,以表“欲四海教风为一家”之志,居于穴中修炼,名为“活死人墓”,外则佯狂装疯,自号“王害风”。与他同时出家

---

① (金)金源璹:《全真教祖碑》,《甘水仙源录》卷1,《道藏》第19册,第723页。参见《重阳全真集》卷2《遇师》,《道藏》第25册,第701页。

② 《甘水仙源录》卷1,《道藏》第19册,第723页。

③ 《甘水仙源录》卷1,《道藏》第19册,第726页。

④ 《道藏》第25册,第649页。

⑤ 《道藏》第25册,第736页。

入终南山修炼,而且师资渊源相同者,还有李凝阳、和德瑾二人。王喆修炼三年后,自填其穴,迁居终南山刘蒋村北,结庵修炼。一直到大定七年(1167年),他只招来史处厚、严处常等不多几个徒弟,在附近没产生多大影响。这年夏天,他忽然焚其所居茅庵,东出潼关,赴山东半岛传教。

王喆的出家修道与东行传教,与金廷的道教政策紧密相应。早在皇统八年(1148年),金廷就曾召见太一教主萧抱珍,表示了对民间新兴道教的承认保护。大定七年(1167年),金廷召见大道教祖刘德仁,诏居中都天长观,赐“东岳先生”号,表现出对民间新道教的鼓励提倡。王喆正是在这个时候出关东行,开始创教传教的。

王喆到达山东后,在宁海一带活动,很快便赢得信众,收了七大弟子,后称“七真”。七真多出身于豪门富户,与王喆属同一阶层。七真中首先归投王喆的,是马钰(1123—1183年),马钰原名马从义,字宜甫,汉马援之后,世居宁海州,业儒,富甲州里,人称“马半州”。他喜读书,善文学,轻财好施,曾补试郡庠,娶妻孙不二,生三子。大定七年(1167年)七月,遇王喆于州之怡老亭酒席上,马从义见王喆颇有“仙风道骨”,问“何为道”?王喆答曰:“五行不到处,父母未生时。”①马奇其言,乃邀之于家,事以师礼。王喆于马家后园结庵而居,匾其居曰“全真”,是为全真立教之始。王喆为诱化马从义入道,令锁庵斋居百日,每日只进一餐,示以丹功异能。马从义妻孙不二反对丈夫从王喆学道,王喆为劝诱他们夫妇,每10日索1梨,切成若干块以寓意,分送马从义夫妇,自2块至55块,每送一次,皆作诗词歌颂附之,劝他们看破恩爱牵缠,出家学道,马从义夫妇亦对答唱和,如是多番劝诱,马从义才下决心弃家入道,取名钰,字玄宝,号丹阳子。王喆命他写入道誓状焚化,跟着他乞食于街市,过云游道士的生活。

马钰之后,谭处端、丘处机、王处一、刘处玄、郝大通、孙不二六人也相继随王喆出家入道,全真门下,一时人才济济。

谭处端(1123—1185年),原名玉,字伯玉,宁海州人。其父为锻镣铁

① 《甘水仙源录》卷1《马宗师道行碑》,《道藏》第19册,第729页。

匠,在王喆七大弟子中出身最为寒微。然也是“孝义传家,甚为乡里所重”①。年十五,有志于学,读诗书,工草隶,曾因醉卧风雪中,感风痺之疾,百药无效,祷于斗神,亦未能愈。大定七年(1167年)礼王喆为师,改名处端,字通正,号长真子。一夕,王喆令他抱其足而眠,为之运气治病,少顷,谭觉热汗被体,次日晨起,痼疾顿愈,乃神而敬服之。其妻颜氏赴王喆所居庵,唤谭处端归家,谭怒黜之去。谭处端接受了王喆的秘诀后,便“灭人我,绝思虑,戴青巾,穿纸布”,于大定戊子岁(1168年),辞亲戚,别乡党,跟从王喆隐居于昆嵛山的烟霞洞。

丘处机(1148—1227年),是“七真”中年龄最小的一位,字通密,号长春子,“家世栖霞,最为名族”②,自幼聪敏过人,日记千余言,久而不忘,少年时期即向往神仙之道。金大定六年(1166年),19岁的丘处机为学仙而“递居昆嵛山”;次年(1167年),丘处机闻知王喆在宁海全真庵修行,便前往求教。王喆一见丘处机,便“知其非常人也”③,非常喜爱,“与语终夕,玄机契合”④,故特赠其一首诗,丘处机“拜而受之”,愿从此“旦夕亲侍左右,甘洒扫之役”⑤,并“执弟子礼”⑥,正式成为王喆的弟子。八年(1168年)春,丘处机也跟从王喆住烟霞洞,秋冬居文登。

王处一(1142—1217年),号玉阳子,宁海东牟(今山东省牟平县)人。王处一从小丧父,对母亲很孝顺。世宗大定八年(1168年)二月中,王处一游宴到范明叔家的遇仙亭,见到王喆,王喆一看,便知他是玄门大器,遂答应他拜师的请求,带他到昆嵛山烟霞洞,并授与正法及“处一”道名。王处一的母亲也愿拜王喆学道,王喆知其贞洁,赐名“德清”,号“玄靖散人”。王处一拜王喆为师后,往来于登、宁之间,炼形九年,接物利生,普化存亡。⑦

---

① 《金莲正宗记》卷4《长真谭真人》,《道藏》第3册,第357页。
② 《金莲正宗记》卷4《长春丘真人》,《道藏》第3册,第359页。
③ 《甘水仙源录》卷2《长春真人本行碑》,《道藏》第19册,第734页。
④ 《金莲正宗记》卷4《长春丘真人》,《道藏》第3册,第359页。
⑤ 《金莲正宗记》卷4《长春丘真人》,《道藏》第3册,第359页。
⑥ 《甘水仙源录》卷2《长春真人本行碑》,《道藏》第19册,第734页。
⑦ 参见《甘水仙源录》卷2《玉阳体玄广度真人王宗师道行碑铭并序》,《道藏》第19册,第736—738页。

郝大通（1140—1212 年），原名昇，宁海人，出身于一个“历代游宦”的官僚地主家庭，“家故饶财，为州首户”①，其兄中进士，官县令。郝大通少孤，事母至孝，喜读《易》，好阴阳律历之术，以卜筮为业。大定七年（1167 年），遇王喆于街市，王喆劝谕他入道修仙，次年，入昆嵛山礼王喆入道，改名璘，号恬然子。后来游方至陕西岐山，遇一老人指示，改名大通，字太古，号广宁子。他在昆嵛山不久，奉师命与王处一一道赴铁查山修炼。大定九年（1169 年），王喆携丘、刘、谭、马四人南归汴梁，留郝大通与王处一居住查山。

刘处玄（1147—1203 年），莱州（今山东掖县）武官庄人。其祖、父皆为武官。母孀居，刘处玄奉事惟谨，以孝闻，誓不婚宦。大定九年（1169 年），于邻居壁间人不及处见有“武官养性真仙地，须有长生不死人”的题诗，知为异人所书，访及王喆，果出其手笔，及随侍左右，改名处玄，字通妙，号长生。没有多久，刘处玄便从王喆，与马、谭、丘三人一起西游汴梁。对这个资质甚高的关门弟子，王喆给予了非常的器重，曾对他“尽付其四象五行”②，悉心予以指点。

孙不二（1119—1182 年），是“七真”中唯一的女道士，原为马钰之妻，山东宁海人，出身名门，知书识礼。大定七年（1167 年），王喆至其家，劝诱他们夫妇入道，孙不二未听从，唯其夫随王喆出家。大定九年（1169 年）夏，孙不二亦弃家，赴宁海金莲庵，礼王喆为师，烧誓状，别庵居住，出家入道。③王喆赐她道名“不二”，道号“清静散人”，授之以天符云篆秘诀。

另外，王喆在山东所收弟子中较杰出者，还有掖城人刘通微，先于丘、刘、谭、马入终南山甘谷修道，后北游传道于管内。王喆的七大弟子，皆有中等以上的文化素养，各有诗文集传世。王喆有了这七个得意门生为台柱，在山东半岛一带很快便打开了局面。王喆是一个出色的宗教家，善于随机劝化，尤长于以诗词歌曲宣扬教义，劝诱士人，以气功神奇惊世骇俗，以严苛而又富魅力的手段教诫弟子。他的传教范围很为广泛，所接触的人物遍布社

① 《甘水仙源录》卷 2《广宁通玄太古真人郝宗师道行碑》，《道藏》第 19 册，第 739 页。

② 《甘水仙源录》卷 2《长生真人刘宗师道行碑》，《道藏》第 19 册，第 733 页。

③ 参见《历世真仙体道通鉴后集》卷 6，《道藏》第 5 册，第 487—489 页。

会各阶层。不到一年，他就创造了建立群众性教团的条件。大定八年(1168年)八月，王喆从昆嵛山烟霞洞迁居文登县姜氏庵，当地信从者颇众，不久便建立了宗教团体“三教七宝会”。次年四月，应周伯通等人之请，迁居宁海州，题其庵曰“金莲堂”，组织信徒，建立了“三教金莲会”。又赴福山县，建“三教三光会”。然后到登州，游蓬莱阁，显堕海不沉之神异，在登州建立了“三教玉华会”。再到莱州，建“三教平等会”。一年之间，在山东半岛沿海一带，便建立起了五个全真教的会社，这对内丹派道教来说，是空前的创举。内丹炼养之术虽早由汉末魏伯阳著书阐扬，但一直到王喆立教之前，尚未形成专以内炼为主旨的群众性教团，内炼之术唯在少数方士、道士中秘传。内丹教派的创立，是在金初特定的历史条件下，由王喆这样一个具有宗教活动能力的特殊人物所承当的。

王喆在山东半岛创教、传教的时间只有短短的三年。大定九年(1169年)秋，他留王处一、郝大通二徒在昆嵛山修炼，自己携丘、刘、谭、马四弟子西归，抵开封，寓王氏客店，付后事于马钰，无疾而逝，寿仅58岁。他死后，弟子们搜集其遗留诗词千余首，编为《全真集》前后集刊行。

二、“全真七子”引领全真道继续发展

王喆卒后，被认为业已得道的大弟子马钰继任全真掌教，其余六真各在山东、河北、陕西、河南一带修炼。一直到金世宗大定二十七年(1187年)王处一被金廷召见，将近二十年间，全真道基本上未与金朝上层统治者拉上关系，教首和道士们活动于山野市井，潜修默炼，以“异迹惊人，畸行感人”①，在民间逐渐扩大其影响，慢慢扎下了根。这一阶段，全真教作风刻苦朴素，尚未营造起本派的宫观。

丘、刘、谭、马四人，先扶王喆灵柩回关中，安葬于终南山刘蒋村王喆旧隐之地，结庐守墓，名曰“祖庵”，今其地犹名“祖庵镇”。大定十一年(1171年)与王处一一起在查山修炼的郝大通也赶了来，全真教的活动中心于是转移到了关中。大定十四年(1174年)秋，丘、刘、谭、马四人守墓期满，离开

① 陈垣：《南宋初河北新道教考》，北京：中华书局1962年版，第37页。

祖庵云游，走到户县秦渡镇，憩于真武堂树下，四人各言其志，马钰言“斗贫”，谭处端言“斗是”，刘处玄言“斗志”，丘处机言“斗闲”，从此分手。丘处机赴传为姜太公隐居地的宝鸡磻溪修炼，刘处玄赴瀍水，谭处端居渭水南岸的朝元观，马钰筑室于终南山下，其地以后建为“重阳万寿宫”。郝大通亦云游于关中一带。五人中，丘处机等四人皆隐居修炼，只有马钰出来传教，大定十二年(1172 年)春，他于长安街市乞化“自然钱”，云游传道。十八年(1178 年)西赴华亭(今甘肃省华亭县)，次年居陇州佑德观。

马钰“志如铁石，行若冰霜，纵横阐化十有三年，服不衣绢，手不拈钱，夜则露宿”①。据丘处机弟子尹志平《北游语录》所说，马钰掌教期间，教旨“以无为为主”，所谓无为，盖指个人内修的“真功”，旨在离尘去欲、识心见性，以道士的清节苦行，吸引社会人士的信向，而不去主动地结纳官府，营造宫观。马钰本人过着苦行头陀的生活，麻衣纸袄，蓬头垢面，乞食为生，自云：“予在终南，居于环堵，飚腿赤脚，并无火烛相，仅六年矣。”②他和其师王喆一样，也善于用诗词歌曲宣传教义，诱化士人，所谓“化愚迷诗词如咒”③，写下了大量宣扬全真教旨、劝人修道的诗词歌曲，有《渐悟》、《金玉》、《摘微》、《三宝》、《行化》、《圆成》等集及《语录》行于世。他在关中十年，逐渐吸引了一批归投者，仅在陇州佑德观住时归依者便达百人之多。投归马钰门下者，亦多中下层知识分子，其中重要者有曹瑱、来灵玉、李大乘、雷大通、赵九渊、柳开悟等人，其事迹见载于李道谦撰《终南山祖庭仙真内传》。

曹瑱，道号朝虚子，陕右坊州人，“家世巨富”，“少读书”，“壮岁游场屋间，屡中高选”。④ 这个出身富户的陕右才子，也归投于全真门下。

来灵玉，道号真阳子，“世为京兆右族”，幼习儒业，“乡里以解元呼之”⑤。大定十一年(1171 年)，礼马钰为师，出家为全真道士。

雷大通，道号洪阳子，“世为延安敷政之巨族”，“幼业儒，素尝以词赋魁

---

① 《金莲正宗记》卷 3《丹阳马真人》，《道藏》第 3 册，第 354 页。
② 《洞玄金玉集》卷 8，《道藏》第 25 册，第 605 页。
③ 《渐悟集》卷下《惜黄花》，《道藏》第 25 册，第 468 页。
④ 《终南山祖庭仙真内传》卷上，《道藏》第 19 册，第 520 页。
⑤ 《终南山祖庭仙真内传》卷上，《道藏》第 19 册，第 520 页。

乡选，故时人以解元称之”①。解元遇马钰，也绝意仕进，投入道门。

李大乘，道号灵阳子，“世为平凉府华亭县之大族，幼习儒业，长于辞翰，早年尝中乡选，迨中岁至御帘下第，慨然有烟霞之志”②。他的入道，显然与落第灰心有关。

赵九渊，道号湛然子，“世为陇州陇安县之右族”，“尝中乡试之甲科，故陇人以解元呼之”③。他是马钰在陇州所收弟子中之佼佼者。

柳开悟，道号无染子，陕右坊州人，“家富”，“业进士”，“再赴廷试而还，乡中以才名推为州学录”④。这个小儒官也弃儒而归道。

这一批关中、陇右知识分子的入道，壮大了全真道的阵容。从马钰《洞玄金玉集》、《渐悟集》等所收在关中一带赠答的诗词歌曲来看，他传教的对象涉及社会各阶层人士，除儒士外，还有中小官吏、医生、商人、铁匠等。

与全真教的渐兴同时，太一、大道等民间新兴宗教也不断发展，民间新宗教的兴盛，引起了金廷的忧虑，担心汉人利用宗教组织反金作乱，发生张角太平道之变，曾一度下诏予以禁制管束。大定十八年(1178 年)三月，下诏“禁民间无得创兴寺观”⑤。二十一年(1181 年)，诏禁道士游方，“遣发道人各还本乡”⑥。马钰也被从关中赶回山东老家。王利用《马宗师道行碑》隐讳此事，仅记述说：大定二十一年冬，马钰谓门人来灵玉：“东方教法年深弊坏，吾当往拆洗之”，“遂以关中教事付丘长春为主张焉，仙仗(杖)东归”。⑦

马钰东归后，在山东半岛继续进行传教活动。次年夏抵宁海，未几，行化于文登之宝庵，复赴莱阳游仙观，整顿教风，阐扬宗旨，使山东半岛的全真

① 《终南山祖庭仙真内传》卷上，《道藏》第 19 册，第 520 页。
② 《终南山祖庭仙真内传》卷上，《道藏》第 19 册，第 521 页。
③ 《终南山祖庭仙真内传》卷上，《道藏》第 19 册，第 522 页。
④ 《终南山祖庭仙真内传》卷中，《道藏》第 19 册，第 525 页。
⑤ 《金史》卷 7《世宗纪》，北京：中华书局 1975 年版，第 1 册，第 170 页。
⑥ 《金莲正宗记》卷 3《丹阳马真人》，《道藏》第 3 册，第 354 页。
⑦ 《甘水仙源录》卷 1《全真第二代丹阳抱一无为真人马宗师道行碑》，《道藏》第 19 册，第 730 页。

教又有了起色,吸引来一批徒众。大定二十三年(1183年)冬,马钰闻其妻孙不二在洛阳死去,不久即无疾而卒,徒众以为道成仙去。《道家金石略》有《丹阳真人归葬记》载马钰事迹。

马钰掌教期间,他的六个师弟分头在各地修炼。其中刘处玄先住关中祖庭北的澧水边,后来东赴洛阳,"炼性于尘埃混合之中,养素于市廛杂沓之丛,管弦不足以滑其和,花柳不足以挠其精"①。继而迁居于洛阳城东北云溪洞之滨门,渐渐吸引来一些信众,为他凿石室以居。大定十六年(1176年),东还家乡武官省母,乡里诬告他杀人,他也不予辩白,束手就缚,入狱十旬,后来杀人犯自首,才被释放出狱,表现出其忍辱不嗔的修养和前知之能。大定二十二年(1182年),刘处玄于家乡建庵居之,归信者颇众。其注《道德经》、《黄庭经》、《清静经》等。二十四年(1184年),应昌阳县姜守净之请,至其家作醮。次年谭处端卒,继任全真掌教。承安二年(1197年)冬,刘处玄被章宗皇帝聘召赴阙,问以至道。刘处玄对答道:"至道之要,寡嗜欲则身安,薄赋敛则国泰。"②所答皆合章宗之意,臣庶见者无不心生敬佩,于是,礼部给五个观额,曰灵虚、曰太微、曰龙翔、曰集仙、曰妙真。泰和三年(1203年),刘处玄羽化,享年57岁。其主要著作有《仙乐集》、《无为清静长生至真语录》、《黄帝阴符经注》、《黄庭内景玉经注》等。其弟子中著名者有于道显、崔道演、宋德方等。

谭处端在秦渡镇与道友分手后,居渭水南的朝元观修炼。不久出关东行,云游于河北一带。大定十五年(1175年),在磁州二祖镇乞食。十七年,行化于高唐县。继而住于获鹿县府君庙之新庵。金源璹《谭真人仙迹碑铭》说他一日锁庵外出,有人窥视其庵,见他仍向火坐于庵中,风传他有分身之术,归礼师事者颇有其人,他"不择贵贱贤鄙,不异山林城市,俱以道化"③。后来赴洛阳,于宋代道士朗然子故居朝元宫东得隙地,诛茅拾砾,葺庵居止。大定二十一年(1181年),西赴关中,居华阴县纯阳洞。大定二十三年(1183年)马钰卒后,他继任全真掌教,时仅二年而卒,有《水云集》流

① 《甘水仙源录》卷2《长生真人刘宗师道行碑》,《道藏》第19册,第733页。

② 《七真年谱》,《道藏》第3册,第385页。

③ 《甘水仙源录》卷1《长真子谭真人仙迹碑铭》,《道藏》第19册,第732页。

行于世。门弟子有王道明、董尚志等。

郝大通于大定十一年(1171年)步丘、刘、谭、马之后尘,亦西赴关中,安葬其师。次年,云游至岐山县。大定十三年(1173年)出潼关东游赵魏间。十五年,于沃州(今河北赵县)赵州古石桥下打坐修炼,方悟重阳密语,遂于桥上、桥下静坐,缄口不语,人与之食则食,无则不食,"河水泛溢,身不少移,水亦弗及","虽祈寒盛暑,兀然无变"。[①] 儿童以瓦石掷击,亦不少动,的确达到了"身槁木而心死灰"之境。如是苦修六年,终至水火颠倒,阴阳和合,九转之功炼成。《元遗山集》卷35《太古观记》谓真定府少尹郭长倩率家人谒,郝大通端坐瞑目不答,州人始敬信之,请他住于府之太古观,未许。后郭长倩赴召,乃往居之。大定二十二年(1182年),云游至滦州,自称遇神人授以大易秘义,"为人言未来事不差毫发"[②],以能预言博得了不少人的敬信。复至镇阳,居观升堂讲演宣教,听众常达数百人。继而云游诸方传道。自明昌(1190—1196年)后,郝大通复归东州,别建琳宇,多度门众。郝大通有问答、歌诗、周易参同契简要释义、演说图象,共三万余言,全部收集在《太古集》中,行于世。门弟子著称者有范圆曦、王志谨等。范圆曦(1178—1249年)号通玄子,宁海人,儒生出身,19岁师事郝大通,出家学道。王志谨(1178—1263年)号栖云子,东明之温里人,甫冠将婚,逃出家门,归投郝大通门下。

丘处机自大定十四年(1174年)与三道友分手后,西游凤翔,乞食于磻溪,穴居修炼,战睡魔,除杂念,昼夜不寐,"日乞一食,行则一簑,虽箪瓢不置也"[③],寒暑不变,人呼其为"簑衣先生"。苦修六年,迁居陇州龙门山龙门洞,又是六年,苦行如在磻溪时。他的苦行终于引起了地方官的敬信,京兆统军致书请他出山,住持终南山全真祖庭。金廷闻其名声,多次遣使召其赴阙,主行醮事,他剖析天人之理,演明道德之宗,甚合皇帝心意,赏赐甚厚。之后,他度函谷,历终南,随方阐化。明昌二年(1191年),东还海上,归隐栖霞,修建坛宇。渐渐地,丘处机道价鸿起,名满四方。戊辰(1208年)岁,获

① 《甘水仙源录》卷2《广宁通玄太古真人郝宗师道行碑》,《道藏》第19册,第739页。
② 《甘水仙源录》卷2《广宁通玄太古真人郝宗师道行碑》,《道藏》第19册,第739页。
③ 《甘水仙源录》卷2《长春真人本行碑》,《道藏》第19册,第734页。

天子称赞，敕所居为太虚观，仍加赐《玄都宝藏》六千余卷，以为常住。己卯年（1219 年），丘处机居莱州昊天观。当时，北方战乱不断，南宋、金各遣使召求，北方蒙古国亦派刘仲禄来宣，人皆以为丘处机当南行，因南方奉道之意甚厚，而北方则杀戮太过，且言语不通，然而丘处机沉默不语，选门人之可与共行者，得十八人，同宣差刘仲禄西行，会见成吉思汗。成吉思汗每召见丘处机，他便劝之“少杀戮，灭嗜欲”，前后数千言。当时，耶律楚材为侍郎，录其言为《玄风庆会录》，皇帝皆信而用之，并以“神仙号之”。至癸未（1223 年）春，成吉思汗以甲骑数千送丘处机一行人回燕京，敕改天长观为长春宫，更修白云观，合而为一，并把北宫万岁山、太液池一并赐予，改为万安宫，诏告天下出家善人皆隶属其管理，并赐之以金虎符，以便行事。丘处机前后所受诏敕甚多。丘处机住持长春宫之后，教化大行，全真之道翕然而兴。他主持醮坛，祈风祷雨，刻期不差，影响很大，很多向道者皆归附于他。丁亥（1227 年）年，丘处机因病羽化，享年 76 岁。丘处机著述有歌诗、杂说、书简、议论、真言、语录，曰《磻溪集》、《鸣道集》、《长春真人西游记》、《摄生消息论》等，近数千首（篇）见行于世。

王处一自大定九年（1169 年）奉师命赴铁查山云光洞，常临危崖跷足而立，数日不动，人们都叫他“铁脚仙人”。他洞居九年，制炼形魂，心地开明，内丹成就，乃出游齐鲁间，以神异著称，《王宗师道行碑铭》称他有“度人逐鬼”、“踣盗碎石”、“出神入梦”、“召雨摇峰”、“烹鸡降鹤”、“起死嘘枯”等奇迹，从而引起社会人士的信仰。但也由此招来祸患，有官吏认为他“善幻诬民”，召饮以鸩毒，而王处一竟饮鸩不死，从此名声更著。王处一的道行引起了金代当权者的注意。在他有生之年，曾五次被金廷召见，主持普天大醮，并问及养生之道、性命之理以及治国及边境事。金廷多次赐其金帛、金冠法服、驷马安车，敕建宫观居住，从此，全真祖庭造建始盛，戒度道士千余人。贞祐丁丑（1217 年），王处一羽化，享年 76 岁，所集歌诗千余首，有《云光集》行世。

孙不二出家后，先在山东一带乞食修炼。大定十三年（1173 年），西游入秦，打算问道于马钰，刚到潼关，马钰闻讯，作词以寄之，示以修炼要诀，于是折回，东游洛阳，与号称“风仙姑”的女道士同住，修炼六年而成九转丹砂，三田返复，百窍周流，起而东行，游历洛阳，劝化接引，度人甚多。二十二年(1182年)，孙不二坐化于洛阳，其著有《孙不二元君法语》、《孙不二元君传述丹道秘书》、《坤诀》、《清静元君坤元经》等。她根据女性生理和心理特点，创造了全真派的女丹功法，描述了不同阶段的效应和主观体验。在全真道甚至整个道教史上，她的女丹修炼理论有很重要的地位。

以“七真”为首的全真道骨干，经过近二十年的修炼、传教，在民间信徒渐增，教团力量不断发展，取得了一些中下层官吏的信敬和保护。全真道的影响和全真道士的声望，渐渐引起金廷的注意。时当暮年的金世宗，由于色欲不节，不胜疲惫，对汉族道教传统的养生术发生了兴趣，开始“博访高道，求保养之方”①。以修真养性擅名的全真高道，于是得到了接近金国皇帝的机会。大定二十七年(1187年)，“七真”中最以神异著称的王处一被召赴至京，命居天长观，世宗亲问以卫生之道，王处一对曰：“含精以养神，恭已以无为，虽广成复生，为陛下言，无易臣者。”②世宗嘉叹其言。赐鸩令饮之，以验其神，果然不能死。次年，为修道观以居之，王处一奏请还山。未几复召，及王处一到京，世宗已卒，章宗遂命他为世宗设醮求冥福。金世宗在召见王处一的同时，于大定二十八年(1188年)春，又召丘处机赴京，为建庵于万宁宫之西，以便召问。五月，召见于长松岛，秋七月再度召见。丘处机为世宗剖析全真道教理，进《瑶台第一曲》宣扬仙道，称颂世宗，世宗大悦，翌日遣中使赐丘以上林桃。八月，得旨归秦，世宗赐钱十万，丘上表辞而不受。全真教首受金廷礼遇，对其教团的发展当然有利，当时全真道传播的盛况，如元好问《紫微观记》所言：“南际淮，北至朔漠，西向秦，东向海，山林城市，庐舍相望，什百为偶，甲乙授受，牢不可破。”③太一教、真大道及民间宗教五行、毗卢等，在世宗朝后期也蓬勃发展，席卷华北。

金章宗即位之初，对民间全真等宗教的泛滥，深怀忧虑，唯恐人民利用

① 《玄风庆会录》，《道藏》第3册，第390页。

② 《甘水仙源录》卷2《玉阳体玄广度真人王宗师道行碑铭并序》，《道藏》第19册，第737页。

③ 《遗山集》卷35《紫微观记》，《文渊阁四库全书》第1191册，第410页。

宗教发动起义,曾一度下令禁止:"明昌元年(1190年)十一月,以惑众乱民,禁罢全真及五行、毗卢";"明昌二年十月,禁以太一混元受箓私建庵室者"。① 但全真等新宗教的教义维护金廷统治、缓和社会矛盾的作用,已为一些金廷要员所认识,其中有重臣出面奏请收回禁罢之令,章宗应允,因此全真教"已绝而复存,稍微而更炽"②。此后,金廷对全真道再未禁止限制,全真教团遂得以稳步发展。《终南山祖庭仙真内传》卷上载,王喆弟子刘通微(?—1197年)于岚管立观传教,名达皇都,明昌初被召至阙下,"问以九还七返之事",对曰:"此山林野人所尚,陛下居九五之位,四海生民之主,不必留意于此。"③但对以黄老清静无为修身治国之要,上悦,令馆于天长观,寻迁永寿道院开堂演教,请益者甚众,未几,得旨还山,赐以御书。承安二年(1197年),金廷为解决北疆战事造成的财政困难,仿北宋神宗朝之制,出售观额、度牒、大师号、紫衣,全真教乘机买了不少观额、度牒,修造了一批观庵。这一年,章宗召见王处一于便殿,问以养生之道,赐紫衣及"体玄大师"号,命居京师崇福观,日给钱二百缗。未几,王处一上表请求还山,获准。次年,章宗又召见刘处玄,对答称旨,赐以道观一所,额曰"修真",京中官僚士庶慕名来访者甚众。次年,刘处玄乞请还山,章宗赐予全真终南祖庭观额曰"灵虚"。祖庭观主乘机买了数十个观额、三百张度牒。

金朝皇帝的一再征召全真高道,给予礼遇赏赐,大涨了全真道的身价,教团一时得以蓬勃发展。全真教团在民间势力越大,金廷对它也就愈益重视。泰和元年(1201年)、三年(1203年),王处一两次被征召,参加为章宗祈嗣而在亳州太清宫举行的"罗天大醮"。参加法事的道士们乘机奏请金廷开许,度道士千余人。泰和七年(1207年),章宗元妃分赐王处一所居圣水玉虚观和丘处机所居栖霞太虚观道经各一藏。

在全真教团的蓬勃发展中,也吸收了许多少数民族信众,有碑传传于世的女真高道就有蒲察道渊、孟志源和坤道斡勒守坚、奥敦妙善等。

蒲察道渊(1152—1204年),道号"通微子",家世上京,祖父以金朝开

① 《金史》卷9《章宗纪》,北京:中华书局1975年版,第1册,第216、219页。
② 《遗山集》卷35《紫微观记》,《文渊阁四库全书》第1191册,第410页。
③ 《道藏》第19册,第518页。

国佐命功封世袭千户，为燕都之巨室。传说道渊方在襁褓之中，乳母以荤口哺食，必泣哭而吐之，从小遇道像辄自瞻拜，敬慕不肯去。见羽士从门经过，必延至家中，特为设斋供养。年既冠，父母欲为其议婚，闻之而跪告于前曰："尘俗之事，性非所愿，乃所好则神仙轻举之业。"私遁于瀼阳之南山，找到一个傍有清泉的岩穴，便住下来修炼，惟以啖柏饮水维系生命。数月，樵者见之，告于山下居民，争相供养。以精诚修炼，感应了三位仙人前来指点，由是学道之心愈切。因缘未契，直到 30 岁才拜师于丘处机门下。大定丙午(1186 年)住持汧阳石门全真堂。徜徉林麓，栖真养浩，以行其所受之道。陇州的官将多系皇亲国戚，知道他是女真巨室后裔，慕其高洁，时来参拜。他必以爱民崇道之语劝教。明昌乙卯(1195 年)，朝省沙汰道流，许多幽人逸士都逃到他这里避风，得免。蒲察道渊"操行清高，刻苦于道，由是人敬仰之。既而羽衣黄冠，争筑室于其侧，皆愿执庚桑楚之役"。承安戊午(1198 年)，输资礼部买下玉清观额，大建琳宇，玄化鼎盛。当年正逢饥荒，罄其所有，救活了许多人。时常以祸福报应，教育无赖恶少改邪归正。没几年，当地的社会风气因此而有很大的好转。泰和甲子(1204 年)无疾而逝。元宪宗蒙哥即位元年(1251 年)，李真常奉朝命追赠"圆明普惠通微真人"。①

孟志源(1187—1261 年)，字德清，号重玄子，本上京徒单氏。祖上世代高官，且与金皇族通婚，最显赫者为曾祖徒单克宁(？—1191 年)，"尚嘉祥县主，事熙宗、海陵、兴陵、道陵凡四朝"，历任丞相、太尉、太傅、太师等职，封淄王，谥忠烈。"略以金国名臣传考之，其家世可谓盛矣"。大定末年，其家"迁莱州胶水，居孟氏宅，人因以孟氏归之，此亦古之因食采地得氏者也"。泰和癸亥(1203 年)，父母为其议婚，遁去，到潍州玉清宫，拜丘处机为师，丘授其名字。孟志源"虽得法于长春，充养之际，亦尝质于玉阳、太古二师真，玉阳赐号开真子"。大安己巳(1209 年)，丘处机复赐号重玄子。丘处机应成吉思汗之诏，选为十八随行弟子之一。辛巳(1221 年)，至阿不罕山，

① (元)李道谦:《通微真人蒲察尊师传》，陈垣编纂:《道家金石略》，北京:文物出版社 1988 年版，第 626—627 页;(金)李邦献:《陇州汧阳县新修玉清观记》，陈垣编纂:《道家金石略》，北京:文物出版社 1988 年版，第 456 页。

丘处机留孟志源等九人，立栖霞观。癸未（1223 年），住德兴（治今河北涿鹿县）之龙阳观。甲申（1224 年），丘处机奉旨住燕京太极宫，改名长春宫，孟志源“自龙阳来”。尹志平掌教，“乃副知长春宫事，俄迁知宫。戊戌（1238 年），受宫门提举。丙午（1246 年），迁宫门提点。戊申（1248 年），权教门事。己酉（1249 年），以恩例赐金冠紫服，并至德玄虚悟真大师号。癸丑（1253 年），掌教真常大宗师奉朝命普度戒箓，委公为监度师。丙辰（1256 年），真常羽化，诚明真人张公嗣教，以公玄门大老之故，已又在制，遂授以教门都提点印，俾摄其事。戊午（1258 年）秋，应丞相胡公之请，主平阳黄箓罗天大醮，寻奉令旨，赐今真人号（重玄广德弘道真人）”。中统二年二月羽化，“度门人五百有奇，宫观称是”。①

斡勒守坚（1182—1251 年），上京盖州人。大定（1161—1189 年）中，其父任盖州节度使。她从 7 岁就喜慕玄风，常吟咏步虚仙梵之声，父母异之曰：“必先世羽流也。”从小拜太清观女官夹谷大师为师。明昌七年（1196 年），试经中选，赐紫度为女官。后长春真人丘处机应诏还燕京，遂参受道法。被丘处机收为徒弟，派她传教燕北。太傅柏公洎太夫人对她十分器重，给她建盖庆云观，度女道士张净淳等十数人。辛丑（1241 年）春，清和大宗师尹志平委任她为终南山唐玉真公主延生观住持，提点陕西女官焚修事，赐“玉真清妙真人”号。于时洞真真人（于志道）、披云真人（宋德方）、白云真人（綦志远）、无欲真人（李志远）大为道纪，尝益论于左右，目击道存，靡不奖誉。②

奥敦妙善（1187—1275 年），身经金、元两世，始讳妙善，后更弘道，肃慎人。祖父为金初镇国上将军，知密州而迁居于此。泰和四年甲子（1204 年）举家着道士服，丘处机敬其厉节不凡，举措刚毅，易之道名曰“希道”。玉阳真人王处一见而奇之，号曰“开真子”。太古真人郝大通复授以口诀。她从 7 岁时就持戒，不茹荤酒。稍有知，便请学仙，志不可夺，随其母“广丽虚妙

① （元）李鼎：《重玄广德弘道真人孟公碑铭》，陈垣编纂：《道家金石略》，北京：文物出版社 1988 年版，第 553—554 页。据其他资料，十八弟子无孟志源，有孟志稳，未知孰是。

② 参见《龙阳观玉真清妙真人本行记》，陈垣编纂：《道家金石略》，北京：文物出版社 1988 年版，第 541—542 页。

寂照真人”何守夷居大都清真观。从小拜丘处机为引度师，丘处机传授给她“修真炼性之诀，遂有所得，即还密州黄县，居环堵中阅十余年，以养真积之力。既出，断发毁容，忘情绝世间事，衣纸衲，饵果实，以度春秋。虚心实腹，挫锐解纷，如土木偶，以复心性，人见之有所不堪，身处之晏然也”①。中山元帅奥敦公闻其苦身修炼，请她复居清真观。与徒侣躬执畚锸，渐事缔构，祀玄元圣祖殿。日率一食，胁不沾床者数岁，悉究性命之学，真得道者矣。甲辰（1244 年），往终南山祖师殿参拜进香，途居安西庆真宫.将其修葺一新。回到清真观，在后堂为真人何公、孙仙姑、何仙姑等设像。复云游大名妙真观，至汴梁，住栖真观，广度门徒，修造道像。乙卯（1255 年），被女道士薛守元、蒋守崇持疏请去主亳州洞霄宫修葺事，乃率徒执役，大启荆棘，尽畚锸之勤，中为大殿七楹，以祀全真祖师，造道像四十躯，筑舍二百楹。她一生对道教宫观的建设，作出了许多贡献。至元四年（1267 年）、七年（1270 年），累奉皇后、贤妃懿旨，赐予圣母金冠，云罗法服，兼香信等物。至元八年（1271 年），赐诏护持宫中事，及中书省禁约榜文。与其徒任惠德等，以淳诚得誉贵近，获入觐禁闱。她们将中宫及诸贤妃所赐的丰厚金帛等钱物，都用来添置洞霄宫的生活设施。“学道逾七十载，始终如一日，凡杖履所及，人必敬信。所筑建道观，甫成辄弃去，俾其徒辈居之。”②明真弘道大师诸路玄学提举兼道教所详议事任志润对她评价道：“女仙之学，代不乏人，如晋之萼绿华、魏华存，唐之谢自然，宋之曹道冲，金之孙不二，皆迹涉尘环，神游八表，所以后世之士裹粮问道，重趼而不息者也。师之淳德懿行，炼养精微，方之先辈，有无愧者。”③

以上诸位乃道教金石中有名传于世的金代女真名道士。至于被历史遗忘了的女真普通道士，其数目已无法知晓。他们参加道教，既壮大了道教的阵容，也深化了道教对少数民族的影响。在金代少数民族的道士中，还有一

① 《女炼师奥敦君道行碑》，陈垣编纂：《道家金石略》，北京：文物出版社 1988 年版，第 686 页。

② 《女炼师奥敦君道行碑》，陈垣编纂：《道家金石略》，北京：文物出版社 1988 年版，第 686 页。

③ 《女炼师奥敦君道行碑》，陈垣编纂：《道家金石略》，北京：文物出版社 1988 年版，第 686 页。

位乌古论先生者,亦为全真师。《金史》卷119有载。因其行迹不佳,故略而不载。①

金廷对道教的崇信利用,大概与这一时期愈来愈严重的内外危机有关:蒙古崛起于漠北,连年侵凌,严重威胁金王朝的安全;国内各种矛盾激化,内乱频仍,为缓和矛盾,求得心理上的安全感,金廷不得不利用道教祈祷神灵,以挽其衰运。

从金世宗后期起,全真教活动中心随刘处玄、丘处机、郝大通相继东归,又回归于山东半岛。大定十六年(1176年),刘处玄回故乡武官建庵定居。大定二十五年(1185年)谭处端卒后,他继任全真掌教。明昌初,郝大通亦东归故乡宁海,居于州之先天观,钻研《易》学,咸平高士王贤佐师事之。明昌二年(1191年),丘处机也从陕西终南山全真祖庭东归故乡栖霞,建"太虚观"居之,其观"气象雄伟,为东方道林之冠"②。刘、郝、丘、王在山东各地分头活动,全真教团臻于空前盛况。丘、王二人影响尤大。王处一以神异名著四方,频应外地之请,大安元年(1209年),北京(今辽宁宁城西)请居华阳观,次年赴玉田县设醮。其足迹所到之处,还有蓟州遵化县、济南府临邑县、平州昌黎县、瑞州海阳县、德州重兴镇等。《体玄真人显异录》载:"瑞州海阳县奉道张二官人请师至彼,独修下元黄箓大醮","师自北方回至德州重兴镇,有前沧州节使光禄修黄箓大醮四昼夜"。③ 王处一所到之处,交游结纳甚广,其《云光集》中即多赠答之诗,赠答对象有太守、将军、巡检、县令、押司等文武官吏,解元、殿试等士子,还有卜者、船户、药铺人、店户、酒监、村翁、释子、道士女冠等各色社会人士。贞祐丙子(1216年),文登县道教徒请他居于该县天宝观,次年卒于观中。门下弟子陈志玄、朱志彦等,传教于关西。

丘处机更善交结达官贵人。《长春真人本行碑》云:"师既居海上,达官贵人敬奉者日益多,定海军节度使刘公师鲁、邹公应中二老当代名臣,皆相

① 参见《金史》卷119《乌古论镐传》,北京:中华书局1975年版,第8册,第2602页。
② 《甘水仙源录》卷2《长春真人本行碑》,《道藏》第19册,第734页。
③ 《道藏》第11册,第12页。

与友。”①泰和三年(1203 年),刘处玄卒后,他继任全真掌教。尹志平《北游语录》说,刘处玄掌教期间,教旨“无为有为相半”,既保持了马钰独重个人修炼真功的作风,又重视兴造宫观、传道度人、交纳官府等社会活动;至丘处机掌教时期,则“有为十之九,无为虽有其一,犹存而勿用焉”。② 全真道在这位有作为的掌教者领导下,又碰上金贞祐南迁之后的乱世,于是更加蓬勃发展,进入其鼎盛阶段。

金章宗泰和六年(1206 年),成吉思汗统一漠北蒙古各部,建立蒙古帝国,以其卓越的军事才能,调动锐不可当的蒙古骑兵,向四境不断扩张。已趋衰落的金国,非新生蒙古的对手,卫绍王完颜永济大安三年(1211 年),蒙古大举侵金,金应对支绌,外患内忧重重,开始走向末路。金宣宗贞祐二年(1214 年),蒙古兵包围金中都(今北京市),金廷仓皇迁都于南京(开封),史称“贞祐南迁”。贞祐四年(1216 年),蒙古占领中都,改名“燕京”,在金国北方女真族的故土建立起稳固的统治。南迁后的金小朝廷,腹背受敌,北有蒙古侵凌,南有南宋反攻,本来就已很局促的地盘,日见缩小,再加上政治腐败、财政支绌,国内人民接连起义,外患内忧交相凌迫,金统治下的北方人民,更是饱尝苦荼,辗转呻吟于饥寒交迫、刀兵血火之间。丘处机西游途中有诗记述当时金北境的凄凉景况说:“无限苍生临白刃,几多茅屋变青灰。”“十年兵火万民愁,千万中无一二留。”③不仅劳动人民饱受磨难,各族达官贵人、文人儒士也在劫难逃,如时人元好问所说:“王伯而降,至于为兵火、为血肉。”④从贞祐南迁至金灭亡的近二十年中,金国社会在日暮途穷中,笼罩着沉重的暗影,孕育着宗教的需求。全真道教和其他新道教一样,在这血火纷飞中迅速成长。

贞祐南迁后,金廷对道教管理松弛,不仅不再防范,而且需要利用道教消弭灾祸、安定人心。贞祐二年(1214 年),山东杨安儿等起义反金,山东驸马都尉仆散安贞统兵镇压,时全真道盛行的登州、宁海尚未平息,仆散安贞

---

① 《道藏》第 19 册,第 734 页。

② 《清和真人北游语录》卷 2,《道藏》第 33 册,第 166 页。

③ 《长春真人西游记》卷上,《道藏》第 34 册,第 483 页。

④ 《遗山集》卷 35《清真观记》,《文渊阁四库全书》第 1191 册,第 412 页。

乃利用全真道在民众中的威信，请丘处机出面招安，丘欣然应命，“所至皆投戈拜命，二州遂定”①。

在金廷贞祐南迁之际至彻底倾覆的艰难岁月里，社会苦难把一大批人推进了全真教团。全真道的第三代教团骨干，率多在这一时期入道。如李志常（1193—1256 年），弱冠拒婚外逃，逢贞祐之乱，于兴定二年（1218 年）礼丘处机出家为道士，为丘门十八大弟子之一。王志坦（1200—1272 年）甫冠即礼马丹阳再传弟子卢尊师入道，元光二年（1223 年）礼丘处机求道要。教团力量进一步扩大。但在战乱中，全真道士们也和人民群众一起饱受折磨，不少宫观亦毁于兵燹。但他们竭力护教，并从宗教教义出发，实践“真行”，有些道士做了一些有益于民的好事，有些表现出高尚的精神，为时人所称道。如郝大通弟子范圆曦（1178—1249 年），率徒住山东密州（今诸城），贞祐初，城为贼破，范圆曦尽出观中所有以啖贼，民赖以安，事闻于上，金廷赐号“普照大师”，命为本州道正，后升任河间、真定等路道门提点、道教都提点，主持修建东平上清万寿宫、赵州天宁观。《甘水仙源录》卷 4《普照真人玄通子范公墓志铭》称他“为人开朗尚义，汲汲于济物……轻财如粪土，乐从士大夫游，汴梁既下，衣冠北渡者多往依焉”。又云：“其尝受戒箓称为门弟子者，不可胜计，四方请益之士多乞为歌诗，及其手字……所至之地，则候骑络绎，幢盖塞路，马首不得前，自郡守县令而下，莫不奔走致敬，北面师事。”②郝大通另一弟子王志谨（1178—1263 年），值贞祐兵乱，被乱兵所缚，将杀之，见其神色不变，乃释之。后从丘处机北游燕蓟，住京东盘山西涧结庵修炼，四方归依者数以千计。又建道观于汴京。王鹗《玄门掌教大宗师真常真人道行碑铭》记丘处机高徒李志常（1193—1256 年）事迹云：

> 公翌日遂行至即墨之东山，属贞祐丧乱，土寇蜂起。山有窟室，可容数百人，寇至则避其中。众以公（指李志常）后，拒而不纳，俄为寇所获，问窟何在，捶楚惨毒，绝而复苏，竟不以告。寇退，窟人者出，环泣而谢之。……争为给养，至于康调，迄今父老犹能道之。③

① 《甘水仙源录》卷 2《长春真人本行碑》，《道藏》第 19 册，第 734 页。
② 《道藏》第 19 册，第 755 页。
③ 《甘水仙源录》卷 3，《道藏》第 19 册，第 745 页。

一些全真道士在战乱中宣扬宗教伦理，进行社会教化，对维护正常的社会秩序不无作用。如王恽《秋涧集》卷53《胙城县灵虚观碑》记述说：

贞祐初，金驾南迁，竟河为界，建帅府，宿重兵，系浮梁，阨为汴京北门。岁壬辰(1232年)，金人撤守，天兵(指蒙古兵)徇取之。明年，京城大饥，人相食，出逃死北渡者，日不下千数。既抵河津，人利其财贿，率不时济。殍死风雪间，及已济而沉溺者，亦无虑千百数。时全真教大行，所在翕然从风。虽虎苛狼戾，性于嗜杀之徒，率授法号，名会首者皆是也。①

全真道士李志远慨黄河渡口之乱，于城北墉起观，曰："将以此道场为设教张本之自。"②他教化的成效很可观："于是仁风一扇，比屋回心，贪残狠戾，化而柔良。津人跛俗悔祸、徼福于门者，肩相摩而踵相接矣。"③李志远大概是用全真道宣扬的因果祸福之说教诲津人，不管其说教的科学性如何，客观上还是起到了化恶为善的作用。

一些全真道士则以救急济难，表现出其教"真行"的精神，并鄙薄仕进、不沾名利，为社会人士所称道。如杨奂《还山遗稿》卷上《洞真真人于先生碑》记全真道士于善庆事迹说：泰和八年(1208年)，金南征，于善庆"悯其俘累，必尽力购援而后已"。设法解救济助战俘。元光二年(1223年)，陇山乱，中太一宫住持李冲虚推荐于善庆代他任提点，于推辞不任。正大元年(1224年)，金廷遣礼部尚书赵秉文于平凉祭奠超度战殁金国将士，于善庆充任度师，主持醮事。赵秉文高其节，图其像荐之于朝，诏赴，不起。正大二年(1225年)，遇饥荒，其观中本来招待过客饮食，时观中道士或言："路直秦岐之咽，过客无别，岁计奈何？"于善庆答曰："吾门一见其难，而遽如许，不广甚矣！"言者悚愧。④ 在金末的社会苦难中，全真道士们从其言行中所表现出来的宗教救世精神，使这一宗教在广大社会人士的心目中留下了良好

① 《文渊阁四库全书》第1200册，第703页。

② 《文渊阁四库全书》第1200册，第703页。

③ 《文渊阁四库全书》第1200册，第703—704页。

④ 参见《文渊阁四库全书》第1198册，第239页；陈垣编纂：《道家金石略》，北京：文物出版社1988年版，第508—510页。

的印象,得以在金元之交的社会条件下臻于极盛。现将其在金代的主要传承关系图示如下:

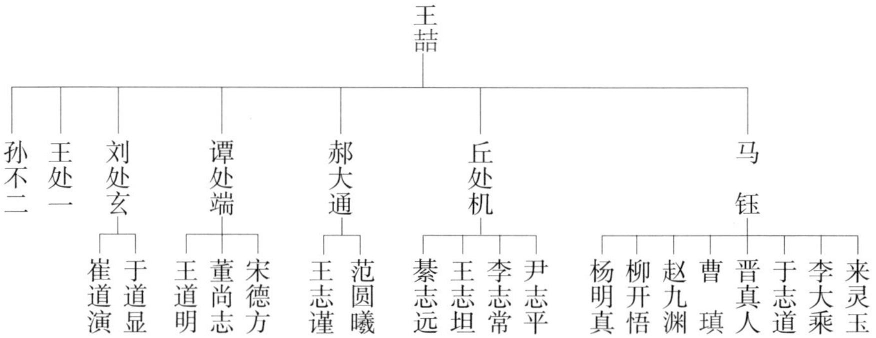

金代全真教主要传承图①

第五节 金代全真道的教义教制

全真道教祖、骨干多出身于读书士子,其文化素养在金初三大新道派中最高,留下的著述也最多。他们不仅写了一些宣扬本派教义的论著,更多以诗词歌诀的形式宣扬教旨,其作品有不少编印成集,存《道藏》中。现存金代全真道士的著述,约二十余种,其中有关教义教制的论著,重要者有王喆《立教十五论》、《金关玉锁诀》、《授丹阳二十四诀》,马钰《丹阳真人直言》、《丹阳真人语录》,刘处玄《至真语录》,丘处机《大丹直指》,侯善渊《上清太玄鉴诫论》及《晋真人语录》等②;诗文集中的重要者,有王喆《全真集》、《教化集》、《分梨十化集》,马钰《渐悟集》、《洞玄金玉集》、《神光灿》,刘处玄《仙乐集》,谭处端《水云集》,丘处机《磻溪集》,郝大通《太古集》,王处一

① 该图原载于卿希泰主编:《中国道教史》(修订本)第3卷,成都:四川人民出版社1996年版,第52页。

② 晋真人,据考为晋道成,号崇真子,山东东平人,活动于北宋末。现《道藏》所收《晋真人语录》是全真道士选编晋道成、王重阳、马钰等人语录而成,反映了全真道的思想,大概因为首章为《晋真人语录》,故误以此统名全篇。详见汪登伟:《晋道成及〈晋真人语录〉小考》,《中国道教》2017年第2期。下文引用仅注篇名,不做具体区分。

《云光集》，侯善渊《上清太玄集》，长筌子《洞渊集》等。其著述之多，文学水平之高，同时的太一教和大道教皆无法与之相比。在这些著述中，全真道士们很好地表述了其教义、教制、宗教世界观和思想情怀，提供了一套相当系统、具有鲜明特色的宗教思想体系。

过去研究全真教史者，大都强调全真教义的独创性，元人徐琰《郝宗师道行碑》即称王喆“不阶师友，一悟绝人”①，而忽视了全真教的思想渊源。实际上，任何一个时代的文化思想都不可能不继承其前代而独自创立，全真道也不能例外，从全真道的教义看，其思想与唐宋以来钟吕内丹派一脉相承，是钟吕内丹派在特殊历史条件下的进一步发展。自唐末以来，钟吕内丹派以关中为活动中心，吕洞宾、陈抟、刘海蟾多出没于关中一带，其传承关系虽已难稽考，但在宋金之际，关中尚有钟吕内丹派的传人，当为理中应有之事。王喆在甘河酒肆中所遇异人，即可能属于此类。

全真教义除具有继承发展钟吕内丹说的特点外，还具有合一三教之说的突出特色，这是时代思潮使之然。

一、合一三教的鲜明特点

从陈、隋至中唐，儒、释、道三教思想学说的发展出现了不平衡的局面：佛学从印度进入完成华化而趋于高度成熟的阶段，八宗竞秀，以其精致的宗教哲学，高踞于思想界，使儒道二家之学相形见绌，予二家之学以巨大的推动和刺激。与儒门人士吸收佛、道之说以复兴先秦儒学、酿造宋代新儒学同步，道教中人亦进一步大幅度地融摄佛学、儒学。早在王喆之前，钟吕内丹派南宗之祖张伯端、陈楠，便唱三教归一，融通内丹与禅宗。这种思潮流至金初，益加澎湃，终于造成了一个道教中融合三教之说，尤其是融合禅宗与内丹的典型——全真道。

全真道祖王喆，出身儒生，自幼熟谙儒书。在宗教皈求过程中，他曾一度研究过佛学，自称“七年风害，悟彻《心经》无挂碍”②。在当时，认为三教

① 《甘水仙源录》卷 2，《道藏》第 19 册，第 740 页。

② 《重阳全真集》卷 5《减字木兰花 · 又自咏》，《道藏》第 25 册，第 719 页。

旨归终趋一致，是很多知识分子尤其是中下层儒士们的普遍观点。作为当时中下层儒士代表者及钟吕内丹派禅道融合思想继承者，王喆所创全真道的教义教制，不能不具有鲜明的合一三教、融通禅与内丹的特色，不能不高标三教一致、三教平等、三教和同。

正如刘祖谦《重阳祖师仙迹记》所说，王喆“不主一相，不拘一教”①。他虽秉承道教之传，却不囿于道教一家，而以三教道统继承者的姿态自居，以合一三教为旗号而树宗立教。王喆在山东半岛所建五个会社，其名称前皆冠以“三教”二字，诸如“三教金莲会”、“三教玉华会”、“三教平等会”等，并不独树道教一家的旗号。王喆《金关玉锁诀》中自称本宗以“太上为祖，释迦为宗，夫子为科牌”②，不独尊道教教主。王喆接引初机，劝人所诵经典中，既包括道教的《道德经》、《清静经》，又包括佛教的《般若心经》、儒家的《孝经》，不独奉道教经典。其一统三教而高张教帜的用意非常明显。

王喆及其弟子们皆高唱三教归一、义理本无二致。王喆《金关玉锁诀》说：“三教者不离真道也，喻曰：似一根树生三枝也。”③《重阳全真集》卷1《永(咏)学道人》诗云：“心中端正莫生邪，三教搜来做一家，义理显时何有异？妙玄通后更无加。”④又《孙公问三教》诗云：“儒门释户道相通，三教从来一祖风。”⑤《答战公问先释后道》诗云：“释道从来是一家，两般形貌理无差。”⑥主张儒释道虽然门户不同，其学说的核心义理，尤其是“道”，并无差别。

王喆的徒裔们率皆遵奉其教祖旨意，异口同声地高唱三教同源一致。如丘处机《磻溪集》卷1《师鲁先生有宴息之所牓曰中室又从而索诗》云：“儒释道源三教祖，由来千圣古今同。”⑦刘处玄《仙乐集》卷3《上敬奉三教

① 《甘水仙源录》卷1，《道藏》第19册，第726页。
② 《道藏》第25册，第803页。
③ 《道藏》第25册，第802页。
④ 《道藏》第25册，第696页。
⑤ 《道藏》第25册，第693页。
⑥ 《道藏》第25册，第691页。
⑦ 《道藏》第25册，第815页。

道众并述怀》云："三教归一，弗论道禅。"①谭处端《水云集》卷上《三教》云："三教由来总一家，道禅清静不相差。"②侯善渊《上清太玄集》卷8《刘老仙问三教归一》云："假名三教云何异？总返苍苍一太空。"③尹志平《葆光集》卷中《劝世》诗云："道显清虚妙，释明智慧深，仲尼仁义古通今，三圣一般心。"④李通玄《悟真集》卷上《道无二》云："释道从来本一源，如来老氏共登天。"⑤玄虚子《鸣真集·禅道》云："禅道无为道是禅，道禅无二没枯偏。"⑥

全真道士们高唱三教同源一致，与南北朝时期的三教一致论者从三教劝民向善的社会教化作用着眼不同，而是以融通三教的核心义理即哲学观为主，把三教之道的共同点归诸于清静、空无或无为，这在后来被总结为"天下无二道，圣人无两心"。但金代全真道著述中，对三教同源一致尚未展开深入论述，其所谓三教归一，主要是一种宣教的口号。

金代全真道著述中，在论述道、性命等重要理论问题时，往往和会三家，引证儒释之说。如王喆《金关玉锁诀》论述内丹，引证佛教《心经》，其《授丹阳二十四诀》引证孔氏仁义礼智信及佛教《金刚经》"无诤三昧"。

金代全真家还鼓吹三教平等、三教和同。王喆《金关玉锁诀》谓"三教者如鼎三足"⑦，缺一不可。王喆交游传道，不别门户，除道教徒外，还广交儒士、僧人，遇佛言佛，遇儒言儒。其《全真集》中有赠儒士、和尚的诗多首，如卷1《僧净师求修行》，答一名净的和尚之问，诫其"依旨念弥陀"，求生西方净土；卷10《学士劝学》，以古人映雪囊萤、头悬梁锥刺股等苦读范例劝勉学士用功读书。马钰《洞玄金玉集》卷8有《劝僧道和同》诗说："道毁僧，僧毁道。奉劝僧道，各休返倒。出家儿、本合何如，了性命事早。"⑧其《丹阳神

① 《道藏》第25册，第438页。
② 《道藏》第25册，第849页。
③ 《道藏》第23册，第806页。
④ 《道藏》第25册，第520页。
⑤ 《道藏》第25册，第641页。
⑥ 《道藏》第25册，第501页。
⑦ 《道藏》第25册，第802页。
⑧ 《道藏》第25册，第607页。

光灿 · 和霭戒师师父》奉答僧人，劝三教中人各应“忘人我，宜乎共处茅庐”①。又《赠李大乘兼呈净公长老》诗云：“虽有儒生为益友，不成三教不团圆。”②主动与儒释二教中人拉关系。《丹阳真人语录》称他“在东牟道上行，僧道往来者，识与不识，必先致拜”③，表现出一副三教大团结倡导者的姿态。其徒王丹桂《草堂集 · 咏三教》谓三教“同一体，谁高谁下？谁后谁先？共扶持邦国，普化人天。浑似沧溟大海，分异派、流泛诸川。然如是，周游去处，终久尽归源”④。

全真家力唱三教平等，呼吁三教团结，反映出当时三教地位和力量的实际不平等以及三教间的矛盾。长期以来，道教是三教中力量最小的一家，经北宋末徽宗崇道误国及金人入侵的破坏，道教处于空前的劣势，不堪与儒、佛比肩，面临着如何对付儒释二家排挤攻讦的问题。高唱三教平等、三教一家，乃至三教同源一致，主动采取调和三教矛盾、主张三教团结的态度，自是一种聪明的宣教策略，有利于避免儒释二教的攻击，利用社会上三教同源一致的普遍思潮，以获取本教的生存空间，提高本教的社会地位。

在三教中，全真道的教义主要受佛教禅宗的影响，道禅交融的成分较大，道儒融合的成分较小。《北游语录》卷 2 记丘处机曾对门徒说：“道释杂用，权，惟儒家不用。”⑤表明全真道主要糅合道释，援佛入道，以此为宣教的权便之策，不大吸收儒家之说。这一路线，上承北宋钟吕内丹派，与张伯端同趋一途。全真家主要融合释道二家之说以建立其教义教制，主要与其所承自钟吕内丹学的根本教旨跟佛教教旨相通相近有关系。

二、成仙证真的信仰鹄的

全真道继承钟吕内丹之说，以成仙证真为其宗教信仰追求之鹄的。这一信仰，建立在否定现实人生、追求出世的人生价值观基础之上。

---

① 《道藏》第 25 册，第 630 页。
② 《洞玄金玉集》卷 3，《道藏》第 25 册，第 580 页。
③ 《道藏》第 23 册，第 701 页。
④ 《道藏》第 25 册，第 481 页。
⑤ 《清和真人北游语录》卷 2，《道藏》第 33 册，第 164 页。

金代全真道士的著述中，充溢着强烈的悲观厌世情绪。他们力弹道教传统的“祖调”，感叹人生的短暂无常，功名富贵之不可常保。王喆《教化集》卷2《引丹阳上街求乞》诗说：“百年恰似转头时。”①姬志真《云山集·浮生》诗云：“浮生弹指一声中。”②马钰《渐悟集》卷上《自觉》云：“七十光阴能几日？大都二万五千日，过了一日无一日，无一日，看看身似西山日。”③他们对封建社会的读书人孜孜追求的功名富贵，进行否定，力说其无常虚幻，无甚价值。丘处机《磻溪集》卷5《满庭芳·述怀》词云：“任使高官重禄，金鱼袋肥马轻裘，争知道庄周梦蝶，蝴蝶梦庄周。”④同卷《无俗念·乐道》云：“家给千兵，官封一品，得也无依托。光阴如电，百年随手偷却。”⑤玄虚子《鸣真集·警世》诗云：“岂解利名风里烛，那知恩爱电中光。”⑥至于一般社会人士尤其是劳动人民的生活，在全真道士眼里更是千辛万苦，毫无价值可言。马钰《渐悟集》卷下《赠宁伯功》曲12首，分别描述、评价士农工商等各种人士的生命价值，认为各有各的苦楚辛劳，无一堪称幸福、值得肯定者。有云：“养家苦，镇常忙，忙来忙去到无常，作阴囚，住鬼房。”⑦其《洞玄金玉集》卷3《劝世》诗说：“农士工商四等人，各贪功业苦中辛，不知短景催人老，怎悟长真益己春。”⑧

全真家还吸收佛教的六道轮回说，渲染轮回之苦、地狱惩罚之酷。王喆《全真集》卷3《川拨棹》有云：“酆都路，定置个凌迟所，便安排了铁床镬汤，刀山剑树……鬼使勾名持黑簿，没推辞与他去，早掉下这尸骸，不藉妻儿与女，地狱中长受苦。”⑨丘处机《磻溪集》卷3《示众》诗云：“性逐无边念，轮回几万遭。五行随变化，四大不坚牢。暂假因缘活，空贪岁月劳。不知身是

① 《道藏》第25册，第782页。
② 《道藏》第25册，第386页。
③ 《道藏》第25册，第455页。
④ 《道藏》第25册，第835页。
⑤ 《道藏》第25册，第833页。
⑥ 《道藏》第25册，第499页。
⑦ 《道藏》第25册，第476页。
⑧ 《道藏》第25册，第576页。
⑨ 《道藏》第25册，第711页。

患，徒竞物为高……罪孽如山积，精神似海淘。无由伴松柏，直待掩蓬蒿。”①刘处玄《仙乐集》卷4《上平西》云：“恋恩亲，恩生害，死难逃，气不来，身卧荒郊，改头换面，轮回贩骨几千遭。世华非坚，如石火，火宅囚牢。”②借佛教《法华经》之喻，把人世间描绘为众苦煎迫的“火宅”。从全真道士否定人生价值的悲叹声中，反映出当时沉重社会压迫下人们精神上的痛苦。

全真家否定现实人生的价值，旨在劝人们看破红尘，放弃对功名利禄的追求，而把人生的意义和价值引向超离凡世，成仙证真，跳出三界五行之外。钟吕内丹说所描述的成仙而永在仙境天国享自在“真乐”，被全真教徒们奉为理想的归宿。刘处玄《仙乐集》卷4有云：“全家拔宅，功成同去到瀛洲。出离生死，无来去，阆苑清游。”③王处一《云光集》卷1《仙境》描述向往中的理想世界说：“仙境巍巍世莫猜，满空异馥杂琼埃。霓旌绛节朝金阙，羽盖云旗映宝台。三界圣真同际会，五方童子久徘徊。古今不改谁能见？除是通灵道眼开。”④这种仙境，显然是人间帝王宫阙在想象中的美化。据全真道的内丹说宣扬，只要修道内炼成丹，精气神结成“阳神”，可随意从顶门出入，一旦上帝召赴的诏书降下，便遗弃躯壳，长辞人间，到天上去做天官，下焉者亦可优游于仙岛仙山，长生不死，逍遥自在。即使现前尚未成仙弃世，而仅仅作一个修道求仙者，其生活也要比一般俗人有价值得多，快活逍遥得多。马钰《渐悟集》卷下《赠宁伯功》12首，一面渲染俗人生活之无价值，一面肯定修道生活之消闲自在，如云：“修行好，不曾忙，闲闲闲里守真常，得修完，玉洞房。”⑤劝人人入全真道，学道成仙。

全真道士们虽然追求长生成仙，但不像魏晋时代的丹鼎道教那样讲求肉体不死、肉体飞升，而像佛教那样鄙弃肉体，斥之为假合、不净。丘处机《磻溪集》卷6《无漏子·假躯》说：“一团脓，三寸气，使作还同傀儡。”又云：

---

① 《道藏》第25册，第826页。
② 《道藏》第25册，第441页。
③ 《道藏》第25册，第441页。
④ 《道藏》第25册，第649页。
⑤ 《道藏》第25册，第476页。

“白玉肌，红粉脸，尽是浮华粧点。皮肉烂，血津干，荒郊你试看！”[①]与佛教为破除对肉身贪爱而修的“九想”同一格调。肉体的长生不死，在全真道士看来并无价值，而且也没有可能，就算能通过炼养而延年益寿，也无多大意义。追求肉体长生、肉体升天，被全真道斥为妄想。王喆《立教十五论》论离凡世云：“今之人欲永不死而离凡世者，大愚不达道理也。”[②]丘处机说：“吾宗所以不言长生者，非不长生，超之也。此无上大道，非区区延年小术耳。”[③]全真道追求的，是超出生死，而非肉体长生。较之魏晋丹鼎道教传统的肉体长生说，全真道的超生死，在理论上显然深化了一层，也更具有浓厚的出世色彩。全真道对肉体成仙、肉体飞升说的批判，实际上是对长期以来道教成仙说教的一种总结，反映了道教“仙术”长期实践的失败。

肉体既然不可能长生，不值得长生，那么，超出生死的信仰将向何处安置？全真道回答：超出生死的依据、本钱，在于找到自身本来不生不灭、超出生死的“性”，这种永恒不灭的东西只在自心，乃心之性，亦曰元神、本真、真性、本来真性等。王喆《金关玉锁诀》说：“惟一灵是真，肉身四大是假。”[④]一灵，指心的灵知之性，即禅宗所言“灵知之心”。刘处玄《黄庭内景玉经注》云：“外容有老，有形有终，内貌无形，仙寿无穷。”[⑤]内貌，即指心性而言。其《至真语录》云：“万形至其百年则身死，其性不死也……阴阳之外则其神无死也。”[⑥]《长春祖师语录》说：“生灭者形也，无生灭者神也，性也。有形皆坏，天地亦属幻躯，元会尽而示终。只有一点阳光，超乎劫数之外，在人身中为性海，即元神也。”[⑦]在全真道看来，只有这无形无质、不生不灭的心性或元神、真性，本来不死，超出三界五行，才是长生成仙、超出生死的可靠保证。超生死或长生不死之道，唯在向自心中体认真性。王喆《授丹阳

① 《道藏》第 25 册，第 843 页。
② 《道藏》第 32 册，第 154 页。
③ 《藏外道书》第 11 册，第 284 页。
④ 《道藏》第 25 册，第 799 页。
⑤ 《道藏》第 6 册，第 500 页。
⑥ 《道藏》第 23 册，第 709 页。
⑦ 《藏外道书》第 11 册，第 284 页。

二十四诀》说:“是这真性不乱,万缘不挂,不去不来,此是长生不死也。”①《晋真人语录》云:“长生不死者,一灵真性也。”②王丹桂《草堂集·自咏》云:“本来真性唤神仙。”③按全真道的观点,自心真性本来无欠无余,只因被妄念遮蔽迷乱而不自觉,只要在心地上下功夫,于一念不生处体证真性,便可于一念间顿悟,乃至超出生死。刘处玄《仙乐集》卷2有诗云:“贩骨几千遭,无生一念逃。”④谭处端《水云集·示门人语录》云:“若一念不生,则脱生死。”⑤这种说法的背后,显然有禅宗“顿悟成佛”说的影子。

从真性本来超出生死说出发,全真道确定了其唯重修心见性以期超出生死的修炼路线。他们既不向外求神拜佛,把长生的希望寄托于神佛的救度,也不依靠身内外物质性的东西——如金丹、药物、精气等求长生不死,只重向内求真,体认本来真性。谭处端《水云集》卷上《述怀》诗自称:“朝昏懒慢修香火,十二时中只礼心。”⑥又有诗云:“认取自家心是佛,何须向外苦周游。”⑦尹志平《葆光集》卷上《修行五更颂》云:“长生只在寸心间。”⑧全真家认为:只要体证自心真性,保持不被迷乱,精神便获得自由,超出三界,就像莲花,根本淤泥而花在虚空,“身在凡而心在圣境”⑨;虽然身居一室之内,却“性满乾坤”,谓之“法身”。《立教十五论》描述说:“法身者,无形之相也,不空不有,无后无前,不下不高,非短非长,用则无所不通,藏之则昏默无迹。”⑩这种离名相、超时空的法身概念,显然取之于佛教。全真道把获得法身、精神超出生死的修道者称为“真人”,这种意义上的真人,有点像佛教所说的罗汉、禅宗所说的明心见性者、“无心道人”。全真道的这种修炼路线,已十分趋近于佛教之道。在全真家看来,佛教正是修性不修命,依真性而出

① 《道藏》第25册,第807页。
② 《道藏》第23册,第698页。
③ 《道藏》第25册,第485页。
④ 《道藏》第25册,第430页。
⑤ 《道藏》第25册,第852页。
⑥ 《道藏》第25册,第849页。
⑦ 《道藏》第25册,第848页。
⑧ 《道藏》第25册,第505页。
⑨ 《道藏》第32册,第154页。
⑩ 《道藏》第32册,第154页。

生死。《长春祖师语录》即云:"故世尊(释迦牟尼)独修性学,炼育元神……住世亦止七十载,人不以为无寿。"①从依赖身外药物的外丹成仙说,到依身内精气神"性命双修"的内丹成仙说,再到全真道唯重修心修性的真性即仙说,道教丹鼎派走的是一条一步步向佛教之学靠拢的路子,由此可见佛教学说对中国传统文化的深刻影响。

依真性即仙论,全真道效仿佛教的众生皆有佛性说及"即心即佛"说,宣扬一种人人皆可成仙论,空前慷慨地把成仙的"资格证"发给一切人。有一老者邢公问王喆:"七十二岁修行可否?"回答说:"便如百岁未为迟,只在心中换过时。"②宣扬修行成仙,只不过是在心中做一番改换功夫而已,故不在男女老幼,不分早晚,只要有心,肯修炼,不愁不能成仙。《长春祖师语录》说:"若论性不坏,即饿鬼畜生,皆堪成佛,有灵明处是也。"又说:"凡七窍者,皆可成真。"③不但人可成仙,就连动物、饿鬼,也都有成仙的可能。这较之魏晋道教唯许偶禀神仙之气者成仙的贵族式说教,当然前进了一大步。全真道的人人皆可成仙说,与禅宗的见性成佛、"下下人有上上智"说,及理学的人皆可为贤圣说,同时盛行于世,反映了一种庶族地主阶级的思想。

三、真功、真行的实践

全真道教效仿禅宗,亦标榜"不立文字",是一个注重宗教炼养实践的道派。顾名思义,"全真"二字,可谓概括了全真道的修炼之道。全真,或被释为保全真性义,或被释为精气神三全义,或被释为功行双全而成真人义。后说之"功行",指全真所倡之"真功"、"真行",为其宗教实践之两大方面。真功,指心性、内丹的修炼,《晋真人语录》云:"若要真功者,须是澄心定意,打叠精神,无动无作,真清真净;抱元守一,存神固气,乃真功也。"④真功的修炼,以"明心见性"为首。

① 《藏外道书》第11册,第284页。
② 《重阳全真集》卷1,《道藏》第25册,第692页。
③ 《藏外道书》第11册,第284、285页。
④ 《道藏》第23册,第697页。

首重心性的修炼,是全真道教义的突出特点。徐琰《郝宗师道行碑》概括全真教旨说:"其修持大略以识心见性、除情去欲、忍耻含垢、苦己利人为之宗。"①从真性即仙论出发,明心见性,自然成为修行之首务。王喆《授丹阳二十四诀》说:"诸贤先求明心,心本是道,道即是心,心外无道,道外无心也。"②明心见性,被提到道之心髓、纲要的高度。谭处端《水云集》卷上《示门人》诗云:"修行须要认灵源"③,灵源,即心性、真性。在全真道的内丹体系中,明心见性的功夫占了首要的、主要的地位。《长春祖师语录》说内丹是"三分命工,七分性学"④。与同源异流的金丹派南宗相比,在修行次第上,金代全真道可谓"先性后命",与南宗之"先命后性"相反。明人宋濂《送许从善学道还闽南序》说,内丹修炼之学,至宋金而说者益炽,"南则天台张用成(张伯端),其学先命而后性;北则咸阳王中孚(王喆),其学先性而后命"⑤。大体上是说对了。

在全真学说中,"心"和"性"是一对具矛盾关系而又统一的范畴。王喆《授丹阳二十四诀》说:"心生则性灭,心灭则性现。"⑥这里的心,指常人意识分别、情绪夹杂的"妄心",或曰"人心";性,指心不变不动的本性,或曰"本心"、"真心"、"天心"、"元神",亦常用禅宗术语,称"父母未生前本来面目"。王喆《授丹阳二十四诀》云:"性者是元神。"⑦《五篇灵文》注说:"天心者,妙圆之真心也。释氏所谓妙明真心。心本妙明,无染无著,清净之体……此心是太极之根,虚无之体,阴阳之祖,天地之心,故曰天心也。"又云:"元神者,乃不生不灭、无朽无坏之真灵,非思虑妄想之心。"⑧据全真之学,真性本来常住妙明,只因被人的妄心遮障而不得自见,故只要做清除妄念的功夫,一念不生,真性便会自然呈露。清除妄念之要,被概括为"清净"

① 《甘水仙源录》卷2,《道藏》第19册,第740页。
② 《道藏》第25册,第808页。
③ 《道藏》第25册,第847页。
④ 《藏外道书》第11册,第285页。
⑤ (明)宋濂:《文宪集》卷8,《文渊阁四库全书》第1223册,第469页。
⑥ 《道藏》第25册,第808页。
⑦ 《道藏》第25册,第807页。
⑧ 《五篇灵文》,《道藏辑要》胃集二,二仙庵刻本,第2页。

二字,《丹阳真人语录》云:“千经万论,可一言以蔽之曰清净。”①谭处端《水云集·示门人语录》说:

> 如何名见自性?十二时中,念念清静,不被一切虚幻旧爱境界朦昧真源,常处如虚空,逍遥自在。②

这里的“清静”二字,盖从道教《清静经》中“天清地静”意义上的“清静”二字暗转而来,本为佛教常用语。谭处端所谓的清静,意思略同佛教,意谓清除心中的世俗欲念,不为声色货利等所动,要在一天从早到晚十二个时辰中念念保持清静,不为一切欲尘所染。《重阳真人授丹阳二十四诀》分清净心地的功夫为两个方面:“内清净者,心不起杂念;外清净者,诸尘不染著。”③内外清净,即不令内心滋生杂念,不被外境污染、扰乱内心的宁静,是一种宗教禁欲主义色彩很浓的修养方法。

《晋真人语录》所说见性的实践原则,更近于禅宗的“无念行”。如云:“只要无心无念,不着一切物,澄澄湛湛,内外无事,乃是见性。”④无心、无念,皆是禅宗明心见性的法要,意为不染着一切,《坛经》云:“知见一切法,心不染着,是为无念。”《古尊宿语录》卷3大珠慧海云:“无念者,一切处无心是,无一切境界,无余思求是。对诸境色,永无起动,是即无念。”王喆所说的内外清净,《晋真人语录》所说的无心无念,显然主要取之于禅宗。

尹志平《北游语录》卷3还发挥《清静经》“玄之又玄”义说:

> 物欲净尽,一性空虚,此禅家谓之空寂,吾教谓之清静,此犹未也。至寂无所寂之地,则近矣。虽然,至此若无真实功行,不能造化,无造化则不得入于真道。须入真道,则方见性中之天,是为“玄之又玄”。至此,则言辞举动,凡所出者,无非玄妙。⑤

意谓达到心地清净的空寂境地,还算不上见性,尚须进一步空寂其心,连能清净心地的念头亦泯绝,达《清静经》所谓“寂无所寂”的境界,也仅仅是接

---

① 《道藏》第23册,第703页。
② 《道藏》第25册,第852页。
③ 《道藏》第25册,第807页。
④ 《道藏》第23册,第698页。
⑤ 《道藏》第33册,第168页。

近于见性。至此,尚须在社会活动中实践全真道所倡的“真行”,从无为中发有为之用,表现出自性造化运用的功用,由此入于真道,才算彻底见性,是为《道德经》所谓“玄之又玄”。达到彻见真性的人,一切言辞举动,自然合于道妙。据该书卷4之说,这种分见性为知与行两个方面或两个层次的说法,出自王处一,王曾说过:

> 见性有二,真空亦有二:悟彻万有皆虚幻,惟知吾之性是真,此亦为见性;既知即行,行之至则又为见性。初悟道为真空,直至了处亦为真空。既至真空,功行又备,则道气自然一发通过,道气居身中,九窍无心而自闭,至此际则方是真受用。①

见性分知与行,真空亦分两个层次,这种说法,盖有取于禅宗初祖达摩理入、行入“二入”,而形成了道教自家的特色。后来王阳明的知行合一说,大概便受了全真道见性说的启发。

全真家还吸取了禅宗南派的打坐方法。王喆《立教十五论》说:“凡打坐者,非言形体端然,瞑目合眼,此是假坐也。真坐者,须要十二时辰住行坐卧、一切动静中间,心如泰山,不动不摇,把断四门眼耳口鼻,不令外景入内。但有丝毫动静思念,即不名静坐。”②这种打坐,并不拘坐的形式,却把澄心遣欲的修行扩展到最大限度,渗透全部生活,要人们一天早晚任何时刻都管束住自己的心意,不令物欲沾染,不为声色利害所动,对外境信息刺激不作出反应,这与慧能一系南禅坐禅的精神十分相近。《重阳全真集》卷10《玉花社疏》还教诫道徒说:

> 诸公如要真修行,饥来吃饭睡来合眼,也莫打坐,也莫学道,只要尘冗事屏除,只要心中清净两个字。③

“饥来吃饭睡来合眼”,乃禅宗语录中的常谈。这并非取消修行,而是倡导一种自然主义、禁欲主义的生活态度,教人摒除俗务的牵累,放下一切希求,不起一点杂念,心中空空如也,只剩下吃饭睡觉这样的最低生理需要的满足。这种修行方法,颇近禅宗。明人王世贞《弇州四部稿·王重阳碑》谓王

① 《道藏》第33册,第177页。
② 《道藏》第32册,第153页。
③ 《道藏》第25册,第747页。

喆之说"颇类禅而稍粗"①,堪称的评。

全真道还效仿禅宗之"不立文字"、唯重明心见性的真履实践,反对多读书。王喆《立教十五论·学书》说:"学书之道,不可寻文而乱目,当宜采意以合心……若不穷书之本意,只欲记多念广……无益于修行,有伤于神气"②,提倡精读而意会。《丹阳真人语录》说:"学道者不须广看经书,乱人心思,妨人道业。若河上公注《道德经》、金陵子注《阴符经》,二者时看亦不妨。亦不如一切不读,觜卢都地养气,最为上策。"③在全真道士眼里,道不在文字,唯在自心,读书过多,损神耗气,离道转远,是故不许多读。至金末元初,全真道不重读书的情况才有所改变。

作为钟吕内丹派的后继者,全真道当然不离内丹修炼,这是其"真功"中的一项重要内容。金代全真道士的著述中,大都言内丹,并且留下了《金关玉锁诀》、《五篇灵文》、《大丹直指》等内丹专著。金代全真道在内丹著述的数量与质量方面,虽然不及南宋的南宗,但其成就也相当可观,提供了一套与南宗丹法有所区别的内炼体系,并非如《长春道教源流》所说,"绝不言及金丹"④。

全真内丹,直接渊源于钟吕一系。《金关玉锁诀》、《大丹直指》皆引述钟吕、施肩吾之说,所述丹法近于《灵宝毕法》而又有所发展。全真道和南宗一样,皆倡性命双修,以性命二字为内丹理论乃至整个修炼思想的纲宗。在性命关系方面,金代全真道士一般倾向于说性命一体不二而以性为主为要,《重阳真人授丹阳二十四诀》说:"性者是元神,命者是元气","根者是性,命者是蒂也";又说:"宾者是命,主者是性也。"⑤但也不忽视命的作用,《立教十五论》云:"性若见命,如禽得风。"⑥总之,以性命双修而重在修性为其主张。马钰则以"道"一统性命二者,《丹阳真人语录》云:"道无形名,

① (明)王世贞:《弇州四部稿》卷136,《文渊阁四库全书》第1281册,第253页。
② 《道藏》第32册,第153页。
③ 《道藏》第23册,第704页。
④ (清)陈铭珪:《长春道教源流》卷4,《藏外道书》第31册,第65页。
⑤ 《道藏》第25册,第807页。
⑥ 《道藏》第32册,第154页。

是神气之祖也。”①《丹阳真人直言》云：“夫大道无形，气之祖也，神之母也。神气是性命，性命是龙虎，龙虎是铅汞，铅汞是水火，水火是婴姹，婴姹是阴阳，真阴真阳即是神气，种种异名，皆不用著，只是神气二字”②，认为神气、性命互不相离，统一于道，故性命须双修。《晋真人语录》进一步解释说：“心中有性，性属阳；肾者能生元阳真气，气属北方壬癸水，水为命，命属阴。”③《大丹直指》说：“金丹之秘在于一性一命而已”，并具体指出性命二者在人身上生发潜藏的部位，“性者天也，常潜于顶，命者地也，常潜于脐，顶者性根也，脐者命蒂也”④，皆认为性命不可分离，为人生命之本的两个方面。此类说法，乃承自传统内丹学，是钟吕系丹书中的常谈。

总的看来，金代全真道的修炼之道，以降伏心意、明心见性为首要，为内炼成丹的前提，而又主张炼化精气神以结丹成仙，可谓明心见性与传统内丹的结合乃至融合，实际上可看作禅宗之禅与道教内丹的结合、融合。至于明心见性与内丹炼化精气之命术的结合、融合方式，在全真道诸家那里并不一致，即使同一个全真高道的著述中所阐述的修炼之道，也非止一说。金代全真道的某些著述中，亦如南宗之陈楠，对各种内丹法作了分类。如王喆《金关玉锁诀》分内丹修炼法为小、中、大三乘。小乘法者，锻炼筋骨气血，使现前一身安乐，为安乐法；中乘法者，养真气延寿，乃地仙之道；大乘法者，炼气化神，乃神仙之道。此三乘之说，渊源于《钟吕传道集》所言三成法，而略有不同。书中说：“闻《传道集》中有五等神仙。”⑤其所举五仙为鬼仙、地仙、剑仙、神仙、天仙，与现存《钟吕传道集》所说五种仙亦不尽同，可见王喆大概只是听人讲过《钟吕传道集》，而未必亲睹其书。书中又说太上老君留下三乘妙法：第一，“神仙抱一之道”，为上乘，其修炼之要唯“常清静”三字；第二，“富国安民之道”，为中乘，其修炼之要在“不教六贼偷窃身中宝藏”，即保养身中精气神勿令外耗；第三，“强兵战胜之道”，为下乘，指战退无名烦

① 《道藏》第23册，第706页。
② 《道藏》第32册，第155页。
③ 《道藏》第23册，第696页。
④ 《大丹直指》卷下《弃壳升仙超凡入圣诀义》，《道藏》第4册，第402页。
⑤ 《道藏》第25册，第802页。

恼三尸阴鬼以及万法。按此说，则全真道所倡导的以清净心地为要的明心见性功夫，属三乘法中的上乘神仙抱一之道或神仙之道，又称“最上一乘”、“天仙之道”。

这种“最上一乘”、“大乘”或“天仙之道”，唯重修性，以清净无为为修炼之要，或则修性不修命，或则以性兼命，是传统道教禀自先秦道家的养神、坐忘之道与禅宗之禅融合的产物，前述明心见性之道，便是此类大乘法的具体修法。按此类丹法的理论，人身中本具的真性便是金丹，是长生不死药，王喆《全真集》卷2《金丹》诗即云：“本来真性唤金丹，四假为炉炼作团。”① 此类说法在该集中还可举出一些，如卷3《黄莺儿》有云：“心中真性修行主，锻炼金丹，津液交流。”②卷2《述怀》诗云：“修持如会识金丹，只要真灵本性全”，“唤出元初子细看，莹然结就紫金丹”。③ 既然真性为金丹，则只要明心见性，保持不迷乱，则自然金丹成就，不须再拘执于周天搬运、水火调合。《重阳全真集》卷1《文山程法师问内事》即云：“如通须是搜元有，要见还应只内观。莫泥水升兼火降，休推虎绕与龙蟠。神精气住超双阙，日月星旋做一团。”④意谓只须内观内究，识自己之“元有”（本来真性），再不须专意炼化精气，精气神会自然结成金丹，超出阴阳五行之外。这正是南宗陈楠所说的“上品丹法”，后人所说的炼神还虚之道。王喆著述中，还有多处论述这种丹法。如《全真集》卷1《问龙虎交媾》云：“莫问龙儿与虎儿，心头一点是明师，气调神定呼交媾，心正精虔做煦熙，平等常施为大道，净清不退得真慈。”⑤《授丹阳二十四诀》云：“除一切尘垢，一切杂念，又神气常存，于本性不昧，名曰添火候也。”⑥内丹命术中的龙虎交媾，指神气的交合，抽添火候，指周天运转中用意的法度，这都是内丹命术中的秘诀，有口口相传的严格法度，但在大乘法中，都可以“不昧本性”一诀扫除，极为简要。《重阳金关玉锁诀》还说修行大乘法，应“孝养师长父母，六度万行，方便救一切众生，断

① 《道藏》第25册，第701页。
② 《道藏》第25册，第708页。
③ 《道藏》第25册，第704页。
④ 《道藏》第25册，第697页。
⑤ 《道藏》第25册，第693页。
⑥ 《道藏》第25册，第808页。

除十恶，不杀生，不食酒肉，邪非偷盗，出意同天心，正直无私曲，名曰天仙”①。注重伦理实践、持戒及救度众生，颇有点大乘佛教菩萨道的味道。

王喆徒裔们的著述中，都有关于这种大乘法或上乘法的论述，如马钰《丹阳真人语录》有云：“三十六道引，二十四还丹，此乃入道之渐门，不可便为大道。若穷于炉灶，取象于龟蛇，乃无事生事，于性上添伪也……故道家留丹经子书，千经万论，可一言以蔽之曰：清净。”②又说：“但清净无为，最上乘法也。”③明言清净心地，明心见性，乃上乘丹法，拘执于炼化精气之命术者，只是入道渐门，中下品法。马钰注重“养气”，认为神气性命既一体不二，养气全神亦彼此不离，他所说的养气，在实践法则上实际与修心养神是一回事。《丹阳真人语录》云：“身中之气不可散，心中之神不可昧。或问曰：何由得气不散？师曰：身无为。又曰：何由得神不昧？师曰：心无事。”④《丹阳真人直言》说得更为清楚：

> 欲要养气全神，须常屏尽万缘，表里清净，绵绵固守不动。三年不漏下丹结，六年不漏中丹结，九年不漏大丹结。圆备此名九转大功，亦名三千功满。三田圆备，谓之神丹，法身轻举，永为神仙。⑤

意谓只要做清净心地的功夫，不须交媾龙虎、搬运周天以炼化精气神，而精气神自然炼化，结为金丹。此所谓金丹或九转大丹、神丹，成就的是超越时空的“法身”，能使人永远超出生死。天有崩，地有陷，山有摧，海有竭，有形必有坏，而法身乃无形之物、先天之精，永无变坏，修行至此，“倒笑天地不能长久”，永远解除了生死的怖畏，是全真道士所追求的理想归宿。

其他全真道士论述上乘丹法者，如谭处端《水云集》卷中《西江月》云：“莫论黄芽白雪，休搜龙虎婴娇，色财无挂火烟消，便是蓬莱三岛。”⑥意谓只要心地清净，便是神仙。《晋真人语录》以不着不染为存神固气诀要，有云：

---

① 《道藏》第25册，第802页。
② 《道藏》第23册，第703页。
③ 《道藏》第23册，第702页。
④ 《道藏》第23册，第704页。
⑤ 《道藏》第32册，第155页。
⑥ 《道藏》第25册，第857页。

“只要不着不染，心定乃气定，心动则气散。若心不动，则子母相守”，称“神气”二字为“天关地轴”，而神气相守唯在于神定，不染不着，神定则自然气住，气住则自然结丹。故曰：“只用清净无心，寻个净处坐去，更无甚么。”①

主张上乘法的全真道士如马钰，虽然重在修性，也非绝不言修命。马钰所说的养气，便包含有炼化精气以修命的意义。《丹阳真人语录》云：“学道者无他，务在养气而已。夫心液下降，肾气上升，至于脾，元气氤氲不散，则丹聚矣。若肝与肺，往来之路也。”②这里讲的养气，指炼养五脏之气，传统丹法谓之小还丹。养气不但须注意心性的修养，也须善于养身，慎饮食，节睡眠，保全精气，不令耗散。《丹阳真人语录》云：“守气妙在乎全精，尤当防于睡眠，方欲寝时，令正念现前，万虑悉泯，敛身侧卧，鼻息绵绵。”③又云：“薄滋味所以养气。”④又云：“静坐以调息，安寝以养气，心不驰则性定，形不劳则精全，神不扰则丹结。”⑤注重摄生之道，提倡静坐调息而炼气功，表现出道教传统养生之学的特色。当然，马钰所说的保全精气，主要从养生角度着眼，与钟吕系统丹法之炼化精气有所不同。

除上乘法外，金代全真道著述中也讲从炼化精气入手的小乘法、中乘法，此类丹法与宋代钟吕系丹书中的三成法显然有渊源关系。如王喆《金关玉锁诀》主张三乘一贯，“小乘为根，大乘为梢”⑥，循序渐进。具体修炼方法，大略是从数息、闭气、意守脐下丹田入手，走的是传统内丹炼化精气的通常途径。有云：“有来无去千息数，积其气在丹田不散，只教暖不教冷，自结胎仙。”⑦精积气满之后，须行周天搬运，“先用芦芽穿膝之法，烹气冲宝炉骨，运气直至涌泉，补于二足，然后七返还丹之法”⑧。如得元气充实，应行“肘后飞金晶”法，运真气循督脉入脑，有羊鹿牛三车搬运法，运真气冲开背

① 《道藏》第 23 册，第 698 页。
② 《道藏》第 23 册，第 702 页。
③ 《道藏》第 23 册，第 703 页。
④ 《道藏》第 23 册，第 701 页。
⑤ 《道藏》第 23 册，第 703 页。
⑥ 《道藏》第 25 册，第 799 页。
⑦ 《道藏》第 25 册，第 800 页。
⑧ 《道藏》第 25 册，第 800 页。

后三关，上夹脊，入泥丸。书中对内丹命术诸诀窍，如意守丹田、抽添加减、坎离交媾、降魔出神等，皆有较详悉的交代。如说丹田在脐中一寸三分处，方圆一寸，田内有宫名黄庭，宫中有炉名丹炉，炉上坐一只金鼎，下频进真火，上频添神水，火分君臣民三种，亦即心、性、意，抽添水火之诀曰："抽者从上收真气，添者从下进暖气入丹田。"①意守丹田、坎离交媾之诀云："行功时坐如泰山，立如宝塔，牢镇四门，紧叩玄关，漱津一口，为猛三咽下，接气过离隔。""复如行住坐卧，禁口闭目，耳不听声，眼视内景，一日正观丹田，意中想见。随呼气下降，随吸气上升，不过离隔，不教注面目上，六气各到中元相见。"②此中真意为炼丹的主人，"意者恍惚也"，所谓真意或"一意"指静坐至"恍惚杳冥"时的寂定心。又强调开七种关："齿是为玄关，闭丹田者为下玄关，提金精上玄者为金关，紧叩齿者为玉锁，六根不动者是六度号都关，下纳气为勒阳关，上腮为顶阳关，鼻为天门，夹脊为双关。行功之时，一齐开锁，神不动者意不乱也。"③书中尤重视以气功治病，谓意守丹田，令肾宫暖，万病消除。行功时漱津一大口，分三度咽下，按气下行三遍，自然有龙吟虎啸之声，能除腹中万病。又云："人有万病者，每一病各一般真功治，其病自应也。第一大炼九转还丹之法，有黄芽穿膝之法，射九重铁鼓之法，太子游四门之法，有金鞭指轮之法，有芦芽穿膝之法，有轩辕跨火之法，有玉女摸身之法，有钟离背剑之法，有吕翁钓鱼之法，有陈希夷大睡之法。"④这些方法，皆属传统道教的养生延命之术，可见王喆对此类炼养术相当重视，多所继承，主张以气功命术健身治病，安乐延命。诀云："见在一身安乐为小乘，都是大乘之根。"⑤《金关玉锁诀》可能是王喆早期的作品，主要反映出他承自钟吕内丹派的东西。

述钟吕系传统丹法更为详悉者，是丘处机的《大丹直指》3卷。《长春道教源流》谓此书不见于陈时可《长春真人道行碑》及李志常、尹志平、王志

---

① 《道藏》第25册，第801页。
② 《道藏》第25册，第804页。
③ 《道藏》第25册，第802页。
④ 《道藏》第25册，第805页。
⑤ 《道藏》第25册，第799页。

谨等人的著作,“书盖出于至元后,去长春之化三十余年矣,此当后人伪托”①。然内丹撰述,在道教内部授受严格,初时多秘传,未必公之于世。从《大丹直指》的内容看,所述丹法多引证施肩吾,近王喆《金关玉锁诀》,尚较原始,不类元代丹书。说为丘处机著,尚为可信。其书言内炼之理论与法则程序,皆较系统详明。全书序言,先从人生命之形成,论述内炼成丹的原理:

> 盖人与天地禀受一同,始因父母二气交感,混合成珠,内藏一点元阳真气,外包精血,与母命蒂相连。母受胎之后,自觉有物,一呼一吸皆到彼处,与所受胎元之气相通。先生两肾,其余脏腑次第相生……未生之前,在母腹中双手掩其面,九窍未通,受母气滋养,混混沌沌,纯一不杂,是为先天之气……一出母腹,双手自开,其气散于九窍,呼吸从口鼻出入,是为后天也。脐内一寸三分所存元阳真气更不曾相亲,迷忘本来面目,逐时耗散,以致病夭。②

常人一落后天,受环境习染,被七情六欲所牵,耗散真气,呼吸之气往来只到气海,不曾至丹田命根与元阳真气相接,致使金木间隔。修炼之士,则以水火、铅汞为药物,水谓肾中藏元阳真气,亦名铅、金、虎;火谓心中藏正阴之精,亦名汞、木、龙。依药物修炼之道大略为:

> 先使水火二气上下相交,升降相接,用意勾引,脱出真精真气,混合于中宫,用神火烹炼,使气周流于一身,气满神壮,结成大丹。非特长生益寿,若功行兼修,可跻圣位。③

具体法则,分为九步:

(1)龙虎交媾。闭目内视中宫,绝虑忘思冥念,满口含津,勿吐勿咽。兜提外肾。次于吸气时,意想送气至中宫(脐内一寸三分处丹田),过尾闾,穿夹脊三关,从鼻中轻轻呼出。循环往复,意守中宫不离,令呼吸气与脐内元阳真气相接相合,水火二气上下往来,勾引肾中真气、心中真液相交媾于中宫。口诀曰:“阴有阳兮阳有阴,阴阳里面更重寻,学人不达玄微理,虚度

① (清)陈铭珪:《长春道教源流》卷3,《藏外道书》第31册,第57页。

② 《道藏》第4册,第391—392页。

③ 《道藏》第4册,第392页。

光阴谩用心。”①谓龙虎交媾，便是药物，一有药物，便如女怀胎，自觉中宫有物。每一日龙虎一交媾，炼成一物，状如黍米，还于黄庭之中，自可延年益寿。此乃小成安乐延年之法。

（2）周天火候。敛身胁腹，凝息默运心气下至丹田，鼻息绵绵若存，用之不勤。常意守中宫，神驭其气，自然从尾闾穴入夹脊，循督脉直上辘轳穴天关，入昆仑（顶），复循任脉降下丹田，周流运转，三百日火候不差，结成内丹，“状如弹丸，色同朱橘”。口诀曰：“胁腹运心方是火，含津引息始成丹。”②炼时须严格掌握火候，“若用补虚益气，春三月下火四两，夏三月下火六两，秋三月下火八两，冬三月下火二两。若用炼龙虎交媾，第一百日下火五两，自酉至亥；第二百日下火十两，自申至亥；第三百日下火十五两，自午至亥。……凝息数念珠一百个，是为一铢，二十四铢为一两”③。这里的铢两，是计时单位，下火若干两，指炼功多长时间。

（3）肘后飞金精。口诀云：“肘后金精节次般，存身偃仰过三关。”④法于子后午前气生之时，披衣正坐，握固存神，运真气冲开背后三关，从督脉运上泥丸。运时先存后升，先升后偃。凸胸偃脊，以开中关；次平坐昂头，以开上关。先升后存守，渐渐举腰升身、凸胸偃脊，以开下关。真气一撞三关都过，还精补脑，自有面红骨健、肌白身轻之效，是名返老还童、长生不死之法。修行三百日，饮食自绝，能耐寒暑，无涎汗涕泪，除疾病灾难。

（4）金液还丹。口诀云：“河车般（搬）运入昆仑，须是牢关双市门。击动震雷霹雳鼓，急收甘雨洒乾坤。”⑤意谓由前肘后飞精，真气上升，其时须举身正坐，闭两耳，舌拄上腭，自觉有清凉香美之津液，不漱而咽。当真气入脑时，急用两掌紧闭双耳，自然肾气入脑，造化金液。炼时每日下火一两，如至金木两停、欲飞不飞之时、欲济不济之际，最要正意守持，一念不生，名曰“沐浴”。此所谓金液还丹者，乃肾气（水中金）入脑而成。

---

① 《道藏》第4册，第393页。
② 《道藏》第4册，第394页。
③ 《道藏》第4册，第394页。
④ 《道藏》第4册，第395页。
⑤ 《道藏》第4册，第396页。

(5)太阳炼形。此为中成地仙法，炼时正坐不动，闭目忘思，默运心火以炼形，令真气满于四肢，肾之真气炼骨，可使身轻如毛，能乘风御雾；心之真气炼血，可使血白如膏，能永耐寒暑，是名"地仙"。口诀云："丹就自然朝五气，气真方可现元神。炼形换骨非凡客，自是长生物外人。"①

(6)三田既济。以阳时中刻，平坐伸腰，运真气一撞三关，闭两耳，俟神水下降，伸腰举腹，鼻引长息，默运心火上升，顶中神水下降，丹田真气上升，谓之既济。口诀曰："顶中神水入中源，丹里真阳返上田。水火合来为既济，庭中升入大罗天。"②

(7)炼神入顶。从此以上为大成法，神仙之道。炼神入顶者，乃炼气成神法，以子午卯酉四时，于幽室静坐，内观真气历炼五脏，鼻息绵绵若存，静极气生，气极神现。炼时于甲乙日炼肝，丙丁日炼心，庚辛日炼肺，壬癸日炼肾。炼至百日，气足神现，内观五气纷纭，四象周匝。口诀云："应日随时自不差，五神会处起河车。静中真象朝元后，犹恐阴魔作外邪。"③意谓百日气聚为神，五方真气合出本色五气阳神，其时须防阴魔(静中所现幻相，内丹家认为是阴气所生)乱真。

(8)炼神合道。终日静坐，神识内守，一意不散，常升身正坐，默观五脏。当于卯时观肝，肝气现青；午时观心，心气现红；酉时观肺，肺气现白；子时观肾，肾气现黑，应分别真假，谨防阴魔。

(9)弃壳升仙，超凡入圣。此名"炼形合道"，为锻炼炼就的"阳神"从顶门冲出之法，有五法：如海蟾子以鹤冲天门，西山十二真人中的王祖师以花树出，黄帝以火龙出，钟吕二仙用红楼出——静中存想顶上有三级红楼，想一层层上楼，至顶便跳，自然阳神出壳。谓调神出壳，名曰真人，"弃壳了当，真身出外，是曰神仙，当返三岛"④。至此，则修炼事毕，永出生死，长揖世间。这是内丹家理想中的终极归宿。

全部丹法强调循序渐进，重视炼气炼形，表现出唐宋钟吕系内丹法的传

① 《道藏》第 4 册，第 397 页。
② 《道藏》第 4 册，第 398 页。
③ 《道藏》第 4 册，第 399 页。
④ 《道藏》第 4 册，第 401 页。

统特色。该书卷上云:“若人不行小成法,直要中成而求长生不死,不止见效自迟,而又徒劳心力,虚度时光。还丹而神水不下,炼形而丹火不升。”①强调“非金丹不可延年,非炼形不可换骨,非既济不可不死”②。但若于第二步周天火候炼成,三百日火候数足后,也可不修以后的金液还丹、太阳炼形、三田既济,而直接修大成法炼气成神,以丹中纯阳之气随日应元气所转而历炼五脏,这叫“夺功并法”,是走捷径,但不能得长生住世之效。书中引述施肩吾之语,反对不炼形气而直接想弃壳升仙,一意静寂,令身如枯木、心若死灰,认为这种修法只能于定中出阴神,为清虚之鬼,不成纯阳之仙。

综观《大丹直指》叙述的丹法,基本上属于钟吕系传统丹法一类,与全真道识心见性的功夫尚未能融合。《长春祖师语录》有云:“吾宗前三节,皆有为工夫,命功也;后六节,乃无为妙道,性学也。三分命工,七分性学。”③谓其所传的内丹,分九节功夫,与《大丹直指》分九节功夫相符。然与《磻溪集》中丘处机重在性学的思想颇不一致,可能丘处机自己所修及所主张的在上乘法,《大丹直指》所言为适宜于中下士所修的中下乘法。

据传王喆当初在甘河酒肆中遇二异人,授以《灵文》五篇,为王喆修炼所依的宗本。其书不见于《道藏》。《道藏辑要》胃集二收有《五篇灵文》,署“重阳祖师注,清虚道人录”。清虚道人,当即丘处机高徒号为清虚子的宋德方,其书盖出宋德方润色改编,然内容可看作王喆所传。《灵文》及注所述丹法,称“最上一乘”、“上品天仙之道”,与《金关玉锁诀》、《大丹直指》所述丹法有所不同,是一种以明心见性功夫为主为首、由性修命的丹法,可谓对传统钟吕内丹的发展。全部修炼过程“以天心为主,以元神为用”④,天心、元神,谓妙明真心,不生不灭、不朽不坏之真灵。须先炼己纯熟,返还先天,炼己之要,在识心见性,做静定功夫。注云:“静工之道,只在去妄念上做工夫,观一身皆空,寂然不动之中,忽然一点真阳,发现于恍惚之中,若有

① 《道藏》第4册,第398页。
② 《道藏》第4册,第399页。
③ 《藏外道书》第11册,第285页。
④ 《五篇灵文》,《道藏辑要》胃集二,二仙庵刻本,第1页。

若无。”[①]此降心炼性功夫，须发勇猛决烈之心、舍死忘生之志，打死妄念，所谓“心死方得神活”。此后修炼，分为五章：第一玉液，法为凝神下照坤宫（亦名黄庭宫，“心下肾上、肝西肺东、内肾之前、脐轮之后，中虚之窍”），以神入气中，令神不离气，气不离神，神呼气吸，久久静而生定，以俟真气发生，一阳来复。二产药，昼夜神守坤宫，行住坐卧亦不稍稍散乱，于大定之中，忽然而动，先天一气发生，自乾宫而来。三采药，“始则凝神于坤，锻炼阴精，化为阳气，薰蒸上腾，河车搬运，周流不息。次则凝神于乾，渐炼渐凝，渐聚渐结，结成一颗玄珠，大如黍米，恒在目前，一得永得”[②]。先坤后乾（上丹田），此名移炉换鼎，乃金丹火候之秘。先天一气，乃由自身真气发生，感虚无中先天之气从外而来，名为外药。须抓住药生之机，及时采取，采取之诀，“如发千钧之弩，惟用一寸之机，似采非采，不采实采，乃为真采也”[③]。注中描述药产的景象（主观体验）说：“泥丸自觉风生，从天吹下，灌入玄关，两目之中，径通周身，关窍齐开，骨节如断，酸软如绵，心冷如冰，丹田如火，身心欠爽……正是水火烹蒸激泼之时，……少刻三宫气满，……神气泰定，恍如醉梦，犹如万水万火互相感激，不知有天地人我，只闻千钟雷鸣，万道霞光，灵明内外，琳琅满空。雷轰电掣，撼通乾坤。”[④]四得药。于先天初现、一阳初动的“活子时”，划分六候，以“神守玄宫（玄关），意迎我府”之诀采药得药，自太玄关升入泥丸，化为金液，吞入腹内，名“乾坤交媾”。须知防危虑险，牢封固闭。五温养。诀云：“神守黄房，金胎自成。”[⑤]此谓于十二时中，意守黄房（乾下坤上之中丹田），抱元守一，令先天之神、元气相合相化，气化为神，至百日功灵，十月胎圆，阴魄自化，阳神出现。千日之后，温养火足，剥尽群阴，体变纯阳，婴儿现象，成身外之身，“隐则形同于神，显则神同于气，步日月而无影，贯金石而无碍”[⑥]。温养三年，婴儿老成，但尚不可远离

① 《五篇灵文》，《道藏辑要》胃集二，二仙庵刻本，第 3 页。
② 《五篇灵文》，《道藏辑要》胃集二，二仙庵刻本，第 9 页。
③ 《五篇灵文》，《道藏辑要》胃集二，二仙庵刻本，第 11 页。
④ 《五篇灵文》，《道藏辑要》胃集二，二仙庵刻本，第 11—12 页。
⑤ 《五篇灵文》，《道藏辑要》胃集二，二仙庵刻本，第 14 页。
⑥ 《五篇灵文》，《道藏辑要》胃集二，二仙庵刻本，第 14 页。

肉身。温养至九年，方才“与太虚同体，形神俱妙，与道合真”①。然后潜伏于人间，积功立行，“提挈天地，把握阴阳”，是为天仙之道。全部丹法，实以真性为本，真意为用，无为为则，由性了命，炼精气神返归先天，臻形神俱妙，与道合真。可谓明心见性之道与内丹命术高度融合的内丹。

在王喆七大高徒中，郝大通《太古集》的内丹思想最为丰富，独具特色。郝本精通《易》学，长于卜筮，善于用易学阐释内炼原理。其中的《周易参同契简要释义》以多幅图象配以简说，从天地日月、乾坤坎离、天元十干、乾坤生六子、八卦数爻成岁、二十四气加临乾坤二象、八卦反复、六十甲子加临卦象、五行悉备、五运、六气、四象等多方面，阐述内炼所遵循的基本法则，以示大小天地一体不二之理。大略谓《易》运用于炼丹，主要有有无两个方面。无为道体，为天地万物之始源，须以心体之；有为道用，须循阴阳八卦之数，合天地日月四时变化之度。书中总括内丹易学大要说：

> 易之道以乾为门，以坤为户，以北辰为枢机，以日月为运化，以四时为职宰，以五行为变通，以虚静为体，以应动为用，以刚柔为基，以清净为正……以一神总无量之神，以一法包无边之法，以一心统无数之心，自古及今，绵绵若存。②

强调以一真心、元神为统御主宰，清净以修心，虚静以修定，应动为用，以炼化精气，交媾阴阳。最终达到的境界，应是“动静两忘，性圆命固，契乎自然”③。其中还有《金丹诗》三十首，有云：“虚无之神，统御万灵，先天地祖，运日月精，列光垂象，造物变形。”④谓元神为内炼之主宰。又云：“心镜一磨明照彻，本来面目自然圆”，“从兹解得西来意，混沌之前岂有形”。⑤ 此言识心见性，了悟超越形相的“本来面目”。言炼化精气之命功，则如：

> 学仙须是桎金丹，铅汞将来鼎内安。用火周天依次叙，添功岁月莫盘桓。存神先使心头静，养气休令舌下干。十二时中无懈怠，自然性命

① 《五篇灵文》，《道藏辑要》胃集二，二仙庵刻本，第 14 页。
② 《太古集》卷 1《周易参同契简要释义并序》，《道藏》第 25 册，第 868 页。
③ 《太古集序》，《道藏》第 25 册，第 867 页。
④ 《道藏》第 25 册，第 879 页。
⑤ 《道藏》第 25 册，第 881 页。

保全完。①

大略以铅汞为药物，强调依次第法则转周天、运河车，掌握火候法度，存神养气，炼气化神。其丹法融合性功与命术的特征较为突出，与《五篇灵文》之说相近。

全真七真中的其他人，也都言内丹。王处一在七真中最以内丹成就著称，但其《云光集》述丹法甚为简略，大体以精气神返归虚无为内炼宗要，如卷1《王公问如何学道决了生死》云："虚无元气结神丹。"②卷2《登州姜权问心地藏头叠字》云："（金）铅玉汞真三宝，（宝）满朝元因了心。"③意谓炼元精、元气、元神三宝归元，才彻了自心，以内丹修炼为明心见性的门径。又如《晋真人语录》主张从"存三抱元守一"下手修炼。存三，指存精气神三宝；抱元，指抱守元阳真气；守一，谓守一元神。具体入手方法为："一心在（存）想，只在下丹田仙洞之内，莫放心意散乱，抱元阳真气，便是长生真道本也……谨守三五年之间，自然丹炉鼎内二气相交，温成一气。"④其修炼门径十分简单，只是意守下丹田，加以心不染不着一切，待精气神自然炼化而成丹。

金代全真道内丹说的一个突出成就，表现在妇女所修"女金丹"方面。男女生理有别，修炼方法也应不同，然前此之道书中，尚未注意这一点，主要所述，皆属男法，即女子著述如唐崔少玄《守一诗》、胡愔《黄庭内景五脏六腑图》，北宋曹文逸《灵源大道歌》，皆未涉及妇女生理上的特点。王喆《金关玉锁诀》有云："女子运宝，前安乳香，频进真火，如行此功一年，令妇人如童男。"⑤意谓女子炼丹，应炼身如童男，在生理上发生转变。至全真道七真中唯一的女道士孙不二，大大发展了以包括生理转变为重要内容的女金丹。孙不二的内丹著述，不见于《道藏》及《甘水仙源录》本传，唯《道藏辑要》胃集七收有《孙不二元君法语》，包括几种女丹著述，其中最重要者为《坤道功

① 《道藏》第25册，第881页。
② 《道藏》第25册，第656页。
③ 《道藏》第25册，第670页。
④ 《道藏》第23册，第696—697页。
⑤ 《道藏》第25册，第801页。

夫次第》诗十四首①，概述女丹的修习次第和各节法要。其大略从收心养气入手，初无男女之别。一收心，诗云："扫空生灭海，固守总持门。半黍虚灵处，融融火候温。"意谓降伏妄念，将纷纭万念一扫而空，收心意守丹田，凝神入气穴，调和得所，似守非守。二养气，诗云："子肥能益母，休道不回旋。"意谓调养后天呼吸之气，培养充足，逆转造化，返还先天。三行功，诗云："敛息凝神处，东方生气来。万缘都不着，一气复归台。阴象宜前降，阳光许后栽。"谓调息凝神，不着万缘，待丹田气生，自然行周天运转，后升前降。四斩龙，为女子独用，意谓炼断月经，使生理发生变化，返还于 13 岁童女之身。诗云："静极能生动，阴阳相与模。风中擒玉虎，月里捉金乌。着眼细缊候，留心顺逆途。鹊桥重过处，丹气复归炉。"大略谓于静极而动、先天气生之际，须及时采取，注意身中氤氲之候，谨防生气下行而化为经血，令其逆转而变为气，此气由下鹊桥（尾闾、会阴间）转到上鹊桥（印堂、山根之里），复归于黄庭。之后"缚虎归真穴，牵龙渐益丹"，意守"真穴"（两乳之间），令血气渐化为元气，凝结为内丹。这是女丹与男丹的根本区别所在，也是孙不二女丹的基本特征所在。此后功夫，基本与男丹相同。如第五养丹，"性须澄似水，心欲静如山，调息收金鼎，安神守玉关"，只是调息凝神，一意静定，便能日增一粒黍米之丹，生"鹤发复朱颜"之效。六胎息，慎除幻境，心息相依，返归乾卦未画、阴阳未分之本初，使"气复通三岛，神忘合太虚，若来与若去，无处不真如"。七符火，谓胎息绵绵后，须分别动静之机，阳气发动当益进，阴气发动须防飞躁不宁，保持灵明静定，昼夜六时一线到底，不可稍懈而使功夫间断。其时"潭里珠含景，山头月吐辉"的景象，陈撄宁释为女性丹功中所独有，指血海有珠光隐而敛，膻中有气动之机。八接药，谓至此内丹已结，全部功夫已得一半，尚须行"炼形"之功，令"鼻观纯阳接，神铅透体灵"，慎重哺育温养。九炼神，谓炼元神，脱去尘垢而令明净，须牢地门（收敛下窍），开天阙（脑部），洗涤"黄芽"（大还丹），于大静之后，有"山头震地雷"的反应。十服食，谓服食天地日月精华，"朝迎日乌气，夜吸月蟾精"，以助结丹换体。"元神来往处，万窍发光明"，为丹成体换的信

① 《道藏辑要》胃集七，二仙庵刻本，第 108—110 页。

号。十一辟谷，谓断绝烟火食，忘神绝相，采食芋、芝之类的药物。十二面壁，谓内丹已成，只坐于小龛中修定以保养。十三出神，谓于静定中，元神结为“身外之身”。十四冲举，谓锻炼元神从顶门出入，一旦永诀人世，则见“玉女骖青凤，金童献绛桃，花前弹锦瑟，月下弄琼箫”，逍遥于仙境，进入内丹家理想中的永恒安乐、长生不死之国。十四首诗虽较隐晦，但一一叙述了女丹修炼各节功夫的次第和要点，描述了不同阶段的效应和主观体验，为女丹著述中最早的成熟之作，在后世影响颇大。

全真道的心性和内丹修炼，皆以宗教禁欲主义为基础、为实质，其基本精神可以《清静经》的“澄心遣欲”四字概括之。全真道禀承老氏清静无欲之旨，吸收佛教的爱染缘起说和离欲思想，把人的世俗欲望视为洪水猛兽，看作生死之根，为违反自然、违反道的“人情”，认为只有违逆人情，剿绝五欲，才能成仙证真。《重阳全真集》卷2《唐公求修行》说：“修行切忌顺人情，顺著人情道不成。”[①]要修道人把“五情六欲都消散”[②]，“脱人之壳，与天为徒”[③]。明心见性的功夫以除妄念、遣人欲为本质，内丹功的第一步以断绝男女之欲为前提，心性修炼与内丹修炼，实质上都是澄心遣欲的具体操作技术。《丹阳真人直言》即云：“但能澄心遣欲，便是神仙。”[④]全真道正是以出世主义的神仙追求为价值取向，把禁欲主义发展到道教史上的顶峰。

在宣教中，全真道把断除酒色财气等较粗的人欲作为首务，作为修心内炼的初步功夫。《重阳教化集》卷2《化丹阳》说：“凡人修道，先须依此一十二个字：断酒色财气、攀缘爱念、忧愁思虑。”[⑤]断酒肉，取自大乘佛教菩萨戒，《丹阳真人语录》云：“酒为乱性之浆，肉是断命之物，直须不吃为上。”[⑥]《金关玉锁诀》亦以断酒肉为修行天仙之道的首务。至于色欲，更被全真道士视为攸关生死之事，严格戒除。《丹阳真人语录》说：“酒肉犯之犹可恕，

① 《道藏》第25册，第704页。
② 《云光集》卷2《大众求教》，《道藏》第25册，第668页。
③ 《丹阳真人语录》，《道藏》第23册，第701页。
④ 《道藏》第32册，第155页。
⑤ 《道藏》第25册，第780页。
⑥ 《道藏》第23册，第701页。

若犯于色，则罪不容于诛矣……盖色者甚于狼虎，败人美行，损人善事，亡精灭神，至于殒躯，故为道人之大孽也。”①全真道的出家制度，便是本断除人欲的精神而设。

全真道要求道士们把物质生活降到最低水平，摒绝一切物质欲望。《丹阳真人语录》说：“不得着好衣，不得吃好饭，唱歌打令”，“饥则餐一钵粥，睡来铺一束草，繿繿缕缕，以度朝夕，正是道人活计”。② 食、睡、色三种基本生理需求，都被他们看作修道大障，刻意减食减睡，乃至断睡。元好问《遗山集》卷31《紫虚大师于公墓碑》说：“吾全真家禁睡眠，谓之炼阴魔。向上诸人，有胁不沾席数十年者。”③全真七真及其徒裔，率多以禁欲、苦行著称。如《丹阳真人语录》记马钰居环堵中修炼，“早晨则一碗粥，午间一钵面，过此已往，果茹不经口”④。甚至誓死赤脚，冬不向火，夏不饮水，他以身作则，要求整个教团都崇朴尚俭，实行苦修。《北游语录》卷2云：“丹阳师父初立教法，以去奢从俭、与世相反为大常，凡世所欲者，举皆不为。”⑤这是他“无为”教旨的一个重要方面。谭处端《水云集》卷上《自咏》称：“竹笠羊皮常作伴，破毡腋袋每相随。肥羊细酒全无爱，淡饭残羹且疗饥。”⑥丘处机隐修13年，日行苦行，夜常不寐。王处一苦修于铁查山，“曾于沙石中跪而不起，其膝磨烂至骨。山多砺石荆棘，赤脚往来于其中，故世号铁脚云，如此三年”⑦。于道显行乞至许昌，寄宿岳祠，“通夕疾走，环城数周，日以为常”⑧。正如元好问在《紫虚大师于公墓碑》中所说：“予闻之今之人，全真道有取于佛老之间，故其憔悴寒饿，痛自黥劓，若枯寂头陀然。及其有得也，树林水鸟，竹木瓦石之所感触，则能事颖脱，缚律自解，心光晔然，普照六合，

① 《道藏》第23册，第701—702页。
② 《道藏》第23册，第705、704页。
③ （金）元好问：《元遗山集》卷31《紫虚大师于公墓碑》，《文渊阁四库全书》第1191册，第346—347页。
④ 《道藏》第23册，第702页。
⑤ 《道藏》第33册，第162页。
⑥ 《道藏》第25册，第848页。
⑦ 《清和真人北游语录》卷3，《道藏》第33册，第172页。
⑧ （金）元好问：《元遗山集》卷31《紫虚大师于公墓碑》，《文渊阁四库全书》第1191册，第347页。

亦与头陀得道者无异。”①头陀，是佛教的一种苦行，亦被作为苦行僧的称号，《十二头陀经》说修头陀行者有阿兰若居、常乞食、次第乞、一食、节量食、过中不饮浆、着粪埽衣、但三衣、塚间坐、树下坐、露地坐、但坐不卧12种苦行，这种苦行僧在北朝出现不少，禅宗达摩门下僧那、道信等，皆行头陀，然宋金时佛教中苦行僧已罕见，全真道效仿这种行径，并实践跪沙石中、通夜环城疾走等苦行，大概与当时的社会环境、生活条件有关。

全真道不但要求道徒在物质生活方面降低要求，不事追求，心不为物所动，而且要求道徒在人际关系中收摄自心，柔弱谦卑，不生愤怒瞋妒。《丹阳真人语录》说：“去嗔怒所以养性，处污辱低下所以养德。”②又说：“以恩复仇。”③王处一《云光集》卷4《一枝花·药方》针对民族压迫、阶级压迫下不满、不平的普遍社会心理病症，开出一味药方：此药须“柔弱为引子，低下服之，论甚食前食后。大忌气财并色酒，闹处稀开口”④。要人们安心忍受压迫欺凌，从内心自觉消弭反抗的情绪，这对女真统治者当然是很有利的。全真道还以宿命论为依据，劝诫人们放弃对人生幸福的追求，安贫守贱，知足为乐。《重阳全真集》卷3《刘公问贵贱》说：“今世丰华，此生贫窘，算来总是前缘。荣枯好丑，无党亦无偏。只在灵明布种，唯招召，善恶相传。”⑤刘处玄《仙乐集》卷1《白莲花词》云：“今世为人贵富，必是前生有悟。”⑥意在教人不贪求世俗的荣华富贵，安贫守贱，在修道求仙中找到永恒的安乐。

除了内向修心修丹的真功外，全真道还承道教传统的行善立仙基说，吸收大乘佛教普度众生及儒家行道济世的思想，提倡外向社会，实践“真行”。《晋真人语录》云：“若要真行，须要修行蕴德，济贫拔苦，见人患难，常怀拯救之心，或化诱善人入道修行。所为之事，先人后己，与万物无私，乃真行也。……若人修行养命，先须积行累功，有功无行，道果难成，功行两全，是

① （金）元好问：《元遗山集》卷31《紫虚大师于公墓碑》，《文渊阁四库全书》第1191册，第347页。

② 《道藏》第23册，第701页。

③ 《道藏》第23册，第703页。

④ 《道藏》第25册，第683页。

⑤ 《道藏》第25册，第712页。

⑥ 《道藏》第25册，第424页。

谓真人。”[1]所谓真行，是以仁爱无私之心，济贫拔苦，传道度人，这被作为明心见性功夫的重要方面，作为成仙证真的重要资本。全真内丹说承钟吕内丹传统，规定炼气化神功毕，应入于世间修行真行，功圆行满，方可成就天仙。从济人救苦的精神出发，全真道非常重视医药，把行医施药救治病苦作为真行中的一项重要内容。《立教十五论》以“合药”为一论，论云：医术若“肯精学者，活人之性命……学道之人不可不通，若不通者无以助道”[2]。金元间全真教门宫观中还以接待过客、周济饥乏为实践真行的重要方面，《北游语录》卷2说：“必有志于功行，莫如接待。凡所过者，饥得食，劳得息，时寒时暑，皆得其安慰。”[3]

在真行精神的感召下，金代全真教徒颇有以实际行动济世助人，为社会人士所赞许者。如刘处玄弟子崔道演“假医术筑所谓积善之基，富贵者无所取，贫窭者反多所给”[4]，以施医施药而闻名远近，受其惠泽者颇多。尤其在金元之际的战乱中，全真道士实践真行者更多，如丘处机之西游劝成吉思汗戒杀、免北方赋税，王志谨在关中开渠引水，李志远劝止太傅移刺宝俭依女真旧俗以二婢为母殉葬，范圆曦散观中财以救民、收留落难士人等。

四、教制与戒律

全真道从一开始起，便建立了道士出家的制度。这种制度，是与出世主义的神仙信仰和内丹修炼的需要相应的。在全真家看来，家庭为牢笼，夫妻恩爱为“金枷玉锁”，儿女为讨债者。欲求成仙证真，须先看破天伦恩爱，斩断牵缠，跳出樊笼。《重阳全真集》卷3《满庭芳·欲脱家》云：“既欲修行，终全阒谧，出离尘俗相当……须是损妻舍事，违乡土，趓却儿娘。”[5]王喆自己首先出家修行，传道中亦常劝人看破尘缘，出家当道士。其《重阳全真集》卷7《踏莎行》云：“莫骋儿群，休夸女队，与公便是为身害，脂膏刮削苦

① 《道藏》第23册，第697页。
② 《道藏》第32册，第153页。
③ 《道藏》第33册，第167页。
④ 《甘水仙源录》卷5《真静崔先生传》，《道藏》第19册，第760页。
⑤ 《道藏》第25册，第713页。

他人，只还儿女从前债。”[①]认为养儿育女不过是偿还前世所欠之债，只是白辛苦一场而已。又一首《西江月》词中甚至说：“悟彻儿孙伟貌，夺衣日夺飧肴，笑欣悲怨类咆哮，正是豺狼虎豹！”[②]至于夫妻关系，更被视为生死之根，成仙大障。王喆首次传道度人，便劝本来十分恩爱的马钰、孙不二夫妇双双出家修道，用分梨题诗的方法，劝他们看破夫妻关系，觉悟男恩女爱之害。马钰在他劝化下终于觉悟而出家。其《渐悟集》卷上《自觉》云：“梦见娇妻称是母，又逢爱妾还称女，因为前生心不悟，心不悟，改头换面为夫妇。”[③]认为夫妇原是前生执迷结就之缘，轮回中，前生的母亲、女儿成了今生的妻妾，改头换面，荒唐不堪。这完全是佛教的说法。《丹阳神光灿·劝化》劝人说：

> 人皆好色，妻常设计，巧笑语言诈伪。日日梳妆，图要见他忔喜。时时耳边低呢，紧唆人争财竞气……欢喜冤家没解，岂思量，好意却是弱意。昼要衣餐，入夜偷盗精髓。悟来心惊胆颤，怕追魂取命活鬼！[④]

竟然视妻妾为偷盗精髓的“追魂取命活鬼”，这从内丹原理来讲，也许并不过分。马钰自己觉悟于此，乃毅然弃爱妻及十四口家小，出家远游，表示决心说：“斩钉截铁不思家，永绝狐疑永弃家。……乡中园馆非吾宅，物外蓬瀛是我家！”[⑤]当他在云游途中接到家书时，竟写道：

> 家书接得急开封，正值糊窗要辟风。我意难随你意去，道心不与俗心同。……传语儿孙并弟侄，后来书至撇墙东！[⑥]

表示与俗家彻底割断联系。不仅自己出家，而且到处劝人出家。《洞玄金玉集》卷7《道友问在家能修行否》说：“欲求家道两全美，怎悟寂寥一着甘。莫待酆都追帖至，早归物外住云庵！”[⑦]

全真道模仿当时禅宗丛林寺庵之制，创立了本派道士出家、云游、住庵

① 《道藏》第25册，第731页。
② 《道藏》第25册，第733页。
③ 《道藏》第25册，第455页。
④ 《道藏》第25册，第631页。
⑤ 《渐悟集》卷下《闻乡人来到以词聊代家书》，《道藏》第25册，第475页。
⑥ 《渐悟集》卷下《收家书》，《道藏》第25册，第474页。
⑦ 《道藏》第25册，第595页。

之制。《立教十五论》云:“凡出家者,先须投庵。”①全真教团创立之初,尚无本派宫观,道士们或依旧观庵或闲屋破房而住,或自盖房舍而居,盖造之制,以简朴为则,《立教十五论》论“盖造”云:“茅庵草舍,须要遮形,……苟或雕梁峻宇,亦非上士之作为,大殿高堂,岂是道人之活计。”②《北游语录》卷2称马钰掌教期间,有“道伴不过三人,茅屋不过三间之戒”③。道士们出家,须离乡远走,以利斩绝尘缘,并须云游以参访性命,这种云游参访之制,显然取之于禅宗。

全真教团还实行早期佛教僧团的乞食之制,提倡道士乞食为生。马钰出家后,王喆即携之上街乞食。《丹阳真人语录》云:“至于巡门求乞,推来抢去,恰是道人日用家风也。”④丘处机《无俗念》自称:“烟火俱无,箪瓢不置,日用何曾积。饥餐渴饮,逐时村巷求觅。”⑤郝大通、谭处端等也都云游乞食。后来教团壮大,建立了本派观庵,道士们才效仿禅宗农禅之制,耕田自养,有的宫观还能以有余施贫乏、赈荒年。对这一点,当时社会人士颇有好评。如元好问《遗山集》卷35《紫微观记》谓全真之徒“耕田凿井,从身以自养,推有余以及之人”⑥。王恽《秋涧集》卷61《寂然子霍君道行碣铭》称全真道士霍志真“辟农亩,创水硙,广资生理,培植教本,致远迩尊礼,乐者日众。至于斋庐深静,井灶修洁,游人过客如归而仰给焉”⑦。陈绎曾《增修集仙宫记》云:全真道“勤作俭食,士农工贾因而器之”⑧。袁桷《野月观记》云:“北祖全真,其学首以耐劳苦力耕作,故凡居处服食,非其所自为不敢享,蓬垢疏粝,绝忧患慕羡,人所不堪者能安之。”⑨辛愿《陕州修灵虚观记》

① 《道藏》第32册,第153页。
② 《道藏》第32册,第153页。
③ 《道藏》第33册,第162页。
④ 《道藏》第23册,第704页。
⑤ 《磻溪集》卷5,《道藏》第25册,第832页。
⑥ (金)元好问:《元遗山集》卷35《紫微观记》,《文渊阁四库全书》第1191册,第410页。
⑦ (元)王恽:《秋涧集》卷61《寂然子霍君道行碣铭》,《文渊阁四库全书》第1200册,第796页。
⑧ 陈垣编纂:《道家金石略》,北京:文物出版社1988年版,第783页。
⑨ 陈垣编纂:《道家金石略》,北京:文物出版社1988年版,第1158页。

云:全真家“其勤苦似墨”①。全真道士力耕而食,垦荒辟壤,对当时社会经济也起了有利的作用,减轻了民众的负担,增加了社会财富。

全真立教之初,即强调道徒须先持戒,提出了一些约束道徒行为的轨范。《重阳金关玉锁诀》谓修天仙之道:“第一先须持戒清净,忍辱慈悲十善,断除十恶,行方便救度一切众生,忠君王,孝敬父母师资。”②这里所言十善十恶,盖即后来全真道“天仙大戒”中的“虚皇天尊所命初真十戒”。《重阳教化集》卷2《读晋真人语录》云:“大凡学道,不得杀盗饮酒食肉破戒犯愿。”③其戒律大略以戒杀盗酒肉为主。《丹阳神光灿·立誓状外戒》为马钰入道的誓词,其中有云:“遵依国法为先”,“永除酒色财气,弃荣华,戒断腥膻”,“不得贪财诳语,诈做高贤”。④ 大概全真初期,仅遵依道教传统的戒律,而特别强调断酒色财气、行慈悲忍辱,未曾形成本派特有的戒律规范。后来宫观逐渐发达,为道士集体生活的需要,陆续编订了一些清规。《道藏》中所存陆道和编《全真清规》,盖属元明时代的东西,看得出系仿禅宗《百丈清规》而制。全真道所传《教主重阳帝君责罚榜》,从“重阳帝君”之封号看,起码出于元代以后。其中规定对道士中犯酒色财气及其他教团生活纪律者,行遣出、竹篦罚出、罚斋、罚香、罚油、罚茶、罚拜等处分,当根据丛林宫观集体生活中发生的问题而制定,是全真宫观发达以后的事,不可能由尚未建本派宫观时期的王喆所制定,然对犯酒色财气者戒罚,则出自王喆力戒酒色财气的精神。

全真道虽然力主出家修道,但对以封建伦理进行社会教化,仍十分重视。尤其对在家信徒,宣教的重点更在伦理教化方面。《重阳全真集》卷3《满庭芳·未欲脱家》教诫不想出家的道徒要“与六亲和睦,朋友圆方,宗祖灵祠祭飨频,行孝以序思量”⑤,一派儒者气。谭处端《水云集》卷1《赠韩家

① 《甘水仙源录》卷9,《道藏》第19册,第803页;陈垣编纂:《道家金石略》,北京:文物出版社1988年版,第443页。

② 《道藏》第25册,第798页。

③ 《道藏》第25册,第780页。

④ 《道藏》第25册,第623页。

⑤ 《道藏》第25册,第713页。

郎君在家修行》云:“内侍孀亲行孝道,外持真正合三光。常行矜悯提贫困,每施慈悲挈下殃。”①同卷《游怀川》云:“为官清政同修道,忠孝仁慈胜出家。行尽这般功德路,定将归去步云霞。”②刘处玄《仙乐集》卷3《四言绝句》有云:“治政清通,为官忠孝,节欲身安,他年蓬岛。”③给尽忠尽孝的封建官僚们慷慨地散发成仙的“优待券”。《仙乐集》卷1《天道罪福论》,列善恶行为必受的罪福百条,谓“三元”神据人的善恶治罚、赦罪,福善祸恶,丝毫不爽,以此劝世人忠孝仁义,力行诸善,戒除诸恶。同书卷2《五言绝句颂》有云:“顺尊至孝全,意静胜参禅。”④以一心尽孝道为高级的心性修养。同卷《十劝》,劝人“不得自衒己是”,“不得常说他世人之短”,“不得作事不平等”。⑤ 王玉阳《云光集》卷2《劝行孝道》谓“一心孝道顺三光”⑥。总之,全真道在宣扬封建伦理方面,与儒家同一立场,表现出其为巩固封建社会秩序服务的实质。

金代全真道虽然承钟吕内丹派之学,以个人修炼成仙为主旨,但也兼承道教传统,行斋醮炼度。《重阳全真集》卷12《临江仙·道友问修行》劝人说:“太一混元真法箓,清心精锐行持,……救拔亡魂消旧业。”⑦此所言“太一混元法箓”,盖即太一教所传行的“太一三元法箓”。刘处玄《仙乐集》卷1《白莲花词》数言“子孙醮缘重,遇敬信,全仗高真度”⑧。卷3有诗云:“明真之醮,所料紧要,荐拔先灵,各愿管了。”⑨提倡子孙要为亡故祖先建醮设斋,救度超拔。王处一尤以行斋醮名世,曾为金世宗行醮祈福,并两次参加金廷在亳州太清宫举行的盛大斋醮活动。丘处机西游返燕后,也常行斋醮。但全真道士所用斋醮仪范,属太一教及正一派等传统科仪,并未形成本派特有的斋醮科仪。

① 《道藏》第25册,第846页。
② 《道藏》第25册,第849页。
③ 《道藏》第25册,第440页。
④ 《道藏》第25册,第429页。
⑤ 《道藏》第25册,第433页。
⑥ 《道藏》第25册,第668页。
⑦ 《道藏》第25册,第757页。
⑧ 《道藏》第25册,第425页。
⑨ 《道藏》第25册,第438页。

总之,金代全真道顺应三教合一的时代思潮,继承道家、道教清静无为之旨及钟吕内丹之学,融摄佛教的六道轮回、因果报应、普度众生等思想和禅宗心性之学,乃至效仿禅宗丛林制度、出家形式,采纳儒家伦理思想,组织成一套具有独自特色的、内容较为丰富庞大的教义教制体系,以融合禅宗之禅的方式,发展深化了钟吕内丹之学,并首次创立了内丹派群众性的大教团,使内丹道教在学说和教团实力方面都大大提高了地位,这可谓整个道教的一大变革。金代全真道教风刻苦,颇有道家清静无为、崇朴尚俭之风,因而被当时的文化人看作老氏宗旨的实践发扬者。如辛愿《陕州修灵虚观记》说:"今所谓全真氏,虽为近出,大能备该黄帝老聃之蕴",又称其"逊让似儒,其勤苦似墨,其慈爱似佛,至于块守质朴,澹无营为,则又类夫修混沌者"。[①] 徐琰《郝宗师道行碑》云:"老氏所谓知其雄守其雌,知其白守其黑,知其荣守其辱,为道日损,损之又损,以至无为;庄生所谓游心于淡,合气于漠,纯纯常常,乃比于狂,外天地遗万物,深根宁极,才全而德不形者,全真有之,老庄之道于是乎始合。"[②]这种说法的确反映出了金代全真道的主要思想面貌和文化性格。

第六节 南宋王朝与道教

公元 1127 年,金灭北宋,宋钦宗之弟康王赵构重建赵宋王朝,赵氏子孙在淮河以南的半壁河山上维持了一百五十余年的统治,史称南宋。南宋地界狭小,国力羸弱,诸帝多庸懦不振,权臣肆奸,豪强兼并,社会矛盾、阶级矛盾十分尖锐。来自北方的武力威胁,始终是这个懦弱王朝无法摆脱的沉重包袱。在这一百余年间,金兵数度南侵,宋室称臣称侄,纳币岁贡,始得偏安于一隅。金廷灭亡,蒙古兵的铁蹄又接踵而来,南宋不断丧城失地,终致灭亡。连年的战祸,加上横征暴敛,巧取豪夺,南宋人民身受沉重的阶级压迫、民族压迫,苦难深重。社会孕育着强烈的宗教需要。

鉴于徽宗崇道亡国的教训,南宋朝廷从高宗起,再未演出过北宋真宗、

① 《甘水仙源录》卷 9,《道藏》第 19 册,第 803 页;陈垣编纂:《道家金石略》,北京:文物出版社 1988 年版,第 443 页。

② 《甘水仙源录》卷 2,《道藏》第 19 册,第 740 页。

徽宗利用道教神化皇权及崇道抑佛之类的蠢剧。高宗即位伊始，就对徽宗崇道的弊端进行了纠正。建炎元年(1127 年)五月庚寅，下诏“罢天下神霄宫”①。六月辛未，下诏“籍天下神霄宫钱谷充经费”②。宋人周辉《清波杂志》载，建炎初，上敕命温州籍没林灵素家资。对于其父利用神霄道教神化自己、宠用林灵素等道士方士的行为予以较彻底的否定。在金兵南侵中，一些佛道教的寺观遭到破坏，住持乏人，高宗曾下诏籍这些寺观的绝产入官。《宋史》卷 30《高宗本纪》载：绍兴二十一年(1151 年)九月戊戌，下诏“籍寺观绝产以赡学”③。二十二年(1152 年)三月丁巳，“遣司农丞钟世明诣福建路籍寺观绝产田宅入官，其后岁入钱三十四万缗”④。南宋人周密《癸辛杂识》载：“南渡之初，中原士大夫之落南者众，高宗愍之，昉有西北士夫许占寺宇之命。”⑤高宗以后诸帝，大略皆承高宗之制，只是一般性地保护和管理佛、道教，没有像北宋真宗、徽宗那样特别迷信、崇奉道教者，一般都比较注重现实人事。

当然，作为封建统治者，尤其是作为困扰于内忧外患下的弱国之君，南宋朝廷不能不上承前制、下顺民俗，保留对天地神祇祖宗的虔诚信仰，因而也不能不对以神鬼崇祀为事的符箓道教予以相当重视，乃至扶植、利用。南宋诸帝虽无大举崇道者，但对道教都有一定程度的信仰，一般朝臣官吏也多如此。从高宗至度宗，南宋诸朝都把祭祀天地岳渎、祷雨祈晴、设斋建醮作为日常生活中的大事，因此亦颇有道士被任用，有一些道教宫观由皇帝敕命建造修葺。然南宋朝廷对道教的管理相当严格，建观、度道士出家皆由有司限定名额，并依北宋之制，设各级道官管理道教事务，大宫观的提举例由近臣充任。南宋道士女冠人数，大致在一万左右。绍兴二十七年(1157 年)，贺允中奏曰：“道士止有万人。”⑥为解决财政问题，南宋还恢复北宋神宗朝

---

① 《宋史》卷 24《高宗本纪》，北京：中华书局 1977 年版，第 2 册，第 443 页。
② 《宋史》卷 24《高宗本纪》，北京：中华书局 1977 年版，第 2 册，第 446 页。
③ 《宋史》卷 30《高宗本纪》，北京：中华书局 1977 年版，第 2 册，第 573 页。
④ 《宋史》卷 30《高宗本纪》，北京：中华书局 1977 年版，第 2 册，第 574 页。
⑤ (宋)周密：《癸辛杂识》，北京：中华书局 1988 年版，第 73 页。
⑥ 《宋会要辑稿 · 道释》一之 34，(清)徐松辑：《宋会要辑稿》，北京：中华书局 1957 年版，第 8 册，第 7885 页。

旧制，出售僧道度牒，并向僧道征收“免丁钱”。《燕翼诒谋录》卷5云：“南渡以后，再立新法，度牒自六十千增至百千。淳熙初，增至三百千，又增为五百千，又增为七百千。然朝廷谨重爱惜，不轻出卖，往往持钱入行都，多方经营而后得之。后又著为停榻之令，许客人增百千兴贩，又增作八百千。”①从南宋诸朝僧道度牒费不断涨价，从六十千涨到七百千，及不肯轻卖度牒的谨慎态度，反映出南宋朝廷财政渐趋支绌及对道教管理的严格。严格控制度牒、高价出卖的政策，竟然给一些商人开辟了财路，许他们由贩卖度牒而发财。《建炎以来朝野杂记》卷15《僧道士免丁钱》条说，自绍兴十五年（1145年）始，收僧道免丁钱，自二千至十五千，凡九等，大率禅寺僧、宫观道士、散众每丁二千，长老、知观、知事、法师有紫衣、师号者次第增钱。朝廷由此可岁入钱五十万。绍兴二十四年（1154年），诏售紫衣、师号，每枚千三百有奇，以为定制。“然今浙中诸大刹、都城道观，多用特旨免徭役科敷，而州县反以其额敷于民间，大为人患。”②僧道免丁钱，是南宋朝廷的一大笔收入。然虽为定制，又有特旨敕免之事，结果敕免的数额被摊派于民间，给老百姓增加了负担。

南宋开国皇帝高宗，道教信仰不浅。据元人陶宗仪《南村辍耕录》说，高宗为康王时，曾遇以能预言休咎著称的道士徐神翁，甚礼敬之。③南宋人叶绍翁《四朝闻见录》说高宗“自能推步星命”④，通算命术，与善风鉴的皇甫异人私交甚深。即位后，也曾交结、利用高道、术士。西蜀峨眉山道士皇甫坦，工医善相，曾疗显仁太后目疾，为高宗所重，曾派他赍香祷于青城山丈人观，赐紫衣丝履及御书《黄庭》、《阴符》、《道德》三经。皇甫辞还山，特为其筑室于庐山，以便召见，赐御书“清虚庵”额，并诏绘其像，御书赞词。高宗退位后，还曾召见。《夷坚丙志》卷15《鱼肉道人》条载，成都小家子黄元道（1107—?）曾遇罗浮山黄野人，下山后能食生肉十斤。绍兴二十八年

① （宋）王栐：《燕翼诒谋录》卷5，北京：中华书局1981年版，第50页。
② （宋）李心传：《建炎以来朝野杂记》卷15，北京：中华书局2000年版，第329页。
③ 参见（元）陶宗仪：《南村辍耕录》卷7《金鳌山》，北京：中华书局1959年版，第82页。
④ （宋）叶绍翁：《四朝闻见录》，北京：中华书局1989年版，第68页。

(1158 年),诏入宫,赐名元道,封“达真先生”,高宗御制赞赐之。① 第三十二代正一天师张守贞,及宁全真、袁宗善等道士,皆曾被高宗召见,敕命行斋醮,赐封号。以后诸朝,也不无利用、赏赐高道之事,当然,比起北宋真宗、徽宗朝,道士蒙受朝廷诏见宠赐者,要少得多。尤其至南宋后期,高道见召者更少,理宗朝道士杨至质《勿斋集》卷上《太一宫清心斋谢陈提举》有云:“当建绍乾淳(高宗、孝宗朝)之际,多巢由园绮之臣,召对禁中,每谈经而论道,放还物外,且锡号以赐书。比年以来,此事皆废。”②

南宋王朝道教信仰的一个显著特点,是崇祀皇室的保护神,“崔府君”被作为高宗的保护神而为累朝禋祀。《靖炎两朝见闻录》称赵构作为人质,从金营逃出之时,假寐于途中的磁州崔府君庙,梦神告以追兵将至,以泥马护送他渡江。③ 这可能是神话,但崔府君确因这一因缘,受到特别尊奉,被敕封为“护国显应兴福普佑真君”,在京城建“显应观”以崇祀。宋人吴自牧《梦粱录》卷 8 载:杭州显应观,祀崔真君,建炎初(1127 年)建,高宗赐书观额,孝宗赐匾,宁宗御题观额,理宗书《洞古经》赐以刻石。④ 该书卷 4 说,每年六月初六日,为崔真君诞辰,“此日内廷差天使降香设醮,贵戚士庶多有献香化纸”⑤。崔府君还与孝宗的诞生有关系。宋人李心传《建炎以来朝野杂记》卷 2 云:建炎初,孝宗之母王夫人梦崔府君与一羊来,谓之曰:“以此为识。”已而有娠,遂产孝宗。⑥

另外,“四圣真君”——所谓北极紫微大帝所辖的天蓬、天猷、翊圣、真武四将,也被南宋朝廷作为保护神而予以崇祀。《建炎以来朝野杂记》卷 2 说,靖康末,赵构作为人质出使金国,将上马,有小婢名招儿者,谓见有四金甲神

---

① (宋)洪迈:《夷坚志》,北京:中华书局 1981 年版,第 491—494 页。

② 《文渊阁四库全书》第 1183 册,第 474 页。

③ 参见(宋)陈东:《靖炎两朝见闻录》卷下,《四库全书存目丛书》,济南:齐鲁书社 1996 年版,史部第 44 册,第 731 页。

④ 参见(宋)吴自牧:《梦粱录》卷 8《显应观》,《丛书集成初编》,北京:中华书局 1985 年版,第 3219 册,第 67 页。

⑤ (宋)吴自牧:《梦粱录》卷 4《六月》,《丛书集成初编》,北京:中华书局 1985 年版,第 3219 册,第 23 页。

⑥ 参见(宋)李心传:《建炎以来朝野杂记》卷 2《显应观》,北京:中华书局 2000 年版,第 81 页。

人护卫，众皆云不见，高宗母显仁后却说："我事四圣，香火甚谨，必其阴助。"及陷虏中，每夕夜深必四十拜。① 绍兴十四年（1144 年），高宗敕命于京城建"四圣延祥观"，绍兴二十年（1150 年）赐额，该宫修缮费皆出于皇太后。除崔府君、四圣真君被南宋王朝作为皇室保护神而予崇祀外，历代朝廷崇祀的昊天上帝及北宋以来皇家奉祀的诸神祇，都沿例受南宋皇室崇祀。建炎二年（1128 年）十一月冬至日，于兵荒马乱中仓皇即位的宋高宗，便在江都县设坛，祀昊天上帝，以宋太祖配祀。② 说明他急需神灵佑护，稳住半壁江山。后来儒臣吕中在其《类编皇朝中兴大事记讲义》卷 5《行郊礼》批评高宗此举说：

当维扬立国水泮之上，且行郊祀之典，支赏用钱二十万缗，金三百七十两，银十九万两，帛六十万匹，丝、绵八十万两有奇。不能积缣以易胡人首，储金帛以养战士，而乃为无益之废事，无益之文。③

然封建皇帝不惜破费巨资祭天祀神，自出于其精神上的需要，也是一种利用宗教信仰安定民心的策略。封建皇帝一旦没有了"受天之命"这根精神支柱，是不堪设想的。因此，祭天祀神还是形成定制，累朝不变。所祀之神，未尝止于昊天上帝。《梦粱录》卷 14"祠祭"条说：南宋皇家之制，"正月上辛祀感生帝于宗阳宫斋殿。四立日祀十神太乙，祀于东西太乙宫。惠昭、昭庆斋宫，……对惠昭有坛殿及燎坛，夏至日祭后土皇地祇，立夏日祭荧惑，立秋日祭白帝。昭庆有望祭殿，立夏祭南方岳渎，立秋祭西方岳渎……"④并述京师节日祭祀情况云：

元日侵晨，禁中景阳钟罢，主上精虔炷天香，为苍生祈百谷于上穹，宰执百僚待班于宫门之次。⑤

三月三日上巳之辰……此日正遇北极佑圣真君圣诞之日，佑圣观

---

① 参见（宋）李心传：《建炎以来朝野杂记》卷 2《延祥观》，北京：中华书局 2000 年版，第 81 页。

② 参见《宋史》卷 25《高宗本纪》，北京：中华书局 1977 年版，第 2 册，第 458 页。

③ （宋）吕中撰，张其凡、白晓霞整理：《类编皇朝大事记讲义　类编皇朝中兴大事记讲义》，上海：上海人民出版社 2014 年版，第 510 页。

④ （宋）吴自牧：《梦粱录》卷 14《祠祭》，《丛书集成初编》，北京：中华书局 1985 年版，第 3220 册，第 121 页。

⑤ （宋）吴自牧：《梦粱录》卷 1《元旦大朝会》，《丛书集成初编》，北京：中华书局 1985 年版，第 3219 册，第 1 页。

侍奉香火……当日降赐御香，修崇醮录……上祈国泰，下保民安。①

不但皇家如此，“贵家士庶亦设醮祈恩，贫者酌水献花”②。

南宋京师御前有九大宫观：东太一宫、西太一宫、佑圣观、显应观、四圣延祥观、三茅宁寿观、开元宫、龙翔宫、宗阳宫，多属潜邸改建，敕派内侍为提举，设立官司，有守卫兵士。这些宫观中的道士主要为皇家的斋醮祭祀之事服务，由朝廷出资养活，每有法事，皆给赐钱帛。外郡大宫观如醴泉观、佑圣观、集禧观、崇禧观等，皆以退休大臣、侍从卿监任提举主事，乃一种优宠。如杭州附近的道教名观余杭大涤山洞霄宫，为南宋历代帝后所行幸。乾道二年（1166 年），已退位的高宗与其后行幸宫中，驻跸累日，御书《度人经》以赐之。越二年复游之。淳熙六年（1179 年），孝宗赐该宫《道藏》，并赐该宫道士俞延禧画古涧松诗。光宗赐“怡然”二字斋匾于俞延禧。宁宗御书“演教堂”匾额。理宗赐内帑铸钟，并御书《清静经》及“洞天福地”四字以赐之。③《临安志》卷 75 谓高宗绍兴二十六年（1156 年）下诏重修杭州天庆观，赐田五百亩，除其赋。理宗绍定四年（1231 年）该观毁，有旨重建，御书“天庆之观”四字赐之。④

被《宋史》誉为“聪明英毅，卓然为南渡诸帝之称首”⑤的宋孝宗，对道教亦有相当信仰。叶绍翁《四朝闻见录》称孝宗“尤精内景”，通道教炼养术，并“时诏山林修养者入都，置之高士寮，人因称之曰‘某高士’”。⑥ 据《宋史 · 孝宗本纪》载，孝宗在位期间，曾数度行幸四圣观、佑圣观，是南宋诸帝中行幸道观次数最多的一位。孝宗对道教祈祷之术，亦颇崇信。乾道四年（1168 年），下敕“班祈雨雪之法于诸路”⑦。淳熙十年（1183

---

① （宋）吴自牧：《梦粱录》卷 2《三月》，《丛书集成初编》，北京：中华书局 1985 年版，第 3219 册，第 9 页。

② （宋）吴自牧：《梦粱录》卷 2《三月》，《丛书集成初编》，北京：中华书局 1985 年版，第 3219 册，第 9 页。

③ 参见（宋）潜说友：《咸淳临安志》卷 75，《文渊阁四库全书》第 490 册，第 771 页。

④ 参见（宋）潜说友：《咸淳临安志》卷 75，《文渊阁四库全书》第 490 册，第 764 页。

⑤ 《宋史》卷 35《孝宗本纪》，北京：中华书局 1977 年版，第 3 册，第 692 页。

⑥ （宋）叶绍翁：《四朝闻见录》，北京：中华书局 1989 年版，第 108 页。

⑦ 《宋史》卷 34《孝宗本纪》，北京：中华书局 1977 年版，第 3 册，第 644 页。

年)七月,因秋旱,分命群臣祷雨于天地、宗庙、社稷、山川。十四年(1187年)六月,以久旱,班画龙祈雨法,并亲赴太一宫、明庆寺祷雨。一些以道术名世的道士,颇有见重于孝宗、召见赐号者。南宋人岳珂《桯史》卷3《姑苏二异人》述当时苏州天庆观名道士何蓑衣(? —1200年)以神异著称,宦官荐于孝宗,孝宗下诏谕遣,焚香求之,赐号“通神先生”,为其筑“通神庵”于观中,御书匾额,出内帑钱万缗,重新天庆观。每岁令宦官“即其居设千道斋,合云水之士,施予优普”①。《夷坚志补》卷12云,孝宗将立谢妃为后,遣内侍问之于通神先生。②《庐山志》卷9谓乾道三年(1167年),孝宗敕命道士皇甫坦持香往祷潜山、庐山、青城等名山,“前后凡四赴召”。③ 南宋末刘辰翁《须溪集》卷2《西山云壑记》云,道录欧阳士鼎谓其祖师皇甫居中于孝宗淳熙中任左右街道录、太一宫主,以道行闻,曾入内主醮事,大见宠遇,御书“云壑”二字,并诗赐之。④ 张端义《贵耳集》谓平江道士袁宗善,擅“验状法”,“遭际三殿”(高、孝、光三朝),赐号“通真先生”,光宗有疾,孝宗召他入内问吉凶。⑤ 净明道士傅得一、正一道士留用光等,皆蒙孝宗召见赐号。

孝宗在崇信道教的同时,对佛、儒二教亦同样重视,他是宋代以来帝王中有名的三教合一论者,留下了一篇《原道论》专论三教关系。此文针对韩愈《原道》论三道相绌的观点而作,谓佛家五戒与孔氏五常同,老氏三宝与孔氏温良恭俭让同,三教皆出于一道:

盖三教末流,昧者执之,自为异耳。夫佛老绝念无为,修身而已;孔子教以治天下者,特所施不同耳。譬犹耒耜而耕,机杼而织。后世纷纷而惑,固失其理。或曰:当如何去其惑哉?曰:以佛修心,以道养生,以

---

① (宋)岳珂:《桯史》,北京:中华书局1981年版,第33—36页。参见《宋史》卷462,北京:中华书局1977年版,第39册,第13532页。

② 参见(宋)洪迈:《夷坚志》,北京:中华书局1981年版,第1660页。

③ 吴宗慈:《庐山志》,杜洁祥主编:《中国佛寺史志汇刊》第二辑,台北:明文书局1980年版,第18册,第896—897页。

④ 参见(宋)刘辰翁:《须溪集》卷2,《文渊阁四库全书》第1186册,第444页。

⑤ 参见(宋)张端义:《贵耳集》卷下,《丛书集成初编》,北京:中华书局1985年版,第2783册,第50页。

儒治世，斯可也。其惟圣人为能同之，不可不论也。①

正是从这种三教合一论出发，在孝宗看来，儒、释、道三教各有各的用处，其旨归终趋一致，缺一不可，于是道教才和儒教、佛教一样受到重视。孝宗对待三教的这种态度，为以后的许多封建帝王所赞许、认同。

孝宗重视道教的另一件大事，是颁赐《道藏》。淳熙二年（1175 年），闽县报恩光孝观所藏《政和万寿道藏》送往临安，太一宫抄录一藏，四年成，孝宗御书《琼章宝藏》以赐之，并敕写录数藏，六年写成，颁赐各大道观。

孝宗之后，宁宗对道教亦较重视，《宋史 · 宁宗本纪》载，嘉定元年（1208 年）、七年（1214 年），宁宗两度行幸太一宫、明庆寺祷雨。对道士张道清（1136—1207 年）宠遇甚隆。庆元五年（1199 年）赐号"真牧真人"，后又加封为"太平护国真牧真人"。并为其宫观书额，赐以田庄，免其租役。其他如包道成、张成果、王景温等道士，皆受其眷宠，赐赠封号。其后杨氏，"崇尚神仙，有志铅汞"②，且笃信道教咒术。周密《齐东野语》卷 10 说，有九宫山道姬王妙坚，被杨后召入宫中，"赐予甚厚，日被亲幸。且为创道宇，赐名明真，俾主之，累封真人"，而其所擅，仅一治发脂药方。同时有龙虎山正一道士易如刚，"嗜酒夸诞……以黄绢方丈，帚书大符以进"，后厚赐，住东太乙宫。③

以推崇理学以维护对内统治著称的宋理宗对道教亦较重视。嘉熙三年（1239 年）曾召见三十五代天师张可大，赐号赐田，令主管三山道教，淳熙十二年（1252 年），在临安建西太乙宫，宝祐二年（1254 年）九月，亲诣太乙宫为国祈祥。凡遇灾祸及节庆，皆命道士斋醮祈禳，欲图用宗教祈禳术祈祷神灵佑护，消除内忧外患。《齐东野语》卷 13 说，理宗朝有"女冠吴知古用事，人皆侧目"④。

---

① 《古今图书集成 · 神异典》卷 57，北京：中华书局、成都：巴蜀书社 1985 年版，第 49 册，第 60439 页。

② （宋）白玉蟾：《白真人全集》卷 7《玉真瑞世颂》，萧天石主编：《道藏精华》第十集之二，台北：自由出版社 1990 年版，第 979 页。

③ （宋）周密：《齐东野语》卷 10《明真王真人》，北京：中华书局 1983 年版，第 187—188 页。

④ （宋）周密：《齐东野语》卷 13《优语》，北京：中华书局 1983 年版，第 245 页。

理宗利用道教维护统治的一件重要事情，是推荐道教劝善书《太上感应篇》。《太上感应篇》是据道教经籍编成的一部通俗劝善书，其书有北宋末第三十代正一天师张继先所作的赞，并收入徽宗政和年间所刊《政和万寿道藏》中，大概编成于北宋末。南宋初在社会上已广泛流传，《道藏》本卷前的《纪述灵验》所述信奉、宣扬此书而得感应的七则故事中，最早的遂宁府周篪事，发生在宋高宗绍兴二十一年（1151 年）。谓周篪暴死，星官因其生前持诵《太上感应篇》并为人演说，将其饥馑籍改为寿禄籍，送回阳间而复活。其后又有峨眉令王湘、仙居县王竺、天彭张道人、简州进士王巽、黄岩县郭进士、杨琛、进士沈球等亦各持诵有感应。为该书最早作注者为南宋四川夹江人李昌龄。赵希弁《郡斋读书附志 · 神仙类》说："《太上感应篇》八卷"，"夹江隐者李昌龄所编也"。[①] 或以为李昌龄系北宋御史中丞，或蜀人李石，皆无据。《太上感应篇》最早由蜀人作注，《纪述灵验》中的周篪、王湘、王巽等亦皆蜀人，可见南宋时它在蜀中最为流行。

理宗绍定六年（1233 年），临安太一宫道士胡莹微刊印《太上感应篇》，并撰《进太上感应篇表》，进之于朝，请求以行政权力，将该书"推行而传远"。理宗阅后颇为欣赏，亲手为其刊本题了"诸恶莫作，众善奉行"八字，以广推行。当时大臣名儒亦纷纷为其书作序推广，《道藏》本所收南宋人序凡八篇，其中温怀仁序称为其书作序者，"郑安晚丞相，真西山先生，余皆其时宗工巨儒"[②]。由于宋理宗君臣的推崇，《太上感应篇》一时身价百倍，绘图、注释、刊布、流传者纷起，得以广泛传播于社会。

《太上感应篇》所以受到理宗君臣的青睐，大力推广，在于它以神道设教的方式、通俗简洁的语言，宣扬儒、释、道三教融合的伦理道德规范，具有良好的社会教化作用，适应了理宗对内收拾人心、巩固封建社会制度的需要。理宗之推崇《太上感应篇》，与其推崇理学，出于同一立场、同一目的。

《太上感应篇》以"太上"规诫的方式，宣扬善恶报应，劝人行善弃恶。

---

① （宋）晁公武撰，孙猛校证：《郡斋读书志校证》，上海：上海古籍出版社 1990 年版，第 1162 页。

② 《道藏》第 27 册，第 2 页。

此书开篇即云:"太上曰:祸福无门,唯人自召,善恶之报,如影随形。"①善恶报应的主掌者,是传统道教所宣扬的神灵。

天地有司过之神,依人所犯轻重,以夺人算。算减则贫耗,多逢忧患。人皆恶之,刑祸随之,吉庆避之,恶星灾之,算尽则死。

又有三尸神在人身中,每到庚申日,辄上诣天曹,言人罪过。月晦之日,灶神亦然。凡人有过,大则夺纪,小则夺算。②

利用神灵司命、赏善惩恶的权威,威胁人们就范于它所指示的伦理法则,尤其是以行恶遭祸、减算、损害现实利益的说教劝善止恶,较之佛教因果说的后世报应说,对注重现世利益、希求福寿的中国人来说,具有更大的伦理威慑力量。《太上感应篇》提出了数十条善恶标准,所谓恶行,主要是违背三纲五常,"暗侮君亲,慢其先生,叛其所事","恚怒师傅,抵触父兄","违父母训","男不忠良,女不柔顺,不和其室,不敬其夫","无行于妻子,失礼于舅姑,轻慢先灵,违逆上命","非礼而动,背理而行"等等。若有违犯,神灵将依其所犯轻重,进行惩罚,予以祸殃灾害,减其寿算,乃至夺其生命。

《太上感应篇》所示的善行,主要是符合三纲五常的行为,如"不履邪径,不欺暗室,积德累功,慈心于物,忠孝友悌,正己化人","无道人之短,无说己之长,施人慎勿念,受施慎勿忘"等等。宣扬行善者,"人皆敬之,天道佑之,福禄随之,众邪远之,神灵卫之,所作必成,神仙可冀"。不仅现世能得到吉祥福禄之报,而且能成仙升天。善行,被作为成仙的必要基址:"欲求天仙者,当立一千三百善;欲求地仙者,当立三百善。"③

《太上感应篇》还宣扬了一些传统的禁忌,如不可"对北涕唾及溺,对灶咏吟及哭","以灶火烧香,秽柴作食,夜起裸露,八节行刑,唾流星,指虹霓,辄指三光,久视日月"等。也反映了一些劳动人民的道德观念,如告诫官吏切莫"虐下取功,谄上希旨","轻蔑天民,扰乱国政,赏及非义,刑及无辜",

① 《道藏》第 27 册,第 6 页。
② 《道藏》第 27 册,第 7—11 页。
③ 《道藏》第 27 册,第 34 页。

不可"杀人取财，倾人取位，诛降戮服，贬正排贤，凌孤逼寡，弃法受赂"，反对"强取强求，好侵好夺，掳掠致富，巧诈求迁"等等。

《太上感应篇》不仅劝导人们在行为上弃恶行善，而且要在一念起处自省，注意善恶之未形。书中说："夫心起于善，善虽未为，而吉神已随之；或心起于恶，恶虽未为，而凶神已随之。"①在威慑以戒恶、利诱以行善之余，也给有恶行的人指出一条悔过自新之路。"其有曾行恶事，后自改悔，诸恶莫作，众善奉行，久久必获吉庆，所谓转祸为福也。"②全书篇末总结说："故吉人语善、视善、行善，一日有三善，三年天必降之福。凶人语恶、视恶、行恶，一日有三恶，三年天必降之祸。"③

《太上感应篇》融合传统的宗教观念，利用神道设教，推广伦理，劝善止恶，显然是一种高效益的宣传品。当时理学家真德秀（西山）在序中明确指出：

> 以儒家言之，则《大学章句》、《小学字训》等书；以释氏言之，则所谓《金刚经注》者，凡三刻矣。然《大小学》可以诲学者而不可以语凡民；《金刚》秘密之旨又非有利根宿慧者不能悟而解也。顾此篇指陈善恶之报，明白痛切，可以扶助正道，启发良心。故复捐金赍镂之塾学，愿得者募以与之。庶几家传此方，人挟此剂，足以起迷俗之膏肓，非小补也……至其言有涉于幻怪者，要皆为警愚觉迷而设，余固未暇深论。览者察其用心而取其有补焉，可也。④

在《感应篇跋》中，真德秀还从理学的立场，强调"存心养心事天"，内求伦理的本体：

> 予惧世人不求诸内而求诸外，顾以力弗足而怠焉，又或出于侥求觊幸之私而反流于不善也，故书之篇末以告观者，庶不失感应之本指云。⑤

---

① 《道藏》第 27 册，第 140 页。
② 《道藏》第 27 册，第 141 页。
③ 《道藏》第 27 册，第 141 页。
④ 《西山文集》卷 27《感应篇序》，《文渊阁四库全书》第 1174 册，第 418 页。
⑤ 《道藏》第 27 册，第 3 页。

除真德秀外，南宋儒臣称扬《太上感应篇》者不在少数。如陈天昌为《太上感应篇》写的序称赞该书“有功于辅教”①，能辅助儒学进行伦理教化。先挺为该书写的跋中说：“《太上感应篇》之作，正所以开千万世愚夫愚妇为善之门也。”②龚幼采跋称《太上感应篇》之说“愚夫愚妇，易知易行”③，都把《太上感应篇》看作向劳动人民进行劝善宣传的佳作。

理宗之后，蒙古大举南征，宋运将终，处于四面楚歌中的度宗，也忘不了祈灵于道教。元人郑元祐《遂昌杂录》谓都道录马静斋“以道法际遇度宗”，曾进符水疗谢太后腹泻，并主斋醮事。④ 度宗死后，恭帝即位，谢太后听政。此时元军已渡江向临安进发，统治者仍希望通过道士哀求神灵的怜悯。《遂昌杂录》又记：“邓山房先生者，绵州（今四川绵阳市）人也。讳道枢，以斋科精严，际遇理、度两朝。一日，谢后遣巨珰召至内后门，泣降德音，且令其谪（责）军令状，使无泄。后谓昨夜梦济王（赵竑）大怒，以为吾且将兵由独松关灭汝社稷。后特旨令邓往南高峰顶为謄心章，哀告上帝。”⑤当然，这并不能阻止元兵攻破独松关，“已而，黄头先锋斩关吏而入”⑥。赵宋王朝不可避免地走向灭亡。

南宋的官僚儒臣中，信仰道教、奉事神灵者，也颇有其人。如《桯史》卷3《梓潼神应》述南宋抗金名将吴玠、吴璘家素事梓潼神，“自玠、璘以来，事必祷，有验”⑦。《齐东野语》卷12《事圣茹素》，作者周密自称其家于靖康之难中，一家16人逃出济南，金兵追捕，其祖父伏佑圣像座下而得免难，故“世事佑圣甚虔。凡圣降日，斋戒必谨”。⑧ 同书卷13《祠山应语》又称其家世祀祠山张王，“动止必祷，应如蓍龟”⑨。陆游《老学庵笔记》卷3说奸相

---

① 《道藏》第27册，第4页。

② 《道藏》第27册，第3页。

③ 《道藏》第27册，第2页。

④ 参见（元）郑元祐：《遂昌杂录》，《文渊阁四库全书》第1040册，第384页。

⑤ （元）郑元祐：《遂昌杂录》，《文渊阁四库全书》第1040册，第381页；又见（元）陶宗仪：《南村辍耕录》卷8《邓山房》，北京：中华书局1959年版，第97页。

⑥ （元）郑元祐：《遂昌杂录》，《文渊阁四库全书》第1040册，第381页。

⑦ （宋）岳珂：《桯史》，北京：中华书局1981年版，第27页。

⑧ （宋）周密：《齐东野语》卷12，北京：中华书局1983年版，第221—222页。

⑨ （宋）周密：《齐东野语》卷13，北京：中华书局1983年版，第239页。

秦桧十大门客中，宣州通判李季"以设醮奏章为羽客"①。同书卷2谓秦桧晚年得病，遣李季设醮于天台山桐柏观。② 理宗朝理学家真德秀，与道教关系甚深。《齐东野语》卷1称他为一道士转生。③《真文忠公文集》中收祷雨青词、母疾愈醮谢文、为母祈福文、谢麦禳蝗文等祷神用的青词、祝文达数十篇之多，俨然一个正一道士。又有《卫生歌》述养生之道，其旨皆出道教内丹，有云："思量无以报洪恩，晨夕焚香谢天地。身安寿永是如何，胸次平夷积善多。"④宋末权奸贾似道，亦栖心道教。《西湖游览志余》称他于西湖边造"半闲亭"，以接待云水道人，相传"尝斋云水千人"⑤。贾似道"每治事毕，则入亭中打坐"⑥。

第七节　南宋道派的兴盛发展

南宋所统南中国，自先秦以来巫风盛行，以巫术为其重要思想渊源之一的正一、上清、灵宝三大符箓道派，皆以南方为发祥地和主要传播地区。以后三大符箓道派的中心龙虎山、茅山、阁皂山，都在东南一带，北宋末以符箓祈禳发迹、见重于徽宗的名道士刘混康、张继先、林灵素、王文卿等，皆南方人，南方符箓道教扎根于民间，不断吸收民间神鬼巫觋信仰以充实自己，又在上层统治者的扶植利用下，施其影响于民间，具有深厚的社会基础。在国力羸弱、社会苦难深重的南宋，无论是皇室豪贵，还是中下层民众，都需要乞助于冥冥中的神灵，以期解除旱涝、灾荒、战争、疾病等人力所无法摆脱的厄难，获得心理上的安全感。丧葬设斋醮超拔先亡，寄托哀思，更为长期以来所形成的民俗。这决定了南宋的道教内容必然以符箓为主。

---

① (宋)陆游:《老学庵笔记》卷3，北京：中华书局1979年版，第31页。
② 参见(宋)陆游:《老学庵笔记》卷2，北京：中华书局1979年版，第16页。
③ 参见(宋)周密:《齐东野语》卷1《真西山》，北京：中华书局1983年版，第11—12页。
④ 北京大学古文献研究所编:《全宋诗》卷2922，北京：北京大学出版社1998年版，第56册，第34859页。
⑤ (明)田汝成:《西湖游览志余》卷26，上海：上海古籍出版社1980年版，第479页。
⑥ (明)田汝成:《西湖游览志余》卷5，上海：上海古籍出版社1980年版，第86页。

一、“三山符箓”道派继续传承

南宋符箓道教门派众多，符法五花八门。诸符箓道派中，仍以传统的正一、上清、灵宝三大派为主，分别以龙虎山、茅山、阁皂山为本山，立坛传箓，谓之“三山符箓”。《桯史》卷8《玉虚密词》云：“今茅山、龙虎、阁皂，实有三坛，符箓遍天下，受之者亦各著称谓。”①

三大传统道派中，以江西龙虎山正一派影响为最大，最受朝廷重视，于南宋一朝渐趋盛大，终成为官方所指定的道教诸派统领。该派自北宋末第三十代正一天师张继先起，吸收内丹术，改进符箓道法，形成“正一法雷”，而且为之一新，从而表现出新的活力。据《汉天师世家》、《龙虎山志》等，从南宋初第三十一代天师张时修到宋元之交的第三十六代天师张宗演，包括第三十四代天师与第三十五代天师之间的摄天师张天麟，掌教天师凡七人，多能以道法名世，在当时社会上有相当威信。如第三十二代天师张守贞（？—1176年），于绍兴十年（1140年）嗣教，曾应诏治毗陵“树妖”及江涛冲决，高宗召见，赐号“正应先生”。孝宗时曾赐以象牙简、宝剑及《清静》、《阴符》二经。第三十三代天师张景渊（？—1190年），曾以咒术治愈孝宗皇子魏王疾，朝廷复遣人致聘，使者及门，景渊“隐几而化”。景渊卒后，其弟伯瑀代摄教事十一年，曾入朝觐见，得太子所赐“樵隐”二字而归。他与其兄大概都有点山中隐君子之风，第三十四代天师张庆先（？—1209年），于宋宁宗嘉泰元年（1201年）嗣教，留下了劾治张公洞井龙王的故事。庆先死后，张天麟代摄教事，宁宗曾赐号“仁静先生”。绍定三年（1230年），其子张可大（1219—1262年）嗣教，为第三十五代天师，甚见重于理宗朝。端平（1234—1236年）间，国家多事，可大屡次应诏赴阙行斋醮之事，劾治鄱阳湖水灾、钱塘江潮患，又设醮于太乙宫，禳治蝗灾。嘉熙三年（1239年），赐号“观妙先生”，命提举三山符箓兼御前诸宫观教门公事，主领杭州龙翔宫。从此，正一派正式成为江南诸派道教的统领。时元世祖忽必烈屯军于武昌，闻其神异，遣密使入龙虎山造访，张可

① （宋）岳珂：《桯史》，北京：中华书局1981年版，第94页。

大谓使者曰："善事尔主，后二十年当混一天下。"①可大卒后，丞相江万里为撰碑铭。第三十六代天师张宗演，亦以道术名世。宋度宗咸淳（1265—1274 年）间，江西上饶郡旱灾，守臣唐震迎请祈雨有验。后际遇元世祖，对正一派在元代的鼎盛起了重大作用。

除正一天师外，南宋正一派还出过一批以道术名世的道士，其中最显著者为留用光（1148—1206 年）。留字道辉，江西贵溪人，先师事蔡元久，壮岁游南岳，道经临川，逢一道士名张辅元者传以"天心五雷法"②，遂精祈禳劾治。宋孝宗淳熙十四年（1187 年），衢州旱灾，郡守沈作砺强延祷雨，大应，奏之于朝，诏请赴阙，赐以道士冠服，御书"行业清高精诚感格"八字以赐之，前后五制授左右街道录、杭州太乙宫都监，赐号"冲靖先生"。宁宗庆元（1195—1200 年）、嘉泰（1201—1204 年）间，因留用光奏请，两度拨内库银钱修扩龙虎山上清宫，诏免差徭，复为甲乙，立长生局，许置庄田养活观中道众、助道童披度。③ 嘉泰四年（1204 年）奏请还山，校定黄箓科仪。开禧乙丑（1205 年）冬复召，留用光对使者言："归奏天子：治天下者，《道德》五千言足矣。山林野人来将奚益？"不应诏。次年正月初一日口授《遗表》④而卒，宁宗览表，为之嗟悼，赐香赙为之安葬。嗣其教者称"紫微派"。⑤ 留用光之徒蒋叔舆（1156—1217 年），撰有《黄箓斋仪》36 卷、《自然斋仪》15 卷、

① （明）宋濂：《文宪集》卷 7《汉天师世家序》，《文渊阁四库全书》第 1223 册，第 436—437 页。

② 后世以留用光为"五雷宗师"，元代加封其为真人，袁桷撰制文《五雷宗师冲靖先生留用光特加封五雷宗师冲靖至德昭应真人》，见《清容居士集》卷 37，《文渊阁四库全书》第 1203 册，第 499 页。

③ 嘉泰间诏许上清宫立长生局、置庄田饭众帖文，收入《龙虎山志》卷 9，《藏外道书》第 19 册，第 514 页。

④ 留用光《遗表》收入《龙虎山志》卷 16，《藏外道书》第 19 册，第 627—628 页。《遗表》有云："偶彻孝宗之渊听，俾趋太一之灵栖"，当指任太乙宫都监事；"救旱飞符，为民请命……洊收雷法之功勤"，则谓其施行天心五雷法；"岁在丙辰（1196 年）之冬，诏董崇真之席"，或谓当年授任龙虎山上清宫管辖；"年逢赤虎，合坐逝于天腊之辰"，盖预言逝于丙寅（1206 年）正月初一日。以上数端，可与其生平行实相参证。

⑤ 《龙虎山志》卷 7，《藏外道书》第 19 册，第 479—480 页。并参见（宋）高文虎：《宋冲靖先生留君传》，《无上黄箓大斋立成仪》卷 57，《道藏》第 9 册，第 728—729 页。紫微派为上清宫三派之一，清代尚存，该宫旧有三十六院中共十四院属本派，参见《龙虎山志》卷 3，《藏外道书》第 19 册，第 446—447 页。

《度人修斋行香诵经仪》24卷，合称《灵宝玉检》。今《道藏》中存《无上黄箓大斋立成仪》57卷，当即其《黄箓斋仪》。

龙虎山正一派道士中较有影响者还有王道坚、张希言、张闻诗、易如刚、毛允中、张道虚、薛应常等。王道坚，乃第三十代天师张继先门徒，曾于徽宗政和（1111—1118年）间授太素大夫及“凝妙感通法师”号。绍兴（1131—1162年）初，高宗有旨召见，不赴而卒。易如刚，字仁甫，工诗文。宁宗嘉泰（1201—1204年）间应诏赴阙，制授茅山崇禧观左街鉴义，五迁至左右街道录、杭州太乙宫都监，赐号“通妙葆真先生”。理宗眷遇益隆。张希言，为第三十二代天师张守贞之孙，住持龙虎山演法观，敕授“冲妙大师”号、江州都道正，管辖余杭大涤山洞霄宫。龙虎山上清宫毓秀院为其法派。张闻诗，贵溪人，理宗景定（1260—1264年）间敕授“观妙大师”号，住持龙虎山上清宫。同时有毛允中者，亦于景定间应诏入朝，奉敕建紫微宫。张道虚，为龙虎山上清宫东隐院道士，以道法显，度宗咸淳（1265—1274年）中敕令治钱塘盐精，制授都道录，不就，赐号“草亭先生”。薛应常，龙虎山上清宫混成院道士，度宗咸淳间应诏祷雨有应，授太乙宫都录，还山，授管辖。又有上清宫道士李谨修，亦于咸淳中授“明远冲妙崇教法师”号，掌教事于袁州。上清宫道士黄崇鼎，咸淳中从张宗演入朝，敕任杭州西太乙宫提点。李谨修、黄崇鼎在元初皆受朝廷重用。

南宋正一派道士虽多以道法名世者，但他们没留下多少阐发本派教义的著述。《道藏》中保存的南宋正一派著述，主要为留用光弟子蒋叔舆编订的《无上黄箓大斋立成仪》57卷。此书汇集陆修静、张万福、杜光庭、李景祈、留用光所传黄箓斋仪，是一部重要的斋醮仪范。

茅山上清一派，在南宋犹称壮盛。据元代茅山第四十五代宗师刘大彬《茅山志》，茅山在南宋共立十五代宗师，其中尚不乏以道行见重于当世者。其十五代宗师是：

第二十八代宗师蒋景彻（？—1146年），掌教时茅山元符宫被焚毁，他仅保存传宗的符箓印剑无损。

第二十九代宗师李景合（？—1150年），为蒋景彻之徒。

第三十代宗师李景暎（？—1164年），李景合之弟，年至四十而不娶，母卒后从兄为黄冠，绍兴二十五年（1155 年）夏应郡守之请祷雨有验，事闻于朝，高宗遣使两召，辞疾不赴。次年，曾为秦桧夫人王氏拜章。

第三十一代宗师徐守经（？—1195 年），“守一抱道，不求人知”，朝廷累召而不赴，朝中每有襘禳之事，辄遣使即山焚修。

第三十二代宗师秦汝达（？—1195 年），曾于光宗绍熙三年（1191 年）应敕命封香修金箓斋，有白鹤彩云之异，赐“明教先生”号。

第三十三代宗师邢汝嘉（？—1209 年），7 岁能属文，善谈名理。掌教前任京师太一宫高士，右街道录，孝宗召为御前高士，因他发稀不胜冠，特赐以巾，裹头上殿，赐御制诗云：“朕亲命制华阳巾，赐与茅山得道人。戴此不妨朝玉陛，免教五岳受埃尘。”①庆元元年（1195 年）请求归山。有贮金济饥荒之德。

第三十四代宗师薛汝积（？—1214 年），与邢汝嘉有师友之谊。嘉定六年（1213 年），宁宗皇后杨氏命人赍香币来山，为其受大洞毕法，礼薛汝积为度师，命修罗天醮，祥瑞非一。

第三十五代宗师任元阜（1176—1239 年），为薛汝积门徒。嘉定十六年（1223 年）淫雨成灾，宁宗召至京师修大醮，赐号“通灵先生”。次年复召至京中祷雨，加号“至道”，赐象简冠帔，皇后赐以纨扇，并亲书“特赐妙相真人”字于上。

第三十六代宗师鲍志真（？—1251 年），出身贫儒家庭，其家以岁疫送他至山中为道士。赵葵曾请他设醮超度滁城战殁将士。淳祐三年（1243 年）上表辞职。

第三十七代宗师汤志道（？—1258 年），曾于大茅山顶读书修真三十年，从鲍志真得印剑之传。理宗淳祐五年（1245 年）秋旱，应诏赴阙祷雨。对曰：“臣闻民者天之赤子，陛下忧民若此，雨当旋至。臣行不足格天，臣心有足知天。”理宗大悦，诏住太乙宫，汤力辞还山，赏赐特厚。淳祐十一年（1251 年）上表退席。

第三十八代宗师蒋宗瑛（？—1281 年），幼习举子业，长游四方，于金庭山石壁中得《登真隐诀》一书，挟之赴茅山，礼汤志道为师。理宗曾召入京

① 《茅山志》卷 12，《道藏》第 5 册，第 607 页。

中命祈晴,赐御书“上清宗坛”、“圣德仁祐之殿”、“景福万年之殿”凡三榜,赐钱十万缗,命修缮茅山宫宇。开庆元年(1259年)托疾,游庐山,逢鄂渚战乱,乃云游永嘉山水间。著有《大洞玉经注》10卷。《道藏》中所存《上清大洞真经》6卷,称蒋宗瑛校勘。元初,曾应诏入朝。

第三十九代宗师景元范(? —1262年),幼为第三十五代宗师任元阜侍者,理宗嘉熙(1237—1240年)年间从师入都,住建康天庆观。开庆元年(1259年)召为龙翔宫高士,迁左右街鉴义,随即因蒋宗瑛托疾远游,奉敕充任上清宗师。理宗之谢后曾依前朝杨后之例,尊以师礼,从景元范受大洞毕法。

第四十代宗师刘宗昶,为蒋宗瑛徒,生活于宋末战乱中,朝廷累征不赴。

第四十一代宗师王志心(? —1273年),师元符宫道士汤元载,因奏夺茅山印剑,“大众追礼为复正宗师,以补系代之失”①。

南宋茅山历代宗师虽尚不乏以道术名世、受朝廷征召赐号者,然除蒋宗瑛外,皆无著述传世,就教义之发挥与文学才华而言,较之上清派鼎盛的隋唐时代,已呈衰退之象。

南宋上清派还有孙寂然一脉传衍于武当山,见载于元代道士刘道明《武当福地总真集》。孙寂然,名元政,号寂然子,“嗣业茅山清真观,得上清五雷诸法之妙”。及北宋灭亡,金兵南侵,武当殿宇为之一空,孙寂然于绍兴辛酉(1141年)登武当,兴复五龙观,“以符水禳禬为民除疾,众皆归之。数年之间,殿宇悉备。高宗诏赴阙庭,以符水称旨,敕度道士十人。后还山,无疾而逝”。② 邓真官,名安道,为孙寂然弟子。自幼随其师开复武当,“尽得其师上清五雷诸法之妙”。“继奏敕住五龙(观),兴建正殿……度弟子数人,以观付之,潜调龙虎,内炼甲庚。嘉泰(1201—1204年)中,预告徒众,奄卧而逝”③。曹观妙,名侍德,岘山人。“幼入道,居武当,嗣五龙之派……道法阴阳,靡不博究,膺观妙之号,领住山之职,远近皆师事。后移领三茅崇禧(观)之任”,复归武当,端平三年(1236年)十月,罹兵难。④

① 《茅山志》卷12,《道藏》第5册,第609页。

② 《道藏》第19册,第666页。

③ 《道藏》第19册,第666页。

④ 《道藏》第19册,第666—667页。

南宋上清派道士中，尚有萧应叟、杜道坚等留下了一些发挥教义教理的著述。

萧应叟，称“上清大洞玄都三景法师”，著有《元始无量度人上品妙经内义》5卷，书成于理宗宝庆二年（1226年）。据其徒许明道所撰《还丹秘诀养赤子神方》，萧应叟又承蜀人张天罡、彭梦蘧一系内丹之传。其《度人经内义》表现出以内丹解释符箓及融合理学宇宙论的特点。该书首列彭晓《大还心镜火候之图》，用《易》理论述内丹火候法度。然后以彭晓一系的内丹说解释经题，总括全经旨趣云：

> 太上者，无极至尊也，元始之始也，即父母未生以前一点真阳之精，二气相感而生两肾，两肾既生，便生两目。然后攒簇五脏，已圆其容，方有身也，始曰于洞。洞者，形骸具足，降生成人，即见其身耳。玄者，玄一之精也，身既存，即精守于关元，精既守于关元，则气周流，气周流则神全耳，神全则百窍开关，万物感矣。眼通光则能视万物，鼻开孔则能闻香气……所谓万物之中惟人最灵，此之谓也。①

如此用内丹的生命形成说来解释“太上洞玄”的神明之号，对道教符箓来说，可谓一种新鲜的说法。《度人经内义》接着论述内炼之要云：

> 然而人灵不悟。夫人所以长生不老者，能以一灵不泄于外。令眼不视于色，其魂守之于肝，固木气不泄于外；令鼻不闻于香，则魄守于肺，固金气不泄于外；令耳不听于声，则精守于肾，固水气不泄于外；令口不言语，则神守于心，固火气不泄于外；令一身端坐，四大不动，则意守于脾，固土气不泄于外。五方固蒂则神气精混合为一，返本还元，归根复命，则万神会聚，化为婴儿，弃离幻壳，出入与造物了不相干，与道合真，即宝矣。②

这种说法虽系唐宋内丹书中所常见，但对本无内丹说的上清派道士来说，对于以符箓为主旨的《度人经》来说，可谓新奇，表现出内丹说对符箓道教的影响。萧应叟认为内丹炼就，不但可“长春不老，与天齐休”，而且可以真气

---

① 《道藏》第2册，第332页。

② 《道藏》第2册，第332页。

外布,化土木为宝,起枯骨成人,能救万病、辟妖邪、动风雷、挟万物、拔幽魂,具有无所不能的神奇作用。并说这便是经中“无量度人”的上品“大乘之法”。萧应叟将符箓祈禳劾治、呼风唤雨、治病度鬼等的灵验,都归功于内炼所成的真气,而不是归诸神灵的赐予济拔。这对于上清派的传统符箓思想来说,无疑是一种变革、一种进步。另一南宋道士董思靖为上清派主要经典之一的《洞玄灵宝自然九天生神章》所作《解义》,也表现出同样的思想倾向,强调须以我之精神魂魄意合于天地万物之精神魂魄意,才能成就道法。该书《后序》有云:“以我之精合天地万物之精,以我之神合天地万物之神,以我之魂合天地万物之魂,以我之魄合天地万物之魄,则天地万物皆吾精、吾神、吾魂、吾魄。”①用之祷神,自可感应如响。这里表现出的以人身小天地合宇宙大天地、由互相调谐相应而获致超自然力量的思想,颇值得注意。

杜道坚生在宋元间,本出身儒生,少入茅山阅《道藏》,从上清第三十八代宗师蒋宗瑛学“大洞经法”。后来云游东南,“纳交名释,载参辟历(薜荔)之禅”②,对三教之学皆有所研究。宋末即有道誉,理宗曾召见,赐以紫衣及“辅教大师”号。宋元之际,因劝降有功,为元室所重。其著述及活动,主要在元代。

灵宝一派,以擅长于斋醮祭炼著称,南宋时在民间影响甚大,以江西阁皂山为本山。

然传行灵宝法者并不限于职业道士。这一派在两宋间分化出一个“东华派”,盛传于东南。据《灵宝领教济度金书》卷1《嗣教录》及《赞化先生宁真人事实》,东华派实际创始人为两宋间的宁全真。宁字本立,一字道立,开封府人,曾从田灵虚(思真)、仕子先(仙人)得东华、灵宝二派法箓之传。据称田灵虚曾遇刘宋道士陆修静于庐山,受三洞经教,又被嗣丹元真人东华嫡传的徽宗朝宰相王古延于家中,抄录道典,于是又得王古东华法箓科仪。仕子先,据称嗣法于杨司命(东晋杨羲),得灵宝玄范四十九品、五府玉册符文印诀等,以之传宁全真。宁全真于是合灵宝、东华二系灵宝经教科仪为一,以善通真达灵,于北宋末名振京师。靖康之难中,随母南渡,居于苏州。

① 《道藏》第6册,第424页。

② (元)赵孟頫:《松雪斋集》卷9《隆道冲真崇正真人杜公碑》,《文渊阁四库全书》第1196册,第722页。

绍兴十六年(1146年),应诏祈晴。二十八年(1158年),金国完颜亮南侵,羽檄交驰,高宗特旨召入殿廷,命奏章于天地,祈求国家平安。事毕,敕赐“洞微高士”号,继封“赞化先生”,朝廷有斋醮事,常命其主典。当时有左街道录刘元真者,从宁全真学上清灵宝大法,后来嫉妒宁全真,陷害宁全真下狱,宁乃立誓:“东华灵宝上道宗派,真真相授,不许传黄冠!”[①]晚年,浙江何淳真以重赀延于家塾,浙人有斋醮祈禳之事,皆赴何家礼请。所传有何淳真、赵义夫、宋扶、何德阳、王承之、章友直、宗妙道、胡元鼎、胡次慧、赵怀敏、胡仲造、杜文豫等人,盖皆在家人。后来经王锜、赵德真、宋存真、张洞真、孔敬真、卢谌真、薛熙真,传于宋元间温州人林灵真,大弘其教于元初。林灵真将宁全真一系所传灵宝科仪编辑为《灵宝领教济度金书》320卷,为《道藏》中卷帙最大的一部书。

宁全真所传上清灵宝法,另有南宋人王契真编为《上清灵宝大法》66卷。又有金允中者,亦编有《上清灵宝大法》44卷,为一部灵宝斋仪集。金允中自称“南曹执法典者”,讥评“天台”自称“上清领教嗣师”(宁全真)为僭妄,当另属一系。

宁全真一系东华灵宝斋法,亦受当时内丹说的影响,重行法者个人的内炼功夫,规定行持斋法者须于每日清晨静坐寂定。王契真编《上清灵宝大法》卷4述“大定之法”为:端静而坐,绝虑澄心,凝神思道,无内外想。然后行周天搬运,“运绛宫赤气下降,玄泉上升,心血肾精二气交合,放丹田中孕生婴儿,渐长如真人形。次运肝中青气,如云下罩真人……次运心火,池中有火龙一条跃出,乘载真人,乘五色云气,自夹脊大度桥直上泥丸,与元始天尊合为一体,金楼玉殿,法座宝幢,一一周备”[②]。如此久久修行,则诸神景象“随光而散,了然无物,一身照彻,内想不出,外想不入”[③],守而行之,得“大定神光之道”,为彻视通神、斋醮炼度之本。这种内炼入定之法,是在上清、灵宝派传统的存思神真法的基础上,吸收融汇了内丹丹法。该书卷4还述炼得“神光”之诀云:

---

① 《灵宝领教济度金书·嗣教录》,《道藏》第7册,第18页。
② 《道藏》第30册,第675页。
③ 《道藏》第30册,第676页。

以耳对肩,以鼻对脐,收其六根,专神于目,非外非内,观其神光,三日之外,密室之中见神光一点,孜孜定神。四日之外,渐明渐大,神光满室,定中百物皆为未然。七日之外,见一切真灵鬼物,方入洞观彻视之道。①

这种静坐修炼,盖为上清灵宝道士们宗教经验之源泉。

南宋道士所编辑的斋仪,重要者还有孝宗朝西蜀吕元素编《道门定制》10卷,存《道藏》中,书中对传统斋仪进行了校订删削,使之"繁简适中"。另有《灵宝玉鉴》43卷,盖成书于南宋末。

除传统的三大符箓教派外,南宋社会上还流传着神霄、天心、净明、清微等多家符箓,这些符箓多系北宋末新出,传行者按其所传符箓的不同形成不同的道派。

二、神霄派及其雷法的传衍

神霄一系,以传行自称出自天上神霄玉清府的神霄雷法为职事。北宋末,在徽宗扶植利用下,神霄雷法大行于世,神霄道士显赫至极。神霄派主要创始人王文卿(1093—1153年),靖康之难中随宋室南渡,退居家乡江西南丰。大概由于高宗对神霄道教尤林灵素一派的误国进行了处置,同属神霄系的王文卿南渡后较为消极。虞集《道园学古录》卷25《灵惠冲虚通妙真君王侍宸记》说:"昔侍宸(王文卿)在汴京居宫观,见为黄冠者多谄事权贵以自衒,恶之,故多不得其说。其在乡,既老,而得其传者则新城高子羽,授之临江徐次举,以次至金溪聂天锡,其后得其传而最显者曰临川谭悟真云,人不敢称其名,但谓之谭五雷。"②谭悟真生当南宋末,据传入元后尚"浮沉人间,隐显莫测"③。同文还

---

① 《道藏》第30册,第676页。

② (元)虞集:《灵惠冲虚通妙真君王侍宸记》,《文渊阁四库全书》第1207册,第370页。

③ 洪迈《夷坚支志》乙集卷5《谭真人》条,言衡州道士赵祖坚初行天心法,因神将纳鬼赂致法不验,遂"上章反术,议改习五雷,而无其师,但焚香于谭真人像前,冀获警悟"。数年后,感谭真人降授五雷符共七十二道,"自是符验通灵"。(见于(宋)洪迈:《夷坚志》,北京:中华书局1981年版,第831—832页)如果洪迈提及的谭真人即谭悟真,则不大可能入元后尚有活动。

记载了王文卿授其外甥上官某[1]，再传王嗣文（王文卿从孙）的传承。王嗣文"际遇宁宗朝，法亦大显，赐号妙济先生"[2]。可见王文卿南渡后丢失朝廷荣宠，但在民间尚以雷法名，传人不绝如缕，盖多属居家人。《夷坚支志》乙集卷5《傅选学法》说，江西副总管傅选，曾邀王文卿来豫章，从之学法。[3]《夷坚丙志》卷14《郑道士》条，述王文卿弟子郑道士行五雷法，"往来筠、抚诸州，为人请雨治祟，召呼雷霆，若响若答"。绍兴初来临川，以忤神而死。[4]王文卿南渡后的影响，看来主要在其家乡江西一带。

南宋初道士萨守坚，亦以传行神霄雷法著名东南。据《历世真仙体道通鉴续编》卷4本传，萨守坚自称"汾阳萨客"，当为山西人，或云西河人，或云南华人。原学医，因误用药物医死了人，乃悔疚而弃医学道，于北宋末年赴江西龙虎山参谒第三十代天师张继先，路遇三道士，各教以一法。及至龙虎山，知张继先已卒，观中有道士谓其所遇三人即张继先、王文卿、林灵素，此暗示萨守坚雷法承三家之传。虞集《王侍宸记》云："又有萨守坚者，亦酷好道，见侍宸（王文卿）于青城山而尽得神秘，游东南，祷祈劾治，其神怪有过于侍宸者。游江西，入闽，过神龟冈，乃知侍宸为数十年前人。"[5]萨守坚遇王文卿于青城而得秘传，盖为神话，然其主要传行王文卿一系神霄雷法，当应可信。萨守坚特以持戒清净的故事而为后人称道。白玉蟾《道法九要》说他曾烧一狞神庙，庙中神怀恨，跟随他12年，伺其失戒之隙而施行报复，终不能得，于是归降，成为萨守坚雷法中所驱役的一员辅将。[6]《历世真仙体道通鉴续编》传引萨守坚诗云："道法于身不等闲，寻思戒行彻心寒。千年铁树开花易，一日酆都出世难。""言清行浊休谈道，不顾天条法谩行。

① 《道法会元》卷77《书符内秘》题"上官真人述，白玉蟾注"，此上官真人或即此人。见于《道藏》第29册，第277页。又，《道法会元》卷82《先天一气火雷张使者祈祷大法·祈祷行持》奏启诸师真中，位于王文卿、邹铁壁之间者为"上官二三真官"，亦当指此人。见于《道藏》第29册，第321页。

② （元）虞集：《灵惠冲虚通妙真君王侍宸记》，《文渊阁四库全书》第1207册，第369页。

③ （宋）洪迈：《夷坚志》，北京：中华书局1981年版，第832页。

④ （宋）洪迈：《夷坚志》，北京：中华书局1981年版，第487—488页。

⑤ （元）虞集：《灵惠冲虚通妙真君王侍宸记》，《文渊阁四库全书》第1207册，第370页。

⑥ 参见《道藏》第28册，第678页。

但依本分安神气，何虑仙都不挂名。”①萨守坚著有《雷说》、《内天罡诀法》、《续风雨雷电说》，存《道法会元》中。后来有所谓“萨祖派”、“西河派”、“天仙派”，皆尊萨守坚为祖师，称“萨真人”。元代郭霄凤《江湖纪闻》直谓跟随萨守坚12年之湘阴庙神为王善②，后被明清以来的道教尊为护法神，称王灵官。

南宋末还有邹铁壁者，亦以行神霄雷法驰名东南，元初著名道士莫月鼎即出其门下。邹铁壁为江西南丰人，与王文卿同乡，“得王侍宸（王文卿）斩勘法”③。张宇初《岘泉集》云：王文卿羽化后，“凡经箓科法秘奥之文传于世，嗣其法系者，若上官氏而下，靡不显异”④。又说：“有邹铁壁者，尝受法于上官氏。上官，侍宸甥也。已而复遇侍宸亲授其奥，而道亦显。”⑤《道法会元》卷77收有邹铁壁注《雷霆梵号咒》。其弟子莫月鼎，浙江湖州人，落第士子出身，曾入青城山丈人观师事徐无极，得五雷法，又与同郡沈震雷师事邹铁壁，得《九天雷晶隐书》，以善祈禳驰誉东南，宋理宗宝祐六年（1258年），浙东太守马廷鸾曾礼请祈雨，大验。元初，蒙世祖诏见。

从萨守坚、邹铁壁留传的短篇雷法著述看，他们在理论上都继承发扬王文卿之说，主张内炼为外用符箓之本，强调祈禳灵验的关键在于用自己元神。萨守坚《雷说》云：“行先天大道之法，遣自己元神之将，谓之法也。”⑥先天大道、自己元神，在理论上实际是一体不二，或曰“无心之心”，或曰“一点灵光”，指在内炼静坐中所体验到的超越意识思维的心体。萨守坚强调此心自可感通神灵，至于符箓咒诀等形式，仅为末事。其《内天罡诀法》有诗云：“一点灵

① 《道藏》第5册，第436页。

② 明季清初人董含《三冈识略》引述，见《三冈识略》卷4《萨真人》，《四库未收书辑刊》第4辑，北京：北京出版社2000年版，第29册，第680页。《历世真仙体道通鉴续编》卷4本传亦谓神名王善，为某州城隍。见于《道藏》第5册，第436页。

③ （明）王鏊：《（正德）姑苏志》卷58，《文渊阁四库全书》第493册，第1108页。

④ 《岘泉集》卷3《妙灵观记》，《道藏》第33册，第218页。

⑤ 《岘泉集》卷3《义渡记》，《道藏》第33册，第220页。《道法会元》卷84《先天雷晶隐书 · 道妙》云：“此法侍宸（王文卿）所秘……不许妄传，独上官祖师家传，得此以付之先师铁壁邹公、玉蟾白君。”可见上官付授邹铁壁者。见于《道藏》第29册，第341页。

⑥ 《道法会元》卷67，《道藏》第29册，第212页。

光便是符，时人枉费墨和硃。上士得之勤秘守，飞仙也只在工夫。”①谓不知运用“一点灵光”，只知画符念咒，舍本逐末，是未得道要；内炼和外用，本来是一回事，都靠的是“一点灵光”。《雷霆妙契》述王文卿所传《雷法秘旨》云：

有心感神，神反不应，无心之感，其应如响……但无妄念，一片真心，不知不识，心与雷神混然如一，我即雷神，雷神即我，随我所应，应无不可。慈悲利济，上合天心，好生为德，天且不违，雷奉天命，能违我乎？②

强调能感通神灵者，只是符合“天心”的“真心”，真心乃离妄念的无心之心，此心与雷神同体，故能随感而应。萨守坚《雷说》亦云：“所谓神者，皆前代聪明正直、有功于人者为之”③，行法者之心与彼心相契合时，便能相互感通，“以气感动”神灵，即刻发挥其超自然威力，达到行法者欲图达到的祈雨祷晴、治病诛邪等现实目的。

萨守坚还承王文卿之说，认为雷法具足于自身，学法者应无求于他，只求于自身即可。自身雷法，指阴阳、五行之气，所谓“二气五行萃于人之一身”，“人能聚五行之气、运五行之气为五雷”。④ 只要以元神为主宰，根据需要，按阴阳五行相交感的规律运自身五行之气交感激荡，则可感通外界五行的交感，发而为外界的风雨雷电。临坛作法时，存想、取气、掐诀、吹嘘等，皆须内五脏气与外五方五行配合得当。“且如肝气通左目，诀用卯文，取东气行事；心气通口，诀用午文，取南气行事；脾气通鼻，诀用中指中文，取中气行事；肺气通右目，诀用酉文，取西气行事；肾气通耳，诀用子文，取北气行事。”又云：“吹而为风，运而为雷，嘘而为云，呵而为雨。”⑤归根结底，雷法的行持运用，灵验的关键，“千变万化，千态万状，种种皆心内物”⑥，无非以自心为诀要，是一种“心法”，唯在于能否正确运用自己心意，使客观世界直

① 《道法会元》卷 67，《道藏》第 29 册，第 215 页。
② 《道法会元》卷 77，《道藏》第 29 册，第 276 页。
③ 《道法会元》卷 67，《道藏》第 29 册，第 214 页。
④ 《道法会元》卷 67《雷说》，《道藏》第 29 册，第 213 页。
⑤ 《道法会元》卷 67《雷说》，《道藏》第 29 册，第 213 页。
⑥ 《道法会元》卷 67《雷说》，《道藏》第 29 册，第 213 页。

接发生变化。

萨守坚认为，欲得作法时元神用事，必须进行内炼，“固其精、养其气、保其神，使之三宫往来，升降不息”①，以精气神三宝为药物，行周天运转，升降于三丹田中，炼成内丹，“体而用之，则致雷霆于倏忽，呼风雨于须臾”②。故内丹为外法之本。萨守坚的内炼方法有自家的特色，《道法会元》卷67《内天罡诀法》有诀云：

> 两眼对两眼，看教十分端。忽然一声响，精气上泥丸。复运丹田养，如蜜甘且香。若人能会得，立地返仙乡。③

具体方法是于左眼中存思日象，右眼中存思月象，令两目日月之光交合于泥丸（两眉心后上丹田），守之不移，精气自动于下丹田，循督脉上升于脑，此所谓“挼娑日月归金阙，三气交时宝满田”④。这种修炼方法可看作一种有效的气功功法。

以修炼内丹为主旨的钟吕内丹派南宗，自两宋之交的第四祖陈楠起，亦兼传一种属于神霄系的雷法。据《历世真仙体道通鉴》卷49本传，陈楠（？—1213年）字南木，号翠虚子，惠州博罗县白水岩人，以盘栊箍桶为业，曾遇南宗三祖薛道光，授以内丹秘诀，修炼成就。又自称得“景霄大雷琅书”，能捻土为丸，为人治病，人称“陈泥丸”。又能入潭鞭龙。徽宗政和（1111—1118年）中，曾被擢为道录院提举，后归罗浮山，常以符水为人治病驱邪。门弟子有鞠九思、沙道昭（蛰虚子）、白玉蟾等人。嘉定六年（1213年），与一箍桶老儿斗殴，落水而卒，人称“水解”。⑤ 陈楠之雷法，属神霄系，据称传自神人。《静余玄问》载其徒白玉蟾云：“先师（陈楠）得雷书于黎母山中，不言其人姓氏，恐是神人所授也。”又说：“先师尝醉语云：我是雷部

---

① 《道法会元》卷67《雷说》，《道藏》第29册，第212页。

② 《道法会元》卷67《雷说》，《道藏》第29册，第212页。

③ 《道藏》第29册，第215页。《道法会元》卷77《雷霆妙契·坐炼工夫》则云：“两眼对两肾，认取此中间。忽然一声响，霹雳透泥丸。复运丹田养，如蜜甜又凉。有人达此者，即可返仙乡。”题为赤松子、尹真人述，白玉蟾有注解，可与此对照。见于《道藏》第29册，第276—277页。

④ 《道法会元》卷67《内天罡诀法》，《道藏》第29册，第215页。

⑤ 参见《道藏》第5册，第385页。

辛判官弟子，干道光和尚甚事！"[①]雷部辛判官名汉臣，是神霄系雷法中一个天将，非历史人物。《海琼白真人语录》卷 1，白玉蟾更为肯定地说：都天大雷法，"向者天真遣狼牙猛吏雷部判官辛汉臣授之先师陈翠虚，翠虚以授于我"[②]。《道法会元》卷 108 白玉蟾《翠虚陈真人得法记》也说，陈楠于嘉定戊辰（1208 年）游黎母山，遇一道人传以太一雷霆法，临行顾谓陈楠："吾非凡人，即雷部都督辛忠义也，吾师汪真人亲授玉清真王付度，今付与汝。"[③]回首蹑身云端，目送不见其处。这里，辛汉臣又成了辛忠义，盖一名一字，这位辛忠义自称出于汪真人——即王文卿自称授予他雷法的"火师汪真人"门下。辛判官授雷法之说盖出依托，然也透露出陈楠所传雷法属王文卿一系的神霄雷法。[④] 北宋末，神霄法盛传于世，传其法者颇夥，陈楠大概是碰到某位神霄道士而得法。

陈楠雷法的继承人是白玉蟾、彭耜一系。据白玉蟾弟子彭耜于宋理宗嘉熙元年（1237 年）所撰《海琼玉蟾先生事实》[⑤]，白玉蟾生于宋光宗绍熙甲寅（1194 年）三月十五日，原名葛长庚，字白叟，先世为福建闽清人，因其大父葛有兴[⑥]董教于广东琼琯，生长庚于琼州，故称琼州人、海南人。白玉蟾自幼天资聪慧，7 岁即能诗赋，背诵九经，10 岁被选送到广州应童子科，主考官令赋织机诗，即应声咏曰："大地山河作织机，百花如锦柳如丝。虚空白处做一匹，日月双梭天外飞。"才气的确不凡。未几，父亡母嫁。12 岁，师陈

---

① 《道藏》第 32 册，第 411 页。

② 《道藏》第 33 册，第 115 页。

③ 《道藏》第 29 册，第 483 页。

④ 白玉蟾《汪火师雷霆奥旨序》说，陈楠授之以《雷霆奥旨》。而此经即题为"冲虚通妙先生王文卿俊传，上清三景法师朱执中惟一注"。见于《道法会元》卷 76，《道藏》第 29 册，第 262 页。

⑤ 参见（宋）彭耜：《海琼玉蟾先生事实》，《白玉蟾全集》，萧天石主编：《道藏精华》第十集之二，台北：自由出版社 1990 年版，第 29—31 页。

⑥ 葛有兴，《淳熙三山志》卷 30《科名》中名列淳熙八年（1181 年）黄由榜，原注："字可大，闽清人。绍兴三十年（1160 年）解首。"（见于（宋）梁克家：《淳熙三山志》，《文渊阁四库全书》第 484 册，第 420 页。《八闽通志》同此，见（明）黄仲昭：《（弘治）八闽通志》卷 47《选举》，《四库全书存目丛书》，济南：齐鲁书社 1996 年版，史部第 178 册，第 214 页）其 1160 年中解元，1181 年中进士，董教琼琯当在此后，白玉蟾之生年可借此而定。

楠学道[①],遂弃家从师游,号海琼子。至雷州,继白氏后,遂改姓白,名玉蟾,字阅众甫[②],有海南翁、琼山道人、蠙庵、武夷散人、神霄散吏、紫清等号。据说陈楠嘉定六年(1213年)于漳州"水解"后,又与白玉蟾会于武夷,尽授玄秘。白玉蟾得其旨,乃披发佯狂,浪迹江湖。白玉蟾自述其流浪生涯的诗歌中,屡言入僧寺道观遭摒逐侮辱,吃尽风餐露宿的苦头,似未得道士度牒,其实为一流浪儿。他浪迹东南,内丹与雷法兼传,徒众颇多。如福州官宦子弟彭耜及留元长、林伯谦、潘常吉、周希清、胡士简、罗致大、陈守默、庄致柔等,皆得其雷法之传。康熙《江西通志》卷42谓白玉蟾因任侠杀人,亡命武夷,浪迹东南,不知何据。[③]

关于白玉蟾的卒年,《江西通志》说为绍定己未[④],己未当为己丑(1229年)之误。实际上,他大约活到元初,卒于绍定己丑,当为白玉蟾为显示神异而有意为之。彭耜《海琼玉蟾先生事实》说:"绍定己丑冬,或传先生解化于盱江。先生尝有诗云:'待我年当三十六,青云白鹤是归期。'以岁计之,似若相符。逾年,人皆见于陇蜀,又未尝有死,竟莫知所终。"[⑤]《白玉蟾全集》新镇南军节度推官潘牥《原序》称:"仆顷未识琼山,一日会于鹤林彭徵君(彭耜)座上,时饮半酣,见其掀髯抵掌,伸纸运墨如风。"序文作于端平丙申(1236年),可见白玉蟾当时尚健在,时年已43岁。《历世真仙体道通鉴》卷49《白玉蟾传》说白后来"纵游名山,莫知所之,或云尸

① 白玉蟾《日用记》云:"予年十有二,即知有方外之学,已而学之,偶得其说,非曰生而知之,盖亦有所遇焉。"《必竟恁地歌》云:白玉蟾本不相信神仙之说,但"翠虚真人与我言,他所见识大不然"。待听了陈楠的内丹说之后,"吾将瞿然以自思,老者必不虚其言。是我将有可受业,渠必以此示言诠。开禧元年中秋夜,焚香跪地口相传"。(见于《白玉蟾全集》,萧天石主编:《道藏精华》第十集之二,台北:自由出版社1990年版,第249、626—627页)开禧元年(1205年),白玉蟾正好12岁,此时陈楠已称"老者"。

② 朱权说"字众甫"。见(明)朱权:《重编海琼玉蟾先生文集序》,《白玉蟾全集》,萧天石主编:《道藏精华》第十集之二,台北:自由出版社1990年版,第18页。

③ 参见(清)于成龙、安世鼎:《(康熙)江西通志》卷42《仙释》,《中国地方志集成·省志辑·江西》,南京:凤凰出版社2009年版,第2册,第417页。

④ (清)于成龙、安世鼎:《(康熙)江西通志》卷42《仙释》,《中国地方志集成·省志辑·江西》,南京:凤凰出版社2009年版,第2册,第417页。

⑤ 《白玉蟾全集》,萧天石主编:《道藏精华》第十集之二,台北:自由出版社1990年版,第35—36页。

解于海丰县”，此句下注云：“刘后村序王隐六学九书云：蟾尤夭死，非也。”①谓白玉蟾夭亡之说不可靠。《修真十书》卷 39 收白玉蟾《大道歌》自称：“六十四年都是错。”②同书卷 41 白玉蟾《水调歌头·自述十首》有云：“虽是蓬头垢面，今已九旬来地，尚且是童颜。”③《海琼白真人语录》卷 4 白玉蟾《与彭鹤林书》自称“琼山老叟白某”，书末彭耜跋书于淳祐辛亥（1251 年），其时白玉蟾年近六十，可称老叟。《修真十书》卷 6 白玉蟾《谢仙师寄书词》末署“大宋丙子岁”，文中自称“几近桑榆之年，老颊犹红”，则此丙子岁当为宋端宗景炎元年（1276 年），其时白玉蟾年当 83 岁。若他真活到九十来岁，则元初尚应在世。《道法会元》卷 108 载元人虞集《景霄雷书后序》有云：“琼崖白玉蟾先生系接紫阳，隐显莫测，今百数十年，八九十岁人多曾见之，江右遗墨尤多。”④从这些资料看，白玉蟾很可能于元初尚在世。

白玉蟾建立的新教派南宗，从有组织、有宫观之教团的角度而言，主要是一个传行神霄系雷法的符箓教派。这一教派人数虽不多，但也有了本派用以祀神的靖室，小具教团规模。《海琼白真人语录》卷 2《鹤林法语》载，白玉蟾弟子彭耜语其徒林伯谦云：“尔祖师（白玉蟾）所治碧芝靖，予今所治鹤林靖，尔今所治紫光靖。大凡奉法之士，其所以立香火之地，不可不奏请额也。”⑤南宋时道教新建宫观，须奏请官家给额，予以承认。白、彭、林三代各有一靖，是否奏请得额未可知，但起码说明他们已有了本派的宗教活动场所或宫观，有一定数量的信教群众。当然，这一教派的力量不大，其靖庐只在福州一带。

白玉蟾生前曾受到南宋朝廷的注意。《海琼玉蟾先生事实》载：嘉定十一年（1218 年），白玉蟾游南昌西山，“适降御香，建醮于玉隆宫，先生避之，使者督宫门力挽先生回，为国升座，观者如堵。又邀先生诣九宫山瑞庆宫主

① 《道藏》第 5 册，第 386 页。
② 《道藏》第 4 册，第 785 页。
③ 《道藏》第 4 册，第 789 页。
④ 《道藏》第 29 册，第 484 页。
⑤ 参见《道藏》第 33 册，第 124 页。

国醮，神龙见于天，具奏以闻，有旨召见，先生遁而去”①。然而后来他又不甘寂寞，于嘉定十五年(1222年)孟夏“伏阙言天下事，沮不得达，因醉执逮京尹，一宿乃释”②。看来他还是个关心国事的人，然朝廷只把他看作一个能行斋醮的符箓道士，哪里会给他言天下事的权利。但据说他的名声后来传到朝中，宋理宗曾召见，赐以“养素”之号，白玉蟾“笑而不受”。

白玉蟾自称雷部神人谪降，其《武夷集·曲肱诗》有云：“向来我本神霄吏，今更休疑作甚仙。”又云：“做到天仙地位时，三遭天谴落天墀。却嫌天上多官府，且就人间洞府嬉。”③他自号“神霄散吏”，与其传承雷法的弟子，皆有雷府官吏的头衔。《海琼白真人语录》卷1《传度谢恩表文》中，白玉蟾自称“高上神霄玉清府雷霆令、统五雷将兵、提领雷霆都司鬼神公事”，其徒裔如彭耜的头衔是“上清太华丹景吏、神霄玉府西台令、行仙都风雷判官”，留元长为“上清大洞玄都三景法师、太乙雷霆典者、九灵飞步仙官、签书诸司法院鬼神公事”，林伯谦为“太上正一盟威法师、充驱邪院判官、南昌典者、九灵飞步仙官、兼管雷霆都司鬼神公事”，余如潘常吉、周希清、胡士简、罗致大、陈守默、庄致柔等亦各有署职。④

白玉蟾文才赡富，著述甚多，除诗文集《上清集》、《武夷集》、《玉隆集》等及其徒众编辑的语录中有关于雷法的文字外，还有不少符箓道法方面的著述。最重要者为《九天应元雷声普化天尊玉枢宝经集注》2卷。《道法会元》所收白玉蟾符法著述，有王文卿《玄珠歌》注(卷70)、《汪火师雷霆奥旨序》(卷76)、《书符内秘》注、《坐炼工夫》注(卷77)，及陈楠所传《先天雷晶隐书》符箓(卷83)，《洞玄玉枢雷霆大法》(卷147)、《高上景霄三五混合都天大雷琅书》(卷104)等亦称白玉蟾传。另外，《法海遗珠》卷1收有白玉蟾传《洞玄秘旨》，并述其传承谱系为：辛忠义——白玉蟾——马士清——

① 《白玉蟾全集》，萧天石主编：《道藏精华》第十集之二，台北：自由出版社1990年版，第32—33页。

② 《白玉蟾全集》，萧天石主编：《道藏精华》第十集之二，台北：自由出版社1990年版，第34页。

③ 《道藏》第4册，第811页。

④ 参见《道藏》第33册，第116页。

翁法建——薛师淳。①《道法会元》卷 83《先天雷晶隐书》所列该法传承谱系则为：李亚（青华帝君铁拐道人）——汪守真（火师汪真君）——王文卿——白玉蟾——金达（颠嵩道者金志达）——陈囦济（方舟道者陈仲济）等②，明确表示白玉蟾所传《先天雷晶隐书》出于王文卿一系。

白玉蟾创建的以行持雷法为职事的教团，有其教制。《道法会元》卷 1 所收白玉蟾撰《道法九要》，述行法道士学道行法之要则，分立身、求师、守分、持戒、明道、行法、守一、济度、继袭九要。颇可与北方全真道祖王喆的《立教十五论》相比较。其中对道徒在宗教礼仪方面的要求较全真道更为严格。首要"立身"，要求道士"每日焚香稽首，皈依太上大道三宝。首陈已往之愆，祈请自新之祐。披阅经典，广览玄文……孜孜向善，事事求真，精严香火"。尤其注重遵守封建伦理，做忠臣孝子："孝顺父母，恭敬尊长。"③"继袭"云："当知感天地阴阳生育之恩，国王父母劬劳抚养之德，度师传道度法之惠，则天地国王父母师友不可不敬，稍有违慢，则真道不成，神明不佑！"④表现出理宗朝倡导理学、强调伦理教化对道教的影响。"守分"条则要求道士安贫守分、少欲知足，以宿命论劝诫他们："人生天地之间，衣食自然分定，诚宜守之，常生惭愧之心，勿起贪恋之想。富者自富，贫者自贫，都缘夙世根基，不得心怀嫉妒。学道唯一温饱足矣，若不守分外求，则祸患必至。"⑤与全真道之说颇为一致。

南宗一系的符箓虽承神霄派之传，但因该派主要传承张伯端一系内丹，重在内炼，其内丹学远较神霄派发达，故其符箓道法进一步与内丹融合，建立了较神霄派雷法更深化一层的理论。南宗雷法较神霄派更为强调内炼成丹为外用符箓之本。陈楠即声称炼就内丹，不仅可令人长生不老、脱胎换

① 参见《法海遗珠》卷 1《洞玄秘旨 · 流派》，《道藏》第 26 册，第 725—726 页。《道法会元》卷 147《洞玄玉枢雷霆大法 · 事实》乃薛师淳撰于元贞丙申（1296 年），亦述此洞玄法传承，可参证。其中马士清为白玉蟾降授，已入元。见于《道藏》第 29 册，第 763—764 页。

② 参见《道法会元》卷 83《先天雷晶隐书 · 师派》，《道藏》第 29 册，第 330 页。

③ 《道藏》第 28 册，第 677 页。

④ 《道藏》第 28 册，第 679 页。

⑤ 《道藏》第 28 册，第 678 页。

骨，而且还可“役使鬼神，呼召雷雨”①。白玉蟾《玄珠歌注》说：“内炼成丹，外用成法。”②此所谓“法”，指雷法符咒之术。针对符箓道士重仪式而不究“道源”的普遍倾向，白玉蟾强调行法者须先知“道”明理。《玄珠歌注》谓，“道”为内丹外法之本。《道法九要序》说：

法也者，可以盗天地之机，穷鬼神之理，可以助国安民，济生度死，本出乎道。道不可离法，法不可离道。道法相符，可以济世。③

然近世行法之士，多数“不究道源，只参符咒”，此乃本末倒置，自难作法灵验。《道法九要》“行法”一要规诫道徒说：

夫法者，洞晓阴阳造化，明达鬼神机关，呼风召雷，祈晴请雨，行符咒水，治病驱邪，积行累功，与道合真，超凡入圣。④

把符箓道法的作用说得神乎其神，甚至作为一种积功累行的技术，强调行法者“必先明心知理，了了分明”⑤。

白玉蟾融摄禅宗之学，认为道即是心，心即是道。以心的主宰作用为作法灵验的枢机。《海琼白真人语录》论述心与道法的关系说：“法是心之臣，心是法之主。”又云：“守一则心专，心专则法验。非法之灵验，盖汝心所以。”⑥以意念专注不二为作法灵验之要，把道法之灵验归结于自心意念的作用，所谓“法法从心生，心外无别法”⑦，“凡所有法，无非心法”⑧，道法者，终归是自心出生、自心自宰之法。《语录》卷 1 还把心与道法的关系喻为药与汤使，谓“心乃法之汤使也”⑨，须知药方，又知汤使，其药始验。

白玉蟾所说作为法之主、法之汤使的心，指专注不散的特殊意念，进一步说，则为合于道的“真心”，或内丹学中所谓的“无心之心”，《道法九要 ·

① 《修真十书》卷 4《修仙辨惑论》，《道藏》第 4 册，第 617 页。
② 《道法会元》卷 70，《道藏》第 29 册，第 234 页。
③ 《道藏》第 28 册，第 677 页。
④ 《道藏》第 28 册，第 678 页。
⑤ 《道藏》第 28 册，第 678 页。
⑥ 《海琼白真人语录》卷 4《传法明心颂》，《道藏》第 33 册，第 135 页。
⑦ 《道藏》第 33 册，第 113 页。
⑧ 《道藏》第 33 册，第 116 页。
⑨ 《道藏》第 33 册，第 111 页。

持戒》云："行符之人则建功皆出于无心，不可着相，着相为之则不是矣。"①不着相之无心，乃禅宗常谈。白玉蟾还以儒学、理学所说的"诚"为心合于道之要。《海琼白真人语录》卷1云："一念之诚与道合真，故可感召真灵无疑矣。"②强调须以极端虔诚、专一不二的心祈祷作法，才能感通神灵。合于道的心，内丹学中称之为"元神"、"神"，只有通过内丹修炼，积精聚气，炼气化神，元神才能用之不竭。《玄珠歌注》云："神乃五气之精，精存则神灵，……精气神全，何法不灵？"③总之，只有内炼成丹，化精气为元神，以元神主事，才能作法灵验。这较旧符箓派只重符水与存思，在理论上自是深化了许多。从气功学的角度看，炼就元神，确可能大大提高意念直接作用于物质的能力，开发治病等特异功能。白玉蟾的雷法理论，在这方面并非无其价值。

白玉蟾还进一步发挥神霄雷法之说，从内丹学"人身一小天地"的天人合一论出发，说雷法中所祈祷驱役的雷部将吏神鬼，其实皆是自己的精气神所化。《海琼白真人语录》卷1说："夫人身中有内三宝，曰精气神是也。神是主，精气是客。"身中如此，身外天地之神亦如此："吾是主，金童玉女是客。所言神女三千六百及乎三万六千神者，此皆精气所化。"既然神鬼皆精气所化，那么作法者便可以自己的元神去宰制役使他们。为什么？因为"万神一神也，万气一气也，以一而生万，摄万而归一，皆在我之神也"。④天地之神与我之神是一，天地之精气与我之精气是一，故我神可主宰役使天地间精气所化之神鬼。《玄珠歌注》也说：雷法中总管雷部将吏神鬼的邓辛张三帅，皆自己五脏之气所化，"心为邓帅，肝为辛帅，脾为使者"。身内五脏气与天地五行之气所化的雷神将帅既为一体，则可相互感应。脾主意，自己意诚则使者至；肝主木，"肝怒则辛帅临"；心主火，"心火奋发则欻火降"。⑤以自己意念宰制五行之气，自可感通神鬼。就此而言，自己元神是主，行法

① 《道藏》第28册，第678页。
② 《道藏》第33册，第112页。
③ 《道藏》第29册，第237页。
④ 《道藏》第33册，第111页。
⑤ 《道藏》第29册，第236页。

者应向自身内求自己元神,向外觅神觅鬼,是为颠倒主仆。《玄珠歌》云:“神非外神。”注有云:“向外求神实非明理,空将酒物祭祀神明,真气耗散,外神不灵。”又云:“神乃自己元神,…… 非纸画泥塑之比,世人错认者多。”①这与全真道士唯礼自心不事外神的立场甚为相近。

白玉蟾还从天人合一论出发,说行持雷法祈晴求雨灵验所生之雷霆雨旸,其实具足于自身中。《玄珠歌注》云:“五雷者金木水火土,在人乃心肝脾肺肾,五气相激剥,便有五雷。”②所谓雷霆雨旸,无非是五行之气相激相荡而生,内外五行之气既然相应一体,则只要按一定目的用元神主宰自身阴阳五行相交感,便能感召自然界的阴阳五行之气相激荡,形成实际的雨旸雷电。《玄珠歌注》述作法祈雨祷晴之要说:“雨者肾水也,运动自己阴海之气,遍满天地,即有雨也;晴者心火也,想遍天地炎炎大火,烧开自身气宇,乃晴也。”③若要发心火,须“大怒叱咤,双目电迸”;若至浑身冰冷,则“电光现矣”;④若祈雨,则觉自身出冷汗时,天上雨霖。正所谓:“吾身之中自有天地,神气之外更无雷霆,若向外求,画蛇添足,乃舍源求流,弃本逐末也。”⑤而向自身内求,运用自身五行之气发为雨旸雷电,终归以元神为本,以内丹炼就为基础,故曰:“静则金丹,动则霹雳。”⑥

白玉蟾强调向内求神,金丹外用,虽较仅事祈祷、向外求神的旧符箓说前进了一大步,但实质上仍未出符箓道教有神论、多神崇拜的范围。南宗一系符法,亦以承认天地之间有主宰自然现象的神祇为基础。白玉蟾所传《景霄雷书》等符箓,仍被看作与神明联络的符信,宣扬其符其法出自天上“高上神霄玉清府”之主神“神霄真王”,此神为元始天尊之弟,乃“五雷之总司”。《白真人集》卷2《太上九天雷霆大法琅书序》宣扬神霄真王有赏善罚恶、生杀荣枯之无上权威,“万神稽首,群物听命”,威神无比:

凡雨旸旱涝,水火刀兵,城隍社稷,江海丘陵,乡邦瘟疫,国土蝗螟,

① 《道藏》第29册,第237页。
② 《道藏》第29册,第236页。
③ 《道藏》第29册,第235页。
④ 《道藏》第29册,第238页。
⑤ 《玄珠歌注》,《道藏》第29册,第239页。
⑥ 《玄珠歌注》,《道藏》第29册,第239页。

大则日月星辰霜雪风露之数，小则山河草木昆虫鸟兽之名，皆隶于神霄而属之玉清，一出于真王之命。①

正因为玉清神霄真王有主宰自然、统辖众生的权威，运用其所降授的符箓道法祈祷祓禬，才可遂愿。《海琼白真人语录》卷 1 载白玉蟾告其徒留元长说："《赤灵玉文》云：东极宝华，西极太清，北极驱邪，南极天枢，此乃四极，而中极五雷，实掌四极之司。今都天大雷，尽出神霄玉枢之上，谓之景霄大雷。景霄虽在神霄之下，乃元始驻跸之司。向者天真遣狼牙猛吏雷部判官辛汉臣授之先师陈翠虚，翠虚以授于我，今以付子，子宜秘之！"②自称其景霄大雷法出于神授，故有神秘莫测的作用。总之，在南宗雷法的思想体系中，作法灵验终归为感通神明的结果，未能超出巫觋之术"通真达灵"的基本立场。

南宗雷法主要流传于福建一带，至元初，传行其法者尚不乏其人。

三、灵宝净明派的兴起及其特色

南宋新出的另一个重要的符箓道派是净明派。此派诞生于宋室南渡初特殊的社会气候中，其时北宋甫灭，康王赵构在江南立足未稳，社会秩序混乱，一大批仓皇南渡的北宋官僚士庶，多饱尝家破人亡、妻离子散之痛，北兵强大的武力威胁，像阴云一样压在南宋社会人士的心头，人们迫切需要乞求神明佑护，获得精神上的安慰，净明道于是应运而生。该派以传为东晋许逊升仙之地的江西南昌西山为活动中心，尊奉许逊为教祖。许逊信仰由来已久，在唐代就有张蕴、胡慧超等尊奉许逊，宣扬"净明"之道，然当时似乎尚未形成一有教团的道派。而许逊信仰却流传未绝，尤其在许逊活动过的江西一带，影响甚深。宋徽宗政和二年（1112 年），封许逊为"神功妙济真君"，许逊在道教神谱中的地位仅次于正一教祖张陵，甚受世人敬仰。宋室南渡，有周真公③等祈祷许逊，称许逊等六真降神，传授净明道法。周真公弟子何守证于绍兴元年（1131 年）所撰《灵宝净明新修九老神印伏魔秘法

① 《藏外道书》第 5 册，第 35 页。

② 《道藏》第 33 册，第 115 页。

③ 元代刘玉的《玉真先生语录》中称何真公。见于《道藏》第 24 册，第 646 页。

序》记述说：

> 炎宋中兴，岁在作噩（1127年），六真降神于渝水，出示灵宝净明秘法，化民以忠孝廉慎之教，乃命洞神仙卿为训导学者师。越二年（1129年），秋八月，高明大使（许逊）飙欻临于游帷故地，即今之江西玉隆万寿宫也。于是肇建仙坛，名曰翼真。①

许逊降神之说固然无稽，但这段记叙表明，“净明秘法”出于建炎元年（1127年），并于建炎三年（1129年）在江西南昌玉隆万寿宫祈祷许逊降神，建立“翼真坛”，收徒传道②，一个新的道派于焉诞生。元初新净明道所编《净明忠孝全书》卷1《玉真刘先生传》说，许逊降授《飞仙度人经》、《净明忠孝大法》，“真公得之，建翼真坛，传度弟子五百余人”③。可见当时净明一派的盛况。

周真公等所建净明道不久便湮没无闻，但当时所出有关著述，存于《道藏》中者，尚有十余种之多。其中署名许逊释《太上灵宝净明飞仙度人经法》5卷及此经《释例》1卷，当即《玉真刘先生传》所说许逊降授的《飞仙度人经》，然已经元人编定，因该书卷1称张陵为“三天扶教辅元大法师静一冲玄静应真君”，这一头衔，为元成宗元贞元年（1295年）所加封“正一冲玄神化静应显祐真君”之简称。此外，《灵宝净明天枢都司法院须知法文》、《太上净明灵宝入道品》、《灵宝净明院真师密诰》、《太上灵宝净明法印式》、《灵宝净明大法万道玉章秘诀》、《太上灵宝净明秘法篇》、《许真君受炼形神上清毕道法要节文》六书，皆不署撰人、时代，但从未收于元初净明道所编《净明忠孝全书》看，盖为周真公时代所出，甚或早出。另有《灵宝净明院教师周真公起请画一》1卷，为周真公弟子方文就有关教义的若干问题与周真公问答的记录。《灵宝净明黄素书释义秘诀》1卷，方文撰，释署名傅飞卿解的《高上月宫太阴元君孝道仙王灵宝净明黄素书》10卷。《灵宝净明新修九老神印伏魔秘法》1卷，含《神印》、《气镜》2篇，周真公弟子、翼真

① 《道藏》第10册，第547页。

② 何守证《灵宝净明新修九老神印伏魔秘法序》即说自己“误蒙真师收录，充灵坛（翼真坛）下弟子，今已三年矣”，则于1129年建坛初入坛。见于《道藏》第10册，第547页。

③ 《道藏》第24册，第629页。

坛副演教师何守证撰序，称乃许逊降授。①

周真公所建净明道，有严密的宗教教团建制，据《太上灵宝净明飞仙度人经法》卷 1，该派尊奉“太阳上帝孝道仙王”（“灵宝净明天尊”）、“太阴元君孝道明王”（“灵宝净明黄素天尊”）为祖师，其神权机构称“灵宝净明院”。祖师下，尊张陵为“经师”，许逊为“度师”。周真公职位为“灵宝净明院演教师”，其弟子何守证任“翼真坛副演教师”。净明院神职人员是否出家的职业道士，已难考稽，然净明道徒并不限于出家道士，如周真公弟子方文便是个官僚，其所撰《灵宝净明黄素书释义秘诀》自称“去年任官崇仁（江西崇仁县）”②，大概是县一级的官员。

周真公所建净明道脱胎于灵宝派，这从其自称“灵宝净明”便可得知。净明道承灵宝派传统，吸收上清、正一之学，加以改造，形成一种新符箓，以传行这种符箓、斋醮祈禳为主旨，宣称其符法出自日宫孝道明王。署名许逊撰的《太上灵宝净明法序》即云：“净明法者，乃上清玄都玉京之隐书。昔太阳真君孝道明王以孝道著明，照临下土，成无上道。于是上清上帝降于扶桑洞神之堂，召明王而说法证之，以为最上弟子，号灵宝大真人……愿居东极，用救群品，是谓灵宝救苦天尊。”序中以许逊的口气自称往者“自受法吴君（晋吴猛），后学谌姆，功行已就，复遇上圣传以此书，其术乃成”。③ 其实，净明符箓，乃取自灵宝、上清旧传，而加以改造补充者。所谓许逊降授的《飞仙度人经》，实即《灵宝无量度人上品妙经》中的“天书云篆”，注解多出《上清灵宝大法》。

周真公净明道的教旨，和传统符箓教派及其他教派相比，有其显著的特点，这主要表现在以封建伦理尤孝悌之实践及内丹修炼为施行道法的基础，以心性即所谓“净明”为全部教义的主眼、枢要。《太上灵宝净明法序》总结净明道法宗旨说：“净明者，无幽不烛，纤尘不污”，“以孝悌为之准式，修炼

① 何守证序云：“真慈发明道要，说《气镜》、《神印》二篇，证诸阙误，继委门人悉以符咒诀法厘正之。书成以呈真鉴，赐可。”见于《道藏》第 10 册，第 547 页。

② 《道藏》第 10 册，第 522 页。

③ 《道藏》第 10 册，第 526 页。

为之方术行持之秘要”。[1] 该派虽尊崇东晋许逊,其教义内容实际上带有这一时期道教内丹与符箓结合、吸收禅宗、附会儒学的普遍特色。在南宋道教中,它融合三教、融合内丹与符箓最为典型,具有突出的时代思潮特色。

较之同时代的其他道派,净明道尤以和会儒学、强调忠孝等伦理的实践,积极进行伦理教化为显明特点。《高上月宫太阴元君孝道仙王灵宝净明黄素书》开首《序例》说,进行净明修炼的“黄素之士”,必须“以忠孝为本”。传为许逊所授的“忠孝廉慎”,被奉为净明道伦理实践之要。《灵宝净明院教师周真公起请画一》中,周真公教训弟子方文说:“能事父母,天尊降灵。”把行孝道作为通真达灵、祈祷灵验的诀要。何谓孝?何谓忠?周真公回答说:“立身扬名,斯为孝矣;不尸禄位,斯为忠矣。随宜施设,孝悌在也。”[2]立身扬名,尽分尽职,便是尽了忠孝。净明道如此劝化人们做孝子忠臣,充分表现出其自觉为维护封建社会秩序服务的本色。

周真公净明道还以内丹修炼为行法之本,其内丹说首重“调心性”,与北方全真道先性后命的路线颇相一致,表现出其受禅宗影响甚深。《黄帝素书入道品》强调:“凡学黄素书者,务在调其心性。”[3]心性一称“正性”,指离妄想之心,亦即净明道所谓的“净明”之心。《净明黄素书》卷 9 云:“制于妄想,朱(当为“未”——引者)有不真,是为净明。”[4]又云:“净明之祖,出于正性,性中有用,本在真想。”[5]此所谓“妄想”,指婬、贪、慢、嗔、诈、诳、怨、见、枉、讼等“十习”。“十习”一语,本出佛教《楞严经》,净明道所言“十习”中的主要者,皆取自佛教所言“十使”。《净明黄素书》卷 10 说:“正性为性,非性为习”,“十习交磨,则净明之道所想不正,即失其真”。[6] “十习”,被认为非人性中本有,乃不符心性的不正之想,使人迷失本真。所谓调心性,即除去“十习”妄想,这实际上是一种宗教禁欲主义色彩很浓的自我修养。

---

① 《道藏》第 10 册,第 526 页。
② 《道藏》第 10 册,第 496 页。
③ 《道藏》第 10 册,第 501 页。
④ 《道藏》第 10 册,第 516 页。
⑤ 《道藏》第 10 册,第 517 页。
⑥ 《道藏》第 10 册,第 518 页。

净明道宣扬，离了“十习”妄想的正性，能从体发用，无为而无不为。《净明黄素书·序例》喻心性之用云：“心性之用像于鉴水，如彼应接，无嫌妍丑，不碍方圆，可住即住，可行即行，自然而已。”①这种心弃除了对境相的主观分别，只像镜子照物一般，虽映现万象而无爱憎区别，这种心被认为是自然的心性。同书卷7有云：“夫道无思无为也，无思也而未尝不思，思之者正性也。无为也而未尝不为，为之者正理也。”②心之正性既然无思而思、无为而为，则与炼化精气、升降水火并不矛盾，与存想呼召、祈祷斋醮并不矛盾，而正是内炼精气与外用符箓之本。只有用之以正性，才能“心有所感，神有所凝，气有所交，诚有所达”③，祈祷通神，才会有感即应。这是净明道道法的心髓。

净明道士以本派符箓祈祷斋醮、炼度亡灵，一如正一、上清等符箓派道士。然其所行符法，实际上并不限于本派。方文《净明黄素书释义秘诀》即自称：“方文受太上五雷神法，乃真师遇华岳白玉洞灵安汪真君所传，今惟有五印真文，其余醮祭四维神法不全……终不及今之正一五雷法。”④表明他也习行神霄雷法。

自何守证、方文后，净明道传嗣不详。《海琼白真人语录》卷1留元长问其师白玉蟾云：“近观灵宝法之旁门，又有曰圆通一法，复有太上净明院法一阶，或有用太上净明院印者。”⑤可见净明符法在白玉蟾时尚传行于世，被看作“灵宝旁门”。至元初刘玉更新净明忠孝道时，不列周真公于祖师位中，而自称直接得许逊之传，这大概暗示周真公净明道至元初已绝嗣，只留下一些典籍，供净明忠孝道所取资。

在南宋初，有曾任南昌西山玉隆万寿宫住持的道士名傅得一（1115—1188年）者，以神异著称，驰名一时。据《历世真仙体道通鉴续编》卷4《傅得一传》及《逍遥山万寿宫志》卷5《净明傅大师传》，傅得一，一字宁道，一

---

① 《道藏》第10册，第501页。
② 《道藏》第10册，第514页。
③ 《道藏》第10册，第514页。
④ 《道藏》第10册，第522页。
⑤ 《道藏》第33册，第113页。

字齐贤，一字达宗，清江新淦（今江西新干县）人。其父笃信道术。傅得一11岁即失怙，遇一仙人食之以果，遂能预知吉凶休咎，自此狂怪放犷，出语多验，人称“傅仙”。当时名帅张浚曾召见于建康，甚得敬重，度为道士，隶属湖州武康县常清观，郡守严真举家敬事之。继迁江西玉笥山承天宫住持，未几迁阁皂山崇真宫，复迁南昌西山玉隆万寿宫，后移管南昌铁柱宫、延真宫。乾道九年（1173年），朱熹过宫，为书“云庵”之匾，并赠诗云：“到处逢人说傅颠，相看知是几生前，直携北斗倾天汉，去作龙宫第二仙。”次年（1174年），孝宗召见于内殿，赐号“灵宝大师”，赐以斋饭及银、盾、御书宝扇。《历世真仙体道通鉴续编》卷4本传称他“臧否人物，言必有中”，“或一日应数家之供，同时俱至，人谓师得费长房缩地、蓟子训分形之术”。[①] 性旷达，不亲世务，与当时名道士谢守灏交往甚笃。该传未提到傅得一与周真公净明道的关系。大概由于傅得一曾任净明道本山玉隆万寿宫住持，后世净明派人尊他为净明先德，《逍遥山万寿宫志》卷5《净明傅大师传》称他“呼召风雷，劾治鬼神”，尝说“澄心必以净明为要，制行必以忠孝为先”。[②] 傅得一住持玉隆万寿宫，正当周真公之后，他接受并宣扬净明教旨，非无可能，但其与周真公净明道大概并无嗣承关系。

四、九宫山御制派的创立及传绪

南宋初，湖北九宫山还出过一个颇有影响的道士张道清，被尊为“九宫山派”之开山祖。据《历世真仙体道通鉴续编》卷5本传及《九宫山志》卷9所收谢闻韶撰《张真君传》，张道清（1136—1207年）字得一，号三峰，郢之蒲骚里（今湖北京山县）人。绍兴六年（1136年）五月生，幼著灵异，“已而用符水为乡闾祈雨疗病，远近称神”。自言于绍兴二十七年（1157年）见玉帝，授以秘诀灵文，从此以善祈祷旱涝、符水治病驰名于京汉。宋孝宗乾道元年（1165年），以所居宅为祠宇，奉祀玉帝。乾道八年（1172年）随州旱，祷雨应，洪山主寺僧木阇老请居山主法。淳熙元年（1174年）入龙虎山礼正

① 《道藏》第5册，第442页。
② 《藏外道书》第20册，第736页。

一天师，受大洞经箓，归而居于郢州长森湾。淳熙十年（1183 年）游京师，为齐安郡主治愈痼疾，当时尚为太子的光宗深表礼敬，亲书“真牧”、“长森湾”以赐。次年出都，自郢入蜀，云游湖广，过洞庭，入九宫山，于古平壶台下创建道观，命其徒杨宗华理之。绍熙元年（1190 年）光宗召见，不赴，乃遣使赍香烛锦幡等入山，请设国醮，赐其所居庵名“钦天观”。宁宗即位后，亦每年遣使入山，多有赏赐。庆元五年（1199 年），宁宗赐号“真牧真人”，并御书《真牧像赞》。嘉泰四年（1204 年），宁宗降旨升钦天观为“钦天瑞庆宫”，御书宫额以赐，加封张道清为“太平护国真牧真人”。开禧二年（1206 年）敕江西转运使拨赐闲田，蠲其租赋，慈明皇后亦赐钱为之置买田庄。开禧三年（1207 年），张道清回长森湾旧居坐堂，七月七日，张道清鸣鼓谕众，留偈而逝。宁宗闻讯，御批《真牧遗表》，“令其徒往长森湾迎（遗蜕）归九宫崇奉”。于是在九宫山立堂藏蜕，嘉定三年（1210 年），宁宗御书“真牧堂”为名。理宗即位，于绍定四年（1231 年）追赠“真牧普应真人”，复于宝祐五年（1257 年）加封“妙应真人”。度宗加封“普兴真君”，并封其父为“储英侯”，母为“毓德夫人”。延祐五年（1318 年），元仁宗加封“太平护国真牧妙应普兴宏道真君”。张道清所传行的符法，盖为新出，以祈祷玉帝为特点。张道清又接受了正一符箓，故其所开九宫山派，可以算作正一派的一个支派。

张道清与南宋皇室关系密切，据《九宫山志》载，其道派字辈系宁宗亲订，故其派称“御制派”。宁宗所制 40 个派字为：“道宗元太希，惟天可守之。以智绍祢祖，端显应良师。公子茂中景，叔孙克世时。孟仲季若善，居处自然熙。”①经过张道清师徒的经营，御制派在南宋获得了很大发展。《九宫山志》称“其化盛行东南，咸称得道仙子”②。张道清第八代徒裔、元代高道车可诏撰文描述南宋时本派宫观遍布江南各地的盛况，其《真牧堂新膺龙光记》云：“真君（张道清）道德之盛，岂有量哉！凡羽翼瑞庆（钦天瑞庆宫），与寿圣相先后者，如长森之万寿、青牛之万寿、平江之玉清、仪真之通

① （清）傅燮鼎：《九宫山志》，《中国道观志丛刊》，南京：江苏古籍出版社 2000 年版，第 7 册，第 130 页。另参《诸真宗派总簿》，《藏外道书》第 20 册，第 580—581 页。

② （清）傅燮鼎：《九宫山志》，《中国道观志丛刊》，南京：江苏古籍出版社 2000 年版，第 7 册，第 88 页。

真、杭州之明真，洎江西、湖南、湖北、两淮沿江，莫不琳宫森列，法嗣绳绳。"①南宋时，此派大约传到了第五代。以下根据《九宫山志》略作介绍。

杨宗华（1141—1261 年），蜀人，张道清第一弟子，绍师正传，律身端严。张道清开辟九宫山道场，皆赖其力。宁宗朝祷雨，应对称旨，赐号"灵宝大师"及祠牒、紫衣、象简、金帛等。嘉定八年（1215 年），加赐"洞灵先生"。居长森湾万寿观。理宗景定二年（1261 年）三月朔坐蜕，年 121 岁。

王宗成，字伯钦，张道清第二弟子。光宗朝，曾代师应召赴京，治愈齐安郡主病，赐号"观妙大师"及紫衣、象简。旋补左街鉴义，主管教门公事。宁宗不豫，建醮祈年，皆宗成往返京师，赐号"宁国护圣先生"。为了召见方便，宁宗专门在虎林山九里松建宁国庵居之，后为明真宫。年 74 岁，坐蜕。

陈宗明（1163—1228 年），张道清第三弟子。初赐"明素大师"，旋以大礼南郊，祈祷感应，补右街鉴义，主管教门公事，管辖住持。后于岳州平江县（今湖南岳阳市平江县）开创连云山玉清宫。绍定元年（1228 年）说颂坐化，年 66 岁。

杨宗权，创立江州（今江西九江市）寿圣观，后于观中坐化，年 81 岁。初赐"通慧先生"，度宗朝加赐"孚惠真人"，元仁宗延祐五年（1318 年）加封"通慧孚惠仁佑真君"。②

熊宗超，赐号"保宁大师"，开创八卦观，年 73 岁坐化。

李宗荣，赐号"真一大师"，93 岁羽化。

---

① （清）傅燮鼎：《九宫山志》，《中国道观志丛刊》，南京：江苏古籍出版社 2000 年版，第 7 册，第 206—207 页。据《历世真仙体道通鉴续编》卷 5，张道清于乾道元年（1165 年）舍所居为祠，奉祀玉帝，后赵惇赐书"长森湾"，张道清视祠宇陋隘，与储君手书不相称，遂命弟子杨宗华等营而新之，后为万岁观；又，蒲骚里士民景慕张道清灵异，捐资于青牛山立祠宇一所以奉香火，即崇宁万寿观。（见于《道藏》第 5 册，第 443 页）其余各观，见于张道清各弟子事迹。皆可与车可诏所记相参证。

② 刘岳申《寿圣观记》记此观兴废始末较详，唯其言创观者为张正夫，而其封号与杨宗权完全相同。见于（元）刘岳申：《申斋集》卷 6，《文渊阁四库全书》第 1204 册，第 248—249 页。据嘉靖《江西通志》，"杨权，字正夫，盱江人……师真牧张真君以七返九还之道……咸淳间进封通慧孚惠真人"，则刘岳申或误记其姓。见于（明）林庭㭿、周广：《（嘉靖）江西通志》卷 15，《四库全书存目丛书》，济南：齐鲁书社 1996 年版，史部第 182 册，第 636 页。

上官宗立，本名俨，荆南人。因全家染病，默祷张真牧求拯，果愈。遂弃产业，携妻子入山学道。赐号“养素先生”，并紫衣、象简。年 96 岁羽化。

王宗莲，上官宗立妻，夙有仙骨，从夫入山，历经试验，其志愈坚。遂营别馆独居，年 81 岁坐化。

蓝宗宝，赐号“广惠先生”，并紫衣、象简，83 岁坐化。

彭宗显、李宗治，并教门高士。毛宗真、吴宗松，并右街鉴义。李宗一，于白鹤观坐化。以上为第二代。

郑元简，原名保，少时射猎于九宫山。张道清开辟九宫山，以其为先导，令师杨宗华，职司巡山。后补右街鉴义，知宫事。终年 94 岁。

胡元亨，王宗成之徒，赐号“冲靖大师”。

冯元素，陈宗明之徒，赐右街道录，管辖宫事。

谈元辰，先习儒书，数举不第，遁入佛门，后厌其教，遂从杨宗权问道。与罗元泽、郭元康、蒋元衡、陈元朴、戴元老、刘元琼（一作元庆）、陈元通等八人，俱补右街鉴义，知宫事。

此外，还有余太狃之师黄元瑞。是为本派第三代。

余太狃，江西修水（今江西九江市修水县）人，师从黄元瑞，居长森湾万寿观。嘉熙（1237—1240 年）年间，万寿观毁于战乱，太狃扶其师抱观中所藏御书脱身，回归修水，居冲和庵。据传武宁（今江西九江市武宁县）旧有玉清万寿宫，废坠已久，失其故址，余太狃遂将冲和庵易名为玉清万寿宫。太狃家有老父，元瑞亦年老，太狃敬其师如亲，闻于朝，旌表“宏教大师”。杨恢撰《玉清万寿宫记》称赞说：“御书弗厄于郢之兵燹，太狃之敬君也；玉清久废而不湮，山川之灵有待也；冲和由庵而宫，昔陋今侈，学道得仙者由此显也……太狃从老子教，能不忘夫君而又能慰其亲，于老年温清之际，敬其师黄元瑞如其亲焉，可谓贤也。”①

封太本，字绣梓，郑元简之徒，赐号“冲隐大师”。宋末元初，九宫山累遭兵燹，殿宇尽燬。太本终其一生，领导兴复工程，年 96 岁羽化。众弟子踵

① （清）傅燮鼎：《九宫山志》，《中国道观志丛刊》，南京：江苏古籍出版社 2000 年版，第 7 册，第 233 页。

继其事,前后历30年,至罗希注始蒇事。

第五代弟子也有活动于南宋者。如黄希斌,九宫高士,宝祐三年(1255年)到分宁(今江西九江市修水县)兴复千秋观,赢得广大信众施舍,不数月为屋几百楹,佥惊为神设。有丞相章鉴(分宁人)为之作记。桂希理,余太豇弟子,协助其师经理修水玉清万寿宫,安奉从长森万寿观带出的御书,汲汲不负其师之志。淳祐元年(1241年)请杨恢作《玉清万寿宫记》。

五、天心正法派、清微派及其他新兴道法派别

北宋以来,还有一种叫"天心正法"的新符箓盛行于世,在社会上颇有影响。传行此法者虽多自隶于正一门下,实际其符法乃新出。① 关于本派符箓出世的说法,最早见于北宋末期邓有功编《上清天心正法》,其称天心符法乃宋太宗淳化五年(994年)饶洞天于华盖山顶掘地所得,故称饶为"天心初祖,号正法功臣日直元君北极驱邪院使"。饶洞天"虽获秘文",但不能理解其中的含义,后来经过谭紫霄的指点,才掌握了天心正法的原理。② 谭紫霄,一名子雷,唐末五代道士。南宋陆游《南唐书》称其所行道术为天心正法,并称:"今言天心法者,祖紫霄。"③这两种说法,将天心符法的发现者和点化行用者尊为祖师,被后继者所认可,如宋徽宗朝道士元妙宗编《太上助国救民总真秘要》就称"传教谭先生"、"传教饶先生"。④

但是,应该看到,邓有功将天心正法与传统的符箓道法相并列,谓皆出于"道德自然之始"(老君授关尹一系):一是"洞玄洞神众箓之祖"(灵宝众经,

① 关于天心正法与正一法术的关系,可参见刘莉:《谭紫霄与天心派》,《求索》2010年第2期;刘莉:《"天心正法"与唐代正一考召法术》,《宗教学研究》2015年第4期。

② 参见(宋)邓有功:《上清天心正法序》,《道藏》第10册,第607—608页。关于邓有功的年代考证,参见李志鸿:《道教天心正法研究》,北京:社会科学文献出版社2011年版,第18—22页。有关饶洞天的考证,详见李志鸿书,第22—25页。

③ (宋)陆游:《南唐书》卷17《杂艺方士节义列传》,《文渊阁四库全书》第464册,第485页。谭紫霄的相关考证,详见李志鸿:《道教天心正法研究》,北京:社会科学文献出版社2011年版,第26—30页。

④ (宋)元妙宗:《太上助国救民总真秘要》卷2《上清北极天心正法斗下灵文符咒》,《道藏》第32册,第58页。

徐来勒授葛玄一系），一是“正一盟威之宗”（老君授张陵一系），一是“上清之祖”（魏华存授杨羲一系）。而将华盖山称为“虚皇灵坛”，区别于传统符法的宗坛；又称“独吾正法出于大宋盛时”，他“受持在末，滥领条纲，哀法衰微，谛承师训，亲受太上四阶经箓秘要符文……故将所得妙道，重删《天心正法》一部”。足见其欲以天心正法总持传统符法的雄心。对于当时法师普遍使用的北帝符文，邓有功将其判为“正法之外”，总为3卷。[①] 可见，邓有功对传统的灵宝、正一、上清和当时流行的北帝等诸家符法作了分判，而以饶洞天所传天心正法为符法之宗。其所述天心正法派的传承为：饶洞天——朱仲素（监观）——游道首——邹贲（通直郎）——符天信——邓有功。[②]

然而，《南唐书》所言有一定的变化。其谓道士陈守元（而非饶洞天）掘地所得“皆汉张道陵符篆，朱墨如新，……（谭）紫霄尽能通之，遂自言得道陵天心正法”[③]。明显将天心正法与汉天师张道陵挂起钩来。

《上清北极天心正法》有云：“夫天心法者，自太上降鹤鸣山日授天师，指东（或当为陈）北极之书，辟斥邪魔，救民是务。”[④]按，此书引有张继先语，盖北宋末或南宋初所编。北宋末元妙宗编《太上助国救民总真秘要》[⑤]，也强调天心正法是“正一之宗”，曰：

> 臣闻天心之法，北极中斗之法也。北极者，天之中极，万象之所会；北斗者，天之中斗，万气之所禀，故为天之心。则其法本之于此也。同出乎正一之宗，为劾治之枢辖。[⑥]

到了南宋金允中编《上清灵宝大法》[⑦]，则云：

> 自汉天师宏正一之宗，而天心正法出焉。当其受印剑于玉局，荡妖

① （宋）邓有功：《上清天心正法序》，《道藏》第10册，第608页。

② 参见（宋）邓有功：《上清天心正法序》，《道藏》第10册，第607—608页。

③ （宋）陆游：《南唐书》卷17《杂艺方士节义列传》，《文渊阁四库全书》第464册，第485页。

④ 《道藏》第10册，第645页。

⑤ 关于元妙宗的时代，参见李志鸿：《道教天心正法研究》，北京：社会科学文献出版社2011年版，第33—34页。

⑥ （宋）元妙宗：《太上助国救民总真秘要》卷1，《道藏》第32册，第53页。

⑦ 关于金允中的年代，参见李志鸿：《道教天心正法研究》，北京：社会科学文献出版社2011年版，第21页注①。

异于寰区,法之济时,厥勋盛矣。天心卷(卷)牍,历魏晋之变迁,经南北之分治,散失沦坠,几不可考。五季之后,有谭先生、饶先生相继祖述而成书。虽曰三符二印为宗,而其名称、职位、体格、言词,悉非汉制。[①]

对上述说法进行调和与贯通。综上可见,饶洞天、谭紫霄所传天心正法,或许出于借重正一派以获得道教"正统"的原因[②],有逐渐向正一派靠拢的趋势。

两宋之际,还有另一支天心派流传,其核心人物是路时中。据《无上玄元三天玉堂大法》,路时中自谓其于宣和庚子(1120年)上元夜入室存真时,受"吴之赵升"神启,指示于茅山峰顶掘地得二十四品经书;又谓曾于大观元年(1107年)、宣和元年(1119年)及绍兴戊寅(1158年),屡受"大教主天君密授口诀"。[③] 方勺(1066—?)《泊宅编》卷7云:"朝散郎路时中行天心正法,于驱邪尤有功,俗呼路真官。"[④]《夷坚丙志》卷13说,路时中名当可,其父路瓘(君宝)于徽宗政和(1111—1117年)中任商水县令,当可侍行,其时年方十七,被道士摄去,洗涤五脏,传以符法。[⑤]《夷坚乙志》卷7《毕令女》条云:路时中以符箓治鬼著名,士大夫间呼为"路真官","常赍鬼公案自随",于建炎元年(1127年)自都城东下,在灵璧县治病。[⑥] 皆可证明路时中活跃于北宋末南宋初。

其经典得自茅山,又有"入室存真"、降神密授,显然与饶洞天所得不同。他自称"上清大洞三景法师",又说:"靖康丙午(1126年)冬寓止毗陵,遂承玉旨传记,许与龙虎嗣真均礼。"[⑦]表明他出自上清派,同正一天师平起平坐,与前述靠拢正一派的一支迥然有别。其所传玉堂大法创制了二十四品教阶制度,在修行方术上继承并阐扬了上清派的存思术,极为重视高奔日

① (宋)金允中:《上清灵宝大法》卷43《传度对斋品》,《道藏》第31册,第645—646页。
② 参见李志鸿《道教天心正法研究》第一章《北宋时期的天心正法》,他甚至称元妙宗所传为"正一宗北极天心正法"。
③ 分见《无上玄元三天玉堂大法》卷1和卷28《三光祖符品》,《道藏》第4册,第3、111页。
④ (宋)方勺:《泊宅编》,北京:中华书局1983年版,第42页。
⑤ 参见(宋)洪迈:《夷坚志》,北京:中华书局1981年版,第479页。
⑥ 参见(宋)洪迈:《夷坚志》,北京:中华书局1981年版,第237页。
⑦ 《无上玄元三天玉堂大法》卷1,《道藏》第4册,第3页。

月、升斗奔辰，其玉堂斋法（或称玉堂醮法）是两宋时期道教斋醮仪式的重要成就。①

南宋时，社会上行天心法者颇夥，行法者并不限于道士，官吏士民亦颇有其人。洪迈《夷坚志》所记南宋行天心正法者大有其人。如《支志》甲集卷5《唐四娘侍女》，谓右从政郎杨仲弓习行天心法，“视人颜色，则知其有祟与否”②。《支志》乙集卷5《南陵蜂王》，记南陵县宰钱诜“素习行天心正法”③。同卷《谭真人》，言衡州道士赵祖坚“初行天心法，时与乡人治祟”④。《支志》戊集卷5《任道元》，述福州人任道元，为故太常少卿任文荐长子，少年慕道，从欧阳文彬受学炼度，学天心法，“甚著效验”。孝宗乾道（1165—1173年）之季，被神劾死。⑤ 又《支志》戊集卷6《王法师》，记临安涌金门王法师，平日奉行天心法，为人主行章醮时虽戴星冠、披法衣，“而非道士也”。宁宗庆元二年（1196年）以行法不虔而死。⑥ 又《丁志》卷6《王文卿相》条，述陈桷行天心法，为池州州官，曾佐韩世忠。⑦ 又《丁志》卷14《武真人》条，述侍御史陈某居钱塘，“以天心法治人疾”⑧。《乙志》卷7《天心法》条，述李士美丞相长子李衡老学天心法甚虔。⑨《乙志》卷6《赵七使》及《魅与法斗》条，述南宋初宗室赵子举遇道士传与天心正法，绘六丁六甲神像事之，为人治病辄验。其子伯兀学天心法而未成。⑩《丙志》卷7《大仪古驿》，记供奉官孙古“尝受上清箓，持天心法甚验”⑪。可见天心法在南宋官僚士庶中传播甚盛。⑫ 此法还传到了北方。山西晋城道士杜志玄，在金正大（1224—

① 参见李志鸿《道教天心正法研究》第二章《两宋之际的玉堂大法》。
② （宋）洪迈：《夷坚志》，北京：中华书局1981年版，第745页。
③ （宋）洪迈：《夷坚志》，北京：中华书局1981年版，第830页。
④ （宋）洪迈：《夷坚志》，北京：中华书局1981年版，第831页。
⑤ 参见（宋）洪迈：《夷坚志》，北京：中华书局1981年版，第1089—1091页。
⑥ 参见（宋）洪迈：《夷坚志》，北京：中华书局1981年版，第1101页。
⑦ 参见（宋）洪迈：《夷坚志》，北京：中华书局1981年版，第582—583页。
⑧ （宋）洪迈：《夷坚志》，北京：中华书局1981年版，第653页。
⑨ 参见（宋）洪迈：《夷坚志》，北京：中华书局1981年版，第244页。
⑩ 参见（宋）洪迈：《夷坚志》，北京：中华书局1981年版，第235—236页。
⑪ （宋）洪迈：《夷坚志》，北京：中华书局1981年版，第419页。
⑫ 其余行天心正法者尚多，参见李志鸿：《道教天心正法研究》，北京：社会科学文献出版社2011年版，第176—178页。

1231 年）年间入道，后得到尹清和、于洞真、宋披云等“授天师秘箓天心正法”，传道于会真观。①

天心正法既有内在修炼，也注重外在符箓法器的运用。天心派的内炼之法是服三光气，三光是指日、月、星三光。《上清北极天心正法》之《三田反复金液还丹诀序》云：

> 肺为华盖，咽喉为重楼，口为玉池，眉为玉堂，额为天庭，鼻为天柱，顶为天宫，耳为双市门。肾气传肝，肝气传心，心气传脾，脾气传肺。下田入上田，上田又入中田，中田入下田，三田反复，号曰“三光丹”，亦曰“大还丹”。②

《上清北极天心正法》还收有《五气朝元三光炼形之图》、《三光过关图》③，与内丹经典的修真图有相似之处。其外用之符箓和法印，三符为“天罡大圣符”、“黑煞符”、“三光符”，两印为“北极驱邪院印”、“都天大法主印”。④

北宋末年以后，天心正法在道教内部也渐有影响，出现了一些受天心正法影响的新法术，如“玉堂大法”、“上清天蓬伏魔大法”、“上清玉枢五雷真文”等。南宋以后，天心正法继续在社会上广为流传，名为“五雷天心正法”的法术在民间尤其盛行。比如，在《清平山堂话本 · 洛阳三怪记》中，潘松遇到鬼怪，于是找道士徐守真驱邪，徐守真说：“我行天心正法，专一要捉祟！”《醒世恒言 · 勘皮靴单证二郎神》中，有潘道士行“五雷天心正法”的记述。

南宋社会上还流传着一种新符箓“清微雷法”，渐自成一派。该派道法以“清微”名者，谓其法出于清微天元始天尊。《清微神烈秘法》卷首《雷奥秘论》云：

> 夫清微者，以象言之，乃大罗天上郁罗萧台玉山上京，上极无上大罗玉清，诸天中之尊也。肇自混沌溟涬、鸿濛未判之先，大梵大初之境，

---

① 参见司广瑞：《泽州名人李俊民及其〈会真观记〉初探》，《晋东南师专学报》1999 年第 4 期。此条李志鸿上书已述及。

② 《道藏》第 10 册，第 655 页。

③ 参见《道藏》第 10 册，第 655 页。

④ 《上清北极天心正法》，《道藏》第 10 册，第 652 页。

即元始至尊之所治也。乃一气开明祖劫，是谓天根，且清微法者，即神霄异名也……法中雷符玉章天经，皆浩劫之初，梵气自然结成于太空之中。昔元始下降，乃命天真皇人按笔以书，其文字广长一丈，藏于紫微上宫玉京金阙，命五老上帝掌之。①

称清微符箓乃梵气自然结成、元始天尊所传之天书云篆，分上中下三品灵书，上中二品皆秘藏于天上，唯下品灵书，“则应世宗师心心相授，口口相传，与天长存，祈天福国，弘道化人，役使雷霆，坐召风雨，斩灭妖邪，救济旱涝，拯度幽显，赞助皇民，即今人间清微雷法妙道是也。”②

清微派编造了从元始天尊一脉相承的传法谱系，清微派道书中关于这种谱系的编排并不完全一致，其中神人相杂，很不可靠，比较一致的说法，是谓该派实际始创于唐末昭宗年间的广西人祖舒。元初陈采所撰《清微仙谱》说从祖舒至宋元间的黄舜申，凡有十传。对各代祖师生平籍贯叙述甚略，其事迹皆不可详考，可见该派在宋一代影响不大。其十代祖师为：

第一代祖舒，一名遂道，字昉仲，广西零陵郡人，据说于桂阳军江渚石上遇护明元妃化身灵光圣母，授以清微道要。祖舒号称“昭凝妙道保仙元君”，又号“通化一辉元君”。

第二代郭玉隆，京师人，号称“琼室内应洞清元君”，又号“上景元君”。

第三代傅央焴，字子方，鄞州人，号称“紫光曜真福和元君”。

第四代姚庄，字淑奇，西京人，号称“龙光道明元君”，又号“广昌元君”。

第五代高奭，燕人，号称“祥源紫英玉惠元君”。

第六代华英，凤翔人，隐居华山，号称“西华清虚真人”。

第七代朱洞元，成都人，官至安抚使，后隐居青城山，号称“青城通惠真人”。

第八代李少微，号竹隐，房州保峰一水人，“先以宦族世家房陵，弃俗悟真”，隐青城山，号“云山保一真人”。

第九代南毕道，本名东南珪，号西滨，眉山人。丙辰（1196 年）生，“幼擢

① 《道藏》第 4 册，第 135 页。

② 《道藏》第 4 册，第 135 页。

儒科，登仕版”，“后领广漕”即任转运使，宋理宗时“数谏不从，归隐，不知所在，人以为仙去”。号“眉山混隐真人”。①

以上九代中，从第七代朱洞元以下，当皆南宋人。朱洞元、李少微、南毕道三代皆隐居青城山，然当时史料中不见记载，说明他们在社会上影响不大。清微派的兴盛，是第十代祖师、南毕道弟子黄舜申以后的事。

黄舜申（1224—?）号雷渊，俗名应炎，字晦伯，福建建宁（今建瓯）人，出身于闽中世家，少通经史百家之学。14岁随父游宦广西，得危疾，南毕道以符水治愈之，并传以清微雷法，授以神书。回乡后，渐以善祈禳著名于浙闽一带。理宗宝祐（1253—1258年）中，出仕为检阅，兼行祈禳于京师，皇兄赵孟端尝师事之。理宗曾召见，御书“雷囦真人”四字赐之。元初又蒙世祖召见。

黄舜申对清微派的贡献，是首次将清微法编辑成书，传之于世。《清微仙谱序》说他“覃思著述，阐扬宗旨”，清微道法于是始大备，并说：“一时王公大人争欲罗致，四方来受学者以千数。”②《历世真仙体道通鉴续编》卷5本传称他将南毕道所授神书“钩玄探赜，集成大全，登门之士如云”③。明初张宇初《道门十规》也说清微法“凡符章经道斋法雷法之文，率多黄师所衍”④。此所言“黄师”，当即黄舜申。今《道藏》中存清微道书如《清微神烈秘法》、《清微斋法》、《清微元降大法》、《清微丹诀》、《清微玄枢奏告仪》，盖皆元代清微道徒据黄舜申原著增编。《道法会元》所收清微符法多种，多为元明间清微派传人赵宜真序跋编定，其中自当收入有黄舜申所著述或传述者，如卷9《清微梵气雷法》有黄舜申跋，撰于宋度宗咸淳四年（1268年），自称“三洞经箓清微察访使”⑤。

清微符法是一种新出的符法，符箓名目众多。郑所南《太极祭炼内法

① （元）陈采：《清微仙谱》，《道藏》第3册，第331页；《道法会元》卷2《清微应运师宝》，《道藏》第28册，第682页。

② （元）陈采：《清微仙谱序》，《道藏》第3册，第326—327页。

③ 《道藏》第5册，第446页。

④ 《道藏》第32册，第149页。

⑤ 《道藏》第28册，第720页。

序》说："正一法外，别有清微法，雷名逾数百。"①清微道书说元始天尊所传道法，后世分为四派。《清微仙谱序》云："故其传始于元始，二之为玉晨与老君，又再一传，衍而为真元、太华、关令、正一之四派，十传至昭凝祖元君，又复合于一。"②把道分为四派，表明清微派法具有熔四派之学于一炉的特点。尽管清微派将其法派源流上溯于远古及天上，但这种道法，其理论、宗旨、符箓、仪轨，都带有显明的时代色彩，与神霄雷法十分相近，只是符箓的名色花样不同而已。清微符箓亦主要承自《度人经》，与上清派关系最为密切，这从清微派奉魏华存为祖师，便可见它与上清派渊源关系之蛛丝马迹。

与神霄、净明诸派一样，清微派亦以内炼为本，外用符箓为末。《道法会元》卷 4 收李少微示南毕道语云："外有举动，劳怠气神，内有所思，败血伤精。冥冥漠漠，与道相亲。不喜不怒，心和气清。内有交媾，发为雷霆。"③意谓保养身心，不怠不劳，无思无虑，不为喜怒所动，心与道合，是作法的根本，以此合道之心交媾自身阴阳二气，便发为符法中所谓的雷霆。又云："父母生前一点灵，不灵只为结成形，成形罩却光明种，放下依然彻底清。"④注重放下一切妄念，体证父母未生以前的"一点灵光"，与神霄雷法一样，都深受禅宗明心见性说的影响。这"一点灵光"被清微派作为祈祷作法的关键。《道法会元》卷 9《先天梵气雷文》论祈祷之要说：

> 凡行持之际，先净口心身，要内外一尘不着，清净圆明，身心与虚空等然，我即天地，天地即我，相忘于彼我之间，诵咒若空中琅琅然有声，所召立至，所祷立通。⑤

强调以一尘不染，与天地打成一片的"清净圆明"之心诵咒祈祷，为道法灵验的诀要。而欲保持清净圆明之心，须坚持内炼。《清微丹法》即述清微派内炼的内丹法门。

除以上新旧诸符箓道派外，南宋社会流传的道教符箓还有不少，率多新

① 《道藏》第 10 册，第 441 页。
② 《道藏》第 3 册，第 326 页。
③ 《道藏》第 28 册，第 691 页。
④ 《道藏》第 28 册，第 691—692 页。
⑤ 《道藏》第 28 册，第 717 页。

出，其名目繁杂，传行者不限于职业道士，亦未必有教团组织。这类符法保留于《道藏》中者，如《道法会元》卷253《地祇法》，题刘玉述，序于宋理宗宝祐六年（1258年）。内《刘清卿事实》谓刘玉字世仍，原籍河朔，父家丰城（今江西丰城市）。其道法“实起教于虚靖天师（张继先），次显化于天宝洞主王宗敬”①，经卢养浩、徐洪季，传之刘玉。则此刘玉与元初更新净明忠孝道之刘玉为两人。又说有青城吴道显、青州柳伯奇、果州威惠钟明真人相继为宗师，“后则有苏道济派、温州正派、李蓬头派、遇曜卿派、玄灵续派，如此等类，数之不尽，千蹊万径，源析支分”②。可见《地祇法》流传之广，其所谓某某派者，乃从法之传续划分，未必有像样的教团和自成宗旨的学说，与一般所言宗教宗派不同。《地祇法》又谓有吕希真者，自青城来江浙，以行此法而“名动一时”，传之温琼。文末有宋度宗咸淳十年（1274年）江西黄公瑾跋。《地祇法》亦强调内运自身之气，外感神灵，有云：“若能运日坎月离之造化，成阳一阴二之真机，则吾身之造化与温将（温琼）合为一体。”③如此则有感必应。这与清微、神霄雷法之说相合。《道法会元》卷188《太乙火府五雷大法》，称传自唐绵州太守冯佑，经唐代青城山丈人观道士江元亨，递传吕政卿、李巨川、张仲之，传至陈抟，陈传之青城丈人观道士刘通玄及四川机宜许志高，刘通玄传孙太初、赵师古、杜昌宗、吕真人。近有刘虚正、王法进、监军赵必渥、许伏魔、杨披云、李清夫传行其法，当皆南宋人。其中许伏魔、杨披云尤以道法显，杨披云于宋理宗宝庆元年（1225年）卒于茅山玉泉观。据称该法渊源为：“太乙火府雷者，乃玉清内院之秘法，北斗真气之化身，太乙月孛之主法也。”④其行持亦以内炼为本，具有这时期新符法的共同特征。又《道法会元》卷246《天心地司大法》有彭元泰所撰《法序》，末署“咸淳甲戌”（1274年），称其法乃蜀人廖守真感北帝敕殷郊所授，传之萧安国，萧安国传萧道一，萧道一传彭元泰。彭元泰门下有史白云、姑苏张湖山等弟子，当已由宋入元。此法以殷郊为主帅，序称“此文灵验，莫可尽述，至

① 《道法会元》卷253《地祇绪余论》，《道藏》第30册，第557页。
② 《道法会元》卷253《地祇绪余论》，《道藏》第30册，第557页。
③ 《道藏》第30册，第556页。
④ 《道藏》第30册，第188页。

于降瘟疫，伐坛邪，斩妖灭怪，祈祷雨旸，通幽达冥，委之无误，用之必应”①。另外，真武神崇拜及真武符箓，在南宋亦流行于民间。《夷坚支志》丁集卷3《下山佑圣宫》条述高宗绍兴初，浙江湖州下山道士沈崇真奉真武灵应像，以符水治祟疗疾，俗呼真人，其徒数十。丞相沈守约为其奏额，曰“佑圣宫”。② 至于一些不明出处的符箓，流传于社会上者亦不在少数。如《夷坚丙志》卷14《水月大师符》，述绍兴二十一年（1151年）夏，襄阳大雨，知县阎某以符止之。其符“以方三寸纸，朱书一圈，而外绕九重，末如一字，书‘水月大师’四字于其上。凡水旱、疾疫、刀兵、鬼神、山林、木石之怪，无所不治”③。可见南宋社会符水迷信之风之盛且杂。

南宋所处江南，巫术传统极深，巫术盛行，与道教符箓相表里、相混融、相影响。尤道教与巫书通用的扶鸾降仙之术，盛传于南宋民间，士大夫亦往往喜为之。周密《齐东野语》卷16《降仙》条说：

降仙之事，人多疑为持箕者狡狯以愚旁观，或宿构诗文托为仙语，其实不然，不过能致鬼之能文者耳。④

代表了知识分子对扶箕降仙一事的一种看法。周密并称其外家诸舅、友人姚天泽，皆喜为扶箕之戏。又谓绍兴斜桥客邸有请紫姑神者，士友有人请问科举得失。又谓淳祐（1241—1252年）间，有降仙于杭州府学者。南宋人张世南《游宦纪闻》卷3描述所见扶箕情况说：

世南少小时，尝见亲朋间有请紫姑仙，以筯插筲箕，布灰桌上画之。有能作诗词者，初问必先书姓名，皆近世文人……亦有能作时赋、时论、记跋之类者，往往敏而工。言祸福，却多不验。近时都下有士人，许其姓者，能迎致大仙，所言多奇中。⑤

《夷坚支志》乙集卷8称南宋高宗时南陵知县徐大伦扶箕请仙。⑥《三

---

① 《道藏》第30册，第518页。
② （宋）洪迈：《夷坚志》，北京：中华书局1981年版，第989页。
③ （宋）洪迈：《夷坚志》，北京：中华书局1981年版，第486页。
④ （宋）周密：《齐东野语》卷16，北京：中华书局1983年版，第299页。
⑤ （宋）张世南：《游宦纪闻》卷3，北京：中华书局1981年版，第22页。
⑥ 参见（宋）洪迈：《夷坚志》，北京：中华书局1981年版，第855—856页。

志》辛卷10述余干山士人陈文叔行致箕之术。① 此类方术的流行,助长了道教符箓的传播。

第八节　南宋的内丹术与外丹黄白术

兴起于唐末五代的内丹炼养热潮,流经北宋,至金、南宋,愈益波澜壮阔。在南宋,内丹修炼虽未受到朝廷的提倡利用,但在道教界和社会上较北宋更为盛行。与北方出现以内丹修炼为主旨的群众性教团全真道相呼应,在南宋也形成了以内丹修炼为主旨、小具教团规模的内丹派南宗。

一、内丹术的盛行与内丹学的发达

内丹修炼被南宋各符箓道派吸收,普遍流传于道教界。内丹流派支出歧分,丹法多种多样,内丹著述保存在《道藏》中者即达二十余种,较北方全真道的内丹专著数量多,内丹学理论也有了进一步的发展,相当成熟。

与北宋、金一样,南宋流传的内丹,也以继承钟吕一系的南宗为主流。据南宋末人李简易《玉谿子丹经指要》卷首《混元仙派图》,补充以其他丹书中的资料,南宋时期,南宗一派凡有四传,留下姓字者约二十余人。

第一传陈楠(?—1213年),为张伯端三传弟子,其门下习内丹者有鞠九思、沙道昭、白玉蟾、黄天谷四人,以白玉蟾最为著名。张伯端、石泰、薛道光、陈楠、白玉蟾五代,被南宗徒裔尊为“南五祖”,为张伯端嫡传清修一系。

第二传白玉蟾,门徒众多,为南宗教团的创建者。白玉蟾门弟子留下姓字者有彭耜(字季益,号鹤林)、留元长(紫元)、叶古熙(烟壶)、赵牧夫(紫琼)、谢显道(紫壶)、林时中(紫枢)、詹继瑞(紫芝子)、陈守默(刀圭子)、潘常吉、周希清、胡士简(止庵)、罗致大,庐山太平兴国宫道士洪知常(真静子)、陈知白,及方碧虚、王金蟾、林自然、桃源子等人,是为第三传。第四代传人,如彭耜弟子林伯谦(紫光)、萧廷芝,方碧虚、林自然弟子永嘉周无所住,桃源子之徒王庆升(字果斋,号爰清子),王金蟾(名景玄,字启道)弟子

① 参见(宋)洪迈:《夷坚志》,北京:中华书局1981年版,第1463页。

李道纯等，皆宋元间人。

另外，还有主张男女双修的一系，亦自称承张伯端之传。该派始于两宋间人刘永年。刘字广益，号顺理子，曾于高宗绍兴壬申（1152 年）刊彭晓《周易参同契分章通真义》，序言中自称于绍兴戊午（1138 年）遇至人亲授丹诀，而未言所遇异人姓字。刘永年传象川无名子翁葆光及寺簿卢公。孝宗淳熙甲午（1174 年）陈达灵为翁葆光《悟真篇注》所作序中肯定说："悟真仙翁（张伯端）……一传而广益子（刘永年）出焉，再传而无名子（翁葆光）出焉。"①关于刘永年与张伯端的师承关系，翁葆光《悟真篇注疏序》有云：

> 先子尝谓予曰：天台仙翁（张伯端）道成，受命于上帝，为紫玄真人，默相皇都，时尝显没，与世比肩，人莫之识。少偕我祖肄业辟雍，惟翁不第……向在元丰间，与刘奉真之徒广宣佛法，亦以无生留偈入寂……后七年，奉真之徒到王屋山，复会仙翁如故。②

这里所说"先子"，当指其师刘永年，刘自称其祖父与张伯端为辟雍同学，并讲了张伯端卒后尚隐显世间，七年后复与其徒刘奉真相遇事，而未言刘奉真即刘永年。翁葆光再传弟子某跋《金液还丹印证图》之《后识》则云：

> 余师若一子尝曰：曾闻我师无名子翁先生云：吾师乃广益顺理子刘真人，祖偕悟真仙翁肄业辟雍，惟翁不第，夙植灵根，学道道遂。后因念其同舍之有孙，时在绍兴戊午，刘遇悟真得其道，愿力不能成，遂刊彭真人《参同契义疏》，隐于市朝，方便接引。既谐同志，乾道戊巳岁③成道于虎丘山之下。④

绍兴戊午（1138 年），去张伯端卒年（1082 年）已五十余载，刘永年于其时遇张伯端，盖出翁葆光依托之词，刘永年序文中未尝自己肯定此事。而《金液还丹印证图》末附吴兴林静所撰《后叙》则将刘奉真与刘永年及白龙洞道人混为一人：

> 盖真人（刘永年）即白龙洞道人，紫阳入室之徒也，顺理子迨其别

① 《道藏》第 2 册，第 911 页。

② 《道藏》第 2 册，第 911—912 页。

③ 按乾道为南宋孝宗年号，有"戊子"而无"戊巳"，戊子为 1168 年。

④ 《道藏》第 3 册，第 109 页。

号云。紫阳在元丰五年(1082年)化去,越七祀,与顺理遇于王屋山,作诗以勉志……至绍兴戊午,复遇紫阳,毕志于乾道戊己间(1168—1169年),寔逾百龄而后冲举。①

《历世真仙体道通鉴》卷49《张用成传》,亦谓张伯端有徒名刘奉真,即建康府刘斗子、白龙洞道人。此则刘奉真又有刘斗子之别名。即按吴兴林静及翁葆光说,刘永年约卒于乾道戊子(1168年),寿逾百龄,则张伯端卒年,他尚不足二十岁,亲炙张伯端的可能性不大。至于绍兴戊午遇张伯端得诀之说,更不可靠。总之,谓刘永年与张伯端有亲传关系,大可怀疑。但刘永年、翁葆光一系即使未得张伯端亲传,亦宗承《悟真篇》,并自列于张伯端门下,可看作南宗之一派。此派与白玉蟾一系清修派似无关系,人数亦少得多。

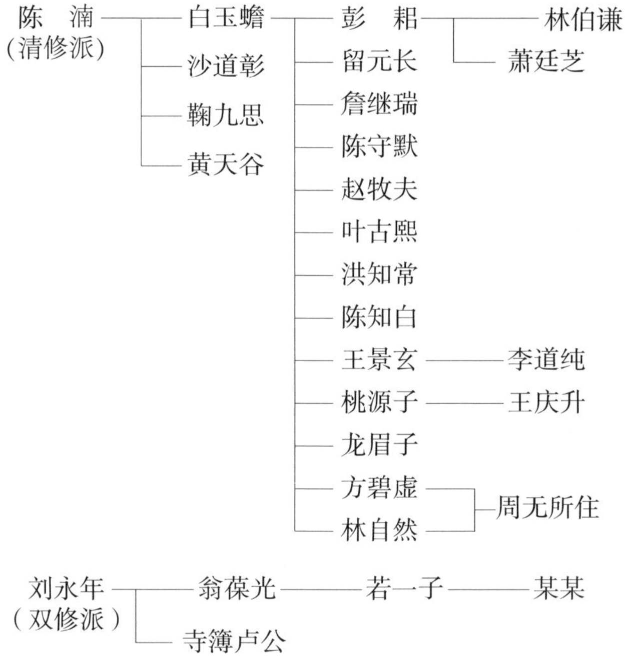

张伯端一系在南宋的传承表②

① 《道藏》第3册,第109页。

② 该图原载于卿希泰主编:《中国道教史》(修订本)第3卷,成都:四川人民出版社1996年版,第145页。

南宗一系从白玉蟾起，就把其丹法渊源上溯于钟离权、吕洞宾。《修真十书》卷39白玉蟾《快活歌》云："大道三十有二传，传到天台张悟真，四传复至白玉蟾。"①关于三十二传的谱系，白玉蟾未见详述。其再传弟子萧廷芝于元延祐七年（1320年）所撰《道德真经三解序》列有从浮黎元始天尊至张伯端的三十一代传承谱系，其中最后几代传承关系为：钟离权——吕洞宾——刘海蟾——张伯端。此说盖出自白玉蟾。白玉蟾门人留元长辑《海琼问道集》有云："张（伯端）得于刘海蟾，刘得于吕洞宾。"②陈守默、詹继瑞《海琼传道集序》亦持此说。《法海遗珠》卷14白玉蟾述"追鹤秘法"师派，亦为钟传吕，吕传刘，刘传张。钟、吕、刘是两宋社会上享有盛名的活神仙，以之为宗祖，自不无光耀门庭之意。然从内丹思想源流看，张伯端一系也确为钟吕的继承发扬者。

南宗人留下了不少内丹著述，其中重要者有：陈楠《翠虚篇》1卷、《泥洹集》（《道藏辑要》奎集）。白玉蟾的著述最多，后人编为《海琼白真人集》，其中如《玄关显秘论》、《修仙辨惑论》、《性命日月论》、《阴阳升降论》、《金液还丹赋》等，为重要的内丹专论。《道藏》中所收由其门人所录的《海琼白真人语录》4卷、《海琼问道集》、《海琼传道集》、《静余玄问》，皆以论述内丹为主。另有《金液还丹印证图诗》等。周无所住《金丹直指》1卷。方碧虚《碧虚子亲传直指》1卷。林自然《长生指要篇》。王庆升《爰清子至命篇》、《三极至命筌蹄》等。双修一系的重要著述，有翁葆光《悟真篇注释》3卷、《悟真篇直指详说三乘秘要》1卷。《道藏》所收《悟真篇注疏》8卷，乃翁葆光注、陈达灵传，元人戴起宗疏。又《悟真篇三注》5卷，署薛道光、陆墅、陈致虚三家注，皆主双修。其中薛道光注，混杂了大量翁葆光注文。三家注中的陆墅，宋元间人，师承不明。

南宋还有一些虽宗奉《悟真篇》而传承不明的内丹家。如著《悟真篇讲义》7卷的夏宗禹，字元鼎，号云峰散人，理宗朝人，出身于幕僚。真德秀序中称其"为人材智磊落，盖尝入山东幕府，奉檄走燕齐间，功名之志锐甚。

---

① 《道藏》第4册，第782—783页。

② 《道藏》第33册，第140页。

年未五十，顾欲捐弃轩冕，从安期羡门为海山汗漫游”[①]。夏宗禹之师承不详。又有翁葆光同时代人陈达灵，亦推崇《悟真篇》而主双修，与翁葆光的关系在师友间。翁葆光《悟真篇注序》云：“紫阳陈仙翁（达灵），武夷人，有语录传世，为六十四说，分言性命二宗，内外二药。”[②]陈达灵自号紫阳，似非自附于张伯端门下者，其门人白云子在《悟真篇直指详说三乘秘要》后叙中自称：“有幸自天，得遇紫阳仙翁陈公，亲传悟真适孙无名真人释义，密以见授。”[③]他授人以翁葆光的《悟真篇》释义，在丹法上亦属南宗双修一派。又有宋宁宗朝人袁公辅，注《悟真篇》，主张一己清修，斥北宋徽宗朝叶文叔注疏之谬。元戴起宗跋《悟真篇直指详说三乘秘要》云：“宋嘉泰壬戌（1202年），袁公辅斥文叔注疏混淆难考”，为叶文叔辩解说：“公辅所受之道亦不过独修一物，又何斥他人哉！”[④]袁公辅其人师承不明。又有盱江蕴空居士黄自如，注疏张伯端《金丹四百字》，其后序作于理宗淳祐辛丑（1241年），注疏主张清修，黄自如师承不详。又有余洞真者，著有《悟玄篇》，引证张伯端、石泰、白玉蟾，又称于古杭得师传，其自序作于己丑岁（1229年），盖南宋后期人。

“南宗”之名，乃后人所加，用以区别于全真一派“北宗”。若就广义的、内丹学意义上的“南宗”而言，应指宗奉张伯端一系内丹学的内丹学派。除白玉蟾及其门下行符箓祈祷的道士们有本派靖治、教团组织外，南宋社会上宗承张伯端一系内丹学说者，并无教团组织，其成员不限于职业道士。这一派在修炼方式上与同源异流的北方全真道颇有不同：他们宗承张伯端“志士若能修炼，何妨在市居朝”之旨，不像全真道那样力倡出家、苦行，而主张“大隐市廛”，和光混俗，多数人都像张伯端、石泰、薛道光一样，不做职业道士，而是居家修炼、在职修炼。夏元鼎《悟真篇讲义》卷6云：“有志之士若能精勤修炼，初无贵贱之别，在朝不妨为治国平天下之事，在市不失为士农

① 《道藏》第3册，第32页。
② 《道藏》第2册，第911页。
③ 《道藏》第2册，第1023页。
④ 《道藏》第2册，第1025页。

工商之业。"[1]即身为云游道士的白玉蟾，亦倡"大隐混俗"。《静余玄问》记白玉蟾自己表白说："吾所以混俗和光者，不欲自异耳。鱼欲异群鱼，舍水跃岸，则死；虎欲异群虎，舍山入市，则擒。"[2]留元长《海琼问道集序》称白玉蟾"时又蓬发赤足，以入廛市，时又青巾野服，以游宫观"[3]，是一个入俗随俗、入道随道的奇异道士。至于双修一派，则从修炼须"法财侣地"样样俱全的观点出发，更反对出家离俗。南宗居俗修道之风，从理论上讲是受禅宗修道在家亦可及事事无碍之说的影响，受理学伦理观的压力，也与南宋符箓派道士可有家室的情况有关。

广义的南宗内丹学，大体上顺应时代思潮，遵循北宋以来钟吕系内丹及张伯端的路线，倡性命双修、禅与内丹双融。在修炼的方式和理论上，倾向各异。就修炼方式而言，大体分清修、双修二派。就丹法、丹理而言，或强调修命，或主张先修命后了性，质言之，有的倾向于禅道融合，有的倾向于传统内丹。

清修一派中，陈楠的丹法承前启后，总结分类，意义重大。在自述修炼过程及体会的《翠虚吟》中，陈楠既斥依传统的《灵宝毕法》而"直勒尾闾咽津液"执着命术，又反对参《西山会真记》而"终日无言而对壁"，及无为灰心、待自显现之法，认为皆属偏颇，仅为"养命方"，不能"无质生质"，结成大丹。他所主张者称"金丹大道"，在《紫庭经》中叙述此道较为明白：

> 篇篇皆露金丹旨，千句万句会一言。教人只去寻汞铅，二物采入鼎中煎。夜来火发昆仑山……采之炼之未片饷，一气渺渺通三关。三关来往气无穷，一道白脉朝泥丸……化作玉浆流入口，香甜清爽遍舌端。吞之服之入腹内，藏府畅甚身康安……十月火候圣胎圆，九转七返相回旋。初时夹脊关脉开，其次膀胱如火燃。内中两肾如汤煎，时乎挑动冲心原。[4]

强调汞铅二物（先天元神元气）为金丹大药、炼丹之要，唯在于静定中寻到汞铅二物，在鼎中（下丹田）煎炼，令精气循督脉上行，入脑中泥丸（上丹

---

① 《道藏》第3册，第57页。
② 《道藏》第32册，第411—412页。
③ 《道藏》第33册，第140页。
④ 《修真十书》卷3，《道藏》第4册，第613页。

田），从任脉下降，化为玉浆（一种甘美的唾液），咽入腹中。如此炼十月，则“圣胎”自然结就。这是张伯端《悟真篇》所述的基本丹法，陈楠所述，在不少地方比《悟真篇》更为系统、明白。如《紫庭经》总结炼丹的全过程说：

> 一条径路入灵真，分明精里以气存，渐渐气积以生神，此神乃是天地精，纯阳不死为真人。①

又云：“始于着相至无相，炼精化气气归根，气之根本凝成神，方曰无为而通灵。”②意谓内炼从修命入手，大体分炼精化气、炼气化神两大阶段，以精气炼成纯阳不死的元神，为长生不死的实现。《翠虚吟》中，陈楠自称：

> 我昔工夫行一年，六脉已息气归根。有一婴儿在丹田，与我形貌亦如然。
>
> 辛苦都来只十月，渐渐采取渐凝结。而今通神是白血，已觉四肢无寒热。③

从今日气功学的角度看，陈楠在一年时间里，达到了相当高的气功功能态，生理发生了若干良性变化，呼吸极慢，能耐寒暑。其功夫大概不完全是虚谈。

陈楠虽强调须炼化精气为元神，主张由命了性，但也强调修性为炼精气的基础，心意为炼化精气的主宰。其《阴符髓》说：“天以斗为机，人以心为机。天机运于阴阳，人机则成大道。大道者无为也，无为性不乱。性不乱则神不移，神不移则精不散，精不散则气不荡，气不荡则精火相随，精火不散，万神聚于神乡，在于昆仑之内，朝于顶上，始得一气之造化也。”④以性不乱、神专注不移为炼化精气的枢机，全部丹法的主宰。《紫庭经》也说：“心肾水火自交感，金木间隔谁使然？黄庭一气居中宫，宰制万象心掌权。”⑤陈楠不但强调心无为、性不乱为炼丹之基，而且强调在炼化精气过程中要以性为主宰，发挥心意的有为之用，于无为中有为，反对一味无心无念无为，不主动炼化精气，

---

① 《修真十书》卷 3,《道藏》第 4 册，第 613 页。
② 《修真十书》卷 3,《道藏》第 4 册，第 614 页。
③ 《道藏》第 24 册，第 206、205 页。
④ 《修真十书》卷 3,《道藏》第 4 册，第 615 页。
⑤ 《修真十书》卷 3,《道藏》第 4 册，第 613 页。

待精气自然炼化，与禅宗之禅颇有不同，表现出道教内丹独具的特色。

晚唐以来，内丹诸家蜂起，丹法五花八门，并无统一之说。陈楠在内丹学上的一大贡献，是对当时流传的各种丹法进行总结归类，分为分别适宜于上中下三种素质的人各自修行的上中下三品丹法。白玉蟾《修仙辨惑论》追述陈楠三品丹法说曰："修仙有三等，炼丹有三成。"①三品丹法分别成就三等仙。下品"地仙之道"，修之能留形住世，延年益寿，宜于庶士修学。其法"以精为铅，以血为汞，以肾为水，以心为火"，"以精血髓气液为药材，以闭咽搐摩为火候，以存想升降为运用"。② 这指《钟吕传道集》、《灵宝毕法》等所说从调息、守窍、搐外肾、按摩肚脐入手，重修炼精血气液的丹法，较为原始，重有为之功，陈楠谓按此类丹法修炼，"在一年之间可以融结，九年成功"，其法繁杂，"既有卦爻，又有斤两"，讲究时刻法度合于天地日月运行之度数，法则繁难，"故以文字传之，恐难成也"。③

中品"水仙之道"，可成就能"出入隐显"——具有隐形、蹈火入水等特异功能的"水仙"，宜于中士修习。此法"以气为铅，以神为汞，以午为火，以子为水"，"以肝心脾肺肾为药材，以年月日时为火候，以抱元守一为运用"，入手即注重修炼先天元气元神，以五脏五行之气为药物。按法修炼，"在百日之间可以混合，三年成象"，"虽有卦爻，却无斤两，其法要妙，故以口传之，必可成也"。④ 这是从修先天神气入手的成熟的传统内丹法，《悟真篇》所言，即属此类。

上品丹法名"天仙之道"，能成就可以"变化飞升"的"天仙"，只宜上士修习。其法"以身为铅，以心为汞，以定为水，以慧为火"，"以精神魂魄意为药材，以行住坐卧为火候，以清净自然为运用"。更具体地说，其法"以身为坛炉鼎灶，以心为神室，以端坐习定为采取，以操持照顾为行火，以作止为进退，以断续不专为防堤，以运用为抽添，以真气熏蒸为沐浴，以息念为养火，以制伏身心为野战，以凝神聚气为守城，以忘机绝虑为生杀，以念头起处为玄牝，以

① 《修真十书》卷 4，《道藏》第 4 册，第 617 页。
② 《修真十书》卷 4，《道藏》第 4 册，第 617 页。
③ 《修真十书》卷 4，《道藏》第 4 册，第 617 页。
④ 《修真十书》卷 4，《道藏》第 4 册，第 617 页。

打成一块为交结，以归根复命为丹成，以移神为换鼎，以身外有身为脱胎，以返本还源为真空，以打破虚空为了当”。① 总之，此法重在修心炼性，清净自然。陈楠称依此法修炼，“在片饷之间可以凝结，十月成胎”，颇有顿悟速成之效，而其法则却“本无卦爻，亦无斤两，其法简易，故以心传之，甚易成也”。这种费时少、法则简易而又成果最高的上品丹法，最为陈楠所推重。这种丹法，不拘卦爻斤两、周天火候，唯以静定、清净、无念为要，陈楠有云：“但能凝然静定，念中无念，工夫纯粹，打成一片，终日默默，如鸡抱卵，则神归气复，自然见玄关一窍，其大无外，其小无内，则是采取先天一气以为金丹之母。勤而行之，指日可与钟、吕并驾矣。”②这种丹法，不见于钟吕旧说，是一种在传统道教“坐忘”一类道功基础上融摄了禅宗之禅的新丹法，以无念为要，讲顿了速成，禅的气味颇浓。有人因疑此法与禅稍同，陈楠解释道：

殊不知：终日谈演问答，乃是干慧；长年枯兀昏沉，乃是顽空。③

声明此法与当时禅门的终日谈演问答与长年兀坐昏沉（盖指默照禅）有质的不同，如果说它似禅，则堪称真正的禅：“天仙之学，如水精盘中之珠，转漉漉地，活泼泼地，自然圆陀陀、光烁烁。所谓天仙者，此乃金仙也，夫此不可言传之妙也。”④“金仙”，是道教内丹学所称的释迦牟尼成佛之道；“圆陀陀、光烁烁”，乃禅宗人描述心性的常谈，意谓天仙之道在陈楠看来才是真正的释迦之道。从这一点上，陈楠主张佛道不二，他说：“人若晓得《金刚》、《圆觉》二经，则金丹之义自明，何必分别老、释之异同哉！天下无二道，圣人无两心，何况人人具足，个个圆成。正所谓：处处绿杨堪系马，家家门阃透长安。但取其捷径云尔。”⑤认为释道本无二致，这种论调，很有代表性。

在《丹基归一论》中，陈楠扫荡纷繁隐晦的金丹术语，直指实质，谓天魂地魄、日精月华、红铅黑汞、金精木液、乌兔龟蛇、马牛龙虎、男女夫妇、乾坤坎离、婴儿姹女等等，“其实阴阳二字，是皆一物也”。守一坛、戊己户、玄关

① 《修真十书》卷4，《道藏》第4册，第617页。
② （宋）白玉蟾：《修仙辨惑论》，《道藏》第4册，第618页。
③ （宋）白玉蟾：《修仙辨惑论》，《道藏》第4册，第617—618页。
④ 《修真十书》卷4，《道藏》第4册，第618页。
⑤ 《修真十书》卷4，《道藏》第4册，第618页。

一窍、玄牝之门、神水华池、铅炉土釜、朱砂鼎、中黄根、偃月炉、神室气府、关元丹田、呼吸之根等，皆指一处而言。“日夜时刻乃精气之变态也。”所谓“天地之数”，在炼丹中实际上是一时之工夫，“然一时即一处也，一处即一物也”。陈楠把金丹之基归于“一”，所谓一，指阴阳，即《易传》“一阴一阳之谓道”之“一”。《丹基归一论》篇末总结说：“一阴一阳之谓道，道即金丹也，金丹即道也。”①

白玉蟾承陈楠之说，对张伯端一系的内丹学作了进一步的发展，形成了其独特的内丹理论与丹法。在融合内丹与禅方面，白玉蟾比陈楠更前进了一步。在理论上，他把内丹归结为心、性，向禅宗的唯心论靠拢。《海琼白真人语录》卷1云：“丹者心也，心者神也。阳神谓之阳丹，阴神谓之阴丹，其实皆内丹也。”②又云：“夫人之心本自圆通，本自灵宝，本自正一，本自混元。以人之一心而流出无穷无尽之法，盖如天之一气生育万物也。”③以人心囊括了宇宙万象，谓万法皆人心中所流出。在白玉蟾那里，作为内丹同义语的“神”或“心”，并非指一般的心或意识，而是指经过修炼而成就的“元神”、“真心”。他说：“人之一念，聚则成神，散则成气。”④元神，乃由气聚而成，是一种“无心之心”。白玉蟾以一种以心契道说，糅合了释道二家主观、客观唯心主义哲学观。其《玄关显秘论》有云：

> 古者虚无生自然，自然生大道，大道生一气，一气分阴阳，阴阳为天地，天地生万物，则是造化之根也。此乃真一之气，万象之先，太虚太无，太空太玄。杳杳冥冥，非尺寸之可量；浩浩荡荡，非涯岸之可测；其大无外，其小无内，大包天地，小入毫芒，上无复色，下无复渊，一物圆成，千古显露，不可得而名者。圣人以心契之，不得已而名之曰道。以是知心即道也，故无心则与道合，有心则与道违。惟此“无”之一字，包诸有而无余，生万物而不竭。⑤

---

① （宋）陈楠：《翠虚篇》，《道藏》第24册，第207页。
② 《道藏》第33册，第115页。
③ 《道藏》第33册，第113页。
④ 《海琼白真人语录》卷1，《道藏》第33册，第111页。
⑤ 《海琼问道集》，《道藏》第33册，第142页。

他先以道教传统的思维方式，从宇宙生成论角度探究天地万物的始源与“本始”，从有推出无，以虚无的“真一之气”为万物本始，这属地道的道教哲学。然后，用以虚无之心契虚无之道说，把客观的道、真一之气与主观的心融合为一，终归以道为人的“无心”之心。所谓“无心”之心，指在内炼静定中，脱落了意识、停息了念头、忘我忘物的直觉体验。白玉蟾在《谢张紫阳书》中描述这种体验说：“吾亦不知孰为道，孰为心也。但见恍恍惚惚，杳杳冥冥，似物非物，似象非象，以耳听之则眼闻，以眼视之则耳见。”①白玉蟾自认这种契合于道的无心之心，便是三教圣人所同证，是三教共同之源，“以此理而质之儒书则一也，以此理而质之佛典则一也，所以天下无二道也，天之道既无二理，而圣人之心岂两用耶！”②这种三教同源一致论，比北方全真道表述得更为清晰，为此后的三教归一论者所认同。

在内丹法程方面，白玉蟾继承《悟真篇》丹法，而把修性、无为的原则渗透到全部内炼过程中去，强调炼丹是以炼心为主，须始终以神为主宰，“神是主，精气是客”③。《海琼传道集·丹法参同七鉴》解释内丹主要术语说：“心源性海，谓之华池。”“性犹水也，谓之神水。”“心地开花，谓之黄芽。”“虚室生白，谓之白雪。”释“巽风”云：“巽者顺也，顺调其心”，谓之巽风。④把内炼自始至终的过程和诀要都归结于心、心性，最终以“清净光明，圆通广大”为金丹，意谓金丹乃心性之圆满开发，显示出本有的清净光明。《海琼传道集·金丹之图》用图表示金丹即心：

㊀心

形如弹丸
色同朱橘

金丹之图⑤

① 《修真十书》卷6，《道藏》第4册，第625页。
② 《修真十书》卷6，《道藏》第4册，第625页。
③ 《海琼白真人语录》卷1，《道藏》第33册，第111页。
④ 《道藏》第33册，第150页。
⑤ 《道藏》第33册，第149页。

白玉蟾把内丹修炼明确划分为初中上三关，初关炼形，中关炼气，上关炼神。入手以“凝神聚气”为要。其《玄关显秘论》说：“今夫修此理者，不若先炼形，炼形之妙在乎凝神，神凝则气聚，气聚则丹成，丹成则形固，形固则神全。”①三关修炼，皆以五代道士谭峭《化书》所说的“忘”字为诀要，即“初关炼形，忘形养气；中关炼气，忘气养神；上关炼神，忘神养虚”。《玄关显秘论》说：“只此‘忘’之一字，则是无物也。”意谓“忘”即契合于无物的本始，并以“忘”字诀和会慧能偈说：“‘本来无一物，何处有尘埃’，其斯之谓乎？”②

总而言之，白玉蟾丹法以精神、心意之静定为基本原则，所谓“以静定之火而炼精神之药，则成金液大还丹”③。以静定火炼精神之药，即在静定中，以神御气，照察精气而炼精化气、炼气化神。在这里，居主导地位的神、意，须不落有无，“无事于心，无心于事”④，似守非守，似炼非炼，不执着，不失度，方合丹中火候法度。

《海琼传道集·丹法参同十九诀》依内炼次第分整个修炼过程为十九诀⑤，诀诀皆以调心为要：

1. 采药。诀曰：“收拾身心，敛藏神气。”此谓下手筑基，先收摄身心，令神凝气聚。

2. 结丹。诀曰：“凝气聚神，念念不动。”此为初关炼形之要。凝神，谓意念专注一处，用志不分，守窍（意守丹田）即凝神之一法，神凝一处则气亦随之聚结一处。

3. 烹炼。诀曰：“玉符保神，金液炼形。”玉符喻无为真心，金液指肺液行周天运转而入口，化为甘津，润洽周身。

4. 固济。诀曰：“忘形绝念，谓之固济。”固济者，坚固肾水心火之自然相济。

① 《海琼问道集》，《道藏》第 33 册，第 142 页。
② 《海琼问道集》，《道藏》第 33 册，第 142 页。
③ 《海琼问道集》，《道藏》第 33 册，第 142 页。
④ 《海琼问道集》，《道藏》第 33 册，第 142 页。
⑤ 参见《道藏》第 33 册，第 150 页。

5. 武火。诀曰:“奋迅精神,驱除杂念。”

6. 文火。诀曰:“专气致柔,含光默默,温温不绝,绵绵若存。”武炼文烹,乃炼精火候之要。

7. 沐浴。诀曰:“洗心涤虑,谓之沐浴。”沐浴指周天运转之中及之后休息之时,令真气自然熏蒸全身,涤除身心污垢。

8. 丹砂。诀曰:“有无交入,隐显相符。”此谓炼精将成,无中生有(丹质)。

9. 过关。诀曰:“果生枝上终期熟,子在胞中岂有殊。”此谓大药炼就,精尽化气。

10. 分胎。诀曰:“鸡能抱卵心常听,蝉到成形壳自分。”此指药成后之静守。

11. 温养。诀曰:“知白守黑,神明自来。”此谓一心内守,则大药自熟。

12. 防危。诀曰:“一念外驰,火候差失。”此指大药过关服食,唯以一念不散为要。

13. 工夫。诀曰:“朝收暮采,日炼时烹。”

14. 交媾。诀曰:“念念相续,同成一片。”这两诀言大药过关后烹炼之要。

15. 大还。诀曰:“对景无心,昼夜如一。”此为中关炼气化神诀要。

16. 圣胎。诀曰:“蛰其神于外,藏其气于内。”此指保养元神,凝结圣胎(阳神)。

17. 九转。诀曰:“火候足时,婴儿自现。”婴儿即炼就的阳神、胎仙,此须于静定中待其自然出现。

18. 换鼎。诀曰:“子又生孙,千百亿化。”此指移神于上丹田,锻炼出阳神,阳神出壳后存想其一分为二、二分为四,乃至分出千百亿化身。

19. 太极。为上关炼神还虚之功,以达“形神俱妙,与道合真”为究竟。

整个修炼过程,自始至终,皆以调心炼神为枢要,不拘年月时辰、卦爻斤两,法则简易而体系严整,为性命双融的上品丹法。对内炼各阶段的要点,指陈简捷实际,比前人丹书确要明朗得多。

在《海琼传道集》中，白玉蟾的丹法还用若干图示，颇为简明。如“性命之图”①表示性命、神气的关系：

性命之图②

又“真土之图”③，示黄房、黄婆、戊己、黄庭、土釜皆为意。谓炼化精气，须以“真土”（真心中所生“真意”）和谐五行，照察精气运化。以真意和合五行而归一，谓之“五行攒簇”。

又如“和合四象图”④，表示须收摄眼耳鼻口，不为色声息语所动，不令精气外耗，从而使四象和合，此唯以“无念”为诀要、为枢机。此“无念”，显然有取于禅宗慧能所倡的“无念为宗”。

真土之图

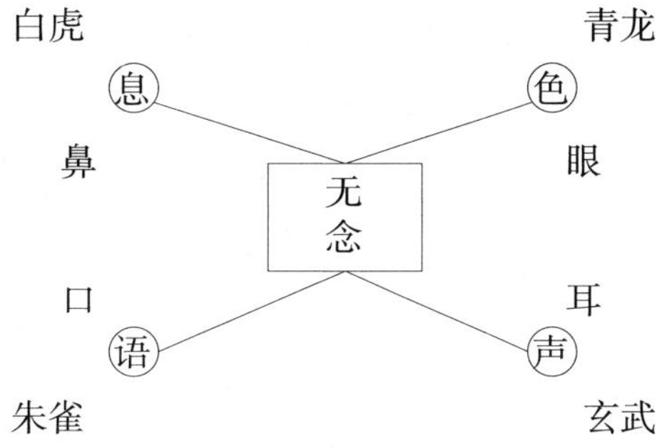

和合四象图

① 《道藏》第 33 册，第 150 页。
② 《道藏》第 33 册，第 150 页。
③ 《道藏》第 33 册，第 150 页。
④ 《道藏》第 33 册，第 148 页。

白玉蟾亦循张伯端由道归禅的路线，参究禅宗，作过一些禅师式的上堂法语、小参一类的东西，并曾在庐山西林寺讲过禅，使寺僧大为佩服。他所说的一类修炼方法，禅味颇浓。如《修真十书》卷41《水调歌头·自述十首》有云：

> 有一修行法，不用问师传。教君只是，饥来吃饭困来眠。何必移精运气，也莫行功打坐，但去净心田。终日无思虑，便是活神仙。①

这与北宗王喆《玉花社疏》中所示的修炼方法同调，都是受了禅宗"饥来吃饭困来眠"之说的影响，其实是一种以性兼命或由性了命的丹法。白玉蟾的不少作品中都透露出禅味，表现出禅宗对他的深刻影响。如《海琼问道集·海琼君隐山文》云：

> 夫山中之人，其所乐者不在乎山之乐，盖其心之乐，而乐乎山者，心境一如也。对境无心，对心无境，斯则隐山之善乐者欤？②

谓善隐山者实际上是善隐心，善隐心者，"无心于山，无山于心"，心超越了对境相的意识分别而能自得其乐。"若夫人能以此心自立，虽园林之僻者亦此心也，市井之喧者亦此心也，不必乎逃其心之喧，适其心之欲。"③这种以万境为自心、真心不迷乱的人，才叫作真隐。颇近于禅师们心境无碍的超然意境。《静余玄问》载白玉蟾有云："自涕唾精津气血液之外有真身，不必去此而就彼；自喜怒哀乐爱恶欲之外有真性，不必是此而非彼。冥然无所念，宴然无所思，终日食而不味，终日衣而不丝。"④颇有禅宗"烦恼即菩提"的意味。"终日食而不味，终日衣而不丝"，更取自禅师语录中的"终日吃饭，不曾嚼着一粒米，终日穿衣，何曾挂着一线丝"。白玉蟾还效仿禅师的机锋对答及上堂说法的方式和口气。如《海琼白真人语录》卷3载：彭耜问何为道？白答云："父母所生口，终不为子说。"⑤同卷《庐山升堂》云："师

① 《道藏》第4册，第789页。
② 《道藏》第33册，第143页。
③ 《道藏》第33册，第144页。
④ 《道藏》第32册，第411页。
⑤ 《道藏》第33册，第129页。

（白玉蟾）升坐，乃云：过去无释迦，未来无弥勒，疑杀天下人，是贼方识贼。”①又如，“上堂云：更嫌何处不风流？便下座”。② 其行径语气，绝似禅师。

白玉蟾是很有代表性的三教合一论者，他力主三教心性之说同源一致。《海琼白真人语录》卷3《平江鹤会升堂》，把孔氏教旨归结为一“诚”字，把老氏教旨归结为“清静”二字，把释氏教旨归结为一“定”字，引证三家之说，证明同源一致，末云：“必竟三教是同是别？不知说个何年事，直至而今笑不休。”③

白玉蟾虽高唱三教同源一致，实际上还是以道教内丹为中心，对儒释二教，只承认其教祖与老氏并无二致，对两家的后学却颇有看法。《海琼白真人语录》卷4《万法归一歌》云：“参禅见性契真如，莫道无心便靠虚，悟了不行干智慧，千崖万壑涉程途。”④批评当时禅门不知悟后起修，堕于虚无一边，只有不解渴的“干慧”，要解决生死问题还很艰难遥远。又批评儒家说：“多少老儒学周易，岂知太极归无极，忘形便欲任天真，只恐春归草无力。”⑤认为后儒实不知无极根源，不得能解决生死问题的力量。言下之意，儒释二家后学那里无圆满正道，大道只在本派内丹。《海琼白真人语录》卷3《武夷升堂》答禅宗与内丹孰高孰低之问云：“所以昔毗陵薛真人（南宗三祖，曾为毗陵禅师的薛道光）向禅宗了彻大事，然后被杏林真人（南宗二祖石泰）穿却鼻孔，所谓千虚不博一实。”⑥贬禅宗不实在，唯此难了性命大事。同卷《常州清醮升堂》答僧问“必竟神仙何如般若”说：“真鍮不换金。”⑦贬现实禅宗的态度灼然可见。

白玉蟾后学中，大略有倾向禅宗与倾向传统内丹两种流向。倾向禅宗者，以白玉蟾再传弟子周无所住（师事方碧虚、林自然）的《金丹直指》为代

① 《道藏》第33册，第128页。
② 《道藏》第33册，第129页。
③ 《道藏》第33册，第130页。
④ 《道藏》第33册，第134页。
⑤ 《道藏》第33册，第134页。
⑥ 《道藏》第33册，第127页。
⑦ 《道藏》第33册，第127页。

表。《金丹直指》的基本立场,是以真性为金丹,谓“金丹谕本性长存,是名金刚不坏”①,并和会禅与内丹,谓参禅之要在于“制心一处,始扫至于无扫”②,内丹修炼之要在于“抱元守一,初修至于无修”③,实际同趋一轨。“道为养神,神为万物之主,神即心,心即道,道即禅也。”④所谓道,离名相,超生死,“常处虚空,无有纤碍,事来则应,事去则寂,如鉴照相,不留形迹,强名曰道”⑤。是则其所谓道,指契合于客观虚无之理性的主观绝对心。周无所住受当时理学的影响,更着重于和会理学,以“中”之一字,总括三教心传之学,有云:“心传之学,不外乎‘中’之一字,《书》曰:允执厥中。《(华严)合论》曰:令众生住于中道。《道德经》云:不如守中。可谓天下无二道。”⑥又谓“一身本具三教”、“三教皆可入道”⑦,于三教之学持平等之见。

《金丹直指》把作为内丹学理论纲要的性命二者统一于一体,有云:“性即命,命即性,空劫之先,性命混然,无名无字。才堕语言,便分为两。但静极不能不动,动则天命流行,动极复静,天命之性归根,依然空劫之体,无所亏欠。动静循环,曷有止息?是知出于命者谓之性,归于性者谓之命,性命同出而异名也。”⑧这种性命同源于一体、随动静循环而复归本源之论,较前人的性命一体论深化了一层。从性命一体论出发,周无所住强调炼丹以炼性为本,以无念无为为要,认为只要清净无为、湛然若存,则自然形神俱妙、与道合真。与白玉蟾一样,他说丹法中譬喻名相,实际皆指调心而言:“龙虎铅汞者,谓人心念念不停,如龙虎之猖狂,若铅汞之难制……苟得制伏之道,自然心中无心,念中无念,所谓降龙伏虎、擒铅制汞也。”⑨“炉鼎以身譬之,药物以心中之宝喻之,身外无心,心外无宝”⑩,一念未萌即真炉鼎。至

① 《道藏》第24册,第91页。
② 《道藏》第24册,第92页。
③ 《道藏》第24册,第92页。
④ 《道藏》第24册,第92页。
⑤ 《道藏》第24册,第92页。
⑥ 《道藏》第24册,第91页。
⑦ 《道藏》第24册,第91页。
⑧ 《道藏》第24册,第91页。
⑨ 《道藏》第24册,第92页。
⑩ 《道藏》第24册,第92页。

于玄关、玄牝、真土等，皆不可以有心求，不可以无心得，不着有不着无，始可相应。玄关一窍、玄牝之门，皆指人念头起灭处；真土乃中道异名，得其中者性命混一，湛然圆明，谓之阳晶。外应诸缘，内心无惴为真药材。火候法度，皆为偏于动静不得其中者而喻，若能动静相忘，不静中静，不动中动，即是真火候。工夫口诀，唯以“清净钤键”为要，所谓：“十二时中归一念，念中无念始真奇。”①沐浴温养，无非清净守中之义。有云：“困眠饥吃饭，无日不春风。”②总的看来，《金丹直指》丹法将内炼实质和法要归结于修心炼性，强调中道、无念无为，可谓禅化的内丹。

白玉蟾徒裔中倾向于传统内丹者，以方碧虚、林自然为代表。方碧虚所撰《碧虚子亲传直指》序中，自称晚遇白玉蟾授以大道之要，后遇安然居士贻以诸章，始悟白玉蟾之妙旨，录之以成此篇。其说以先天一气为内丹之本，谓“凡男子，四大一身皆属阴，惟先天一气是阳。此气非呼吸吹嘘之气，亦无形影可见，……此气便是金丹大药”③。又谓人左足为太阳，右足为太阴，两足底发水火二气，在体内日夜循环，周流不息。强调修炼应从修命炼气入手，循序渐进，依次第而行。反对“妄参禅学”而堕入顽空。分论采药、造鼎、安炉、火候、成胎生婴诸事。末谓金丹炼就、圣胎结成后，须移鼎温养，更求“向上一着”，此事载《悟真篇》下卷，乃不待传授之秘。这种先修命后修性、从道归禅的路径，与张伯端《悟真篇》内外篇所说完全一致。

林自然，号回阳子，理宗朝人，所撰《长生指要篇》序中自称因读《清静经》而发深省，乃辞家云游访道，几半天下，终遇西蜀陆公授以金丹秘诀。其丹法宗张伯端，以“先天祖气”为丹本，谓此气“不可以识识，不可以知知”④，乃不可用语言概念表述的绝对之物。人皆禀此气而生，本来与虚皇贯通、与三清同体，何假外求，只要能逐境随觉而不被境相所迷乱，袭其明而还其性，则神定、精固、气聚，三花聚顶，立见超脱。具体修炼从合真气呼吸入手，以两目为机，守玄一为要。此盖指调柔呼吸，意守丹田，收摄两目而向

① 《道藏》第24册，第91页。
② 《道藏》第24册，第91页。
③ 《道藏》第4册，第379页。
④ 《道藏》第24册，第250页。

内视观。火候法度唯在自知,不过凝一气真元不散,散之成气,聚之成火,化之成水,变之成金。烹炼运转,须上按星辰之躔度,下符海潮之往来,采天地未判之气,夺日月交会之精。尚须仁慈济物,广行众善,则仙真保举,上帝降祥。

白玉蟾徒裔中,理宗朝人鲒洲王庆升,是一位较重要的内丹家。王庆升,字吟鹤,号果斋,道号爰清子,承白玉蟾门人桃源子等人之传。其《爰清子至命篇》、《三极至命筌蹄》等书中所表述的内丹思想,较为全面系统,有一定理论深度。王庆升分丹法为大、中、小三乘,以羊、鹿、牛三车为喻。小乘法者,乃橐籥起火之道,从调息闭气、凝聚下丹田热气入手,见效较慢,喻如羊车;中乘法者,乃守中之道,从调心令不有不无入手,见效较快,喻如鹿车;大乘法者,屏气回风之道,盖从炼化真气入手,喻如牛车。大乘法又分三种:一曰"金液大还神丹",乃"天宝修圣之道",其修炼"药物无斤两,火候无时日",法则简易,而成就最快,"百日成功,一年圆就",略似陈楠所说上品天仙之道。二曰"金液大还内丹",乃"灵宝修真炼气之法","药物有斤两,火候有时日,一日十二时只用二时,一年十二月只用十月,三年成功,九载圆就"。三曰"金液大还外丹",乃"神宝修仙炼形之术","药物虽无斤两,火候却有时日,一日十二时只用一时,一年十二月只用九月,九十日成功,三百日圆就"。① 这三乘凡五类法的分类,自成一家之说,与陈楠分类法有所不同。

王庆升承张伯端之说,将炼就内丹、得道成仙之要归结于逆炼归元、复归于太极未判之前的真性。《至命篇·注北斗真形咒》谓真形为心神,心神静为性、动为情,虽圣贤异类,此心神不明不灭,故为真。近佛教佛性说。对内丹的理论和修炼法程,王庆升阐述得较为系统深入。《至命篇》有先后天四象、安炉立鼎、排符进火、九转成功等多幅图。《三极至命筌蹄》亦以图像为首,有奇耦、无极、太极、两仪、四象、八卦、皇极、混元三宝、九宫用中、十干纳甲、生死之徒、乾坤直度、艮兑手口、震巽足殳、坎离耳目、腹背根蒂、金木间隔等图,各配以诗释之,可谓图文并茂,一目了然。在内丹理论方面,吸收

① (宋)王庆升:《三极至命筌蹄》,《道藏》第4册,第939页。

了周敦颐《太极图说》之宇宙论。在内丹法程方面,重在鼎器、药物、火候三要。王庆升内丹思想的一个突出特点,是强调持戒为修炼之基,《三极至命筌蹄》中有《修丹十戒》、《修仙善恶劝戒》,劝诫修仙者须严持道戒,尤以十戒为本,谓"能持十戒返其初,寂寂能为万物主"①。戒行中强调断绝贪嗔痴,谓"但绝贪嗔与妖痴,六欲天中居内院"②。接近全真道的宗教禁欲主义。其所倡行的修真十戒,有遏恶扬善、惩忿窒欲、禁酒绝茶、朝实暮虚、高床低枕等内容。《至命篇 · 注沁园春词》以孝、悌、忠、恕、神、智、礼、义、仁、信为十善业,看得出深受儒学伦理观影响。

南宗双修一派的丹法,以翁葆光《悟真篇注释》为代表。该书序称《悟真篇》传世之本既多,文理次序亦颇不同,多有舛谬,唯陆诜之孙陆思诚家藏本为张伯端亲授,翁葆光注释即依此本。其注释发挥《悟真篇》理论,以天地万物始源意义上的"道",为炼就金丹、成仙超生死的根本依据。其《悟真篇直指详说三乘秘要》论修炼的基本原理说:

> 夫浑沌未显之前,虚无寂寞,无名可宗,强名曰道。道降而生一气,非动非静,非浊非清,邈不可测,圣人强言,谓之混元真一之气。一气既判,化为阴阳……故自有天地以来,未有一物不因阴阳相交而得其形者。夫欲修炼者,若以金石草木之象名,万有不同之器类,以至一身精神气血液之属而为丹质者,此皆后天地生滓质之物也……安能生有形而入于无形也哉……谓其有形,未有不坏之理也。是故圣人采先天一气为丹,炼形还归于一气;炼气归神,炼神合道,而归于无形之形,故能超乎天地之外,立乎造化之表,掌握阴阳,挈提天地。阴阳生死之所变者,九(先)天一气使之然也,故得丹体常灵常存,不生不灭矣。譬犹运瓮,处瓮之内,焉能运瓮,必也处瓮之外,则能运瓮矣。③

这里,翁葆光认为后天的草木金石、精神气血之属,凡有形有象有名者,皆必然坏灭,非本原之有,不可能依之炼就超越生死的金丹。欲期超出生死,提挈阴阳,必须找到一个超越阴阳、无形无象的东西作为丹本,这就是混沌未

① 《道藏》第4册,第935页。
② 《道藏》第4册,第944页。
③ 《道藏》第2册,第1019页。

判之前的万物本原先天真一之气。然此气邈不可测,只有以“同类之物”立为炉鼎,诱而夺之。此须假真阴、真阳亦即龙虎、铅汞二物相交,夺先天气以为丹饵,归于丹田气海之中,以御一身后天之气,则后天气翕然而归之,有若万邦朝君、群星拱北。《悟真篇注释序》总括此要说:

夫炼金丹大药,先明天地未判之前混沌无名之始气,立为丹基。次辨真阴真阳同类无情之物,各重八两,立为炉鼎。假此炉鼎之真气,施设法象,运动周星,诱此先天之始气。不越半个时辰,结成一粒,附在鼎中,大如黍米,此名金丹也。取此金丹一粒,吞归五内,擒伏一身之精气,犹猫捕鼠,如鹯搦鸟,不能飞走矣。然后运以阴阳之真气,谓之阴符阳火,养育精气,化成金液之质,忽尾闾有物直冲夹脊双关,历历有声,逆上泥丸,触上腭,颗颗降入口中,状如雀卵,馨香甘味美,此名金液还丹也。徐徐咽下丹田,结成圣胎。十月胎圆火足,即脱胎沐浴,化为纯阳之躯,而无饥渴寒暑之患,刀兵虎兕之不能伤,而为陆地神仙。方始投于静僻之地,兀兀面壁九年,以空其心,谓之抱一。九年行满,形神自然俱妙,性命双圆,与道合真,变化不测矣。此名九转金液大还丹也。①

依上述说法,翁葆光内丹修炼分金丹、金液还丹、九转金液大还丹三步。金丹者,以真阴真阳交媾,诱发先天一气而得“药”。金液还丹者,运“药”循任督二脉行周天运转,至十月而脱胎沐浴,成就“地仙”之果。九转金液大还丹者,进一步面壁抱一,炼气化神,九年行满,形神俱妙,谓之“天仙”。据称天仙性命双圆,身体发生质变,化为“纯阳之躯”,具有种种超自然的神异功能:能“随物现相,遇风则风,遇雨则雨,遇水火则为水火,遇飞走草木,变化不测,倏存倏亡,瞻之在前,忽焉在后,故能分身百亿,应现无方”②。这些神通异能,皆是由“道”所赋予。

翁葆光又分内炼为强兵战胜之术、富国安民之法、神仙抱一之道三法或三阶段。强兵战胜之术,指采药,炼金丹;富国安民之法,指炼药成金液还

① 《道藏》第2册,第913页。

② (宋)翁葆光:《悟真直指详说三乘秘要》,《道藏》第2册,第1020页。

丹;神仙抱一之道,指九年面壁,抱元守一,炼气成神。总之,其修炼是从修命入手,得先天真一之气,循序渐进,炼药成气,炼气化神,终而了性。《悟真篇直指详说》云:"苟非明心见性,则亦莫能臻于抱一之妙也。"①明心见性,是第三阶段神仙抱一之事。其先命后性的次第,与《悟真篇》一致。但翁葆光对禅宗单修性不修命的做法很不满意,不像张伯端之高推禅宗。其《悟真篇注》有云:"世有学释氏性道,执此一切有为(炼化精气之命术)皆是妄者,以其语毁老氏命道,此乃知其一不知其二,窥其门墙而未升堂入室者也。"②他从性命一体的观点出发,认为修性亦不离修命。然修命之术必赖师传,而修性则未必,非由外至内,可以自悟。《悟真篇直指详说》云:"性道之中非有悟有明也,悟无所悟,明无所明而已;非有尽有得也,尽无所尽,得无所得而已。"③

双修一派在修炼上与清修派的主要区别在于,双修派认为坎中真阳、真铅必取于"同类彼体"即异性之身,故应男女双修,尤男子必须如此。《悟真篇注疏》卷 1 云:"缘为世人因业识中来,却又因业识中去,一阳奔走于形,虽男子,身中皆阴,若执一己而修,岂能还其元而返其本,又将何而回阳换骨哉! 是以大修行人求先天真铅,必从一初受气生身之处求之,方可得彼先天真一气,以还其元而返其本也,此为男子修仙之道。"④所谓"一初受气生身之处",当指女子而言。这种男女合修、取气于彼体之术,与古代房中术有很深的关系。但翁葆光又强调此道非房中御女术,其《悟真篇注疏》卷 5 有云:"迷途之人不达此理,却行房中御女之术,强闭精气,谓之炼阴丹,将欲延年,反尔促寿。"⑤盖翁葆光所说双修法,旨在取气于女方,与房中闭精交合法不同。其要在于反亲疏以定宾主。《悟真篇注疏》卷 5 说:"故阳丹在外谓之疏,己之真气在内谓之亲,反此亲疏以定宾主,即道成矣。"⑥反疏为亲,即取彼之气为己有,所谓以外药为内药。翁葆光强调双修,仅指男子修

① 《道藏》第 2 册,第 1021 页。
② 《道藏》第 2 册,第 938 页。
③ 《道藏》第 2 册,第 1021 页。
④ 《道藏》第 2 册,第 919 页。
⑤ 《道藏》第 2 册,第 943 页。
⑥ 《道藏》第 2 册,第 943 页。

丹而言，而不说女子修炼需取气于男身。《悟真篇注疏》卷1说："女人修行则以乳房为生气所，其法尤简。……先积气于乳房，然后安炉立鼎，行太阴炼形之法，其道易成者良有旨。"①述女丹大要，颇为简明。

双修派丹法既须取气于"彼体"，则不能入山独修，只有居尘混俗。不但居尘，还必须觅得生气之"鼎"——女人，"美鼎"必须拿金钱购买，因此，金钱、美鼎便成了双修派人修炼的关键性条件。翁葆光《悟真篇直指详说》云："苟非巨有财力者，则亦莫能成其功而著其事也。"②除了财力，还须有修丹的助伴，所谓"三人为侣，方可修炼"。为求得财力法侣，一些挟双修之术的人，便不得不趋附于豪门富贵之家，求其资助庇护。双修虽未必以淫欲为目的，但其行事毕竟与中国传统伦理观念难以协调，行其道者易受社会人士的诟责，故其道流传不广。

与翁葆光同时代的陈达灵，亦主双修，其语录已失传。翁葆光《悟真篇注释序》引其言曰："道在内来，安炉立鼎却在外；道在外来，真铅真汞却在内。"③意谓炉鼎在身外的"彼体"，外药须采归身内。陆墅《悟真篇注》，亦主双修，其说承翁葆光。双修一派之学，元明以来一直传续不绝，有戴起宗、陈致虚、陆西星等发扬其学。

南宋内丹著述中自称承钟吕一系之传者，尚有《了明篇》、《玉谿子丹经指要》等。《了明篇》，署宋先生述，毛日新编，毛日新序撰于孝宗乾道四年（1168年），称宋先生自云遇钟吕传与口诀，修炼内丹，"功成行满，脱壳升仙"④，毛日新编其遗著为《了明篇》。宋先生当为宋人。《了明篇》为丹诗集成，大旨强调道在己身，功在己心，修炼之道，在于三丹田中精气神全，有谓"三田精气与神全，自知名姓是神仙"⑤。炼化精气，要在心地清静，诗云："欲要真精无漏泄，须静灵台如朗月，灵台不静神不清，昼夜工夫休断绝。"⑥对于修炼过程

① 《道藏》第2册，第919页。
② 《道藏》第2册，第1021页。
③ 《道藏》第2册，第911页。
④ 《道藏》第4册，第921页。
⑤ 《道藏》第4册，第921页。
⑥ 《道藏》第4册，第921页。

中的身心效应，描述较切。如云："气入丹田火自生，眉间灼灼电光明。"①"双关夹脊上泥丸，神气流通自驻颜。"②从气功学角度看，尚不无其价值。

《玉谿子丹经指要》，南宋末宜春人李简易撰。其书序中称其远祖李观休官学道，自号玉谿叟，两遇吕洞宾而未悟，后得法于刘海蟾弟子蓝元道。李简易按其所遗丹法，与岳素蟾、彭冲阳、胡古蟾为法友，同修祖传内丹，其书首列"混元仙派图"，为从太上老君至钟吕一系的传法谱系，有关两宋间传承关系尤详，是研究钟吕系内丹传承的重要资料。在内丹方面，该书主张用铅汞为药物，炼化精气神。上篇有云："身中至药，精与气神，精不妄泄则元气混融，元气混融则元神安逸，三者既固则鼎器渐完，鼎器既完，方可言修炼也。"③此即后世所说"筑基"工夫。其牢固保养精气神之要，是"除嗜欲，定心气，节饮食，省眠睡"④，尤强调"先修人道，以忠孝为本，济物为先"⑤。筑基后炼化精气神之说，基本上近于《悟真篇》。

《道藏》太玄部有余洞真撰《悟玄篇》，书中引证张伯端、石泰、白玉蟾，又云于古杭得师传，盖为南宋末人，其自序撰于己丑岁，或即宋理宗绍定二年（1229 年）。此书在内丹学史上值得注意的地方，是把内炼过程明确划分为三关："一炼精化气为初关，二炼气成神为中关，三炼神还虚为上关，虚空粉碎为了当。"⑥称初关修百日加沐浴一月，中关亦修百日加沐浴一月，"上关百日，火候数穷，脱胎神化，抱一养童，九年行满，白日上升"⑦。对于各阶次的修炼法要，叙述得较为明白，谓入手之法，为瞑目静坐，"外忘其形而不著物累，内忘其心而不著事，若存其中，似存不存，似守不守"⑧，久之则念自定，阳气自生。与一般丹法从守窍入手者不同。又谓玄关一窍即中央戊己

① 《道藏》第 4 册，第 922 页。
② 《道藏》第 4 册，第 923 页。
③ 《道藏》第 4 册，第 409—410 页。
④ 《道藏》第 4 册，第 409 页。
⑤ 《道藏》第 4 册，第 409 页。
⑥ 《道藏》第 23 册，第 613 页。
⑦ 《道藏》第 23 册，第 615 页。
⑧ 《道藏》第 23 册，第 613—614 页。

土，亦即人心，“人能无私之时，便是玄关一窍”①。沐浴之要，在于“洗心涤虑”，寂然不动，与白玉蟾丹法较为相近。

另外，南宋还有一些作者不属南宗派系的内丹著述，其说亦多受南宗影响，接近南宗。如霍济之述《先天金丹大道玄奥口诀》，后序中称书中金丹图系经林灵素鉴定为陈抟妙诀，霍济之父上谷总管霍伯玉得之于其外祖郭三益，霍伯玉又遇武当山赤脚陈真人传授口诀，与家藏旧本图若合符契，乃继承父志，刊金丹图与其父所注口诀传世。其所述丹法属传统内丹，强调采先天铅汞二物为药，由戊己和合交媾而归于中宫，察天地动静之机，探日月盈虚之妙，以行炼化，“阳神气足便成仙”。并谓此道重在修命，非同性宗，“不比空门学坐禅”。② 又有孝宗朝人许明道，撰《还丹秘诀养赤子神方》，述其师派为：蜀人张天罡——彭梦蘧——萧应叟——许明道——林元鼎。其丹法亦强调从修命入手。

南宋初周真公创立的净明道，亦重内丹修炼，有其独特的丹法。《道藏》中署名傅飞卿解的《净明黄素书》，即主要讲净明道内丹，称日月宫太阴元君、孝道明王所传，有周真公弟子方文为作《释义秘诀》，其书中自称：“方文伏睹钟离真仙与吕真仙作《传道集》，说炼大药金丹事，有曰五气朝元、三花聚顶。”③并引证《悟真篇》及吕公（吕洞宾）诗，可见受钟吕、张伯端影响不浅。又自述其学丹过程说：“方文自癸酉年（1093 年）年始二十，见一西川李道人说汞事，拜采取之法。至庚子年（1120 年）又见东京一陈道士，传方文丹经铅汞事。至癸卯年（1123 年），又见河朔一王先生及京师庶道人，拜乡人王学士，参同丹灶铅汞事及火候。去年任官崇仁，遇王绛州先生高弟传火丹之法甚详。”④可见其学丹师承之杂。

净明道内丹虽托之神授，实际上具有钟吕系内丹与上清、灵宝派存思之道相结合的特点。《净明黄素书 · 序例》说：“凡学黄素书者，以五气朝元，三阳聚顶，或可飞升入圣，或可脱质升仙。少年向慕，千日可以大成；中年修

---

① 《道藏》第 23 册，第 614 页。
② 《道藏》第 4 册，第 968 页。
③ 《道藏》第 10 册，第 519 页。
④ 《道藏》第 10 册，第 522 页。

持，千日亦可俯就；晚年加进，千日尚可以立功。”①强调内炼须知天地、四时、日月、五行，辨水火，交龙虎，明丹砂药物，晓铅汞，会抽添河车。谓河车（精气循任督二脉运转）有小河车、大河车、紫河车之分：自然之采药为小河车；采后一撞三关、黄庭大药渐成者为大河车；功圆道备、形气不亏为紫河车。该书以“黄素”名者，指内丹所用药物出于心肾或脾肾。黄指脾气，素指肾气，二气之运，以耳目为机。《黄素书》卷 4 云：“黄素之运，莫先耳目，耳目之证发于黄中，本于素气，即脾肾之正体……素者养于下，黄者运于上，上下交际，真丹孕焉。”②方文《释义秘诀》从五行相生克的关系解释说：“要知心上事，须向肾中推。肾中有真火，铅鼎生金液。……木生火，金生水，水火夫妇之用，金木父子之用也。有父子然后有家，何谓有家？脾中之丹也。然求夫妇必能相克，非相克不能相治，非相治不能相生。”③意谓须令脾肾二气相克相治而相生，孕生真丹。净明丹法以脾肾黄素二气为药物，与钟吕系丹法以心肾赤白二气为药物，说法有所不同。然与钟吕系丹法一样，净明丹法也主张性命双修，并以正性为修炼之前提，正性以去妄想、绝淫欲为要。《黄素书》卷 9 云：“淫液交通，本乎妄想，制于妄想，朱（当为“未”——引者）有不真，是为净明。”④可谓先性后命，又强调禁淫欲，与全真丹法颇相一致。净明丹法的独特之处，在于特别强调忠孝廉慎的伦理实践为修炼之本，并保存了上清、灵宝等符箓派传统修炼方法中最重要的存思法，如《黄素书》卷 8《黄素内经上》说：“二气交感生阴阳，阴阳魂魄照中堂，采之有术在心王，想之既熟为膏粱。”想什么呢？想有“龙车凤辇入圆光，一一图诀宫中安”。⑤ 即在丹田中存思一定的图形咒诀，有似佛教密宗的在脉轮上观想咒字法。

南宋另一新符箓道派清微派，亦主内丹修炼为雷法之本，有本派独特的内炼法。《道藏》中的《清微丹诀》，盖出宋元间辑撰清微道书的黄舜申手。

① 《道藏》第 10 册，第 500 页。
② 《道藏》第 10 册，第 508 页。
③ 《道藏》第 10 册，第 522 页。
④ 《道藏》第 10 册，第 516 页。
⑤ 《道藏》第 10 册，第 515 页。

其说亦以精气神为内炼药材,《清微隐真合道章》云:“上药三品,神与气精,保精生气,炼气生神。形炼其神,则可以留形住世,而形者神气宅也。是故身安者其精固,精固则其气盈,气盈则其神全,神全故长生。”①修炼过程分炼精成气(炼形)、炼气成神、炼神合道三步。炼精者,“须其六根断绝,一念真纯,以时入室端坐,凝神定息,良久,即鞭赤龙(舌)上击七十二天龙(上腭),则离火自降,坎水自升,往来结于黄庭,伏其真气,炼其阴邪,冷汗自出。如此五遍,合周天三百六十五之数”②。以舌击上腭为静坐中降离火升坎水之诀。《入室功夫章》又称入手守窍,凝神气穴,气穴在正对脐上一寸三分处。称炼形功毕,“阳光遍体,为纯阳”,“宿殃自解,万病消除,不憎不嫉,不欲不淫”。然后炼气合神。炼气之要,在于“冥心定息,元寂绵绵,神室内守,气入丹田,脐中动息,绵绵续续,两手抱脐,丹火温温,六根定安,物我两忘”。末后炼神合道,“入室端坐,神气既息,不出不入,心无二用,一念无著,视而不见,听而不闻,气住而为息,神入而成胎,昏昏默默,杳杳冥冥,意游长空,见一景物,光如金橘,非内非外,守其物矣,如月之光,如镜之影。操之存之,初不相离,恍惚自然,大如车轮。形见其神,神见其形,形神相杂,心生踊跃,其光自散,如日月照虚空。形神俱妙,与道合真矣”。③ 这种于静定中意游长空、守一光明之法,与钟吕系内丹之炼神合道、炼神还虚不同。《清微丹诀》声称炼神合道,守之千日,能“离形飞升”,百日之功,亦可“超凡入圣”,亦以炼就阳神、弃壳飞升为最高成就。该书述“清微坐功”法云:

> 凡入静室,跣足端身正坐,两手握固,万缘放下,定心如在太极混沌未判之先虚空圆光之内,又如在圆光一窍之中,混沌一同,身心俱无,澄澄湛湛,普照十方,天地莫测,鬼神莫知。④

这种坐功,要求行法者早晚坚持做,被作为外用符箓的基本功。这是一种直接炼神还虚的内丹法。

除新出的净明、清微、神霄等符箓道派外,南宋时期,正一、上清、灵宝等

① 《道藏》第 4 册,第 961 页。
② 《道藏》第 4 册,第 961 页。
③ 《道藏》第 4 册,第 961—962 页。
④ 《道藏》第 4 册,第 964 页。

传统符箓道派，亦皆吸收内丹，这些道派的道士颇有习练内丹者。如《龙虎山志》卷7载龙虎山紫微院正一道士王袭明，“精于修炼，得内丹之妙。政和（1111—1118年）中屡召不赴，授本山道正。后隐去，乾道（1165—1173年）间，有遇之于蜀者，计其年已百余岁矣”①。又如上清法师萧应叟，得蜀人彭天罡一系内丹之传，其《度人经内义》以内丹释经旨，并于卷首刊彭晓《大还心镜火候之图》。内丹的盛行，是促进符箓道法改革深化的主要因素。

总的看来，南宋时期，内丹修炼普遍盛行于道教界，丹法有南宗清修派、南宗双修派、净明派、清微派等多种，而以钟吕——张伯端一系为主流。内丹学发展到了一个新阶段，理论方法趋于成熟。普遍强调性命双修，或从修命入手，或从修性入手，皆主张取先天元气元神为药物，以元神真意宰制，炼精化气，炼气化神，炼神合道或还虚，从无为中发有为之用，终而归于无为无不为，达阳神飞升、形神俱妙。融摄、和会禅宗之禅，更是南宋内丹学的突出特征。而诸家丹法，各具特色，其不同点主要表现在三教交融关系中的不同思想倾向，有的倾向于传统道教丹法，有的倾向于禅宗，有的倾向于禅道双修或禅道双融。内丹虽为一种宗教性的炼养方术，但其学说中的理论部分也与当时整个社会文化思潮相一致，以性命、心性作为中心理论课题，以人人可仙为基本立场。

内丹不仅广泛流传于南宋道教诸派中，而且打破宗教圈子，作为一种气功养生术而传向社会。名人文士，亦颇有喜好内丹、通其学者。如爱国诗人陆游《剑南诗稿》卷84《宴坐》诗云：

> 气住即存神，心安自保身。
> 谁钦二竖子，卓尔一真人。
> 气泝如潮上，津流若酒醇。
> 幽居幸无事，莫玩物华新。②

述静坐中周天运转的体验，说明作者对内丹一类工夫有相当的实践。南宋

① 《藏外道书》第19册，第478页。
② 《文渊阁四库全书》第1163册，第297页。

理学大家朱熹，一生热衷于道教内炼之学。他曾化名“崆峒山道士邹䜣”，撰《周易参同契考异》，自言对内丹之道“异时每欲学之，而不得其传，无下手处，不敢轻议”①。称赞《参同契》“文章极好，盖后汉之能文者为之”②。又说：“魏伯阳《参同契》，恐希夷之学，有些自其源流。”③看出陈抟所得钟吕系内丹之传与《参同契》有渊源关系。朱熹对内炼虽不能称行家，但对《参同契》借汉易纳甲言行持进退火候之实质及大体的内炼法要，还是基本说对了。如注“乾坤者，易之门户”句云：“凡言易者，皆指阴阳变化而言，在人则所谓金丹大药者也，然则乾坤其炉鼎欤？”④又如谓“一息之间，便有晦朔弦望”⑤，以“三光陆沉，温养子珠”⑥为内事修炼要中之要等，皆表现出他对内丹之道研究不浅。其《考异》一书，在《参同契》诸注本中要算学术水平较高者。元人袁桷《清容居士集·易三图序》谓朱熹曾派蔡元定入峡，访得邵雍象数学秘传三图。其后上饶谢枋得遁于建安，鄱阳吴蟾学易于谢门，谢出其图，曰：“建安之学为彭翁，彭翁之传为武夷君，而莫知所授，或曰托以隐秘，故谓之武夷君焉。……季通（蔡元定）家武夷，今彭翁所图疑出蔡氏。”⑦此彭翁疑为彭耜，武夷君疑为号武夷翁的白玉蟾，或许蔡元定所得图与南宗白玉蟾、彭耜师徒的丹法有关系。谢枋得，也可能是一个通内炼之道而修养有素者。元人虞集《道园学古录》卷25《河图仙坛之碑》说谢枋得被元兵押解赴北，在路上“不食数十日，神气益完”⑧，意乃其内炼工夫所致。

二、外丹黄白术的继续流传

南宋时期，虽然内丹盛行，基本取代了唐五代以来盛行的外丹黄白术，

① 《文渊阁四库全书》第1058册，第559页。

② （宋）黎靖德编，王星贤点校：《朱子语类》卷125，北京：中华书局1986年版，第8册，第3002页。

③ （宋）黎靖德编，王星贤点校：《朱子语类》卷65，北京：中华书局1986年版，第4册，第1605页。

④ 《文渊阁四库全书》第1058册，第560页。

⑤ 《文渊阁四库全书》第1058册，第564页。

⑥ 《文渊阁四库全书》第1058册，第565页。

⑦ 《文渊阁四库全书》第1203册，第282—283页。

⑧ 《文渊阁四库全书》第1207册，第360页。

但外丹在社会上仍有流传，道教界内外，还有一些人从事外丹炼化。《龙虎山志》卷7记龙虎山正一道士吕惟一“能炼丹砂”，于高宗绍兴（1131—1162年）间曾任演法观知观。① 《夷坚丁志》卷11说有田道人避乱南渡，居京口，于茅山得丹砂，隆兴甲申（1164年）、乙酉（1165年）岁以丹砂治疫，济数千人。② 《夷坚支志》庚集卷8《炼银道人》条，记安仁县泽汝霖之姻张翁“酷嗜丹灶”。③ 同书卷10《天庆观道人》记饶州天庆观道士陈元龄酷嗜炉火，遇一道士授化银药。④ 《夷坚丙志》卷18《桂生大丹》记贵溪桂缜叔祖好道，服丹而死。⑤ 说明当时外丹黄白术尚流行于世，不但有人以外丹治病、炼金银，还有人服食外丹而死，还迷信服丹可以长生。《道藏》所存南宋人外丹黄白术著述尚多，如孝宗朝人吴悮（高盖山人自然子）的《丹房须知》、《指归集》、《渔庄邂逅录》，理宗朝人西蜀孟煦《金华冲碧丹经秘旨》，及佚名辑《庚道集》9卷等。吴悮的《丹房须知》对炼丹择友、择地及造立丹房的仪式、方法叙述甚悉，序中自称“幼慕丹灶，遍求师承，多指秦汉以来方氏伪成之书，以盲指盲，所丧不少”⑥，晚遇淮南王先生授以《金碧经》，访名山质诸圣人而不悖，乃著书流传。其《指归集》是一篇丹论，主要论还丹只真铅真汞二物，“铅能制汞，汞能伏铅，铅汞成形，故名制伏。木能生火，火亦能生木，则丹砂中生汞，是其证也”⑦。谓依五行相生克之则，依火候炼制，七返九还，以成还丹。《渔庄邂逅录》则是一篇炼丹的记录，记乾道八年（1172年）与虞仲谋、刘先生三人结为丹友，于渔庄试炼金液大还丹的过程。谓炼丹五转，第一转配合阴阳，第二转混沌胚腪，第三转二仪剖判，第四转攒簇五行变化四神，第五转变化尽由中宫土德，而大要在神水华池，得神水然后生白金，白金返黄金，黄金返紫金，紫金流液熏结而成丹。所用药物为水银、丹砂、曾青、胆矾、雄黄、雌黄等，以炼水银而返为丹，故名还丹。宣扬功行足

① 参见《藏外道书》第19册，第478页。
② 参见（宋）洪迈：《夷坚志》，北京：中华书局1981年版，第626—627页。
③ 参见（宋）洪迈：《夷坚志》，北京：中华书局1981年版，第1195页。
④ 参见（宋）洪迈：《夷坚志》，北京：中华书局1981年版，第1217—1218页。
⑤ 参见（宋）洪迈：《夷坚志》，北京：中华书局1981年版，第517—518页。
⑥ 《道藏》第19册，第57页。
⑦ 《道藏》第19册，第283页。

全,服丹可举宅升天,若九转丹成,一粒之功可"鸡餐成凤,犬饵成龙",点化金石为至宝。孟煦撰《金华冲碧丹经秘旨》2 卷,上卷称于嘉定戊寅(1218 年)间于福州访彭耜,传以白玉蟾所授《金华冲碧丹经》,后于嘉定庚辰(1220 年)至白鹤洞天,遇养素真人兰元白,出彭耜书,兰谓其书于采铅结胎分明法象并火符皆有缺欠,传之完备,即《金华冲碧丹经秘旨》下卷。此书述安炉立鼎之法则甚悉,并配有图像多幅,药物用铅 10 两、明硫 2 两同为末,及山泽、黑铅等。本经论炼制大旨云:

> 太极为宗,五行为用,乾坤为神室金胎,坎离为乌兔药物,以二情为魂魄,以龙虎为变机,会三性作夫妻,育婴姹成男女。六十卦互为直符,以屯蒙为起复,三才咸洽,四象为炉,正于五行,周于既未。调和则六候相须,生克则九还交互,阴阳有则,水火相停,斤两无差。基于百数,总于一物,变化大千,与大造同途,万化合体。功归太极,会宗祖而金液神丹就矣。①

下详述七转九还中,每一转炼制之法则,于一月三十日中每日下火用水之火候法度,列举尤详。《庚道集》9 卷,辑各家丹法多种,如月桂长春丹、神仙大药四神匮、太上灵砂大丹、东坡三黄匮法、独体硃砂法、丹阳术、钀制贺如银法、升仙大丹九转灵砂诀、青霞子十六转大丹、西蜀玉鼎真人九转大丹法等凡千余条,炼制法度,一一叙述甚悉,是宋代外丹书中的最重要者,内容甚为丰富。书中述轻粉、粉霸炼法,尤称成熟。据近人研究,其所载轻粉(甘汞,Hg_2Cl_2)之配方,已接近理论原料的用量。从卷 1 有蒙轩居士书于"绍兴甲子(1144 年)中元"②的字样看,南宋初人蒙轩居士可能是此书的重要编辑者。今人陈国符考证,书中所载丹法大部分为唐宋人所作,少数为唐以前或元明时作品。

① 《道藏》第 19 册,第 162 页。

② 《庚道集》卷 1《文真子金丹大药宝诀》,《道藏》第 19 册,第 439 页。

第九章

道教在元代的兴盛与道派的合流

随着蒙古贵族进入中原，相继灭金灭宋，建立元朝以后，道教在金、宋宗派分衍的基础上又有新的发展和演变，新旧诸道派均更加兴盛并逐渐合流。其兴盛繁荣的景况，较之唐宋，除在理论创造上略显逊色外，在组织发展上犹有过之。道教新旧诸派之所以能在元代更加兴盛和繁荣，主要导源于蒙元王朝所实行的宽松的宗教政策。蒙古贵族所建立的大元帝国，“北逾阴山，西极流沙，东尽辽左，南越海表”①，规模空前，统治着众多信仰各异的民族。为了使这众多的民族臣服于大元帝国，除了依靠武力征服和发挥政权的专政职能外，不能不对他们的宗教信仰给予尊重，以示笼络。因此，早在成吉思汗时期，就确定了一条兼容并蓄的宗教政策，即对境内的佛教、道教、基督教和伊斯兰教等，都一律支持，一体优待。如1219年，成吉思汗尚在远征乃蛮途中，即遣使召见丘处机，给予优礼，并在他东返时，命他掌管天下道教，诏免道门的差役赋税。同年，又谕勉佛教禅宗海云北上，遣使传旨：“好与衣粮养活者，教做头儿。多收拾那般人，在意告天。”②至元十七年（1280年），势都儿大王令旨云：道教（其他宗教也一样）能为元室“告天”，为“皇帝、皇后、太子、大王子子孙孙根底祝延圣寿”，故“依着已前成吉思皇帝圣旨、哈罕皇帝圣旨、蒙哥皇帝圣旨、今上皇帝（世祖）圣旨里：和尚（佛教）、先生（道教）、也里可温（基督教）、达失蛮（伊斯兰教），不拣甚么差发休着者……但属宫观田地、水土、竹苇、碾磨、园林、解典库、浴堂、店舍、铺席、醋酵，不拣甚么差发休要者。索要呵，也休与者。钦此”③。这是蒙元统治者

① 《元史》卷58《地理志》，北京：中华书局1976年版，第5册，第1345页。

② 《海云传》，《佛祖历代通载》卷21，《大正藏》第49卷，第703页。

③ 《万寿宫披云真人令旨碑》，陈垣编纂：《道家金石略》，北京：文物出版社1988年版，第631页。

施行兼容并蓄宗教政策的具体体现。证明成吉思汗所定之兼容各教的宗教政策，为其后历代元皇谨遵不渝。有学者指出，元室虽然兼容境内各宗教，但并非没有厚薄之分，它"最重视的是佛教（特别是佛教中的喇嘛教），其次是道教，然后才是基督教和伊斯兰教"①。这是符合实际的。足见道教之受元室的重视。

元代统治者之重视道教，表现在它对道教各派的支持上。当金源并入元版图之后，原在中国北方活动的全真道、真大道和太一道等，立即得到元室的承认和支持；当南宋灭亡之后，原在中国南方流行的符箓三宗和其他小派，也相继得到元室的承认和支持。从而使上述众多的派别都有较大的发展，呈现出少有的繁荣局面。在这众多的派别中，北方的全真道和南方的龙虎宗，则因条件的优越，发展更为突出，影响也远胜于他派。因此到元代中后期，全真道逐渐成为北方道教发展的重心，与之相近的各派相继集合到它的周围，最后并入全真道；龙虎宗逐渐成为南方道教发展的重心，符箓各派相继集合到它的周围，最后形成正一道。从而造成道教史上全真与正一两大派南北并立的局面。此两大派的形成，影响十分深远，直到明清，仍是此两派分统道教，只是南北分界逐渐泯灭而已。根据上述元代道教发展的基本线索，本章即以元代前期道教诸派如何兴盛、中后期诸派又如何合流作为介绍的主要内容。

第一节　蒙元时期的社会状况与统治者对宗教的态度

13 世纪上半叶的中国，处于民族政权分立、战乱频繁的大分裂时期。1206 年，成吉思汗（铁木真）在统一草原各部，建立大蒙古国后，对外发动了一系列征服战争，先后消灭中国境内的西辽、西夏、金、大理等割据政权，向西则征服了欧亚大陆的广袤地区，形成了一个幅员辽阔的庞大帝国。在经历前四汗的统治后，成吉思汗之孙忽必烈于 1260 年夺取汗位。此后，西方的几个兀鲁思虽然仍奉忽必烈及其后裔为宗主，但独立化倾向已非常明显，

① 郭沫若：《中国史稿》，北京：人民出版社 1983 年版，第 5 册，第 613 页。

大蒙古国实际上开始解体。忽必烈于1271年正式采用汉式国号——大元,“取《易经》乾元之义”①。1279年最后消灭南宋残余势力,确立了元朝在全中国的统治。1368年,明军北上,蒙古统治者退出大都,元朝的统治宣告结束。元朝在中国历史上是一个非常特殊的朝代,不仅因为它是中国历史上第一个由少数民族建立的大一统的王朝,而且还因为它是横跨欧亚大陆的当时的世界强国。其世界性、多民族性与多元性,在中国历史上都非常罕见。②

一、蒙元时期的社会状况

蒙元的历史,从成吉思汗建国漠北算起,到元顺帝退出中原、大都被明军占领为止,首尾163年(1206—1368年),历14帝。这一历史大体可分为两个阶段:第一个阶段是大蒙古国时期,或称蒙古帝国,它是从1206年元太祖成吉思汗统一蒙古,立国漠北,定国号大蒙古国开始,至1271年元世祖忽必烈定都汉地,将国号改为大元为止,共65年。第二个阶段是严格意义上的元朝历史,它从忽必烈改国号为大元开始,直到1368年元惠宗出亡为止,共97年。此外,元惠宗出亡后依旧以大元为国号,至1402年鬼力赤杀顺帝,改国号为鞑靼为止,共34年,为北元时期。但是这一时期蒙古政权的统治范围已远离中原地区,故在此暂不讨论。

元代政治上的一大特色是实行民族歧视、民族压迫和民族分化政策,自元世祖以来,根据民族和被征服的先后把人民分为蒙古人、色目人、汉人和南人四等。这四个等级在政治待遇和法律地位上都极不平等,蒙古人、色目人受到优待,汉人、南人受到歧视。如在任用官吏方面,蒙古贵族为统治广大汉族人民,不得不利用汉族地主阶级,但又要防止文化水平、统治经验都超过蒙古人的汉官占据重要职位,以保持自己的权力优势,于是从中央到地方各级政府长官和实权多操蒙古人、色目人之手,其次为汉人。另外,蒙古贵族以武力征服天下,对军事更为看重,尤其严防汉人接近军机,定制汉人、

① 《元史》卷7《世祖纪》,北京:中华书局1976年版,第1册,第138页。
② 参见刘晓:《元史研究》,福州:福建人民出版社2006年版,第1页。

南人不得阅军数，不得执把弓箭和其他兵器，不得蓄鹰犬为猎，甚至禁止江南农家用铁禾叉；并在刑法、科举考试、经济等方面都有类此不平等规定。①

蒙元的社会政治状况可大体分为四个时期，每个时期各有特点：

第一，前四汗时期（太祖、太宗、定宗、宪宗，1206—1259 年）。（1）这个时期，蒙古统治者不断地进行大规模的征服战争，时间长达半个多世纪，地域从朝鲜半岛直到东欧，建立了空前庞大的世界帝国。（2）大汗的政令、军令行于全境，整个大蒙古国基本上维持着统一局面，但西北各汗国逐渐出现分裂倾向。（3）政治中心在漠北，保持以蒙古本土为主体、对辽阔的被征服地区实行统治的体制；其统治方式和剥削方式虽因不同地区社会经济基础的差异而有些变化，但基本上是推行蒙古制度。

第二，忽必烈时期（1260—1294 年）。（1）忽必烈与阿里不哥的汗位之争引起一系列连锁反应，西北各汗国进一步独立化，原属大汗政府直接管辖的西域各地区也分别被他们所控制，大汗只能统治蒙古本土和原金、宋、西夏之境以及大理、吐蕃、畏兀儿诸地区；尽管忽必烈的大汗地位最后得到了各支宗王的承认，但大蒙古国实际上已经分裂了。（2）忽必烈推行“汉法”，改革旧制，立年号，置省部，定都邑，建国号，确立了以中原封建王朝的传统制度为主干的中央集权体制。忽必烈的政治、经济改革，使长期遭受战争破坏的中原社会经济逐步恢复。但为了保证蒙古贵族在政治上的优势地位和经济上的特权，又保留了不少蒙古制度，两种制度的矛盾冲突，使得采用“汉法”的进程出现起落反复现象。（3）灭南宋后，忽必烈继续进行野心勃勃的海外远征，又多次出兵讨伐北方蒙古诸王的叛乱，征调频繁，军费开支浩大，不得不增加剥削，因而未能在大统一后给人民以较长期的休养生息机会，影响了社会生产的发展。

第三，元代中期（包括成宗、武宗、仁宗、英宗、泰定帝、文宗诸朝，1295—1332 年）。（1）成宗时期，内外战争基本停息，政治上继续奉行忽必烈采用的“汉法”政策；仁宗、英宗进一步实行改革，如广用儒臣、恢复科举、

① 参见任杰、梁凌：《中国的宗教政策——从古代到当代》，北京：民族出版社 2006 年版，第 195—197 页。

颁布《通制》、经理田赋、限制投下权力等。虽然改革屡遭挫折，但终究造成不可逆转的趋势。(2)统治集团内部各派的争权夺利和行“汉法”与反“汉法”的斗争交织在一起，每一次皇位的交替都伴随一场激烈的政治上甚至军事上的斗争，到文宗即位初竟发展成为大规模内战。政局不断动荡削弱了元朝中央政府的统治地位。

第四，元代末期(顺帝朝，1333—1368 年)。(1)统治集团的腐败日益严重，军政废弛，吏治败坏，脱脱当政时虽然力图更新政治，但已难以挽回颓势。(2)阶级矛盾与民族矛盾极端尖锐，终于爆发了红巾军大起义，元朝统治土崩瓦解。[1]

二、蒙元时期的宗教政策

蒙元版图横跨亚欧，民族众多，宗教信仰情况复杂。蒙元贵族为保持自己的特权地位和维护对人口远远超过本族的汉族和其他少数民族的统治，在文化和宗教问题上实行承认现状和兼容并蓄的政策。在保持传统的萨满教信仰的同时，对佛教、道教、伊斯兰教、基督教等都加以提倡，一般对待。总体来看，整个蒙元时代，在相对宽松的宗教政策下，各个宗教都有很大的发展。但是，蒙元统治者这一兼容并蓄的宗教政策并非一成不变，在不同的统治者统治期间也有相应的发展和变化，如《元史·释老传》所讲：“释、老之教，行乎中国也，千数百年，而其盛衰，每系乎时君之好恶。”[2]可以说，统治者的态度在很大程度上影响了某一宗教在上层社会的发展态势。即以释、老二教为例，总体来说，仍是佛教为盛，道教次之。《元史·释老传》曰：“元兴，崇尚释氏，而帝师之盛，尤不可与古昔同语。维道家方士之流，假祷祠之说，乘时以起，曾不及其什一焉。”[3]下面就蒙元各时期统治者的宗教态度作一简单介绍。

第一，前四汗时期(太祖、太宗、定宗、宪宗，1206—1259 年)。

---

① 参见白寿彝总主编，陈得芝主编：《中国通史》第八卷，上海：上海人民出版社 1997 年版，第 245—249 页。

② 《元史》卷 202《释老传》，北京：中华书局 1976 年版，第 15 册，第 4517 页。

③ 《元史》卷 202《释老传》，北京：中华书局 1976 年版，第 15 册，第 4517 页。

这个时期的统治者多信仰萨满教，如宪宗“酷信巫觋卜筮之术，凡行事必谨叩之，殆无虚日”①。对汉地宗教多为包容，其中较为偏重道教，尤以太祖朝为盛，但从宪宗朝开始，宗教政策向佛教倾斜。

元太祖成吉思汗遣大将征西辽，破城之日就宣布信教自由，并且为维护这一政策的连续性，他还命其后裔切勿偏重某种宗教，应对各教之人待遇平等。② 但是，出于灭金和巩固蒙古在华北统治的政治需要，成吉思汗对在北方地区有较大势力的全真教采取了礼遇和抬高的政策。太祖十四年（1219 年），成吉思汗下诏特派近侍官札八儿、刘仲禄等人寻访并邀请全真教领袖丘处机，向其请教治国方略和养生之道。丘处机不远万里，与弟子十八人来谒后，被奉为上宾，备受优礼。期间，丘处机劝其“以敬天爱民为本”、“以清心寡欲为要”，得到成吉思汗的赏识，并且“锡之虎符，副以玺书，不斥其名，惟曰‘神仙’”。③ 之后，成吉思汗还于 1223 年下诏蠲免全真教团的差役赋税，诏曰：

成吉思皇帝圣旨，道与诸处官员每：

丘神仙应有底修行院舍等，系逐日念诵经文告天底人每，与皇帝祝寿万岁者。所据大小差发赋税，都休教著者。据丘神仙应系出家门人等，随处院舍都教免了差发赋税者。其外诈推出家影占差发底人每，告到官司治罪断案主者。

奉到如此。不得违错。须至给照用者。

右付神仙门下收执。

照使所据神仙应系出家门人、精严住持底人等并免差发赋税。准此。

癸未羊儿年三月日。④

这一规定也开启了蒙元蠲免各宗教团体赋税差役之端绪。

至宪宗时期，佛教所受的宠遇开始超过全真道，全真道的地位也远逊于

① 《元史》卷 3《宪宗纪》，北京：中华书局 1976 年版，第 1 册，第 54 页。

② 参见［瑞典］多桑著，冯承钧译：《多桑蒙古史》（上册），北京：中华书局 1962 年版，第 81、158 页。

③ 《元史》卷 202《释老传》，北京：中华书局 1976 年版，第 15 册，第 4524—4525 页。

④ 《一二二三年盩厔重阳万寿宫圣旨碑（一）》，蔡美彪编著：《元代白话碑集录》，北京：科学出版社 1955 年版，第 1 页。

丘处机觐见成吉思汗之时。这一状况在佛道大辩论中统治者的态度上，表现得尤为明显。宪宗五年（1255 年），佛道因为《化胡经》和《老子八十一化图》之争，展开了一场小辩论，全真道以失败告终，并被勒令禁毁道经。至宪宗八年（1258 年），据《至元辨伪录》讲，在之前的小辩论之后，全真道不肯交还所占佛寺，还打伤僧人，双方又展开了一场规模空前的大辩论。但是在统治者支持佛教的态度下，全真道仍以失败告终，结果 17 名道士被削发为僧，20 多处道观被改为梵刹，450 部道教经典被烧毁。自此以后，佛在前、道在后成为元朝的制度。

第二，忽必烈时期（世祖，1260—1294 年）。

世祖忽必烈在信仰佛教特别是藏传佛教的同时，也部分延续了前四汗时期对道教的优遇政策。

佛教方面，世祖的重佛政策从其即位之始就表现出来。中统元年（1260 年），世祖即位，首先“以梵僧八合思八为帝师，授以玉印，统释教”①。可见“帝师”不仅仅是一个称号，更有相当大的权力，可统领整个佛教，尊贵至极，《元史 · 释老传》云：“元兴，崇尚释氏，而帝师之盛，尤不可与古昔同语”②。其次，不断赐予佛寺大量土地、钱物。中统二年（1261 年），“赐庆寿寺、海云寺陆地五百顷”③。更甚者是通过挖掘南宋帝陵，攫取财物来修建寺庙，如至元二十一年（1284 年），“以江南总摄杨琏真加发宋陵冢所收金银宝器修天衣寺”④；至元二十三年（1286 年），又“以江南废寺土田为人占据者，悉付总统杨琏真加修寺”⑤。再次，免除佛教寺院的赋税，并对寺院财产加以保护。如至元十四年（1277 年）二月，“诏以僧亢吉祥、怜真加加瓦并为江南总摄，掌释教，除僧租赋，禁扰寺宇者”⑥。另外，世祖还专门设立“掌释教僧徒及吐蕃之境而隶治之”的机构宣政院。《元史 · 百官志》载：

至元初，立总制院，而领以国师。二十五年，因唐制吐蕃来朝见于

① 《元史》卷 4《世祖纪》，北京：中华书局 1976 年版，第 1 册，第 68 页。
② 《元史》卷 202《释老传》，北京：中华书局 1976 年版，第 15 册，第 4517 页。
③ 《元史》卷 4《世祖纪》，北京：中华书局 1976 年版，第 1 册，第 73 页。
④ 《元史》卷 13《世祖纪》，北京：中华书局 1976 年版，第 2 册，第 269 页。
⑤ 《元史》卷 14《世祖纪》，北京：中华书局 1976 年版，第 2 册，第 285 页。
⑥ 《元史》卷 9《世祖纪》，北京：中华书局 1976 年版，第 1 册，第 188 页。

宣政殿之故,更名宣政院。置院使二员、同知二员、副使二员、参议二员、经历二员、都事四员、管勾一员、照磨一员。二十六年,置断事官四员。二十八年,增佥院、同佥各一员。①

从《元史》及其他相关文献的记载中可以发现,宣政院的机构相当庞大,并且权力亦非常大。它的职权主要有两大方面,一方面是"吐蕃之事",实即包括当时吐蕃全域的军、政、宗教事务,其皆主之。另一方面,它统领全国的佛教事务。除履行大型佛事活动的主领、全国各名山大刹主持的任选、国立大寺的修筑、师号与紫衣的请赐、童行的剃度等纯粹教务性的职能外,还握有审理僧尼犯罪案、僧俗诉讼案等部分司法权以及运转、储藏钱帛的粮谷之权,可谓"僧民统管"。② 对于佛教的这些支持政策,在某些方面也影响了社会其他事务的运转和弱势阶层的利益,于是世祖也采取一些相应的限制政策。如至元二十年(1283年)三月,御史台臣言:"平滦造船,五台山造寺伐木,及南城建新寺,凡役四万人,乞罢之。"诏:"伐木建寺即罢之,造船一事,其与省臣议。"③至元二十七年(1290年)九月乙巳,又下令"禁诸王遣僧建寺扰民"④。但是,这与世祖支持佛教的政策相比,显得微乎其微。

对于道教,世祖在一定程度上也支持其发展。首先,经常采用道教的斋醮仪式祈福,并且常与佛教仪式同时进行。如中统三年(1262年)十一月丁亥,"敕圣安寺作佛顶金轮会,长春宫设金箓周天醮"⑤;至元三年(1266年)四月庚午,"敕僧、道祈福于中都寺观"⑥;至元五年(1268年)九月丁巳,阿术统兵围攻樊城,"敕长春宫修设金箓周天大醮七昼夜"⑦,等等。其次,虽然宪宗朝两次佛道辩论都以全真道失败告终,并出现焚毁道经等对道教的打压政策,但是,对于南方的正一道,世祖仍是极力拉拢和重视。如至元十

---

① 《元史》卷87《百官志》,北京:中华书局1976年版,第7册,第2193页。

② 谢重光、白文固:《中国僧官制度史》,西宁:青海人民出版社1990年版,第214—215页;任宜敏:《元代宗教政策略论》,《文史哲》2007年第4期。

③ 《元史》卷12《世祖纪》,北京:中华书局1976年版,第1册,第252页。

④ 《元史》卷16《世祖纪》,北京:中华书局1976年版,第2册,第340页。

⑤ 《元史》卷5《世祖纪》,北京:中华书局1976年版,第1册,第88页。

⑥ 《元史》卷6《世祖纪》,北京:中华书局1976年版,第1册,第110页。

⑦ 《元史》卷6《世祖纪》,北京:中华书局1976年版,第1册,第119页。

二年(1275年)四月,世祖派兵部郎中王世英、刑部郎中萧郁召三十六代天师张宗演赴阙。[①] 次年,再次召见,“至则命廷臣郊劳,待以客礼”[②]。至元十四年(1277年)正月,赐天师张宗演“演道灵应冲和真人,领江南诸路道教”,命他在长春宫修周天醮,然后返还江南,但将其弟子张留孙留于京城。[③] 至元十五年(1278年)五月辛亥,授予张留孙“江南诸路道教都提点”[④]一职。次年二月壬辰,又“诏谕宗师张留孙悉主淮东、淮西、荆襄等处道教”[⑤]。由此,张宗演获得官封“天师”的桂冠,又取得了主领江南道教的职权,并且这一政策成为定制,被其后诸帝所沿袭。而被留在京城的张留孙则成为天师的驻京代表与合法代理人,这一制度也为其后诸帝所延续,并且逐渐形成一个相对独立的支派——玄教。这一系列相关政策都在一定程度上支持了道教在元代的发展。

但是,在蒙元早期得到统治者大力支持的全真教在世祖朝的发展仍然不是很顺利。至元十八年(1281年),佛教徒又发起了一次大辩论。原因是佛教信徒认为仍有道藏伪经没有焚毁。而在至元十七年(1280年)二月丙申,世祖已经“诏谕真人(祁)志诚等焚毁《道藏》伪妄经文及板”[⑥]。佛道之争后,至元十八年(1281年)十月己酉,因张易等言:“参校道书,惟《道德经》系老子亲著,余皆后人伪撰,宜悉焚毁。”世祖表示认同,并诏谕天下。[⑦] 虽然在这次佛道辩论中全真教又一次遭到沉重打击,并且道书的焚毁也十分严重,但是这一事件并没有影响统治者对正一道的态度。期间,至元十七年(1280年)秋七月己巳,“遣中使咬难历江南名山访求高士,且命持香币诣信州龙虎山、临江阁皂山、建康三茅山,皆设醮”[⑧]。十二月,又因为三茅山上清四十三代宗师许道杞“祈祷有验,命别主道教”[⑨]。次年三月,诏三茅

① 参见《元史》卷8《世祖纪》,北京:中华书局1976年版,第1册,第166页。
② 《元史》卷202《释老传》,北京:中华书局1976年版,第15册,第4526页。
③ 参见《元史》卷9《世祖纪》,北京:中华书局1976年版,第1册,第187—188页。
④ 《元史》卷10《世祖纪》,北京:中华书局1976年版,第1册,第201页。
⑤ 《元史》卷10《世祖纪》,北京:中华书局1976年版,第1册,第209页。
⑥ 《元史》卷11《世祖纪》,北京:中华书局1976年版,第1册,第222页。
⑦ 参见《元史》卷11《世祖纪》,北京:中华书局1976年版,第1册,第234页。
⑧ 《元史》卷11《世祖纪》,北京:中华书局1976年版,第1册,第225页。
⑨ 《元史》卷11《世祖纪》,北京:中华书局1976年版,第1册,第229页。

山三十八代宗师蒋宗瑛赴阙；又命张宗演到宫中奏赤章于天七昼夜。[①]七月，再次命张宗演在寿宁宫奏赤章于天五昼夜。[②]可见世祖对于江南诸道教仍然比较崇奉，而对全真教的打击，似与其在蒙元前期的过度发展有关。

第三，元代中后期（成宗、武宗、仁宗、英宗、泰定帝、文宗、顺帝诸朝，1295—1368年）。

这一时期，统治者延续对佛教的崇奉政策，继续对正一道历代天师加封称号和召其入阙设醮，而对全真道的限制政策也开始松弛。佛道二教发展平稳，但仍以佛教为盛。

成宗一朝，对于佛道二教均有支持，特别是对于全真道的限制政策开始有所转变。佛教方面，成宗一方面不断赐予佛教土地、财物，营建新寺。元贞元年（1295年）闰四月丙午，“为皇太后建佛寺于五台山”[③]，五月戊寅，“以鲁国大长公主建佛寺于应昌，给钞千锭、金五十两”[④]。大德元年（1297年）五月，“给钞千锭建临洮佛寺”[⑤]。大德五年（1301年）二月戊戌，“赐昭应宫、兴教寺地各百顷，兴教仍赐钞万五千锭；上都乾元寺地九十顷，钞皆如兴教之数；万安寺地六百顷，钞万锭；南寺地百二十顷，钞如万安之数”[⑥]。另一方面，对日益壮大、腐化的佛教团体也采取了相应的限制政策。如大德七年（1303年）七月，“禁僧人以修建寺宇为名，赍诸王令旨乘传扰民”[⑦]。同年九月，“罢僧官有妻者”[⑧]。大德八年（1304年）十一月，“诏凡僧奸盗杀人者，听有司专决”[⑨]。

道教方面，成宗朝政策的弛禁，造成道教特别是全真道新的发展态势。

① 参见《元史》卷11《世祖纪》，北京：中华书局1976年版，第1册，第230页。
② 参见《元史》卷11《世祖纪》，北京：中华书局1976年版，第1册，第232页。
③ 《元史》卷18《成宗纪》，北京：中华书局1976年版，第2册，第392页。
④ 《元史》卷18《成宗纪》，北京：中华书局1976年版，第2册，第393页。
⑤ 《元史》卷19《成宗纪》，北京：中华书局1976年版，第2册，第411页。
⑥ 《元史》卷20《成宗纪》，北京：中华书局1976年版，第2册，第434页。
⑦ 《元史》卷21《成宗纪》，北京：中华书局1976年版，第2册，第453页。
⑧ 《元史》卷21《成宗纪》，北京：中华书局1976年版，第2册，第455页。
⑨ 《元史》卷21《成宗纪》，北京：中华书局1976年版，第2册，第461页。

元贞元年(1295 年)正月,“诏道家复行《金箓》、《科范》”①,可视为其放松对道教限制的开始。其后,继续对正一天师封号,如元贞二年(1296 年),“授嗣汉三十八代天师张与材太素凝神广道真人,管领江南诸路道教”②。同时,亦不断对全真道历代祖师及重要弟子进行加封或追封,其历任掌教被敕封为大宗师、大真人、知集贤院道教事,这使得全真教在元中后期逐渐成为北方道教的发展重心,其他相关道派也不断并入全真教,形成南正一、北全真的格局。但是,全真教历代掌教在被崇封的同时,逐步蜕化,形成道士官僚,发展景象已大不如前。

之后的武宗、仁宗、英宗、泰定帝、文宗诸朝也都延续了宽松的宗教政策。对于道教,继续加封正一道历代天师,并不断召有道之士入阙设醮建斋。另外,对于正一道的支派——玄教也较为扶持。如《元史·释老传》载:

> 大德中,(张留孙)加号玄教大宗师,同知集贤院道教事,且追封其三代皆魏国公,官阶品俱第一。武宗立,召见,赐座,升大真人,知集贤院,位大学士上。寻又加特进。进讲老子推明谦让之道。及仁宗即位,犹恒诵其言,且谕近臣曰:“累朝旧德,仅余张上卿尔。”进开府仪同三司,加号辅成赞化保运玄教大宗师,刻玉为玄教大宗师印以赐。至治元年十二月卒,年七十四。天历元年,追赠道祖神德真君。其徒吴全节嗣。③

佛教方面,在赏赐财物、土地,兴建庙宇,免除赋税徭役,修佛事,抬高僧人地位等等优渥的政策支持下,佛教僧徒也开始出现腐化,各种社会矛盾也日益凸显。《元史·释老传》就载:

> 僧徒贪利无已,营结近侍,欺昧奏请,布施莽斋,所需非一,岁费千万,较之大德,不知几倍。又每岁必因好事奏释轻重囚徒,以为福利,虽大臣如阿里,阃帅如别沙儿等,莫不假是以逭其诛。宣政院参议李良

---

① 《元史》卷 18《成宗纪》,北京:中华书局 1976 年版,第 2 册,第 390 页。
② 《元史》卷 19《成宗纪》,北京:中华书局 1976 年版,第 2 册,第 402 页。
③ 《元史》卷 202《释老传》,北京:中华书局 1976 年版,第 15 册,第 4528 页。

弼，受赇鬻官，直以帝师之言纵之。其余杀人之盗，作奸之徒，夤缘幸免者多。至或取空名宣敕以为布施，而任其人，可谓滥矣。①

在这样的状况下，统治者也采取一定的限制政策，如仁宗于大德四年（1300 年）下令禁止诸僧寺冒侵民田。② 关于僧人租税问题，仁宗、英宗、泰定帝、文宗也多次下令："僧人田除宋之旧有并世祖所赐外，余悉输租如制。"③此外，对于僧道娶妻者，诸帝亦下令"僧道有妻者，皆为民"④。但是，由元代立朝之初就延续下来的对佛教的尊崇政策，其所造成的社会状况并不能在这几条亡羊补牢的限制政策下有较大的改观。尤其是元中后期以来，对佛教的优宠愈演愈烈，更是积弊难改。这种对宗教过分宽松、优宠的政策，影响了元朝的社会统治，也成为元朝迅速灭亡的一个原因。

除佛道二教之外，由于东西方的商旅、教士来往频繁，自西方传来的也里可温教（基督教）、答失蛮教（伊斯兰教或回教）与犹太教的影响力也逐渐增加。由于元朝对境内各种宗教基本采取自由放任的态度，对信仰宗教的问题采取兼容并包的政策，有利于各种宗教在元代的传播与发展。

按照"教诸色人户各依本俗行者"的原则，元代管领也里可温教门的政府机构，是世祖至元二十六年（1189 年）建立的崇福司，秩从二品，"掌领马儿、哈昔、列班、也里可温、十字寺祭享等事"。仁宗延祐二年（1315 年），改为院，"置领院事一员，省并天下也里可温掌教司七十二所，悉以其事归之"。七年（1320 年），"复为司，后定置已上官员"。⑤ 此外，元政府在中央还设立了回回哈的司，由哈的大师领之，依回回法掌本教门的宗教活动、回回人的户婚钱粮等诉讼以及部分刑名之事。

---

① 《元史》卷 202《释老传》，北京：中华书局 1976 年版，第 15 册，第 4523—4524 页。

② 参见《元史》卷 24《仁宗纪》，北京：中华书局 1976 年版，第 2 册，第 547 页。

③ 《元史》卷 24《仁宗纪》，北京：中华书局 1976 年版，第 2 册，第 551 页。另外《元史》卷 28《英宗纪》，第 3 册，第 621 页；《元史》卷 29《泰定帝》，第 3 册，第 653 页；《元史》卷 33《文宗纪》，第 3 册，第 746 页，均有相关记载。

④ 如《元史》卷 28《英宗纪》，北京：中华书局 1976 年版，第 3 册，第 625 页；《元史》卷 30《泰定帝》，第 3 册，第 680 页；《元史》卷 32《文宗纪》，第 3 册，第 718 页，均有相关记载。

⑤ 《元史》卷 89《百官志》，北京：中华书局 1976 年版，第 8 册，第 2273 页。

仁宗即位后，于至大四年（1311 年）四月，“罢僧、道、也里可温、答失蛮、头陀、白云宗诸司”①，管理各个宗教的专门机构开始瓦解。皇庆以后，回回哈的司所属各地方机构也开始被革罢，并且元代统治者企图收回哈的大师处断回回人刑、民等公事的权力，哈的大师的职掌被限制在掌教念经等纯属宗教活动的范围内。《元史·刑法志》载：“诸哈的大师，止令掌教念经，回回人应有刑名、户婚、钱粮、词讼并从有司问之。”②文宗致和元年（1328 年）八月，又“罢回回掌教哈的所”③。

在赋税制度上，元代统治者对也里可温和答失蛮采取了与佛、道二教基本相同的政策。如世祖至元十三年（1176 年）六月庚午，“敕西京僧、道、也里可温、答失蛮等有室家者，与民一体输赋”④。武宗大德十一年（1307 年）十二月，又再次强调“僧、道、也里可温、答失蛮，并依旧制纳税”⑤。在宗教人士从商问题上，文宗天历二年（1329 年）三月，下令“僧、道、也里可温、术忽、答失蛮为商者，仍旧制纳税”⑥。在文宗朝，也里可温教可以同佛教一起为皇室作法事，如致和元年（1328 年）九月，“命高昌僧作佛事于延春阁。又命也里可温于显懿庄圣皇后神御殿作佛事”⑦。从这些诏令中都可以看到元代宽松、开放的宗教政策。

第二节　蒙元前期全真道发展至鼎盛

金初北方出现的三道派中，以全真道的发展最盛。但因金统治者对它的发展时存疑虑，只给予它有限的支持，其中还曾一度下令禁止它的活动。因此终金之世，全真道的发展仍是很有限的。进入蒙元，成吉思汗为了进军中原并扎下根来，首先看中了在北方很有影响的全真道，企图以此

① 《元史》卷 24《仁宗纪》，北京：中华书局 1976 年版，第 2 册，第 542 页。
② 《元史》卷 102《刑法志》，北京：中华书局 1976 年版，第 9 册，第 2620 页。
③ 《元史》卷 32《文宗纪》，北京：中华书局 1976 年版，第 3 册，第 707 页。
④ 《元史》卷 9《世祖纪》，北京：中华书局 1976 年版，第 1 册，第 183 页。
⑤ 《元史》卷 22《武宗纪》，北京：中华书局 1976 年版，第 2 册，第 493 页。
⑥ 《元史》卷 33《文宗纪》，北京：中华书局 1976 年版，第 3 册，第 732 页。
⑦ 《元史》卷 32《文宗纪》，北京：中华书局 1976 年版，第 3 册，第 711 页。

为纽带，帮助他在中原收拾人心，为在那里建立统治打下基础。于是遣使远聘全真道首领丘处机赴漠北，给予礼遇，授以管领道教的权力。从此开始，全真道取得元室的大力支持，使它进入迅猛发展的新时期。在蒙元初年的一段时期里，全真道获得了优越于其他各派的有利条件，很快发展至鼎盛，其中的关键人物是丘处机，转变的契机则是丘处机之际遇成吉思汗。

一、丘处机际遇成吉思汗

前面已经指出，丘处机是王喆七大弟子（后被尊为北七真）之一。大定八年（1168 年）春，曾与马钰、谭处端等随王喆入昆嵛山开烟霞洞，又去文登（今属山东）居姜实庵，还随去宁海、福山、登州、莱州等地建立起五个以“三教”命名的教会，进行传道收徒活动。大定九年（1169 年）秋，与马钰、谭处端、刘处玄等随王喆西返陕西终南，不料途经开封时，王喆染病于旅舍，于次年（1170 年）正月逝世。大定十二年（1172 年）春，与马、谭、刘等护送王喆遗体回终南山刘蒋村安葬，庐墓近三年。大定十四年（1174 年）八月，与马、谭、刘在刘蒋村分别后，西入磻溪（今宝鸡虢镇附近）隐居六年，“日乞一食，行则一蓑，虽箪瓢不置也”。大定二十年（1180 年），“隐陇州龙门山（在今山西河津县西北及陕西韩城县东北）七年，如在磻溪时”①。经过 13 年的隐修，“道既成，远方学者咸依之”②。这 13 年是丘处机隐居修道和读书著述时期，其隐居生活及修道悟道思想，具载其《磻溪集》中。大定二十六年（1186 年），京兆统军夹谷公疏请丘处机还终南刘蒋村，丘返终南后，修葺了王喆故居，取名“祖庭”（或称“祖庵”），就在那里住了下来。大定二十八年（1188 年）春，金世宗闻处机之名，遣使召入京师，多次问道，对答称旨。于当年八月返终南，仍居祖庵。不久，金章宗“以惑众乱民，禁罢全真及五行毗卢”③。乃不得不于禁令之次年，即明昌二年（1191 年），东归栖霞，建太虚观以居之。在那里，他为了便于宗教活动的开展，与不少“达官贵人”和

---

① 《甘水仙源录》卷 2《长春真人本行碑》，《道藏》第 19 册，第 734 页。
② 《甘水仙源录》卷 2《长春真人本行碑》，《道藏》第 19 册，第 734 页。
③ 《金史》卷 9《章宗纪》，北京：中华书局 1975 年版，第 1 册，第 216 页。

“当代名臣”相往还，社会影响渐渐大起来。以上这一段，可算是丘处机积极扩大宗教影响、发展全真道组织的时期。但因当时政治条件不利，他也同王喆、马钰、谭处端、刘处玄等人一样，没有多大作为，未能使全真道获得较大的发展。

金大安二年，即蒙古太祖五年（1210 年），北方风云突变。该年成吉思汗攻金，次年占领金长城以北地区和西京大同。崇宁二年（1213 年），包围金中都燕京，占领金河北、河东州郡，金人被迫于贞祐二年（1214 年）迁都开封。燕京随亦失陷（1215 年）。此后，继失山东、关中地，乃退居河南，女真统治面临末日。这种急转直下的政治形势，给丘处机提供了政治选择机会，使他有可能在政治转折关头，作出于全真道发展更为有利的政治选择。开始，他仍效力于金，如在金都南迁的贞祐二年（1214 年）秋，山东大乱，杨安儿等起义，驸马都尉讨之，登州和宁海皆不平，乃请丘处机进行抚谕。丘处机承诺了这项请求，“所至皆投戈拜命，二州遂定”①，为金王朝效了大力。随后，时局愈来愈明朗，丘处机的态度也就随之起了变化。那就是丘处机招安两州获得成功以后，显示了他和全真道在群众中具有相当的号召力。这不仅在社会上产生了很大的影响，也引起了金、南宋和蒙古三方统治者的注意，都竞相派遣使臣前去召请，各欲为其所用。先是金宣宗于贞祐四年（1216 年）遣使召请（丘时居登州），接着宋宁宗于嘉定十二年（1219 年）遣使召请（时南宋已收复齐、鲁，丘居掖县），同年五月成吉思汗又自乃蛮派使臣刘仲禄召请（刘于当年十二月到达丘之住地莱州）。丘处机权衡时局，深知金王朝行将灭亡，南宋又十分孱弱，唯有蒙古力量方兴未艾，故决定婉言谢绝金、宋使者，答允成吉思汗的召请。事实证明，丘处机的这种政治选择，不仅对于他个人，而且对于全真道的命运都有重大的意义。这是丘处机之能成为享誉道坛的名道士的转折点，也是全真道获得大发展的转折点。

丘处机在答允赴召之次年，即元太祖十五年（1220 年）正月，率领随行

① 《甘水仙源录》卷 2《长春真人本行碑》，《道藏》第 19 册，第 734 页。

弟子十八人[1]，自莱州启程北上。二月抵燕京，被馆于玉虚观。刘仲禄先遣曷刺驰奏，处机亦奉表以闻。不久，诏催就道，四月离燕，道出居庸关。五月至德兴府（元改保安州，治今河北涿鹿），居龙阳观。八月抵宣德州（治今河北宣化），居朝元观。十月，曷刺进表回，有诏促行。次年（1221年）二月出张家口，经其北之盖里泊，五月抵陆局河，折而西行。沿途受到士庶奉香火拜迎，王公大人们也争相进诗勉志，全真道在社会上的影响还从来没有此时这样广泛而深刻。七月至阿不罕山，留弟子宋道安等九人于当地立栖霞观，自率赵志坚等九人轻骑而往。中秋日抵金山，八月越阿尔泰山，继入新疆，经别失八里、彰八里、阿里麻里，于十一月抵塔什干（属乌兹别克斯坦），十二月至撒马尔干（属乌兹别克斯坦）。到第三年，即元太祖十七年（1222 年）三月，再折而南行，经碣石，过铁门关，渡阿姆河，于当年四月五日，终于到达此行目的地——设于阿姆河南岸（阿富汗北境）成吉思汗的军营。

丘处机应诏之时，已届 73 岁。他以如此之高龄，不辞爬高山、涉大川、跨戈壁、渡荒漠之苦，行经万余里，历时两年多，前去应召；对此，成吉思汗是十分赏识的。因此在丘处机到达之后，立即作了召见，并对他说："他国征聘皆不应，今远逾万里而来，朕甚嘉焉。"[2]丘处机回答说："山野召而赴者，天也。"[3]这次仅是礼节性的召见，确定在十四日作正式召见，向处机问道。后因战事发生变化，改期至十月。十月望日，召见如期举行。[4] 召见时谈话

① 据《长春真人西游记》，18 位随行弟子为：赵志坚、宋道安、尹志平、孙志坚、夏志诚、宋德方、王志明、于志可、张志素、鞠志圆、李志常、郑志修、张志远、孟志稳、綦志清、何志清、杨志静、潘德冲。《金莲正宗仙源像传》前所载之褒封诏，"綦志清"作"綦志远"，"赵志坚"作"赵道坚"。秦州玉泉观《崇道诏书碑》第四面"全真祖宗之图"，"赵志坚"作"赵道坚"、"鞠志圆"作"鞠志方"。（陈垣编纂：《道家金石略》，北京：文物出版社 1988 年版，第 597 页）

② 《长春真人西游记》卷上，《道藏》第 34 册，第 490 页。

③ 《长春真人西游记》卷上，《道藏》第 34 册，第 490 页。

④ 此据李道谦撰《全真道第五代宗师长春演道主教真人内传》（陈垣编纂：《道家金石略》，北京：文物出版社 1988 年版，第 635 页）。而据李志常《长春真人西游记》卷下，召见日期则为九月望日，此后又于该月十九日和二十三日两次召见（《道藏》第 34 册，第 492 页）。

之内容,《元史·释老传》作了概括:"太祖时方西征,日事攻战。处机每言:欲一天下者,必在乎不嗜杀人。及问为治之方,则对以敬天爱民为本。问长生久视之道,则告以清心寡欲为要。太祖深契其言。"①吴全节、王世贞等亦对此作过概述。② 耶律楚材所编之《玄风庆会录》和李道谦所撰之《全真第五代宗师长春演道主教真人内传》则作了较详的记录,现摘抄《全真第五代宗师长春演道主教真人内传》所记如下:

(太祖)请问长生之道,师(丘处机)曰:"夫道生天育地,日月星辰,鬼神人物,皆从道生。人止知天之大,不知道之大也。山野生平弃亲出家,惟学此耳。道生天地,轻清者为天,天阳也,属火;重浊者为地,地阴也,属水。天地既辟,人秉元气而生,负阴而抱阳。阳男也,属火;女阴也,属水。惟阴能消阳,水能克火,故养生者首戒乎色。夫经营衣食则劳乎思虑,虽散乎气,而散之少;贪婪色欲则耗乎精神,亦散其气,而散之多。夫学道之人,澄心遣欲,固精守神,唯炼乎阳。是致阴消而阳全,则升乎天而为仙,如火之炎上也。凡俗之人,以酒为浆,以妄为常,恣情遂欲,损精耗神,是致阳衰而阴盛,则沉于地而为鬼,如水之流下也。夫神为气子,气为神母,气经目为泪,经鼻为齈,经舌为津,经外为汗,经内为血,经骨为髓,经肾为精。气全则生,气散则死,气盛则壮,气衰则老。常使气不散,则如子之有母,气散则如子之散(疑为"失"字)父母,何恃何怙。夫修真者,如转石上山,愈高而愈难,跬步颠沛,前功俱废。以其难为,故举世莫之为也。背道逐欲者,如辊石下山,愈卑而愈易,斯须陨坠,一去无回。以其易为,故举世从之。山野前所谓修炼之道,皆常人之事。若夫天子之说,又异于是。陛下本天人耳,皇天眷命,假手我家,除残去暴,为元元父母。恭行天伐,如代大匠斫,克艰克难,功成限毕,复升天位。在世之日,切宜减声色嗜欲,自然圣体安康,睿算遐远耳。夫古人以继嗣而娶,先圣孔子、孟子亦各有子。孔子四十而不惑,孟子四十不动心,人

① 《元史》卷202《释老传》,北京:中华书局1976年版,第15册,第4524—4525页。

② 参见虞集:《河图仙坛之碑》,《文渊阁四库全书》第1207册,第365页;王世贞:《书玄风庆会录后》,《文渊阁四库全书》第1284册,第292页。

生四十已上，气血渐衰，故戒之在色也。陛下春秋已及上寿，圣子神孙，枝蔓多广，但能节欲保身，则几于道矣。昔黄帝尝问道于广成，广成告以无劳汝形，无摇汝精，无使汝思虑营营。此言是也。”

上又问：“有进长生药者，服之何如？”师曰：“药为草，精为髓。去髓添草，譬如囊中贮金，旋去金而添铁，久之金尽，囊之虽满，但遗铁耳。服药之理，何异乎是。昔金世宗皇帝即位之后，色欲过节，不胜衰惫。每朝会，令二人掖之而行。亦尝请余问养生之道，余如前说，自后身体康强。陛下试一月静寝，必觉精神清爽，筋骨强健。天子虽富有四海，饮食起居，珍玩货财，亦当依分，不宜过差……山东、河北，天下美地，多出良禾美蔬、鱼盐丝枲，以给四方之用。自古得之者为大，所以历代有国者惟重此地耳。今尽为陛下所有，奈何兵火相继，流散未集。宜选清干官为之抚治，量免三年赋役，使军国足金帛之用，黔黎复苏息之安。一举而两得，斯乃开创之良策也。苟授非其才，不徒无益，反以为害。其修身养命之道，治国保民之理，山野略陈梗概，用之舍之，在宸衷之断耳。”上嘉纳其言。

自是不时召见，与之论话。一日，上问曰：“师每言劝朕止杀，何也？”师曰：“天道好生而恶杀。止杀保民，乃合天心。顺天者，天必眷祐，降福我家。况民无常怀，惟德是怀，民无常归，惟仁是归。若为子孙计者，无如布德推恩，依仁由义，自然六合之大业可成，亿兆之洪基可保。”上悦。又问以雷震事，师曰：“山野闻国俗夏不浴于河，不浣衣，不瞰毡①，野有菌，禁其采，畏天威也。然非奉天之至道。尝闻三千之罪，莫大于不孝。今闻国俗于父母未知孝道。上乘威德，可戒其众。”上悦曰：“神仙前后之语，悉合朕心。”命左右书之策，曰：“朕将亲览，终当行之。”②

以上丘处机的答词，除重点谈了道家“清心寡欲”、“固精守神”的养生之道外，又谈了“止杀保民”、“布法推恩”、“以孝治国”等儒家治国之术，可谓完

① 《长春真人西游记》卷下“不瞰毡”作“不造毡”。《道藏》第34册，第493页。

② 《全真道第五代宗师长春演道主教真人内传》，陈垣编纂：《道家金石略》，北京：文物出版社1988年版，第635—636页。

成了一身而二任的使命。

成吉思汗对此次召见很重视，命太师耶律阿海以蒙语译奏，又“敕志以汉字，以示不忘”。对处机奏对也很满意，谈话中，对处机不称名，但称“神仙”。召对之后，还“集太子诸王大臣曰：汉人尊重神仙，犹汝等敬天，我今愈信真天人也。乃以师前后奏对语谕之。且云：天俾神仙为朕言此，汝辈各铭诸心”①。

癸未（1223 年）二月七日，处机请求东归，谕以少待时日。三月七日再入陛辞，被允准。授以虎头金牌及玺书，令其掌管天下道教，诏免道门赋役。得旨之当月，丘处机率随行弟子启程东归。经蒙古南道，自科布多至金山，偕门人宋道安等人东返。成吉思汗仍派宣差阿里鲜等人护送，沿途受到蒙古官员们的“敬奉”。经过一年跋涉，于次年（1224 年）三月还抵燕京。

二、全真道大发展局面的开创

丘处机回到燕京之后，蒙古达官贵人皆争先奉承。“燕京行省金紫石抹公，宣差便宜刘公以下诸官，遣使者持疏恳请师住大天长观（即太极观，后改名长春宫）。”②丘处机当即答允，在太极观住了下来。该观从此成为全真道首脑机关所在地。“时国兵践蹂中原，河南、北尤甚，民罹俘戮，无所逃命。处机还燕，使其徒持牒招求于战伐之余，由是为人奴者得复为良，与濒死而得更生者，毋虑二三万人。”③此后，成吉思汗对丘处机的宠遇又有增无减。“自尔使者赴行宫，皇帝必问：‘神仙安否？’还，即有宣谕。”④1224 年季夏，又遣人传旨：“自神仙去，朕未尝一日忘神仙，神仙无忘朕！朕所有之地，爱愿处即住。门人恒为朕诵经祝寿则嘉。”⑤丘处机所作的上述收揽人心的工作，与他获得的皇帝的宠遇，遂使他在朝野上下顿时身价百倍，成为北方道教的风云人物，他所居的太极观自然成为北方道教的中心。“厥后道侣云集，玄教日兴。乃建八会，曰平等，曰长春，曰灵宝，曰长生，曰明真，

① 《长春真人西游记》卷下，《道藏》第 34 册，第 493 页。
② 《长春真人西游记》卷下，《道藏》第 34 册，第 495—496 页。
③ 《元史》卷 202《释老传》，北京：中华书局 1976 年版，第 15 册，第 4525 页。
④ 《甘水仙源录》卷 2《长春真人本行碑》，《道藏》第 19 册，第 735 页。
⑤ 《长春真人西游记》卷下，《道藏》第 34 册，第 496 页。

曰平安，曰消灾，曰万莲。会各有百人，以良日设斋，供奉上真。”[①]姬志真《盘山栖云观碑》云：“由是玄风大振，四方翕然，道俗景仰，学徒云集。”[②]商挺《大都清逸观碑》也说：“长春既居燕，士庶之托迹，四方道侣之来归依者，不啻千数，宫中为之嗔咽。”[③]甚至“旁门异户，靡不向风”，全真道确实成为当时最显赫的道派。以上情况表明，全真道大发展的条件已趋成熟。蒙古统治者所给予它的大力支持，为它的大发展提供了良好的政治条件；北方久经战火，且此战火仍在由北向南继续烧燃，饱受战火之苦的广大人民群众，又为全真道的大发展准备了良好的群众条件。上述士庶托迹、道侣皈依情况的出现，就是群众条件成熟的具体表现。丘处机对于这些条件是有充分认识的，并早已构想利用这些条件着手发展全真道了。早在他从大雪山东归南下途中，即大约在1223年五六月之某日，夜宿盖里泊（抚州之丰利县境内）时，就向其随行弟子们说：“今大兵之后，人民涂炭，居无室、行无食者，皆是也。立观度人，时不可失。此修行之先务，人人当铭诸心。”[④]应该说，丘处机提出立观度人构想的出发点多半出于宗教家救世的情怀，但立观度人的结果，必然是全真道的发展。他在这里虽然并非有意作发展全真道的布置，而客观上却不啻是发展全真道的动员令。故在这之后，全真弟子们大建宫观、广收门徒的活动，就以前所未有的规模开展起来了。以此为起点，至尹志平、李志常相继掌教期间，全真道的宫观逐渐遍布北方，全真道徒也充塞山薮，全真道进入其发展的鼎盛时期。

全真道的鼎盛，以它的门徒众多，且多知名道士为标志。其中尤以丘处机门下更多杰出人才。既有随其西觐元太祖的十八弟子，又有推行其创观收徒计划的干将，还有完成其遗志编纂元代《玄都宝藏》的门徒，更有继他之后作全真掌教的后继人。其再传中也多知名者。现据有关资料，将丘门知名道士图表如下，其活动事迹，待下面相关处再作介绍：

---

① 《全真道第五代宗师长春演道主教真人内传》，陈垣编纂：《道家金石略》，北京：文物出版社1988年版，第636页。

② 《云山集》卷7，《道藏》第25册，第414页。

③ 《甘水仙源录》卷10，《道藏》第19册，第809页。

④ 《甘水仙源录》卷10《大都清逸观碑》，《道藏》第19册，第809页。

- 丘处机(长春)
  - 尹志平(清和)
    - 刘志渊
      - 郭志常
    - 仇志隆
      - 陈德定
  - 李志常(真常)
    - 张志敬(诚明)
    - 申志贞(洞元)
      - 鲁志兴
    - 樊志应(重玄)
      - 齐道亨
      - 刘道安
    - 王　粹
  - 王志坦(淳和)
    - 梁志安
    - 常志敏
  - 宋德方(披云)
    - 祁志诚(洞明)
      - 丘洞真
      - 苗道一
        - 井德用
    - 刘志贞(纯熙)
      - 谢志坚
      - 梁志端
    - 何志渊(清真)
      - 王志纯
    - 秦志安(通真)
      - 李志实
  - 蒲察道渊
  - 宋道安(冲虚)
  - 潘德冲(冲和)
    - 刘若水
  - 夏志诚(清贫道人)
  - 赵道坚(虚静)
  - 于志可(冲虚)
  - 张志素(崇道)
  - 张志稳(悟真)
  - 綦志远(白云)
  - 何志坚(保真)
    - 何志邈
  - 王志明(葆光)
  - 鞠志圆(通真)
  - 郑志修(颐真)
  - 张志远(玄真)
  - 孙志坚(虚寂)

丘门知名道士图

- 丘处机(长春)
  - 杨志静(通玄)
  - 武志摅
  - 于伯祥
  - 李志源(真常？冲虚？)
  - 丁　某
    - 贾志坚
  - 张鹏举
  - 何志夷
  - 李志方(重玄)
    - 左守宽(玄静)
    - 霍志真(寂然)
      - 杜志明
    - 杨守和(纯素)
      - 守　真
      - 守　正
  - 冯志亨(寂照)
    - 薛德琚
    - 姚志玄
  - 刘道宁(真常)
    - 褚志通
    - 史志经
      - 褚寂然
      - 刘志新
    - 许志安
  - 李志明(栖真)
    - 张志希
    - 侯志正
    - 郭志修
  - 李志柔(同尘)
    - 成志远
    - 任志安
    - 石志坚
  - 李志全(纯成)
  - 赵志渊(清平)
    - 张志静
  - 陈志益
  - 王志道
    - 史道安
      - 朱志蒙
    - 徐老先生
    - 郭志淳
      - 王道止
  - 刘志敏(虚静)
    - 冷德明
  - 房志起(冲虚)
    - 张志洞
    - 孟志玄
    - 赵志朴
  - 宁神子
    - 杨守玄(洞妙)
      - 张守微
  - 韩志谷(清虚)
    - 刘志水(希真)
      - 刘志实(圆素)

丘门知名道士图(续)

除丘处机的门徒外，其余六子之门徒亦有相当的发展。如马钰弟子于善庆，后拜丘处机为师，改名于志道，所传门徒即多知名道士。于善庆本人，知名于金元之际，其弟子李道谦最为杰出，曾作《七真年谱》、《甘水仙源录》和《终南山祖庭仙真内传》等，不啻全真道之“太史”。其再传孙德彧又曾为全真道之一代掌教。现图表如下：

- 于善庆（洞真）
  - 马天麟
  - 符道清
  - 高道宽（圆明）
  - 李道谦（天乐）
    - 孙德彧（开玄）
      - 景若冲
      - 赵道真
      - 颜若退
      - 张若讷
      - 任道明

于善庆一支传承图

郝大通弟子王志谨（栖云）门下也发展了大批门徒，有徐志根、论志元、魏志言、姬志真、贾志福、崔志隐、管志道、董道亨、李志希、张志信、李志居、儒志久、刘志甫、张志夷、田志敬等，大都知名当世。其后之再传亦有杰出者，如徐志根所传弟子孙履道（明德），后曾作全真道之一代掌教。

由上可见，自丘处机掌教以后，全真道的门徒有了很大发展，表现出道门兴旺的景象。

元代全真道之鼎盛，又从当时大量修建宫观中表现出来。当时全真道究竟修建了多少宫观，现已难于确考。但仅就现存《顺天府志》所引之《析津志》、《元一统志》及《甘水仙源录》等所留下的记载，即可概见其规模之宏大。兹简记于下：

第一，燕京地区。

自丘处机从雪山返居燕京长春宫以后，燕京一直是全真道首脑机关所在地。他的许多弟子皆在燕京及其附近努力创建宫观，遂使这个地区成为全真道宫观和道士最集中的地方。据对《顺天府志》所引《析津志》、《元一统志》及《析津志辑佚》等所记宫观的粗略统计，燕京及其附近地区共有宫观百余所，其中绝大部分属全真宫观，大都建成于丘处机居长春宫至李志常掌教这段时间。现举例如下：

李守征建固本观。《元一统志》说:“固本观,创于清真道人李炼师守征者,始自癸卯岁(疑应为癸未,即1223年),得地中都开远坊,后请名于长春大宗师,曰‘固本’。”①

潘德冲建清逸观。潘德冲(1191—1256年),字仲和,号冲和子,淄之齐东②人。家世业农,素饶财。稍长,警悟敏慧,读书日记千余言。后闻父母欲为娶妻,遂宵遁,往栖霞滨都观出家,师丘处机。十余年后,丘处机西觐,被选作十八随行弟子之一。③《元一统志》说:“弟子从行者十八人,各有科品,琴书科则冲和真人潘公(指潘德冲)也。”④“还燕之三年,长春仙去,真人尹公嗣法,命(潘德冲)充燕京都道录兼领宫事。”⑤在这期间,他创建了清逸观。《元一统志》说:“长春既居燕,潘公乃择胜地以为长春别馆。壬辰岁(1232年),广阳坊有民货居,潘公往相焉。曰:‘土厚木茂,幽清之气郁然,真道宫也。’遂捐金得之。建正殿,翼左右二室,以居天尊,仍筑琴台于殿之阴。落成之日,清和真人(尹志平)以‘清逸’名之。”⑥

宋道安建长生观。宋道安字号、生卒、籍贯皆不详,是丘处机西觐成吉思汗随行十八弟子之一,且是其中年岁最高者。丘处机东返居燕不久,他创建了长生观。有记载说,丘处机临终前,曾遗命叫他继任全真掌教,不久,以年岁高请尹志平代,不知确否(下面将述及)。《元一统志》说:“长生观,长春丘仙翁门弟崇德宋真人所创建,在旧都丰宜关。有《崇德祠堂记》,长春宫玄学讲经、宣义大师史志经撰。”⑦此处未记其名。按《金莲正宗仙源像传》载,至大三年,宋道安被追封为“圆明普照崇德真人”,故《元一统志》所云“崇德宋真人”当为宋道安。

宋德方建清都观。宋德方(1183—1247年),字广道,号披云子,莱州掖

① 转引自《顺天府志》卷8,北京:北京大学出版社1983年版,第96页。

② 旧县,在山东省中部偏北。1958年撤销,划归邹平、博兴两县,1961年版,并入博兴县部分又划归高青县。

③ 参见《甘水仙源录》卷5《冲和真人潘公神道之碑》,《道藏》第19册,第761页。

④ 转引自《顺天府志》卷8,北京:北京大学出版社1983年版,第91—92页。

⑤ 《甘水仙源录》卷5《冲和真人潘公神道之碑》,《道藏》第19册,第761页。

⑥ 转引自《顺天府志》卷8,北京:北京大学出版社1983年版,第92页。以上亦见《甘水仙源录》卷10《大都清逸观碑》,《道藏》第19册,第809—810页。

⑦ 转引自《顺天府志》卷8,北京:北京大学出版社1983年版,第99页。

城(今山东莱州市)人。年十二,问生死之道于刘处玄,后得度于王处一,占道士籍。刘处玄逝世(1203年)后,师丘处机于栖霞。丘处机西觐成吉思汗,被选为十八随行者之一。丘处机返燕,随师居长春观。“及长春羽化,清和嗣典教事,令师(指宋德方)提点教门。”①在这期间,他在燕京创建了清都观。《元一统志》说:“清都观,定庵老人吴章记,辛卯年(1231年)四月立石。提点长春宫大师宋德方得紫微之故地,立混元像于中,名其观曰‘清都’,清都紫府乃上界神仙之所居也。观宇既成,大集道侣与京城士大夫共落之。”②是此观建成于1231年。

王志明建洞神观。王志明,生卒及籍贯不详。丘处机西觐成吉思汗,被选为十八随行弟子之一。李志常《长春真人西游记》曾记其名,号葆光大师,《元一统志》谓其在燕京建洞神观,云:“洞神观,在旧城,有虚舟老人太原李鼎所撰记。葆光大师谷神子所创建也。葆光先就云中拜长春为师,传法于圆明普照崇德宋真人(宋道安),其道行皆见于记。”③

王慧舒建静远观。王慧舒,号长清散人。“散人生济南,五代至宋,家世巨族……散人于贞祐甲戌(1214年)遇玄德马真人,出家学道。当长春师玄风大振之时,亦来会下,长春赐以道号。”④后建静远观于蓟门之西永平坊。“经始于辛卯(1231年),落成于壬子(1252年)。”⑤

何志邈建兴真观。何志邈生卒籍贯皆不详,拜至德静默保真真人何志坚为师,为丘处机之再传弟子。“保真讳志坚,高唐(今属山东)人。幼事长春丘公学道,己卯岁(1219年)长春应太祖圣武皇帝之命,从行者十八人,保真其一也。还燕之日,尝有兴修之志,不果而逝。”⑥其徒道教都提点何志邈“为修之,以成师之先志。观成,求额于清和真人,号‘兴真’”⑦。该观坐落在都城东北隅之康乐坊。

---

① 《终南山祖庭仙真内传》卷下《披云真人传》,《道藏》第19册,第539页。
② 转引自《顺天府志》卷8,北京:北京大学出版社1983年版,第97—98页。
③ 转引自《顺天府志》卷8,北京:北京大学出版社1983年版,第89—90页。
④ 《顺天府志》卷8,北京:北京大学出版社1983年版,第94页。
⑤ 《顺天府志》卷8,北京:北京大学出版社1983年版,第94页。
⑥ 《顺天府志》卷8,北京:北京大学出版社1983年版,第88页。
⑦ 《顺天府志》卷8,北京:北京大学出版社1983年版,第88页。

何守夷建清真观。何守夷之生卒、籍贯不详。《元一统志》云："广严虚妙寂照真人何守夷受业于长春主教真人丘公，壬寅岁（1242 年）始为'清真'于京师奉先坊，为祈福地。"①

李志方建真元观。李志方，沃州（今山东沃县）人，是郝大通之徒王栖云之弟子。② 1247 年去燕京。燕京旧城广阳坊原有孝靖宫，"乃金世宗嫔御老而无子者之所居。自经变故，屋宇榛芜"。栖云认为，"此虽瓦砾之场，实是祈福之地"，乃命李志方度材用工，建而为观，名曰"真元"。③

此外，还有霍志融建于春台坊之崇元观，陈慧端建于广源坊之玉华观，梁慧真建于开远坊之玉真观，陈守玄建于美俗坊之冲微观，夏宗道建于开远坊之玄禧观，孟道宣及其徒郭志真建于金废宫北闼之十方昭明观，马天麟建于甘泉坊之玉清观等，④皆先后成于尹志平至李志常嗣教期间，兹不一一列举。

第二，河北、河南地区。

河北地邻燕京，丘处机应成吉思汗之召，无论西游或东返，都曾途经河北许多地方，沿途散布了全真道的影响，为全真道在河北的流行奠定了基础。此后即有不少全真门徒去河北、河南进行创观收徒活动。其中李志柔最为突出。李志柔（1189—1266 年），字谦叔，其先洺（洺州治今河北永平）人。世业农桑。父志微，早从郝大通弟子李开玄受全真教法。泰和辛酉岁（1201 年），志柔亦事开玄执弟子礼。"寻隐居仙翁、广阳两山，谢绝人事者十有二年。"⑤1220 年，丘处机应成吉思汗之召北上，"道经燕赵，师（指李志柔）以礼饯行"⑥。后丘处机东归，于 1223 年 8 月南下至宣德时，又迎之于朝元观。这次丘处机除赐给他"同尘子"之号外，特别向他交代了一项任

① 转引自《顺天府志》卷 8，北京：北京大学出版社 1983 年版，第 98 页。

② 此李志方是沃州人，与彰德天庆观之李志方（马钰之再传）是否一人，待考。

③ 转引自《顺天府志》卷 8，北京：北京大学出版社 1983 年版，第 90—91 页。

④ 以上皆参见《顺天府志》卷 8，北京：北京大学出版社 1983 年。马天麟建玉清观又见光绪《畿辅通志》卷 139，《续修四库全书》，上海：上海古籍出版社 2002 年版，第 635 册，第 3 页。

⑤ 《甘水仙源录》卷 7《终南山楼观宗圣宫同尘真人李尊师道行碑》，《道藏》第 19 册，第 781 页。

⑥ 《甘水仙源录》卷 7《终南山楼观宗圣宫同尘真人李尊师道行碑》，《道藏》第 19 册，第 781 页。

务:“教以立观度人,将迎往来道众为务。”①李志柔“恪遵玄训,于是始建长春(观)于漳川,奉天(观)、栖真(观)于大名。丙戌(1226年),复诣燕觐宝玄堂,参证心印。明年秋,长春返真。师杖屦南归,向化者益众。如磁州之神霄(观),相州之清虚(观),林虑之天平(观),广宗之大同(观),燕都之洞真(观),皆以次而举。其门弟诸方起建大小庵观二百余区”②。《大元宗圣宫主李尊师道行碑》则谓“其门弟诸方起建大小庵观殆三百区,化度道流称是”③。《大元重修古楼观宗圣宫记》亦谓其“诸方建立若宫若观若庵,殆三百余区”④。尽管具体数字略有出入,但都表明李志柔及其弟子们所建宫观是相当多的。

刘志源也在河北大名路建了不少宫观。刘志源(1170—1243年),道号清泠子,相台固县(属今河南安阳市)人。家固饶财。母死后出家,先于澶州洪羊山礼郎尊师(郎志清,王处一弟子⑤)。崇庆(1212—1213年)间,东游铁查山,拜王处一为师。1223年,丘处机东返南下,刘志源“迓于宣德,长春一见深许,……仍委提举大名路教门事。由是道价益隆,度门弟子数百人,建立庵观百有余所”⑥。《重修终南山上清太平宫记》则谓刘志源“建宫立观,亦二百余所。名额具者:大名之太清(观),开州之万寿(观)、洞玄(观),滑州之天庆(观),南乐之参天(观),清丰之洞真(观),修武之重阳(观),东明之明真(观),观县之清真(观),琅山之东华(观),洎此宫(按指终南山上清太平宫),亦十有余处。度门弟子三千余人”⑦。可见刘志源亦是建观收徒的一员干将。

---

① 《甘水仙源录》卷7《终南山楼观宗圣宫同尘真人李尊师道行碑》,《道藏》第19册,第781页。

② 《甘水仙源录》卷7《终南山楼观宗圣宫同尘真人李尊师道行碑》,《道藏》第19册,第781页。

③ 又收入《古楼观紫云衍庆集》卷中(《道藏》第19册,第558—559页),文字与《甘水仙源录·李尊师道行碑》大同。

④ 《古楼观紫云衍庆集》卷上,《道藏》第19册,第555页。

⑤ 参见(元)朱象先:《玄都宫碑铭》,载王宗昱:《金元全真教石刻新编》,北京:北京大学出版社2005年版,第200页。

⑥ 《甘水仙源录》卷8《终南刘先生事迹》,《道藏》第19册,第791页。

⑦ 陈垣编纂:《道家金石略》,北京:文物出版社1988年版,第520页。

赵志渊也在河北大名、磁州、相州等地建了不少宫观。赵志渊（1167—1243 年），道号清平子，单州（山东单县）人。甫及冠，拜马钰之徒马了道（灵真子）为师。大安、崇庆（1209—1213 年）间，“避兵王屋山，草衣木食，不变所守”。“大元癸未（1223 年），长春宗师奉诏南下，诣谒于燕山，特蒙奖异，且以修真观俾居之。先生每日一造师席，听受谈演……及长春升，始从洺州僚庶之请，主持神霄万寿宫。”在“大名、磁、相之间度学者凡数百人，立庵观十有余所”。①

李志远则在河南卫州建宫观。李志远（1169—1254 年），原名仲美，后改志远，号无欲子，秦元月山人。② 年三十③，弃妻子入道，师浮山碧虚子（马钰弟子杨明真），遂尽得传。后“分掌玄教于终南祖庭者逾三纪焉”④。“庚寅（1230 年）春如南阳（今属河南），依附者众。会冲虚李公（丘处机之徒李志源）、洞真于公（马钰弟子于洞真）在汴，冲虚（时任汴京嘉祥观提点）奏请住持丹阳观。”⑤金天兴元年（1232 年），金人撤离京城开封，寻被元兵占领。“明年（1233 年），京城大饥，人相食，出逃死北渡者，日不下千数。既抵河，津人利其财贿，率不时济，殍死风雪间，及已济而沉溺者，亦无虑千百数。”当时李志远在卫州（贞祐间治胙城），目睹上述惨状，“愀然叹曰：人发杀机，一至于此邪？吾挐舟而来，正为此耳，兹焉不化，安往而施其道哉！”乃于胙城之北墉建立灵虚观。“于是仁风一扇，比屋回心，贪残狠戾，化为柔良，津人跋俗悔过，徼福于门者，肩相摩而踵相接矣。”“自是风声教习，大被于河朔矣！”⑥

第三，山东、山西地区。

山东是全真道发祥地之一，北七真皆出自山东，北七真弟子亦多山东人，

---

① 《甘水仙源录》卷 8《清平子赵先生道行碑》，《道藏》第 19 册，第 791 页。

② 此据《秋涧集》卷 53 和《甘水仙源录》卷 9 所载《卫州胙城县灵虚观碑》，《道家金石略》载此碑文略异。《甘水仙源录》卷 6《终南山重阳万寿宫无欲观妙真人李公本行碑》则作“原月山人”，《道藏》第 19 册，第 767 页。

③ 此据《秋涧集》卷 53《卫州胙城县灵虚观碑》，《文渊阁四库全书》第 1200 册，第 704 页。《李公本行碑》则作“年三十七”，《道藏》第 19 册，第 767 页。

④ 《秋涧集》卷 53《卫州胙城县灵虚观碑》，《文渊阁四库全书》第 1200 册，第 704 页。

⑤ 《李公本行碑》，《道藏》第 19 册，第 768 页。

⑥ 以上见《秋涧集》卷 53《卫州胙城县灵虚观碑》，《文渊阁四库全书》第 1200 册，第 703—704 页。《甘水仙源录》亦载此文，文字略有异同。

故全真道在山东的基础是十分深厚的。在丘处机居燕京长春宫及以后一段时间,许多全真弟子去山东、山西,很快在那里建立起大批宫观。张志渊是其中之一。张志渊生卒年不详,号洞虚子,山东郓城县(今属菏泽市)人。师马钰弟子周全道(全阳子),为马钰之再传。《重阳成道宫记》说,张志渊入道后,曾"主东平(路)郓城白云观,度弟子千余人,庵观称是"①。《终南山祖庭仙真内传》之《周全道传》则谓其"于济州创白云观,度弟子数百人,悉立庵观于齐鲁之间"②。时间大约在元兵占山东至金亡之间及稍后。

丘处机弟子潘德冲则在山西建立一批宫观。前面已经说过,潘德冲曾在燕京广阳坊创建了清逸观。度其时间,似在 1235 年之前。此后,他即去山西进行建观收徒活动。《冲和真人潘公神道之碑》说:"岁乙未(1235 年),平遥官长梁公偕同僚恳疏请清和真人重修兴国观。真人命师(指潘德冲)往。甫逾年,撤其旧而新之。壬寅(1242 年),署师诸路道教都提举,仍兼本路道录。"③接着他又在山西芮城县永乐镇创建了有名的纯阳万寿宫(俗称永乐宫)。《潘公神道之碑》说:"甲辰(1244 年),河东永乐祠堂灾。祠盖吕纯阳之仙迹也。朝议以为纯阳之显道如此,祠而祀之,事涉简陋,可改为纯阳万寿宫。命李真常(李志常)遴选道望隆盛、人所具瞻者崇建焉。……众以师德望干才绰有余裕,……乃署师为河东南北两路道教都提点,命往营之。"④几年之后建成。"壬子(1252 年)夏四月,真常因奉朝命祀岳渎,过永乐,见其规模宏敞。"⑤这是永乐宫最早的创建。不久,遭火灾,蒙古中统三年(1262 年)部分重建,成为全真道三大祖庭之一。

宋德方也在山西建了一批宫观。前面讲过,宋德方曾在燕京创建了清都观,它大约落成于 1231 年。此后不久,他即去了山西。秉承其师丘处机之遗志,在平阳(今山西临汾西南)主持编纂《玄都宝藏》。他在编纂《道藏》期间,"犹假余力,即莱州神山开九阳洞及建立宫观,自燕至秦晋凡四十

① 《重阳成道宫记》,《宫观碑志》,《道藏》第 19 册,第 712 页。
② 《道藏》第 19 册,第 527 页。
③ 《甘水仙源录》卷 5《冲和真人潘公神道之碑》,《道藏》第 19 册,第 761 页。
④ 《道藏》第 19 册,第 761—762 页。
⑤ 《道藏》第 19 册,第 762 页。

余区”[1]。另有材料则说:“真人犹假余力,建立宫观,自燕齐及秦晋,接汉沔,星分棋布,凡百余区。”[2]

薛知微也在山西建了一批宫观。薛知微(1150—1232 年),字道渊,号碧霄子。世居河东河津县(今属山西)。大定十一年(1171 年),师马钰于终南祖庭。“既得其传,复还乡里,筑庵守静,调气养神,如此六载。”[3]大定二十三年(1183 年)马钰逝世后,离终南南渡,“遨游嵩少间。寻迁内乡(今属河南),爱其人淳景秀,即结茅隐居,多所接引……度门弟子数百人,唯侯志忍、柳志春、唐志安、范志冲四人为入室,皆立观度人于河东云、应(约当今山西大同、应县一带)间,为当代之高道”[4]。

第四,陕西、甘肃地区。

陕西是全真道最早的发祥地。除王喆本人早期活动于此地外,他的弟子马钰、丘处机及其再传弟子中很多人都长期活动于此,基础也是十分深厚的。在丘处机居燕京长春宫后,不少弟子很快于其地建立起大批宫观。如尹志平在嗣教以后的 1235 年,就曾去陕西营建二观四宫,并度弟子千余人(见下)。除尹志平外,长期在陕甘建观收徒的是于善庆。于善庆(1166—1250 年),字伯祥,后改名志道,号洞真。宁海(属山东烟台市)人,出身高门。大定二十二年(1182 年)拜马钰为师。次年,马钰逝世,径诣陇州龙门山师丘处机。处机令其“参长真(谭处端)于洛阳,得炼心法,丐食同(州治陕西大荔)、华(州治陕西华县)间。明昌初,长春归海上,嘱曰:‘汝缘在汧(今汧阳)、陇(今陇县),无他往。’……复入秦,卜吴岳东南峰,凿石以处……绝迹人间七、八年”。泰和“五年(1205 年),再谒长春,启证心印。退隐相州天平山。六年(1206 年),长春介毕知常缄示密语,督还汧陇”[5]。此后根据丘处机的安排,长期活动于陕西西部陇县、凤翔一带,“诣门求度

---

① 《终南山祖庭仙真内传》卷下,《道藏》第 19 册,第 540 页。

② 《玄都至道披云真人宋天师祠堂碑铭并引》,陈垣编纂:《道家金石略》,北京:文物出版社 1988 年版,第 547 页。

③ 《终南山祖庭仙真内传》卷中《薛知微传》,《道藏》第 19 册,第 530 页。

④ 《道藏》第 19 册,第 530 页。

⑤ 《甘水仙源录》卷 3《终南山重阳万寿宫洞真于真人道行碑》,《道藏》第 19 册,第 747 页。

为道士者数百人，俱立观院于凤翔、汧、陇之间”①。1238年，李志常掌教，于该年七月奏请得旨，改终南灵虚观（即王喆修道处祖庭）为重阳宫，敕于善庆为重阳宫住持，主领陕右教门事。“不十载间，雄宫杰观，星罗云布于三秦之分矣。”“丙午（1246年）秋，巩昌（路治今甘肃陇西）总帅汪德臣欲请师作醮荐父灵……师即应之。巩昌地接西羌，居民但习浮屠之教，师以无为清静、正心诚意之道化之，风俗为之一变。”②

綦志远也在陕西建立了一批宫观。綦志远（1190—1255年）③，字子玄，号白云子，世为莱州掖县（今山东莱州市）巨族。弱冠之岁，往栖霞师丘处机。居无何，从长春居莱州昊天观。己卯（1219年）之次年，从长春西游，为十八随行弟子之一。后随丘返燕，居长春宫。长春逝世，尹志平嗣教，命知长春宫事。既而委之，行化山东。戊戌（1238年），李志常嗣教入觐，綦志远从行，奏请得旨，命同洞真于真人（于善庆）住持终南山重阳宫，提点陕西教事。他任此职期间，“度门弟子数百人，建立宫观二十余所”④。

冯志亨也在燕、秦一带修复、创建了一批宫观。冯志亨（1180—1254年），字伯通，号寂照，同州冯翊（今陕西大荔县）人。五代瀛王冯道之后。幼业儒，两赴内试不中，弃举子业。癸未（1223年）春，丘处机自西域还，经李志常引荐，拜丘处机为师。处机不以常人待之，付以扶持教门之托。尹志平嗣教后之庚子年（1240年），随志平去陕西改葬王重阳，“自燕至秦三千余里，凡经过道家宫观，废者兴之，缺者完之，至百余所。其间公（指冯志亨）为之记，使刻诸石者，亦十二三焉”⑤。

应该指出，凡丘处机生前住过的地方，他的弟子们都曾为之建宫观，已有宫观的则修葺之，如栖霞太虚观、修武县之真清观、莱州之昊天观、宣德之朝元观等。除内地外，一些边远地区亦曾有全真宫观的建立，著名的如丘处

① 《终南山祖庭仙真内传》卷下《洞真真人传》，《道藏》第19册，第537页。

② 《道藏》第19册，第538页。

③ 此据《终南山祖庭仙真内传》卷下《白云真人传》，《道藏》第19册，第540页。《长春真人西游记》则作“綦志清”，《道藏》第34册，第501页。

④ 《终南山祖庭仙真内传》卷下《白云真人传》，《道藏》第19册，第540—541页。

⑤ 《甘水仙源录》卷6《佐玄寂照大师冯公道行碑铭》，《道藏》第19册，第770页。

机在西觐途中,曾命宋道安建栖霞观于漠北,1235 年,李志常筑道院于和林。

综上可见,自丘处机居燕京长春宫以后,许多全真弟子根据一定的安排,散布在长江以北广大地区内,进行了大规模的建观收徒活动。三大祖庭,即永乐纯阳万寿宫、陕西重阳万寿宫和北京长春宫(后迁建为白云观),皆创建于此时。从而使全真道的组织在不太长的时期内,获得了很大的发展。其发展规模不仅远远超过其师父、师兄主教的时代,而且也超过同在北方的真大道和太一道。

全真道发展如此之盛,丘处机未能完全看到。他居燕京长春宫不到四年时间,便于 1227 年 8 月逝世了,享年 80 岁。临终之前,谓门人曰:“昔丹阳尝授记于余云:‘吾没之后,教门当大兴。四方往往化为道乡,公(指丘处机)正当其时也。道院皆敕赐名额,又当住持大宫观,仍有使者佩符乘传,勾当教门事,此时乃公功成名遂归休之时也。’丹阳之言,一一皆验,若念(当为“合”——引者)符契。况教门中勾当人内外悉具,吾归无遗恨矣!”① 马钰有无此言,不必深究,丘处机对自己开创的全真盛世局面已心满意足,却溢于言表。

三、尹志平、李志常掌教期间全真道的继续发展

丘处机虽然逝世了,但他所开创的全真鼎盛局面并未结束,而由其继任者尹志平、李志常相继推进,使之继续发展下去,上述大规模的建观收徒活动,绝大部分都是在尹志平、李志常掌教时期完成的。为此,下面简略介绍一下尹志平和李志常以及他们掌教时期全真道的发展情况是有必要的。

尹志平(1169—1251 年),字太和,祖籍河北沧州,宋时迁莱州(治今山东莱州市)。幼颖悟,读书日记千余言。年十四遇马钰,遽欲弃家入道。父难之,潜往,追还,锁闭静室。无何,复遁去。逃之再三,始从之。初住昌邑之西庵,梦刘处玄为其断首剖心,觉而大悟。明昌辛亥(1191 年),“参长春公(丘处机)于栖霞,遂执弟子礼。久之,伟其有受道资,尽以玄妙付之……

① 《长春真人西游记》卷下,《道藏》第 34 册,第 498 页。

又问《易》原于太古(郝大通),传篆法于玉阳(王处一)"[①]。自是"远近尊礼,户外之屦满矣"[②]。继住潍阳州玉清观,"主盟齐东者廿寒暑。长春闻之,喜曰:'吾宗教托付,今见人矣!'"[③]1219 年,成吉思汗派刘仲禄征召丘处机,闻志平为处机之上足,乃假道潍阳,偕同尹志平去莱州昊天观见丘处机。对于丘处机之绝金、宋,就元聘,起了赞画的作用。后随丘处机北上燕京,寻西觐元太祖于雪山,为十八随行弟子之冠。1224 年,又随丘处机返燕居长春宫,"师在席下,四方尊礼者云合。师曰:'我无功德,敢与享此供奉乎!'"[④]遂退居德兴(府治今河北涿鹿)之龙阳观。1227 年,丘处机逝世,尹志平时居烟霞观。[⑤]

尹志平是如何嗣教的?诸书记载略有分歧。弋彀《尹宗师碑铭》、王恽《大宗师尹公道行碑铭》皆谓直接受命于丘处机。前者谓:尹志平离开长春宫,"退住德兴之龙阳观,屡承真人(丘处机)手札,示以托重意。及真人升,师方隐烟霞观,又欲绝迹远遁,为众以主教事敦请,勉从之"[⑥]。后者谓:"长春仙去,命公(尹志平)嗣主玄教。"[⑦]李志全撰《清和演道玄德真人仙迹之碑》有类似记载。赵著所撰《佐玄寂照大师冯公道行碑铭》更谓丘处机临终之时面托弟子冯志亨领众人拥立尹志平作掌教,该文云:"宗师(指丘处机)将归真宅,众乃以嗣事为请。师曰:'我之托付,伯通(冯志亨之字)知之矣,不必复言。'长春仙去,公(指冯志亨)谓清和真人曰:'道教之兴,自开辟以来,未有今日之盛,长春宗师人貌而天者也,教门后事属意在君,岂非天乎!请勿多让。'遂集道众……就迎于所居之静室,请定仙号。初,清和闭门而

① 《大元故清和妙道广化真人玄门掌教大宗师尹公道行碑铭》,《秋涧集》卷 56,《文渊阁四库全书》第 1200 册,第 741 页。

② 《大元故清和妙道广化真人玄门掌教大宗师尹公道行碑铭》,《秋涧集》卷 56,《文渊阁四库全书》第 1200 册,第 741 页。

③ 《大元故清和妙道广化真人玄门掌教大宗师尹公道行碑铭》,《秋涧集》卷 56,《文渊阁四库全书》第 1200 册,第 741 页。

④ 《甘水仙源录》卷 3《清和妙道广化真人尹宗师碑铭》,《道藏》第 19 册,第 742 页。

⑤ 参见《甘水仙源录》卷 3《清和妙道广化真人尹宗师碑铭》,《道藏》第 19 册,第 742 页。

⑥ 《甘水仙源录》卷 3《清和妙道广化真人尹宗师碑铭》,《道藏》第 19 册,第 742 页。

⑦ 《大元故清和妙道广化真人玄门掌教大宗师尹公道行碑铭》,《秋涧集》卷 56,《文渊阁四库全书》第 1200 册,第 741 页。

不纳，公奓户而入，扶至堂上，使众罗拜堂下。”[①]以上记载，皆谓尹志平之嗣教出自丘处机之遗命。唯独李志常《长春真人西游记》所载不同，该书谓：丘处机逝世后，“门人捻香拜别，众欲哭临，侍者张志素、武志摅等遽止众曰：‘真人适有遗语，令门人宋道安提举教门事，尹志平副之，张志松又其次，王志明依旧勾当，宋德方、李志常等同议教门事。’……提举宋道安等再拜而受……既终七，宋公谓清和曰：‘吾老矣，不能维持教门，君可代吾领之也。’让至于再，清和受其托。”[②]据此，丘处机所选择的继任者是宋道安，尹志平仅是副手，只是因宋道安年老，才请尹志平代任掌教的。二说孰是？有待进一步研究。不过即使李志常之记属实，宋道安只为丘处机办了丧事，并未就任掌教，到丘处机“终七”之后，尹志平即受托作掌教了，故弋彀《尹宗师碑铭》称尹志平为“全真嗣教六世祖”是正确的。在他之前作掌教的依次为王喆、马钰、谭处端、刘处玄、丘处机，到尹志平自然为第六代。

尹志平掌教以后，继续受到蒙古皇帝的支持，全真道仍在继续发展。“壬辰（1232 年），帝（指太宗窝阔台）南征还，师（指尹志平）迎见于顺天，慰问甚厚。仍令皇后代祀香于长春宫，贶赉优渥。”[③]甲午岁（1234 年），“皇后遣使劳问，赐道经一藏”[④]。尹志平在这段时间也做了大量弘教工作。如他为了使宋德方能够着手进行《道藏》的编纂，曾专门向皇帝申奏，求得准许的诏书。为了尊显其祖师，又去陕西营建宫观，“乙未（1235 年）春，关辅略定，师西游，并图营建，又兴复佑德、云台二观，太平、宗圣、太一、华清四宫，以翼祖观。”[⑤]又做了组织发展工作，“丙申（1236 年）秋，奉旨试经云中，度千人为道士，俾祈天永命，禔福元元。”[⑥]所以在他掌教期间，全真道仍在继

① 《甘水仙源录》卷 6,《道藏》第 19 册，第 769 页。

② 《长春真人西游记》卷下，《道藏》第 34 册，第 499 页。

③ 《甘水仙源录》卷 3《清和妙道广化真人尹宗师碑铭》,《道藏》第 19 册，第 742 页。

④ 《甘水仙源录》卷 3《清和妙道广化真人尹宗师碑铭》,《道藏》第 19 册，第 742 页。

⑤ 《大元故清和妙道广化真人玄门掌教大宗师尹公道行碑铭》,《秋涧集》卷 56,《文渊阁四库全书》第 1200 册，第 742 页。

⑥ 《大元故清和妙道广化真人玄门掌教大宗师尹公道行碑铭》,《秋涧集》卷 56,《文渊阁四库全书》第 1200 册，第 742 页。

续发展,仍然呈现兴旺景象。姬志真《南昌观碑》云:"长春真人应召之后,大阐门庭,室中之席不虚,户外之屦常满。及嗣教清和真人作大宗师,宠膺上命,簪裳接迹,宫观相望,虽遐荒远裔,深山大泽,皆有其人。"①

"至戊戌(1238年)春,师从容谓众曰:'吾老矣(时年七十),宜去劳从佚。'会诸耆德,手自为书,付真常李公(李志常)俾嗣教。"②尹志平共掌教11年。此后乃作清和宫于大房山,以为隐退之所,同时也辅助李志常做些教务。"己酉(1249年)春,特旨赐清和演道玄德真人号,又赐金冠法服。"③于1251年春逝世,享年83岁。著有《葆光集》,其弟子段志坚辑其平时讲论为《北游语录》,皆存《正统道藏》中。中统二年(1261年),诏赠"清和妙道广化真人"。至大三年(1310年),加赠"清和妙道广化崇教大真人"。

李志常(1193—1256年),字浩然,开州观城(今山东范县)人。幼孤,养于伯父家。年十九,伯父将为议婚,不肯,负书曳杖作云水游。初隐东莱之牢山,复徙天柱山之仙人宫。宫之主者嘱其往从丘处机。"戊寅(1218年)夏六月,闻长春师自登居莱,公(指李志常)促装往拜席下。师一见器许,待之异常"④,赐号真常子。次年长春应召西觐,选为十八随行弟子之一。迨长春东返,"住燕京之日,凡教门公事,必与闻之"⑤。1227年,长春逝世,清和嗣教,委之为都道录兼领长春宫事。在此期间,深得蒙古皇帝之器重,"己丑(1229年)秋七月见上于乾楼辇。时方诏通经之士教太子,公进《易》、《诗》、《书》、《道德(经)》、《孝经》,且具陈大义,上嘉之。冬十一月,得旨方还。"⑥"癸巳(1233年)夏六月,承诏即燕京教蒙古贵官之子十有八人,公荐寂照大师冯志亨佐其事,日就月将,而才艺有可称者。乙未(1235

① 《云山集》卷8,《道藏》第25册,第420页。

② 《大元清和大宗师尹真人道行碑》,《古楼观紫云衍庆集》卷中,《道藏》第19册,第557页。

③ 《清和演道玄德真人仙迹之碑》,陈垣编纂:《道家金石略》,北京:文物出版社1988年版,第540页。

④ 《甘水仙源录》卷3《玄门掌教大宗师真常真人道行碑铭》,《道藏》第19册,第745页。

⑤ 《甘水仙源录》卷3《玄门掌教大宗师真常真人道行碑铭》,《道藏》第19册,第745页。

⑥ 《甘水仙源录》卷3《玄门掌教大宗师真常真人道行碑铭》,《道藏》第19册,第745页。

年)秋七月,奉诏筑道院于和林,委公选高道乘传以来。"①

1238 年继尹志平掌教以后,继续得到蒙古统治者的支持。该年三月,"奉朝命复加'玄门正派嗣法演教真常真人'号。夏四月赴阙,以教门事条奏,首及终南山灵虚观系重阳祖师炼真开化之地,得旨赐'重阳宫'号,命大为营建。"②"庚戌(1250 年)间,真常真人洎十八大师光膺宝冠云帔,下至四方名德,亦获紫衣师号之宠。"③1251 年,宪宗即位,命其遍祭岳渎。"癸丑(1253 年)春正月,奉上命作金箓大斋,给散随路道士、女冠普度戒牒,以公为印押大宗师。"④"乙卯(1255 年)秋七月,见上于行宫……数召见,咨以治国保民之术。十有二月朔旦,上谓公曰:'朕欲天下百姓安生乐业,然与我同此心者,未见其人,何如?'公奏曰:'自古圣君有爱民之心,则才德之士必应诚而至。'因历举勋贤并用,可成国泰民安之效,上嘉纳之。"⑤

李志常又在士大夫中做了很多工作。金亡之后,不少士大夫流离失所,或沦为贱隶,或冻饿街头。李志常十分重视收容这些士人,《真常真人道行碑铭》说:"河南新附,士大夫之流寓于燕者,往往窜名道籍,公(指李志常)委曲招延,饭于斋堂,日数十人。或者厌其烦,公不恤也。"⑥南宋使者徐霆于窝阔台汗七年(1235 年)出使燕京时,见到了上述景象,"外有亡金之大夫,混于杂役,随于屠沽,去为黄冠……长春宫多有亡金朝士。既免跋焦,免贱役,又得衣食,最令人惨伤也。"⑦故李志常和全真道所做的这些工作,很受士大夫们的称赞,王恽说:"全真教倡于重阳王尊师,道行于丘仙翁,逮

① 《甘水仙源录》卷 3《玄门掌教大宗师真常真人道行碑铭》,《道藏》第 19 册,第 745—746 页。和林建道院事,参见《盩厔重阳万寿宫圣旨碑》,蔡美彪编著:《元代白话碑集录》,北京:科学出版社 1955 年版,第 4 页。

② 《甘水仙源录》卷 3《玄门掌教大宗师真常真人道行碑铭》,《道藏》第 19 册,第 746 页。

③ 《真常观记》,《秋涧集》卷 40,《文渊阁四库全书》第 1200 册,第 515 页。

④ 《甘水仙源录》卷 3《玄门掌教大宗师真常真人道行碑铭》,《道藏》第 19 册,第 746 页。

⑤ 《甘水仙源录》卷 3《玄门掌教大宗师真常真人道行碑铭》,《道藏》第 19 册,第 746 页。

⑥ 《甘水仙源录》卷 3《玄门掌教大宗师真常真人道行碑铭》,《道藏》第 19 册,第 747 页。

⑦ (宋)彭大雅撰,(宋)徐霆疏证:《黑鞑事略》,《丛书集成初编》,北京:中华书局 1985 年版,第 3177 册,第 9 页。

真常李公，体含妙用，动应玄机，通明中正，价重一时，可谓成全光大矣。”①

李志常掌教期间，全真道仍在向前发展，上述不少宫观建成于此时，就是证明。但是到了他的晚年，佛道矛盾激化，宪宗五年（1255 年），佛道因为《化胡经》和《老子八十一化图》之争，在蒙古统治者袒佛的情况下，全真道败北，被勒令焚毁道经，使全真道遭受重大打击，全真道的鼎盛局面因此结束。李志常就在遭受屈辱的愤懑心情下，于次年（1256 年）六月将教事托付张志敬后仙逝，享年 64 岁。著有《又玄集》20 卷，已佚，《长春真人西游记》2 卷行于世。中统二年（1261 年），追赠“真常上德宣教真人”。至大三年（1310 年）加封“真常妙应显文弘济大真人”。

由上可以看出，丘处机开创的全真道鼎盛局面，由尹志平、李志常继续推进，直至宪宗六年（1256 年）李志常逝世，持续了三十多年。在这期间，全真道达到了它发展史上的顶峰。宫观遍布长江以北广大地区，“东尽海，南薄汉淮，西北历广漠，虽十庐之聚，必有香火一席之奉”②。教徒众多，自“丘公（处机）往年召对龙廷……今黄冠之人，十分天下之二。声势隆盛，鼓动海岳”③。1228 年安葬丘处机和 1241 年会葬王喆，可说是全真道力量的两次检阅。据载，安葬丘处机时，“四方来会之道俗逾万人，至有司卫之以甲兵”④。1241 年会葬王喆时，“时陕右虽甫定，犹为边鄙重地，经理及会葬者，四方道俗云集，常数万人”⑤。足见其信徒之众。

全真道之所以能在蒙元前期获得如此迅速的发展，并能将鼎盛局面维持三十多年，如前所述，是蒙元统治者支持的结果。如果丘处机没有得到成吉思汗的大力支持，怎能开创全真道的鼎盛局面？尹志平、李志常不是继续获得太宗、定宗、宪宗等朝的支持，又怎能支撑鼎盛而不衰？那么，蒙元统治

① 《真常观记》，《秋涧集》卷 40，《文渊阁四库全书》第 1200 册，第 515 页。
② 《清虚宫重显子返真碑铭》，陈垣编纂：《道家金石略》，北京：文物出版社 1988 年版，第 476 页。
③ 《甘水仙源录》卷 9《怀州清真观记》，《道藏》第 19 册，第 798 页。
④ 《甘水仙源录》卷 9《燕京白云观处顺堂会葬记》，《道藏》第 19 册，第 796 页。
⑤ 《甘水仙源录》卷 3《清和妙道广化真人尹宗师碑铭》，《道藏》第 19 册，第 743 页。

者为什么要支持全真道呢？主要是因为全真道拥有较多的徒众，在群众中有较大的影响，通过对它的支持，可以利用它帮助蒙元王朝收揽人心、安抚群众，以稳定其统治。这是蒙元王朝所行兼容并蓄的宗教政策的根本目的。实际上，全真道在当时是起到了这种作用的。如尹志平在1236年安抚陕西遗民抗蒙的事，就是突出的例子。该年春，尹志平去陕西终南山修复祖庭，"时陕右甫定，遗民犹有保栅未下者，闻师至，相先归附，师为抚慰，皆按堵如故"①。当时金源甫亡，蒙军正积极准备南下攻宋，后方之安定，自然十分重要。尹志平在此时利用自己的宗教影响，对陕西的抗蒙遗民进行"抚慰"，使他们撤除"保栅"，"相先归附"而"按堵如故"，无疑为蒙元统治者安定后方帮了大忙。接着，尹志平又奉命去云中化度道士，在他事毕返燕途中，又招抚了"群盗"，《尹宗师碑铭》称：尹志平还燕，"道经太行，山间群盗罗拜受教，悉为良民。出井陉，历赵魏齐鲁，请命者皆谢遣，原野道路设香花、望尘迎拜者，日千万计，贡物山积。"②这实际是为蒙元统治者作了消弭隐患、稳定社会的工作。

此外，全真道之所以受到蒙元统治者的支持，还因在蒙元前期充当了蒙元统治者学习"汉法"的老师。蒙古贵族在西征之后，将把矛头南指，征服金朝和南宋，建立以汉地为重心的大王朝。这种战略意识，在成吉思汗及其后几代的当权者中，将一代比一代更明确。但要征服汉地并治理汉地，全盘搬用游牧民族的统治方法，显然不能奏效，必须以汉法治汉地才是出路。这一点也将随着时间的推移，而被其当权者所认识。儒家士人是熟谙汉法的行家里手，他们应是蒙古当权者学习汉法最称职的老师，可是在元世祖建立元朝之前的几代蒙古汗廷中，却极少汉族士人参政。成吉思汗最早召见的知名汉人不是儒家士人，而是标榜"三教圆融"的全真道首领丘处机。在当时汗廷尚无士人的条件下，丘处机以道士的身份，同时发挥了士人的作用。如成吉思汗在询问长生久视之道后，又问"为治之方"，丘处机则以"敬天爱民为本"和"不嗜杀人"等儒家道理相回答，很

① 《清和妙道广化真人尹宗师碑铭》，《道藏》第19册，第743页。
② 《清和妙道广化真人尹宗师碑铭》，《道藏》第19册，第743页。

受成吉思汗的赏识。其后,太宗窝阔台时期,在朝的士人,著称者仅契丹族的耶律楚材[①]一人(1231 年任中书令),且在窝阔台晚年即已失势。因此当 1229 年窝阔台诏求通经之士教太子时,李志常主动充当了儒家的代理人,向窝阔台“进《易》、《诗》、《书》、《道德(经)》、《孝经》,且具陈大义”,获得了窝阔台的嘉奖。最突出的例子是 1233 年,窝阔台还把成立国子学的任务交给李志常去完成,叫他在蒙古贵官子弟中选十八人为学员,把国子学建起来。李志常承旨后,叫丘处机的另一弟子冯志亨作自己的助手,冯志亨“乃于名家子弟中选性行温恭者如其数为伴读,令读《孝经》、《(论)语》、《孟(子)》、《中庸》、《大学》等书。庶几各人于口传心授之间……能知治国平天下之道,本自正心诚意始”[②]。当时京城残破,国子学就设在长春宫内。窝阔台曾为此事颁发过两通“宣谕”圣旨,在其后所立的这两通《圣旨碑》上,除具列学员姓名外,即列有:宣授蒙古必阇赤四牌子总教冯志亨,宣授金牌提举国子学事中书杨惟中,御前宣议国子学事仙孔八合识李志常。[③] 宪宗时期,李志常又于 1255 年数蒙召见,“咨以治国保民之术”。凡此种种,皆可看出,在蒙元前期,全真道首领趁蒙古汗廷缺乏儒士的空当,充当了蒙元统治者学“汉法”的中介人。这也是全真道首领能取得汗廷信任和支持,使全真道获得大发展的原因。

综上可见,全真道之所以能在蒙元前期发展至鼎盛,并不是偶然的。它是全真道几代首领和其徒众努力的结果,又是时代所使然。但当这样的时机一过,又会因为别的原因结束其鼎盛局面,这就是下节将要谈的主题之一。

---

① 耶律楚材字晋卿,辽东丹王突欲八世孙。参见《元史》卷 146,北京:中华书局 1976 年版,第 11 册,第 3455—3464 页。

② 《甘水仙源录》卷 6《佐玄寂照大师冯公道行碑铭》,《道藏》第 19 册,第 770 页。

③ 参见光绪《畿辅通志》卷 139 著录《宣谕夺罗觧等圣旨碑》、《通谕夏学子弟员等圣旨碑》,《续修四库全书》,上海:上海古籍出版社 2002 年版,第 2—3 页。“必阇赤”,译言“书生”,“八合识”译言“师傅”。所列“必阇赤”中,有蒙人十九,汉人二十八。最初仅选蒙古子弟十八人习汉人语言文字,其后令添选汉人子弟习蒙古语言、弓箭,故学员中既有蒙古人,又有汉人。

第三节　元代中后期全真道由鼎盛到蜕化

元代中后期,全真道的发展不仅表现在道派的扩大、社会活动影响力的提升,而且也表现在文化建设的增强。其中,最为可圈可点的大事就是道教经书的收集整理、编纂。

一、《大元玄都宝藏》的编纂

在这之前,金代曾继宋藏之后,编纂过一部《大金玄都宝藏》。原来宋代所纂《政和道藏》经版,至金代尚存,但已残缺。金世宗大定年间,诏以南京(今开封)道藏经版付燕京十方天长观,命该观提点孙明道参校天长观、玉虚观原存残缺藏经,补镂经版,另成新藏。经明昌元年(1190年),至次年,补缀雕板告竣,成《大金玄都宝藏》,共6455卷。但仅历时10年,至泰和二年(1202年),天长观遭火灾,所藏《大金玄都宝藏》经版全遭焚毁。至金末,各地所存藏经又多毁于兵燹。鉴于这种情况,丘处机在西觐元太祖,返居燕京太极宫(即十方天长观,后之长春宫)之后,遂起意重修《道藏》,以补其缺。但因事冗无暇,乃嘱其徒宋德方承担此事。

宋德方(1183—1247年),字广道,莱州掖城(今山东莱州市)人。年十二,弃家诣刘处玄学道,寻得度于王处一,入道士籍。刘处玄逝世(1203年)后,乃事丘处机于栖霞。"儒经道典,如《易》、《老》、《中庸》、《大学》、《庄》、《列》等书,尤所酷好。外虽诗书子史,亦罔不涉猎。"①后随丘处机西觐成吉思汗,为十八随从弟子之一。西游东返,随丘处机居太极宫。丘处机闲暇时,曾对他说:"丧乱以来,道经泯坠,予尝有意于完复。以事体至大,有所未暇,他日汝宜任之。且汝缘当在西南,慎无忘也。"②太祖二十二年(1227年),丘处机逝世,尹志平嗣典教事,令其提点教门。1233年,应胡天禄之邀,去山西主崞州(治今山西原平市崞阳镇)和平阳(今山西临汾)之醮

① 《终南山祖庭仙真内传》卷下《披云真人传》,《道藏》第19册,第539页。

② 《玄都至道崇文明化真人道行之碑》,陈垣编纂:《道家金石略》,北京:文物出版社1988年版,第613页。

事。次年,率门徒游太原之西山,发现古昊天观故址,有二石洞,中有道像尚存。葺之三年,焕然一新。昊天观落成之秋,复主平阳醮事。丁酉(1237年),思及其师往日所嘱重修《道藏》之语,乃慨然以兴复藏室为己任。遂与门下讲师通真子秦志安等,谋为锓木流布之计。“丞相胡公(胡天禄)闻而悦之,倾白金千两,以为创始之费。”①掌教宗师请得朝旨,命其率众进行。

编纂《道藏》是一项浩大的工程,需要投入大量的人力、物力和财力。单就人力投入讲,不仅需要相当数量的雕刻、印刷工人,还需一定数量熟习道经的道士进行编纂校雠;为了使此项工程正常开展,更需建立专门机构,以承担收集、整理、编纂、校印等事务。为此,宋德方率领徒众,相继在山西、陕西、河南等地成立了27个经局以经营之。据《玄都至道崇文明化真人道行之碑》记载,最先在中阳、晋、绛(今山西省之中阳县、临汾、绛县)设置四局,继于秦中(今陕西)设九局,太原(今属山西)设七局,潞、泽(今山西长治、晋城)设二局,怀、洛(今河南沁阳、洛阳)设五局,以其中平阳玄都观为总局。

总摄此项工程的是宋德方,其弟子秦志安(1188—1244年)为其主要助手,实为居总局平阳玄都观的总编纂。志安,字彦容,号通真子,陵川(今山西陵川县)人。“自蚤岁趣尚高雅,三举进士,而于得丧澹如也。避乱南渡,西溪(秦志安之父号西溪道人)年在喜惧,亲旧以禄养为言,不获已,复一试有司,至御帘罢归。正大(1224—1231年)中,西溪下世,通真子已四十,遂致家事不问,放浪嵩少间,取方外书读之,以求治心养性之实。于二家之学有所疑,质诸禅子。久之,厌其推堕滉漾中,而无可征诘也,去从道士游。河南破,北归,遇披云老师宋公(宋德方)于上党,略数语即有契。叹曰:吾得归宿之所矣。因执弟子礼事之。受上清大洞、紫虚等箓,且求道藏书纵观之。披云为言:‘丧乱之后,图籍散落,(所存)无几,独管州(今山西静乐县)者仅存。吾欲力绍绝业,锓木宣布,有可成之资,第未有任其责者耳!独善一身,曷若与天下共之!’通真子再拜曰:‘受教。’乃立局二十有七,役工五百有奇,通(此处有缺字)校书平阳玄都以总之。其于三洞四辅万八千余

① 《终南山祖庭仙真内传》卷下《披云真人传》,《道藏》第19册,第539页。

篇，补完订正，出于其手者为多。”①于元藏编成之当年，即 1244 年逝世，享年 57 岁。

参与校雠编纂的还有李志全、毛养素、何志渊等人。李志全，字鼎成，号纯成子，太原太谷（今山西太谷县）人。少业进士，而立之年，不意世变，无复进取。丘处机西游返燕，“徒步谒见于奉圣龙阳观，授以道妙暨讳名。自是山居有年，名闻籍甚。其后东莱宋披云以所在道书焚于劫火，奉朝旨收拾于灰烬之余，散乱无复可考，求博洽异闻之士，俾校雠之。乃得讲师（指李志全），始终十年，朝夕不倦，三洞灵文，号为完书，功亦不细”②。后奉旨赐纯成大师，提举燕京玄学，中统二年（1261 年）卒。

毛养素，字寿之，号纯素子，平水（今山西临汾市）人。既长，侨居许昌（今属河南）。后入道，师事马钰弟子田无碍，“谨执几杖，清苦玄门，几二十年”。1235 年，同门人常志久由陕而南，兴葺洛阳朝元、栖霞二宫及华阴清华观。1237 年，汝州（今河南临汝）官府请住北极观。“辛丑（1241 年），清和真人至终南，以师宿德望重，起为栖霞（宫）提点，兼领披云《玄都宝藏》八卦局”③。1259 年逝世，享年 82 岁。

何志渊，字东夫，号清真子，“幼习儒业，科应兼经。值乱北归，遇丁酉岁（1237 年）国家设贡举于平阳，师（指何志渊）中甲科，由是免俘入道为黄冠。师往来汾、晋间，适故天师宋公（宋德方）阐教于彼，因得而师事之。是时方镂云章，遂令师雠校，兼领并门钧天局，其余七局皆隶焉。授以讲演之职。既而披云仙去，上命萃板于河东永乐之纯阳宫，师遂领本宫提举。掌教真常宗师，以朝命赐师（缺一字）衣，加号渊靖大师……掌教洞明真人祁公（祁志诚）起师充藏室提点兼纯阳宫事。又令提点平阳路天师门下道众”④。

---

① 《遗山集》卷 31《通真子墓碣铭》，《文渊阁四库全书》第 1191 册，第 349—350 页。另见《甘水仙源录》卷 7 所收《通真子秦公道行碑铭》（《道藏》第 19 册，第 783—784 页），字句略异。

② 《甘水仙源录》卷 8《纯成子李君墓志铭》，《道藏》第 19 册，第 785 页。

③ 《甘水仙源录》卷 7《颐真冲虚真人毛尊师蜕化铭》，《道藏》第 19 册，第 778 页。

④ 《修建乐全观记》，陈垣编纂：《道家金石略》，北京：文物出版社 1988 年版，第 652 页。

这次《道藏》编纂,以当时仅存的管州《大金玄都宝藏》为底本,再购求他处遗经,加以补缺、校雠、纂辑而成。编纂时间,据《通真子墓碣铭》谓,"起丁酉(1237 年),迄甲辰(1244 年)",则经过了八年;而据《玄都至道崇文明化真人道行之碑》,则谓"首尾凡六载乃毕"。或许前者所谓"起丁酉",实丁酉之末,"迄甲辰",只甲辰之初,除去此二年之首尾,实只整六年? 最后所成之藏经,似仍以《玄都宝藏》为名叫《大元玄都宝藏》,①全藏共 7800 余卷,比《大金玄都宝藏》多收 1400 余卷。因金元二藏俱已不存,已难知其详,从《通真子墓碣铭》仅知增入了《金莲正宗记》、《烟霞录》、《绎仙》、《婺仙》等全真祖师及其他高道之传记。所成经板,初藏于平阳府永乐镇(今山西永济县)玄都观中,定宗贵由时,山西芮城纯阳万寿宫建成,乃移藏于纯阳万寿宫。

全真道士在金藏已毁的条件下,以一派的力量重修《玄都宝藏》,在道教史上是仅有的一次(其余皆为官修),它对道教典籍的保存和流布,当有不可磨灭的意义。但因全真道徒在《道藏》刊成之后,却将《老子化胡经》和依据《化胡经》思想绘制的《老子八十一化图》从其中抽出翻印,并广为散发,从而引起与佛教徒之间的严重冲突,爆发了一场佛道关系史上有名的《化胡经》之争,导致了《道藏》经书的被焚。

二、释道斗争与全真道发展受到抑制

《化胡经》之争,是释道旧有的大公案。从王浮写第一本《化胡经》开始,双方即为之争论不休,至元宪宗时,已争论了近千年。根据《化胡经》思想绘制的《老子八十一化图》,以图画的形式表现化胡思想,带有强烈的刺激性,因此成为此次佛道斗争的导火线。《至元辨伪录》说:李志常"蔑视朝廷,敢为不轨,乘国军扰攘之际,当羽檄交驰之辰,纵庸鄙之徒,作无稽之典,令狐璋首集伪说,史志经又广邪文……采王浮之诡说,取《西升(经)》之鄙谈,学佛家八十二龛,糅老子八十一化"。又说:"道门志常以《老子八十一

① 见前引《颐真冲虚真人毛尊师蜕化铭》。该铭云:"以师宿德望重,起为栖霞提点,兼领披云《玄都宝藏》八卦局。"《道藏》第 19 册,第 778 页。

化图》刻板既成，广张其本，若不远近咸布，宁知李老君之胜？宜先上播朝廷，则余者自然草靡。乃使金坡王先生、道人温的罕广赍其本，遍散朝廷近臣，土鲁及乞台普华等并授其本。”[①]据此记载，全真道徒把诋毁佛教、刺伤佛教感情的《老子八十一化图》，在朝廷上下广为散发，自然使他们感到不能容忍，故而诉之皇帝，从而在宪宗至世祖时期，引起两次由皇帝主持的佛道大辩论。

应该指出，全真道之刊行、散布《化胡经》和《老子八十一化图》，仅是引起这次佛道之争的导火线和次要原因，根本原因则是全真道侵占了佛教的寺院。与之相联系，这次佛道大辩论，并不在判定《化胡经》及《老子八十一化图》之真伪，而在于佛教要夺回失去的寺院。这才是这次佛道斗争的本质。原来在贞祐南迁（1214 年）之后，僧徒大半逃散，佛教的庙宇大都被摧毁。佛教处于衰落境况。与此相反，全真道却因丘处机之西觐元太祖获宠遇，声势煊赫，并获得扩大势力的机会。因此全真门徒或趁机将某些无人寺院改建为宫观，或趁势抢占尚存僧尼的寺院以为己有。王世贞《玄风庆会录后》云：“丘长春……以片言悟蒙古太祖，俾总领其教，而其徒不能尽贤，往往侵占寺刹以为宫观，或改塑三教像，以老子居中，孔子居左，释迦居右，或皆侍立。”[②]这在当时佛教势衰、全真道势盛的条件下，并未引起争端，但埋下了佛道矛盾的根子，宪宗和世祖时期的《化胡经》之争，正是在这个根本矛盾的基础上，通过道士散发《化胡经》和《老子八十一化图》而引发起来的。

但是从埋下这个矛盾根子到矛盾的爆发，中间又经过较长时期的酝酿发展过程，即经过了双方力量对比的变化和矛盾的积累过程。如上所述，当全真道徒抢占佛教寺院时，佛教势衰，全真道势盛，双方力量对比悬殊，故未引起争端，矛盾并未显露出来。但是随着时间的推移，双方的力量对比发生了相反的变化。即在此后全真道迅猛发展的同时，佛教势力也在蒙古统治者的支持下很快得到恢复并向前发展。当成吉思汗召见丘处机之同年

① 《至元辨伪录》卷 3，《大正藏》第 52 卷，第 767—768 页。

② （明）王世贞：《玄风庆会录后》，《弇州续稿》卷 158，《文渊阁四库全书》第 1284 册，第 292 页。

(1219年),也赐诏佛教禅宗海云,命其掌管佛教,并免除其赋税。至窝阔台时期,儒士兼佛门弟子耶律楚材掌握了文书大权,颇得窝阔台赏识。同时,相继又有若干僧人为蒙古宫廷效力,海云地位更是步步提高,他在燕京等地主持大斋会十余次,“名王才(疑当为“方”)侯受戒律者百数”,“皇太后尤深敬礼”。① 在上述条件下,佛道矛盾开始表面化。道教传记所载的下面两件事,露出了端倪。《玄门掌教大宗师真常真人道行碑铭》云:“庚寅(1230年)冬,有诬告处顺堂绘事有不应者,清和(掌教尹志平)即日被执,众皆骇散。公(指李志常)独请代之。曰:‘清和,宗师也,职在传道。教门一切,我悉主之,罪则在我,他人无及焉。’使者高其节,特免杻械,锁之入狱。”②处顺堂为丘处机埋骨处,所绘内容有什么“不应”之处?已难以确知。③ 何人将此“不应”之事报告朝廷?也难于考知。不过推测起来,多半是佛教徒所为。再后,1241年,尹志平在陕西祖庭主持王喆会葬,“经理及会葬者,四方道俗云集,常数万人,物议匈匈不安,赖师(指尹志平)道德素里(疑是‘重’字之误),镇伏邪气,故得完其功”④。什么人“物议匈匈”?唱主角的,可能仍是僧人。1242年,宗王忽必烈在漠北召见海云问佛法大意,问:“三教何教为尊?何法最胜?何人为上?”海云答道:“诸圣之中,吾佛最胜;诸法之中,佛法最真;居人之中,唯僧无诈。故三教中,佛教居其上,古来之式也。”据说,“由是太后遵祖皇圣旨,僧居上首,仙人不得在僧之前”⑤。据此记载,佛教已从多年衰落中恢复了元气,意欲与全真道一比高下而跃居其上了。此后,蒙古统治者更加崇尚佛教,使其势力继续上升。如海云的随行侍者僧子聪(刘秉忠)被留在忽必烈身边掌书记,成为忽必烈的主要谋臣。不久,由子聪推荐,另一禅宗僧人至温也被忽必烈召到漠北,“与语大悦”。定宗

① (元)程钜夫:《海云简和尚塔碑》,《雪楼集》卷6,《文渊阁四库全书》第1202册,第71页。皇太后即成吉思汗之皇后忽兰。

② 《甘水仙源录》卷3《玄门掌教大宗师真常真人道行碑铭》,《道藏》第19册,第745页。参见《重修真常宫碑》,陈垣编纂:《道家金石略》,北京:文物出版社1988年版,第574页。

③ 尹志平《葆光集》卷下有诗《西路请张道人于处顺堂画西游记》(《道藏》第25册,第527页),或此画像以丘处机西行“教化”成吉思汗为主题。

④ 《甘水仙源录》卷3《清和妙道广化真人尹宗师碑铭》,《道藏》第19册,第743页。

⑤ 《佛祖历代通载》卷21,《大正藏》第49册,第704页。

贵由即位后，令海云统僧徒。又召嵩山少林寺名僧福裕到和林，住太平兴国寺。还“师事”克什米尔僧人那摩。宪宗蒙哥即位后，更尊那摩为国师。可以说，至宪宗蒙哥时期，佛教所受的宠遇已经超过全真道。而全真道的地位则远逊于丘处机际遇成吉思汗之时。恰在此时，宋德方主持编纂的《道藏》告竣，又将《化胡经》和《老子八十一化图》广为散发，于是一场以争论《化胡经》真伪为表现形式的释道斗争终于不可避免地爆发了。可见元代《化胡经》之争并非偶然，它是多年来双方力量对比发生变化和矛盾积累后的产物。

释道《化胡经》之争经历了较长时间，主要则是在元宪宗八年和世祖至元十八年所进行的两次大辩论，而在这之前，又于元宪宗五年进行了一次御前小辩论，是为后两次大辩论之序幕。故在介绍两次大辩论之前，先介绍一下御前小辩论。

据祥迈《至元辨伪录》载，宪宗五年（1255 年），少林长老福裕在和林，见《老子八十一化图》“谤讪佛门”，乃使学士安藏献陈阿里不哥大王，取得了阿里不哥的支持。阿里不哥“乃奏天子（宪宗），备陈诈冒”。于是宪宗召少林长老及道士李志常于大内万安阁下，共丞相钵剌海、亲王、贵戚等，译语合剌合孙并学士安藏，在御前“对面穷考，按图征诘”①。在皇帝明显倾向佛教和道教理亏的情况下，李志常不敢争辩，推说不知下情。福裕等乘势进攻，“让曰：汝既不知，何以掌教？志常又默无言”。福裕更说：“道士欺负国家，敢为不轨。”又说：“道士欺谩朝廷辽远，倚着钱财壮盛，广买臣下，取媚人情。”②意欲将全真道置于反叛朝廷的位置上。接着在历数《化胡经》和《老子八十一化图》之妄以后，又突出地提出了全真道侵占佛教寺院的问题。说全真道“恃力凶愎，占夺佛寺，损毁佛像，打碎石塔……占植寺家园果梨栗水土田地。大略言之，知其名者，可有五百余处。今对天子悉要归还”③。在此问题上，自然是全真道理亏，故李志常只好表示“情愿吐退，别无酬答”。接着福裕等又提出焚毁《化胡经》和《老子八十一化图》的问题，

① 《至元辨伪录》卷 3，《大正藏》第 52 卷，第 768 页。
② 《至元辨伪录》卷 3，《大正藏》第 52 卷，第 768 页。
③ 《至元辨伪录》卷 3，《大正藏》第 52 卷，第 768 页。

说:“此化胡图本是伪造,若不烧板,难塞邪源。”李志常同样不敢争辩,“唯言情愿烧却,更无伸说”①。就这样,在僧人们的进攻面前,李志常彻底败下阵来。结果是勒令烧毁伪经经板,退还佛寺三十七处。

全真道在这次辩论中失败,政治上受到很大打击。此后,统治者对它的支持已大不如前,全真道大发展的势头因此停止,鼎盛局面因此结束。但它与佛教之间关于《化胡经》的争论还刚刚开始,上面谈的这场御前小辩论,仅是双方的小接触,仅能算是斗争的序幕。跟着来的是下面两次大的斗争。

第一次大辩论发生在元宪宗八年(1258 年),据祥迈《至元辨伪录》说,在御前小辩论之后,全真道不肯交还所占佛寺,还打伤僧人。因此,在 1256 年 5 月,西僧那摩大师和少林长老福裕等又上和林,欲与道士们再行辩论。“而李志常怯不敢去(李志常于该年 6 月逝世)……乃使权教张志敬、魏仲平、温的罕等迁延缓进,狙僧远近,竟不面会。”②其后宪宗“以诸王大会封赏事殷”,令阿里不哥代管僧道辩论之事。1257 年 8 月少林长老、金灯长老再向朝廷告状,阿里不哥特传圣旨,令依前旨焚毁道经,委付忽必烈“如法行了者”。时忽必烈正住开平营建上都城,为避“强抑折伏”之嫌,乃“普召释道两宗”,并“大集九流名士再加考论”,“就上都宫中大阁之下,座前对论”,“俾僧道两路邪正分明”。③ 于是到次年(宪宗八年,1258 年),一场规模空前的大辩论展开了。这次辩论,佛教方面以福裕为头,道士方面以张志敬为首。僧人一边,除那摩国师外,又加入了“拔合斯八国师、西番国师、河西国僧、外五路僧、大理国僧”,及汉地长老等共 300 余人;道士一边,除张志敬外,有樊志应、魏志阳、申志贞、李志全、周志立等 200 余人。此外,还有儒士窦默、姚枢等 200 余人,参加“证义”。辩论规模是空前的。会上议定佛道双方各出 17 名参加主辩。在商议处罚输方办法时,僧人提出,释道两家“有输了底”,“斩头相谢”。“帝(指忽必烈)曰:不须如此。但僧家无据,留发戴冠;道士义负,剃头为释。”④双方同意以此办法定罚。从参加这次辩论

① 《至元辨伪录》卷 3,《大正藏》第 52 卷,第 768 页。
② 《至元辨伪录》卷 3,《大正藏》第 52 卷,第 770 页。
③ 《至元辨伪录》卷 4,《大正藏》第 52 卷,第 771 页。
④ 《至元辨伪录》卷 4,《大正藏》第 52 卷,第 771 页。

会的阵容看，佛教的阵容已居压倒优势，不仅有汉地僧人，而且有大批西僧，包括多位被尊为国师的僧人，如那摩等，形成一种咄咄逼人的架势。对全真道特别不利的是蒙古统治者的态度。据《至元辨伪录》载，早在 1256 年，西僧那摩和少林长老福裕再上和林时（李志常未去，张志敬等也未会面），元宪宗即对僧人们说："我国家依着佛力光阐洪基，佛之圣旨敢不随奉？而先生每（指道教徒）见俺皇帝人家皈依佛法，起憎嫉心，横欲遮当佛之道子。这释道两路各不相妨，只欲专擅自家，遏他门户，非通论也。今先生言道门最高，秀才人言儒门第一，迭屑人奉弥失诃，言得生天，达失蛮叫空谢天赐与，细思根本，皆难与佛齐。"说到这里，蒙哥举手伸出五指说："譬如五指，皆从掌出，佛门如掌，余皆如指。不归其本，各自夸衒，皆是群盲摸象之说也。"①如果此记属实，表明宪宗完全倾向佛法，主持会议的忽必烈（宪宗蒙哥之弟）也必然持此态度。统治者的这种态度基本上决定了这场辩论只能以全真道的失败而告终。事实正是这样，当会上僧徒们对《化胡经》和《老子八十一化图》展开猛烈批驳之后，全真道徒毫无招架之功（可能有所辩驳，而被《至元辨伪录》作者削除了），而奉旨进行"证义"的姚枢等人立即宣布"道者负矣"。一场规模很大的辩论会竟如此结束。接着忽必烈宣布"如约行罚"，遣使臣脱欢将道士樊志应等 17 人，诣龙光寺削发为僧。② 又下令焚伪经 45 部，归还佛寺 237 所。③

全真道遭到这次失败之后，处境更加困难；但《化胡经》公案尚未了结，在时隔二十余年之后，佛教徒又发起了第二次攻击。至元十七年（1280 年）

---

① 《至元辨伪录》卷 3，《大正藏》第 52 卷，第 770 页。

② 樊志应等是否被削发为僧，陈垣先生提出疑问，参见《南宋初河北新道教考》，北京：中华书局 1962 年版，第 60 页。但《虚仙飞泉观碑（二）》所录圣旨明言"将一十七个先生每剃了头发，交做了和尚"，参见蔡美彪编著：《元代白话碑集录》，北京：科学出版社 1955 年版，第 29 页。大概剃发羞辱难免，是否强令改变信仰则未必。

③ 参见《焚毁诸路伪道藏经之碑》，《至元辨伪录》卷 5，《大正藏》第 52 卷，第 776 页。退还佛寺之圣旨节文，参见《虚仙飞泉观碑（一）》，蔡美彪编著：《元代白话碑集录》，北京：科学出版社 1955 年版，第 28 页。据《崇国寺圣旨碑》，大都路蓟州遵化县般若院"元系先生占住二百三十七处数内寺院，钦奉圣旨，回付依旧为寺"（陈垣编纂：《道家金石略》，北京：文物出版社 1988 年版，第 1114—1115 页），即为 237 处退还佛寺之一。

二月,佛教方面奏诉:"有那回与来底寺院内,一半不曾回付;已回付了底再争有。那说谎捏合来底经文每、印板每,一半不曾烧了。三教也不依在前体例安置者。"①即是说,1258 年判定应退还的寺院及应焚毁的道经、经板,全真道并未完全遵照办理。王圻《续文献通考》亦谓:"(至元)十七年二月,有言道家伪经尚存者。"②对此,忽必烈旨令官员及全真掌教祁志诚调查虚实,如属实,"依在前断定"处理,未退还的寺院"一处回付与",未销毁的经文及印板"交毁坏了者"。如仍有不遵旨行事者,即治罪。③《元史》卷 11《世祖纪》记此事云:至元十七年二月"丙申,诏谕真人祁志诚等焚毁《道藏》伪妄经文及板"④。此时的处理仍可视为执行 1258 年的判罚。之后,据佛教方面的记载,有的道士还是拒绝归还佛寺,并殴打、诬告僧人,且该焚经板仍有隐匿。于是佛教徒再行奏诉,至元十八年(1281 年)九月,忽必烈乃命文臣及僧录司教禅诸僧,诣长春宫,偕正一天师张宗演,全真掌教祁志诚,大道掌教李德和、杜福春等考证道经真伪。此时,江南已统一于元,道教一方,虽然加了正一天师和大道教掌教,但仍不能与元室崇信的佛教相匹敌。因此,考证结果仍不利于全真,认定《道藏》"虽卷帙数千,究其本末,惟《道德》二篇为老子所著,余悉汉张道陵、后魏寇谦之、唐吴筠、杜光庭、宋王钦若辈,撰造演说,凿空架虚,罔有根据"⑤。佛教徒因奏请"自《道德经》外,宜悉焚去"⑥。"上可其奏,遂诏谕天下,道家诸经可留《道德》二篇,其余文字及板本化图,一切焚毁。隐匿者罪之。"⑦"乃以十月壬子集百官于悯忠寺,尽焚道藏伪经杂书,遣使诸路俾遵行之。"⑧《元史》卷 11《世祖纪》亦载:至元十

① 《虚仙飞泉观碑(二)》,蔡美彪编著:《元代白话碑集录》,北京:科学出版社 1955 年版,第 29 页。所谓三教安置体例,按此碑前文所云,即三教像设当以释迦牟尼居中,老子、孔子分居左右。

② (明)王圻:《续文献通考》卷 240,台北:文海出版社 1979 年版,第 23 册,第 14348 页。

③ 参见《虚仙飞泉观碑(二)》,蔡美彪编著:《元代白话碑集录》,北京:科学出版社 1955 年版,第 29 页。这道圣旨同时也警告佛教徒,如果他们肆意争夺"不干自己底寺院田地水土",同样有罪。所以,道教方面应该也有反诉。

④ 《元史》卷 11《世祖纪》,北京:中华书局 1976 年版,第 1 册,第 222 页。

⑤ 《焚毁诸路伪道藏经之碑》,《至元辨伪录》卷 5,《大正藏》第 52 卷,第 776 页。

⑥ 《焚毁诸路伪道藏经之碑》,《至元辨伪录》卷 5,《大正藏》第 52 卷,第 776 页。

⑦ 《焚毁诸路伪道藏经之碑》,《至元辨伪录》卷 5,《大正藏》第 52 卷,第 777 页。

⑧ 《焚毁诸路伪道藏经之碑》,《至元辨伪录》卷 5,《大正藏》第 52 卷,第 777 页。

八年十月“己酉，张易等言：‘参校道书，惟《道德经》系老子亲著，余皆后人伪撰，宜悉焚毁。’从之，仍诏谕天下”①。如此看来，这次辩论之后，虽再无归还佛寺之记载（盖已全部归还完毕），然焚经的范围却大大扩宽了，除《道德经》之外，全部道书俱在焚毁之列。

有资料说，由于玄教首领张留孙（其事迹见本章第六节）的斡旋，元世祖后来放宽了焚经的尺度。赵孟頫《玄教大宗师张公碑铭》云：“或以道家书当焚。上（指元世祖）既允其奏，裕宗（世祖皇太子真金）以公（指张留孙）言请曰：‘黄老之言，治国家有不可废者。’上始悔悟。集儒臣论定所当传者，俾天下复崇其教。”②袁桷《玄教大宗师张公家传》也说：“有献言者：‘道藏经多淆杂，宜焚去不录。’（张留孙）遂密启裕宗：‘黄老书，汉帝遵守清净，尝以治天下，非臣敢私言，愿殿下敷奏。’后上大悟，召翰林、集贤议定上章祠祭等仪注，讫行于世。”③虞集《张宗师墓志铭》也说：“上用言者焚道家经，裕皇以公言入告，上为集廷臣议，存其不当焚者，而醮祈禁祝亦不废。”④据此，有关斋醮祠祭的道书允许保存，其余道经，特别是牵涉佛道关系的道书、传记等，则须坚决焚毁。

祥迈《至元辨伪录》卷2列有“钦奉圣旨禁断道藏伪经”书目，注曰：“见者便宜烧毁。”书目如下：

《化胡经》，《犹龙传》，《太上实录》，《圣纪经》，《西升经》，《出塞记》，《帝王师录》，《三破论》，《十异九迷论》，《明真辩伪论》，《十小论》，《钦道明证论》，《辅正除邪论》，《辟邪归正议》，《龇邪论》，《辩仙论》，《三光列记》，《谤道释经》，《五公问虚无经》，《三教根源图》，《道先生三清经》，《九天经》，《赤书经》，《上清经》，《赤书度命经》，《十三虚无经》，《藏天隐月经》，《南斗经》，《玉纬经》，《灵宝二十四生经》，《历代应现图》，《历代帝王崇道记》，《青阳宫记》，《纪胜赋》，《玄元内

① 《元史》卷11《世祖纪》，北京：中华书局1976年版，第1册，第234页。

② 陈垣编纂：《道家金石略》，北京：文物出版社1988年版，第912页。

③ 《清容居士集》卷34，《文渊阁四库全书》第1203册，第461页。陈垣编纂：《道家金石略》，北京：文物出版社1988年版，第924页。

④ 《道园学古录》卷50，《文渊阁四库全书》第1207册，第702页。陈垣编纂：《道家金石略》，北京：文物出版社1988年版，第926页。

传》,《楼观先生内传》,《高上老子内传》,《道佛先后论》,《混元皇帝实录》。①

以上所列禁毁经书,共39种,似为焚毁的重点。其中一部分是老子传记,一部分是帝王崇道记,一部分是道士与佛教论战之书。其中除《化胡经》专写老子化胡事外,在老子传记书中,如《犹龙传》、《太上实录》、《混元皇帝实录》、《圣纪经》、《玄元内传》、《高上老子内传》、《西升经》、《出塞记》、《青阳宫记》等,都有较多的老子化胡成佛文字。帝王崇道之书,如《历代应化图》、《历代帝王崇道记》等,在记述(或虚构)帝王崇道事时,又宣扬道优于佛思想。在与佛教论战书中,如《三破论》、《十异九迷论》、《道佛先后论》等,自然是贬低佛教,抬高道教。因此将这些书列为焚毁重点是很自然的。经此焚经之后这些书已大部不存,今《正统道藏》中,仅存《犹龙传》、《西升经》、《历代崇道记》、《洞玄二十四生图经》等少数几种。其中的化胡内容删除后(或有删削未尽),被收入《正统道藏》保存下来。而按原书原样留存至今的,目前仅发现南宋道士谢守灏所撰的《太上老君实录》一种。它是巴蜀书社编纂《藏外道书》时,在北京图书馆善本处发现的,后收入《藏外道书》第18册。此书全名叫《太上老君混元皇帝实录》,含有较多的化胡内容,是该书的原样。上述《至元辨伪录》焚毁经目中,列有《太上实录》和《混元皇帝实录》两种,都与经书名目相仿,不知是其中哪一种的遗存。另外,明《正统道藏》所收谢守灏所撰的《混元圣纪》(全名《太上老君混元圣纪》),又是此《老君实录》的化胡内容被删削(另有四序被删)之后,篇卷略作调整,并另立书名而成的。将《老君实录》删削改编成《混元圣纪》者,不是谢守灏本人,大概是明代编藏时人所为。

总之,至元十八年的第二次佛道大辩论,最突出的特点是焚毁道经(不是退还佛教寺院)。而且焚毁令的贯彻是较为坚决的。即使因张留孙之请,使斋醮科仪书之焚毁得以稍弛,或因偏远地区禁毁不力,使少数经书得以藏匿而幸存,然而道藏经板和大部分经书皆未逃脱火焚之厄。故经此一炬之后,道教的许多经书都失传了。陈垣《南宋初河北新道教考》云:“今本

① 《大正藏》第52卷第764页。

《阙经目录》，即明正统刊藏时较《元藏》所阙之目录。”①粗略计之，共阙794种，2500卷，相当于半部明《正统道藏》被烧绝了。明刊《正统道藏》之卷数（5305卷），反较元藏卷数（7800余卷）为少，实由于此。

全真道在几次辩论中的败北和随之而来的焚经之祸，使它在政治上受到沉重的打击，鼎盛局面因之结束。之所以会造成如此结局，与元室之袒佛有直接的关系。从上面的叙述中，已经看得很清楚。那么，元室为什么要袒佛抑道呢？从宗教信仰的原因来说，是因元室所依靠的蒙藏民族世奉萨满教和藏传佛教，“崇尚释氏”为其国策，在释道斗争中支持佛教，是其必然的举措。除此以外，还有一个最现实而直接的原因，即全真道自丘处机以后，发展异常迅速，在群众中的影响也愈来愈大，这种情况已经给元统治者造成了一定的威胁。如上节所述，在会葬丘处机和王重阳时，道俗参加者多至万人或数万人，致使“物议”为之“匈匈”，有司不得不“卫以甲兵”。1236年，尹志平去陕西营建祖庭时，竟能以宗教的号召力，使抗蒙遗民撤除“保栅”，“相先归附”而“按堵如故”。在去云中化度道士的返回途中，又能抚慰太行“群盗”，使之“罗拜受教”；并在历赵、魏、齐、鲁的长途中，受到群众“设香花”“拜迎”，“日千万计，贡物山积”。这些描写，难免夸大，但在群众中影响很大，当是事实。不仅在下层群众中有很大影响，而且在上层士大夫中也有不小影响，许多亡金士大夫投托其门，以求庇护，在尹志平、李志常掌教期间，踵其门者，应接不暇。一个宗教在群众中和社会上有如此之大的影响，不能不引起蒙元统治者的疑忌。从统治者的利益着想，让它这样继续无限制地发展下去，是很危险的；相反，扶植一下当时力量较弱的佛教，适当挫伤全真道的锐气，使其发展受到一定遏制，是较为妥当的做法。因此，元宪宗和世祖在释道《化胡经》斗争中，采取袒佛抑道政策，势所必然。由此决定了元室对全真道政策的转变，即从此开始，放弃了成吉思汗以来的大力扶植政策，转而采取有限度的支持和适当抑制的政策。

在元室上述政策转变的影响下，以元宪宗五年（1255年）释道《化胡经》之争为标志，全真道结束了它发展的鼎盛局面，而进入其发展的低

---

①　陈垣：《南宋初河北新道教考》，北京：中华书局1962年版，第28页。

谷。直至成宗即位，方始步入正常发展的轨道。在这三十余年中，教徒的发展受到限制，斋醮被禁止举行，僧人不独恢复了侵地，而且反侵道教之地。① 其处境是很困难的。这段时期，相继担任掌教的是张志敬、王志坦、祁志诚、张志仙四人，从他们担任掌教的活动中，也可看出其艰难之情状。

张志敬（1220—1270 年），字义卿，燕京安次（今属河北廊坊市）人。8 岁入长春宫，拜李志常为师。李志常喜儒学，很重视对他的儒学培养。1254 年，受命提点教门事。1256 年李志常逝世，受命继掌全真，承接的是与佛教争端已起的沉重担子。不两年，即元宪宗八年（1258 年），第一次佛道《化胡经》大辩论起，他所率领的道徒遭到失败，承受着主要的打击。此后四年，即元世祖中统三年（1262 年）始获朝廷制书，赐号"光先体道诚明真人"。②据现有载记，张志敬掌教后，除商议修葺鹿邑太清宫③、奉命在长春宫建醮（1265 年）和修葺四岳一渎五庙外，不见其他作为。于至元七年（1270 年）冬逝世，享年 51 岁。④

继张志敬掌教的是王志坦（1200—1272 年）。志坦，字公平，河南汤阴

① 参见《延祐四明志》卷 18《道隆观记》云："至元间，河西祝发氏杨永福总摄江南僧政，……凡唐宋所额宫观，稍似丰厚者，以己力经为佛寺，梵其士，金其像，火其额，不下千百所。……永福坐法后，前所额宫观，归其教者才一、二耳。"（《文渊阁四库全书》第 491 册，第 647 页）陶宗仪《南村辍耕录》卷 13 也说："至元间，释氏豪横，改宫观为寺，削道士为髡。"（北京：中华书局 1959 年版，第 165 页）现见于记载的，天台静玄观、杭州龙翔宫等，皆被改为佛寺。

② 张志敬迟迟未获元室制书，或许并不仅仅因为朝廷态度的缘故，还有教内的因素。他因李志常的特别赏识而嗣教，时年 37 岁，年齿资历俱浅，一开始并未能服众。其道行碑云："真常门人遍天下，齿尊缘熟非无人"，"当嗣法之初，先辈师德存者尚多，师以晚进躐出其上，中心不能无少望焉。师德度深厚，气貌温和，颓然处顺，不见涯涘，强悍者服其谦恭，骄矜者惭其退让，故初虽少咈，久乃怗然"。[（元）王磐：《玄门掌教宗师诚明真人道行碑铭》，《甘水仙源录》卷 5，《道藏》第 19 册，第 759 页] 此种情形，程越已论及，见所著《金元时期全真道宫观研究》，济南：齐鲁书社 2012 年版，第 23—24、33 页。

③ 《一二五七年鹿邑太清宫令旨碑》称"住持掌教张真人"，应即张志敬。参见蔡美彪编著：《元代白话碑集录》，北京：科学出版社 1955 年版，第 20 页。

④ 参见（元）王磐：《玄门掌教宗师诚明真人道行碑铭》，《甘水仙源录》卷 5，《道藏》第 19 册，第 758—759 页。

(今汤阴县)人。“甫及冠,即著道士服,师北京卢尊师(卢柔和,马钰法孙)。”①“癸未(1223年)秋,谒大宗师长春真人于宣德,一见器之,传付秘诀。”②此后几年,行化于辽宁朝阳、义县、锦县之间。戊子(1228年),参礼尹志平于燕京,复“入金坡坐而炼化”,人称“金坡王先生”。③ 甲辰(1244年)春,李志常以书见招,拜为大度师。夏五月,从志常北上,参受三洞秘箓。留居阙庭6年。后还燕,为教门都提点,往返于燕京与和林之间17次,成为全真道联系朝廷的重要使者。李志常逝世,张志敬继之。至元七年(1270年)张志敬逝世,被命嗣任掌教。掌教仅两年,即于至元九年(1272年)十月逝世,享年73。掌教期间,同样无所作为。

继王志坦掌教的是祁志诚(1219—1293年)。志诚,字信甫,钧之阳翟(今河南禹县)人。家世业农。岁壬辰(1232年),年十四,元兵下河南,被军士所俘。兵至太原祁县,有大族强氏者,与军帅善,收之为养子。将及冠,辞婚去龙山之静居,拜宋德方为师。披云识其伟器,授以道要,赐号洞明子。继又谒灵阳丁先生于奉先(今北京房山县)之瑞云庵。久之辞去。岁庚戌(1250年),出居庸,至云州,士庶为建乐全庵以居之。寻徙金阁山云溪观(后改名崇真宫)。中统壬戌(1262年),丞相安童闻其名,遣人持书迎致,问以修身齐家之方。答曰:“身正则景正,身邪则景邪。士大夫处其厚,不处其薄,居其实,不居其华。治大国若烹小鲜。”④丞相叹重,由是待以师礼。至元六年(1269年),安童过云州,再拜访之。⑤ 八年(1271年),授诸路道教都提点。九年(1272年),继王志坦任全真掌教。几次奉命代祠岳渎。至元十八年(1281年),遇第二次《化胡经》之争,“真人挺身直前,百沮而不挠。或谓宜及是时谢事引去。复之曰:‘方玄风隆盛,则以师长自居;少遇

① 《甘水仙源录》卷7《崇真光教淳和真人道行之碑》,《道藏》第19册,第776页。

② 《甘水仙源录》卷7《崇真光教淳和真人道行之碑》,《道藏》第19册,第776页。

③ 《甘水仙源录》卷7《崇真光教淳和真人道行之碑》,《道藏》第19册,第776页。现存《道禅集》题“金坡王真人集”,参见《道藏》第24册,第94—97页,或即“王志坦集”。

④ 《玄门掌教大宗师存神应化洞明真人祁公道行之碑》,陈垣编纂:《道家金石略》,北京:文物出版社1988年版,第699—700页。

⑤ 参见(元)虞集:《白云观记》,陈垣编纂:《道家金石略》,北京:文物出版社1988年版,第782页。

屯厄,则退身为隐士,人其谓我何?稍俟安泰,然后辞去,未为晚也。'二十二年(1285 年),烦言已息,适丞相安童至自朔方,乃曰:'退归岩穴,此其时矣。'春二月,移书集贤院,举道教提点张志仙自代。集贤院以闻,诏可"①。乃隐居昌平北山三元观(寻易名蓬山道院),修营墓室。又回金阁山修葺崇真宫。至元三十年(1293 年)逝世,享年 75。成宗即位,追赠"存神应化洞明真人"。祁志诚的节操曾受到当时士大夫们的称赞,但他在掌教期间却不能使其教有多大作为。

继祁志诚掌教之张志仙,现无首尾完具的传记、墓志材料可据,生平不得其详。或生于正大元年(1224 年)。② 师事太原道教讲师郝志松(1204—1252 年),郝字华甫,年二十,丘处机赐名志松,1238 年至长春宫见尹志平,"求为弟子"。③ 张志仙嗣教前为"玄逸大师、长春宫宝箓院掌籍"④。据上述祁志诚《道行碑》,知其于至元二十二年(1285 年)接任掌教。又据《元史 · 世祖纪》,知其在至元二十八年(1291 年)十二月,曾奉旨"持香诣东北海岳、济渎致祷"⑤。《加封北海广泽灵祐王记》说,元世祖为岳渎四海之神加上徽号,"各遣官诣祠以告","北海之神,前代设祠于济渎水府之北",因命"玄门掌教大宗师辅元履道玄逸真人张志仙"领衔代祀,"又命兼祀济渎善济王之神",张志仙一行于至元二十九年(1292 年)三月二十九日抵达济祠,"四月朔日严修祀事"。⑥ 此与《元史》所记应为同一事。姚燧于元贞元年(1295 年)所撰之《长春宫碑》,曾记张志仙奏请为长春宫立碑之事。其中谈到元世祖在至元二十八年前,曾下焚经后之弛禁令,一曰:"江之北南,

① 陈垣编纂:《道家金石略》,北京:文物出版社 1988 年版,第 700 页。证以至元二十二年(1285 年)八月立石的《乐全观记》,已称"前掌教洞明真人大宗师祁志诚"(《道家金石略》,第 653 页)。

② 参见程越:《金元时期全真道宫观研究》,济南:齐鲁书社 2012 年版,第 26 页。

③ (元)姚燧:《冲虚真人郝公道行碑》,王宗昱:《金元全真教石刻新编》,北京:北京大学出版社 2005 年版,第 138—139 页。所以,姚燧《长春宫碑》记张志仙称"臣之曾师长春子丘处机"(陈垣编纂:《道家金石略》,北京:文物出版社 1988 年版,第 720 页),当是自认为尹志平徒孙辈。

④ 《重修真常宫碑》,陈垣编纂:《道家金石略》,北京:文物出版社 1988 年版,第 573 页。

⑤ 《元史》卷 16《世祖纪》,北京:中华书局 1976 年版,第 2 册,第 354 页。

⑥ 《北京图书馆藏中国历代石刻拓本汇编》,郑州:中州古籍出版社 1989 年版,第 48 册,第 121 页。

道流儒宿，众择之”①，即允许其传教信教之自由。二曰：“凡金箓科范，不涉释言者，在所听为”②，即没有反佛言论之斋醮科仪书允许流通，宫观可以举行斋醮。但由于当时权臣相哥（即桑哥）作梗，此弛禁令止限于京师，未颁行各路。二十八年（1291 年）相哥罢职，七月被诛，局势方缓解。至成宗即位（1295 年），遵世祖之成命大弛禁，即碑所谓“梗其道者除之，取其业者（被僧人侵占之宫观）还之”③，方使全真道从艰难处境中完全解脱出来。成宗此举，对于全真道在元代的发展具有关键的意义。从此开始，全真道历任掌教再次获得元室的信任，其组织也再次取得正常的发展。如张志仙在成宗即位时，得“赐金帛、宝玉、冠服，皆前嗣教者所未有”④，又大约在成宗大德四年（1300 年）被封为“玄门掌教大宗师、辅元履道玄逸真人、管领诸路道教所、同知集贤院道教事”⑤。集贤院为元代管理儒学和道教的政府组织部门，同知为其官名，即参与管理道教的官。有此官衔的道士，最早只有龙虎宗支派玄教首领张留孙⑥，终元之世，其他道派首领皆无受领此衔者。现在全真道首领开始受领此衔，表明它的地位已经上升到大体与玄教相等而居其他道派之上了。

三、全真道的复兴与末流之贵盛

据陈教友《长春道教源流》卷 6 载，此后的全真掌教，相继是孙德彧、孙履道，至苗道一而止。陈垣先生经过考证，认为此说不确。指出继张志仙之后

① （元）姚燧：《牧庵集》卷 11《长春宫碑》，《丛书集成初编》，北京：中华书局 1985 年版，第 2102 册，第 127 页；陈垣编纂：《道家金石略》，北京：文物出版社 1988 年版，第 721 页。

② （元）姚燧：《牧庵集》卷 11《长春宫碑》，《丛书集成初编》，北京：中华书局 1985 年版，第 2102 册，第 127 页；陈垣编纂：《道家金石略》，北京：文物出版社 1988 年版，第 721 页。

③ （元）姚燧：《牧庵集》卷 11《长春宫碑》，《丛书集成初编》，北京：中华书局 1985 年版，第 2102 册，第 127 页；陈垣编纂：《道家金石略》，北京：文物出版社 1988 年版，第 721 页。

④ （元）姚燧：《冲虚真人郝公道行碑》，王宗昱：《金元全真教石刻新编》，北京：北京大学出版社 2005 年版，第 138 页。姚燧《长春宫碑》亦云：“冠之以宝冠，荐之以玉珪，被之以锦服，皆前嗣教者所亡。”（陈垣编纂：《道家金石略》，北京：文物出版社 1988 年版，第 721 页）

⑤ 《重修太初宫碑》，陈垣编纂：《道家金石略》，北京：文物出版社 1988 年版，第 705 页。缺字据其师号及历任掌教职衔补。

⑥ 玄教将在下面第六节介绍。其第一任掌教张留孙在成宗元贞元年（1295 年）授命商议集贤院道教事。

的掌教，相继是苗道一、孙德彧、蓝道元、孙履道、苗道一、完颜德明。[①] 陈先生的上述纠正和补充是十分重要的，但是仍有遗漏。兹据现有资料考述如下。

张志仙掌教至何时，由何人继任，目前未发现直接的证据。从上引《重修太初宫碑》，以及王德渊撰《修真观记》[②]，仅知其大德四年（1300 年）仍掌教事。此后，在大德九年（1305 年）左右，掌教者为常志清。现存《玄风庆会图》残卷，系长春宫道士路道通募缘重刊，卷前标明时间的重刊序，有“大德甲辰（1304 年）暮春之初”赵孟頫序、“大德九年（1305 年）重阳日”黄仲圭序。[③] 此事尚可由《玄元十子图》诸序证明之，如黄仲圭大德丙午（1306 年）立春日序称：“全真门人路云溪（路道通）尝以《玄风庆会图》、《七真传》求着语，兹复有请，喜其卫道心切，勉为之书。”[④]可见，路道通重刊《玄风庆会图》至迟在 1305 年。卷后有一份劝缘题名，元代部分为此次重刊时原貌[⑤]，通过其中各人署衔，亦可佐证重刊时间。比如，张与材署“太素凝神广道真人、管领江南诸路道教、嗣汉三十八代天师”[⑥]，据《汉天师世家》，此为元贞二年（1296 年）制授，大德八年（1304 年）加“正一教主、兼领三山符箓”，至大元年（1308 年）制授“太素凝神广道明德大真人”。[⑦] 吴全节署“宣授冲素崇道玄德法师、大都崇真万寿宫提点”[⑧]，据《河图仙坛之碑》，此为大德二年（1298 年）制授，大德十年（1306 年）制授“江淮荆襄等处道教都提点”。[⑨]正是在这份名单末尾，有一空行与在前诸人分隔，然后依次为茅山第四十四

① 参见陈垣：《南宋初河北新道教考》，北京：中华书局 1962 年版，第 71—74 页。

② 记云：“大德四年版，道士王志卓复请改额于元（玄）逸张真人，曰洪禧万寿宫。”载王宗昱：《金元全真教石刻新编》，北京：北京大学出版社 2005 年版，第 145 页。

③ 《三洞拾遗》，合肥：黄山书社 2005 年版，第 16 册，第 395、396 页。

④ 《道藏》第 3 册，第 258 页。为重刊《玄风庆会图》作序的张与材、杜道坚、黄仲圭，也为刊刻《玄元十子图》作序。

⑤ 此书明宣德年间曾重印，明代助缘名单接续元代诸人之后。具体考证参见张方：《〈玄风庆会图〉残卷版本考》，《中华文化论坛》2015 年第 2 期。

⑥ 《三洞拾遗》，合肥：黄山书社 2005 年版，第 16 册，第 421 页。在卷前“化缘疏”处所署职衔同，惟顺序略异，见同书第 390 页。

⑦ 《汉天师世家》卷 3，《道藏》第 34 册，第 831 页。

⑧ 《三洞拾遗》，合肥：黄山书社 2005 年版，第 16 册，第 421 页。

⑨ （元）虞集：《河图仙坛之碑》，陈垣编纂：《道家金石略》，北京：文物出版社 1988 年版，第 964 页。

代宗师王道孟、太一六祖萧全祐、常志清、玄教大宗师张留孙、第三十八代天师张与材。[①] 这显然是各宗派的领袖名单。常志清列名其中,说明此时他已是全真掌教。[②]《丹阳真人归葬记》有云:“大德丙午(1306年)闰正月,提点宫事王志筌来谒长春主席天阳真人常公,备陈其事。曰:‘志筌老矣,一旦溘先朝露,使师真遗榇□没,其罪弥大。’真人闻而惊曰:‘信如是,非若之过,责在我矣!’亟致香币冠簪傃服巾履,躬撰祭文以遣之。仍为移文本路,遍谕本堂诸老,咸使赞成。”[③]此称“长春主席”,即指居于长春宫的掌教真人,而非长春宫提点[④];其担责、移文的言行,也符合掌教的职责与权限。常志清在掌教任上的行事,大概还有如下二条。《大元重修四真堂记》记载,户县秦渡镇是丘、刘、谭、马四人大定十二年(1172年)安葬王重阳之后分手的地方,大德年间(1197—1307年),清真居士梁德清于此建祠奉祀四人,敦请神峰牛道淳主持,“会天阳宗师(常志清)召致京师,而观事索然”。[⑤]《重修巩昌城隍庙记》云,该庙渊静大师李守清有徒王叔俭、□仁甫,均任巩昌路(治今甘肃陇西县)道判,“天乐李真人(李道谦)善交仁甫,赠栖玄大师,掌教常宗师素重叔俭,赐敬真观妙大师”。[⑥] 综上可知,大德五年(1301年)

① 参见《三洞拾遗》,合肥:黄山书社2005年版,第16册,第421页。

② 奇怪的是,此处常志清未署任何头衔。是否如前述张志敬掌教时尚未获元室制书,又或有其他原因,资料所限,尚无法查证。《清容居士集》现存制文一道,题为《长春宫提点常某授玄门演道大宗师掌教真人管领诸路道教所商议集贤院道教事》,是委任常志清为掌教的制书,但缺乏提示时间的信息。(元)袁桷:《清容居士集》卷37,《文渊阁四库全书》第1203册,第498页。

③ 《丹阳真人归葬记》,陈垣编纂:《道家金石略》,北京:文物出版社1988年版,第740—741页。光绪《登州府志》卷65著录,“□没”作“湮没”,“非若之过”作“非□子之过”,“傃服”作“絛服”,“本堂”作“东堂”。(清)方汝翼等:《光绪增修登州府志(二)》,《中国地方志集成·山东府县志辑》,南京:凤凰出版社2004年版,第49册,第351页。

④ 这一点,可从《玄风庆会图》的劝缘题名找到线索。题名中,有“崇仁安静大师、大都大长春宫提点冯道颐”、“宣授崇真翊教达观大师、大都大长春宫提点张道兴”,说明这一时段长春宫提点另有其人。《三洞拾遗》,合肥:黄山书社2005年版,第16册,第421页。

⑤ 陈垣编纂:《道家金石略》,北京:文物出版社1988年版,第795页。

⑥ 陈垣编纂:《道家金石略》,北京:文物出版社1988年版,第755页。赐号时间不明,考虑到李道谦(1219—1296年)的卒年版,又据文意,叔俭、仁甫师兄弟生活年代相近,则常志清作为掌教赐师号更可能发生在这个任期,而不是皇庆年间二度掌教时。

至大德九年(1305年)间之某一年,是常志清掌教之始年。鉴于并未发现他被罢黜的情况,而且后来还再次出任掌教,所以他的第一次掌教大约持续到苗道一接任之时。但常志清离任后,仍然对教门事务有所干预。如河中府永乐、纯阳上下二宫,尹志平以为吕祖"根本之宫",直接由大都长春宫管辖,"不令晋宁路道司节制。后之嗣教真人仍为旧贯,遵而不革。及天阳真人(常志清)退堂闲居,不揣分量,擅与纷更,教所权宜令晋宁路道司宰治迄"。①

继常志清之后掌教的是苗道一。陈垣先生在作《南宋初河北新道教考》时,没有见到苗道一的传记和其他有关资料,故仅能根据《至大加封七真圣旨碑》拓片,断定他曾在武宗至大年间任过掌教,即是先于孙德彧的一任掌教。但对他的生平不能作出叙述,对其两次出任掌教的起迄年代也无法断定。后其孙陈智超在整理出版陈垣先生遗著《道家金石略》时,增入了张起岩撰《苗公道行碑》,使我们得以略知苗道一的生平。唯该碑残缺太甚,所知已不全。该碑云,苗道一为晋城(今山西晋城市)人,生于"至元初元甲子(1264年)","喜诵老庄书,恒危坐(下缺)造席下执弟子礼甚勤。居久之,洞明知为受道之器,与之语,有合,试(下缺)一旦屏人,告以秘奥之语。且曰:汝□在此,应有遭际,将大振玄风。"②此碑所云"洞明",即存神应化洞明真人祁志诚。乾隆《济源县志》云:"苗道一,龙翔宫道士。一日,闻洞明祁真人住云州金阁山(在今河北赤城县),遂往依之。洞明以秘密授,且曰:'汝缘在此,将大振玄风,恢宏祖道。'"③据此,则苗道一曾居济源龙翔宫,后依祁志诚为弟子。④《苗公道行碑》接着说,苗道一道价日隆,

---

① 《纯阳万寿宫札付碑》,陈垣编纂:《道家金石略》,北京:文物出版社1988年版,第791—792页。元大德九年(1305年)因临汾大地震,改平阳路为晋宁路。

② 《苗公道行碑》,陈垣编纂:《道家金石略》,北京:文物出版社1988年版,第787页。

③ (清)萧应植:《(乾隆)济源县志》,《中国方志丛书》,台北:成文出版社1976年版,第406页。据祁志诚《道行碑》,祁于中统壬戌(1262年)前即居金阁山云溪观,至元七年(1270年)赐额崇真,八年(1271年)授诸路道教都提点,九年(1272年)嗣玄门掌教真人,故1271年后祁志诚应居大都长春宫。至元二十二年(1285年)卸任后,回金阁山修葺崇真宫,直至至元三十年(1293年)去世。(陈垣编纂:《道家金石略》,北京:文物出版社1988年版,第700页)因此,苗道一师事祁志诚当在1285年后。

④ 苗道一传续宋德方、祁志诚法脉,还有《永乐宫圣旨碑》和《宋德方道行碑》为证,参见程越:《金元时期全真道宫观研究》,济南:齐鲁书社2012年版,第33页。

“驸马高唐王闻之，以礼往聘。至则偕诣和林，觐武宗皇帝于军中。言诹有合，虚席咨问，所策应验如响，以为神。丁未（下缺）逾年，至大改元，授玄门演道大宗师，管领诸路道教商议集贤院（下缺）”①。据此，在武宗海山即位之前，苗道一即受其礼遇。大德十年（1306 年）七月，海山还下令旨保护苗氏宗系的道观财产。《霍岳庙令旨碑》记海山太子令旨，晋宁路“霍州里所属的中镇霍岳庙，咱每的先生苗宗师住持”，庙里的田地财产，“不以是谁休做主者”，“别人每休侵占者”。② 此称苗道一为“咱每的先生”，可见对苗的尊崇。苗道一也在武宗即位的过程中出谋划策，《苗公道行碑》说：“（武宗）恃其谋以为进退，故鸾辂南驾，入承大统。”③所以，武宗即位之后，就在至大元年（1308 年）授其为“玄门演道大宗师”了。此封赠诏尚存于《永乐宫圣旨碑》中，略云：“上天眷命皇帝圣旨：……咨尔凝和持正明素真人苗道一，致虚守静，寡欲少私，于山中养素之时，得太上忘言之妙……事朕北藩，其言应而如响；逮予南面，乃功成而不居。虽至人安所事名，而国家则亦宜礼……特授玄门演道大宗师、管领诸路道教、商议集贤院道教事，余如故。宜令。准此。至大元年七月□日。”④玄门演道大宗师是全真掌教的专称，此年授此封号，表明苗道一的掌教职位，在该年已获元室之正式承认。按惯例，一般掌教在接任之后即授予封号，有的在接任之后很久才授封。因此可以断定，苗道一至迟在至大元年即已嗣教。在授苗道一玄门演道大宗师的同时，又授予他商议集贤院（政府管理儒学及道教的部门）道教事的职务，即参与对整个道教的管理工作。至大三年（1310 年）二月，在他的请求下，

---

① 《苗公道行碑》，陈垣编纂：《道家金石略》，北京：文物出版社 1988 年版，第 787 页。其与驸马高唐王之道缘，或承自其师祁志诚。祁志诚《道行碑》载，祁退休金阁山修葺崇真宫时，“今皇太后道过云州，遣使致香币问遗。驸马高唐王奉黄金五十两，为藻饰之费”（陈垣编纂：《道家金石略》，北京：文物出版社 1988 年版，第 700 页）。

② 陈垣编纂：《道家金石略》，北京：文物出版社 1988 年版，第 715 页。霍州，即今山西霍州市，属临汾市所辖。临汾为宋德方刊刻《道藏》的大本营，故推测此地道观为宋德方一系管领。此时苗道一尚未掌教全真，谓其为宗师者，或即为宋德方一系的宗师。此系部分徒属，可参见《永乐宫圣旨碑》碑阴，陈垣编纂：《道家金石略》，北京：文物出版社 1988 年版，第 727—728 页。

③ 陈垣编纂：《道家金石略》，北京：文物出版社 1988 年版，第 787 页。

④ 陈垣编纂：《道家金石略》，北京：文物出版社 1988 年版，第 727 页。

武宗加封了全真道的祖师和重要弟子：北五祖（王玄甫、钟离权、吕嵒、刘海蟾、王喆）由真君加封帝君；北七真（马钰、谭处端、刘处玄、丘处机、王处一、郝大通）由真人加封为真君（孙不二封元君）；尹志平、李志常、宋德方由真人加封为大真人；随丘处机西觐元太祖的十八弟子中之其余十五人封为真人。① 在这份诏书中，武宗称苗道一为"宾师"，可能是对"咱每的先生"比较文雅的说法。武宗还授其金印，《元史》云：全真掌教"世奉玺书袭掌其教，至大间加赐金印"②。可以看出，在苗道一掌教期间，全真道再次受到元室的重视，玄风大振。时人甚至将苗道一与丘处机并称，将苗道一受知武宗与丘处机际遇太祖相提并论："夫以老氏之道，由太祖信之而益弘，长春演之而益明。全真氏之教，由武宗崇之而益隆，凝和播之而益大。"③论者认为，苗道一的荣宠，推动了全真道的复兴，但也让全真道过多地卷入了宫廷斗争特别是皇位争夺之中，与此相联系，在此后掌教的传承上，即多与皇位的更替相对应。这是理解元代后期全真掌教任免的一个重要因素。④ 因此，虽然目前有关苗道一此次掌教的材料以至大三年（1310 年）为年代下限，但他至少应该掌教至武宗驾崩（1311 年）。

苗道一之后，常志清再度掌教。《道家金石略》收录二碑，其一名《东华紫府辅元立极大帝君碑》。碑记马钰所建昆嵛山东华观及元朝皇帝封赠东华帝君等事。末署："大元国皇庆元年岁在甲子□月十五日，玄门演道大宗师、大明□□天阳真人常志清立石。"⑤第二碑名《丹阳真人归葬记》。记马

① 加封诏参见陈垣编纂：《道家金石略》，北京：文物出版社 1988 年版，第 729—732 页。亦见《金莲正宗仙源像传》前，《道藏》第 3 册，第 366—369 页。

② 《元史》卷 202《释老传》，北京：中华书局 1976 年版，第 15 册，第 4525 页。《析津志》所言较详："武宗登极，下仪曹铸金印，两以数计者一百二十有奇，红绶驼纽，事汉篆为国书。"转引自《顺天府志》，北京：北京大学出版社 1983 年版，第 78 页。

③ 《苗公道行碑》，陈垣编纂：《道家金石略》，北京：文物出版社 1988 年版，第 787 页。

④ 参见程越：《金元时期全真道宫观研究》，济南：齐鲁书社 2012 年，第三章"后弘期掌教研究"；张广保：《全真教的创立与历史传承》，北京：中华书局 2015 年，第二章"蒙元时期全真教大宗师的传承"。

⑤ 陈垣编纂：《道家金石略》，北京：文物出版社 1988 年版，第 738 页。光绪《登州府志》卷 65 著录此碑，署"大元国皇庆元年岁在壬子十月十五日，玄门演道大宗师、大明演教天阳真人常志清立石"。（清）方汝翼等：《光绪增修登州府志（二）》，《中国地方志集成·山东府县志辑》，南京：凤凰出版社 2004 年版，第 49 册，第 347 页。

钰生前事迹和归葬事。末署“大元国皇庆二年岁在癸丑正月十五日，玄门演道大宗师、大明演教大阳真人常志清立石”①。从“玄门演道大宗师”之头衔看，常志清继苗道一之后，又在仁宗皇庆年间再次出任掌教。他这次掌教大概至皇庆二年(1313 年)九月止，是再次离任还是已经亡故，原因不得而知。

继常志清之后掌教的是孙德彧(1243—1321 年)。德彧字用章，四川眉山人。幼孤，6 岁寄迹终南山祖庭，从穆真人。11 岁著道士服，师天乐真人李道谦(于善庆之徒)。后“英誉日驰，遂为京兆路讲经师”②。王志坦掌教时，畀号开元大师。至元甲戌(1274 年)，昭睿顺圣皇后命其侍安西王掌祠事，充京兆路道录。寻复提举于洞真(善庆)门下诸宫观，又提点京兆路道门③。张志仙掌教时，擢为秦蜀道教提点所通议官。至元壬辰(1292 年)，提举重阳万寿宫，又由秦蜀道教提点所通议官升副提点。大德己亥(1299 年)，成宗加玺书授陕西五路西蜀四川道教提点，领重阳宫事。寻拜诸路道教都提点，趣装入觐。武宗至大二年(1309 年)，加体仁文粹开元真人、领陕西道教事，归终南。“仁宗志弘道妙，欲简用耆德，遣使召赴长春宫掌全真教。至则见于便殿，大悦，制诏褒嘉，阳煦春育。”④据盩厔(今周至)重阳宫《元汉会文圣旨碑》，“朕采舆人之公论，发纶旨于昌辰。以尔掌教玄□，演道□馆……可授神仙演道大宗师、玄门掌教真人、管领诸路道教所、知集贤院道教事。宜令孙德彧。准此。皇庆二年(1313 年)九月日”⑤。这大概是征召赴京的圣旨，说明此时全真掌教已经空缺，仁宗听从公论，委以重任。

① 《丹阳真人归葬记》，陈垣编纂:《道家金石略》，北京:文物出版社 1988 年版，第 740—741 页。光绪《登州府志》卷 65 著录，“大阳”作“天阳”，是。(清)方汝翼等:《光绪增修登州府志(二)》，《中国地方志集成 · 山东府县志辑》，南京:凤凰出版社 2004 年版，第 49 册，第 352 页。

② 《孙德彧道行碑》，陈垣编纂:《道家金石略》，北京:文物出版社 1988 年版，第 787 页。

③ 至元二十三年(1286 年)孙德彧结衔为“应召讲经开玄崇道法师、安西路道门提点”，参见《大元凤翔府岐山县官村创建通玄观记》，王宗昱:《金元全真教石刻新编》，北京:北京大学出版社 2005 年版，第 82 页。安西路即京兆路，后改奉元路。

④ 《孙德彧道行碑》，陈垣编纂:《道家金石略》，北京:文物出版社 1988 年版，第 788 页。

⑤ 武树善:《陕西金石志》卷 28，《石刻史料新编》第 1 辑，台北:新文丰出版公司 1982 年版，第 22 册，第 16766 页。

其至京或已是次年“阳煦春育”之时，故孙德彧在《大元敕藏御服之碑》中自云：“延祐改元(1314年)，臣德彧进神仙演道大宗师，嗣教长春。”①延祐二年(1315年)祷雨长春宫，大获甘霖，“宰臣致币，文臣诗之”。未几，仁宗命图其像，翰林学士承旨赵孟頫为赞，以玺识之。应他的请求，仁宗“推恩封其师若祖于洞真为真君，高圆明(道宽)、李天乐(道谦)为真人，穆、王二师为真人”②。延祐七年(1320年)，请老归终南，逾年，英宗准其奏，优礼送之。③ 至治元年(1321年)八月逝世，寿79。④

继孙德彧之后掌教者为蓝道元。陈垣先生说：“孙德彧掌教在延祐初，至治元年卒。《元史》二八《英宗纪》：‘至治二年十二月戊辰，以掌道教张嗣成、吴全节、蓝道元，各三授制命银印，敕夺其二。’以蓝道元与正一张嗣成(三十九代天师)、吴全节(玄教第二任掌教)并称，其为全真掌教无疑。《道园学古录》廿五《河图仙坛碑》言：‘泰定元年，长春掌教真人阙，上因公荐，以汴梁朝元宫孙公履道主之。’所谓公者，吴全节也。长春掌教何以阙？必蓝道元以事免也。《元史》三十《泰定纪》：‘泰定三年八月，长春宫道士蓝道元以罪被黜，诏道士有妻者悉给徭役。’据此，则蓝道元免去掌教在先，至是并黜其道籍也。”“故吾谓继孙德彧者当为蓝道元。”⑤陈先生所论确实。又有大长春宫讲师王道亨撰《新城县修龙翔观碑》，云：“至治辛酉(1321年)，掌教真人篮(蓝)公授(杨道信)以本宗门都提点之职。”⑥所以，蓝道元是在1321年孙德彧退职后即接任。而至治癸亥(1323年)，净明道徐慧“参蓝真人于长春宫，得全真无为之旨”⑦，所参应即蓝道元。

继蓝道元之后掌教者为孙履道。主要根据即是上述《河图仙坛之碑》

---

① 陈垣编纂：《道家金石略》，北京：文物出版社1988年版，第745页。

② 《玄门掌教孙真人墓志铭》，《道园学古录》卷50，《文渊阁四库全书》第1207册，第699页。

③ 孙德彧撰于至治元年(1321年)□月九日的《重修巩昌城隍庙记》，仍署掌教等所有职衔。参见陈垣编纂：《道家金石略》，北京：文物出版社1988年版，第754—756页。

④ 参见《孙德彧道行碑》，陈垣编纂：《道家金石略》，北京：文物出版社1988年版，第788页。

⑤ 陈垣：《南宋初河北新道教考》，北京：中华书局1962年版，第71—72页。

⑥ 王宗昱：《金元全真教石刻新编》，北京：北京大学出版社2005年版，第224页。

⑦ 《净明忠孝全书》卷1《丹扃道人事实》，《道藏》第24册，第632页。

所记。嗣教时间在泰定元年（1324 年）。《吴文正集》卷 90 有《封孙真人制》，云："可特授神仙玄门演道大宗师、泰定虚白文逸明德真人、掌管诸路道教所、知集贤院道教事。"①当是泰定元年授任的制书。孙履道家族世系详于刘致撰《中条孙氏先茔碑》，知其父孙寓（一名滋，？—1295 年）迁居太原（今山西），履道为其次子，字大方，自号天游。② 此碑又云："惟履道幼事老子教，违先君训，幸累圣不遗方外臣，三降玺书，一为提点，再为真人，龙光载躬，恩渥数异，且获踵太古（郝大通）、栖云（王志谨）真人之后。"③可知孙履道幼年即出家为道士，至 1310 年已三获朝廷玺书恩遇，第一次任为提点，第二次授真人号，第三次当即任太古、栖云一系宗师。据延祐六年（1319 年）《白西里重建岱岳庙碑记》，孙履道早年曾师事太原府太清观全真道士寿龄子管志通。④ 又程钜夫撰《徐真人道行碑》云："皇庆元年（1312 年）冬十有二月，朝元万寿宫孙真人履道状其师徐君之行来征文。谨按师讳志根，梁之扶沟（今河南扶沟县）人……弱冠为道士，学于王真人志谨……师（徐志根）以郝（大通）为祖，王（志谨）为父，姬（志真）、李（志居）为兄。"⑤据此，孙履道又师事徐志根，传太古、栖云一系法脉。因此，他掌教长春宫之前，主要活动于山西、河南地区，即如《封孙真人制》所说："方外从游，早逍遥于冀北；环中善应，晚楷式于豫南。"⑥徐志根于"至元某年，制授本宗（即太古、栖云一系）掌教真人。乙酉（1285 年），赐号崇玄诚德洞

---

① （元）吴澄：《吴文正集》卷 90，《文渊阁四库全书》第 1197 册，第 836 页。

② 参见（清）胡聘之：《山右石刻丛编》卷 30，《石刻史料新编》第 1 辑，台北：新文丰出版公司 1982 年版，第 21 册，第 15638—15639 页。又收入民国《虞乡县新志》卷 9，题《元刘致追表孙氏世系官爵墓碑铭》，可参校。周振声等：《虞乡县新志》卷 9，《中国方志丛书》，台北：成文出版社 1968 年版，第 935—941 页。据此，碑文是至大庚戌（1310 年）刘致游大梁（今开封）时，应孙履道之请而作，延祐五年（1318 年）赵孟頫书丹。

③ 周振声等：《虞乡县新志》卷 9，《中国方志丛书》，台北：成文出版社 1968 年版，第 937 页。

④ 此碑现存山西省太原市阳曲县高村乡北白村西，张方著录。碑文及相关考证，参见张方：《岱岳庙碑记所见孙履道之题名》，《宗教学研究》2013 年第 4 期。

⑤ （元）程钜夫：《雪楼集》卷 18，《文渊阁四库全书》第 1202 册，第 259—260 页；陈垣编纂：《道家金石略》，北京：文物出版社 1988 年版，第 712—713 页。

⑥ （元）吴澄：《吴文正集》卷 90，《文渊阁四库全书》第 1197 册，第 836 页。冀北指冀宁路（治今山西阳曲县）北部，前述《白西里重建岱岳庙碑记》正在此区域。参见张方：《岱岳庙碑记所见孙履道之题名》，《宗教学研究》2013 年第 4 期。

阳真人”①，孙履道在乃师门下长期担任重要道职，“都提点太古、栖云宗教十余年”②。大德甲辰(1304 年)，徐志根逝世，由孙履道接任太古、栖云一系宗师。《徐真人道行碑》云：“而今孙君(履道)之嗣掌教事也，先是归河东，师(徐志根)知其贤，累请不起，固请乃起，赐号泰定虚白文逸真人。”③刘致所撰碑则云：“真人虚位，阖宫(朝元宫)羽流者胥推以为继，犹执谦德，如弗克胜。由是行省言之六曹，言之玄门大宗师，又言之尚书，乃闻之帝。温乎玉音，遂赐俞答，玉圭宝冠西锦法衣，恩礼沓至。”④及至蓝道元被黜，孙履道遂因吴全节之荐，任全真掌教大宗师，制云：“属长春之席暂虚，幸太古之传未泯，远寻支派，丕阐宗风。”⑤虞集所撰《黄箓普度大醮功德碑》，记泰定二年(1325 年)孙履道与三十九代天师张嗣成、玄教大宗师吴全节各“率南北道士千众，即大长春宫陈大科法者七日，出黄箓白简万通”⑥。表明孙履道在泰定二年(1325 年)仍在掌教任中。许有壬《上清储祥宫记》云：“宫始太宗，作于朝阳门外，不五十年而火……又三十七年，复事修建……泰定三年，虚白文逸明德真人天游孙公，以故宫之基，石刻故在，不可终废，命提点纯素清逸大师黄道真从事修复。”⑦表明泰定三年(1326

---

① (元)程钜夫:《雪楼集》卷18《徐真人道行碑》,《文渊阁四库全书》第1202 册,第 259 页;陈垣编纂:《道家金石略》,北京:文物出版社 1988 年版,第 713 页。

② 周振声等:《虞乡县新志》卷 9,《中国方志丛书》,台北:成文出版社 1968 年版,第 940 页。此都提点职,或即前述第一次玺书授提点所指。

③ (元)程钜夫:《雪楼集》卷 18,《文渊阁四库全书》第 1202 册,第 260 页;陈垣编纂:《道家金石略》,北京:文物出版社 1988 年版,第 713 页。河东,当指其在山西的活动地域。

④ 周振声等:《虞乡县新志》卷 9,《中国方志丛书》,台北:成文出版社 1968 年版,第 940 页。以《山右石刻丛编》录文参校((清)胡聘之:《山右石刻丛编》卷 30,《石刻史料新编》第 1 辑,台北:新文丰出版公司 1982 年版,第 21 册,第 15639 页)。作为太古、栖云一系宗师,孙履道的结衔是“宣授太古栖云门下持授泰定虚白文逸真人、管领诸路道教事”,见《白西里重建岱岳庙碑记》(张方:《岱岳庙碑记所见孙履道之题名》,《宗教学研究》2013 年第 4 期)。赐师号及宣授道职,当即前述第二、三次玺书的内容;各种恩礼赏赐,正呼应前文“龙光载躬,恩渥数异”。

⑤ (元)吴澄:《吴文正集》卷 90《封孙真人制》,《文渊阁四库全书》第 1197 册,第 836 页。

⑥ (元)虞集:《道园学古录》卷 23,《文渊阁四库全书》第 1207 册,第 333 页。

⑦ (元)许有壬:《圭塘小稿》卷 7,《文渊阁四库全书》第 1211 册,第 631—632 页。

年）孙履道仍在任上，何时卸任则不明。

文宗即位，苗道一再度掌教。① 陈垣先生说："夫苗道一至大三年既掌教矣，何以越二十年复为掌教？则须知全真掌教，习惯与大道、太一不同，大道、太一有第几代第几祖之称……如祖宗传世，昭穆森然。全真掌教，如宰执任免，时可复命。明乎此，则苗道一之再任，蓝道元之罢黜，不足奇矣。《元史》33《文宗纪》：'天历二年（1329 年）十月癸卯，命道士苗道一建醮于长春宫。'未明著为掌教也。三四《文宗纪》：'至顺元年闰七月，铸黄金神仙符命印，赐掌全真教道士苗道一。'则明著为掌教矣。"②故陈垣先生推断至顺元年（1330 年），苗道一又复出掌教。据《皇元制授诸路道教都提点洞阳显道忠贞真人井公道行之碑》，则知苗道一第二次出任掌教的具体时间是在文宗天历元年（1328 年）。这是对陈垣先生意见的一点补正。该碑记述苗道一弟子井德用之生平，内云："天历始元，文宗入承大宝，起凝和于覃怀，复掌教之二年，召委重化，玺书授（井德用）洞阳显道忠贞大师，领诸路道教都提点。"③"凝和"是苗道一之号，"覃怀"即古怀县，治今河南武陟县西南。意即文宗于天历元年入承大统时，再次启用住在河南武陟的苗道一作全真掌教，第二年即命井德用为道教都提点。由此可以明确肯定苗道一之第二次出任掌教是在天历元年，《元史》卷 33《文宗纪》所记命苗道一建醮于长春宫，虽未著明其为掌教，实是以掌教身份主领那次醮事了。而且，苗道一之复出掌教，除了全真掌教任免习惯的因素外，明显与他同武宗一系的亲密关系有关。至顺三年（1332 年）苗道一奉旨修罗天大醮于长春宫，虞集为撰《瑞鹤赞》，即云："苗君某先朝旧人，老成端恪，道行严一，故能深达

① 据虞集撰《白云观记》，泰定元年（1324 年），苗道一被召至大都，到过其师祁志诚兴修的白云庵。（陈垣编纂：《道家金石略》，北京：文物出版社 1988 年版，第 782 页）如前所述，泰定元年全真掌教空缺，曾任掌教的苗道一被召，其背景如何、是否与掌教有关，待考。

② 陈垣：《南宋初河北新道教考》，北京：中华书局 1962 年版，第 73 页。至顺元年赐印事，或即《苗公道行碑》所云："神仙符命黄金印章，一如长春（丘处机）。"陈垣编纂：《道家金石略》，北京：文物出版社 1988 年版，第 787 页。

③ 武树善：《陕西金石志》卷 26，《石刻史料新编》第 1 辑，台北：新文丰出版公司 1982 年版，第 22 册，第 16734 页。

皇宸,致感玄征。"[1]苗道一生前被加封为大真人,孛术鲁翀《大元奉元明道宫修建碑铭并序》云:"元统元年(1333 年),特进神仙掌教凝和大真人苗宗师,召太清提点赵道真来京。"[2]去世后更追赠真君,高巘至正元年(1341 年)撰《御香记》称为"特进神仙大宗师、凝和持正赞元翊运苗真君"[3]。苗道一掌教至何时?据《大元重修聚仙观碑》,内云:元统初,安真子张道昌创修殿宇、增辟田亩,"流辈服其能,保充本路道门都提点。凝和大宗师(苗道一)赐号隆德葆光大师,金襴紫服以旌之"。文末记元统二年立石,碑尾另行书"大元主教、特进、神仙元门演道大宗师、凝和持正明素忠纯大真人、管领诸路教所、知集贤院道教事苗"。[4] 大概其元统二年(1334 年)仍在掌教中。元统三年(1335 年)七月立石的《清虚宫碑铭》,末署"持正明素忠纯大真人苗"[5],仅有师号,而没有任何职衔,不知是否已传位于下一任掌教。[6]

继苗道一之后掌教者为完颜德明。元统三年九月所建之《孙德彧道行碑》,结衔称"特进、神仙玄门演道大宗师、重玄蕴奥弘仁广义大真人、掌管诸路道教所、知集贤院道教事完颜德明"[7]。表明至迟元统三年(1335 年)完颜德明已任掌教。刘信撰《钧州十方长春观重建玄元殿碑》云,苏德玄之道"盖得之今掌教大宗师完颜公,公即大宗师赞元翊运真君苗公之巨擘也"[8]。说明完颜德明是苗道一弟子,实承袭其师的掌教之位。完颜德明的生平资料甚少,现知其年轻时在王屋山做过守坛道人,翰林张琬于延祐已未

① (元)虞集:《道园学古录》卷 21,《文渊阁四库全书》第 1207 册,第 314 页。

② 陈垣编纂:《道家金石略》,北京:文物出版社 1988 年版,第 789 页。

③ 王宗昱:《金元全真教石刻新编》,北京:北京大学出版社 2005 年版,第 90 页。

④ 王宗昱:《金元全真教石刻新编》,北京:北京大学出版社 2005 年版,第 202—203 页。并参(清)袁通等:《(道光)河内县志》卷 21,《中国方志丛书》,台北:成文出版社 1976 年版,第 1059—1065 页,特别是碑后按语对苗道一署衔位置的说明。值得注意的还有,碑文中提到至元改元冬季(1335 年版,当年十一月改元)张道昌来征文,但立石却在元统二年(1334 年)。

⑤ 陈垣编纂:《道家金石略》,北京:文物出版社 1988 年版,第 791 页。

⑥ 类似的情况,出现在延祐四年(1317 年)刊《加封五祖七真十八真人徽号碑记》,当时苗道一第一次掌教已结束,碑文仅称"持正明素真人"。参见陈垣编纂:《道家金石略》,北京:文物出版社 1988 年版,第 732 页。

⑦ 陈垣编纂:《道家金石略》,北京:文物出版社 1988 年版,第 788 页。

⑧ 王宗昱:《金元全真教石刻新编》,北京:北京大学出版社 2005 年版,第 212 页。

(1319年)六月登临王屋山,"毕乃降谒守坛道人,即今主大都长春宫总教真人完颜公子尔"①。据《筇竹寺雪庵宗主塔铭》的款识"特进、神仙掌教大真人、知集贤院道教事,秦山宦(完)颜德明书丹"②,推知其乡贯或在陕甘一带。《浚州长春观栖真堂记》云:"今特进神仙玄门演道大宗师重玄蕴奥弘仁广义大真人完颜公爱其山川秀爽,比年以来,烟装云驾,尝税于兹。"③末署至元五年岁次己卯(1339年)。《重修岳云宫碑》末署"岁次庚辰至元六年(1340年)……立石,宣授掌管诸路道门嗣教神仙重元(玄)真人完颜德明"④。《玉真观记》作者与阳泉玉真观道士范玄信友善,其"至三年赴□都,掌教完颜真人送我《太上感应经》凡几卷,乃寄玄信",记末云:"玄信受掌教真人法旨,号宗诚知微大师。至正五年(1345年)九月日记。"⑤以上证明自元统三年(1335年)至至元六年(1340年)皆为完颜德明掌教,甚至可能掌教至至正五年。

现知至正八年(1348年)时,掌教为关真人。⑥《陕西金石志》卷26收有《皇元制授诸路道教都提点洞阳显道忠贞真人井公道行之碑》,碑记苗道一弟子井德用之事迹。有曰:"是时,玄教大宗师关真人遣官持疏致币请赴京师,嗣以教席,至则终以二九。执事者但陈锦币,宣疏轴,奠祭而还。"⑦按

① (元)张琬:《重修天坛上皇殿记》,王宗昱:《金元全真教石刻新编》,北京:北京大学出版社2005年版,第209页。

② (清)戴䌹孙:《昆明县志》卷8,《中国方志丛书》,台北:成文出版社1967年版,第143—144页。

③ 陈垣编纂:《道家金石略》,北京:文物出版社1988年版,第796页。

④ 陈垣编纂:《道家金石略》,北京:文物出版社1988年版,第799页。参见(清)仇汝瑚:《盂县志》卷9,乾隆五十五年(1790年)刻本。

⑤ (明)李侃、胡谧:《(成化)山西通志》卷15,《四库全书存目丛书》,济南:齐鲁书社1996年版,史部第174册,第604页。"至三年"有脱文,可能是后至元三年(1337年)或至正三年(1343年),但从文意看,可能至正五年作记时掌教仍为完颜德明。"赴"仅存其半"走",据文意补。阳泉,元时为冀宁路平定州阳泉村,故此记称玉真观为"一乡之小有洞天",今属山西阳泉市。

⑥ 参见刘晓:《元代全真道被遗漏的掌教关德昌——〈井公道行碑〉读后记》,《宗教学研究》2017年第2期。但推测关真人即元统三年(1335年)《清虚宫碑铭》具名之"制授宝谦隆德冲和大师、住持大都大长春宫提点关德昌"(陈垣编纂:《道家金石略》,北京:文物出版社1988年版,第791页),尚缺乏直接证据。

⑦ 武树善:《陕西金石志》卷26,《石刻史料新编》第1辑,台北:新文丰出版公司1982年版,第22册,第16735页。

此碑，井德用卒于至正戊子(1348年)二月初八，使者至其居地耀州(今陕西铜川市耀州区)五台山时，他已去世十余日。这里的“玄教大宗师”显然不是指张留孙开创的玄教之掌教，因为此时史籍明确记载是夏文泳执掌教事(详见本章第六节)，并非关真人。而全真教也可称“玄教”，略举数例。如李志远“主持玄教于终南祖庭”①，丘处机遗命尹志平“嗣主玄教”②，“真常李公(李志常)主玄教……诚明真人张公(张志敬)主玄教”③，王道冲“被玄教大宗师之命”主双凫观④，武宗至大元年(1308年)任命苗道一掌教的制书亦曰：“尚翼扶于玄教，期济度于群生。”⑤因此，郑元祐《孙高士像赞》云：“云间(治今上海松江区)孙高士明叔者，隐于其里九峰三泖之间……于是全真教主关真人号之曰清隐处士。”⑥此全真教主即前述玄教大宗师关真人。他始任掌教的时间不明，但其至正八年遣使召井德用入京接任，说明已准备去职。

由于关真人的去世，完颜德明再度出任全真掌教，时间即在至正八年。前述井德用《道行碑》，末题“至正八年岁舍戊子九月九日……特进神仙重玄蕴奥弘仁广义大真人、掌管诸路道教所、知集贤院道教事完颜德明”⑦。可以证明当时完颜德明已经接任。因为，至正七年(1347年)十二月，完颜德明在永乐宫重刻武宗加封其祖师宋德方的圣旨，仅称“门下洒扫嗣教

---

① (元)王恽：《卫州胙城县灵虚观碑》，陈垣编纂：《道家金石略》，北京：文物出版社1988年版，第564页。

② (元)王恽：《大元故清和妙道广化真人玄门掌教大宗师尹公道行碑铭并序》，陈垣编纂：《道家金石略》，北京：文物出版社1988年版，第689页。

③ (元)宋渤：《玄明文靖天乐真人李公道行铭并序》，陈垣编纂：《道家金石略》，北京：文物出版社1988年版，第714页。

④ 参见(元)张彧：《叶令王乔祠记》，王宗昱：《金元全真教石刻新编》，北京：北京大学出版社2005年版，第208页。

⑤ 《永乐宫圣旨碑》，陈垣编纂：《道家金石略》，北京：文物出版社1988年版，第727页。其他用例，可参见丁培仁：《元前道派研究》，成都：四川人民出版社2014年版，第752—754页。

⑥ (元)郑元祐：《侨吴集》卷7，《文渊阁四库全书》第1216册，第497页。

⑦ 武树善：《陕西金石志》卷26，《石刻史料新编》第1辑，台北：新文丰出版公司1982年版，第22册，第16735页。

重玄子"①,并无各种职衔。前引云南昆明《筇竹寺雪庵宗主塔铭》,立于至正十六年(1356年)十月②,证明完颜德明其时在任。《重修崆峒山大十方问道宫碑铭并序》记:后至元庚辰(1340年),王文顺礼请奉元丹阳宫道士姜某来崆峒山修复问道宫,"创前后大殿曰体元、曰混元,凌霄、启元二门,即掌教神仙演道大宗师完颜公之扁也"。③ 此虽追记往事,但碑文撰写于至正十七年(1357年),这种略示矜夸之辞,固以系之在任者为宜。因此,不论完颜德明书扁在何时,至正十七年当仍掌教。邵亨贞《潘炼师松庵序》云:"维扬潘炼师仲华,自幼为仪真瞿老师之门人,掌教大宗师完颜公嘉其能循道诫……号之曰通真明义静德大师、玄中子。"④陈垣先生据邵亨贞(1309—1401年)生活时代,认为此序作于至正(1341—1368年)间,故推测完颜德明掌教至至正年间。⑤ 现在看来这个推测是不错的。《陇右金石录》又收有《陕西南山七真碑》,前刻世祖至元六年(1269年)封北真七子为真人之诏;继为至大三年(1310年)封东华和其余四祖为帝君诏;至大三年封丘处机和其余六子为真君诏;至大三年封丘处机十八弟子为真人诏。末署:"掌管诸路□所、知集贤院道教事完颜德明,至正二十二年,道士杨惟庆立。"⑥证明至正二十二年(1362年),完颜德明仍在掌教任中。此时距元亡不过六年,完颜德明可能是元代最末一任全真掌教了。

综上所述,张志仙之后的掌教传承,就目前所知依次为:常志清、苗道

① 《重刻武宗圣旨碑记》,陈垣编纂:《道家金石略》,北京:文物出版社1988年版,第805页。此又与前述苗道一卸任后仅称"持正明素真人"相类(陈垣编纂:《道家金石略》,北京:文物出版社1988年版,第732页)。

② 参见(清)戴纲孙:《昆明县志》卷8,《中国方志丛书》,台北:成文出版社1967年版,第143页。

③ 陈垣编纂:《道家金石略》,北京:文物出版社1988年版,第812页。

④ (元)邵亨贞:《野处集》卷2,《文渊阁四库全书》第1215册,第198页;陈垣编纂:《道家金石略》,北京:文物出版社1988年版,第816页。

⑤ 参见陈垣:《南宋初河北新道教考》,北京:中华书局1962年版,第74页。

⑥ 张维:《陇右金石录》,《石刻史料新编》第1辑,台北:新文丰出版公司1982年版,第21册,第16128—16131页。按,掖县(今山东莱州市)也有《大元崇道诏书之碑》,末题"太岁壬寅至正二十二年五月上旬吉日兴工,道士杨惟庆重立。演道大宗师、重玄蕴奥弘仁广义大真人、掌管诸路道教所、知集贤院道教事完颜德明"。参见《道家金石略》第731页陈智超按语。

一、常志清、孙德彧、蓝道元、孙履道、苗道一、完颜德明、关真人、完颜德明。囿于资料,其中还有衔接不密之处,考虑到正如陈垣先生所说,全真掌教“如宰执任免”,不似其他一些道派“如祖宗传世”,故仍有遗漏之可能。但从以上述论可见,成宗弛禁之后,不仅全真道的历代祖师及其重要弟子被不断加封或追封,而且它的历任掌教又代代被敕封为大宗师、大真人、知集贤院道教事,给了当时道教首领所能得到的最高职衔。这些都反映出全真教在元成宗以后不仅再次复兴,而且又向前发展了。这是它之所以能在元代中后期逐渐成为北方道教发展的重心,最终并入相关道派而为全真大派的原因所在。

但是在全真掌教代代被崇封的同时,掌教们已很快由清静恬淡之士蜕变为道士官僚。他们所居之地早已不是远离尘嚣的茅庵、环堵,而是雕梁画栋的豪华宫室;他们除尽职为皇室设斋祈福外,长年累月则与通显豪家庆吊往还。对于这些,当时许多著名文学之士已啧有烦言。王磐《创建真常观记》云:“夫道宫之有别院,非以增添栋宇也,非以崇饰壮丽也,非以丰阜财产也,非以资助游观也。贤者怀高世之情,抗遗俗之志,道尊而物附,德盛而人归,盖欲高举远引而不可得遂焉。故即此近便之地,闲旷之墟,以暂寄其山林栖遁之情耳。《南华》有言:‘圣人鹑居而鷇食。’夫鹑居者,居无定处也;鷇食者,食不自营也。今也掌玄教者,盖与古人不相侔矣!居京师,住持皇家香火,焚修宫观,徒众千百,崇墉华栋,连亘街衢,京师居人数十万户,斋醮祈禳之事,日来而无穷。通显士大夫,洎豪家富室,庆吊问遗,往来之礼,水流而不尽,而又天下州郡黄冠羽士之流,岁时参请堂下者,踵相接而未尝绝也……道宫虽名为闲静清高之地,而实与一繁剧大官府无异焉……若夫计地产之肥硗,校栋宇之多寡,如豪家大族增置财产,以厚自封殖而务致富强,则非贤者之用心矣。”①虞集亦为此感慨系之。他说:“今为道家之教者,为宫殿楼观门垣,各务极其宏丽,象设其所事神明而奉祀之,其言曰为天子致福延寿,故法制无所禁,惟其意所欲为。自京师至外郡邑,有为是者多以来告而求识焉,大抵侈国家宗尚赐予之盛,及其土木营缮之劳而已。盖尝执

① 《甘水仙源录》卷9,《道藏》第19册,第802—803页。

笔而叹曰:世俗之卑隘沉溺甚矣,安得遗世独立奇倜之士,可以发予言哉!"①

陈垣先生称全真上层之上述蜕变为"末流之贵盛"。认为此种变化盖自孙德彧掌教时起。说:"道谦有弟子曰孙德彧,延祐初召为全真掌教,其衔为'特授神仙演道大宗师、玄门掌教、辅道体仁文粹开玄真人、管领诸路道教所、知集贤院道教事',凡三十七字,与同时正一教张留孙、吴全节之贵盛相等。呜呼!此市朝鬻道之徒,非山林乐道之士矣。"②《道园学古录》卷50《玄门掌教孙真人墓志铭》云:"真人(孙德彧)道行著于天下,其最可传信者,延祐二年(1315年)夏,礼部尚书元明善代丞相祷雨长春宫。真人曰:'明日雨征至,须丞相上章,自言忧民报国之意。'小得雨,尚书即为章往白丞相。丞相病在卧内,使人取章入,署名付还。真人一见,告尚书曰:'章触妇人手,且得罪,宁敢望雨乎?'使人问丞相门下,果然。二人恐惧拜伏请罪,久之,退斋宫俟命……果雨三日。尚书儒者盛贵人,不觉屈膝拜之。"③陈垣先生说:"祷雨而应,如射覆之幸中,屡中可以致贵盛,亦犹博徒之可以致富豪也。'章触妇人手,且得罪',是何言?而当时国王大臣信之,此其道所以大行也。道者以不婚不仕为标榜,若孙德彧等之所为,虽曰不仕,而仕已多矣。炎炎者灭,隆隆者绝,其贵不在己而在人,人亡而己安得不黜哉!故全真自孙德彧掌教以后,已失其本色。"④

正是由于后期全真掌教受到尊崇而贵盛,遂至逐步蜕化,故其教内人才渐显凋零,前期人才济济的景象已不复存在。因此后期全真虽续有发展,但较之蒙元前期的鼎盛局面已大为逊色。相比之下,南方正一道与玄教却后来居上,成为元代中后期发展最盛的道派。这将在第六节中加以叙述。

---

① (元)虞集:《紫虚观记》,《道园学古录》卷46,《文渊阁四库全书》第1207册,第653页。

② 陈垣:《南宋初河北新道教考》,北京:中华书局1962年版,第68—69页。

③ (元)虞集:《道园学古录》卷50,《文渊阁四库全书》第1207册,第698—699页。

④ 陈垣:《南宋初河北新道教考》,北京:中华书局1962年版,第70—71页。

第四节　大道教的分合与归流

与全真道大发展的同时,大道教在蒙元也取得了较大的发展。不过它的发展曾经历了一个由分到合的过程。

一、大道教由分裂到合一

大道教自金初创立后,在金代经历了四代祖师,进入蒙元,内部起了分裂,出现了以天宝宫(在燕京旧城春台坊)为中心的一派和以玉虚宫(在燕京旧城仙露坊)为中心的另一派。这种分裂现象是陈智超先生根据新发现的大道教资料作出的判断。他在近年校补陈垣《道家金石略》时,从《顺天府志》卷8所引《元一统志》中,发现了《玉虚观大道祖师传授之碑》的节文。该碑由参知政事杨果撰文,中书左丞相史天泽于至元七年(1270年)立石。文曰:"初祖即刘德仁无忧子,金大定间号东岳先生。救病不用药,仰面祝天而疾无不愈。传之二祖陈正谕大通子。明昌庚戌(1190年)传道与三祖张信真希夷子。四祖毛希琮号纯阳子,复得希夷之传。丁亥(1227年)葺玉虚观以居之。戊子(1228年)乃立李希安为五祖,号湛然子。修葺琳宇,妆严圣像,焕然一新。岁在辛丑(1241年)被征命,辞老不起,宪宗皇帝以法服赐之。乙卯(1255年),世祖皇帝在王邸,闻其道行,赐以真人之号。中统二年(1261年)命之掌管大道。至元三年(1266年)羽化。河间莫州人刘有明号崇玄子传其道,是为六祖。是年冬,玺书授崇玄体道普惠真人。"①此碑所记前四祖,与其他真大道资料所记相符,而五祖、六祖的姓名、事迹却迥然不同。其他资料皆云五祖为郦希成,六祖为孙德福;而此碑所记五祖则为李希安,六祖为刘有明。是此碑记载有误呢?还是其他资料所记有误呢?陈智超写《金元真大道教史补》对此作了分析,他认为:"经多方考证","两种记

① 北京大学出版社影印《顺天府志》,第76—77页。陈智超《真大道教史补》云:"碑立于忽必烈在位时,碑文中出现他的庙号,似不可解。'世祖皇帝'原文应是'今上皇帝',可能是《元一统志》所改,更可能是《永乐大典》所改。"因为《元一统志》久佚,现存残帙《元一统志》辑本,来源于《永乐大典》卷4650—4657。

载都是可靠的”①。那么,这是怎么一回事呢?他认为,这是因为元初大道教内部发生了分裂,分成了天宝宫和玉虚宫两个派系,郦希成、孙德福是天宝宫一派的五祖、六祖,李希安、刘有明则是玉虚宫一系的五祖、六祖,故此有两个五祖、六祖同时存在的现象。

陈智超的这个分析是很有道理的,却由此而引起一些尚待进一步深入探讨的问题:第一,《洛京缑山改建先天宫记》说:“四祖见性达聪,罔愆成法,心厌尘世,不永斯年,掌教五星有奇,得年三十八岁,复以教法逊与五祖太玄真人郦君。”②《重修隆阳宫碑》又说:“第五祖师太玄真人郦君,讳希成,妫川(今宣化怀来县)之水峪人也……金末道业已隆。圣朝(元)创业之初,为教门举正,而阐教山东。四祖师毛君,暑月病剧,速召而来燕。既承其法,拂袖有深山之隐,慕道之徒,翕然而从。”③据此,是毛希琮把掌教亲自传给了郦希成。而新发现的《玉虚观大道祖师传授之碑》则说:“四祖毛希琮号纯阳子,复得希夷子之传,丁亥葺玉虚观以居之。戊子乃立李希安为五祖,号湛然子”④,是毛希琮又把掌教亲自传授给了李希安。按一般掌教传授通例,只能传给一人。为什么毛希琮却把它传授给两人呢?是毛希琮传法给郦希成之后,郦希成“拂袖”而去隐入“深山”,致使毛希琮不得不再作二次传授呢?还是毛希琮实际只传给了一派,另一派为了与对方争正统,谎称自己得自毛希琮的亲传?若系前者,那么,郦希成当时为什么要“拂袖”而去呢?《重修隆阳宫碑》还说他后来又“出整颓纲”,这又是什么原因呢?凡此种种,均因现存真大道教的资料很少,尚无法得到合理的解释。

第二,在传授教权的时间上,二者也有矛盾。据《洛京缑山改建先天宫记》所载祖师传授年历推算,毛希琮传法给郦希成之年,应是1223年,并说他“不永斯年”,又按《重修隆阳宫碑》所记,毛希琮传法给希成之时,“暑月病剧”,估计传法不久就逝世了,陈垣先生考定毛希琮的卒年正是金元光二

---

① 《历史研究》1986年第6期。

② 《金石萃编未刻稿》,《嘉草轩丛书》卷23。又载陈垣编纂:《道家金石略》,北京:文物出版社1988年版,第818页。

③ 陈垣编纂:《道家金石略》,北京:文物出版社1988年版,第823页。

④ 《顺天府志》,北京:北京大学出版社1982年影印,第87页。

年(1223年)[1],而《玉虚观大道祖师传授之碑》则谓“戊子乃立李希安为五祖”,戊子为1228年,这与上记传法之年及毛希琮的卒年(1223年)相距五年,到底哪种记载属实?《先天宫记》为“真大道门人,崇道广演大师,前进士杜成宽撰”,立石于至元十五年(1280年),历记了大道教七代祖师传法年历及行教时间、寿数,当不敢随意伪造。《传授之碑》为参知政事杨果撰文,立石于至元七年(1270年),去毛希琮、郦希成更近,也不会不了解毛希琮的卒年。故上述两个五祖传法年代的矛盾殊不可解。

尽管如此,仍不能否定蒙元初大道教分裂为两派这个基本事实。现先将两派的传授分别予以介绍。

玉虚宫一派始于五祖李希安。据《玉虚观大道教祖师传授之碑》称,四祖毛希琮于丁亥(1227年)葺玉虚观(后改观为宫)以居之,第二年戊子(1228年)乃立李希安为五祖(号湛然子)。他“修葺琳宇,妆严圣像,焕然一新”。岁在辛丑,即太宗十三年(1241年)被征命,辞老不起,宪宗皇帝以法服赐之。乙卯,即宪宗五年(1255年),“世祖皇帝在王邸,闻其道行,赐以真人之号。中统二年(1261年),命之掌管大道。至元三年(1266年)羽化”。

继李希安掌教的是河间莫州(今河北任丘)人刘有明,“号崇玄子,传其道,是为六祖,是年(至元三年)冬,玺书授崇玄体道普惠真人”。碑记至此而止,故不知其后之事迹;更未见继刘有明后第七祖的记载。据祥迈《至元辨伪录》卷5《焚毁诸路伪道藏经之碑》载,参加至元十八年佛道大辩论的道教一方,大道教有二人,一为李德和,一为杜福春,李德和是已知的大道教第七祖,其余道教的参加者皆是各派的首领,如全真道掌教祁志诚,正一道首领张宗演,因此未知身份的杜福春,恐非一般道士,极大可能是与李德和同时掌教的玉虚宫一派的第七祖。至于刘有明何年逝世,何年将教权传与杜福春,则不见记载。杜福春以掌教身份参加至元十八年(1281年)的佛道大辩论,证明他掌教至少到至元十八年,具体到何年为止,是否传了第八代,也

① 参见《大道教祖师传授表》,陈垣:《南宋初河北新道教考》,北京:中华书局1962年版,第9页。

不见记载。估计玉虚宫一派，经历三代至杜福春后，已经衰落，或两派矛盾至此已经调和，最后并入天宝宫一派了。

天宝宫一派的五祖是郦希成。他是由金入元的大道教掌教，也是大道教改名真大道的倡导者。按《畿辅通志》载，希诚（应为成），妫川（今河北怀来县）人。“年十五，决意入道，师事毛希琮。琮将逝，以法授之。郦既领正宗，遂以行化，自秦、晋、蜀、洛、燕、代、齐、鲁，凡崇向之人，莫不恪恭迎拜。数奉馈赆，用有羡赢，转惠贫者，不留。”①据此，知其15岁做了道士。在继毛希琮掌大道教以后，曾行化于陕西、山西、四川、河南、河北、山东等广大地区。

《重修隆阳宫碑》记其行化山东等事颇详，现引录如下：“第五祖师太玄真人郦君，讳希成，妫川之水峪人也。降日祥光满室，金末道业已隆。圣朝（蒙元）创业之初，为教门举正而阐教山东。四祖师毛君，暑月病剧，速召而来燕。既承其法，拂袖有深山之隐。慕道之徒，翕然而从，不召而自来，不言而自应。于是出整颓纲，道风大振，巨观小庵，四方有之。尝闻行教之泰安州，路经郡邑留止。师曰：‘吾不到泰山而不雨。’时夏旱也，官吏信之，送别而去……师（希成）至岱岳观，召观主而谓曰：‘速迓行李，恐雨来而无雨具耳！’师于方壶之西，面西北立，以棕扇蔽面而默祷之，片云从所向之方而起。须臾，密布长天，雷鸣电掣，澍雨如翻盆……道众再拜而谢……师自泰安而还，到处扶病抱疾者祈治而即愈。或出家，或在家为弟子者，殆无旷日矣。师经中山，过易水，至奉先县（今北京房山县）之怀玉乡，爱其山奇地秀，欲建观宇。适有三祖师时举师赵希元辈坟塔在，土人云：其地尝为大道庵，名曰灵泉也。师益喜，于是运石启地，剪荆棘而构屋筑垣，栽枣植桑而垦田野，载离寒暑，已成其趣……太玄真人属王举师德昌领院门事，是后岁岁兴功弗辍。建圣像之殿，方壶、斋堂、厨舍，次第而列，田墅仓廪，蔬圃水碾，井池碓硙，至于马牛之厩，莫不完置。今之掌教大宗师崇玄广化真人八祖岳君，总角时修行于斯，亦有年矣。仙翁道友，晨昏参礼……无虚其日。厥后

---

① 转引自《古今图书集成·神异典》卷286，北京：中华书局、成都：巴蜀书社1985年版，第51册，第62672页。

敬奉势都儿大王令旨，特赐隆阳宫之额。”①

此碑主要记述了郦希成阐教山东的情况，较详地记述了他在泰山祷雨的神异事迹，以及去奉先县怀玉乡建庵观及王德昌扩而充之为隆阳宫之事。同时记述了他承毛希琮之传而作大道教五祖的事，但未署具体年月。如上文提到的，据《洛京缑山改建先天宫记》所载祖师传授年历推算，大概在1223年。该碑在记述他接替掌教后，接着又说他“既承其法，拂袖有深山之隐”。为什么刚任掌教，即欲归隐深山呢？据其他资料记载推测，当是掌教后遇到了教派分裂的麻烦。《洛京缑山改建先天宫记》说：“五祖当教之日，值大元立国之初，法令未行，逆魔乱起，始终一十五载，遭逢十七大魔。”这大概是他要归隐深山的原因。所谓“逆魔”、“十七大魔”，或许是指教内出现了与之抗衡的势力，其中自当包括玉虚宫一派的势力，但除此之外，还有哪些力量，已难考知。所云“始终一十五载”，表明分裂时间很长。如果从郦希成1223年掌教算起，分裂时间大致在1223—1238年之间。王恽《秋涧文集》所载一诗之注，还反映出斗争之尖锐。《秋涧文集》卷5《游妫川水谷太玄道宫》诗，中有“云封石土钵”句，注云：“初，大道郦五祖者，逃难此山。众追及，弃衣钵石上而匿，其物重，众莫能举。众(以)为异，遂请主其教，今道院盖郦生所创也。”其神化成分可以不论，而有多人追逐他，欲夺其衣钵，或欲置之死地，使人很自然地联想到佛教禅宗之神秀与慧能争夺传授衣钵的故事，足见其斗争之尖锐。此处说众人举不起他的衣钵，以为神异，“遂请主其教”。《先天宫记》则说：“以五祖道德崇高，威灵显赫，魔不胜道，寻乃自平。”总之，不管什么原因，经过15年之后，“逆魔”即被克服了。当然这不包括玉虚宫一派，因为当时及以后一段时间，玉虚宫一派仍按自己的系统进行传授，但是天宝宫派之内部算是统一了。不仅如此，“自戊戌(太宗十年，1238年)以来，化因以洽，南通河岳，北极燕齐，立观度人，莫知其数。”②即内部统一后，组织也发展了，所建宫观，南面达到山东泰山一带，北

① 陈垣编纂：《道家金石略》，北京：文物出版社1988年版，第823页。

② 《洛京缑山改建先天宫记》，陈垣编纂：《道家金石略》，北京：文物出版社1988年版，第818页。

面达到河北一带。到此时，郦希成就想到给他的道派正名，即改“大道教”为“真大道”，以示己派为正统，《先天宫记》所谓“教门得真假之分”，也正是此意。是何时改名的呢？过去仅知在宪宗时，如吴澄《天宝宫碑》云：“继刘而陈，陈而张，张而毛，毛而郦。郦始居天宝宫，际遇国朝（元），名吾教曰真大道，自为一枝，不属在前道教所掌。”①宋濂《书刘真人事》云：“希琮卒，郦希诚（应作成）嗣，元宪宗甚尊礼之，赐真人号曰‘太玄’（太玄广惠真人），名其教曰‘真大道’。”②据近年新发现的《大元创建天宝宫碑》，则具体知道在元宪宗四年（1254 年）。该碑云：“无忧（刘德仁）之厌世也，谓门弟子曰：‘后五十年吾复来此。’及期而太玄郦君方嗣体玄（毛希琮封体玄妙行真人）法，识者谓无忧后身也。自是其教日盛，风行四方，学者响应。宪宗皇帝即位之四年（1254 年），特降玺书，赐名‘真大道’，中宫赐之冠服。”③

真大道的祖山是燕京天宝宫。该宫始建于元太祖二十二年。《大元创建天宝宫碑》云：“岁在丁亥（1227 年），冲虚（三祖张信真）高弟刘希祥等市燕故都开阳里废宅为焚修之所，为殿为门，像设俨然，辟道院以栖云众，正函丈以尊师席。”至元八年（1271 年），孙德福掌教时加以扩建，至元十年（1273 年）“敕赐宫额曰天宝”。据《玉虚观大道祖师传授之碑》记，四祖毛希琮所居为玉虚观（1227 年始），吴澄《天宝宫碑》云：“郦（希成）始居天宝宫。”但始居年代不详。从郦希成开始，天宝宫一直成为真大道首脑机关所在地。

郦希成在元宪宗四年求得皇旨将所领道派改名真大道以后，有些什么举措，不见记载。《洛京缑山改建先天宫记》谓郦希成“阐教 36 年，享寿七十八岁，将法传付六祖通玄大师孙君”。《大元创建天宝宫碑》亦云：“主教三纪，传通玄之孙君。”古人以 12 年为一纪，三纪即 36 年。但惜乎皆未标明具体的起迄年代。现仍以 1223 年为郦希成嗣教之始年，阐教 36 年，即至元宪宗九年（1258 年）。该年当为郦希成之卒年，享年 78 岁。

继郦希成掌教的是孙德福，是为六祖。其事迹所知甚少。《元史·释

① 《天宝宫碑》，陈垣编纂：《道家金石略》，北京：文物出版社 1988 年版，第 827 页。

② 《书刘真人事》，陈垣编纂：《道家金石略》，北京：文物出版社 1988 年版，第 836 页。

③ 《顺天府志》，北京：北京大学出版社 1982 年影印，第 76—77 页。

老传》云:"至元五年(1268年),世祖命其徒孙德福统辖诸路真大道,赐铜章。二十年,改赐银印二。"《洛京缑山改建先天宫记》云:"六祖得法之后,德感宸旒,名闻朝野,君王眷顾,卿相主持,秉统辖诸路之权,受通玄真人之号,嗣承宗教,转见辉光。敷化一十五年,享年五十六岁,于至元癸酉四月念二日以微疾而终。"至元癸酉是至元十年(1273年),故上引《释老传》所云至元二十年改赐孙德福银印二,是误记。孙德福从1258年接替掌教,敷化15年后,亦当至元十年(1273年)。至元二十年(1283年),已是岳德文掌教之时(见下),盖将赐岳德文银印二之事,误记于孙德福了。

继孙德福掌教的是李德和,是为第七祖。其事迹亦仅见零星记载。《洛京缑山改建先天宫记》云:"七祖得法之后,宣授统辖诸路,赐颐真体道真人名号。"《元史》卷8《世祖纪》云:"至元十二年三月,命怯薛丹察罕不花,侍仪副使关思义,真人李德和,代祀岳渎后土。"①卷9《世祖纪》又云:至元十四年五月,"命真人李德和代祀济渎。"②此二记皆未明著李德和为掌教,实际他是以真人兼掌教的身份在进行活动的。祥迈《至元辨伪录》卷5《焚毁诸路伪道藏经之碑》即明著李德和以掌教身份与杜福春一起参加了至元十八年的佛道大辩论。据虞集《岳公碑》载,至元十九年(1282年)十月,李德和将教事传与岳德文(见下),该年可能为李德和之卒年。③

以上三代,时当大道教内两派对峙时期,一派仍名大道教(玉虚宫一派),一派则已改名真大道(天宝宫一派)。两派皆得到元室的支持,有各自的传授系统。大概在此三代对峙的发展过程中,玉虚宫一派逐渐衰落,天宝宫一派则逐渐强盛,故至第七代以后,玉虚宫一派已无传人,而最后统一于天宝宫一派的第八代祖师岳德文了。

第八代祖师岳德文,涿州(今河北涿县)人。生于元太宗七年(1235年),"性不嗜酒食肉,亦绝不啖。年十六,辞亲入道龙阳宫"④。长兄疑其

① 《元史》卷8,北京:中华书局1976年版,第1册,第163页。
② 《元史》卷9,北京:中华书局1976年版,第1册,第190页。
③ 陈垣《南宋初河北新道教考·大道教祖师传授表》认为孙德福卒于元至元二十一年。
④ (元)虞集:《真大道教第八代崇玄广化真人岳公之碑》,陈垣编纂:《道家金石略》,北京:文物出版社1988年版,第830页。

惰，“驱而置之行伍之间，非其志也。是时五代师太玄郦希成真人居怀来水峪之太玄宫，往依焉。十八受教，被其冠服，渐领其文书谷帛之事，又主四方之来受其戒誓者，太玄甚重之”①。郦希成临终前，“密告其六代师玄通（应为通玄）孙德福真人曰：‘岳生其八代乎！’第七代师颐真李德和真人之掌教也，署为法师，充教门诸路都提点，以副己也”②。至元十九年（1282 年）十月，“李师升堂集众，以教事付真人曰：‘先师之嘱如此。’遂以二十一年（1284 年）宣授崇玄广化真人、掌教宗师、统辖诸路真大道教事。又赐玺书褒护之。自是眷遇隆渥，中宫至召见，亲赐袍焉。安童丞相尝病，真人视之立差（瘥），时甚神之。诸王邸各以其章致书，为崇教礼助者，多至五十余通，而实都而王（即《重修隆阳宫碑》所谓“势都儿王”）又为创库藏，修宫宇，广门墙，充田亩，始冠与衣，间饰金宝，极其精盛。元贞元年（1295 年），加封其祖师，锡赉尤厚，使人立碑棣州冠剑所藏处。是年奉诏修大内延春阁，下赐予遍及其徒。而真人以大德三年（1299 年）二月化去而升仙矣。”③

二、真大道的发展与归流

岳德文之后，真大道内又出现了波折，即由谁来继岳德文做九祖成了问题。本来据吴澄《天宝宫碑》和虞集《岳公之碑》所记，岳德文逝世前，曾将教事付张清志④，命他做九祖，但待岳德文“丧毕”，张清志却“潜遁”去外地，先去山西临汾，再返华山旧隐。⑤《岳公之碑》也说，张清志“尝掌教矣，厌谒请逢迎之烦，逃去之”。使真大道掌教“久无克充其任者”。张清志刚接任掌教，就潜遁逃去之，是否仅是单纯的“厌谒请逢迎之烦”，而无别的原因，很令人怀疑。据大道教在金末长期闹分裂的情况推测，可能是岳德文逝

① （元）虞集：《真大道教第八代崇玄广化真人岳公之碑》，陈垣编纂：《道家金石略》，北京：文物出版社 1988 年版，第 830 页。

② （元）虞集：《真大道教第八代崇玄广化真人岳公之碑》，陈垣编纂：《道家金石略》，北京：文物出版社 1988 年版，第 830 页。

③ （元）虞集：《真大道教第八代崇玄广化真人岳公之碑》，陈垣编纂：《道家金石略》，北京：文物出版社 1988 年版，第 830—831 页。文中“元贞元年”，作“元贞□年”，此据《道园学古录》卷 50 补。

④ 《元史・释老传》作“张志清”，误，应为张清志。

⑤ 参见《天宝宫碑》，陈垣编纂：《道家金石略》，北京：文物出版社 1988 年版，第 827 页。

世后,又引起了某些人对掌教宝座的觊觎,使张清志无法嗣教,故而“逃去之”。当然这仅是推测,还有待进一步证实。但无论如何,张清志潜遁之后,使掌教之职“久无克充其任者”这件事本身,不能不使真大道再一次陷入危机之中。

在张清志“潜遁”之后,真大道内出现了一个由“二赵一郑摄掌教事”的非常时期。“二赵一郑”为谁?陈垣先生说:“二赵者,一即程碑(指程钜夫《郑真人碑》,见下)所谓第九祖赵真人,二即程碑所谓第十祖某真人也,程碑某字,可以吴碑(指吴澄《天宝宫碑》)补之(亦姓赵),一郑者即郑进元也。”①

以上“二赵一郑”就是张清志“潜遁”之后,摄掌真大道教事的三位祖师。按常规算法,张清志虽然受命为第九祖,但他受命后即“潜遁”,实际未掌教,因此代替他掌教的赵真人应为第九祖,另一赵真人应为第十祖,郑真人应为第十一祖。但是古人常以“正”、“摄”观点来看这个问题,认为张清志是按教规正式承传的,是当然的第九祖;“二赵一郑”仅是代摄教事,不是正规传教的祖师,因此不能被列入正式的祖师代数。故吴澄的《天宝宫碑》和虞集的《岳公之碑》皆称张清志为第九祖,“二赵一郑”皆未列入正式代数中。可是从实际情况来看,张清志确实未做第九代掌教,而是在他“潜遁”后,由“二赵一郑”相继做了第九、十、十一代掌教,直到“二赵一郑”“五年之内,相继殒灭”之后,张清志才又出任掌教的。按此实际情况,张清志应为第十二祖。《天宝宫明真广德大师道行碑》即称张清志为第十二祖。由此可见,由于看问题的观点不同,真大道教史上又出现了两个九祖(张清志和赵真人),即九祖叠出的疑案。但九祖之叠出,与上述五祖、六祖之叠出是不同的,五祖、六祖之叠出是反映真大道内出现了两个对峙的派别,而九祖之叠出则仅是算法不同而已。下面就按此实际情况对其八代后的掌教作简单介绍。

第九祖赵真人。这是目前所知最少的一代掌教。据吴澄《天宝宫碑》和程钜夫《郑真人碑》,仅知其姓赵,大约在大德六年(1302 年)或之前掌教

---

① 陈垣:《南宋初河北新道教考》,北京:中华书局 1962 年版,第 101 页。

"而早逝"。从许州出土的《天宝宫明真广德大师道行碑》中,有"大德六年复授崇真广道真人道檄,升本路举师,第九祖也"之文,又知他被封为"崇真广道真人",但名字仍不知晓。

第十祖赵德松。程钜夫《郑真人碑》未署其姓名,仅称"某真人"。陈垣先生据吴澄《天宝宫碑》所载"天宝宫二赵一郑摄掌教事,五年之间,相继殒灭"一语,指出第十祖亦姓赵。大德六年(1302年)嗣教,于当年或次年卒。近年从许州新发现《汴梁路许州长社县创建天宝宫碑》、《赵德松灵阁碑》后,对之有了较多的了解。知第十祖姓赵名德松,"家世儒者,生于天党郡。自幼年悟浮世泡幻,弃儒即道"①。曾作过汴梁路道录。大德九年(1305年)立石的《赵德松灵阁碑》有铭文曰:"明照湛然普化十祖真人赵德松灵阁",知其被封为"明照湛然普化真人"。

第十一祖郑进元。有程钜夫《郑真人碑》详记其生平。略谓:"大道之流,予不能探其源,其见于纪述者已十世。其十一世之祖曰郑君,名进元。以宋咸淳三年(1267年)五月十四日生于永嘉(今属浙江),家本儒也。幼值乱离,至于辉州(今河南辉县),悟真大师党君器其颖异,留使之学。遂通孔、老二氏言,时年十三矣。明年,大道第七祖李真人(德和)祠岳过辉,一见许为道器,且谓党曰:'吾二人皆弗及见,后一纪当至堂下(教内称掌教所居之大都天宝宫曰"堂下")也。'党亦不谕。既而李、党二师俱逝。至元庚寅(1290年),君从卫辉道录贾师来燕,抵天宝,居堂下,适十二年矣。第八祖岳真人异之,授以戒牒、道名,留之不可。岁癸巳(1293年),再来,今齐王以紫衣旌有德,师与焉。又受明真大师(即岳德文)神箓秘诀,及亲书道训四章。自是术业益著,治病立验。贾师逝,君丧之如所生,进嗣其职。第九祖赵真人于君弥属意而早逝,大德六年(1302年),第十祖某真人(赵德松)召之者三,至则以为都提举,付以祖师经、笔、琴、剑,为词一篇授之。师再辞不获,乃为词以复,遂嗣焉。十祖逝,丧之如贾师而加毁。益昌平之阡,为地七十亩,树而周垣之。碑第五祖太玄真人之功于龙山,又创众真堂于天宝(宫),以祠传教诸师。买园亩百余于故都之东,种柳于宫阴古河之堧,岁用

① 转引自陈智超:《真大道教新史料》,《世界宗教研究》1986年第4期。

以裕。八年(1304年),有旨命君设金箓大斋于天宝宫,既事,锡号曰演教大宗师、明真慧照观复真人。明年(1305年),又命君设大斋于玉虚宫。又明年(1306年),再命设于天宝。礼毕进见……一日,召左右告语,若将留训者。弟子咸以谓年方强,岂遽如许。十二月,命召普济大师张君于秦中。明年(1307年)四月,当朝上京,未至疾作,谓侍者曰:'归期至矣,普济当嗣。'遂以五月朔终于龙山,弟子奉封于五祖之兆之左;其勤者又封衣冠于初祖之兆之右;又封于辉,盖以君所自也。"①据上记,郑进元于大德六年(1302年)嗣教,卒于大德十一年(1307年),寿三十一。

第十二祖张清志。吴澄《天宝宫碑》②记其事颇详,略云:"乾州奉天县(今陕西乾县)人,儒宦著族……长身古貌,瞻(当作"儋"——引者)耳美须……自幼恶杀,不啖肉味。年十六,从天宝宫李师(德和)为道流,锡名清志。然犹归养父母。年十八,辞家入太白山。越一年,往觐李师,复还省亲。久之,辞亲入终南山。大父年老,招之出山,乃家居侍养。年二十六,创长安明道观,又适凤翔扶风县,立天宝宫。及李师死,师事岳师(德文),畀以扶风道教之职。年三十三,为永昌王祈福于五岳四渎、名山大川,既遍,复来关中,修理前所创宫观。居太白山龙虎洞三载……闻大母丧,归,服丧如礼……服阕,至京师,岳师试以劳事,喜曰:'是子可矣。'又遣之出,曰:'他年再来。'吾师(指张清志)暨徒二人入东海大珠(今在胶州南百二十里)、牢山(即崂山),结茅而居。山旧多虎穴,虎避他处,颇为人害。吾师曰:'吾夺其所,可去之。'于是游山东诸州,为人除疾……已而岳师死,吾师还丧之。丧毕,潜遁。"去向何处呢?《天宝宫碑》续云:"逾大庆渡,至河东,居临汾。五纪居云庵(或作白云庵),地大震,城邑乡村屋庐悉摧,压死者不可胜计。独师与其徒所居,中裂为二,得免于患。师遍巡木石间,听呻吟声,救活甚众。复归华山旧隐。"③以上是他掌教前的经历。

---

① 《郑真人碑》,《雪楼集》卷17;又载陈垣编纂:《道家金石略》,北京:文物出版社1988年版,第826—827页。

② (元)吴澄:《天宝宫碑》,载《吴文正集》卷50和《道家金石略》第827—828页。又载《金石萃编补正》卷3,名《元天宝宫张真人道行碑》。二文个别字句有出入,下引时,择善而从。

③ 《天宝宫碑》,陈垣编纂:《道家金石略》,北京:文物出版社1988年版,第827页。

“天宝宫二赵一郑摄掌教事，五年之间，相继殒灭。郑临终（时当大德十一年，1307 年）语其徒曰：‘天降凶灾，死亡荐臻，得非于教条有违逆与？吾闻张清志躬受岳师嘱咐，盖仁人也，可奉之掌教，庶有豸乎！’”①上引《郑真人碑》说，在郑进元逝世之前一年（大德十年）十二月，已“命召普济大师（张清志）于秦中”。第二年四月临终前又嘱：“归期至矣，普济当嗣”。皆证明郑进元对张清志付托之重。徒众根据郑进元之嘱咐，去华山寻访，“得之于华山岩谷”。“既至，众皆悦服。”②据以上所记，张清志嗣教为第十二祖，当在大德十一年（1307 年）四月后。

张清志掌教后的第一件事是废除教内的刑罚。他向徒众说：“吾教以慈俭无为为宝，今听狱讼，设刑威，若有司然，吾教果如是乎？继今以始，凡桎梏鞭笞之具尽废之。”众曰：“诺。”“自是众安害息，五年宿弊（指二赵一郑摄教之五年），一旦悉除。”③

虞集《岳公之碑》说张清志在作掌教以后，“深居寡出，人或不识其面。著书以名其学，文多奇奥。贵人达官来见，率告病伏卧内。虽有金玉重币之献，漠如也。或拜伏户下良久，自牖间得一语而去，已为幸甚过望。至于道德忠正缙绅先生，则纳屣杖策往见，不以为难。时人高其风，至画为图以相传”。④ 他的这种不慕名利、不交权贵、只愿与文人学士往来的清高作风，深得士大夫们的赞许。虞集除在《岳公之碑》中称赞其道德高尚外，又写《吴张高风图序》，以赞吴澄，特别是张清志的高洁。该序略谓，泰定二年（1325 年）春，翰林学士吴澄寓于城南天宝宫之别馆养病，道士向他谈起大道教之缘起及张清志的事迹，使他对张清志十分钦佩，为张清志写了详细的传记，即《天宝宫碑》，或名《元天宝宫张真人道行碑》。吴澄病愈回史馆，思张清志之为人，特乘车去天宝宫拜访之。“及门，童子辞曰：‘真人深居至静，自中朝贵人大官至者，未尝敢以报。先生勿讶也。’先生顾谓从者曰：‘是其人

① 《吴文正集》卷 50《天宝宫碑》“豸”作“在”，《张真人道行碑》“豸”作“众”，此从《道家金石略》之《天宝宫碑》。

② 《天宝宫碑》，陈垣编纂：《道家金石略》，北京：文物出版社 1988 年版，第 828 页。

③ 《天宝宫碑》，陈垣编纂：《道家金石略》，北京：文物出版社 1988 年版，第 828 页。

④ 虞集：《真大道教第八代崇玄广化真人岳公之碑》，陈垣编纂：《道家金石略》，北京：文物出版社 1988 年版，第 830 页。

视走高门县簿唯恐失一夫者,有间矣。’即命回车。盖不唯不以为忤,而更叹重其不可及。自是夏多雨潦,规再往未能也。”①其后,张清志闻知此事,“曰:‘秋气且清,吾不可不往谒吴先生。’因著芒履,戴台笠,策木杖,布褐短才至膝,从弟子一人,服亦如之。步至国史院门,上马石上踞坐。弟子告阍人曰:‘真大道张真人上谒吴学士。’阍人相顾嘻曰:‘他日见真人者至,容服不若是。’疑不为通。而先生(吴澄)方修《实录》,与同官坐堂上,不知也。先生之子偶出门,见而识之。进问真人何来,真人曰:‘吴学士子耶?’以杖画地作‘诚’字示之,曰:‘还语若翁,吾来报谒。’先生闻之,亟出见,真人去矣,独地上字画在耳。咨嗟久之,使追及于丽正门南三里所,长歌徐行,音韵清畅,上出林表,追者不敢致辞而返。好事者高二公之风,画为图以传观,而托仆叙其事如此。”②自元中期以来,道教各派首领在元室的褒宠下,皆贵如显官,出则华冠艳服,日与贵官相往来。如张清志之不交权贵、衣布褐、著芒履(草鞋)者,确属少见。难怪当时士大夫在讽刺孙德彧等之“贵盛”的同时,而对张清志之志行大加褒赞了。

文人们既赞张清志之清高、朴素,又赞其孝亲、敬师、济人的德行。《天宝宫碑》云:“吾师之孝其亲也,大父母、父母之存,膳必亲视,药必亲尝,出入必告,应对必谨,清温定省,靡或有阙。母尝病疽殆甚,口吮其脓去毒,遂得苏瘥。又患满气,疾几不救。师祷神进药,不寝食四旬。母忽吐涎块如瓜,渐底平复。居丧至哀,于儒者丧制不悖。师之敬其师也,尘贱之役,人不屑为者,皆不厌倦。澣衣执爨,汲井剪厕,一无所辞。师之持其身也,衣布衲,携铜罐,自为粥以食……师之济于人也,少能力耕,其乡土厚泉深,艰于得水,盛夏时,每日于农务之余,汲水贮石槽中,使盈而不竭,以待乡里放牧牛羊及禽之渴者来饮之。宗戚之家,亲死子壮,葬娶愆期,则倾橐为之葬娶。饥馑之岁,见不能自存之人,辄赈恤,令不致馁死。”③

① (元)虞集:《吴张高风图序》,《道园学古录》卷6;又载《藏外道书》第35册,第75页。
② (元)虞集:《吴张高风图序》,《道园学古录》卷6,《藏外道书》第35册,第76页。
③ 《天宝宫碑》,陈垣编纂:《道家金石略》,北京:文物出版社1988年版,第828页。文中“又患满气”,原作“又患膈气”,此据四库本《吴文正集》改,“汲水贮石槽中”,原作“汲水漕中”,亦据改。

张清志于成宗末掌教，历武宗、仁宗、英宗至泰定帝，深受皇室的尊崇。张清志曾“移文集贤院，欲解职而去，弗可。归乡展省坟墓，因至河南庐山[①]，时仁庙(仁宗)俞集贤之请，加恩进号。英庙(英宗)命往华岳太白山祝釐。今天子(泰定帝)即位，有旨促还。师曰：‘山泽之癯，于国不能寸补，何敢乘驿骑乎？’步行而前，圉人牵驿骑以从。”[②]该碑又说张清志“谦冲损抑，掌教将二十年，教风日盛”[③]。《元史·释老传》据此碑为张清志作传时，也称“又三传而至张志清(应为张清志)，其教益盛，授演教大宗师、凝神冲妙玄应真人”。如以大德十一年(1307年)为其掌教之始年，掌教将近二十年，即至泰定四年(1327年)前一点；吴澄于泰定二年(1325年)为张清志作传时，张清志尚在世。此后何人嗣教，不见记载。可能此后不久即逐渐归并于全真道了。

从以上历任掌教的活动记载中，已可看出真大道在元代发展的大致情形。在整个金代，大道教的传播范围不出河北、中都(燕京)及山东。但入元以后，随着元室对历任掌教的崇封和扶持，传播地区渐及河南、陕西、四川、江淮、河东，以及江南部分地区。《洛京缑山改建先天宫记》说，郦希成在战胜了十七大魔之后，“自戊戌(1238年)以来，化因以洽，南通河岳，北极燕齐，立观度人，莫知其数”。[④] 此记虽然笼统，却是有事实根据的。《汴梁路许州长社县创建天宝宫碑》说：“先是大道一宗，其所崇尚，不过河北有焉。自五祖太玄广惠真人(郦希成)命举师卢德清往河南典教，其后教法流行，由通玄(孙德福)历颐真(李德和)，今八叶年，又不特河北为然也。”[⑤]此碑明确记载郦希成命卢德清往河南典教，证明郦希成掌教时，真大道已传至河南，上引许州长社县之天宝宫，即建于庚子岁，即元太宗十二年(1240年)，就是证明。其后经孙德福至李德和掌教期间，真大道又传至陕西。如据吴澄《天宝宫碑》所记，张清志在拜李德和为师后，曾辞师入太白山，又去

---

① 《金石萃编补正》之《天宝宫张真人道行碑》作“河南庐山”，而《吴文正集》之《天宝宫碑》则作“河南庐时山”。

② 《天宝宫碑》，陈垣编纂：《道家金石略》，北京：文物出版社1988年版，第828页。

③ 《天宝宫碑》，陈垣编纂：《道家金石略》，北京：文物出版社1988年版，第828页。

④ 陈垣编纂：《道家金石略》，北京：文物出版社1988年版，第818页。

⑤ 转引自陈智超：《真大道教新史料》，《世界宗教研究》1986年第4期，第19页。

终南山,还创建了长安明道观和凤翔扶风天宝宫。李德和掌教在至元十年(1273年)到至元十九年(1282年),可知真大道传入陕西大致在这个年代。八祖岳德文掌教期间(1282—1299年),真大道获得了更大的发展。《岳公之碑》说:"其徒云:西出关陇,至于蜀,东望齐鲁,至于海滨,南极江淮之表,皆有奉其教戒者。"①又说,岳德文"常使人行江南,录奉其教者,已三千余人,庵观四百。其他可概知矣"②。如上所述,齐鲁、关陇,大约在岳德文掌教前即有传播(岳掌教时更有发展),而四川则可能是他掌教期中才传去的。江南地区也在此时传入了,徒众已达三千,庵观已至四百,已有相当基础。"二赵一郑"掌教时,发展情况不明。吴澄《天宝宫碑》说,岳德文死后,张清志为了逃避掌教,去了山西临汾。但据上述《岳公之碑》所说,岳德文掌教时,真大道已传到了"江淮之表",以至江南,估计至迟在那时已经传入河东(山西),不待"二赵一郑"掌教之时了。张清志"掌教将二十年,教风日盛",或说"其教益盛",但其盛况的具体内容如何,组织发展到什么程度,现已难于知晓。不过据《尧帝延寿宫真大道真人道行碑》记,在张清志掌教时,大都天宝宫"日食数千指"③,其盛况可见一斑。

陈垣先生说:"欲观一教之盛衰,必观其教堂之多寡,盖教堂之数,恒与教徒之数为比例……辑而存之,可见其教区之广狭及组织也。"④真大道的宫观,除大都南城之天宝宫、玉虚宫,平谷之延祥观,房山之隆阳宫,缑山之先天宫,许州之天宝宫,卫辉之颐真宫等比较知名外,房山隆阳宫及许州天宝宫二碑之碑阴,还记载了真大道的大批宫观,并有各宫观道众题名及师号、职掌之记载。陈垣先生说:"《隆阳碑》皇庆二年(1313年)立,《天宝宫碑》天历二年(1329年)立,固不啻皇庆二年及天历二年之两次大道教堂、教

① 《真大道教第八代崇玄广化真人岳公之碑》,陈垣编纂:《道家金石略》,北京:文物出版社1988年版,第830页。

② 《真大道教第八代崇玄广化真人岳公之碑》,陈垣编纂:《道家金石略》,北京:文物出版社1988年版,第830页。

③ 此碑文载《道家金石略》第833页,主要内容与《天宝宫碑》同,此句可正《天宝宫碑》"日食致千缗"之误。

④ 陈垣:《南宋初河北新道教考》,北京:中华书局1962年版,第102—103页。

士调查表也。”[1]此二碑阴所记情况略有不同,《重修隆阳宫碑》阴除记有“大都正城天宝宫”之名外,只记有大都路部分州县之负责道士名及其职掌,而未记宫观名;《天宝宫碑》阴则记有汴梁路所辖各州县之宫观名、道士名及其职掌。我们的着眼点是了解宫观所在地区及其数目,借以概见该地区真大道的发展情况,因此注重宫观所在地区及宫观名,而对道士名及其职掌则略而不书。

(1)房山《重修隆阳宫碑》阴。房山县,元属大都路。此碑阴除记有大都天宝宫外,只记有大都路部分州县之负责道士名,而无宫观名。所列州县,计有:顺州、大兴县、昌平县、涿州、房山县、固安州、范阳县、雄州、易州等。[2] 因其未记宫观名,故大都路究竟有些什么真大道的宫观,无从知晓。真大道的发祥地是河北,大都又是其首脑机关天宝宫所在地,宫观数当不少。据《顺天府志》卷7所引《元一统志》载,仅大都城内,除南城天宝宫外,还有玉虚宫和福元观(皆为玉虚派所建),永清县还有通真观。祥迈《至元辨伪录》又记大道教占有佛寺二处,一为“悯忠寺东塔院,大道信道姑占守住坐”,二为“顺州年丰龙泉寺麻地枣园并余白地,尽被马法师占定,改为大道观”。[3]

(2)许州《天宝宫碑》阴。许州是真大道汴梁路道录所在地,其建于长社县沈村之天宝宫是主要宫观之一。此碑阴所记汴梁路真大道宫观计有:汴梁路在城紫微观、景福观、万寿观、寿宁观、清宁观,封丘县太玄观,尉氏县在城天宝观,通许县在城上清观,杞县义阳固紫阳观,西陈保修真观,圉镇明道观,许州在城颐真观,长社县赵庄村神宝观,桃林村上清观,郾城县在城龙泉观、洞真庵,襄城县在城崇真观,长葛县玉清龙泉宫,钧州在城紫微观,阳翟县方陂村崇玄观,密县土关玉溪宫,阳子台阳子台宫,密县平陌灵阳观,邵家河白云观、玄应观、悟真庵,宛清玉清庵,新郑县在城轩辕观,郑州在城天圣观,管城县中郭村龙泉观,荥阳县柏楼村延庆观,陈州商水县天宝观,宛邱县丁□宝光观,西华县清水镇玉清观,南阳府唐州东乡平市店颐真观,裕州

① 陈垣:《南宋初河北新道教考》,北京:中华书局1962年版,第104页。
② 参见陈垣编纂:《道家金石略》,北京:文物出版社1988年版,第824—825页。
③ 《至元辨伪录》卷3,《大正藏》第52卷,第767页。

方城县古庄保三清观，昆阳镇双凫观，汝宁府颍州泰和县太桥村太清观，以及不知具体地址之天仙观等，凡39所，加上已知的长社县沈村之天宝宫，共40所。这不一定是汴梁路宫观之全部，更不是真大道宫观之全部，但仅此已可概见真大道在元代的发展了。

大道教从创立之日起，即建立了相应的领导体制，随着组织的不断发展，其领导体制也不断改进与完善，至元代，已经形成了一套比较完整的从中央到地方的领导体系。

真大道的掌教是统领全教的最高首领。它的掌教和不少道派的掌教一样，是实行掌教终身制和私相授受制。即每任掌教都执教终身，直到临终前才将教事付给下一代；而且下一代掌教皆由上一代掌教物色决定。如前面提到的《玉虚观大道祖师传授之碑》所记，刘德仁"传之二祖陈正谕大通子。明昌庚戌（1190年）传道与三祖张信真希夷子。四祖毛希琮号纯阳子，复得希夷子之传……"，其后各代无不如此。据程钜夫《郑真人碑》所记，在掌教传授的时候，还须以刘德仁所遗之经、笔等为信物，以作接任掌教的凭证。该碑云：大德六年，第十祖赵德松召郑进元至天宝宫，"付以祖师经、笔、琴、剑"，于是郑进元才得以接任掌教为第十一祖。这些都可能是金代即已形成的制度。入元以后，有了发展，主要是继任掌教在从上任掌教手中接过教权以后，还须报皇帝认可，并取得皇帝所赐的诰封。虞集《岳公之碑》说："国朝之制，凡为其教之师者，必得在禁近，号其人曰真人，给以印章，得行文书视官府。"①所谓"必得在禁近"者，即掌教必须住京师，便于以其宗教为皇室服务，如代皇帝祭祀山川岳渎，为皇帝建斋醮以祈福消灾。所谓"号其人曰真人，给以印章"，就是皇帝给予诰封，封赠其真人号和掌教职。如《元史·释老传》所载，授五祖郦希成"太玄真人，领教事"。命六祖孙德福"统辖诸路真大道教，赐铜章"。至第八代岳德文之后，更在真人号外，加"掌教宗师"或"演教大宗师"。岳德文于至元二十一年（1284年）被"宣授崇玄广化真人，掌教宗师，统辖诸路真大道教事"②。郑进元于大德八年

① 陈垣编纂：《道家金石略》，北京：文物出版社1988年版，第830页。
② 《岳公之碑》，陈垣编纂：《道家金石略》，北京：文物出版社1988年版，第830页。

(1304年)被“锡号曰演教大宗师,明真慧照观复真人”①。张清志“授演教大宗师,凝神冲妙玄应真人”②。《道园学古录》卷22有《大道教十一祖张真人制》,就是授予张清志真人号的制文,但误“十二”为“十一”。以上由皇帝认可并给诰封的制度,在金代不曾有过,是元代才形成的,由此亦可看出道教在元代较金代更受重视,所谓“行文书视官府”者,即付予掌教统领其教内各级之权,真大道掌教向其下级组织所行之文书,称为“札”(见《先天宫记》),或称为“道檄”(见《明真广德大师道行碑》)。

掌教既为全教的最高首领,其事必繁,故须配置若干助手和设立相应的办事机构,以辅助其开展工作。据目前所知,掌教之助手和办事员有:诸路真大道教都提点,岳德文、刘德川曾任过此职;教门都举正,《天宝宫碑》阴记李成贵曾任此职;诸路真大道教门举正,《重修隆阳宫碑》阴记王德道曾任此职;从教门都提点,《许州天宝宫碑》阴记高进明曾任此职;诸路真大道教提点,《重修隆阳宫碑》阴记赵德祥曾任此职;教门提点,《许州天宝宫碑》阴记谢进荣曾任此职;从教门提点,《许州天宝宫碑》阴记党天忠曾任此职;诸路真大道教所知书,协助掌教处理各种往来文书。办事机构就设在大都南城天宝宫内。宫名取“天宝”,《许州天宝宫碑》有解释,即据道教“三清神”中有天宝君(即元始天尊)居于最高天界之玉清境中,为道教最尊的天神,以此为名,以示自己教派的高贵。天宝宫既为掌教所居之地,又设有其他的办事机构,自然成为该教派的指挥中心,真大道在各地的活动悉听命于此。

真大道掌教为了有效地统领全教的活动,根据元代的行政区划,在地方设立几级组织进行管理:

第一级,跨行省范围,设提点都举正。真大道在每个行省之中是否设立有一级领导机构,目前尚不清楚。而在跨行省范围内,却设有提点都举正。现仅见一例,就是《天宝宫碑》提到的“河南、陕西、四川、江淮等处本宗提点都举正王清贵”。《明真广德大师道行碑》所记稍有不同,为“河南、江北、陕

① 《郑真人碑》,陈垣编纂:《道家金石略》,北京:文物出版社1988年版,第826页。

② 《元史·释老传》,北京:中华书局1976年版,第15册,第4529页。

西、四川等处都举正提点”。按元代有河南江北等处行中书省，陕西等处行中书省，四川等处行中书省。据此，后记较为正确。王清贵就是这三个行省真大道教事务的负责人。

第二级，路设提点举师、道录、道判。提点举师，如《先天宫记》，六祖孙德福任命杜德元为“河南路提点举师”。道录、道判见于记载的较多，如房山《重修隆阳宫碑》阴记有大都路前道录陈德元、道录张成善、前道判杨德闰、道判李成仙等。又如十祖赵德松曾任汴梁路道录，十一祖郑进元曾任卫辉路道录。还有东平路道录、道判等。《尧帝延寿宫真大道真人道行碑记》有“东平路道判都提点杜进福”，较为特殊。有时数路之上又设都道录，如新发现的《佑德宫残碑》拓片有“益都等路真大道都道录”，《无为观残碑》有“清和大师益都等路真大道都道录林德□”[①]。此外，《重修隆阳宫碑》阴又记王德道曾兼大都路都举师，疑路一级还设有都举师之职。

第三级，州设道正、举师。如《重修隆阳宫碑》阴记有涿州道正、固安州道正、雄州道正、易州道正、顺州举师、易州举师等。

第四级，县设威仪、举师。威仪仅见一例，《重修隆阳宫碑》阴记房山县威仪黄德元。举师如《重修隆阳宫碑》碑阴有大兴县举师李德惠、昌平县举师刘德顺。

最基层的宫观，设提点、提举、知宫（观），为宫观的负责人。《许州天宝宫碑》阴列有几十名任此类职务的道士。

真大道自郦希成掌教以后，一直受到元室的支持，而且其后的各代继任者，受到愈来愈多的褒宠，从而使真大道一直处于向上发展的趋势（尽管其领导上层常出现矛盾与分裂），至张清志掌教时期，发展最盛。但在张清志逝世（泰定三年，即1326年左右）以后，其教即寂然无闻。当时全真道和龙虎宗已经成为全国道教的两大重心，估计在泰定三年之后，真大道逐渐与全真道合流而归入全真道了。

---

① 陈垣编纂：《道家金石略》，北京：文物出版社1988年版，第837页。

第五节　太一道的发展与归流

太一道在金代经历了三代掌教，至金末传至第四祖萧辅道，不久进入元代。从此开始，它的历任掌教皆受元室崇封（且追封其先代祖师），并在两京建太一万寿宫，使之取得比金代更大的发展。

萧辅道的生平事迹前已略述，他接掌太一道在金末之大安二年（1210年），贞祐二年（1214年）便离开卫州去主持"亳之太清"，即河南鹿邑之太清宫。为什么他要在此时离卫去亳呢？从王恽《堆金冢记》中可以找到答案。该《记》云："国朝癸酉岁（1213年），天兵北动，奄奠中夏。明年分道而南，连亘河朔，卫（州）乃被围。粤三日，城破，以州旅拒不即下，悉躯民出泊近甸，无噍类殄歼……实贞祐二年（1214年）春正月十有二日也。时太一度师萧公（即萧辅道），当危急际，以智逸去。"①可知萧辅道之离卫去亳，实为躲避元兵之屠杀。而离卫去亳的时间在贞祐二年正月十二日前。据《堆金冢记》载，萧辅道在河南鹿邑太清宫住了不到一年，又于贞祐二年十一月回到卫州，他目睹元兵屠城后白骨盈野的惨状，出于宗教家救世悯人的情怀，请人将所在尸骨收集起来加以掩埋，做了一件深受人民称许的好事。王恽专为之作《堆金冢记》以赞之。该《记》云：贞祐二年冬十一月，"师（萧辅道）自河南来归，睨其城郭为墟，暴骨如莽，师恻然哀之。遂刮衣盂所有，募人力敛遗骸，至断沟智井，攓蓬披塞，掇拾罔漏。乃卜州西北二里许，故陈城内地，凿三坎，瘗而丘之。仍设醮祭，以妥厥灵……而师之掩覆仁心，于乡梓之义极矣。今其封，俗呼为堆金冢（原注：言人骨久而化金石也）。每岁清明后一日，邦人聚奠，以信些擩本宫为尸而祝之。"②

因元兵屠卫州城时，太一道在该城的祖观"太一观"同时被焚毁，故萧辅道在做完掩埋尸骨之事后，不得不再次离开卫州（汲县），去河南柘

① 陈垣编纂：《道家金石略》，北京：文物出版社1988年版，第850页。

② 此段引文又见于陈垣编纂：《道家金石略》，北京：文物出版社1988年版，第850页。其中，四库本"师恻然哀之"作"恻然哀之"，四库本"以信些擩本宫为尸而祝之"作"以信些孺本宫为尸而祝之"。

城主持延祥观。[①] 在那里住了十几年,至壬辰(金开兴元年,1232 年),元兵又进攻柘城,"大兵至城下,师惩前日河朔兵凶之惨,复以一言活万家于锋镝之下"[②]。即劝说群众离开柘城,避免了过多的牺牲。因此王恽感慨地说:"古称泽及枯朽,矧生人乎,师之谓也。"[③]表示了对萧辅道的赞许。

元兵攻占柘城后,萧辅道的行踪如何呢?据有关资料记载,先是去主持新卫昭顺圣后祠,后又去主持河北赵州太清宫。王恽《凝寂大师卫辉路道教都提点张公(张居祐)墓碣铭》说:"岁壬辰,天兵下河南。时太一四代度师(萧辅道),自柘城北渡,应大将撒吉思请,主新卫昭顺圣后祠。居仁(张居祐之兄)举家崇奉,遂命师(指张居祐)为门弟子。居无几何,度师北迁,住赵(州)之太清宫,以师童侍有年,谨敬不怠念焉,遂度为道士。"[④]王恽《故真靖大师卫辉路道教提点张公(张善渊)墓碣铭》说:炼师张善渊之父张溥"尝任卫真县酒坊使,时太一四代祖中和真人(萧辅道封中和仁靖真人)提点亳之太清宫,溥素挹真风,日侍师于几席间,沾沾然而喜曰:'吾儿知所于托',遂参礼为门弟子……岁壬辰,河南大兵,公(张善渊)与中和隔离者久之。既而闻师北渡,税驾于赵,乃奔奉焉,师忻甚曰:'奔奏疏附,吾宗门有人矣!'即令知太清观事。"[⑤]

由上可见,因为太一道的发祥地河南汲县地处金蒙交兵之境,遭受元兵很大的蹂躏,故其祖师萧辅道也在金元之际席不安枕,颠沛流离于汲县、柘县及河北赵州之间。这就是萧辅道在金元之际的主要经历。

为了给今后太一道的恢复和发展准备条件,在上述期间,萧辅道领导修

① 陈垣编纂:《道家金石略》,北京:文物出版社 1988 年版,第 850 页。

② 陈垣编纂:《道家金石略》,北京:文物出版社 1988 年版,第 850 页。

③ 陈垣编纂:《道家金石略》,北京:文物出版社 1988 年版,第 850 页。

④ (元)王恽:《凝寂大师卫辉路道教都提点张公墓碣铭并序》,陈垣编纂:《道家金石略》,北京:文物出版社 1988 年版,第 861 页。此据四部丛刊本《秋涧集》卷 61,四库本"撒吉思"作"萨济苏",《元史》亦作"萨吉思"。《道家金石略》第 861 页据四库本排印,作"撒吉思"。

⑤ 此据四部丛刊本《秋涧集》卷 61,四库本"吾儿知所于托"作"吾儿和听以说","奔奏疏附"作"奔走疏附"。陈垣编纂:《道家金石略》,北京:文物出版社 1988 年版,第 851 页。

复了被战火焚毁的祖观——汲县太一万寿观。宋渤《太清宫铭并序》记云："岁癸巳(1233年)兵定，嗣一悟法第四代师中和仁靖真人自柘城来，度河抵汲，更复太一万寿宫。"①《重修太一广福万寿宫之碑》云："贞祐避兵南迁，观亦随毁。后廿年来归，顾瞻旧基，但荆榛瓦砾而已，恻然伤之。乃涓日庀工……为大殿者三……为坛殿者一……中设二坛……醮坛之东隅，有法水井，清冷甘洁，疗人疾辄愈，迄今号太一泉。"②《太一广福万寿宫方丈记》云："贞祐之兵，烬为飞烟。四代中和仁静真人，披荆榛，掇瓦砾，成难于易，不十年，略皆完具。"③在这次修复工作中，其弟子张善渊、张居祐等是其主要助手。《故真靖大师卫辉路道教提点张公墓碣铭》云："时卫之祖观，兵烬后鞠为草棘，中和界之(指张善渊)经理，不三数年，神庭燕处，顿还旧观。"④《凝寂大师卫辉路道教都提点张公墓碣铭》云："时卫之祖观，兵后毁废扫地，度师遣提点张善渊诣卫兴复，且请师(指张居祐)以佐葺理，允焉。师为勠力从事，小大之役，率以身先之。既而张(善渊)侍鹤驭北觐，营建事师独任之，不十稔，坛殿斋室，下暨庖湢库厩，井井一新。"⑤

世祖忽必烈在王邸时，很重视收罗人才，不管儒生、和尚、道士，凡有声名者，皆在罗致之列。太一道四祖萧辅道亦在元定宗贵由时期被其召见。王恽《清跸殿记》云："初上(指元世祖)之在潜也，思得贤俊，以裨至理，闻太一四代度师萧辅道弘衍博大，则其人也。于是以安车来聘，既至，上询所以为治者，师以爱民立制，润色鸿业，用隆至孝者，数事为对。上喜甚，锡之重宝，辞不受。曰'真有道士也'。赐号中和仁靖真人，冠帔尊崇之礼，前后有加。"⑥《重修太一广福万寿宫碑》亦记此事，并明确记载这次召见在元定宗元年(1246年)，该《碑》云："岁丙午(1246年)，今上皇帝(元世祖)居潜邸，钦挹真风，以安车见征。既至，雍容问答，精神会合，虽葛稚川(葛洪)之于晋，陶通明(陶弘景)之于齐，司马子微(司马承祯)之于唐，未能远过也，赐

① 陈垣编纂：《道家金石略》，北京：文物出版社1988年版，第858页。
② 陈垣编纂：《道家金石略》，北京：文物出版社1988年版，第845页。
③ 陈垣编纂：《道家金石略》，北京：文物出版社1988年版，第853页。
④ 陈垣编纂：《道家金石略》，北京：文物出版社1988年版，第851页。
⑤ 陈垣编纂：《道家金石略》，北京：文物出版社1988年版，第862页。
⑥ 陈垣编纂：《道家金石略》，北京：文物出版社1988年版，第853页。

号太一中和仁靖真人。”[1]《元史·释老传》亦记此事,并载明接见地点在和林(上都),云:“太一教者……四传而至萧辅道。世祖在潜邸闻其名,命史天泽召至和林,赐对称旨,留居宫邸。”[2]

萧辅道这次不仅被忽必烈召见,也受忽必烈之母唆鲁古唐妃的召见。此见于王恽《故真靖大师卫辉路道教提点张公墓碣铭》。该《铭》云:张善渊在“丙午(1246年)夏四月,侍中和(萧辅道)赴太后幄殿,及见,亦沾宠眷,奏受真定路教门提点”[3]。唆鲁古唐妃为拖雷妻,世祖忽必烈之母。《元史·后妃传》作“唆鲁和帖尼”,“至元二年(1265年),追上尊谥庄圣皇后”。[4] 故王恽在至元二十年(1283年)为张善渊作《墓碣铭》时称“太后”。在丙午年忽必烈和其母召见萧辅道后,到第二年,以其母之名义,下“懿旨”赐萧辅道以真人号,原汲县太一万寿宫即立有赐封萧辅道真人号的《唆鲁古唐妃懿旨碑》,文曰:“长生天的气力里,谷裕皇帝(定宗贵由)福荫里,唆鲁古唐妃懿旨:卫州万寿宫住持道士萧辅道,实太一一悟传教真人泉裔之曾孙,继承之四叶。才德兼茂,名实相符,清而能容,光而不耀。富文学而重气节,谨言行而知塞通,体一理而不偏,应众机而靡戾。复以阐扬法事,绍述宗风,道助邦家,泽濡幽显,是可尚也。要光前业,宜锡嘉名,用传不朽者。右赐中和仁靖真人号,传度太一法箓事萧辅道。准此。丁未年二月日。”[5]忽必烈于1246年之召见萧辅道并于第二年赐其真人号,标志着太一道正式得到元室的承认,为其在元代的发展开辟了道路。

元宪宗二年(1252年),忽必烈再次召见萧辅道。王恽《太一五祖演化贞常真人行状》云:“壬子岁(1252年),圣主(忽必烈)居潜邸,驻跸岭上,以安车召中和真人于卫。”[6]《故真靖大师卫辉路道教提点张公墓碣铭》亦云:

---

① 陈垣编纂:《道家金石略》,北京:文物出版社1988年版,第845页。

② 《元史》卷202《释老传》,北京:中华书局1976年版,第15册,第4530页。

③ 陈垣编纂:《道家金石略》,北京:文物出版社1988年版,第851页。

④ 《元史》卷116《后妃传》,北京:中华书局1976年版,第10册,第2897页。

⑤ 陈垣先生说,此汲县万寿宫《唆鲁古唐妃懿旨碑》,与赵州《太清观懿旨碑》文同,后者仅易“卫州万寿观”五字为“赵州太清观”而已,赵州《太清观懿旨碑》载《道家金石略》,北京:文物出版社1988年版,第840—841页。

⑥ 陈垣编纂:《道家金石略》,北京:文物出版社1988年版,第849页。

张善渊在“壬子夏六月，复从中和北觐岭邸，加号真靖大师，改提点卫辉路道教事”①。同一年，忽必烈又下诏追封太一道始祖萧抱珍真人号，并升太一万寿观为太一广福万寿宫。《太一广福万寿宫令旨碑》云：“长生天底气力里，蒙哥皇帝福荫里，忽必烈大王令旨：卫州太一万寿观，羽升微妙大师萧抱□（珍），道成一悟，箓阐三元，创兴太一之门……密毗治化……潜卫邦家，虽汉张道陵、魏寇谦之无以过也。宜追赠太一一悟传教真人，及改太一万寿观为太一广福万寿宫。右赐太一广福万寿宫。壬子年九月日。”②就在这一年（1252 年），萧辅道逝世。

萧辅道掌教期间，不仅受到蒙元王室的尊崇，而且与不少金元诗文大家相过从，其诗文人品受到他们的称许。王恽《大都宛平县京西乡创建太一集仙观记》云：“师人品峻洁，博学富才智，士论有山中宰相之目。”③王若虚《太一三代度师萧公墓表》云：“公弼（萧辅道字）一世伟人，所交皆天下之士，而窃幸与之游。”④元好问《赠萧炼师公弼》诗云：“吾家阿京爱公弼，吾家泽兄敬公弼，半生梦与公弼游，岂意相逢在今日。春风和气在眉宇，玉壶冰鉴藏胸臆，人间万事君自知，未必君材人尽识。苏门水木无纤埃，闻君家近公和台，仙家近日多官府，黄帽青鞋归去来。”⑤陈垣先生考证：“泽兄”即王渥（字仲泽）；“阿京”即冀禹锡（字京父）。元好问《中州集》卷 6“冀都事禹锡小传”云：“禹锡字京父，龙山人……在京师时，希颜、仲泽、钦叔、京父相得甚欢，升堂拜亲，有昆弟之义。而不肖徒以文字之故，得幸诸公间，希长予六岁，泽长四岁，钦与京少予二岁。”⑥此所以有“吾家”之称也。《秋涧集》卷 21《和曲山题太一宫诗韵》云：“苍精宫阙五云高，千劫尘缘谢世劳，太一旗常王母使，真官裘被吉光毛。仙家功行何多品，人物中和第一曹，近日蓬壶到清浅，独留春色醉仙桃。萧爽神庭积翠高，东瀛修复堵宫劳，法传四叶光前后，望重层霄一羽毛。粉饰皇图开治道，庇庥广厦到吾曹，殷勤太

① 陈垣编纂：《道家金石略》，北京：文物出版社 1988 年版，第 851 页。
② 陈垣编纂：《道家金石略》，北京：文物出版社 1988 年版，第 841 页。
③ 陈垣编纂：《道家金石略》，北京：文物出版社 1988 年版，第 856 页。
④ 陈垣编纂：《道家金石略》，北京：文物出版社 1988 年版，第 840 页。
⑤ （金）元好问：《遗山集》卷 3，《文渊阁四库全书》第 1191 册，第 40 页。
⑥ 《文渊阁四库全书》第 1365 册，第 220 页。

一池边月，曾照银觥醉露桃。”注：“粉饰皇图，谓初见今上时，首陈修国史、立台省等事。醉露桃，谓四十年前陪诸公宴集方丈前除。庇庥广厦，接礼士夫也。”①所谓“人物中和第一曹”，“望重层霄一羽毛”，皆可表王恽推重萧辅道之意。此外，李庭《寓庵集》卷 2 有《送萧炼师公弼赴北庭之召》两首，卷 3 又有《萧公弼生朝水龙吟》一首，亦多赞誉之词。② 可见萧辅道的学识人品，在士大夫中有较为广泛的影响。

宪宗二年（1252 年）萧辅道逝世后，王恽为作《萧征君哀词》，序云：“东瀛先生，有道之士也，余以里闬故，获展履綦之拜，盖十有一年矣。今兹云亡，谨摭其见闻之实，作《追怀之诗》六首，姑达乎感慨云耳！”③

继萧辅道掌太一道的是萧居寿（1221—1280 年），被称为五祖。本“姓李氏，讳居寿，字伯仁，道号淳然子，卫之汲县西晋里人。生有淑质，沉默寡言笑，自幼喜道家之学。年十三，拜太一四代祖中和仁靖真人为师，旦夕给侍左右，进退应对，容度详谨，中和知其可教，甚善待之。戊戌岁（1238 年），受戒为道士，命典符箓科式等事……壬子岁（宪宗二年，1252 年），圣主（忽必烈）居潜邸，驻跸岭上，以安车召中和真人于卫。既至，燕见之次，荐师（李居寿）才识明敏，志行淳和，请传嗣为五代祖，仍从誓约，易姓为萧，即蒙允可，赐号贞常大师，仍授紫衣。其年冬中和谢世。中和人品道价，高视一世。师嗣挈玄纲，以简重坚洁，持守成规，洞洞属属，若恐失坠。及其张皇道纪，酬酢事宜，其应如响。由是徒众厌服，听约束惟谨”④。

萧居寿掌教期间，所受元王朝的尊宠超过萧辅道，具体表现如下：

（1）忽必烈亲临汲县太一万寿宫进行抚慰。《演化贞常真人行状》云：“己未（宪宗九年，1259 年）春，上（忽必烈）南巡，驻跸淇右，重师之请，幸所居万寿宫。怅真仙（指萧辅道）之倏去，喜付畀之得人（指萧居寿），周历殿庑，询慰者久之。师敷对诚款，允协睿意，眷顾光宠，于焉

① 《文渊阁四库全书》第 1200 册，第 258 页。
② 以上参见陈垣：《南宋初河北新道教考》，北京：中华书局 1962 年版，第 126—129 页。
③ （元）王恽：《秋涧集》卷 24，《文渊阁四库全书》第 1200 册，第 292—293 页。
④ 陈垣编纂：《道家金石略》，北京：文物出版社 1988 年版，第 849 页。

伊始。”①

(2)赐真人号及掌教宗师印。《演化贞常真人行状》云：中统元年(1260年)秋九月，“诏赴阙下，上亲谕修祈祓金箓醮筵，翼日，特赐号太一演化贞常真人”②。《元史·释老传》云：“(至元)十三年(1276年)，赐太一掌教宗师印。”③过去萧辅道仅被封为真人，未封掌教宗师，萧居寿现受此封，表明元室对其褒宠的升级。

(3)为萧居寿在两京建太一广福万寿宫。汲县太一万寿观是太一道之祖观，是前几代祖师所居之处，直到萧居寿掌教初期亦居于此。元室为使道教各派首领“居禁近”，以便为之祈福，在京师为各派首领建宫观以居之，对太一道掌教亦是如此。为太一道掌教建宫观在萧居寿掌教时。《太一五祖演化贞常真人行状》云：世祖于“至元三年(1266年)，以京师刘氏宅赐师(萧居寿)为斋洁待问之所”。至元十一年(1274年)即下“特旨于奉先坊创太一广福万寿宫，中建斋坛，继太保刘秉忠禋六丁神将，岁给道众粟帛有差”。④ 不仅在大都建太一广福万寿宫，而且还在上都开平建太一广福万寿宫。《元史·释老传》云：“至元十一年，建太一宫于两京，命居寿居之，领祠事，且禋祀六丁，以继太保刘秉忠之术。”⑤两京太一万寿宫之兴建，标志着太一道的首脑机关已迁至元之都城，它对太一道的发展自然是有利的。而且根据元世祖的命令，萧居寿不仅是太一道的掌教，而且还要兼承刘秉忠所传之术，禋祀太一六丁神⑥。

元世祖不仅尊崇掌教萧居寿，而且在萧居寿请求下，还追赠其先祖和封赠其徒众。《演化贞常真人行状》云：“师爰自传嗣以来，奏谥始祖曰太一一悟传教真人，二代祖曰太一嗣教重明真人，三代祖曰太一体道虚寂真人，四

① 陈垣编纂：《道家金石略》，北京：文物出版社1988年版，第849页。

② 陈垣编纂：《道家金石略》，北京：文物出版社1988年版，第849页。

③ 《元史》卷202《释老传》，北京：中华书局1976年版，第15册，第4530页。

④ 陈垣编纂：《道家金石略》，北京：文物出版社1988年版，第849页。

⑤ 《元史》卷202《释老传》，北京：中华书局1976年版，第15册，第4530页。

⑥ 太一教本身或许也在符法中役使六丁神，如《太一二代度师赠嗣教重明真人萧公墓碑铭》铭文曰：“矢矫云篆相回萦，佐之秘诀役六丁，捕逐鬼物袪邪狞，为世度厄痊沉婴。”(陈垣编纂：《道家金石略》，北京：文物出版社1988年版，第844页)故能够接任以祀六丁。

代祖曰太一中和仁靖真人……至元三年(1266年),以重修祖观殿宇告成以闻,蒙敕辞臣制碑,铺敦教基,具纪本末。复奏受保举师张善渊(为)真靖大师,教门提点监度师高昌龄(为)保真崇德大师,高弟李全祐(为)观妙大师,范全定(为)希真大师。"①

元世祖不仅支持萧居寿领掌的宗教,有时还采纳他在政治上的进言。《元史 · 释老传》云:"(至元)十六年十月辛丑,月直元辰,敕居寿祠醮,奏赤章于天,凡五昼夜。事毕,居寿请间曰:'皇太子春秋鼎盛,宜参预国政。'且又因典瑞董文忠以为言,世祖喜曰:'行将及之。'其后诏太子参决朝政,庶事皆先启后闻者,盖居寿为之先也。"②《元史 · 世祖纪》作了同样的记载。可知萧居寿所受的宠遇已超过其先辈。

至元十七年(1280年)七月,萧居寿逝世,享年60。"讣闻,上嗟悼久之,储皇赙楮币三十定,仍谕中书省给威仪祖送。其年十月,遣使护丧归葬卫州汲县四门村祖茔之次。"③王恽评其学识及为人曰:"师丰仪秀伟,清修有操行,谦虚笃实,不事表襮,混然与物无忤。而胸中风鉴,殊皓皓也。与人交,诚款有蕴藉,所谈率以忠信孝慈为行身之本,未尝露香火余习。生平问学,不斯须离,如饥渴之于饮食。其《易传》、《皇极》、《三式》等书,皆通究其理。晚节德量弘衍博大,不可涯涘。"④所评或有溢美之词,然可概见当时士大夫对他是赞许的。

继萧居寿之后掌太一道的是萧全祐,被称为六祖。其生平既无行状碑铭可考,间接资料也不多。刘因应萧全祐之请,曾为其父写了一篇墓表,名《洺水李君墓表》。知萧全祐原姓李,父名守通,洺水(今属河北)人。有子三人,"长全福,季全安,皆早世。中子曰全祐……初,东瀛先生萧炼师公弼(萧辅道)有重名,所与游皆当世名士……君(李守通)以全祐幼有羸疾,不任婚宦,乃命弃家师事之"⑤。是萧全祐原为四祖萧辅道弟子。宋渤撰《滑

① 陈垣编纂:《道家金石略》,北京:文物出版社1988年版,第849页。
② 《元史》卷202《释老传》,北京:中华书局1976年版,第15册,第4530页。
③ 陈垣编纂:《道家金石略》,北京:文物出版社1988年版,第850页。
④ 陈垣编纂:《道家金石略》,北京:文物出版社1988年版,第850页。
⑤ 陈垣编纂:《道家金石略》,北京:文物出版社1988年版,第855页。

县重修天庆延寿宫碑》记全真道士刘志源及弟子陈志敬、李志云事迹，其云："大德元年（1297年）夏五月，弟子李道宽具三师之平生及新宫之岁月，率同侣谒京师太一承化纯一真人李公原福为介，来乞文载其事。"①知其字原福。《演化贞常真人行状》云："师（指萧居寿）以至元十七年（1280年）七月廿六日，羽化于西堂方丈，享年六十。治命令观妙大师李全祐嗣主法席。"②于至元十七年七月继任太一道掌教。《元史・世祖纪》云：至元十八年（1281年）正月"丁巳，制以六祖李全祐嗣五祖李居寿祭斗"。③《洺水李君墓表》云："今以学识清修，先赐号观妙大师，再加纯一真人，深为上及皇太子之所眷顾焉。"④是知萧全祐掌教后曾被加封为纯一真人。陈垣先生说："《表》（指《洺水李君墓表》）作于至元廿年，时秋涧（王恽）六二，静修（刘因字）四十，而全祐已称'老矣'（请刘因写表时全祐自谓），静修亦以为'老而能不忘其亲'（表中刘语），假定为六十，则与秋涧年相若。"⑤即萧全祐在至元二十五年（1288年）大约60岁。

大德元年（1297年）九月，王恽作《大都宛平县京西乡创建太一集仙观记》，在简记太一道前五代祖师后，接着说："逮今承化纯一真人全祐，继奉祀事十载间，以受业者众，国之经费日广，坚辞廪料，至于再三。有司上议，祷祀重事，供给所需，不可阙也，全祐谦抑之请，亦不可违也，良田果植，隶大司农者，量宜颁赐，置为恒产。遂赐顺（顺州，今河北顺义县）之坎上故营屯地四千余亩。复虑未臻丰赡，元贞改号，岁七月……（又赐）宛平县京西乡冯家里，隶农司籍栗林……尽畀全祐……明年丙申（1296年）春，相栗林隙地……构正殿三楹，像事玄元九师，祖师、真官二堂位其左右……榜曰太一集仙观……今纯一师操履贞固，精严祭醮，至蒙两宫眷顾，而图报之诚，惟恐

① 《（正统）大名府志》卷8，正统十年（1445年）刻本。《道家金石略》收录此碑艺风堂拓本，残泐过甚，但恰可补"生"前之"平"字。参见陈垣编纂：《道家金石略》，北京：文物出版社1988年版，第698页。

② 陈垣编纂：《道家金石略》，北京：文物出版社1988年版，第849—850页。该《行状》记，授李全祐为观妙大师在至元三年（1266年）。

③ 《元史》卷11《世祖纪》，北京：中华书局1976年版，第1册，第229页。

④ 陈垣编纂：《道家金石略》，北京：文物出版社1988年版，第855页。

⑤ 陈垣：《南宋初河北新道教考》，北京：中华书局1962年版，第138页。

不及，是观之建，特其余事耳……是可书。大德元年九月望日记。”①是知大德元年（1297年）萧全祐仍在掌教任中。《道家金石略》又收有宋渤所撰之《太清宫铭》，序中云：“至元癸巳秋，大雨，观之外门毁，今承化纯一真人令提点教门事范全定复往葺治。”②该《铭》作于大德三年（1299年）十一月，按陈垣先生的推算，则萧全祐已年近80。现存《玄风庆会图》残卷，系全真门人路道通募缘翻刻，卷前有赵孟頫大德甲辰（1304年）序、黄仲圭大德九年（1305年）序，而其劝缘题名中列有“太一掌教宗师太一承化纯一真人传教六代祖萧全祐”③。可知萧全祐其时仍掌教事，此后何年逝世，则不详。

继萧全祐掌太一道的是萧天祐，被称为七祖。有关他的事迹，所知更少。陈垣先生在《南宋初河北新道教考》中，对有关资料作了辑录和考证，现摘录如下：

《道园学古录》三，有《次韵伯庸尚书春暮游七祖真人庵，兼简吴宗师》诗。伯庸马祖常，也里可温世家，见拙著《元西域人华化考》。吴宗师全节，玄教大宗师也……今游七祖庵，而兼简玄教宗师，此何教七祖耶？谓为正一，则元季正一已传至四十代；谓为玄教，则玄教是时新立，以张留孙为一世，全节为二世，夏文泳为三世，未能有七祖也。然同卷又有《奉同吴宗师赋蔡七祖新斋》诗，则此七祖实蔡姓……《潜研堂金石文跋尾》十九，载泰定元年《周天大醮投龙简记》，中有太一嗣教七祖蔡天祐之名。则《道园录》之蔡七祖，为太一嗣教蔡天祐无疑也。④

然六祖何年卒，天祐何年嗣教？文献脱落。吾于此碑之外，复发见一同类之碑，额称《大元投奠龙简之记》，亦在济源，延祐三年立石……今录如下：“延祐二年乙卯冬十月，上示星芒，下儆銮御，圣天子、皇太后省躬警诫，已布殊恩，特命玄教大宗师、特进、上卿、志道弘教冲玄仁靖大真人张留孙，玄门掌教真人孙德彧等，于大都长春宫设建金箓普天

① 陈垣编纂：《道家金石略》，北京：文物出版社1988年版，第857页。
② 陈垣编纂：《道家金石略》，北京：文物出版社1988年版，第859页。
③ 《玄风庆会图》，《三洞拾遗》，合肥：黄山书社2005年版，第16册，第421页。
④ 陈垣：《南宋初河北新道教考》，北京：中华书局1962年版，第138—139页。

大醮,列位三千六百。肇自十二月十一日,凡九昼夜。事已告成,寻遣集贤侍读学士、中奉大夫李倜,太一崇玄体素演道真人蔡天祐,赍持宝香、玉刻符简、玄璧金龙,敬诣济渎灵源投奠。”……上文假定至元廿五年,六祖李全祐六十,则延祐二年,八十七矣,虽健在,恐不能参预九昼夜之大醮,故此碑无全祐名。然蔡天祐未称嗣教,则其时六祖当未谢世也。又泰定碑(指《周天大醮投龙简记》)称:“泰定改元甲子春正月,诏玄教大宗师玄德真人吴全节,太一崇玄体素演道真人、嗣教七祖蔡天祐,五福太一真人吕志彝,正一大道真人刘尚平,玄教嗣师真人夏文泳,率法师道士几千人,修建金箓周天大醮于大都崇真万寿宫,为位二千四百,昼夜凡七。受釐之日,天颜甚愉,重封香币,遣太一七祖真人蔡天祐,承德郎郊祀署令马怀吉,捧刻玉宝符、玄璧龙纽,驰诣济渎清源投奠。”……延祐三年丙辰,至泰定元年甲子,中间相距八年,玄教张留孙,全真孙德彧,均以至治元年卒矣,故此碑无留孙、德彧之名,而蔡天祐则已称七祖,其嗣教当在延祐丙辰之后,泰定甲子之前。六祖之寿,殆将九十,与其父守通相等也。若七祖,则前后两役,均奉命驰赴济渎,宜未甚老。《道园录》既数以蔡七祖与吴宗师并称,此碑亦吴蔡并举,时吴年五十八,蔡年当亦不相上下。似此推测,未敢云无误,姑待将来之发见。①

据以上陈垣先生之考证,太一道七祖萧天祐,本姓蔡,曾封崇玄体素演道真人,大约在延祐丙辰(三年,1316 年)至泰定甲子(元年,1324 年)之间嗣教;参加过延祐二年和泰定元年的金箓大醮;与文人虞集等相往还;与玄教大宗师吴全节年相若且相善。这就是目前所知七祖萧天祐事迹的大略情形。至于他掌教至何年,已不可考。

在北方三个新道派中,太一道遗存的资料最少,故对其在元代的发展情况难于具知。但仅就现存材料看,它又是北方三个新道派中势力最弱者。宫观、教徒大都在河南、河北。其教区组织,除知两京设有太一广福万寿宫

① 陈垣:《南宋初河北新道教考》,北京:中华书局 1962 年版,第 139—141 页。所引之《大元投奠龙简之记》文,又据原文校补。

为其首脑机关外，下面路、州、县的组织设置情况所知甚少，现仅见有真定路提点，卫辉路提点、都提点之名目。如上文提到的萧辅道弟子张善渊曾先后任真定路提点和卫辉路提点。据《故真靖大师卫辉路道教提点张公墓碣铭》载，任真定路提点在元定宗元年（1246 年），云："丙午夏四月，侍中和赴太后幄殿，及见，亦沾宠眷，奏受（授）真定路教门提点。"[①]任卫辉路提点在元宪宗二年（1252 年），云："壬子夏六月，复从中和北觐岭邸，加号真靖大师，改提点卫辉路道教事。"[②]萧辅道另一弟子张居祐，在萧居寿和萧全祐掌教时期曾先后任提举和卫辉路都提点。据《凝寂大师卫辉路道教都提点张公墓碣铭》载，任提举在元宪宗七年（1257 年），云："丁巳冬，以事召赴行殿，劳归，需衣币有加。还，贞常真人（萧居寿）以师贞干有节，命知宫事，继升充提举。"[③]升为卫辉路都提点在至元十九年（1282 年），云："至元十九年，六代纯一真人（萧全祐）嗣主法席，以师（张居祐）道行纯粹，勤恪有功，言于朝，宣授凝寂大师、卫辉路道教都提点。"[④]宫观则设有提点、知宫（观）等职。如萧辅道曾命张善渊"知（赵州）太清观事"[⑤]，张居祐至元三年（1266 年）"知太一广福万寿宫事"[⑥]，至元二十五年（1288 年）李德安在太一广福万寿宫提点任上[⑦]，大德四年（1300 年）有□□观提点刘德寔、知观李德□等[⑧]。又或在掌教之下设有提点、都提点以辅佐之，如萧居寿的弟子范全定，《清跸殿记》称"大德二年（1298 年）五月初一日，宣授希真大师太一教（提）点赐紫臣范全定"[⑨]，大德四年（1300 年）立《太清宫铭并序》则署

① 陈垣编纂：《道家金石略》，北京：文物出版社 1988 年版，第 851 页。
② 陈垣编纂：《道家金石略》，北京：文物出版社 1988 年版，第 851 页。
③ 陈垣编纂：《道家金石略》，北京：文物出版社 1988 年版，第 862 页。
④ 陈垣编纂：《道家金石略》，北京：文物出版社 1988 年版，第 862 页。
⑤ 《故真靖大师卫辉路道教提点张公墓碣铭并序》，陈垣编纂：《道家金石略》，北京：文物出版社 1988 年版，第 851 页。
⑥ 《国朝重修太一广福万寿宫碑》，陈垣编纂：《道家金石略》，北京：文物出版社 1988 年版，第 846 页。
⑦ 《太一广福万寿宫方丈记》，陈垣编纂：《道家金石略》，北京：文物出版社 1988 年版，第 853 页。
⑧ 《太清宫铭并序》，陈垣编纂：《道家金石略》，北京：文物出版社 1988 年版，第 859 页。
⑨ 《清跸殿记》艺风堂拓本，见陈垣编纂：《道家金石略》，北京：文物出版社 1988 年版，第 854 页该碑注①。

“宣授守诚翊教演法大师太一教门都提点范全定”①,其职衔皆未见有某某路的标记,颇使人怀疑他是在教门内最高级的权力机关任职。囿于史料,这还只能是一种猜测。

太一道传至七祖萧天祐,其后不见嗣教者,亦不见太一道之活动。是其教尚存,而无记载留下?还是已合并于其他道派而无独立活动了?据现有资料推测,后者的可能性最大。与哪个道派合并了?最有可能是与张陵后嗣为首的正一道。因为太一道“传太一三元法箓之术”,主修符箓斋醮,与张陵正一派很相近。而在元代,由于张陵后嗣被尊崇,受命掌领江南道教,其支派玄教更是声名显赫,发展特盛,太一道与之相合并是很自然的。而且,太一教很早就认同于“天师之教”了。至元三年(1266年)立于祖庭汲县太一广福万寿宫的碑文云:

> 上天明神,降生下土,藉名以救世……恐人之溺嗜迷复也,生老子为道家者流,以清静而化之;又恐邪气为灾,阴物为厉也,生张道陵天师,以黄庭大洞之科、木公金母之号、天皇太一紫微北极之祖,以□□□□之。盖天师之教,爰清爰静,本出于老氏,而法之所寓,亦有天之所以生俞跗之意焉。自汉以来,虽绵绵不绝千五百岁,其间称闻人者盖寡矣。天恐其教之不洪,则不可以弘济,故生一悟真人,至是道家之能事毕矣。②

其中以萧抱真承接老子、张道陵,将先秦道家、天师之教、太一教作为一个发展序列的意思是很明确的。

前文已经提到,至元十一年(1274年),元世祖命于两京建太一万寿宫,“命(萧)居寿居之,领祠事,且禋祀六丁,以继太保刘秉忠之术”③。但是到了元代中后期,据危素《送郭真人还玉笥山序》记载,主六丁祠事的已非太一道士,而是正一道士了。对此,陈垣先生说:“则其时太一之法虽存,恐亦

① 陈垣编纂:《道家金石略》,北京:文物出版社1988年版,第859页。

② 《国朝重修太一广福万寿宫之碑》,陈垣编纂:《道家金石略》,北京:文物出版社1988年版,第846页。

③ 《元史》卷202《释老传》,北京:中华书局1976年版,第15册,第4530页。

合并于正一矣。”①此序文与太一道后期之动向关系很大，特抄录如下：

世祖皇帝……时，常山刘文正王（刘秉忠），以沉机大略，最为亲幸。且通秘术，行师用兵之际，役使鬼神，多著奇效。乃作祠宇于宛平之西山、开平之南屏山，以祠太一六丁之神，俱号曰灵应万寿宫。常山王既薨，嗣居之者，非操履贞白、明于道术者，不得与兹选。至元四年（1338年）五月己丑朔，今皇帝敕玉笥山道士郭君宗纯为第八代祭遁真人，降玺书宠嘉之，其所馆两都靖治，所在戒严。真人庞眉皓首，深居林壑，时人望之已若古仙异人，未易狎习。既十年，乃言于朝，将归隐于故山，则其高风益邈不可攀矣。名卿大夫士闻真人之知止自足，有契于老子之旨，为诗歌以送之，而属予为之序。盖至顺（1330—1332年）初，第六代真人毛君退休，于龙虎山杜门简绝人事，翛然自得，余固已叹其浮游尘埃之表，非世俗所能汩没者。及今观郭君之归，后世将益羡遁祠之多贤也。惟其轻世故，薄功名，然后心无所累，而可交于神明，吾于二君子见之矣。②

此《序》撰于己丑（至正九年，1349年）。《序》中所云宛平即大都，开平即上都，即《释老传》所谓之两京；灵应万寿宫即《释老传》所谓之太一宫，又名太一广福万寿宫。《序》中除主记第八代祭遁真人郭宗纯外，又记有第六代真人毛君。二人皆正一派道士，一出龙虎山，一出玉笥山，皆先后出主太一万寿宫以祠六丁之神，后又皆归隐于故山。此文所记与《析津志》所载“灵应万寿宫”事完全相符，其文曰：“元自开国始创建于西山，赐上名额（指灵应万寿宫），实自太保刘文正公之主也。其祖坛在上都南屏山，即太保读书处，有碑文纪事。而此坛天下有二焉。因著其开坛阐教之名氏次第于后：第一代宗师刘（秉）忠太保文忠公，二代李，三代张，四代林，五代林，六代毛，七代谢，八代郭，九代刘，十代谭，十一代潘。”③此文除第一代刘秉忠外，其余各代皆只著姓氏，未列名，但与《释老传》、《送郭真人还玉笥山序》相比勘，可知第二代李为李居寿，第八代郭为郭宗纯。据《送郭真人还玉笥山

① 陈垣：《南宋初河北新道教考》，北京：中华书局1962年版，第132页。

② （元）危素：《说学斋稿》卷3，《文渊阁四库全书》第1226册，第724—725页。

③ 《析津志》，元末熊梦祥撰，已佚。上述引文见北京图书馆善本组所辑《析津志辑佚》，又见《顺天府志》第80页引《析津志》，北京：北京大学出版社1983年影印。

序》，第八代郭宗纯于元顺帝至元四年（1338 年）去太一万寿宫主祠太一六丁神，十年后，即至正八年（1348 年）归隐于故山。而两文所记之第六代真人毛君，究竟是何人呢？据有关资料分析，此人当为玄教首领张留孙之弟子毛颖达。袁桷《玄教大宗师张公家传》列有玄教首领张留孙弟子 54 人，首列“以真人佩银印者三人”中，即有毛颖达，职务是“掌遁教事”。① 赵孟頫所撰《玄教大宗师张公碑铭》所列张留孙弟子 75 人中亦有其名。② 袁桷《清容居士集》卷 37 有“毛颖达封真人制”，未署年月，真人号也未署明，但注：“主祭丁甲神。”③虞集《河图仙坛之碑》则明确记载，延祐元年（1314 年）“制授公（张留孙）弟子毛颖达正德弘仁静一真人，嗣掌遁甲之祠事，赐银印，视二品”④。故知《清容集》之封毛颖达真人制在延祐元年（1314 年），该年毛颖达被命主祭丁甲神，掌遁甲之祠事。由此可以证明《送郭真人序》和《析津志》所记灵应万寿宫第六代真人毛君即毛颖达。且《元史・文宗纪》又载云：天历二年八月癸卯，“遣道士苗道一、吴全节修醮事于京师，毛颖达祭遁甲神于上都南屏山、大都西山。”⑤更证明毛颖达在天历二年（1329 年）仍任此职。据《送郭真人还玉笥山序》记，到“至顺（1330—1331 年）初，第六代真人毛君退休”⑥。继郭宗纯之后，第九代真人刘为刘耕隐。危素至正辛卯（1351 年）所作《先天观诗序》云：毛遂良以《先天观诗》1 卷，“将请于其师遁教宗师刘真人耕隐刻梓以传，又属素序之”。⑦ 张宇初《静复山房记》曰：“吾山上清宫之洞玄院，居宫之奥……其重屋奥室，皆耕隐刘真人元盛时所建也。”⑧说明刘耕隐也是来自龙虎山上清宫的正一道士。

综上可见，太一万寿宫祠太一者已非太一教人，而为正一天师派，非从第八代郭宗纯始，实从第六代毛颖达始；时间也非在“至顺、至正间”，而是

① 参见陈垣编纂：《道家金石略》，北京：文物出版社 1988 年版，第 925 页。
② 参见陈垣编纂：《道家金石略》，北京：文物出版社 1988 年版，第 913 页。
③ （元）袁桷：《清容居士集》卷 37，《文渊阁四库全书》第 1203 册，第 500 页。
④ 陈垣编纂：《道家金石略》，北京：文物出版社 1988 年版，第 964 页。
⑤ 《元史》卷 33《文宗纪》，北京：中华书局 1976 年版，第 3 册，第 739 页。
⑥ （元）危素：《说学斋稿》卷 3，《文渊阁四库全书》第 1226 册，第 724 页。
⑦ （元）危素：《说学斋稿》卷 4，《文渊阁四库全书》第 1226 册，第 741 页。
⑧ （明）张宇初：《岘泉集》卷 3，《道藏》第 33 册，第 216 页。

在延祐元年(1314 年)。如前文所述,七祖萧天祐,大约自延祐三年(1316 年)至泰定元年(1324 年)间开始嗣教,延祐元年尚是六祖萧全祐掌教的末期。也就是说,最晚在六祖掌教之末,太一万寿宫主祠六丁神之职已开始换成正一道士了,至七祖萧天祐掌教期间更是如此。是否可作这样的推测:自六祖萧全祐掌教之末起,至七祖萧天祐掌教期间,太一道和正一道的关系已经非常密切(萧天祐与吴全节即很交好),萧全祐和萧天祐虽仍掌太一道教务,而六丁之祠却交由正一天师或玄教大宗师统一安排了。经过这两代与正一道的进一步交融,在七祖萧天祐之后即不另设掌教,在组织上最后融入正一道。这虽是推测,可能离事实不太远。

然而,历史的面相总是复杂的,道派的分野也远没有想象中那么泾渭分明。① 翻检史料,具体的太一教宫观或道士也还有其他可能的去向。

河南卫辉市(即汲县)比干庙②有一通立于康熙六十年(1721 年)的《殷太师忠烈公祠田记碑》,碑阴刻有《敕赐广福万寿宫兼理殷太师忠烈庙道宗源流碑记》,其文如下:

壹代祖　元升(萧抱珍),元世祖皇帝敕封广福万寿宫,赐号演化真人

贰代祖　道熙(萧道熙),号静应弘仁全德真人

叁代祖　志冲(王志冲,嗣法萧姓,又称萧志冲),赐号太一修真保和真人

肆代祖　萧辅道,蒙哥皇帝福荫里,唆鲁古唐妃赐号广福真人

伍代祖　萧居寿,忽必烈大王赐号贞常真人,兼理忠烈太师庙

陆代祖　张善渊,己卯年正月蒙旨宣授道门提典(点),右赐真靖

① 试举一例,中统二年(1261 年)立石的《创建悟真庵记》载:卫州胙城(今属河南延津县)女冠穆守妙,拜师陈守坚、陈授恩,“奉太上天心之秘法,感圣母元君之妙药”,创建“兴福坛场”,请名于全真宗师(应为张志敬),得名曰悟真庵。碑阴列“本处悟真庵坛生等”、“延州延津县固墙上庵坛生等”,署职有主坛、长坛、歌生等。(参见陈垣编纂:《道家金石略》,北京:文物出版社 1988 年版,第 543—544 页)这应该是一个当地师巫的坛场,而全真道接纳之,称其人为女冠,且由宗师为其坛场命名。

② 此庙金泰和(1201—1208 年)初曾由孟铸出资重修。参见(金)范构:《重修殷太师庙碑》,王新英辑校:《全金石刻文辑校》,长春:吉林文史出版社 2012 年版,第 432 页。

大师

柒代祖　高昌龄，蒙旨宣授本宫首座、保真崇德大师

捌代祖　萧全祐，戊戌年二月蒙皇后懿旨，赐号承化纯一真人

玖代祖　王志坦，乙巳年五月蒙赐紫金冠，纯真大师

拾代祖　王道晋，明太祖皇帝裁革封号，立道纪司，管理六邑道教事

拾壹代祖　李德泽，任道纪司，管理六邑道教事

拾贰代祖　李通明，弘治九年奉汝王旨醮祭景星，祈天永命

拾叁代祖　谢玄恩，任道纪司，管理六邑道教事

拾肆代祖　阎静安，任道纪司，奉王旨醮祭景星

拾伍代祖　张真保，任道纪司；二祖陶真安，分管景龙观，仍理忠烈庙

拾陆代祖　周尝永，潞简王替道，醮祭景星，祈天永命

拾柒代祖　萧守庆，醮祭景星；二祖李守宗

拾捌代祖　李太仁，部牒道士，祈天永命，募缘垂修忠烈太师庙

拾玖代祖　李清白，整理本庙祭田，管理万寿宫分院城隍庙轮流香火事

大清康熙六十年岁次辛丑仲秋谷旦，贰拾代弟子掌院住持秦一溱[1]

其中前八代为太一教道士，大多在前文已介绍过[2]，历代名讳皆可证之其他碑铭，但第一至四代的号却与各碑所记的赐号不同，甚至将太一五祖萧居寿的演化贞常真人号分为两截，而称初祖萧抱珍为演化真人。[3] 第六至八代

① 耿兴正、耿玉儒：《中国道教太一道》，郑州：中州古籍出版社 1993 年版，第 55—56 页。

② 高昌龄的资料较少，据《太一五祖演化贞常真人行状》，至元三年（1266 年），萧居寿奏授"监度师高昌龄（为）保真崇德大师"；至元三年立《国朝重修太一广福万寿宫之碑》署名"宣授太一广福万寿宫首座保真崇德大师高昌龄"。参见陈垣编纂：《道家金石略》，北京：文物出版社 1988 年版，第 849、846 页。

③ 这里不知是否存在前代封号或门徒私谥，而致与敕定仙号有异。见于碑刻的记载，比如萧抱珍有号"羽升微妙大师"（《太一广福万寿宫令旨碑》），萧道熙有号"清虚大德"（《太一二代度师赠嗣教重明真人萧公行状》，《故太一二代度师先考韩君墓碣铭并序》仅称"清虚"）。参见陈垣编纂：《道家金石略》，北京：文物出版社 1988 年版，第 841、859、861 页。

的号与其他碑铭所载一致，但据前引《故真靖大师卫辉路道教提点张公墓碣铭》，张善渊任真定路提点在元定宗元年丙午（1246年），加号真靖大师、任卫辉路提点在元宪宗二年壬子（1252年），时间与此处不合。且张善渊卒于至元十二年（1275年）正月，萧居寿卒于至元十七年（1280年）七月，而张善渊还是萧居寿的保举师①，按理二人之间不能构成萧前张后的传代关系。高昌龄作为萧居寿的监度师，也面临同样的问题。因此，第五至七代之间，肯定不像前几代一样是师徒相承的关系。可能的解释是，萧居寿掌教时，元世祖在两京为之兴建太一广福万寿宫，由于萧居寿常居禁近，故其兼理的比干庙就交由居于汲县祖庭的张善渊、高昌龄相继管理。萧全祐，此言戊戌年（1298年）赐号承化纯一真人，而大德元年（1297年）《大都宛平县京西乡创建太一集仙观记》已称"承化纯一真人"②。虽有诸多龃龉，但比干庙（忠烈太师庙）与太一教祖庭万寿宫同在汲县，当太一教势力鼎盛之时，受命兼管此祠庙也是有可能的。从这个《道宗源流碑记》来看，太一教兼理比干庙，正是从大被元世祖宠遇的萧居寿开始。

第九代王志坦，即全真道入元以后第五任掌教，虽然在高鸣为其撰写的道行碑中没有提及他有纯真大师号和赐紫金冠之事③，但乃马真后称制四年（1245年，乙巳）五月的《北极观懿旨碑》已称"赐紫金冠纯真大师王志坦"④。其他如至元九年（1272年）九月《玄门嗣法掌教宗师诚明真人道行碑铭并序》末署"嗣法掌教纯真真人王志坦立石"⑤，为其自署；至元十四年（1277年）姚燧撰《洞观普济圆明真人高君道行碑》说，全真掌教受元代统治者尊崇，"虽长春（丘处机）返真，不虚其位，命尹清和（尹志平）、李真常

① 《太一五祖演化贞常真人行状》云：至元三年（1266年），萧居寿奏授"保举师张善渊（为）真靖大师，教门提点"。（陈垣编纂：《道家金石略》，北京：文物出版社1988年版，第849页）《行状》还说高昌龄为萧居寿的监度师，已见前引。

② 陈垣编纂：《道家金石略》，北京：文物出版社1988年版，第857页。

③ 《甘水仙源录》卷7《崇真光教淳和真人道行之碑》，《道藏》第19册，第776—777页。

④ 陈垣编纂：《道家金石略》，北京：文物出版社1988年版，第486页。此碑蔡美彪《元代白话碑集录》收录，题为《一二四五年汲县北极观懿旨碑》，北京：科学出版社1955年版，第10页。据《崇真光教淳和真人道行之碑》，王志坦于甲寅（1244年）随李志常赴上都，此后"留居阙庭者六年"，故颁此懿旨时他正在上都。

⑤ 陈垣编纂：《道家金石略》，北京：文物出版社1988年版，第601页。

(李志常)、张诚明(张志敬)、王纯真(王志坦)与今张玄逸(张志仙)嗣焉而迭居之,如丘在太祖世"[①],为教外文士所称;秦州玉泉观《崇道诏书碑》第四面第五截"全真祖宗之图"于丘处机之下按昭穆顺序列张志仙之前的元代历任掌教,有"崇真光教纯真真人王"[②],此为教内后嗣所记。总之,王志坦确实有号曰"纯真",此为各方所知,其掌教以前称纯真大师,掌教以后称纯真真人。[③] 至于《道宗源流碑记》称其"乙巳年五月蒙赐紫金冠,纯真大师",大概是直接抄自《北极观懿旨碑》。因为该懿旨即是乙巳年五月为了保护汲县城隍庙北极观、刘村岱岳观、山彪村长春观而颁发,"付卫州汲县北极观常住收执",并由知观李志纯上石。[④] 所以,编"道宗源流"者应该可以看到《北极观懿旨碑》或其拓本。据《崇真光教淳和真人道行之碑》,王志坦卒于至元九年(1272 年)十一月,根本不可能在萧全祐之后接管比干庙。但该碑又载,志坦为相州汤阴(今河南安阳市汤阴县)人,乃马真后称制三年(1244 年)"夏五月,从真常北上,参受三洞秘箓,以祈禳诃禁济人,其疾病,药石不可为者,假符水,或以袂拂之,罔不立验,咸畏服其神。皇太后[⑤]钦挹真风,宠赉以礼"[⑥],留居阙庭六年方还大都,任教门都提点。中统元年(1260 年)入关,至覃怀(今河南沁阳、温县),又到王屋山待了近一年,复因"相州(治今安阳市)神霄宫久虚玄席,诸耆宿士庶恳公主之"。[⑦] 可见,王

---

① 《甘水仙源录》卷 8,《道藏》第 19 册,第 786 页。王志坦之后掌教应为祁志诚,参本章第三节。

② 陈垣编纂:《道家金石略》,北京:文物出版社 1988 年版,第 597 页。

③ 参见《崇真光教淳和真人道行之碑》云:"(至元)七年(1270 年),诚明上仙,今皇帝诏公袭位,仍加真人号。"(《道藏》第 19 册,第 777 页)此所加真人号或为"崇真光教淳和真人",但亦表明掌教后方称真人。

④ 参见陈垣编纂:《道家金石略》,北京:文物出版社 1988 年版,第 486 页。陈垣先生采自缪荃孙艺风堂拓片。

⑤ 当即北极观懿旨的颁布者"公主皇后"。公主皇后为金卫绍王之女,成吉思汗皇后,故此处可称皇太后。丘处机一行西觐成吉思汗时,路经公主皇后的斡耳朵,受到公主皇后及其生母钦圣夫人袁氏的欢迎。后袁氏返回燕京,拜丘处机为师,成为全真女冠。尹志平与其母女也保持着良好的关系。因此,不难想象公主皇后对全真道的保护及对全真道士的尊宠。参见刘晓:《成吉思汗公主皇后杂考》,《民大史学》第 5 辑,北京:民族出版社 2004 年版。

⑥ 《甘水仙源录》卷 7,《道藏》第 19 册,第 776 页。

⑦ 《甘水仙源录》卷 7,《道藏》第 19 册,第 776 页。

志坦为河南人，且在汲县附近游历了一段时间；曾受三洞秘箓，行符箓道法；受太后尊宠，又出现在《北极观懿旨碑》中。不知是否由于这些因素，王志坦被后来接管比干庙的全真道士尊为该庙第九代祖师。①

第十代王道晋，遇明太祖裁革封号，当指朱元璋洪武初革除张陵后嗣的“天师”号，只称大真人；朱元璋又于洪武十五年（1382 年）在各府设立道纪司，管理本府道教事务，汲县时为卫辉府治，设道纪司管理下辖六邑道教事务也是合理的。但是，根据前文所引陈垣先生的考证，萧天祐大约在延祐三年（1316 年）至泰定元年（1324 年）之间嗣教，也就是说，萧全祐约在此时辞世，如果王道晋这时就接替萧全祐管理比干庙，则其任道纪司时至少应当年近九旬。这当然并非完全不可能，但几率不大。因此，在萧全祐和王道晋之间，该庙的管理情况究竟如何，还不甚清楚。

从碑记看，自王道晋始，其字辈符合全真龙门派派字，传系比较明确。据介绍，近代以来还有何明镜、冯子（至）信、秦礼（理）同、方忠（宗）华、梁诚浩、范诚滇等几代传承。② 查兴亚宗教协会 1941 年编《华北宗教年鉴》，汲县比干庙住持为秦理同，属龙门派。③ 可以印证。汝王朱祐梈（1484—1541 年）为明宪宗第十一子，弘治四年（1491 年）受封，封藩卫辉。虽其于弘治十四年（1501 年）方就藩，但于弘治九年（1496 年）命李通明醮祭也是可能的。潞王朱翊镠（1568—1614 年）为明穆宗第四子，封藩卫辉，万历十七年（1589 年）就藩，谥号简王。第十六代周常永为潞简王替道，可能是其出家的替身。

考察《道宗源流碑记》，如从萧全祐掌教之年（1280 年）算起，到康熙六十年（1721 年）秦一溱立碑止，排除其中依附的王志坦一代，共经 12 代，历

① 考虑到《道宗源流碑记》对王志坦的介绍，大概接管者并非王的徒裔，而只是出于依附。因为，揆之常理，徒裔对本派祖师的名号应该是熟悉且显耀的，但此处没有使用“崇真光教”的赐号，也没有称真人，而是使用了与较早的《北极观懿旨碑》相同的称号。

② 全真龙门派派字，参见《诸真宗派总簿》，《藏外道书》第 20 册，第 575 页。近代以来卫辉道教的传派，参见《历史上比干庙的宗教管理》、《吕祖庙道长与吕祖庙》，收入耿兴正、耿玉儒：《中国道教太一道》，郑州：中州古籍出版社 1993 年版。至于派字的音同字异，大概由于口耳相传的缘故。

③ 参见黄夏年主编：《民国佛教期刊文献集成》第 93 卷，北京：全国图书馆文献缩微复制中心 2006 年版，第 254 页。

441 年，平均约 37 年一代，是一个合理的代际间隔。再证以上述明代史事，时间点也可以契合。因此，尽管碑文记录上存在误差，且萧全祐和王道晋之间的传接关系还不明朗，但我们大致还是可以借之确定一条线索，即在比干庙的管理权上存在着从太一教到全真教的转换。至于在这个转换过程中，是接管、替代，还是融入、改宗，由于材料不足，尚无法确定。而太一教的七祖蔡天祐没有出现在这个名单中，说明其时太一教掌教的权力的衰退，其道徒分散而归入其他道派也就是顺理成章的事情了。

至正十六年（1356 年）八月立石的《嵫山太玄观记》，记太玄观因蒙金交战而焚毁，由道士石守清募缘重建。“元皇崇道，招延天下有功行之道，选祖师（即石守清）为太一广福万寿宫提点……次祖马守祥踵续其后，受玄门宗师掌教真人统诸路玄门之主”。[①] 马道明，为马守祥之高弟，“亦受神仙大宗师法旨，本州提举，后复为本宗提点，谥曰希玄崇仁孚真大师，荣赐金襕紫服”。[②] 这一系道士，宗派并不是很明朗。虽然石守清曾作太一道重要宫观万寿宫的提点，但马守祥任职诸路玄门之主，恐怕不是太一教道士能够担任的。如果他们是全真或其他派别的道士，则石守清的例子说明了万寿宫的提点可由太一教以外的道士担任，表明太一教实力的衰落；如果他们是太一教道士，则马守祥、马道明的例子表明元末太一教道官的委任权已经不属于太一教掌教（如前文分析，此时是否还有太一教掌教亦不确定），而是由全真道掌教来执行了。

第六节　龙虎宗的传续及其支派玄教的贵盛

在蒙元前期，全真道的发展很迅速，成为北方十分显赫的大派，但在元世祖统一江南后，龙虎宗（以玄教为核心）的发展却后来居上，成为道教诸派中发展最盛、声名最显赫、辖区也较广泛的一个派别。原因很多，主要是元室道教政策的变化所致。一方面，蒙元前期，全真道的发展过于迅速，在

① 陈垣编纂：《道家金石略》，北京：文物出版社 1988 年版，第 864 页。
② 陈垣编纂：《道家金石略》，北京：文物出版社 1988 年版，第 864 页。

群众中的影响过于强大，从而引起了元室的猜忌，不能不对它略施限制和打击，从而使焚经之后的全真道不能保持已往的发展势头。另一方面，元统治者在新得江南地区后，需要收拾民心，需要寻找能够笼络民心的思想工具，以为强权统治的补充。而张陵子孙世居江南，其教在民间有较广泛的影响，是较为理想的思想工具。蒙古族又世奉萨满，在思想上较易接受张陵后嗣的符箓道教。所以从元世祖夺取江南地区起，渐次把扶植道教的重点转向龙虎宗，从而使龙虎宗的发展后来居上，超过包括全真道在内的其余各派。

一、龙虎宗天师受元室宠遇

本来，自唐宋以后，张陵子孙已被皇室所尊崇。北宋时，张陵第二十四代孙张正随于大中祥符八年（1015 年）被召至阙，吏部尚书王钦若为奏立授箓院，蠲其租役，并奉敕改真仙观为上清观，其后各代多被召见，十二位嗣教者中有八位被赐封为“先生”。从而使他们统率的龙虎宗显名于世，合茅山、阁皂二宗并称为“三山符箓”。但在那时，宋室虽对三宗首领的礼遇和支持几乎不分轩轾，而茅山宗却因高道辈出，成为隋唐北宋时期道教的主流。到了元代，元室对三宗首领的礼遇和对三宗的支持，则有了明显的不同，即对张陵后嗣的礼遇和对龙虎宗的支持远远超过了其余两宗，其著名道士如张留孙、吴全节等也相继出现，从而使龙虎宗的发展远远超过其余两宗。

元室对张陵后嗣的尊宠，从元世祖于至元十三年（1276 年）召见张宗演开始。张宗演（1244—1291 年），字世传，号简斋。张可大次子，年十九嗣教。“至元十三年，世祖已平江南，遣使召之。至则命廷臣郊劳，待以客礼。及见，语之曰：‘昔岁己未（1259 年），朕次鄂渚，尝令王一清往访卿父（第三十五代天师张可大），卿父使报朕曰：后二十年天下当混一。神仙之言，验于今矣。’因命坐，锡宴，特赐玉芙蓉冠、组金无缝服，命主领江南道教，仍赐银印。”①

① 《元史》卷 202《释老传》，北京：中华书局 1976 年版，第 15 册，第 4526 页。至元三十年（1293 年）张与棣书《解真三十六代天师圹记》云：“岁壬戌（1262 年），观妙先生（张可大）解化，伯父（张可大长子张宗汉）让德弗嗣。先考（张宗演）年十九，嗣教为三十六代天师。至元乙亥（1275 年），混一区宇，奉诏北觐，留阙下，逾年而归。授演道灵应冲和真人号，以二品银印管领江南诸路道教；复有玉冠、霞服、宝剑、瑶圭之赐。”陈柏泉编著：《江西出土墓志选编》，南昌：江西教育出版社 1991 年版，第 251 页。

“明年(1277年),又醮(于)长春宫,赐号演道灵应冲和真人,给二品银印,命主江南道教事。得自给牒度人为道士。路设道录司,州设道正司,县设威仪司,皆属焉。诏谕江南复宫观赋役,即京师创崇真万寿宫,敕弟子张留孙主之。”“元世祖皇帝制曰:‘三十六代天师张宗演,卿心传法,统体粹真……特赠演道灵应冲和真人。’”①

从以上记载,可以看出元世祖对张宗演礼遇之隆重,也可窥知其具体原因,乃是其父张可大向元世祖预告过“后二十年天下当混一”的符命。值得特别注意的是,通过这两次接见,张宗演获得了不同寻常的头衔和职务。第一,天师头衔。元世祖在制文中称张宗演为“嗣汉三十六代天师”,等于正式以官方名义承认了张陵子孙的“天师”头衔。在此之前,张陵子孙虽自称“天师”,民间口头上也流行此称呼,但从未被官方正式承认过。崇道的北宋皇帝(如真、徽二宗)也仅仅赐以“先生”称号。正式以政府名义承认其子孙为“天师”,则自元代始,也只有元代,明太祖即位不久即下诏取消。第二,主领江南道教的职权。这也是史无前例的。过去宋真宗允许第二十四代天师张正随在龙虎山“立授箓院及上清观,蠲其田租”②,范围不出龙虎山。《汉天师世家》记南宋嘉禧(熙)三年(1239年),命第三十五代天师张可大提举三山符箓。③ 即使此记属实,也远远难以与主领江南道教相比。

由于张宗演获得了官封的“天师”桂冠,又取得了主领江南道教的职权,从而使他领导的龙虎宗具有了优于其他道派的地位,为龙虎宗的大发展创造了有利的条件。

必须指出,元世祖赐封张宗演为“天师”,和“命主江南道教”,并非至张宗演一代而止,而是作为定制,被其后诸帝所沿袭,即其后诸帝皆令龙虎宗的每代嗣教者沿制承袭“天师”、“真人”,“主江南道教”,直至元亡。

张宗演于至元十三年被召见,赐封三十六代天师、真人和“命主江南道教事”后,仍还龙虎山居天师府。此后,又于至元十八年(1281年)和二十五

① 《汉天师世家》卷3,《道藏》第34册,第829—830页。制文见(元)元明善:《龙虎山志》卷中,《三洞拾遗》,合肥:黄山书社2005年版,第13册,第34页。

② 《历代通鉴辑览》卷73,《文渊阁四库全书》第338册,第68页。

③ 参见《汉天师世家》卷3,《道藏》第34册,第829页。

年(1288年)①,“两召至阙,礼遇有加”。于至元辛卯(二十八年,1291年)十一月逝世②,子张与棣嗣。

张与棣,字国华,号希微子。宗演之长子。至元二十八年十一月既望嗣教③,为第三十七代天师。二十九年(1292年)应召入觐,世祖忽必烈慰劳甚至,授体玄弘道广教真人,管领江南诸路道教事。成宗登极,复召命醮于圆殿,又醮于长春宫。“命天下行其醮典。”④元贞元年(1295年)入觐,卒于崇真宫⑤,弟与材嗣教。

张与材,字国梁,号广微子。宗演第二子。生于至元十一年十二月(1275年1月)。⑥ 元贞元年,召见于大明殿,明年(1296年)制授太素凝神

① 此据《元史》卷202《释老传》,北京:中华书局1976年版,第15册,第4526页。《解真三十六代天师圹记》则记为至元十七年(1280年)、二十四年(1287年)。陈柏泉编著:《江西出土墓志选编》,南昌:江西教育出版社1991年版,第251页。元明善撰《大元敕赐大上清正一万寿宫碑》同《圹记》,见(元)元明善:《龙虎山志》卷下,《三洞拾遗》,合肥:黄山书社2005年版,第13册,第75页。或者本山记载以启程计,官方资料以入宫计。

② 此据《解真三十六代天师圹记》、《汉天师世家》卷3及元明善撰《大元敕赐大上清正一万寿宫碑》。《元史·释老传》谓张宗演二十九年卒,误。

③ 此据《解真三十六代天师圹记》云:至元辛卯(二十八年)“十一月既望,(张宗演)遽命与棣告庙嗣教事,俄顷解化……乃告于朝,叨恩袭职”。参见陈柏泉编著:《江西出土墓志选编》,南昌:江西教育出版社1991年版,第251页。其他文献,如《汉天师世家》卷3谓辛卯嗣教,《元史·释老传》则谓二十九年正月与棣嗣教,或许因为龙虎山的记载以与棣告庙的教内传承仪式为准,而官方记载以朝命为准。圣旨见(元)元明善:《龙虎山志》卷中,《三洞拾遗》,合肥:黄山书社2005年版,第13册,第35页。

④ 《汉天师世家》卷3,《道藏》第34册,第830页。

⑤ 参见《元史·释老传》谓“三十一年入觐,卒于京师”,而《元史·成宗纪》则记元贞元年二月“赐天师张与棣、宗师张留孙、真人张志仙等十三人玉圭各一”。自相矛盾。此据张嗣成延祐四年(1317年)所撰《解真第三十八代天师圹志》,云:“(张与棣)元贞元年入觐,于崇真宫冲解。”(志存龙虎山天师府)又,《龙虎山志》卷8《爵秩》,记成宗元贞元年加封张道陵“正一冲元神化静应显佑真君”之制,内云“今三十七代嗣孙与棣克承正法”,又云“(张道陵)授经于汉永寿之初,当乙未之正月;加谥于今元贞之岁,又甲子之同符”,可证元贞元年(乙未)初张与棣尚在世。(《藏外道书》第19册,第499页)

⑥ 参见(元)张嗣成:《解真第三十八代天师圹志》,志存龙虎山天师府。此《志》又说张与材“生十九嗣教”,而《汉天师世家》卷3也说他“至元三十一年(1294年)嗣教”(《道藏》第34册,第830页),似其在张与棣羽化前已掌教事。但元明善撰《大元敕赐大上清正一万寿宫碑》则云:“(元贞)元年版,天师(张与棣)来朝,同上卿(张留孙)醮于内廷,……未几,天师羽化,(张留孙)复请以其弟与材嗣,遣全节持冠服圭珮锡命。”(元)元明善:《龙虎山志》卷下,《三洞拾遗》,合肥:黄山书社2005年版,第13册,第75页。

广道真人，管领江南诸路道教事。是为第三十八代天师。大德二年（1298年），海盐、盐官二州潮大溢，沙岸百里尽啮，将及城下，奉诏治之，至杭州，醮于佑圣观，遣弟子投铁符于岸圮处，潮水复如故。后又数次奉命设醮，有验。大德六年（1302年）授银印，视二品。大德八年（1304年）录平潮功，加授"正一教主，兼主领三山符箓"。[①] 武宗至大元年（1308年）朝京师，赐宝冠金服，加封大真人，授金紫光禄大夫、留国公。制曰："三十八代天师太素凝神广道明德大真人、领江南诸路道教事，特授金紫光禄大夫，封留国公，余如故。"[②]仁宗即位，给银印，视一品。延祐三年（1316年）正月卒[③]，子嗣成嗣。

张嗣成，字次望，号太玄子。张与材长子。延祐三年张与材逝世后，仁宗遣使至山命主教事，且召入觐。当年十月朝京，次年（1317年）正月告归，制授太玄辅化体仁应道大真人，主领三山符箓、掌江南道教事。是为第三十九代天师。延祐七年（1320年），盐官州海潮复作，奉命作醮禳之。后又多次奉命设醮，有验。泰定二年（1325年），加授翊元玄德正一教主，知集贤院道教事。后数次入朝，文宗、惠宗累有加赐，至元三年（1337年）"加知集贤院事"。于至正四年（1344年）卒，弟张嗣德嗣。[④]

张嗣德，号太乙子。与材第二子。至正四年嗣教，为第四十代天师。后八年，即至正十二年（1352年），天下兵兴[⑤]，命弟子募义勇守乡里。于该年十月卒。次年（1353年），制授太乙明教广玄体道大真人、主领三山符箓、掌江南道教事。"制下已化矣。"[⑥]子张正言嗣。

张正言，号东华子。张嗣德长子。于元末兵兴后嗣教，"时京道不通且二年余矣，江浙行省遣间使传制，授天师、明诚凝道弘文广教大真人、主领三

① 圣旨见（元）元明善：《龙虎山志》卷中，《三洞拾遗》，合肥：黄山书社2005年版，第13册，第36页。

② 《汉天师世家》卷3，《道藏》第34册，第831页。制书见（元）元明善：《龙虎山志》卷中，《三洞拾遗》，合肥：黄山书社2005年版，第13册，第36—37页。

③ 参见（元）张嗣成：《解真第三十八代天师圹志》，志存龙虎山天师府。

④ 参见《汉天师世家》卷3，《道藏》第34册，第832页。

⑤ 1351年，白莲教、红巾军起事，接着天下大乱，元统治处于风雨飘摇中。

⑥ 《汉天师世家》卷3，《道藏》第34册，第833页。

山符箓、掌江南道教事”①。由至正十三年(1353年)八月《补赠历代天师职号》已称“四十一代天师、正一教主、明诚凝道弘文广教大真人、主领三山符箓、掌江南道教张正言”②,可推知制授诸职号应在至正十三年。后六年之己亥(1359年)卒,由张嗣成长子张正常嗣教,元代统治旋即灭亡。

综上可见,从三十六代张宗演,至四十一代张正言,代代皆受元室的尊崇,皆被崇封为天师、真人或大真人,并被命掌江南道教。张陵子孙在元代所受到的如此尊宠,是他们的先辈未能企及的,是天师道龙虎宗历史上空前显荣的一页。

二、张留孙开创龙虎宗支派玄教

元朝历代天师既然受命主管江南道教,自然成为江南道教诸派的首领。不仅江南符箓派各教的事务,须受其统领,全真道之在江南者,亦须受其统辖。诸如江南道教各派宫观的赐额,道官、道职的任命,以及道官封号的赐予等,皆须经天师的首肯和转达。从而使历代天师的首领地位不断被巩固,以致到元代中后期,以天师为首领的龙虎宗逐渐形成为南方道教的重心,其余道教各派渐次集合到它的周围,最后组成一个大派正一道。可见元室之尊宠张陵子孙及给予他们掌管江南道教的职权,对于后期道教的发展具有十分深远的影响。

但是从第三十六代张宗演开始,代代天师都不住京城皇帝为他们修建的崇真万寿宫(仅朝觐时暂住),而是住在远离京师的江西龙虎山天师府里。两京的崇真万寿宫,却叫他的留京弟子张留孙及其后继者居住。张留孙及其后继者实际成为天师的驻京代表与合法代理人。于是张留孙辈就利用这个留居“禁近”、时常接近皇帝的机会,逐渐在自己周围集合起大批龙虎宗道士,形成既属龙虎宗,又有相对独立性的支派——玄教。这个龙虎宗支派(玄教),罗致了大批龙虎宗道士的精英,组织健全,规模巨大,成了元

① 《汉天师世家》卷3,《道藏》第34册,第834页。

② (元)元明善:《龙虎山志》卷中,《三洞拾遗》,合肥:黄山书社2005年版,第13册,第37页。

代龙虎宗的核心。就其组织规模、社会影响讲,不仅超过了江南诸道派,而且较之北方全真道也毫不逊色。正因龙虎宗有了这样一个组织庞大的支派作核心,才有可能把江南符箓诸派逐渐联合在一起,组成一个大派正一道。因此很有必要对玄教的形成、传承系统、组织规模及道派特点和作用等作一简要的介绍。

张留孙(1248—1322 年),字师汉,信州贵溪(今属江西)人。幼从伯父张闻诗学道龙虎山上清宫,继师李宗老。咸淳三年(1267 年)受度牒为道士。[①] 后以所学游江淮间。至元十三年(1276 年),元世祖召三十六代天师张宗演赴阙,选其从行。第二年,张宗演返龙虎山,张留孙留侍阙下。某日,"世祖尝亲祠幄殿,皇太子侍。忽风雨暴至,众骇惧,留孙祷之立止。又尝次日月山,昭睿顺圣皇后得疾危甚,亟召留孙请祷"[②]。既而"若有神人献梦于后,遂愈"[③]。于是,"上大喜,命为上卿,铸宝剑,镂其文曰'大元赐张上卿'。敕两都各建崇真宫,朝夕从驾"[④]。从此得到世祖的信任。至元十五年(1278 年),赐号玄教宗师,授道教都提点、管领江北淮东淮西荆襄道教事,佩银印。次年,奏复宫观,令自别为籍。此后,"宠遇日隆,比于亲臣"[⑤]。或奉命外出祠名山大川,或奉旨到江南访求遗逸,又相继受命给武宗、仁宗取名。更在至元二十八年(1291 年),以卜筮解除了世祖任用完泽为相的疑虑,促成了任命宰相的重大决策。这些都表明元世祖并不把张留孙看成一个单纯的道士,而实际当作参与咨询的谋臣。此后历经成宗、武宗、仁宗、英宗等朝,这种信任始终不衰,"朝廷有大谋议,必见咨问"[⑥]。在这种政治宠

① 参见(元)许有壬:《至正集》卷 73《跋张开府宗度牒》,《文渊阁四库全书》第 1211 册,第 515 页。

② 《元史》卷 202《释老传》,北京:中华书局 1976 年版,第 15 册,第 4527 页。

③ (元)袁桷:《有元开府仪同三司上卿玄教大宗师张公家传》,陈垣编纂:《道家金石略》,北京:文物出版社 1988 年版,第 924 页。

④ (元)袁桷:《有元开府仪同三司上卿玄教大宗师张公家传》,陈垣编纂:《道家金石略》,北京:文物出版社 1988 年版,第 924 页。

⑤ (元)吴澄:《上卿大宗师辅成赞化保运神德真君张公道行碑》,《吴文正集》卷 64,《文渊阁四库全书》第 1197 册,第 633 页。

⑥ (元)虞集:《张宗师墓志铭》,陈垣编纂:《道家金石略》,北京:文物出版社 1988 年版,第 927 页;四库本《道园学古录》卷 50 此处缺板。

遇日隆的同时，几代皇帝给他道教方面的头衔与权力也逐渐加码：由道教都提点到玄教宗师、玄教大宗师；由上卿到特进、上卿；由法师到真人、大真人；由知集贤院（元代管理儒、道的机构）道教事，到领集贤院道教事，位大学士上，再加开府仪同三司。爵位也由三品到二品，再到一品。至仁宗延祐二年（1315 年），所得头衔多达四十三字，曰："开府仪同三司、特进、上卿、辅成赞化保运玄教大宗师、志道弘教冲玄仁靖大真人、知集贤院事、领诸路道教事。"在这长串头衔中，既有勋号，又有实际职掌，表明其政治地位之高，道教权力之大，在当时道教诸派首领中是独一无二的。①

正是在张留孙的政治地位日益显赫，道教权力日益扩大的过程中，一个以他为中心的道教派别——玄教就逐渐形成了。早在他于至元十五年任玄教宗师、道教都提点、管领江淮荆襄道教事以后，就陆续从江西龙虎山征调道士到两京崇真宫（后升崇真万寿宫），或委以京师道职，或派至江南各地管理教务。这批出身龙虎山，而先后聚集到他周围、成为其弟子的人很多，初步统计，有姓名可考者共五十余人。据袁桷《玄教大宗师张公家传》记载，除继任玄教大宗师吴全节外，以真人佩银印者 3 人：夏文泳、毛颖达、王寿衍；以真人制书命者 3 人：余以诚、孙益谦、陈日新；以玺书命者 9 人：何恩荣、李奕芳、张嗣房、薛廷凤、舒致祥、张德隆、薛玄曦、徐天麟、丁应松；其他弟子 38 人，曰上官与龄、何斯可……，共 54 人。② 这是该道派最重要的骨干。袁桷《通真观徐君墓志铭》说："开府玄教大宗师张公留孙以玄道赞理，陟降帝庭，逾四十年。其承次授受，同流一源，罔有支别。故其弟子相传多至六七十人。"③赵孟頫《玄教大宗师张公碑铭》谓张留孙弟子 75 人，其中列名的有余以诚、何恩荣、吴全节等 44 人。④ 很显然，这六七十人或 75 人同样

① 授各职号的制书，见《龙虎山志》卷中；并参元明善撰《大元敕赐大上清正一万寿宫碑》，分见（元）元明善：《龙虎山志》，《三洞拾遗》，合肥：黄山书社 2005 年版，第 13 册，第 38—40、74—76 页。知集贤院道教事，苗道一之后的全真道掌教获得过，知集贤院事，只有天师张嗣成获得过，但其他头衔，如开府仪同三司，任何教派的掌教皆未曾获得。

② 陈垣编纂：《道家金石略》，北京：文物出版社 1988 年版，第 925 页。

③ 陈垣编纂：《道家金石略》，北京：文物出版社 1988 年版，第 909 页。

④ 陈垣编纂：《道家金石略》，北京：文物出版社 1988 年版，第 913 页。

是指负有大小道职的重要骨干。以这批人为骨干,担负着京师及江南广大地区各级道教组织和宫观的领导职务,组成一个较为庞大的道教派别。这个道教派别到底有多少徒众,现已难于稽考。吴澄《张公道行碑》说,张留孙弟子,除升堂入室者外,"余百十人"。① 黄溍《龙虎山仙源观记》说:"开府(张留孙)之弟子数十百人。"②这里所记之百余人,除骨干外,可能包括有部分徒众,但具体有多少?谁也不能确指。从下面即将介绍的玄教之宫观遍布于江苏、江西、湖南、广东等省区的情况估计,其徒众绝不止数十百人。

从上述玄教产生的过程看,它有一个不同于一般道派产生的特点,即它不像一般道派那样,先在群众中宣传教义、吸收教徒、建立组织,然后再争取求得王朝的承认;而是相反,先取得王朝信任后,再往下派骨干发展徒众、建立组织。另一方面,也不像其他道派那样,从无到有吸收道徒,重新建立组织;而是以龙虎宗为基地,从那里选择骨干派往各地去发展组织。前一方面的特点,反映了它与元代统治者的关系十分密切;后一方面的特点,反映出它并非一个新道派,而是从原有的龙虎宗中分化出来的一个支派,正如陈垣先生所说:"玄教由正一教分出,实一教而二名。"③

这个龙虎宗支派的名称——玄教,在它成立时即已确定。元室授封其首领为玄教大宗师,即是明证。虞集《陈真人道行碑》云:"开府公(张留孙)受知世祖皇帝,肇设玄教,身为大宗师,择可以受其传者,非奇材异质不与也。"④张留孙自己也说:"钦惟圣朝治尚清净,乃崇道家之言,谓之玄教,实始命臣典领。"⑤

三、玄教的承传及其教制

玄教自产生以后,由于元室的扶植,在整个元代都很兴盛。现知经历了六任掌教的嬗递:

---

① (元)吴澄:《吴文正集》卷64,《文渊阁四库全书》第1197册,第634页。
② 陈垣编纂:《道家金石略》,北京:文物出版社1988年版,第976页。
③ 陈垣:《南宋初河北新道教考》,北京:中华书局1962年版,第139页。
④ 陈垣编纂:《道家金石略》,北京:文物出版社1988年版,第932页。
⑤ 《敕赐玄教宗传之碑》,陈垣编纂:《道家金石略》,北京:文物出版社1988年版,第962页。

第一任掌教张留孙。张留孙创建玄教，自然成了玄教的第一任掌教。如前所述，因他深得几代皇帝的宠信，其头衔层层加码，至仁宗延祐二年(1315 年)已升为：开府仪同三司、特进、上卿、辅成赞化保运玄教大宗师、志道弘教冲玄仁靖大真人、知集贤院、领诸路道教事。其头衔之崇高，在当时道教各派首领中是独一无二的。但是在这长串头衔中，除开府仪同三司为张留孙所独有外，其余各项，大体成了以后历任玄教掌教所共有，即每任玄教掌教皆被封为特进、上卿、玄教大宗师、大真人、知集贤院道教事、领诸路道教事。这些头衔也就成了玄教掌教的特有标志。由此即可概见元室对玄教的特别重视。张留孙从至元十五年(1278 年)任玄教宗师、道教都提点起，共掌教 44 年，于英宗至治元年十二月(1322 年 1 月)逝世，享年 74 岁。他一生不仅深受元室的宠信，而且大得士大夫们的称誉。特别是他赞襄朝政、扶掖朝士等事迹，更受多人之称许。而他自己则以谨慎言行、忠实服务朝廷为宗旨，他临死前，“召诸弟子曰：吾教以清静无为为本，慈俭不敢为天下先，其宗旨也。今玄教特被宠遇五朝四十七年，尔徒见其盛也，其亦知吾之战战慄慄，至于今而后知，而后知其免夫。尚思恪恭乃事以报称朝廷，毋坠成规，则吾志也。”①天历二年(1329 年)，追封辅成赞化保运神德真君。

第二任掌教吴全节(1269—1346 年)。字成季，号闲闲，饶州(治今江西鄱阳县)安仁人。13 岁学道于龙虎山上清正一宫之达观堂，师李宗老。闻空山先生雷思齐深明《易》、《老》，往师之。后李宗老延请雷思齐至龙虎山，全节与多人同受其业。至元二十四年(1287 年)，张留孙征之至京师，成为倚侍留孙左右的大弟子。曾多次奉诏出祀岳渎山川，又数次奉诏访求遗逸。成宗即位，奉敕每岁侍从行幸，并继续奉命外出祠祀。至元三十一年(1295 年)七月，制授冲素崇道法师、南岳提点。② 大德二年(1298 年)，制授冲素崇道玄德法师、大都崇真万寿宫提点。此后，或奉诏设醮，或被请祷雨，或奉旨降御香于江南。大德十年(1306 年)，制授江淮荆襄等处道教都提点。次

① (元)赵孟頫：《玄教大宗师张公碑铭》，陈垣编纂：《道家金石略》，北京：文物出版社 1988 年版，第 912—913 页。

② 制书见(元)元明善：《龙虎山志》卷中，《三洞拾遗》，合肥：黄山书社 2005 年版，第 13 册，第 50 页。

年,武宗即位,制授玄教嗣师、总摄江淮荆襄等处道教都提点、崇文弘道玄德真人,佩玄教嗣师印,视二品。至大三年(1310年),封赠其祖及父,奉命归乡荣其亲。张留孙逝世后,于至治二年(1322年)继任玄教掌教,制授特进、上卿、玄教大宗师、崇文弘道玄德广化真人、总摄江淮荆襄等处道教、知集贤院道教事,佩一品印。他在掌教期间,除指挥教内事务外,上则恭侍皇帝左右,下则周旋于权贵大臣之间,又与文人士大夫作广泛的交游,从而把玄教继续推向鼎盛。历经英宗、泰定帝、文宗、惠宗等朝,掌教25年,于至正六年(1346年)逝世,享年78岁。①

第三任掌教夏文泳(1277—1349年)。字明适,别号紫清,信州贵溪县(今属江西)之唐甸人。16岁学道于龙虎山之崇真院。大德四年(1300年),被张留孙征至京师,为张留孙亲近弟子之一。大德八年(1304年),受命"抚视诸道流于大江之南,比还,制授元道文德中和法师、(大都)崇真万寿宫提点"②。仁宗皇庆元年(1312年),"特授元成文正中和真人、江淮荆襄等处道教都提点,赐以银印,视秩二品"③。延祐七年(1320年),张留孙预将教事付吴全节时,命夏文泳继吴之后嗣教。至顺二年(1331年),吴全节告老,请以夏文泳作嗣教。惠宗至正六年(1346年)吴全节逝世后,正式继任掌教。授特进、上卿、玄教大宗师、元成文正中和翊运大真人、总摄江淮荆襄等处道教、知集贤院道教事。"公(夏文泳)既登教席,一意精白以佐清静无为之治,综理庶务,悉尊前人成规,众咸安之。"④可谓守成的一代。掌

① 参见(元)虞集:《河图仙坛之碑》,陈垣编纂:《道家金石略》,北京:文物出版社1988年版,第963—966页。

② (元)黄溍:《特进上卿玄教大宗师元成文正中和翊运大真人总摄江淮荆襄等处道教事知集贤院道教事夏公神道碑》,陈垣编纂:《道家金石略》,北京:文物出版社1988年版,第983页。据圣旨,授师号、道职在大德十一年(1307年),见(元)元明善:《龙虎山志》卷中,《三洞拾遗》,合肥:黄山书社2005年版,第13册,第59页。

③ 据(元)黄溍:《夏公神道碑》,陈垣编纂:《道家金石略》,北京:文物出版社1988年版,第983页。虞集《河图仙坛之碑》则谓授此号在至大二年(陈垣编纂:《道家金石略》,北京:文物出版社1988年版,第964页)。据圣旨,授真人号、都提点职在至大四年,见(元)元明善:《龙虎山志》卷中,《三洞拾遗》,合肥:黄山书社2005年版,第13册,第59—60页。

④ (元)黄溍:《夏公神道碑》,陈垣编纂:《道家金石略》,北京:文物出版社1988年版,第983页。

教仅四年，于至正九年（1349年）逝世，享年73岁。

第四任掌教张德隆（生卒年不详）。字元杰，号环溪，信州贵溪（今属江西）人。为张留孙从子。[①] 早年学道龙虎山，张留孙作玄教大宗师后，被征至京师，“从其伯父大宗师开府公及其所礼嗣师吴公（吴全节）居京师之崇真万寿宫”，“数被上旨，函香代祀岳镇、海渎、汾阴、后土、龙虎、武当诸山”。[②] 据《常州通真观修造记》，延祐七年（1320年）张德隆“嗣主观事”，修建东西方丈及三门，后“再被玺书，赐号冲真明远元（玄）静法师”。[③] 至正九年（1349年）继夏文泳掌教。夏文泳临终前付教权给他时说：“宗门教位，四传至汝，吾可无身后之虑矣！”[④]制授特进、上卿、玄教大宗师、冲真明远玄静演教大真人、总摄江淮荆襄道教、知集贤院道教事。制文载《黄金华文集》，未署年月。张德隆掌教时，已至元代末期，第三年（1351年）韩山童的白莲教和刘福通的红巾军相继起事，接着天下大乱，元统治处于风雨飘摇中。在这种形势下，张德隆不可能对玄教有多大建树。他掌教至何时？卒于何年？不见记载。

张德隆之后，于有兴曾任掌教。于有兴，生卒年不详。明王祎《马迹山紫府观碑》说：“（薛）公名廷凤，字朝阳，蚤学道龙虎山，故特进、玄教大宗师吴公（全节）之弟子，而今大宗师于公又其弟子。”[⑤]玄教大宗师是玄教掌教的专称，于某既为大宗师，其为玄教掌教无疑。但只知其姓，不知其名。此碑文撰于至正十四年（1354年），表明于某至迟在此年已任掌教，张德隆也可能于此年或其前逝世。明苏伯衡《梁道士传》也提到于大宗师，说：有道士梁贞者，“特进于大宗师一见器之，留居蓬莱宫十余年，乃与集贤大学士

---

① 其世系见（元）陈旅《环溪堂记》，《安雅堂集》卷8，《文渊阁四库全书》第1213册，第100—102页。

② （元）黄溍：《玄静庵记》，陈垣编纂：《道家金石略》，北京：文物出版社1988年版，第977页。

③ （元）揭傒斯：《文安集》卷11，《文渊阁四库全书》第1208册，第250页。

④ （元）黄溍：《夏公神道碑》，陈垣编纂：《道家金石略》，北京：文物出版社1988年版，第983页。

⑤ （明）王祎：《马迹山紫府观碑》，陈垣编纂：《道家金石略》，北京：文物出版社1988年版，第992页。

六十四荐于朝，得处州路玄妙观住持提点，领本路道教事。”①该文既称于某为“特进于大宗师”，并能与集贤大学士共荐梁贞于朝，似表明他又任知集贤院道教事的职务，由此更证明于某确系玄教掌教。该文又说，梁贞“南归，领职未一年，今天子（明太祖）命越国胡公取处州，贞入青田山中以避”。② 按《明史·太祖纪》和《胡大海传》，胡大海（越国公）于元惠宗至正十九年（1359 年）正月克诸暨，十一月克处州。据此，于大宗师荐任梁贞之事，当在至正十八年、十九年间，表明于大宗师在此时仍任掌教。这个于大宗师到底是谁呢？《汉天师世家》卷 3《张正言传》说，张正言在被授天师号（约在至正十三年）之次年，曾“集诸弟子曰：‘……今天下兵争日久，朝廷去远，安危未可知。况吾诸弟子总玄教于北者，荣遇特隆，可无一言以致征兆之吉乎！’于是介弟子程天翼奉命言于玄教大宗师于有兴，入陈于朝”。③ 证明这个于大宗师乃是于有兴。于有兴之名，曾见于袁桷《玄教大宗师张公家传》和赵孟頫《玄教大宗师张公碑铭》中，被列名为张留孙几十名弟子之一。上述王祎《马迹山紫府观碑》谓于有兴是薛廷凤弟子，黄溍《玄和明素葆真法师陈君碣》④、《弘文裕德崇仁真人薛公碑》⑤又谓其为陈彦伦弟子。由上可见，于有兴大约在至正十四年（1354 年）或其前任掌教，至正十八年仍在掌教任中，此后掌教至何时，已不可考。

至正（1341—1368 年）间，又有董某掌玄教。宋濂《刘真人传》记龙虎山道士刘思敬（1211—1291 年）事，思敬自号真空子，“至正间，玄教宗师董公上其事，制赠凝妙灵应真人”。⑥《续文献通考》卷 240《历代道家总纪》将此事系于至正十五年（1355 年）以后，为元代最后一条记录，其云：“时

① （明）苏伯衡：《苏平仲文集》卷 4，《文渊阁四库全书》第 1228 册，第 586 页。
② （明）苏伯衡：《苏平仲文集》卷 4，《文渊阁四库全书》第 1228 册，第 586 页。
③ 《汉天师世家》卷 3，《道藏》第 34 册，第 834 页。文中“于有兴”作“於有兴”，误。
④ 参见（元）黄溍：《玄和明素葆真法师陈君碣》，陈垣编纂：《道家金石略》，北京：文物出版社 1988 年版，第 958 页。
⑤ 参见（元）黄溍：《弘文裕德崇仁真人薛公碑》，陈垣编纂：《道家金石略》，北京：文物出版社 1988 年版，第 975 页。
⑥ （明）宋濂：《宋学士全集补遗》卷 1，《丛书集成初编》，北京：中华书局 1985 年版，第 2126 册，第 1172 页。

玄教宗师董公上刘真人所传丹经，制赠凝妙灵应真人。”①据袁桷《玄教大宗师张公家传》、赵孟頫《玄教大宗师张公碑铭》、黄溍《夏公神道碑》，玄教骨干弟子名录中，于有兴之后有董袭常、董宇定，此董宗师或是其中之一。

在玄教掌教的嬗递过程中，逐渐形成了一套掌教传承制度。第一，除第一任掌教张留孙由元世祖直接任命外，其后的几任掌教是由前任掌教选定，并推荐给皇帝，由皇帝降“玺书”加以任命。第二，下届继任人选，不待前任掌教临终之时，而是在较早以前就已确定。这个继任人有一个正式名称，叫玄教“嗣师”。如早在大德十一年（1307 年），吴全节即被授为玄教嗣师，皇帝还铸玄教嗣师印给之。夏文泳在吴全节尚未掌教之前，即被张留孙确定为继吴之后的继任人，即黄溍《夏公神道碑》所记：“（延祐）七年（1320 年），开府公示将解化，以教事付吴公（全节），而命公（夏文泳）继之。”②到吴全节接替掌教十年后之至顺二年（1331 年），方正式受命作玄教嗣师。③ 其后几任掌教何年作嗣师，不见记载。第三，历届继任掌教在接任时，除须有皇帝正式任命的玺书外，还须以张留孙遗下的大宗师印和宝剑相承传，以为内部凭证。见于黄溍所撰《夏公神道碑》：“至正六年（1346 年），吴公（全节）乘化而终，以开府公（张留孙）治命，属公（夏文泳）嗣领教事，中书、集贤同奉上旨，授特进、上卿、玄教大宗师、元成文正中和翊运大真人、总摄江淮荆襄等处道教、知集贤院道教事，玺书护持，佩以先朝所赐开府公玉印宝剑，他恩数皆如旧制。”④“玺书”就是前面说的皇帝正式封授大宗师的诏书；印、剑则是张留孙得自皇帝所赐的大宗师印和宝剑。据《玄教大宗师张公家传》载，至元十四年（1277 年），张留孙随世祖北巡至日月山，昭睿顺圣皇后“疾甚”，召留孙祷之“即愈”。于是“上大喜，命为上卿，铸宝剑，镂其文曰

---

① （明）王圻：《续文献通考》卷 240，台北：文海出版社 1979 年版，第 23 册，第 14356 页。

② （元）黄溍：《夏公神道碑》，陈垣编纂：《道家金石略》，北京：文物出版社 1988 年版，第 983 页。

③ 参见（元）虞集：《河图仙坛之碑》，陈垣编纂：《道家金石略》，北京：文物出版社 1988 年版，第 965 页。

④ （元）黄溍：《夏公神道碑》，陈垣编纂：《道家金石略》，北京：文物出版社 1988 年版，第 983 页。

‘大元赐张上卿’”。[1] 这是剑的来源。该《家传》又载，张留孙在其后的成宗、武宗、仁宗等朝被累次加封，由上卿加特进、上卿，由知集贤院到领集贤院，由玄教宗师到玄教大宗师。皇庆二年（1313 年）仁宗乃“命将作臣制玉刻文曰‘玄教大宗师’，手授曰：‘以是传教，俾永远’”[2]。这是印的来源。上述皇帝所赐印、剑，就成了每任玄教掌教交接时的信物。这种以印、剑象征教权的做法，与历代天师以张陵都功印和佩剑相承传的做法十分相似，很可能就是模仿天师传承制度而来。但是玄教大宗师的印、剑来自皇帝所赐，自然比张陵的印、剑更具世俗权威性了。

正因玄教掌教由皇帝“玺书”所任命，大宗师印和剑又为皇帝所赐，故给每任掌教增加了权威感和神圣感，从而使玄教在有元一代居于十分显赫的地位。另一方面，玄教掌教所受的玺书和印、剑，又明确表明其教权直接来自皇帝，他们可以凭借这些象征教权、皇权的东西独立自主地行使对该教派的管理权，不必再听命于天师。事实也正是这样，不论是该派所辖区域的道官的任命、宫观的建立以及道士的吸收等，都是由历任掌教自己决定处理的。即命令都来自大都崇真万寿宫，而不是龙虎山的上清正一宫。

玄教对龙虎宗这种相对的独立性，从《敕赐玄教宗传之碑》中可以明显看出来。该碑由集贤修撰承事郎虞集奉敕撰文，翰林学士承旨荣禄大夫知制诰兼修国史赵孟頫奉敕书写并篆额。主要内容是叙述玄教宗派渊源。该碑指出，玄教肇始于张留孙，而其先却经过了八传：“宗传之初，由袭明体素静正真人张思永始得道龙虎山中，再传为集虚演化抱式真人冯清一，三传为广玄乾化贞一真人冯士元，四传为象先抱一渊素真人陈琼山，五传为通真观妙玄应真人张闻诗，六传为毓真洞化静复真人李知泰，七传为宝慈昭德泰和真人胡如海，八传为葆光至德昌玄真人李宗老，大宗师（张留孙）实师之。”[3]由此可

① （元）袁桷：《玄教大宗师张公家传》，陈垣编纂：《道家金石略》，北京：文物出版社1988 年版，第 924 页。

② （元）袁桷：《玄教大宗师张公家传》，陈垣编纂：《道家金石略》，北京：文物出版社1988 年版，第 925 页。

③ 《敕赐玄教宗传之碑》，陈垣编纂：《道家金石略》，北京：文物出版社 1988 年版，第962 页。

见，玄教虽出于龙虎宗，但其师承自有，即自有其传授源流，故它能在元室扶植下，形成一个自成体系的独立派别。只是由于该派的首领和骨干大都出身龙虎宗，历代天师又是江南道教的首领，故它又不能不受其管辖。特别是玄教首领在处理本教与江南其他道派相关的问题时，更不能不征得天师的同意。这反映了玄教与龙虎宗既相联系又相区别的特点。

玄教在发展过程中，不仅在掌教传承方面逐渐形成了一套制度，而且在管理教务方面，也逐渐形成了一套组织领导体制。首先，最高首领是玄教大宗师，负全面指挥玄教之责。玄教大宗师居大都崇真万寿宫，于该处设玄教最高指挥机关。玄教大宗师之次是玄教嗣师，他既是玄教大宗师的法定继承人，又是玄教大宗师的副手，辅助玄教大宗师工作。如吴全节在接掌大宗师之前，作了很长时间的嗣师，也就做了很长时间辅助张留孙的工作。夏文泳同样如此，在张留孙在世时，地位仅次于吴全节，是张留孙重要助手之一，受命作嗣师后，又辅助吴全节工作。大都崇真万寿宫设提点一职，可能是协助大宗师处理日常具体事务的助手。吴全节、夏文泳二人都是在任了此职后，再依次升为都提点和玄教嗣师的。除此二人外，张留孙之弟子陈义高、陈日新、毛颖达、孙益谦等都曾先后作过崇真万寿宫提点。

大宗师之下，设江淮荆襄道教都提点一职，作为大宗师指挥各路道教事务的直接助手。它和玄教嗣师一样，都是带全局性的领导职务，地位仅次于玄教嗣师。目前所知，仅有吴全节、夏文泳二人任过此职。他们二人都是在作了大都崇真万寿宫提点以后，升任此职，再进而作玄教嗣师和玄教大宗师的。

玄教大宗师之下设各级地方组织。它是根据元朝的行政区划进行设置的。即《汉天师世家》卷3《张宗演传》所谓“路设道录司，州设道正司，县设威仪司”①。此处没有路之上的行省一级组织，但据有关材料记载，行省一级设有都提点，以管理该行省的道教事务。现仅见一例，即吴澄《抚州玄都观藏室记》载，张次房在至元间曾被授为江西道教都提点。②

① 《汉天师世家》卷3，《道藏》第34册，第829页。
② 参见陈垣编纂：《道家金石略》，北京：文物出版社1988年版，第914页。

行省之下的路设道录司，职其事者为道录、道判。如上官与龄曾任扬州路道判[①]，余以诚先任镇江路道录、紫府观住持提点，后又授平江路道录、致道观住持提点[②]，何恩荣曾任德元观提点、信州路道录、溪山万寿真庆宫提点[③]，王寿衍曾授命袁州路道录，未赴任，后又授龙兴路道录[④]，倪文光曾任常州路道录[⑤]，等等。

路之下的州设道正司，职其事者为道正、道判。如郭务玄曾任惠州道判[⑥]，倪文光曾任常州道判，又晋道正，后再升常州路道录[⑦]。

县设威仪司，职其事者为威仪。不见玄教道士任此职务的记载，其他正一道士，如殷元燧曾作两县副威仪，见《吴山承天灵应观记》。[⑧]

最基层是宫观，设住持、提点、提举。从现存资料看到，除大都、上都崇真万寿宫外，张留孙有大批弟子在江南各地主管宫观。如余以诚领镇江路诸宫观。孙益谦领杭州佑圣观、延祥观。陈日新除提点大都崇真万寿宫外，还领龙兴路玉隆万寿宫，又领杭州宗阳宫。何恩荣提点信州真庆宫。李奕芳提点南岳庙，兼领潭州路衡山昭圣宫、寿宁宫住持提点。张嗣房提点潭州岳麓宫。徐懋昭主常州路宜兴州通真观，并在信州龙虎山建仙源观、神翁观。上官与龄任常州路通真观住持提点。王寿衍提举杭州开元宫，兼领杭州路道教诸宫观。薛玄曦住持镇江乾元宫，又住持杭州佑圣观，兼领杭州诸

① 参见（元）程钜夫：《扬州重建玄妙观碑》，陈垣编纂：《道家金石略》，北京：文物出版社1988年版，第899页。

② 参见（元）张伯淳：《秋岩先生陈尊师墓志铭》，《养蒙文集》卷4，《文渊阁四库全书》第1194册，第464页。

③ 参见（元）元明善：《龙虎山志》卷中，《三洞拾遗》，合肥：黄山书社2005年版，第13册，第58页。

④ 参见（明）王祎：《元故弘文辅道粹德真人王公碑》，陈垣编纂：《道家金石略》，北京：文物出版社1988年版，第990页。

⑤ 参见（元）虞集：《倪文光墓碑》，陈垣编纂：《道家金石略》，北京：文物出版社1988年版，第936页。

⑥ 参见（元）程钜夫：《洞阳万寿宫碑》，陈垣编纂：《道家金石略》，北京：文物出版社1988年版，第900页。

⑦ 参见（元）虞集：《倪文光墓碑》，陈垣编纂：《道家金石略》，北京：文物出版社1988年版，第936页。

⑧ 参见《吴山承天灵应观记》，陈垣编纂：《道家金石略》，北京：文物出版社1988年版，第960页。

宫观。薛廷凤曾领镇江马迹山紫府观，后领杭州四圣延祥观，再后兼领镇江道教。徐天麟、冯志广曾住持龙虎山仙源观。何斯可主信州仙岩元禧观。以上这些，仅是现存资料中的部分记录，分别见于有关传记、碑刻。实际上玄教弟子所领宫观，远远超过此数。

仅从上述有限资料，已可看出玄教传播地域之广泛。镇江路、常州路、杭州路，在元代属江浙行省，约当今之江苏、浙江地；扬州路在元代属河南行省，也当今之江苏地；龙兴路、抚州路、临江路、袁州路等在元代属江西行省，当今之江西；信州路在元代属江浙行省，也实当今之江西地；衡山、潭州、天临路，在元代属湖广行省，当今之湖南、广东地；惠州路在元代属江西行省，也当今之广东地。总之，上述宫观主要集中在今江苏、浙江、江西、湖南、广东等长江以南地区。之所以会是这种情况，有其深远的历史渊源。因为江苏、江西是茅山、龙虎和阁皂诸宗的根据地，从陶弘景在茅山创宗开始，至元代已有七百多年的历史，如从唐末龙虎宗的渐次形成算起，也有三百多年的历史。所以在江苏、江西及其相邻省区内，三宗的群众基础很深厚，影响很广泛，作为龙虎宗支派的玄教在那些地区取得较大发展是很自然的。明代王祎《丛录》说："而今正一又有天师、宗师，分掌南北教事。"①盖以为天师管南方道教，宗师管北方道教。据上述情况表明，这个看法是不准确的。玄教宗师虽坐镇北方两都崇真万寿宫，也有教事在北方，但主要基地仍在南方。这与天师主领江南道教是完全一致的。

不过由于玄教首脑机关在两都崇真万寿宫，故它在北方也有一定的发展，据《顺天府志》所引《析津志》和《元一统志》，载有大都及其附近地区之宫观上百所，其中虽大部属全真道宫观，但也有属于正一和玄教的。除崇真万寿宫外，建于大都和义门内的西太乙宫，即为玄教弟子所创。据虞集《河图仙坛之碑》载，大都还有东岳仁圣宫、太乙延福宫，上都还有寿宁宫等，皆属玄教宫观。但是应该指出，龙虎宗和玄教在北方的势力，比起全真等派确实不大，它的主要基地仍然在南方。由此出现了全真道在北、正一和玄教在

① （明）王祎：《王忠文集》卷20，《文渊阁四库全书》第1226册，第430页。

南的格局。这种格局，自金代开始，至元代中后期道教各派归流为全真和正一两大派后，终成定局。以后一直延续到明清，全真道势力发展至南方，有渐次超越正一之势，遂使此南北格局被打破。

四、玄教在政治、思想、宗教内容上的特点

玄教在元代的发展虽然规模很大，影响很广，但在理论上却无建树。其嫡传弟子中少见理论著述。仅从《龙虎山志续编》所收《河图仙坛之碑》中，见吴全节编有一部道教斋仪之书，该碑云，吴全节“集诸家所传”灵宝斋法，“手为删定，类为二十四门，总为十卷，题曰《灵宝玉鉴》”①。这是玄教弟子中仅有的一部道教著作，现《正统道藏》所收《灵宝玉鉴》43卷（未署撰人），似即此书而又经后人增补者。玄教之卓立于元代，并不因理论上的成就，而是以政治上的尊宠显贵、思想上的儒学化、宗教内容上的杂采兼收等为特点而闻名于世。兹简述如下：

第一，政治上的尊宠显贵。

玄教之所以能迅速发展成为一个道教大派，与元室对玄教首领在政治上的宠信分不开。这表现在很多方面。

1. 元室不仅给玄教首领以管理玄教事务的职权，而且在处理全国道教事务中，多次听取和采纳他们的意见。如元初集贤与翰林院同一官署，张留孙向元世祖建议分为两院。世祖加以采纳，专设集贤院掌管提举学校、征求隐逸贤良，凡国子监、玄门道教、阴阳祭祀、占卜祭遁之事皆隶属之。此后，张留孙及其后继者皆受命知集贤院道教事，参与了对整个道教的管理工作。又如至元十八年（1281年），全真道在与佛教斗争中败诉，道教经书面临全被焚毁的厄运。“有献言者：道藏经多淆杂，宜焚去不录。”张留孙即密启裕宗（太子真金）说：“黄老书汉帝遵守清净，尝以治天下，非臣敢私言，愿殿下敷奏。”②裕宗以公言请曰：“黄老之言，治国家有不可废者。上始悔悟，集儒臣论定

① 这段文字见于（元）元明善撰、（明）周召续编：《龙虎山志续编》，《三洞拾遗》，合肥：黄山书社2005年版，第13册，第96页。不见于《道园学古录》之《河图仙坛之碑》。

② （元）袁桷：《玄教大宗师张公家传》，陈垣编纂：《道家金石略》，北京：文物出版社1988年版，第924页。

所当传者,俾天下复崇其教。”①“存其不当焚者,而醮祈禁祝亦不废。”②从而减少了焚经的损失。再如英宗至治年间,全真掌教蓝道元因罪被黜,掌教缺人,泰定元年(1324年),泰定帝接受吴全节的推荐,“以汴梁朝元宫孙公履道主之”③。可见玄教首领在全国道教事务中拥有较大的发言权,表现了元室对他们的信任和他们在道教诸派首领中不同寻常的地位。

2. 玄教首领还参与了不少朝政。首先是张留孙、吴全节、王寿衍等人都先后受命去江南访贤,为朝廷罗致人才。袁桷《玄教大宗师张公家传》说:“(至元)十七年,奉诏祠名山川,给驿马五十,令访遗逸以进……回朝,以所见闻剡于上,上悉用之。”④《大涤洞天记》吴全节序云:“大德九年(1305年)夏,予奉旨搜贤,知叶玄文、邓牧心隐余杭天柱山,即而征之,固辞不起。”⑤一次,吴全节奉命祀岳渎返京,晋见时,成宗问:“卿过郡县有善治民者乎?”对曰:“臣过洛阳,太守卢挚平易无为而民以安靖。”上曰:“吾忆其人。”即日召拜集贤学士。⑥ 张留孙另一弟子王寿衍也在至元二十九年(1292年)“奉诏访求江南遗逸,举永嘉徐似孙、金华周世昌,引见于香殿,奏对称旨”。⑦ 又在仁宗延祐四年(1317年)“复奉旨求东南贤良……戊午(1318年),得永嘉戴侗《六书故》、鄱阳马端临《文献通考》二书,表上而颁行之”。⑧ 中国著名历史文献《文献通考》,就是被玄教道士王寿衍首先发

---

① (元)赵孟頫:《玄教大宗师张公碑铭》,陈垣编纂:《道家金石略》,北京:文物出版社1988年版,第912页。

② (元)虞集:《张宗师墓志铭》,陈垣编纂:《道家金石略》,北京:文物出版社1988年版,第926页。

③ (元)虞集:《河图仙坛之碑》,陈垣编纂:《道家金石略》,北京:文物出版社1988年版,第964页。

④ (元)袁桷:《玄教大宗师张公家传》,陈垣编纂:《道家金石略》,北京:文物出版社1988年版,第924页。

⑤ 《道藏》第18册,第140页。

⑥ 参见(元)虞集:《河图仙坛之碑》,陈垣编纂:《道家金石略》,北京:文物出版社1988年版,第965页。

⑦ (明)王祎:《元故弘文辅道粹德真人王公碑》,陈垣编纂:《道家金石略》,北京:文物出版社1988年版,第990页。

⑧ (明)王祎:《元故弘文辅道粹德真人王公碑》,陈垣编纂:《道家金石略》,北京:文物出版社1988年版,第991页。

现,并经过他的帮助,获得官钱刻印流布的。

3. 玄教首领们还在赞襄朝廷政治与调和官吏矛盾方面起过不少作用。赵孟頫《玄教大宗师张公碑铭》说,张留孙“每进见,必陈说古今治乱成败之理,多所裨益。士大夫赖公(指张留孙)荐扬致位尊显者数十百人。及以过失获谴,赖公救解,自贷于死者亦如之”①。即是说,经过张留孙荐扬而致通显的,或因过失获谴而被张留孙解救的人都很多,各不下数十百人。袁桷《玄教大宗师张公家传》谈了一件具体的事。说:“当至元末岁,成宗新嗣位,时宰不快于御史台,成宗是其言,让责中丞崔公彧。崔惧,问策安在?(张留孙)曰:‘当见丞相,释所以。’遂与俱诣相府,相怒霁,又与同谒近臣,言御史台(为)世祖皇帝建立,专以惩奸慆,势尊则纲纪明,削之则台不能立矣。近臣大惊,入言于上,明日大宴大明殿,谕崔曰:‘台为朕耳目,朕曷不知。忧卿等不职故告谕,宜勿惧。其尽心焉,朕行为汝增重矣。’崔顿首拜手谢。其弥缝国体,婉顺若是。”②于此不仅可以看到张留孙勇于为在位者排难解纷的精神,更可看出他在皇帝和大臣们眼中是很有分量的。吴全节也做过不少类似的疏解工作。当“成宗既崩,仁宗皇帝在怀孟”尚未即位时,翰林学士阎复时典诏令,“有狂士危言以讦阎公(指阎复),事罔测。公(吴全节)力言诸李、韩公孟,仁宗意解。及武皇即位,遂以平章政事归老高唐”。③ 又如吴澄以布衣拜翰林,“应奉召至,不拜去,后又召为国子监丞,升司业,与时宰论不合,又去”。④ 吴全节为之疏解于集贤院,“集贤贵人听公(吴全节)言,超奏吴公(吴澄)为直学士,吴公虽不赴,而天下韪之”。⑤ 同样表现了吴全节在朝廷中拥有相当的发言权。张留孙和吴全节所做的这类工作还有很多,据说张留孙在做了这些工作以

① (元)赵孟頫:《玄教大宗师张公碑铭》,陈垣编纂:《道家金石略》,北京:文物出版社1988年版,第913页。

② (元)袁桷:《玄教大宗师张公家传》,陈垣编纂:《道家金石略》,北京:文物出版社1988年版,第925页。

③ (元)虞集:《河图仙坛之碑》,陈垣编纂:《道家金石略》,北京:文物出版社1988年版,第965页。

④ (元)虞集:《河图仙坛之碑》,陈垣编纂:《道家金石略》,北京:文物出版社1988年版,第965页。

⑤ (元)虞集:《河图仙坛之碑》,陈垣编纂:《道家金石略》,北京:文物出版社1988年版,第965页。

后,“惟恐其人知之”,从不对人言,故许多事“不得而称焉”。[①] 正因他们一方面帮助朝廷解决了某些人事纠纷,弥补了过失,从而取得皇帝的赏识和信任,将他们“比于亲臣”;另方面,解救了许多大臣的危难,使他们得以安居于位,又使许多人位致通显。所以张留孙、吴全节等人在朝野上下大获令誉,并从中交了许多朋友,因此他们所领导的玄教能显赫一时。

由此可以看出玄教首领们虽身为出家之道士,而实际却深深地参与了元代的政治。吴全节有一段话,表达了他平生的志趣。他说:“予平生以泯然无闻为深耻,每于国家政令之得失,人才之当否,生民之利害,吉凶之先征,苟有可言者,未尝敢以外臣自诡而不尽心焉。”[②]即是说,他所关心的,并不限于道教事业,国家、生民之大事才是他主要关心的。因此,人们在张留孙和吴全节等人身上,已经很少看到道家清净无为的余韵,看到更多的是强烈的政治参与;显现在人们眼前的玄教首领们,也不再是超脱尘凡的方外之士,而俨然是身居庙堂的谋略之臣,对元代政治起了特殊的作用。

玄教首领们这种强烈的政治参与,得到了它应有的回报。除他们所领导的玄教获得很大发展外,他们本人也获得了其他道派首领未曾获得过的政治“殊荣”和显赫地位。这不仅表现为他们本人的封号、职权层层加码还表现为他们的祖、父、师及弟子们也因此受到荣封单是他们的师傅和弟子中,获得真人封号的即不下数十人。特别突出的还表现在皇帝们为张留孙、吴全节大举祝寿以及送终的事上。延祐四年(1317年),张留孙年满70岁,仁宗为之大举祝寿。“上使国工画公(张留孙)像,诏翰林学士承旨赵公孟頫书赞,进入,上亲临视,识以皇帝之宝,以赐公生日”[③],并以之永“镇崇真宫”[④],“是日,赐宴崇真宫,内外有司各以其职供具,宰相百官咸与焉。兴圣

① (元)赵孟頫:《玄教大宗师张公碑铭》,陈垣编纂:《道家金石略》,北京:文物出版社1988年版,第913页。

② (元)虞集:《河图仙坛之碑》,陈垣编纂:《道家金石略》,北京:文物出版社1988年版,第963页。

③ (元)虞集:《张宗师墓志铭》,陈垣编纂:《道家金石略》,北京:文物出版社1988年版,第926页。

④ (元)袁桷:《玄教大宗师张公家传》,陈垣编纂:《道家金石略》,北京:文物出版社1988年版,第925页。

宫、中宫皆有加赐。”[①]后至元四年(1338年)吴全节年满70岁时,惠宗亦“命肖其像,使宰执赞之,识以明仁殿宝而宠之,赐宴于所居崇真万寿宫,近臣百官咸与,大合乐以飨,尽日乃已”。[②] 张留孙逝世后的丧事,也办得十分气派。虞集《张宗师墓志铭》说,当将张留孙逝世的消息上报朝廷时,英宗闻而“震悼,遣使赙赠以礼,兴圣宫、中宫使者继至……及出国门(指送遗体回乡安葬),送者填拥,接于郊畛……自京师至其乡,水陆数千里,所过郡县,迎送设奠,不约而集。比葬,四方吊问之使交至”。[③] 虞集十分感叹地说:“自王公以下,治丧致客,未有若此盛者。”[④]又说:“营缮之劳,工力之博,宾客之盛,东南数十年间未有能仿佛其万一者。”[⑤]吴全节于至正六年(1346年)逝世,不见丧葬记载,此时已至元代末世,不会太侈,似亦不会太简。从元室为玄教首领办寿辰、丧葬给予的规格之高、排场之大上,亦可概见元室对他们尊宠之厚。

玄教首领之尊宠,带来玄教的贵盛,也带来玄教领导机构的官僚化、衙门化。吴澄《抚州玄都观藏室记》云:“二教(指佛、道)设官,一如有司”,“道官出入驺从甚都,前诃后殿,行人辟易,视部刺史、郡太守无辨”。[⑥] 甚至各级组织还设刑具、置公堂,以惩治犯律的道士。这些情况,不仅严重地脱离下层道众,而且遭到一些上层道士的不满和指责。如张留孙弟子王寿衍,当仁宗于皇庆元年(1312年)下诏封其为真人时,上疏表示辞谢,其辞谢疏中就说:“闻道家以无为为宗,古之言真人者闳邈矣。今为其道

① (元)虞集:《张宗师墓志铭》,陈垣编纂:《道家金石略》,北京:文物出版社1988年版,第927页。

② (元)虞集:《河图仙坛之碑》,陈垣编纂:《道家金石略》,北京:文物出版社1988年版,第963页。

③ (元)虞集:《张宗师墓志铭》,陈垣编纂:《道家金石略》,北京:文物出版社1988年版,第927页。

④ (元)虞集:《张宗师墓志铭》,陈垣编纂:《道家金石略》,北京:文物出版社1988年版,第927页。

⑤ (元)虞集:《河图仙坛之碑》,陈垣编纂:《道家金石略》,北京:文物出版社1988年版,第966页。

⑥ (元)吴澄:《抚州玄妙观藏室记》,陈垣编纂:《道家金石略》,北京:文物出版社1988年版,第914页。

者，善传上意，达诸神明，导况祉存，著专一其事也。惟大宗师、大真人、嗣师真人久侍中被宠遇，有号名命数，其贵视公卿侯伯而不与其忧责，于玄教，显荣极矣。夫名者实之宾，泰甚则忌，真人非远臣所可得名，臣敢固辞，不敢称真人。”①张留孙的另一弟子张次房也表示了同样的看法。他在“至元间，从天师北觐，留侍阙庭数载”，已被授“崇道护法弘妙法师、江西道教都提点”。但不久他却请求谢职还山，甘作林泉道士，有人对他的行为感到不解，他解释说：“皇泽诚优，非吾徒所宜蒙，非吾教所宜有也。”②他对教内设刑之事更加反对，说：“吾教清静无为，奚至是哉！彼有司所治，地大民众，非政不整，非刑不齐，今吾所治，皆吾同类，何事当讯，何罪当惩，而以势分临之，而以囚挞待之乎！”③

第二，思想上的儒学化。

唐宋以降，儒释道之间加强了彼此的交融。就整个道教讲，儒释思想都有所吸收，但各派情况并不一样。玄教所融摄于两家者，则是融儒多于融佛，以儒学化色彩之浓厚为其又一特征。袁桷《送陈道士归龙虎山序》说：“尝闻龙虎山尊崇吾圣人书，弦诵之声接于两庑。往《铭》空山雷君（指为空山道士雷思齐作《墓志铭》），其于书若饥之于五谷，朝暮不敢弃，故其门人树立伟著。”④可见玄教儒学化色彩浓厚是渊源有自的。这种传统又一直被玄教首领和骨干承袭下来，如张留孙弟子何恩荣十分重视对弟子的儒学教育，他收陈彦伦为徒后，因知薛玄曦“精于玄学，尤善为儒家者流之言”，故将其送至薛玄曦处，让他加以培养。在物色到詹处敬、于有兴、王景平等以后，先不让他们作道士，而是“延名儒淑其徒，俟成人而簪褐之”。⑤ 故玄教儒学化浓厚的特点并非偶然。

---

① （元）虞集：《开元宫碑》，陈垣编纂：《道家金石略》，北京：文物出版社 1988 年版，第 898 页。

② （元）吴澄：《抚州玄妙观藏室记》，陈垣编纂：《道家金石略》，北京：文物出版社 1988 年版，第 914 页。

③ （元）吴澄：《抚州玄妙观藏室记》，陈垣编纂：《道家金石略》，北京：文物出版社 1988 年版，第 914 页。

④ （元）袁桷：《清容居士集》卷 24，《文渊阁四库全书》第 1203 册，第 329 页。

⑤ （元）黄溍：《玄和明素葆真法师陈君碣》，陈垣编纂：《道家金石略》，北京：文物出版社 1988 年版，第 958 页。

玄教的儒学化特点，在它的领导骨干身上表现得很明显，尤以吴全节最为突出。其师张留孙“每与廷臣议论，及奏对上前，及于儒者之事，必曰：‘臣留孙之弟子吴全节深知儒学，可备顾问。’是以武宗、仁宗之世，尝欲使返初服而置诸辅弼焉”①。当时的大儒吴澄也对吴全节的儒学十分称赞，说：“吴真人全节寄迹道家，游意儒术，明粹开豁，超出流俗。”②许有壬曾奉敕给吴全节的画像写赞语，其中有两句说：“人以（公）为仙，我以（公）为儒。”③直认他是儒学化的道士。故以这样一批人为骨干组织起来的玄教，自然表现出较为浓厚的儒学色彩。具体表现如下：

1. 深究《易》学。《易》为儒家五经之首，又是道教宇宙观和方法论的基础，更是道教内丹术的理论指导。故为历代道士所传习，并出了不少对《易》学卓有成就的道士。宋末元初道教学者、曾作龙虎宗玄学讲师的雷思齐（1231—1303 年）就是其中之一。雷思齐，字齐贤，“家世临川（今属江西）人。幼弃家居乌石观，晚讲授广信山中，暨终也，复归乌石”④。著有《易图簚通变义》、《老子本义》、《庄子旨义》凡数十卷，《和陶诗》3 卷，现老庄著作和诗已佚，仅存《易图通变》5 卷，《易簚通变》3 卷，载于《正统道藏》中。袁桷为其撰《墓志铭》，称“齐贤（雷思齐）所为书，援据切至，感厉奋发，不蹈世俗绳墨，合神以穷变，尽变以翼道，申言广指，其于力诚至矣”⑤。揭傒斯为其《易图通变》作序，亦盛称其儒学之深厚。谓：雷思齐“去儒服称黄冠师，与故淳安令鲁公子良、今翰林学士吴公澄相友善。四方名士大夫慕其人，往往以书疏自通。或闻其讲学，莫不爽然自失……方今天下称为斯文宗莫先吴公（指吴澄），天下称善著书莫先吴公，亦曰：‘与谈老子甚契。’又称

① （元）虞集：《河图仙坛之碑》，陈垣编纂：《道家金石略》，北京：文物出版社 1988 年版，第 965 页。

② （元）吴澄：《题吴真人封赠祖父诰词后》，《吴文正集》卷 58，《文渊阁四库全书》第 1197 册，第 573 页。

③ （元）许有壬：《特进大宗师闲闲吴公挽诗序》，《至正集》卷 35，《文渊阁四库全书》第 1211 册，第 253 页。

④ （元）袁桷：《空山雷道士墓志铭》，陈垣编纂：《道家金石略》，北京：文物出版社 1988 年版，第 1165 页。

⑤ （元）袁桷：《空山雷道士墓志铭》，陈垣编纂：《道家金石略》，北京：文物出版社 1988 年版，第 1165 页。

其诗'精深工致,豪健奇杰,有杜、韩风'。盖皆以为知言"。[①] 由此可见,雷思齐是一个儒学根底很深的道士,尤其对于《易》学有深入的研究和突出的贡献。

正因雷思齐是一个儒道兼修的道士,元初被龙虎宗首领礼聘为玄学讲师。吴全节说:"昔世祖皇帝既定江南,首召三十六代天师入朝。未几,天师奉旨掌道教,还山,遂礼请先生(指雷思齐)为玄学讲师,以训迪后人。余时虽幼,而有志于学,遂受学于先生。"[②]雷思齐在广信山中作玄学讲师进行讲学时,不仅向道士讲玄学,也讲儒学。吴全节说:"先生尝诲余曰:'文章于道一技耳,人之为学,将以明斯道也,不明斯道,不足以为圣贤之学矣。'余由是日知所省,益自奋发。"[③]显然这是在用儒家思想教育道士。因此在他的影响下,使龙虎山不少道士受到儒家思想和《易》学的熏陶。吴全节身上就有较为突出的反映。虞集《河图仙坛之碑》说:"公(指吴全节)博览群书,遍察群艺,而于道德性命之要粹如也。尝作环枢之堂,书先天诸图于壁,以玩心神明,有诗曰:'要知颜子如愚处,正是羲皇未画前。'其所造盖如此。"[④]

2. 推崇理学。龙虎山紧邻陆九渊的家乡象山,受陆九渊心学影响较深。玄教第四代大宗师张德隆家住贵溪县上礤里,其四世祖"尝与里人共构精舍于所居之西,延陆文安公讲道其中,俾子弟受学焉"[⑤]。其延请陆九渊讲学,自然是想使其子弟们学而优则仕,但也说明陆九渊心学在其家乡早已播下深厚的种子,它对近在咫尺的龙虎山道士一定会产生相当的影响。吴全节本人就很尊崇陆学,他在至顺二年(1331 年),向文宗皇帝"进宋儒陆文安公九渊《语录》。世罕知陆氏之学,是以进之"[⑥]。

---

① (元)揭傒斯:《易图通变序》,《道藏》第 20 册,第 335 页。
② (元)吴全节:《易图通变序》,《道藏》第 20 册,第 335 页。
③ (元)吴全节:《易图通变序》,《道藏》第 20 册,第 335 页。
④ (元)虞集:《河图仙坛之碑》,陈垣编纂:《道家金石略》,北京:文物出版社 1988 年版,第 965 页。
⑤ (元)黄溍:《玄静庵记》,陈垣编纂:《道家金石略》,北京:文物出版社 1988 年版,第 977 页。
⑥ (元)虞集:《河图仙坛之碑》,陈垣编纂:《道家金石略》,北京:文物出版社 1988 年版,第 964 页。

3. 力行忠孝。忠孝是儒学思想的根本。道士出家,本与俗缘断绝,但许多玄教道士则因深受儒学思想的熏陶,对儒家忠孝道德皆身体力行之。吴全节又是其中的典型。当其父母在世时,每逢生日,必请假还乡祝寿;当其父母去世时,"全节号泣不食,得请于上,倍道星驰以归"。[①]"公(吴全节)之执亲丧也,自奔丧至家,水浆饘粥仅足以延息,涕泗滂沱,继以血衄。丧葬之后,力之所得为者,无不尽其力焉。"[②]当其父母已经逝世很久,他自己年届七十,接受皇帝为之祝寿时,仍对其父母抱有深沉的怀念。向其门人表示说:"我曾不能晨夕在侧,吾终身之不安者也。今老矣,为我图地(指死后葬身之地),必吾父母之茔是近,庶体魄有所依焉。"[③]一个出家道士,能如此力行孝道,使当代大儒吴澄也为之感慨:"真人虽游方之外,而事亲之孝,儒家子有不能及。其事君也恭顺,其事师也无违礼,盖在三如一矣。"[④]真算得上儒学化了的道士。玄教道士力行孝道者还很多,如陈日新"始辞母出家,虽远去而未始顷刻忘,尝思报亲之大者而尽心焉。而人所见者,晚岁归,为亲寿,燕乐亲戚乡里累日,人人感动。及殁,奔丧治葬,哀毁如礼"[⑤]。

4. 文学道士颇多。玄教道士中,能诗、会文、工书、善画者,不乏其人。较早的有陈义高、吴全节、朱思本等,稍后的有陈日新、薛玄曦等。

陈义高(1255—1299 年)。张留孙两个最年长的弟子之一(另一名为徐懋昭)。字宜甫,闽(今福建福州市)人。幼颖悟,12 岁能作赋。17 岁负笈四方以畅其学。独慕汉天师教,走信之龙虎山,遂得道法,且于儒业有进。冠年着道士服。后张留孙随张宗演赴阙,留侍阙下,征之至京师。至元十八年(1281 年),裕宗抚军,诏以师从。后七年(1288 年),被玺书提点江西洪

① (元)袁桷:《荣禄大夫大司徒特进饶国吴公饶国夫人舒氏墓志铭》,《清容居士集》卷29,《文渊阁四库全书》第 1203 册,第 393 页。

② (元)虞集:《河图仙坛之碑》,陈垣编纂:《道家金石略》,北京:文物出版社 1988 年版,第 966 页。

③ (元)虞集:《河图仙坛之碑》,陈垣编纂:《道家金石略》,北京:文物出版社 1988 年版,第 963 页。

④ (元)吴澄:《送吴真人序》,陈垣编纂:《道家金石略》,北京:文物出版社 1988 年版,第 920 页。

⑤ (元)虞集:《陈真人道行碑》,陈垣编纂:《道家金石略》,北京:文物出版社 1988 年版,第 932 页。

州玉隆宫，寻应召，以宫事付其助手。又三年（1291年），晋王在梁邸，迨改晋封镇朔漠，师悉从行。所陈多礼义忠孝之事。成宗即位之初，大宗师所领大都崇真万寿宫恢拓加壮，制授义高崇正灵悟凝和法师、本宫提点。① 元贞（1295—1296年）初，史馆纂修世祖皇帝实录，下郡国访求事迹。晋王假义高文学条上始末，史官叹其书有法，称其为张留孙诸弟子中最雄于文者。明年冬，复从王觐。大德改元（1297年），晋王就国，仍从行。越二年，请以其徒代，得还。至开平，次桓州南，道病增剧，于大德三年（1299年）六月卒。平生好为诗，有诗文集曰《沙漠稿》、《秋岩稿》、《西游稿》、《朔方稿》传于世。现仅存《陈秋岩诗集》2卷，收入《四库全书》别集类。张伯淳称其"酒酣为诗文，意生语应，笔陈不能追。有谪仙（李白）、贺监（贺知章）风致，高古处可追陶（陶渊明）、谢（谢灵运），类非烟火食语"②。

吴全节。生平事迹已见前。他除有广博的儒学知识外，又喜作诗。"自幼至老，尤好吟咏。"③"其所为诗文曰《看云录》者，通若干卷，集贤直学士揭傒斯奉旨作序以传于世……御史中丞马祖常、太常欧阳玄为之赞。"④吴澄为其诗作序说："旧有瓢稿不啻千篇。泰定二年（1325年），被旨代祠江南三神山，四年还京，天机天籁，触处吟咏。诗凡二百余首，曰《代祠稿》。"⑤吴澄称"其诗如风雷振荡，如云霞绚烂，如精金良玉，如长江大河。盖其少也，尝从硕师，博综群籍，蚤已窥闯唐宋二三大诗人之门户"⑥。李存《和吴宗师滦京寄诗序》云："元统二年（1334年）夏，玄教大宗师吴公，从驾上都，叹帝业之弘大，睹朝仪之光华，赋诗二章，他日手书以寄其乡人李某（李存自

① 制书参见（元）元明善：《龙虎山志》卷中，《三洞拾遗》，合肥：黄山书社2005年版，第13册，第57页。

② （元）张伯淳：《崇正灵悟凝和法师提点文学秋岩先生陈尊师墓志铭》，陈垣编纂：《道家金石略》，北京：文物出版社1988年版，第872页。

③ （元）虞集：《河图仙坛之碑》，陈垣编纂：《道家金石略》，北京：文物出版社1988年版，第965页。

④ （元）虞集：《河图仙坛之碑》，陈垣编纂：《道家金石略》，北京：文物出版社1988年版，第966页。

⑤ （元）吴澄：《吴闲闲宗师诗序》，《吴文正集》卷22，《文渊阁四库全书》第1197册，第230页。

⑥ （元）吴澄：《吴闲闲宗师诗序》，《吴文正集》卷22，《文渊阁四库全书》第1197册，第230页。

谓)……咸以为是作也,和而庄,丰而安,婉而不曲,陈而不肆,其正始之遗音乎?"①所有这些评价,难免有溢美之词,但吴全节会作诗当是不假的。

朱思本(1272—1333 年)。字本初,号贞一,临川(今属江西)人。本儒家子,早年学道龙虎山,后去京师,与张留孙、吴全节等相处二十余年。至治(1321—1323 年)间,以张留孙、吴全节之荐,去主江西南昌玉隆万寿宫。他虽非玄教嫡系,却与张、吴关系十分密切。他在所作《开府大宗师张公诔》中,有云:"公官第一品,宜得谥于太常元德公(指吴全节)以公未葬,弗敢请也。门生朱思本感公既厚,知公亦深,惧盛德之或泯,敢斯文之有缺,乃作诔。"②对张留孙自称门生,俨然以玄教弟子自居。他与吴全节的关系也非同寻常,吴全节在为朱本初的《贞一稿》作序时说:"临川朱本初,儒家子也。为黄冠与予同道,居龙虎与予同山,处京师与予同朝,雅志诗文,与予同好。予长于本初四岁,则其年之相若也。"③考虑到他与玄教如此深厚的关系,故将其文学成就与玄教道士一起论列。朱本初有诗文集名《贞一稿》,当时许多诗文大家皆为之作序。范梈《序》称:"余与朱君游,知其文学旧矣。来南州,君主玉隆别馆,去年(至治二年,1322 年)冬,行县田有乌山,小兵驰田间,得君寄诗二章,盖六朝庾、鲍,而唐太白之流也。今夏,君自西山来,示余此稿(指《贞一稿》),概篇百数,而矩度若一。其武当山赋与巢湖等诗,论庄词澹,尤吾所谓驰骋横纵而无所逾者。"④刘有庆《序》说:"余来江右,始获尽窥其稿名《贞一》者,如泉涌石窦,日挹日新,如云幻晴峰,愈变愈丽,比兴序论,粹乎儒者。"⑤欧阳应丙《序》说:"曩游京师,获识本初朱炼师于环枢堂下。读其诗,则排体五言学工部(杜甫),长句与文,则驰骤老、坡(苏洵、

① (元)李存:《俟庵集》卷 18,《文渊阁四库全书》第 1213 册,第 705 页。

② 《贞一斋诗文稿》卷上,《宛委别藏》,南京:江苏古籍出版社 1988 年版,第 106 册,第 88 页。

③ 《贞一斋诗文稿》篇前,《宛委别藏》,南京:江苏古籍出版社 1988 年版,第 106 册,原书叶六。

④ 《贞一斋诗文稿》篇前,《宛委别藏》,南京:江苏古籍出版社 1988 年版,第 106 册,原书叶一。

⑤ 《贞一斋诗文稿》篇前,《宛委别藏》,南京:江苏古籍出版社 1988 年版,第 106 册,原书叶二。

苏轼)间。”[①]柳贯《序》说:“君之诗似吴宗元、元丹邱,而远游之迹过之。君之自得似葛稚川、司马子微,而颐神坐忘之妙,需其至焉。”[②]

朱本初不仅能诗文,且好舆地职方之学。自至大辛亥(1311 年),到延祐庚申(1320 年)之间,趁奉诏代祠名山大川之机,实地考察了今河北、山西、山东、河南、江苏、安徽、浙江、江西、湖北、湖南等十省区许多地方,取得大量调查材料,再结合文献资料,继承裴秀、贾耽“计里画方”法,花了十年时间,绘成《舆地图》2 卷,刊行于世。又写有《北海释》、《和宁释》、《西江释》等地志考释文章,是不可多得的地理学家。虞集为其《贞一稿》作序时,极称其治地理学态度之严谨,说:“至于职方之纪,尤所偏善。遇輶轩远至,辄抽简载管,累译而问焉。山川险要,道径远近,城邑沿革,人物,土产,风俗,必参伍询诘,会同其实。虽靡金帛,费时日,不厌也。不慊其心,不止。其治事也,讨论如议礼,严介若持宪,立志之坚确精敏类如此。”[③]其地理学成就将在本章第十节详细讨论。

陈日新(1278—1329 年)。字又新,饶(治今江西鄱阳县)之安仁人。早年学道龙虎山。元贞、大德中,吴全节“为天子祷祠名山,见公(指陈日新)于(龙虎山)上清正一万寿宫,归以告开府(张留孙),遂召以来,深得开府心”[④]。此后,常从车驾行幸。奉旨祷雨,有应,大德十一年(1307 年),授洞玄明德崇教法师、大都崇真万寿宫提举。皇庆元年(1312 年)升提点,又升崇玄冲道明复真人。兼领龙兴玉隆万寿宫,又领杭州宗阳宫。文宗天历二年卒。[⑤]虞集《陈真人道行碑》说:“公好读书而乐接世务……好为诗,清丽自然,有

① 《贞一斋诗文稿》篇前,《宛委别藏》,南京:江苏古籍出版社 1988 年版,第 106 册,原书叶三。

② 《贞一斋诗文稿》篇前,《宛委别藏》,南京:江苏古籍出版社 1988 年版,第 106 册,原书叶八。

③ (元)虞集:《贞一稿序》,《道园学古录》卷 46,《文渊阁四库全书》第 1207 册,第 650 页。

④ (元)虞集:《陈真人道行碑》,陈垣编纂:《道家金石略》,北京:文物出版社 1988 年版,第 932 页。

⑤ 参见(元)虞集:《陈真人道行碑》,陈垣编纂:《道家金石略》,北京:文物出版社 1988 年版,第 932 页。《龙虎山志》卷中载有封陈日新提举、提点、真人诏,见(元)元明善:《龙虎山志》,《三洞拾遗》,合肥:黄山书社 2005 年版,第 13 册,第 60 页。

足传者。”[①]李存《饯陈又新真人赴京序》说：“吾又闻真人之居山中也，日与能诗者相倡和，或过午忘食，或竟夕不事寝。由是观之，则向所谓气之所孚、志之所同者，亦信乎其有征也。”[②]

薛玄曦（1289—1345年）。字玄卿，自号上清外史，江西贵溪（今贵溪市）仙浦里人。12岁辞家入龙虎山学道，师事张留孙，又师吴全节。“始至京师，即出游渤海碣石间，纵观古灵仙之迹，人莫知其所在，久之乃还。仁宗时，用荐者（言）得召见侍祠。延祐四年（1317年），制授大都崇真万寿宫提举，居三岁，升提点上都崇真万寿宫。”[③]泰定元年（1324年），奉诏征嗣天师，既至，被旨住持镇江之乾元宫，未行，辞归龙虎山，建清宁斋、见心亭、熙明轩、琼林台，日与同道相伴其间。至正三年（1343年），制授弘文裕德崇仁真人，杭州佑圣观住持，兼领杭州诸宫观，遣弟子摄其事。至正五年（1345年）卒。平生“善为文，而尤长于诗”[④]。有《上清集》若干卷，《樵者问》1卷，荟萃群贤诗文为《琼林集》若干卷，揭傒斯、黄溍、李存等皆为之作序。这些诗集，现已不存，仅《茅山志》中尚存诗几首。他与茅山道士张雨（曾拜玄教王寿衍为师）在元代后期都很有诗名，被许多文人所推许。虞集谓其“为学宏博，好古书法，为诗有飘飘凌云之风”[⑤]。揭傒斯评其诗“老劲深稳，如霜松雪桧，百折莫能挠，清拔孤峻，如豪鹰俊鹘，千呼不肯下，萧条闲远，如空山流泉，深林孤芳，自形自色，不与物竞”[⑥]。薛玄曦又工书法，时人争得之以藏。

以上所举，是玄教道士中文学修养较好的几位，由此可以概见这派道士的儒化程度是较深的，较之只重符箓的旧龙虎宗来，自然是别具一格了。

---

① （元）虞集：《陈真人道行碑》，陈垣编纂：《道家金石略》，北京：文物出版社1988年版，第932页。

② （元）李存：《俟庵集》卷16，《文渊阁四库全书》第1213册，第692页。

③ （元）黄溍：《弘文裕德崇仁真人薛公碑》，陈垣编纂：《道家金石略》，北京：文物出版社1988年版，第974页。

④ （元）黄溍：《弘文裕德崇仁真人薛公碑》，陈垣编纂：《道家金石略》，北京：文物出版社1988年版，第975页。

⑤ （元）虞集：《送薛玄卿序》，《道园学古录》卷46，《文渊阁四库全书》第1207册，第649页。

⑥ （元）黄溍：《弘文裕德崇仁真人薛公碑》，陈垣编纂：《道家金石略》，北京：文物出版社1988年版，第975页。

第三，宗教内容上的杂采兼收。

道教的宗派界限原本不十分严格，更无尖锐的宗派斗争，彼此思想、方术的交融是常见的现象。而玄教产生于南宋道教宗派繁衍之后的元代，其融摄各派的特点就更为突出。不仅兼融旧有符箓各派的内容，也吸收新道派的内容。

这种杂采兼收的特点，表现在很多玄教骨干的身上。吴全节又是这方面的典型。首先，他从小学道龙虎山，对龙虎宗世传的祈禳斋醮自然十分在行。虞集说："道家醮设之事，是其职掌，故于科教之方无所遗阙。"①自他进京以后，长期担任祠祀工作，很好地完成了斋醮祠祀任务，就证明了这一点。其次，他在大都崇真万寿宫期间，曾从道士陈可复（可能是金丹派南宗道士）学雷法。任士林《庆元路道录陈君墓志铭》说，陈可复（？—1307 年），字复心，号雷谷子，世为庆元路定海县（今浙江镇海县）人。年十四，从陈与真为道士，学役召鬼神之术。至元十四年（1277 年），陈与真死后，又退习天人性命之学，向林某学内丹。其后行雷法于浙东浙西，所在有验。至元二十七年（1290 年），征至京师，"身侍阙庭十有七年"。在这段时间，吴全节和其他一些玄教道士从之学雷法。"授受雷法最著者，今玄教嗣师总摄江淮荆襄等处道教都提点、崇文弘道玄德真人吴君其人也"②。复次，又向东华派首领林灵真学道法。《水南林先生传》云："凡弟子受道于公（林灵真）之门者，在州里不下百余人，在方外则天师门下高闲董公，宗师堂下闲闲吴公。"③这个"宗师堂下闲闲吴公"就是吴全节（号闲闲）。最后，又传习金丹派南宗的内丹术。虞集《河图仙坛之碑》说，宋故相赵葵之子赵淇，博学多识，尤好神仙金丹之术，曾从南宗道士李简易（号玉溪子）学金丹。④ 入元，

① （元）虞集：《河图仙坛之碑》，陈垣编纂：《道家金石略》，北京：文物出版社 1988 年版，第 965 页。

② （元）任士林：《庆元路道录陈君墓志铭》，陈垣编纂：《道家金石略》，北京：文物出版社 1988 年版，第 892、893 页。

③ 《水南林先生传》，载《灵宝领教济度金书》前，《道藏》第 7 册，第 20 页。

④ 参见（元）陶宗仪：《南村辍耕录》卷 29《李玉溪先生》云："赵公琪（淇），字元德，官至赠湖广行省参政，谥文惠，临淄人，飘然有神仙思。常使方士烧水银、硫黄、朱砂、黄金等物为神丹，以资服食。"（北京：中华书局 1959 年版，第 360 页）按此赵淇又兼习外丹。

赵淇作湖南宣慰使。辄欲弃官行道，忧患多故，未能如其志。某年，吴全节奉命使南岳，路过长沙，赵淇见其“神气冲爽而有福德，可以受吾道。乃焚香密室，出其书以授之，则皆(刘)海蟾、(李)玉溪之秘云”①。证明吴全节曾向赵淇学习南宗内丹术，并已得刘海蟾、李玉溪之秘传。

玄教第三代大宗师夏文泳同样具有道教杂学的特点。黄溍《夏公神道碑》说：夏文泳对“三教九流之书，无所不读，而深明于儒先理学之旨。又尝受《河图》于隐者，有昔人未睹之秘。而于《皇极经世》之说，亦了然胸臆间。所至名山洞府，必穷探极讨，以广见闻。道法斋科，悉加考订折中。下至医药卜筮，莫不精究其术”②。据任士林《庆元路道录陈君墓志铭》载，向陈可复学雷法的，除吴全节“最著”外，“次则大都崇真万寿宫提点孙益谦、夏文永(泳)”。③

张留孙另一弟子徐懋昭(1240—1321年)也杂学道教各派。徐懋昭，字德明，世为饶之余干(今江西余干县)人。弱冠学道于龙虎山之上清正一宫，师张留孙，是留孙两个年岁最长的弟子之一。至元十三年(1276年)，张留孙随张宗演应召入京，留侍阙下。明年，徐懋昭赴京省师。居二年，以性喜“栖迟林壑”，辞归龙虎山，建仙源观、神翁观以居之。25年后之大德六年(1302年)，制授葆和通妙崇正法师、常州路通真观住持提点。皇庆元年(1312年)，进号葆和通妙崇正真人，主领常州路通真观事。至治元年卒。④朱本初《徐公行述》说他早年曾“游衡庐名山，遇真人授异书，能役鬼神致雷雨，祭星斗，弭灾沴，所至，人迎候之唯恐不及”⑤，是又一个兼习雷法的玄教道士。

---

① (元)虞集：《河图仙坛之碑》，陈垣编纂：《道家金石略》，北京：文物出版社1988年版，第965页。

② (元)黄溍：《夏公神道碑》，陈垣编纂：《道家金石略》，北京：文物出版社1988年版，第983页。

③ (元)任士林：《庆元路道录陈君墓志铭》，陈垣编纂：《道家金石略》，北京：文物出版社1988年版，第893页。

④ 参见(元)袁桷：《通真观徐君墓志铭》，陈垣编纂：《道家金石略》，北京：文物出版社1988年版，第909—910页。《龙虎山志》卷中载封法师、真人诏，参见(元)元明善：《龙虎山志》，《三洞拾遗》，合肥：黄山书社2005年版，第13册，第57页。

⑤ (元)朱本初：《故保和通妙崇正真人徐公行述》，《贞一斋诗文稿》卷上，《宛委别藏》，南京：江苏古籍出版社1988年版，第106册，第26页。

张留孙的另一弟子陈日新也具有杂学的特点。虞集的《陈真人道行碑》说，陈日新“道书丹经、大洞玉诀、灵宝、黄箓斋科等书，皆极精诣”，“又能论人生甲子，推之以言其祸福寿夭奇中”。①

陈义高也如此，张伯淳《秋岩先生陈尊师墓志铭》说，陈义高“胸中无固滞，学不劳而旁通百家，用于致雷雨、役鬼神，于卜筮推步俱有大过人者”。②

玄教弟子在宗教内容上的杂采兼收，表现了元代道派的繁多和各派交融的加强。这种趋势的发展，加速了道教各宗之间界限的进一步泯灭，预示着诸多道派的会归合流。

从上述玄教三个主要特点的分析中，可以大致看出玄教之区别于其他道派的独特面貌，也可以较为具体地把握它之所以能在元代长期兴盛的原因。但是进入明代，因朱元璋只承认天师（后连天师称号也取消），不承认玄教大宗师，于是玄教解体，复归于正一。

这个随元室之尊崇张陵后嗣而兴起，随元亡而解体的道派，存在的时间虽不太长，但在道教发展史上，特别是在推进各符箓派组成大派正一道中，起过相当大的作用。此中的关键是，历代天师虽然受命掌管江南道教，但长期住在远离京城的江西龙虎山天师府，而把他们联系皇室和联络各派的在京据点崇真万寿宫，交给玄教首领张留孙及其后继者们居住。这样一来，许多联系皇室、联络各派、解决江南道教各派重大问题的责任，自然要落在张留孙辈的身上，皇帝要交给天师办理的事务，大多时候只能就近交给玄教首领。事实上，诸如道观的请额，道官、道职的升迁任免，以及道士封号的赐予等等，本应由天师处理的事项，大多时候都由玄教首领们代办了。这样的事例，记载中可以找到很多。如杜道坚之主杭州四圣延祥观，是经张留孙之疏请任命的。③ 武当山五龙灵应观升观为宫，以及委派叶云莱为其住持，也是

① （元）虞集：《陈真人道行碑》，陈垣编纂：《道家金石略》，北京：文物出版社 1988 年版，第 932 页。

② （元）张伯淳：《秋岩先生陈尊师墓志铭》，陈垣编纂：《道家金石略》，北京：文物出版社 1988 年版，第 872 页。

③ 参见（元）赵孟頫：《隆道冲真崇正真人杜公碑》，陈垣编纂：《道家金石略》，北京：文物出版社 1988 年版，第 904 页。

张留孙奏请的。[①] 延祐六年(1319 年),茅山崇禧万寿宫额,是仁宗准吴全节之请赐予的。[②] 延祐中,长沙芝山道院建成,是吴全节檄派道士方志远等相继主之;后又由吴全节上书集贤院改额芝山文惠观。[③] 泰定初(1324 年),吴全节又奏请给毛惟谦法师号,并命其主永嘉广福灵真宫事。[④] 惠宗至元二年(1336 年),茶陵州(今湖南茶陵县)青霞万寿宫,四年(1338 年)湖北九宫山钦天瑞庆宫,先后重修功成,都是呈报吴全节后,由吴全节奏请儒臣们撰写碑记,[⑤]如此等等。虞集《河图仙坛之碑》说:"东南道教之事,大体已定于开府(按指张留孙)之世,而艰难险阻,不无时见,于所遭裨补扶持,弥缝其阙,使夫羽衣黄冠之士,得安其食饮于山林之间,而不知公(指吴全节)之心力之罄多矣。"[⑥]至于为皇帝建醮祈福,则大都由张留孙、吴全节等玄教首领们所代劳。以上这些,皆非玄教内部事务,本应由天师处理,结果都是由玄教首领们代办了。可见张留孙及其后继者们,不仅成了天师在京的常驻代表,简直在很大程度上成了江南道教首领的代理人;而真正的江南道教首领(天师)反而徒具虚名,或只起精神领袖的作用了。到元代后期,有些事情的处理,更采取天师、大宗师联名签署的办法。如至顺三年(1332 年),杭州路吴山承天灵应观发生由谁作住持的纠纷,就是由天师和大宗师同时给予公据文凭解决的。[⑦] 延祐四年(1317 年)始建,某年建成的龙虎山繁禧观额,也是由嗣天师与大宗师联

① 参见《武当福地总真集》卷中《五龙灵应宫》,《道藏》第 19 册,第 655 页。

② 参见《崇禧万寿宫敕并道士陈志新谢表》,陈垣编纂:《道家金石略》,北京:文物出版社 1988 年版,第 905 页。

③ 参见(元)李存:《芝山文惠观记》,陈垣编纂:《道家金石略》,北京:文物出版社 1988 年版,第 973 页。

④ 参见(元)陈旅:《毛先生碑》,陈垣编纂:《道家金石略》,北京:文物出版社 1988 年版,第 947 页。

⑤ 参见(元)虞集:《青霞观碑》,陈垣编纂:《道家金石略》,北京:文物出版社 1988 年版,第 943—944 页;(元)欧阳玄:《九宫山钦天瑞庆宫记碑》,陈垣编纂:《道家金石略》,北京:文物出版社 1988 年版,第 945—946 页。

⑥ (元)虞集:《河图仙坛之碑》,陈垣编纂:《道家金石略》,北京:文物出版社 1988 年版,第 966 页。

⑦ 参见《灵应观甲乙住持札付碑》,陈垣编纂:《道家金石略》,北京:文物出版社 1988 年版,第 938—941 页。

名表请赐予的。[1] 这些都反映出玄教首领在江南道教中的特殊地位和作用。

正因玄教首领既是天师在京的常驻代表，又实际充当了江南道教首领的代理人，故他们有机会保持着与元室的密切联系，保持着与江南诸道派的广泛接触。从而十分有利于帮助江南诸道派解决需要解决的问题，也有利于协调江南各派之间的关系，加强它们之间的团结，这些就为江南诸派联合成正一道大派作了必要的准备。另一方面，玄教组织的发展，又壮大了龙虎宗的力量，为正一道的形成提供了必要的组织基础。因此元代后期正一道的出现，玄教首领的活动及其组织的壮大是起过重大作用的。

此外，由于玄教首领们的被宠信，以及直接参加了元室管理道教的机构集贤院的工作，使他们的作用和影响又超出于正一道之外。如前所述，当全真道与佛教发生斗争、面临道经被焚之厄时，张留孙上言皇帝，减少了焚经的损失。当全真道掌教缺人，吴全节推荐孙履道继任。这些都表明玄教对正一道之外的其他道派也有一定的影响力。

第七节　茅山、阁皂二宗及其他道法派别的传衍

道教符箓派中传统的“符箓三宗”，除龙虎宗及其支派玄教盛于元代外，茅山宗在元代也有一定的发展。其传播地域主要在苏、浙及闽、赣等省区。

一、茅山、阁皂二宗的传衍

茅山自陶弘景创宗以来，代代承传不绝，第四十一代以前的宗师，前已介绍。第四十二代宗师翟志颖，字同叔，江苏丹阳人。生年不详。掌教期间，至元十二年（1275 年）元兵下江南，次年（1276 年）六月去世。

---

① 参见（元）陈旅：《龙虎山繁禧观碑铭》，陈垣编纂：《道家金石略》，北京：文物出版社 1988 年版，第 950 页。

第四十三代宗师许道杞（1236—1291 年），字祖禹，江苏句容人。上清派许谧之后裔。生于宋端平三年（1236 年）。幼师三十八代宗师蒋宗瑛。元初兵革之余，岁旱饥疫。江苏省长官延至维扬（今苏州）祷雨，有验，声闻于朝。至元十七年（1280 年）被召入京，“世祖以臂疾召见大都香殿，令试以法，愈；复命祈雪止风，皆奇验。赐宝冠法服，降玺书大护其教，佩印南还，三茅山悉统隶之”①。至元二十八年（1291 年）逝世。享年 56 岁。

四十四代宗师王道孟（1242—1314 年），字牧斋，江苏句容人。14 岁师事元符万寿宫道士沈宗绍。“许宗师（道杞）将化，手印待今王君（道孟）至而传之。大德二年（1298 年），淮南蝗，本道宣慰使礼请君至江都醮而禳焉……如是连日，蝗不为灾。先是旱，祷而雨……由是制授养素通真明教真人。”②至大四年（1311 年），因年老，命弟子刘大彬袭其教。延祐元年（1314 年）逝世，享年 73 岁。

四十五代宗师刘大彬，号玉虚子，吴郡钱塘（今杭州市）人。延祐四年（1317 年）得“九老仙都君”玉印，有司闻于朝，仁宗皇帝特旨还赐（茅山元符之上清）宗坛，以传道统。③ 现存署名刘大彬编集的《茅山志》，所记刘大彬事甚少，此后更不见传代。

虽然在很长年代里，茅山宗皆以茅山为中心，住茅山宫观的知名道士也较多。但从元初起，苏、杭一带反而超过茅山，成为该宗力量最雄厚的地区。宋末元初，杭州地区出了一个著名茅山道士杜道坚，对茅山宗在该地区的发展起了很大作用。杜道坚（1237—1318 年），字处逸，自号南谷子，安徽当涂人。“年十四，得异书于异人，即嗜老氏学。（年）十七，寄迹郡之天庆观，师蒙庵葛师中。宋淳祐（1241—1252 年）为御前道士。蒙庵师虚白陈元实，是为陆修静裔孙。”④“继入茅山，阅道藏，宗师蒋玉海（蒋宗瑛）见而器之，授

① 《茅山志》卷 12，《道藏》第 5 册，第 609 页。

② （元）元明善：《华阳道院碑铭》，《茅山志》卷 27《录金石篇》，《道藏》第 5 册，第 674 页。

③ 参见《茅山志》卷 12，《道藏》第 5 册，第 610 页。

④ （元）朱右：《杜南谷真人传》，《白云稿》卷 3，《文渊阁四库全书》第 1228 册，第 41 页。赵孟頫《隆道冲真崇正真人杜公碑》则谓“师石山耿先生”，见《松雪斋集》卷 9，《文渊阁四库全书》第 1196 册，第 722 页。

大洞经法。”①是茅山宗的嫡传弟子，时约当南宋宝祐末至开庆年间(1258—1259年)。继而远游各地，至宜兴隐居三年。宋度宗时，被引荐，赐号辅教大师。后至钱塘，“杨和武恭王(杨存中)孙颖祖延主吴兴(今湖州市)计筹山升玄报德观。兴玄学，饬轨范，举废坠”②。徒众悦服。又在观之东北白石山上创建披云庵。至元十三年(1276年)，元兵南渡，所至震慑，道坚冒石矢，叩军门见太傅淮南王巴延(即伯颜)，为民请命，以不杀无辜相请。巴延悦其言，禁将士下未附者勿劫掠。江南既平，有诏命巴延选用人才。明年，巴延朝上都，偕道坚入觐。道坚首陈当务之急，在于求贤、养贤和用贤。疏上，世祖忽必烈嘉纳之。屡召对便殿，莫不称旨。所举将相之才，后皆为名臣。世祖忽必烈欲委道坚以执政，力辞不拜。诏乘传江南求有道之士，事竣还京。至元十七年(1280年)冬，被玺书东还，凡杭州之宗阳宫、纯真观，湖州之升玄报德观，皆护持之。大德七年(1303年)，授杭州路道录、教门高士。复有旨改披云庵为通玄观，听其徒甲乙主之。玄教大宗师张留孙又疏请其主杭州四圣延祥观。所至创立制度，修饬宫宇，咸为改观。平时博览群书，曾于升玄、宗阳二山筑二真馆，储书数万卷，岁时往来其间。③ 皇庆元年(1312年)，宣授“隆道冲真崇正真人”，依旧住持杭州宗阳宫，兼领湖州计筹山升玄报德观、白石通玄观事。不久，请老而传，寻奉玺书，以弟子姚志恭为升玄观提点，徒孙孙拱真为提举，以弟子薛志亨、林德芳先后住持通玄观。

杜道坚深于玄理，晚年著《道德玄经原旨》4卷、《玄经原旨发挥》2卷，又著《关令阐玄》3卷、《文子缵义》12卷等，共数十万言。朝廷尝以其书颁行于世。平生诗著若干卷，藏于白石山中。《道德玄经原旨》是其主要著作，体现了他的根本思想。此书是对《老子》的阐释与发挥，其特点不是以道教方术解《老子》，而是糅合儒家思想以阐发《老子》的政治思想。他说:

① (元)朱右:《杜南谷真人传》,《白云稿》卷3,《文渊阁四库全书》第1228册,第41页。

② (元)朱右:《杜南谷真人传》,《白云稿》卷3,《文渊阁四库全书》第1228册,第41页。颖祖,戴表元撰《计筹山升元报德观记》作“频祖”,为杨存中五世孙。见陈垣编纂:《道家金石略》,北京:文物出版社1988年版,第886页。

③ 此据朱右《杜南谷真人传》。赵孟頫《隆道冲真崇正真人杜公碑》则谓“作揽古之楼于通玄,聚书数万卷,道德注疏何啻千家”。参见《松雪斋集》卷9,《文渊阁四库全书》第1196册,第723页。

“玄经之旨，本为君上告。”①“老圣作玄经，所以明皇道帝德也。”②即是说，《老子》立论的主旨是“皇道帝德”，是总结古代君主的统治经验，告诫他们如何统治臣民的道和术，即君人南面之术。他认为，中国上下几千年的天道和人道，已被《老子》包罗无遗。他在《玄经原旨发挥》中解释说：“道德五千余言，包络天地，玄同造化，君臣民物，罔不赅备。”③又说：“老圣之言，纪无始有始开天立极之道，太古上古皇道帝德之风，下至王之功，伯之力，见之五千余文，囊括天人之道，上下几千百代，历历可推。”④他认为：“古之君天下者，太上无为，其次有为。是故皇以道化，帝以德教，王以功劝，伯以力率，四者之治若四时焉。天道流行，固非人力之能强，然则时有可行，道无终否。”⑤老子的道皆可作指导。

他又多方调和儒、道。指出老子小仁义，并非否认忠孝仁义，只是主道德，而反对诈伪。说：“亲和则孝之名隐，而孝未尝不在也；世治则忠之名晦，而忠未尝不在也。”⑥“圣智仁义，天下之大本也，其可绝弃乎？”⑦又以孟子之“仁政”解《老子》，指出《老子》所云“民不畏死，奈何以死惧之”，实与孟子“仁政”合，“孟子谓杀人以刃与政，亦此意。民不畏死，即是民不堪命，而怀等死之心。上若宽法令，薄赋敛，省徭役，天下之民各得所养，惟恐其死为奇作弗靖也”。⑧ 又将《大学》修身齐家治国平天下思想与《老子》相比附，说：“盖自天子至于庶人，一是皆以修身为本……修之身，其德乃真，慎厥身，修思永，真其在矣。修之家，其德乃余，能克家，则善有余庆也。修之乡，其德乃长，斯友一乡之善士也。修之国，其德乃丰，国人皆好之也。修之天下，其德乃普，天下慕之也。”⑨

① (元)杜道坚:《道德玄经原旨》卷1,《道藏》第12册,第727页。
② (元)杜道坚:《道德玄经原旨》卷1,《道藏》第12册,第728页。
③ (元)杜道坚:《玄经原旨发挥》卷下,《道藏》第12册,第770—771页。
④ (元)杜道坚:《玄经原旨发挥》卷下,《道藏》第12册,第772页。
⑤ (元)杜道坚:《通玄真经缵义序》,《道藏》第16册,第755页。
⑥ (元)杜道坚:《道德玄经原旨》卷1,《道藏》第12册,第733页。
⑦ (元)杜道坚:《道德玄经原旨》卷1,《道藏》第12册,第733页。
⑧ (元)杜道坚:《道德玄经原旨》卷4,《道藏》第12册,第756页。
⑨ (元)杜道坚:《道德玄经原旨》卷3,《道藏》第12册,第748页。

综上可见，杜道坚在阐发《老子》思想时，虽无多少创见，但儒道融合的倾向却是很显著的。因此获得不少儒家学者的称赞。如牟巘为《道德玄经原旨》作序时说："自司马子长以老韩同传，千载不满，河上公注《老子》，颇及吐纳导引之类；其后孙登、陶弘景、松灵仙人、唐道士成玄英、张君相辈，亦皆注《老子》，又近神仙家；王辅嗣以《老子》解《易》，人或非之，然其解《老子》，则初不及《易》；至苏子由，直以是谓袭明为释氏之传灯。老子亦岂意其末流之至此也！今杜君乃求之以帝王之书，参之以帝王之事，譬如披蒙昧，出幽深，明向正大，气象顿殊，岂不甚韪！"①徐天祐序说："南谷杜君之为是学也，不以道家说训老氏书，独援儒以明之，章研句析，而前后相蒙，不喜为破碎引类比义，悉举五三帝王、孔孟之道传诸其说……诸微言眇旨，与六经合者，不可一二举。"②

杜道坚活了88岁，于延祐五年（1318年）逝世。所传弟子四十余人，姚志恭、赵嗣祺、袁德逵等皆有道行。

姚志恭，或作姚季安③，或作姚桂安④，盖为一人，因称名称字而有异。曾继杜道坚主计筹山之升玄报德观。姚传弟子柯德嗣，柯传洪善渊。⑤道坚又有弟子周德方，号广莫子。原籍杭州，幼因战乱，流落漠北，年五十余回乡，师道坚。玄教大宗师吴全节为奏请玺书，住越（今浙江绍兴）之龙瑞宫，凡六载而谢去。此后，一意读书，影不出山二十余年，传弟子凌某。⑥

杜道坚弟子中，影响最大的是赵嗣祺。赵嗣祺（1277—1340年），字虚一，宋魏悼王十一世孙。南渡后，家于浙江龙泉县（或云浙江缙云县）。年二十四，学道福建武夷山之天游道院，师张德懋。德懋亦道坚弟子。德

① 《道德玄经原旨序》，《道藏》第12册，第725—726页。

② 《道德玄经原旨序》，《道藏》第12册，第726页。

③ 参见（元）黄溍：《广莫子周君碣》，陈垣编纂：《道家金石略》，北京：文物出版社1988年版，第985页。

④ 参见（元）郑元祐：《计筹山巢云楼记》，《侨吴集》卷9，《文渊阁四库全书》第1216册，第544页。

⑤ 参见（元）郑元祐：《计筹山巢云楼记》，《侨吴集》卷9，《文渊阁四库全书》第1216册，第544页。

⑥ 参见（元）黄溍：《广莫子周君碣》，陈垣编纂：《道家金石略》，北京：文物出版社1988年版，第985—986页。

懋尝携嗣祺至钱塘,谒其师道坚于宗阳宫。道坚一见大奇之,乃令德懋居通玄观,嗣祺居升玄观。久之,道坚欲广嗣祺见闻,乃勉之出游京师。玄教大宗师张留孙和嗣师吴全节咸加礼遇,挽置馆下,声誉日起。延祐元年(1314 年),有旨命嗣祺住仙都山(今浙江缙云县境)玉虚宫,又兼少微山(今浙江丽水县境)紫虚观提点焚修。延祐三年(1316 年),刻铜印授之,视五品。延祐五年(1318 年),受命住持,兼领本路(处州路)诸宫观。延祐六年后,曾两次受命代祀东南名山,并访求岩穴之士。姚季安逝世后,又继主吴兴计筹山升玄观。至治、泰定间(1321—1328 年),又受命主领金陵(今南京市)玄妙观(寻改名大元兴永寿宫)。"吴郡(治今苏州市)有胥氏之崇福观,管氏之玄真观,张氏白鹤观,俱备礼求先生主之。既得旨,以崇福、玄真隶永寿,及先生至升元(玄),遂兼白鹤(观)。"①至顺二年(1331 年),觐见文宗,"求归仙都,不获请,有旨更赐号曰教门真士玄明通道虚一先生"②。惠宗至元六年(1340 年),逝世于白鹤观,享年 64 岁。传弟子袁守约等。

蒙文通先生曾论元代茅山宗传系云:"蒋宗瑛实为司马承祯二十六传,其弟子有杜道坚,作《道德玄经原旨》,赵松雪(孟頫)尝师之。自杜氏而下,遂入于元。次张德懋,次赵嗣祺,次周德方。此皆源于重玄(派)而流播较久,其传受皆有可征,而宗旨亦渐变。"③

与此同时,刘大彬又有弟子吕虚夷活动于浙江。吕虚夷(?—1344 年),字与之,浙江奉化人。④ 少尝执事鄞县、象山二县廷,冀得微禄以养母。母殁,遂谢去,入天台桐柏山(今浙江境)崇道观着道士服,后从宗师刘大彬受上清法箓于华阳宗坛。大德十一年(1307 年),为象山县令祷雨,被邀居象山之瀛海道院。皇庆(1312—1313 年)间,又诣庆元报恩观,礼吴尊师受

① (元)黄溍:《玄明宏道虚一先生赵君碑》,陈垣编纂:《道家金石略》,北京:文物出版社 1988 年版,第 956 页。

② (元)虞集:《仙都山新作玉虚宫碑》,陈垣编纂:《道家金石略》,北京:文物出版社 1988 年版,第 937 页。黄溍碑则谓至顺元年赐号教门真士、玄门宏道虚一先生。

③ 蒙文通:《校理老子成玄英疏叙录》,《图书集刊》第 7 期,1946 年 10 月。

④ 参见(元)危素:《玄儒吕先生道行记》,陈垣编纂:《道家金石略》,北京:文物出版社 1988 年版,第 978 页。

役风雨使鬼神之法。至正元年(1341 年),庆元(治鄞县)旱,为之祷雨应。善为文,通禅观之学,尝与翰林侍讲学士袁桷、僧岫云坐松阴讲《老子》。或绘为图,翰林学士吴澄为之赞。至正四年(1344 年)卒。著有《老子讲义》、《啬斋文集》,已佚。①

元末,茅山宗出了一个以文学知名的道士张雨(1277—1348 年)。张雨,又名天雨,字伯雨,法名嗣真,别号贞居,又号句曲外史。吴郡(治今江苏苏州市)人。年二十弃家,遍游天台、括苍诸名山。后去茅山礼宗师许道杞弟子周大静为师,受大洞经箓。再师玄教道士王寿衍,法名嗣真,居杭州开元宫。皇庆二年(1313 年),随王寿衍入京,居崇真万寿宫。由于素有诗名,京中士大夫与文人学士多与之交游,"一时贤士大夫若浦城杨仲弘(杨载)、四明袁伯长(袁桷)、蜀郡虞伯生(虞集)争与为友"。② 或谓:"一时浦城杨仲弘、清江范德机(范梈)、金华黄晋卿(黄溍)、吴兴赵仲穆(赵雍)交甚善。"③总之,所交皆当时文学知名之士。因他不希荣进,乃于延祐(1314—1320 年)初,离京返杭之开元宫。至治元年(1321 年),开元宫火灾,又于次年回茅山,主崇寿观,又曾主镇江崇禧观。惠宗至元二年(1336 年)辞宫事,日与友人饮酒赋诗相酬酢。至正八年(1348 年)卒,享年 72 岁。所著有《山世集》3 卷,《碧岩玄会录》2 卷,《寻山志》15 卷,皆不存。又著《玄史》,即《玄品录》5 卷,现存于《道藏》。《四库全书》又存其诗集《句曲外史集》8 卷。钱大昕《元史艺文志》卷 2 著录张天雨《茅山志》15 卷,明成化《杭州府志》卷 45 云:"张天雨,字伯雨,钱塘人……尝屏居修《茅山志》,因号曰句曲外史。"④故陈国符先生认为,现《道藏》中署名刘大彬所撰之《茅山志》,"实即张天雨所修,刘大彬窃取其名而

① 参见吴澄《大瀛海道院记》、黄溍《澄碧堂记》、危素《玄儒吕先生道行记》等,陈垣编纂:《道家金石略》,北京:文物出版社 1988 年版,第 916—917、1209、978 页。

② (明)刘基:《句曲外史张伯雨墓志铭》,又载陈垣编纂:《道家金石略》,北京:文物出版社 1988 年版,第 993—994 页。

③ (明)姚绶:《句曲外史小传》,《句曲外史集附录》,《藏外道书》第 34 册,第 58 页。

④ (明)陈让、夏时正纂:《成化杭州府志》卷 45,《四库全书存目丛书》,济南:齐鲁书社 1996 年版,史部第 175 册,第 655 页。

已”。①

张雨是一个多才多艺的文学道士，精于诗，能文、善书、工画，尤以诗享盛誉于元末文坛。徐达左说：“贞居以儒者抽簪入道，自钱塘来句曲，负逸才英气，以诗著名，格调清丽，句语新奇，可谓诗家之杰出者也。当是时，以诗文名世者，若赵松雪（孟頫）、虞道园（虞集）、范德机、杨仲弘诸君子，以英玮之姿，凌跨一代，谐鸣于馆阁之上，而流风余韵，播诸丘壑之间。贞居以豪迈之气，超然自得，独鸣于丘壑之间，而清声雅调，闻诸馆阁之上。诸君子亦尝与其唱酬往还，虽出处不同，而同为词章之宗匠，譬如轩轾，讵知其孰先而孰后耶？”②姚绶评其诗文说：“诗宗杜，惟肖古选，类大历间诸子；文学韩，而冷语类汉。”③王彝评其诗云：“今观雨自书杂诗……词翰之妙如是，自当与赵、虞诸公诗集并传也。”④张雨又善书法，姚绶云：“饮酣伸纸作大草，尤妙；小楷变率更（欧阳询）家数，世称二绝。”⑤却谓张雨“独于画未工”⑥。此评似不确，张雨好友倪瓒《题张贞居书卷》曰：“贞居真人，诗、文、字、画皆为本朝道品第一。”⑦可见画亦未必不工。

综上可见，茅山宗在元代也较流行，而以杜道坚一系最为繁盛。杜道坚得自茅山嫡传，但其活动中心则在浙江杭州及吴兴（今湖州市）。赵嗣祺之师原为张德懋（字希微），张德懋之师为吴梦梅（或作“棋”），本出自福建武夷山天游道院，但转师杜道坚后，即以浙江处州（治丽水）、缙云为活动中心，兼及苏州、杭州，被称为“南台之系”⑧。张雨也出自茅山，后住杭州开元宫多年，再返茅山。凡此，皆可概见元代茅山宗发展的轨迹。

---

① 陈国符：《道藏源流考》下册，北京：中华书局1963年版，第248页。

② 《句曲外史集》前徐达左序，《藏外道书》第34册，第57页。

③ （明）姚绶：《句曲外史小传》，《藏外道书》第34册，第58页。

④ （明）王彝：《跋张贞居自书帖》，《王常宗集续补遗》，《文渊阁四库全书》第1229册，第441页。

⑤ （明）姚绶：《句曲外史小传》，《藏外道书》第34册，第58页。

⑥ （明）姚绶：《句曲外史小传》，《藏外道书》第34册，第58页。

⑦ （元）倪瓒：《清閟阁全集》卷9，《文渊阁四库全书》第1220册，第300页。

⑧ （元）虞集：《处州路少微山紫虚观记》，陈垣编纂：《道家金石略》，北京：文物出版社1988年版，第923页。

元代茅山宗除以苏浙为主要基地、兼及福建外，江西亦有传播踪迹。吴澄《相山四仙祠记》和虞集《相山重修保安观记》皆载上清法师孙庆衍受玺书领相山之宫观①。相山即在今江西崇仁县境内。

"符箓三宗"之一的閤皂宗，现存的资料极少。元代文人的记载，现仅见袁桷《清容居士集》载有《閤皂山万寿崇真宫加大崇真万寿宫诏》和《临江路閤皂山崇真宫住持四十六代传箓嗣教宗师杨伯晋升加太玄崇德翊教真人诏》，皆未署年月，知元中期已传至四十六代，但其嗣教杨某之事迹已不详。② 虞集《道园学古录》有《苍玉轩新记》，记延祐二年(1315年)，玄教嗣师吴全节奉旨代祠东南名山时，曾至閤皂山万寿崇真宫，憩于其中之苍玉轩，见其年久失修，勉其徒葺之。③ 盖閤皂宗至元代，虽有传人，但已趋衰落，不久即合并于正一道了。

宋末元初有一道士郑思肖，似属閤皂宗之流裔，现附记于下。郑思肖(1241—1318年)，字忆翁，号所南，又号三外野人，福州连江透乡人。④ 原为南宋太学生，博学多技能。宋亡，客寓吴中(今苏州市)，誓不仕元。由儒入道，兼好禅学，善为文，喜画兰。常于诗文中表露其亡国之痛和对宋臣仕元之讥，"若《题郑子封书塾》曰：'天垂古色映柴门，千古传家事且存。此世只除君父外，不曾重受别人恩。'讥宋之臣子复仕于元也。若题其画兰曰：'求则不得，不求或与，老眼空阔，清风万古。'讥一世之士无足当其意也。若题其画菊曰：'花开不并百花丛，独立疏篱趣未穷。宁可枝头抱香死，何曾吹堕北风中。'自谓志节不为元氏富贵所夺也。若题其画像曰：'不忠可诛，不孝可斩，敢悬此头于洪洪荒荒之表，为天下不忠不孝之榜样。'讥夫忘

① 分别参见《吴文正集》卷46(《文渊阁四库全书》第1197册，第481页)和《道园学古录》卷47(《文渊阁四库全书》第1207册，第660页)。

② 二诏分别见《清容居士集》卷35(《文渊阁四库全书》第1203册，第468页)和卷37(《文渊阁四库全书》第1203册，第500页)。

③ 参见(元)虞集：《道园学古录》卷46，《文渊阁四库全书》第1207册，第655—656页。

④ 此据(明)卢熊：《(洪武)苏州府志》卷40，《中国方志丛书》，台北：成文出版社1983年版，第1641页。其原名不详，宋亡改此名。参见大德五年(1301年)柴志道为思肖之父郑起(字叔起，号菊山)《清隽集》所作序。[(宋)郑起撰，(元)仇远选编：《三山郑菊山先生清隽集》，《丛书集成初编》，北京：中华书局1985年版，第2263册；并参(元)郑元祐：《遂昌杂录》，《文渊阁四库全书》第1040册，第388页]

国而事仇者也。”①“赠人云：‘天下皆变，吾观其不变。惟其不变，乃所以变。其变者物也，不变者道也。’……赵子昂（赵孟頫）才名重当世，公（郑所南）恶其宗室而受元聘，遂与之绝。子昂数往候之，终不得见，叹息而去。无何，货其所居，得钱则周人之急，田亦舍诸刹……自是无定迹，吴之名山禅室道宫，无不遍历。多寓城之万寿、觉报二刹。疾亟时，嘱其友唐东屿曰：‘思肖死矣，烦为书一位牌，当云：大宋不忠不孝郑思肖。’语讫而绝，年七十八。”②或谓其名思肖者，思赵（宋）也。据洪武《苏州府志》，著有《释氏施食心法》1 卷，《太极祭炼》1 卷，《谬余集》1 卷，《文集》1 卷，《自叙一百二十图诗》1 卷，与菊山先生诗集并行于世；③又著有《心史》2 卷。④ 所传弟子有马行之、沈之我等。

今《道藏》收其所著《太极祭炼内法议略》3 卷，属灵宝斋法的阐述著作。第四十三代天师张宇初曾为之作序曰：“灵宝斋法，始徐（来勒）、葛（玄）、郑（隐）三师流于世，迄汉唐宋元以来，蹊殊径异，纷纠交错，不啻千百……世传则有丹阳、洞阳、通明、玉阳、阳晶诸派，而莫要于仙公丹阳者也。丹阳本夫南昌，而南昌乃灵宝一名也。得丹阳之要者，莫详于所南郑先生《内法议略》。……其言首主于诚，学之大本，何莫非诚，故曰诚者天之道，诚之者人也。”⑤据此，郑所南是灵宝斋法的重要承传人。

二、神霄、清微、东华、天心诸派的继续流行

“符箓三宗”传播的同时，原从此三宗分衍出来的其他符箓派别，如神霄、清微、东华、天心等，也在元代有不同程度的发展，传播地域，仍在江南。

神霄派在元代的主要传人是莫月鼎。关于他的名、字、籍贯和生卒年，

① （明）王达善：《郑所南先生传》，转引自（明）李诩：《戒庵老人漫笔》卷 3《郑所南传》，北京：中华书局 1982 年版，第 87 页。

② （明）卢熊：《（洪武）苏州府志》，《中国方志丛书》，台北：成文出版社 1983 年版，第 1642—1644 页。

③ （明）卢熊：《（洪武）苏州府志》，《中国方志丛书》，台北：成文出版社 1983 年版，第 1644 页。

④ 收入《四库全书存目丛书》，济南：齐鲁书社 1997 年版，集部第 21 册。

⑤ 《道藏》第 10 册，第 439—440 页。

诸书记载不一。宋濂《元莫月鼎传碑》谓：讳起炎，入道后，更名沾乙，自号月鼎；湖州月河溪人；于庚寅之次年（1291 年）正月逝世，寿六十九。① 王逢《莫月鼎法师道行录》谓：讳起炎，字月鼎，吴兴人，生于宝庆丙戌（1226 年），癸巳（1293 年）冬微疾，明年（1294 年）逝世。② 赵道一《历世真仙体道通鉴续编》卷 5《莫月鼎传》谓"月鼎真人姓莫氏，讳洞一，字起炎，浙西霅川人"；以延祐庚寅（查延祐无庚寅。庚寅为至元二十七年，1290 年）卒，书偈曰"七十四年明月"云云。③《苏州府志》谓：莫起炎，号月鼎，苕溪人，于癸巳之明年（1294 年）正月逝世，书偈曰"六十九年明月"云云。④《浙江通志》谓：莫起炎，钱塘人；又：起炎，山阴人，更名洞元。⑤ 明王圻《续文献通考》谓：名起炎，归安人，入道后，更号月鼎。⑥ 明陆容《菽园杂记》卷 10 谓：月鼎湖州人，殁于苏州。⑦ 清顾沅《玄妙观志》卷 3 谓：字南仲，其先巨鹿人，父懋，迁湖州；为黄冠，更名洞一，以所居有溪形似新月，故号月鼎；后卒于王继华家，瞑目之时，书"六十七年明月"云云。⑧ 以上记载纷纭歧异，莫衷一是。盖莫月鼎，名起炎，月鼎为其字或号。吴兴（今浙江湖州市）人。或谓归安，归安为北宋分乌程县地置，治所与乌程同城，在今浙江吴兴，故此说不错。或谓苕溪，亦是。因吴兴境内有东苕溪、西苕溪等水，流至吴兴城内汇合而称霅溪，霅溪遂成为吴兴之别名；霅溪，又称霅川，在吴兴县治南。以上诸记，皆指吴兴，盖是。或谓山阴（会稽之北）人，钱塘人，皆不确。至于生卒年及寿数，已难确定。大约是生于南宋理宗宝庆（1225—1227 年）年间，卒于元世祖至元末（1290—1294 年）。

---

① 参见（明）宋濂：《宋学士全集补遗》卷 4，《丛书集成初编》，北京：中华书局 1985 年版，第 2129 册，第 1355—1357 页。

② 参见（元）王逢：《梧溪集》卷 4，《文渊阁四库全书》第 1218 册，第 795 页。

③ 参见《道藏》第 5 册，第 447 页。

④ 转引自《古今图书集成 · 神异典》卷 254"莫起炎"条，北京：中华书局、成都：巴蜀书社 1985 年版，第 51 册，第 62350 页。

⑤ 转引自《古今图书集成 · 神异典》卷 254"莫起炎"条，北京：中华书局、成都：巴蜀书社 1985 年版，第 51 册，第 62350 页。

⑥ 参见（明）王圻：《续文献通考》卷 243，台北：文海出版社 1979 年版，第 23 册，第 14560 页。

⑦ 参见《丛书集成初编》，北京：中华书局 1985 年版，第 330 册，第 116 页。

⑧ 参见《玄妙观志》卷 3，《三洞拾遗》，合肥：黄山书社 2005 年版，第 15 册，第 679 页。

莫月鼎出身宦族，祖、父在宋时皆为显官。幼习科举，三试不利，乃弃家为道士。初入四川青城山丈人观，从徐无极受五雷法。又闻南丰（今属江西）邹铁壁（或作笔）得王文卿斩勘雷书，秘不传，乃委身童隶事之，终获受其书（《九天雷晶隐书》）。于是“召雷雨，破鬼魅，动与天合。虽嬉笑怒骂，皆若有神物从之者”①。因此名重当时。宝祐戊午（1258 年），浙河东大旱，马廷鸾方守绍兴，迎致月鼎，月鼎建坛祷之，雨立至。理宗闻之，赐诗一章，谓其为神仙云。由是道价益隆，求其学道者甚众。元世祖至元己丑（1289 年）②，遣御史中丞崔彧求异人于江南，物色获之，世祖召见于滦京内殿。问：“可闻雷乎？”月鼎对曰：“可。”即取胡桃掷地，雷应声而发，震撼殿庭，世祖为之改容。复命请雨，雨立至。或谓令祈雪，立验。世祖大悦，厚赐之，不受。寻有旨俾掌道教事，则以老耄辞。遂给驿南旋。于是踵门求授道者益众。月鼎从此避世佯狂，日以醉酒遣怀，放浪江湖间。其接门人，多致叱斥，试其诚怠之心而进止之。有疾患求治者，或书符与之，或摘草木叶嘘气授之，“无不立愈”。人常称之为“莫真官”云。世祖至元末逝世于苏州。所得王文卿秘籍，一如邹铁壁，不轻授人。得其传者，一说唯王继华与潘无涯，“继华授张善渊，善渊授步宗浩，宗浩授周玄真，皆解狎雷致雨云，而玄真尤号伟特”③。又有谓“吴下张雷所（或当为“师”——引者注，即张崇一）、王继华、金静隐、马心吾，江东许无心、陈静佳”嗣其传，“雷所再传步宗浩，宗浩传周玄初”。④

莫月鼎弟子潘无涯，元人张思濂曾提及，其《戏赠报恩观道士》云：“绛绡法服碧云冠，玉磬金钟每夜阑。坛上步虚黄箓醮，箕边悬笔紫姑栾。甲丁并走妖精碎，雷电双飞雨气寒。莫讶先生耽酒肉，杭人谁识烂头潘。”原注：

---

① （明）宋濂：《莫月鼎传碑》，《宋学士全集补遗》卷 4，《丛书集成初编》，北京：中华书局 1985 年版，第 2129 册，第 1356 页。

② 此据宋濂《莫月鼎传碑》。王逢《莫月鼎法师道行录》作“至元戊子（1288 年）”，《仙鉴续编》作“至元丁亥（1287 年）”。

③ （明）宋濂：《莫月鼎传碑》，《宋学士全集补遗》卷 4，《丛书集成初编》，北京：中华书局 1985 年版，第 2139 册，第 1357 页。

④ （明）王鏊：《（正德）姑苏志》卷 58，《文渊阁四库全书》第 493 册，第 1108 页。

“潘守元，字无涯，临平（今属杭州市余杭区）景星观提点，善雷法。”①

张崇一，先得易如刚授灵宝飞步法，又从莫月鼎得王文卿五雷秘法，皆精其术，世称张雷师，尚书包恢荐于朝，命主郡之天庆观（即玄妙观）。张善渊，张崇一之侄，字深父，号癸复道人，吴之华山人。善渊从伯父张崇一学，得其法，郡守潜说友举住建德永隆宫，再知平江光孝观。莫月鼎、侯清谷时为道门所宗，咸异重之而乐授所秘。至元间，嗣天师荐于朝，遂与弟子步宗浩入朝，有祷辄应，命为平江道录，住持天庆观，又改绍兴昭瑞宫、镇江道录。年九十二卒。② 步宗浩，字进德，号云冈。早习儒，中岁慕道，师张善渊于玄妙观，得斩勘雷书，祈雨驱邪，甚多灵迹，延祐（1314—1320 年）间制授贞元微妙弘教法师。③ 步宗浩有徒名杨中立，字玄微，号海沤，“少入玄妙观，嗣宗浩为太极五雷坛正宗。志尚简素，名所居曰一枝巢，郑元祐为之记。洪武（1368—1398 年）中，掌道纪司”④。周玄真，字玄初，世居嘉禾（今浙江嘉兴），后迁于姑苏（今苏州市）。初从嘉禾紫虚观李拱瑞（杜道坚弟子）为道士，受劾召鬼神之术，复从曹桂孙（曹谷神）受灵宝大法，又从步宗浩受五雷秘文。祈雨治疾，颇有奇验。享誉于元明之际，明初卒。⑤

莫月鼎徒裔中，还有金善信者。金善信（1273—1331 年），字实之，吴之长洲（今苏州市）人。家本世儒，成年后好老氏学。初师长洲玄妙观张善渊，后得莫月鼎不传之秘。构仁寿观于城东北隅，日与其徒研核妙旨。曾受知于天师张与材，起为广德路道录，仍提点仁寿观。张与材又荐于朝，赐号体仁守正弘道法师。至顺二年（1331 年）卒，享年 59 岁。⑥

---

① （元）汪泽民、张师愚：《宛陵群英集》卷 10，《文渊阁四库全书》第 1366 册，第 1051 页。

② 参见（明）卢熊：《（洪武）苏州府志》，《中国方志丛书》，台北：成文出版社 1983 年版，第 1681—1682 页。

③ 参见（明）王鏊：《（正德）姑苏志》卷 58，《文渊阁四库全书》第 493 册，第 1109 页。

④ （明）王鏊：《（正德）姑苏志》卷 58，《文渊阁四库全书》第 493 册，第 1109 页。

⑤ 参见（明）宋濂：《宋学士全集补遗》卷 1《周尊师小传》，《丛书集成初编》，北京：中华书局 1985 年版，第 2126 册，第 1174—1176 页；陈垣编纂：《道家金石略》，北京：文物出版社 1988 年版，第 1233—1234 页转载。并参（明）王鏊：《（正德）姑苏志》卷 58，《文渊阁四库全书》第 493 册，第 1109 页。

⑥ 参见（明）宋濂：《体仁守正弘道法师金君碑》，《宋景濂未刻集》卷下，《文渊阁四库全书》第 1224 册，第 593—594 页。此为代黄溍所作，故亦收《黄金华文集》卷 29。

又有王惟一(？—1326 年),亦传莫月鼎之学。《至正昆山郡志》说:"王惟一,自号景阳子,本括苍(今浙江丽水)人,以从父官华亭(今上海松江县),遂家焉。尝以儒饰吏事,已而弃吏从方外游,遇至人授以还丹九转,心领其要,乃著《景阳明道篇》、《金丹枢要》、《先天易赞》、《祈祷问答》、《行雷心传》、《道法精妙》凡六书。晚年寓樊泾岳祠。泰定丙寅(1326 年)正月三日,自笔其遗事及偈毕,端坐而逝。"①《道藏》收有其《道法心传》1 卷、《明道篇》1 卷。《道法心传》末云:"余一介愚蒙,滥参道法,曾遇至人传授,颇知法中一二……后又得月鼎莫先生使者一法,历说先天之妙,乃曰:……愚(莫月鼎)昨奉度师铁壁先生邹君传授口诀……余平生参尽雷法,未有若月鼎莫君先生之说如此之明也。使余朝夕思慕先生之学,不复再见,唯悒怏耳。先生在世,学者纷纷,多不得其传,盖谓不知道之故也。余今老矣,欲留秘诀于人间,无个知音可语,故作数图,名之曰道法精微,用留于世。"②

元代神霄派,除莫月鼎一系十分昌盛外,还有其他一些支系在同时活动。《历世真仙体道通鉴续编・莫月鼎传》云:莫月鼎"与同郡西野沈震雷真人同师事铁壁邹真人"。"自侍宸王真君演道以来,惟真人(指莫月鼎)与西野沈真人二派支流衍迤,盛于西江,昌于东吴。"③即莫、沈两系皆分别传衍于苏、浙、赣、闽、广等地,唯沈震雷一系不见其他记载,故不得其详。

虞集《灵惠冲虚通妙真君王侍宸记》中,又记有由王文卿直接传衍于元的一系。该文称,王文卿传新城高子羽,高子羽"授之临江徐次举,以次至金溪聂天锡,其后得其传而最显者曰临川谭悟真云。人不敢称其名,但谓之谭五雷"④。谭悟真是宋末元初人,入元后,"浮沉人间,隐显莫测"。后谭传庐陵罗虚舟,再传萧雨轩、周立礼二人,周传其子,萧则传胡道玄。据虞集介绍,罗虚舟,庐陵(今江西吉安市)人,"故宋时名士涧谷先生之诸孙也,得(谭)五雷之传,甚有符契。然谭君诵侍宸之戒曰:'每传不过一二人,若广

① (元)杨譓:《至正昆山郡志》卷 5,《宋元方志丛刊》,北京:中华书局 1990 年版,第 1 册,第 1140 页。

② 《道藏》第 32 册,第 419—420 页。

③ 《道藏》第 5 册,第 447 页。

④ (元)虞集:《灵惠冲虚通妙真君王侍宸记》,陈垣编纂:《道家金石略》,北京:文物出版社 1988 年版,第 1177 页。

泄之,则速死。'是以罗之弟子虽多,而自以为得之者惟萧主簿雨轩,其后则有周司令立礼两人而已。周与予有姻联,然终日言之未尝及此。萧君清文雅学,中罹忧患,然甚通至理,泊然无所累其心,予敬爱之而亦未尝言及之也。周之说惟授之其子,游其门者,或得或不得,予不知也。萧君儒者,择人至谨,而人亦不知其有此道,独传之道玄胡君一人而已"①。胡道玄,鄱阳人,得王文卿真传,人称"神霄野客"。"年二十余,道行关陕、荆襄、江汉、淮海、闽浙之间,当己巳、庚午(天历元年、二年,1329 年、1330 年)之旱,旬日之中,郡县争致之,所历或一日,或二日,嘻笑怒骂,雷雨随至。官吏畏而民爱之。环四五千里之间,所至无不应者。至于妖怪之作,劾治如法,人以为神。遇异人于武当大顶天柱峰,得修仙之道,遍游名山洞府而归江东西之间。从蓬头金公(金志扬)游,甚相契许,他人莫之测也。于是收敛神异之迹,将求名地以归隐,是以谒浮丘君于华盖之上,道过黄茅之冈,故使予得见焉。"②其后事迹不详。

程钜夫《冲虚通妙先生王君祠堂记》载其家乡建昌(今江西南城县)有邓主簿嗣行王文卿法,其人"名桂孙,字芳远,自号冰涧道人"。王文卿祠堂本在"天庆观庑下,卑亵弗称",邓氏乃"即其(王文卿)昔所寓地于观之左而改祠"。至元壬辰(1292 年),程钜夫奉母丧归乡,叩请邓桂孙祈晴有验。③

张宇初《妙灵观记》记录了元代临川(今属江西抚州市)道士唐乐真行神霄法的事迹。其云:王文卿葬南丰神龟冈,乡人遇水旱疾疠,祷之辄应。"元至顺三年(1332 年)夏,同知南丰州事蒲汝霖祷雨应,上其事于朝,时临川道士唐乐真以法术承应内廷,亦祷雨应,复闻于朝,加赠灵惠真君。在元盛,法大阐,由乐真发之也。"④

① (元)虞集:《灵惠冲虚通妙真君王侍宸记》,陈垣编纂:《道家金石略》,北京:文物出版社 1988 年版,第 1177—1178 页。

② (元)虞集:《灵惠冲虚通妙真君王侍宸记》,陈垣编纂:《道家金石略》,北京:文物出版社 1988 年版,第 1177 页。

③ 参见(元)程钜夫:《雪楼集》卷 11,《文渊阁四库全书》第 1202 册,第 131 页。

④ (明)张宇初:《岘泉集》卷 3,《道藏》第 33 册,第 218 页。参见(元)虞集:《灵惠冲虚通妙真君王侍宸记》,《道园学古录》卷 25,《文渊阁四库全书》第 1207 册,第 367 页。又载陈垣编纂:《道家金石略》,北京:文物出版社 1988 年版,第 1176 页。

综上所述，神霄派在元代支派繁衍，传承不绝，其徒众广泛活动于苏、浙、赣、闽、广以至鄂、陕地区，在民间的影响很大。现据有关资料，图其传授谱系于下：

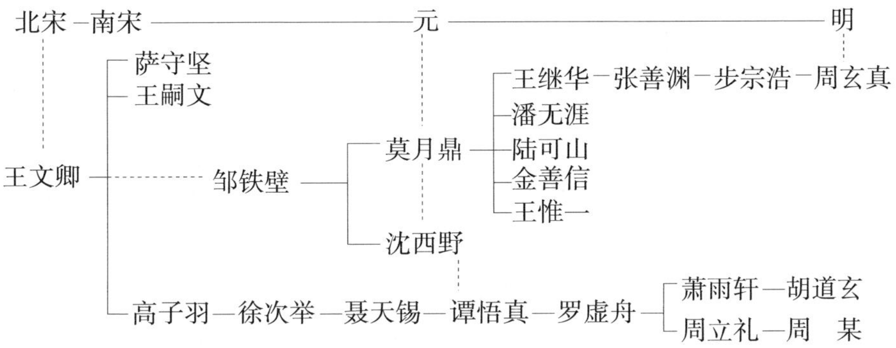

神霄派在元代的传承图

元代神霄派虽然较盛，但其理论却基本承袭前代，并无多少创新。基本特点仍是雷法与内丹相结合，而以雷法依附于内炼。如王惟一在所作《道法心传》中，即以法术依存于内炼，把精气神的修炼看成是行法的基础，雷霆风云仅是精气神的外在表现。他说，道法"在乎人心，清静则存，秽浊则亡。故精住则气住，气住则神住。三者既住，则道法备，散而为风云，聚而有雷霆，出则为将吏，纳则为金丹"①。又说："五藏之中有精神魂魄意，聚成五雷。"②因此修道者应以修精气神的内炼为本，以符箓劾召之术为末。如果不修其本，仅重其末，雷霆劾召之术将无从施展。故书中多结合内丹讲道法。

与神霄派同时传播的还有清微派。清微派传至元代，以黄舜申为一大家。黄舜申的事迹，前已有所介绍。南宋时，曾被理宗召见，御书"雷渊真人"四字赐之。入元以后，于至元丙戌（1286 年）应诏赴阙，奏对明敏。未几，乞请还山，制授"丹山雷渊广福普化真人"③。

黄舜申是清微派的理论大师和清微雷法之集大成者。经他对诸书"钩

① 《道藏》第 32 册，第 413 页。

② 《道藏》第 32 册，第 423 页。

③ 《历世真仙体道通鉴续编》卷 5《黄雷渊传》，《道藏》第 5 册，第 446 页。又见《清微仙谱》之《黄舜申传》，《道藏》第 3 册，第 331—332 页。

玄探赜,集成大全”,方使清微雷法大备。陈采《清微仙谱序》云:黄舜申“覃思著述,阐扬宗旨,而其书始大备”①。张宇初《道门十规》也说:“清微自魏(华存)、祖(舒)二师而下,则有朱(洞元)、李(少微)、南(毕道)、黄(舜申)诸师,传衍犹盛。凡符章经道斋法雷法之文,率多黄师所衍。”②《道藏》中所存的清微道法著作,如《清微元降大法》、《清微神烈秘法》、《清微斋法》、《清微丹诀》、《清微玄枢奏告仪》等,盖皆出于黄舜申及其门人之手。

其雷法理论,大同于神霄派,主张天人合一,内(炼)外(法)结合,而以内炼为基础。强调诚于中,方能感于天;修于内,方能发于外。《清微斋法》卷上云:“盖行持以正心诚意为主。心不正,则不足以感物;意不诚,则不足以通神。神运于此,物应于彼,故虽万里,可呼吸于咫尺之间。”③又说:“将吏只在身中,神明不离方寸。”④将吏、神明皆指施行雷法时所劾召的鬼神,之所以能劾召他们,全在于心诚意正和深厚的内炼工夫。《道法会元》卷1《法序》也说:“五行之妙用,寂然不动,感而遂通。夫天地以至虚中生神,至静中生气,人能虚其心则神见,静其念则气融……凡气之在彼,感之在我;应之在彼,行之在我。是以雷霆由我作,神明由我召,感召之机在此不在彼。”⑤故该宗著《清微丹诀》,专言内丹修炼之道。其《发用章》引雷渊真人(黄舜申)的话说:风、云、雷、雨、火等,皆以行法者深厚的内炼工夫为基础,待临场时,靠运气从体内发放出来,“耳热生风,眼黑生云,腹中震动即雷鸣,汗流大小皆为雨,目眩之时便火生。入息静定良久,神息既调,直待内境不出,外境不入,但觉身非我有,天地虚然,入定光中……次复收敛,运一气七遍之妙……酿成五事。临坛之际,拨动关捩,随窍而发也。”⑥

《清微仙谱》谓黄舜申有门弟子近百人,使清微道法大行于世。《历世真仙体道通鉴续编·黄雷渊传》云:“所度弟子,皆立石题名,立石之前者三

① 《道藏》第3册,第326页。
② 《道藏》第32册,第149页。
③ 《道藏》第4册,第286页。
④ 《道藏》第4册,第286页。
⑤ 《道藏》第28册,第673页。
⑥ 《道藏》第4册,第962页。

十人，立石之后者五人而已。”①此五人分作两支向南北传播：一支以福建建宁为中心，传行于南。此支为其弟子西山熊道辉（真息）所传，始传安城彭汝励，再传安福曾贵宽（尘外），再传浚仪赵宜真（元阳），而入于明。另一支以湖北武当山为中心，传行于北。此支为其弟子张道贵等所传，传人甚众。②

南传一系之熊道辉、彭汝励、曾贵宽之事迹不详，赵宜真已入明代，皆不论。北传武当一系颇盛，兹稍论列之。武当所传清微法，不如黄舜申及南传一系之单纯，它是由一批全真道士兼行者，其内炼特点更显著。弟子张道贵，先是全真道士汪真常门徒。《武当山志》载：“张道贵，名云岩，号雷翁，长沙人。至元间入武当，礼汪真常为师”，随后又“同（叶）云莱、洞阳（刘道明）谒雷渊黄真人（黄舜申），得先天之道。归五龙宫，潜行利济，门下嗣法者二百余人。得其奥旨（者），唯张洞渊（张守清）焉。终于自然庵”③。可见张道贵是兼传全真与清微的道士。

与张道贵同时在武当山传行清微法者有叶云莱和刘道明。“叶云莱，名希真，号云莱子。处州括苍（今属浙江丽水市）人也。辛亥年（1251 年）三月初五日巳时生，唐天师叶法善之族裔。生于建宁（治今福建建瓯市），得清微道法之妙，兵迁古穰（治今河南省邓县），入武当山。至元乙酉（1285 年）应诏赴阙……至元丙戌（1286 年），钦授领都提点任，武当护持自公而

① 《历世真仙体道通鉴续编》卷 5《黄雷渊传》，《道藏》第 5 册，第 446 页。

② 参见《历世真仙体道通鉴续编》卷 5《黄雷渊传》，《道藏》第 5 册，第 446 页。

③ 转引自《古今图书集成・神异典》卷 286，北京：中华书局、成都：巴蜀书社 1985 年版，第 51 册，第 62673 页。《大岳太和山志》卷 6 传文有错板，且中间插入《张全一传》，据陈铭珪《长春道教源流》卷 7《张道贵传》和《邓羽（青阳）传》注引《武当山志》（分见《藏外道书》第 31 册，第 120、127 页），可知《大岳太和山志・张道贵传》“门下嗣法者二百余人”（《藏外道书》第 32 册，第 923 页）下应接“惟张洞困得其奥旨，于是玄风大阐，宗教自此振矣。宣授玄莹灵妙法师，管领宫事。终于自然庵，修炼大丹而去”（《藏外道书》，第 924 页）。而《张道贵传》“然若有不足焉”以下应置于《邓青阳传》“栖栖”（《藏外道书》，第 925 页）之后，为“栖栖然若有不足焉”云云，方可补完《邓青阳传》。

始。”①据此，叶云莱应当是将清微道法传入武当山的关键人物。《清微玄枢奏告仪》称之为“宗师云莱叶真人”②。“刘道明，号洞阳，荆门(今属湖北)人。与叶云莱同师雷囦黄真人，受以清微上道，居武当五龙宫……暇则搜索群书，询诸耆旧……笔之曰《武当总真集》(即《正统道藏》所收《武当福地总真集》)。”③

张、叶、刘等人下传张守清，清微法由此更盛。张守清也是一身而二任的道士，先为全真道士鲁大宥弟子。陈铭珪《长春道教源流》卷7云：张守清，“名洞渊，号月峡叟，宜都(今属湖北)人。幼习举子业，未成弃去，更为县曹掾。年三十一④……闻鲁洞云(大宥)名，投礼出家。洞云传以道要……后由张云岩(道贵)，复得叶云莱、刘洞阳之道。至大三年(1310年)，皇后闻其道行，遣使命建金箓醮。皇庆元年(1312年)春，京师不雨，召守清至，祷而雨。逾年春不雨，祷而雨，又祷又雨。两宫大悦，赐号体玄妙应太和真人。赐虚夷宫额曰天一真庆万寿宫，置提点，甲乙住持。延祐元年(1314年)，奉旨乘骑奉香还山致祭，管领教门公事”⑤。程钜夫《均州武当山万寿宫碑》则谓封张守清真人号在至大三年(1310年)。⑥ 而《玄天上帝启圣灵异录》所载封张守清诏，曰：“凝真灵妙保和法师……可赐体玄妙应太和真人。”又署延祐元年(1314年)十月。⑦ 关于张守清所传行的道法，元

① 《大岳太和山志》卷6，《藏外道书》第32册，第922页；《古今图书集成·神异典》卷286，北京：中华书局、成都：巴蜀书社1985年版，第51册，第62672页。据《武当福地总真集》卷上《武当事实》云：“至元二十三年(1286年)，法师叶希真、刘道明、华洞真承应御前，充武当山都提点，奏奉护持圣旨，累降御香，祝愿祈福。”(《道藏》第19册，第648页)似此三人皆有授任，不独叶云莱一人耳。又据前述黄舜申事迹，其亦曾于至元二十三年应诏赴阙，中间或有联系。

② 《道藏》第3册，第609页。

③ 《大岳太和山志》卷6，《藏外道书》第32册，第922页；《古今图书集成·神异典》卷286，北京：中华书局、成都：巴蜀书社1985年版，第51册，第62672页。

④ 程钜夫撰《大元敕赐武当山大天一真庆万寿宫碑》记其时为至元二十一年(1284年)，则张守清当生于1254年。

⑤ 《藏外道书》第31册，第120页；《大岳太和山志》卷6，《藏外道书》第32册，第924页。

⑥ 参见(元)程钜夫：《雪楼集》卷5，《文渊阁四库全书》第1202册，第63页。此文又载《玄天上帝启圣灵异录》，名《元赐武当山大天一真庆万寿宫碑》，《道藏》第19册，第643页；又见于《大岳太和山志》卷12，《藏外道书》第32册，第960—963页。

⑦ 参见《道藏》第19册，第644—645页。

明间清微派宗师赵宜真曾说:“近世如洞渊张真人,化行四海,独露孤峰,止以爱将神烈一阶授之学士,至于诸阶雷奥与夫炼度奏章等法,虽间有得之者,亦鲜究其旨。”①在《道藏》所收《清微神烈秘法》中,“师派”于黄舜申之下列“清微冲道使叶云莱、清微冲和使张道贵、冲元雷使张守清、紫玄散吏张守一”,所请神将为上清神烈阳雷神君苟留吉、上清神烈阴雷神君毕宗远②,正可与赵说印证。

张守清门下弟子甚众,著名者有吴中(冲)和、唐中一、刘中和、高道明(中常)、文道可、王道者、黄明佑、汪道一、单道安等。

吴中(冲)和,《大岳太和山志》卷 8 云:吴文刚,法号中和,“以先师所授清微宗谱、师派仙像献于官府,于是严饬巍巍,列于岩(清微妙化岩)中,历代宗师今得复见焉”③。撰于泰定甲子(1324 年)的《九渡涧天津桥记碑》云:“于是洞渊师(张守清)大兴香火之缘,乃命其徒吴冲和于斯涧之阳择地之吉,架岩筑室,截流飞梁,以便朝谒者无深厉浅揭之忧。事未既,而冲和已仙逝矣。其徒彭明德乃继志述事,募四方士庶之资,构此法桥,未逾年而落成。洞渊师扁之曰天津,以配天一生水之意。”④两处所记当为同一人,其师承张守清,所传为清微道法。后碑署“洞渊(张守清)嗣孙王明常书丹。凝真冲素洞妙法师、太和宫住持、管领玉虚岩开山提点彭明德鼎建”⑤,二人皆为张守清徒孙。彭明德任太和宫提点,又因其开复玉虚岩,造构殿宇,故为玉虚岩开山住持。他立有两方《玉虚岩功缘记碑》,其一为至正元年(1341 年)

---

① 《道法会元》卷 5,《道藏》第 28 册,第 707 页。

② 参见《道藏》第 4 册,第 136 页。苟、毕二将在《道法会元》中多处出现,特别是在《上清龙天通明炼度大法》中列于“将班”,称“爱将上清神烈阳雷神君苟留吉、上清神烈阴雷神君毕宗远,此二将乃师法中所行爱将,用可随宜”。(《道法会元》卷 32,《道藏》第 28 册,第 863 页)

③ 《三洞拾遗》,合肥:黄山书社 2005 年版,第 13 册,第 441 页。《藏外道书》有缺板。

④ (明)任自垣:《大岳太和山志》卷 12,杨立志点校:《明代武当山志二种》,武汉:湖北人民出版社 1999 年版,第 172 页。另见(明)张恒纂修:《(天顺)重刊襄阳郡志》卷 4《天津桥记》,天顺三年(1459 年)刻本。《藏外道书》、《三洞拾遗》本山志有脱漏、错板,以《玉虚岩功缘记碑》前半与本碑后半文字相接,而卷末《九渡涧碑》仅余题目,参见《藏外道书》第 32 册,第 972、975 页;《三洞拾遗》第 13 册,第 477、480 页。

⑤ (明)任自垣:《大岳太和山志》卷 12,杨立志点校:《明代武当山志二种》,武汉:湖北人民出版社 1999 年版,第 172 页。

二月撰,其二为至元三年(1337 年)九月撰。至正碑云:“至顺改元(1330 年),太和宫提点彭明德复其岩,构其殿宇,奇伟宏丽,结集香火缘。”①至元碑云:“甲子年,惟太和宫提点彭明德,披荆芟棘,因岩架屋,结香火缘。”②在他所兴复的玉虚岩,有“本岩徒弟于仁普,上座欧阳仁真、杜仁德、张仁福、陈仁贵,本岩知岩彭仁可”③,应该都是其弟子。

据《启圣嘉庆图序》,唐中一、刘中和二人“充拓师说,作启圣嘉庆图,出相叙事”④,辅助张守清编集真武灵异,绘图以传。高道明,《真庆宫创修记碑》云:真庆宫创修云路一道,自宫前郁秀楼至山神祠,张守清“乃举未备,属其徒中常高君道明者继之……中常夙钟道气,自髫龀时早慕武当,岁及志学,果有所愿,勤心奉教,继志述事,孜孜不倦”⑤。其在《天寿节瑞应碑》落款为“制授清微演庆宣道法师、大天一真庆万寿宫提点臣高道明立碑,至正九年(1349 年)四月十七日”⑥,可见其嗣清微道法。文道可,首见于元统甲戌(1334 年)二月张守清立石的《黑虎岩记》,“本宫(天一真庆万寿宫)徒弟大顶焚修文道可助钞三锭”用于修砌该岩道路;⑦又见于至元丙子(1336 年)八月十五立石的《重修飞升台石路记碑》,其云:“本宫(天一真庆万寿宫)有法属,亦太和真人(张守清)门下受业者,体道崇玄明德法师、大顶天柱峰玉虚圣境焚修香火住持提举文道可,乐抽己囊中统宝钞若干缗”修葺此路,记文作者署“忝眷高明明顿首谨书”,似自陈为文道可弟子辈。⑧ 后碑

① 《藏外道书》第 32 册,第 971 页。
② (明)任自垣:《大岳太和山志》卷 12,杨立志点校:《明代武当山志二种》,武汉:湖北人民出版社 1999 年版,第 171 页。《藏外道书》、《三洞拾遗》本山志所录此碑即与前述《九渡涧天津桥记碑》相混。
③ 杨立志据原碑录文,碑今存玉虚岩。参见(明)任自垣:《大岳太和山志》卷 12,杨立志点校:《明代武当山志二种》,武汉:湖北人民出版社 1999 年版,第 177 页注释 33。
④ 至大辛亥(1311 年)赵炸序,另可参见皇庆元年(1312 年)虞集序、至大辛亥鲍思义序。《玄天上帝启圣灵异录》,《道藏》第 19 册,第 646—647 页。
⑤ 《大岳太和山志》卷 12,《藏外道书》第 32 册,第 965 页。碑记撰于辛巳岁,即至正元年(1341 年)。
⑥ 《大岳太和山志》卷 12,《藏外道书》第 32 册,第 965 页。
⑦ 原碑今存泰常观,梅莉有录文。参见梅莉:《明清时期武当山朝山进香研究》,武汉:华中师范大学出版社 2007 年版,第 83 页。
⑧ 参见《大岳太和山志》卷 12,《藏外道书》第 32 册,第 968 页。

称道“我纯阳祖师”，亦可见张守清一系兼传全真之事实。王道者，见于《歘火雷君沧水圣洞记碑》，碑云：张守清整修该处道路殿宇，“第（弟）自继师，门人甲以受（授）乙，严修精祀，如有王道者者，竭力成就，愈臻其极。自王之有秦明德者，亦有至焉”，得“贤豪氏”捐资“以终先业”。① 由此可见张守清——王道者——秦明德三代传承。黄明佑，字太霞，潭州（今湖南长沙）人，“礼武当太和张真人（即张守清，宣授体玄妙应太和真人），嗣以清微法派，凡有祷祈，无不感应。既而证道南岩，回风混合之妙，久则功成道毕，而乃拂袖三山，游神八表矣”②。据《沉香圣像碑》，至元丁丑（1337 年），善信沈道升等以沉香“雕镂玄帝、圣父、圣母牌座三面”供养，署“提点宫事李道纪、高道明、李道隆记，敕赐大天一真庆万寿宫主领宫事刘道常、黎守中立石”③，高道明已见前述，而天一真庆宫为甲乙相承，故此数人也当与张守清一派相关。④

张守清除了在武当山传道外，也曾在云游中收徒汪道一。据张宇初《新城县金船峰甘露雷坛记》，汪道一（1301—1353 年），字朝道，世为龙虎

① 《大岳太和山志》卷 12，《藏外道书》第 32 册，第 964 页。碑记撰于至元丙子（1336 年）二月。

② 《藏外道书》第 32 册，第 924—925 页。

③ 《大岳太和山志》卷 12，《藏外道书》第 32 册，第 968 页。

④ 从张守清以下的传系，可以明显地看到各代名字中分别出现了守、道、明、仁等固定用字，其弟子单道安入明仍有活动，将在下一章考察，道安传弟子李素希（明始），永乐帝称其为全真道士；本章第九节介绍元代武当山五龙宫全真派，依次有道、明、仁、德的取名用字；元末明初，紫霄宫有曾仁智传清微雷法于全真道士李德囦（《藏外道书》第 32 册，第 928—929 页）。这些实例说明，当时武当山的全真、清微法裔确曾统一使用守、道、明、仁、德等字命名。但还有疑窦未明：第一，张守清弟子取名兼采“中”、“道”字，是否有不同的意义？如是，二者的关系如何？第二，黄明佑按字辈当为张守清徒孙，而其传记曰“礼武当太和张真人，嗣以清微法派”，是否有阙略？第三，张道贵、刘道明皆居五龙宫，张道贵为汪真常弟子，符合五龙宫取名用字，刘道明或亦为汪弟子。据张守清传记，其从张道贵受清微法，其排辈按理不应该翻居张道贵之上。第四，《武当福地总真集》卷中记 1270 年代紫霄宫李守冲、契丹女官萧守通，佑圣观赵守节等（《道藏》第 19 册，第 656 页），又记元贞乙未（1295 年）王道一、米道兴铸铜像（《道藏》第 19 册，第 652 页）；程钜夫《均州武当山万寿宫碑》记跟随张守清入京的唐道玄（《雪楼集》卷 5，《文渊阁四库全书》第 1202 册，第 64 页）；《大岳太和山志》卷 12《上善池记》有致和元年（1328 年）紫霄宫陈道明、谢道清等（《藏外道书》第 32 册，第 973 页），因缺少明确的师承、派别信息，故正文未论列，但他们的

山人,丙子(1336年)秋张守清来游龙虎山,曾宿汪家,见而异之,遂“挟入武当,守清授以金丹雷霆秘诀,一语有省。复往武夷,礼蓬头金公野庵卒其业”。后活动于光泽县(今属福建)、新城县(今江西黎川县)等地,屡著灵异。癸巳(1353年)二月,端坐而化。有徒陈觉坚、卢济川。①

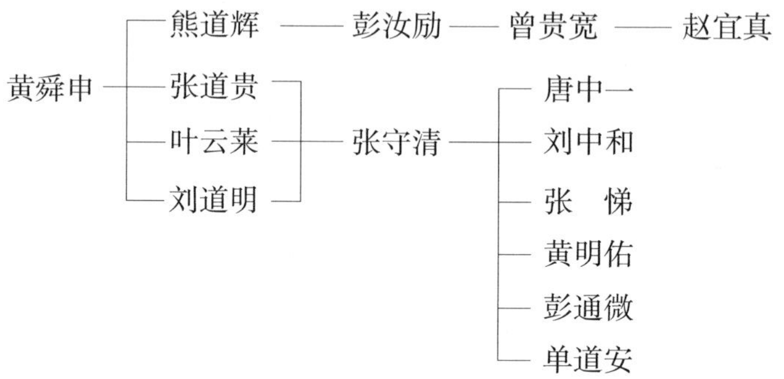

清微派传承图

东华派在元代也有传播。其主要传人为林灵真。林灵真(1239—1302年),俗名伟夫,字君昭,灵真为其法名,自号水南,人称水南先生。世为温州(今属浙江)平阳人。出身官宦世家。“既长,经纬史传、诸子百家、若方外之书,靡不洞究。而于四辅、三奇、阴符、毕法之旨,独加意焉。”②累举不第,乃弃儒从道,舍宅为观,投礼提点复庵先生戴公煟为师,匾其宅曰丹元

取名符合上述用字,其与张守清等人的关系如何,这些问题,都有待材料的充实来解决。杨立志据《天坛玉格》、《玄妙观志》确认武当山上述排辈用字与世传“三山滴血派”字谱首句相符,并将“三山滴血派”字谱与《诸真宗派总簿》所录“天师张真人正一派”、“萨真君西河派”、“龙虎山正乙门下天师清微派”字谱比较,认为《诸真宗派总簿》三种字谱源出“三山滴血派”,而“三山滴血派”与武当山有密切关系,字谱诗中“全真复太和”、“武当与兴振”等句即为明证,所谓该字谱出自萨守坚的说法没有根据。此论可从。(参见王光德、杨立志:《武当道教史略》,北京:华文出版社1993年版,第129页;杨立志:《三山滴血派与武当清微派》,《郧阳师范高等专科学校学报》2000年第5期)值得注意的是,虽然与“三山滴血派”字谱首句相同,但尚无证据表明元代武当山已形成“三山滴血派”的完整字谱,或出于后世的追附与编排。此“三山”,按《玄妙观志》,指武当、鹤鸣、龙虎(《藏外道书》第20册,第511页),也显示出武当山在“三山滴血派”中的重要地位。

① 参见(明)张宇初:《岘泉集》卷3,《道藏》第33册,第225页。

② 《水南林先生传》,载《灵宝领教济度金书》前,《道藏》第7册,第19页;又载《道法会元》卷244。

观。曾自谓："予学道于虚一先生林公、东华先生薛公，于兹有年矣。幸造道域，参玄律，讵可韫所学而不济于世?""乃绍开东华之教，蔚为一代真师。以度生济死为己任，建普度大会者不一。"①查《道法会元》卷244《玉清灵宝无量度人上道·灵宝源流》所列东华派历代宗师中，在林灵真之前，有"东华先生薛真人，讳熙真"②，即林灵真所谓之"东华先生薛公"，故知林灵真之师为薛熙真。其所谓"虚一先生林公"则不知为何人。此系谱已将林灵真列为一代宗师，证明其后之东华派道士确已承认其为"绍开东华之教"的"一代真师"了。第三十七代天师张与棣慕其学，表荐其为温州路玄学讲师，继升本路道录。时当至元二十八至三十一年。此后，"退居琳宇，尽三洞领教诸科，及历代祖师所著内文秘典，准绳正一教法，撰辑为篇目，为《济度之书》一十卷，《符章奥旨》二卷"③。即对灵宝济度斋仪作了整理撰辑。成书之后，正一教主三十八代天师张与材命雕板印行，以广其传。并授以灵宝通玄弘教法师、教门高士、住持温州路天清观事。现《道藏》所收署宁全真授、林灵真编之《灵宝领教济度金书》320卷，盖为后人据其10卷《济度之书》增广编纂而成。

林灵真于大德六年(1302年)逝世。所传弟子，"在州里不下百余人。在方外则天师门下高闲董公，宗师堂下闲闲吴公，金华谢公，括苍雨峰周公，武林檠隐王公，吴门静境周公；派孙有庐山钟岳于公，赤城天乐赵公，武陵廛隐方公，练溪岩谷周公，虚舟平公，竹外张公。此玄门之表表尤著者。其从游参妙，肩摩踵接，未可一一记之，亦可谓一时授受之盛"④。上列诸人，除闲闲吴公为吴全节外，余皆不详。

林灵真临终前，贻书弟子林天任，命嗣其教。天任，号横舟，昆阳(今河南叶县)人。曾出仕为修职郎，后归心玄学为道士，尝"采摭道典，黼黻教科，屡阐黄箓大斋"⑤，被授命为凝和通妙观明法师、玄学讲师。

---

① 《水南林先生传》，载《灵宝领教济度金书》前，《道藏》第7册，第19页；又载《道法会元》卷244。

② 《道法会元》卷244，《道藏》第30册，第496页。

③ 《水南林先生传》，《道藏》第7册，第19页。

④ 《水南林先生传》，《道藏》第7册，第20页。

⑤ 《仙都志》卷下，《道藏》第11册，第82页。

据《道法会元》卷244《玉清灵宝无量度人上道·灵宝源流》所列东华派历代宗师，在林灵真之后，列“太极高闲先生董真人，讳处谦”，“三十九代天师太玄张真人，讳嗣成”。是为东华派最末两代宗师。董处谦与张嗣成都是天师正一派道士，既已作了东华派的宗师，表明此时东华派已会归入正一道了。

在元代，天心派在江南继续传播外，在北方也有发展。现在所知，河北易州一带以洪崖山寿阳院、龙兴观、玉泉观为主要传法宫观，传衍着一支天心派道脉。对于其源流，《大元易州龙兴观宗支恒产记》记云：

> 本观住持提点刘玄正、提点张得林、宗门提点缑德宁等，拜诺之，因稽颡曰："我祖师韩真人，初与同志萧、路、杜三真人浮江而南，拜三十代天师，受天心正一法。得法而归北方，学者遂共立萧、韩、路、杜四真人之教。自是厥后，韩真人传法于沙垡元命王真人，元命传洪崖和光刘真人，和光传本观祖师正真王真人，正真传孚真大师本宗提点王善明，孚真传崇和灵静大师王进善，洎抱元安素明真大师孙道继，崇和即玄正师也。"①

萧、韩、路、杜四真人，今已无考。沙垡元命王真人，敬铉《大朝易州重修龙兴观之碑》称之为粟邑王真人，关中人，“得法于韩真人，韩真人得法于汉天师三十代之孙”。“昔渭水泛滥，漂没数村，危及渭南，师（粟邑王真人）结坛致祷，河由隙地而枉者数里，关中谓之回河王。后奉诏至燕，辞众坐逝，三年肉身不坏，至今沙垡灵塔存焉”。② 同为敬铉所撰《大元易州豹泉创修玉泉观碑铭并序》说“粟邑元命王真人有祷回渭水之功”③，即指其治渭水泛滥之事，也可确证粟邑王真人即沙垡元命王真人。

洪崖和光刘真人，据泰和六年（1206年）七月立石的《大金洪崖山寿阳院记》，“名若夷，定兴陈村人，幼岁出家……后至都南沙垡建福观，礼王真人为

① 《北京图书馆藏中国历代石刻拓本汇编》，郑州：中州古籍出版社1989年版，第50册，第79页；陈垣编纂：《道家金石略》，北京：文物出版社1988年版，第986页。

② 《北京图书馆藏中国历代石刻拓本汇编》，郑州：中州古籍出版社1989年版，第48册，第24页。此碑立于元宪宗七年（1257年）十月十五日。

③ 《北京图书馆藏中国历代石刻拓本汇编》，郑州：中州古籍出版社1989年版，第48册，第106页；陈垣编纂：《道家金石略》，北京：文物出版社1988年版，第866页。

师，亲炙诲益，积勤既久，以恩得度①。洎王真人归寂，刘师嗣行其道，以符水济人”。《大朝易州重修龙兴观之碑》亦谓其“尝住燕城之沙垡，王公贵人车马阗塞，得一拜者为幸。师复厌之，乃山居数年”②。居千福山磐嵠寺，“檀施孔多，门人至三十人”，有信士欲为其修缮此寺，或曰：“此实僧蓝，一旦修治如法，必起争端。且其像设皆释□法，终恐非计。”泰和三年（1203 年），洪崖寿阳院道士安守希与里人耆老等商议，恳请刘若夷来住此院，“道众随之至者四五十人”。刘若夷“尝往来于龙兴（观）”，“所在之处，人来参礼，求符乞水，憧憧不绝”。泰和初，易州大旱，太守请其设醮于龙兴观，甘雨霑足。这应当为其在龙兴观留下法脉打好了基础。碑载，刘若夷有语录一帙，名《直言易悟集》；门人有王道清、张道渊、崔道守、刘道秀、董道隐、朱道谨、王道□。③

本观祖师正真王真人，《大朝易州重修龙兴观之碑》称磐溪王真人，谓：“洪崖刘真人初一见之，辄曰：‘传吾教者，必此人也。’乃秘授法衣，及传天心正法。初随师住千福山，次住磐溪双泉观，后住洪崖山寿阳观。”嘉定六年（1213 年），易州龙兴观毁于兵火。④ 绍定元年（1228 年），宣差万户张柔⑤欲图兴复，众以为“欲复旧贯，唯大有德者乃能之，非磐溪王真人莫可”，于是张柔敦请再三，“师乃感公厚而来”。王真人主持修复了龙兴观，故被称为本观祖师。他作有歌诗集《体真》，于淳祐元年十二月二十八日（1242 年 1 月 30 日）无疾而逝。⑥ 王真人住持龙兴观期间，弘大其教，创设下院，如城西北上清观。敬铉在碑文中说：龙兴观“传汉天师正一之法，济之以天心正

① 此碑碑阴刻有尚书礼部发给刘若夷度牒的记录，时间为大定二十八年（1188 年）二月十三日。

② 《北京图书馆藏中国历代石刻拓本汇编》，郑州：中州古籍出版社 1989 年版，第 48 册，第 24 页。

③ 参见（金）魏道明：《大金洪崖山寿阳院记》，陈垣编纂：《道家金石略》，北京：文物出版社 1988 年版，第 1055—1057 页。

④ 敬铉《大朝易州重修龙兴观之碑》唯称“大安（1209—1211 年）兵余，尽为灰烬”，具体时间不明。此据明正统八年（1443 年）立《重建龙兴观功行之碑》，谓“大金克城，癸酉（1213 年）秋被火尽毁”。参见王雪枝：《易州龙兴观现存元明两代碑铭镌文传录补正》，《宗教学研究》2012 年第 1 期。

⑤ 张柔，元初汉人世侯。

⑥ 参见（元）敬铉：《大朝易州重修龙兴观之碑》，《北京图书馆藏中国历代石刻拓本汇编》，郑州：中州古籍出版社 1989 年版，第 48 册，第 24 页。

法符水救人之术”,“又有燕京建福观、源泉烟霞观、海泉庵、豹泉玉泉观、乐平东溪庵、黄耳庄云谿观、房头修真观、独石铺顺阳庵、摩云山祖坟摩云庵、顺天府天瑞观,昔(或当为悉)奉吾师,特其派耳”。[①] 足见其影响之大。

碑载,王真人逝世后,“嗣法体玄大师张善时,亦有真人之称[②],前知观王善惠,共辅翼道法,经营观宇,甚有力焉,今俱仙去”。王真人的高弟弟子祖善义、王善学、许善朴、张善淳、刘善鉴、郦善缘、常善教等请记于敬铉,故撰此碑。碑文前署“中和大师传授正法提点教门事住持本观祖善义书,宁真大师系燕京大长春宫玄坛所表白道士住持本观门人刘善鉴篆额”,末署“门人祖善义、王善学、知观王善明等立石”,可知其时诸门人的师号和职衔。[③]

孚真大师本宗提点王善明,至元二十年(1283 年)曾任道正。其时,龙兴观遭“缁侣觊觎,持力争夺”,“道正王善明、提点魏道玄、提点王进善、道判陈道易等,具碑幢墨本诉于有司。朝议以道德之真直其理,彼乃惭退,众得以安”[④],赢得了与佛教的争夺战。

据至元二十四年(1287 年)九月立石的《大元易州豹泉创修玉泉观碑铭并序》的记载,“其教始自龙兴观增广之”。盖豹泉村人“诣龙兴观恳请于正真真人,乞别立观,真人允之”,于是遣其徒祖善义等“鸠工董役,涓日虑材”而创立,名玉泉观。碑文又说:此天心派“今又传一派于上清、玉泉,了真[⑤]

---

① (元)敬铉:《大朝易州重修龙兴观之碑》,《北京图书馆藏中国历代石刻拓本汇编》,郑州:中州古籍出版社 1989 年版,第 48 册,第 24 页。

② 张善时,据此碑末铭文曰:“源泉张公继三仁,住院服众亦其伦。”谓其继承沙堡王真人、洪崖刘若夷、磐溪王真人道统。“源泉”则指其曾住源泉烟霞观,有《龙兴观正一宗支图》为证,其中列“住持源泉烟霞观体玄张真人”于正真王真人弟子,即体玄大师张善时。(图见本卷第 357 页)

③ 参见(元)敬铉:《大朝易州重修龙兴观之碑》,《北京图书馆藏中国历代石刻拓本汇编》,郑州:中州古籍出版社 1989 年版,第 48 册,第 24 页。碑云:“其余徒众,列之碑阴。”惜碑阴失拓,不知其详。

④ (元)高执中:《龙兴观提点缑公功行记》,陈垣编纂:《道家金石略》,北京:文物出版社 1988 年版,第 980 页。

⑤ 了真,《龙兴观正一宗支图》中洪崖和光刘真人(刘若夷)有弟子“□□了真刘真人”,当即此人。弘治《易州志》卷 14 记:“刘守元,涞阳人,自幼出家于洪崖山寿阳观,礼无和道人为师,号曰了真。”则知其名守元。参见(明)戴敏、戴铣:《(弘治)易州志》,《天一阁藏明代方志选刊》,上海:上海古籍书店,1981 年版,第 7 册。

亦复传派于太清”，而且“元命、和光、正真祖仙，凭香火以祈天地，假符水以起疾疫，具载于太清观碑”。可见太清观亦流传一支系。玉泉观碑阴的道众题名，展示了本观人丁的兴旺，具录于此：

易州豹泉玉泉观

中和大师传授正法提点教门事住持本观祖善义

纯义大师于善化

虚静大师王善学

易州威仪许善朴

职箓法师刘善元

正一盟威法师张善纯

宁真大师刘善鉴

浮(孚)真大师教门提点王善明(按，此即前述龙兴观刘玄正之师祖)

具戒道士解善闻

明真大师守座刘志永

玄德大师前易州道正刘从坚

守纯大师提举院门事郭从员

具戒道士刘从德

仁义大师副提举李从正

通真大师表白道士宋从志

具戒道士王从吉

具戒道士张从仁

三五都功法师湛然子陈明诚

前知署李道荣

知院门事知观李道泉

具戒道士刘道刚　　知客道士刘道永

管库道士张道恕　　诵经道士郭道果

三五都功法师崇诚子刘道成

具戒道士李道源　　具戒道士周道可

具戒道士王道和　　都讲道士李道隐

监斋道士张道瑞　　值殿道士李道兴

具戒道士郝道明　　具戒道士李道用

具戒道士李道柔　　庞兴童　　刘道心

时来童　　时兴童

于玉童　　张山童

赵云童　　张奇童

门人奉先县瓦井村通真观

达妙大师文志通　　知观白道素

真宝大师威仪牛道忠

具戒道士卢道和　　李道充

徐道默　　李灵童

杨宝童　　李兴童

黄山虚白庵

宗主大师刘志清　　于道渊

还有施地创建本观的村民兰香，“且施幼男永于此观出家求道，礼中和大师祖善义为师，训童名曰定童，后复训法名曰从蕙”。[①] 碑阴列名的宋从志，后任玉泉观提点。据《玉泉观提点宋公道行碑》，宋从志（1244—1327年），字道春，童丱出家，礼本观威仪于善化为师，深经律，熟斋科，后为易州道判，曾蒙太皇太后赐金襕法服、“希□崇教大师”之号。泰定四年（1327年）五月五日卒，享年84岁。[②] 据《龙兴观正一宗支图》，则为祖善义授宋道春，宋道春授陈志松、张德林、宋德彬。[③]

---

① （元）敬铉：《大元易州豹泉创修玉泉观碑铭并序》，陈垣编纂：《道家金石略》，北京：文物出版社1988年版，第866—868页。碑阳亦见《北京图书馆藏中国历代石刻拓本汇编》，郑州：中州古籍出版社1989年版，第48册，第106页。

② 参见陈垣编纂：《道家金石略》，北京：文物出版社1988年版，第994—995页。此碑断为三截，第一、二截应为一篇，佚名撰，失题，署“至正十七年（1357年）四月二十一日，法嗣武道玄、孙道贤、宋德□、刘德聚”。第三截题“大元易州豹泉里玉泉观提□宋□道行碑”，高执中撰，下部缺，内云宋从志徒裔请文于高执中，曰“先师亡三十一年”，故也当作于1357年。以上对宋从志的介绍，综合了这两篇碑文的内容。高执中文还叙述此派渊源，曰：“盖尝闻之□□都路□者，浮江西南□天心正法于三十代天师。既而得法北归，散处燕云，除灾度众，□□元命、和光、正真真人等，乃韩之嫡派焉。自是厥□□振家声者，提点宋公其人也。”亦称此派所传习者为天心正法。

③ 参见陈垣编纂：《道家金石略》，北京：文物出版社1988年版，第988页。

上录《创修玉泉观碑》题名中奉先县(今北京房山县)通真观一系,留有《通真观碑》一通,为"大长春宫玄学讲经提举金泉彭志祖撰并书",立于至元九年(1272年)五月望日。碑曰:文志通为"南京(开封)内乡通许县(今河南通许县)人,家世以农为业,自幼入道,礼易州隆(龙)兴观于尊师为师,尊师出于沙垡王真人之门"。文志通"在道五十余年,惟以建庵立观为己事"。通真观即是他"偕辛志明、侯志正之所建",到立碑时已逾30年。碑末署"宗主达妙大师文志通、门人知观白道素等立石"。① 附带一提,通真观建成时,"请于宗师清和真人(尹志平),得今额",文志通又请全真道士彭志祖撰此记,可见当时北方的正一道派也属全真管辖,二者并无隔阂。彭志祖说:"窃尝谓全真之教,自开辟两仪,此理已具。凡主盟斯道者,代不乏人。我玄元道祖立言垂训之后,文、庚、庄、列四子翼而张之。汉魏唐宋以来,张道陵、寇谦之、杜光庭、陈图南辈迭起而弘扬之。至金源氏,重阳王祖师度高弟,曰丹阳、曰长真、曰长生、曰长春、曰玉阳、曰太古,相继而布护之。其教遂大行于于(衍一字)世。"②明显已将正一与全真都纳入承接道祖、弘阐至理的序列。

至顺二年(1331年)六月立《易州龙兴观懿旨碑》,提到"保定路易州里有的龙兴观、洪元宫、烟霞观、玉泉观里有的提点王进善、张元志、宋道春、王道吉为头儿先生每,执把的懿旨与了也者",要为这几个天心派宫观蠲免税役,保护其财产不受侵害。③

至正八年(1348年)二月立于龙兴观的《龙兴观提点缑公功行记》云:缑德宁,涞阳缑家庄南峪人,礼龙兴观抱元安素大师提点孙道继为师。至正六

① 《北京图书馆藏中国历代石刻拓本汇编》,郑州:中州古籍出版社1989年版,第48册,第52页。按,全真道士潘德冲有弟子名文志通,据《冲和真人潘公神道之碑》,潘德冲葬后(1260年),时任山西芮城重阳万寿宫提点的文志通自永乐镇至燕京,请记于徒单公履。(参见《甘水仙源录》卷5,《道藏》第19册,第763页)两文志通年代相若,但视其行履,应非一人。

② 《北京图书馆藏中国历代石刻拓本汇编》,郑州:中州古籍出版社1989年版,第48册,第52页。

③ 参见陈垣编纂:《道家金石略》,北京:文物出版社1988年版,第937页。懿旨颁于鸡儿年十一月初十日,蔡美彪推测为1321年。(参见《元代白话碑集录》,北京:科学出版社1955年版,第78页注①)按,前引宋从志道行碑,宋从志,字道春,卒于1327年版,懿旨提及宋道春,可辅证蔡美彪的推测。

年(1346年),得长春宫真人法旨,授玄远安素大师、玄坛提举。七年(1347年),为道门提举。八年(1348年)正月,特进神仙玄门演道大宗师掌教大真人法旨,令充本宗门下提点,赐金襕紫服。缑德宁重修了迎安子玉泉观三清殿,复欲妆銮上清观三清塑像,修复祖庭洪崖山寿阳宫正殿。其师弟龙兴观提举安静纯素大师郑德随为之请记,并立石。① 此碑碑阴刻《易州在城龙兴观宗支道派》,大概反映了以龙兴观为中心的本派各宗支的情况,碑制为两截,过录于下:

本观尊宿住持提点冲玄大师张志恒

本观住持提点渊静纯素大师刘玄政(按,前引《宗支恒产记》作刘玄正)

本观提举悟真大师张得林

本观玄门提点兼管本州道门提举玄远安素大师缑德宁

本观官门知观纯素大师张道清

本观提举安静大师郑德随(按,《正一宗支图》作冲玄大师)

本观知观志通大师郑德玄

本观典□杨德清

洪崖山寿阳宫住持提点高志渊

上白羊栖云观

源泉烟霞观住持提点徐德真

豹庄玉泉观住持提点陈志松

洪元宫住持提点安静大师王道润

在城　玄真观　紫烟观　庆云庵　昭惠庵

定兴县

□楼庙　□华宫尚知宫　苏知宫

涞水县

□□□云溪观住持提举通和大师常德亨(按,前引《重修龙兴观之碑》作黄耳庄云谿观)

乐平东溪庵提点崔得信

① 参见陈垣编纂:《道家金石略》,北京:文物出版社1988年版,第980页;《北京图书馆藏中国历代石刻拓本汇编》,郑州:中州古籍出版社1989年版,第50册,第40页。后者较模糊。

东□头修真观住持提举张道祥(按,前引《重修龙兴观之碑》作房头修真观)

独石铺顺阳庵住持提举张道邻

(以上为上截)

法姪　前本观知库赵福诚

本观庄主李福诚

本观玄学掌籍提举刘玄祐

本观知客靖福安

本观葆和大师尚玄义

本观庄主张志清

本观淳诚大师杨玄让

本观库子安和大师宗玄义

本观庄主王玄素

本观魏诚童

本观刘志清

本观牛德林①

从这份名单可以看到,龙兴观的道脉已经渗透至易州城乡多处观庵,可以约略看出天心正法在下层百姓中的影响力。

至正十一年(1351年)高执中书《大元易州龙兴观宗支恒产记》记录了本观的庙产情况,其中提到的下院有洪元宫、上清观、摩云庵、盘溪山圣水双泉观、上白羊村栖神观;②碑阴还刻有《龙兴观正一宗支图》③,梳理了本派

① 陈垣编纂:《道家金石略》,北京:文物出版社1988年版,第987、989页。据《北京图书馆藏中国历代石刻拓本汇编》,郑州:中州古籍出版社1989年版,第50册,第41页补正,并以他碑参校。

② 参见《北京图书馆藏中国历代石刻拓本汇编》,郑州:中州古籍出版社1989年版,第50册,第79—80页。

③ 图据王雪枝:《易州龙兴观现存元明两代碑铭镌文传录补正》,《宗教学研究》2012年第1期。以《北京图书馆藏中国历代石刻拓本汇编》,郑州:中州古籍出版社1989年版,第50册,第80页参校。

源流,可与上述碑文相参照。

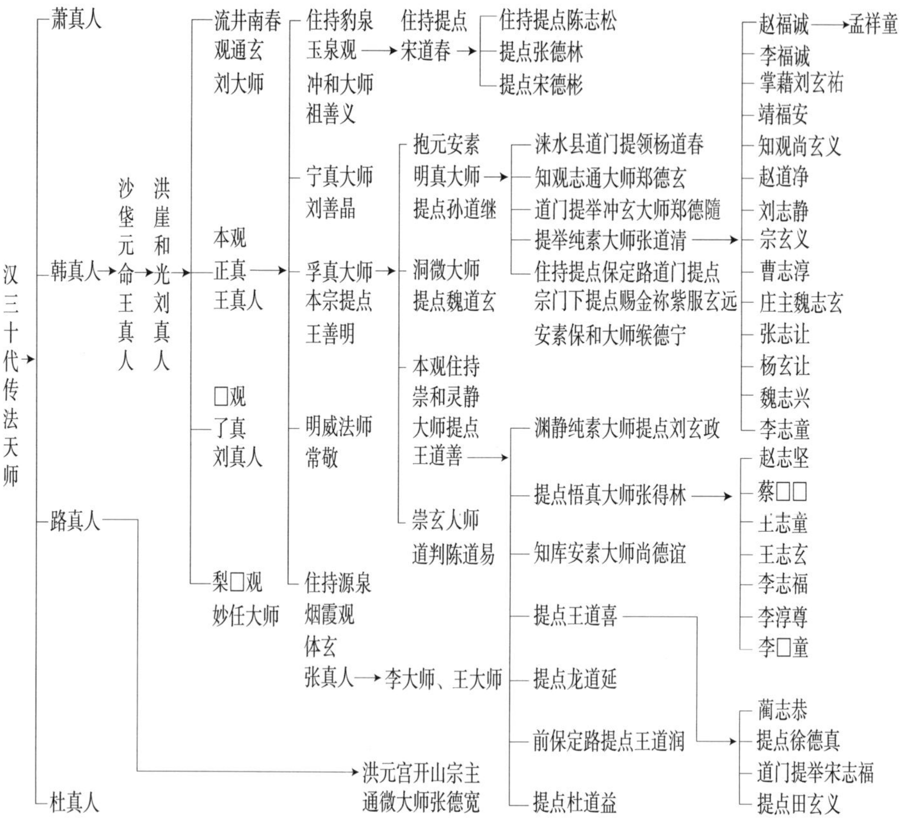

龙兴观正一宗支图

于易州传习天心正法同时,又有彭元泰传天心地司法,是天心派之又一支。据彭元泰所著《天心地司大法·法序》称,该系由南宋廖守真(其前又有申霞)传衍而来,廖授萧安国,安国授其子萧道一,道一传彭元泰,序末署咸淳甲戌(1274 年)。此篇卷末又有彭元泰所撰《后序》,署"至元庚寅(1290 年)腊月冲阳普惠诚正真人彭元泰稽首书于集贤院"①。可知传至彭元泰,历宋入元,彭元泰是此系入元后之第一代传人。此篇又有陈一中作于延祐丙辰(1316 年)之《后序》,记载有彭元泰之后的传承:彭元泰传史白

① 《道法会元》卷 246,《道藏》第 30 册,第 518、520 页。

云，史白云传费文亨，费文亨传陈一中。除此正系外，彭元泰又传姑苏张湖山，再传傅竹窗（道判），是为此系的旁支。①

彭元泰本人的事迹及该系之活动情形，现已不得其详。彭元泰《法序》云："昔宗师廖真人修大洞法，诵《度人经》。""真人修炼大丹，所到则瘟疫消灭，神煞潜藏。"②陈一中《后序》云："盖师师口传心授，至于仆则敬谨奉行已十余年矣。其秘止一符一咒，叩之如鼓应声，随心应感。"③据此推之，此系崇重《度人经》，或是从灵宝派（阁皂宗）分衍而来的派系。但对灵宝派之符咒已大加简化（"止一符一咒"），相反，却对"修炼大丹"比较重视。这无疑是南宋后内丹兴盛所给予它的时代特点。

混元派是宋元之际出现的一个新的道法派别，托称汉晋时的路大安为祖师，称"路真君"。据《历世真仙体道通鉴》，路大安于晋武帝太康五年（284年）得授六天如意大法经箓，后"以混元箓传之丁义，以混元经传之郭璞，以混元法传之许旌阳，以混元针灸传之妙通朱仙（朱桃椎）"。赵道一称"其混元之法，今行于世焉"。④ 法派的实际开创者可能是雷时中，《混元六天如意大法》之《祖师训章》说："默庵启教混元宗，有法玄玄乃度人。"⑤雷时中（1221—1295年），字可权，号默庵，又号双桥老人。其先豫章（今江西南昌）人，后徙居湖北武昌金牛镇。"幼习词赋，后通诗经，三领乡荐，精心道学，专务性理。"⑥景定（1260—1264年）中，绝念功名，于所居金牛镇置坛祀事。一日，宣称：庚午年（1270年）三月三日玄武诞辰，当其在道坛诵《度人经》时，蒙路真君（大安）下降，授以"混元六天如意道法"，嘱其"开阐雷霆之教，普济众生"。并称其教由太上老君所授，"专以《度人经》为主"。故"每化导世人及开度弟子，皆先令其精心诵经，各获果报。且尝论《度人经》旨以开后学"，谓其要在"十回度人"，"非惟十遍可以度人，乃在平日修炼自己，以究返还之妙"。又"及儒释二家，博采旁求，贯彻混融，归于一致。四

① 参见《道藏》第30册，第521页。
② 《道藏》第30册，第517页。
③ 《道藏》第30册，第521页。
④ 《历世真仙体道通鉴》卷21《路大安传》，《道藏》第5册，第219—220页。
⑤ 《道法会元》卷155，《道藏》第29册，第818页。
⑥ 《历世真仙体道通鉴续编》卷5《雷默庵传》，《道藏》第5册，第446页。

方闻其道行卓异,及其门者日众。弟子数千人,分东南、西蜀二派。首度卢、李二宗师及南康查泰宇,由是卢、李之道行于西蜀,泰宇之道行乎东南。混元之教,大行于世。所著《心法序要》、《道法直指》、《原道歌》皆发扬混元道化之妙”①。现存《修炼直指》,题“双桥老人述”,或即《道法直指》。内云:“盖主宰天地者,日月也;主张吾身者,魂魄也。日月即天地之魂魄,魂魄即吾身之日月也。先贤所谓日魂月魄是也。日月常交会,天地所以无穷;魂魄常支离,人身所以有尽。故天地之造化,不外乎魂魄。日,火也,魂亦火也,而心为神舍,神即魂神,心赖肝木相生,则魂神居焉,故曰龙从火里出。月,水也,魄亦水也,而肾为气海,气即魄气,赖肺金相生,则魄气依焉,故曰虎向水中生。圣人设教,千经万论,莫不教人收心养气。总而言之,不过拘制魂魄而已。”②此论为内丹家常谈。综观以上引文,可知雷时中重视《度人经》,其思想学说具有这一时代符箓诸家融摄三教、融合内丹与符法的普遍特征。

本派道法载于《道法会元》,即《混元六天妙道一气如意大法》和《混元六天如意大法》。前者卷首载“师派”为:混元开教大慈普惠路真君大安、混元演教一气妙道雷真人时中、天隐卢真人、九天金阙少宰仙真雷使查真人、天全张真人。③ 卢真人当即西蜀卢宗师,查真人当即查泰宇,张天全或为元明之际金志扬之徒、赵宜真之师。内中《混元启白文》拜请的名单,也有混元启教祖师路真君、阐教普济雷真人。④ 后者卷首则以混元启教一气妙道普惠路真君(大安)、混元开教一气妙道普济雷真君(时中)为“主法”⑤。

入元以后,九宫山御制派继续得到统治者的重视,据车可诏《真牧堂新膺龙光记》记载:“(至元)十九年壬午(1282 年),首蒙朝廷铸给提点所印。

---

① 《历世真仙体道通鉴续编》卷 5《雷默庵传》,《道藏》第 5 册,第 446—447 页。

② 《道法会元》卷 154,《道藏》第 29 册,第 803—804 页。

③ 参见《道法会元》卷 154,《道藏》第 29 册,第 803 页。

④ 参见《道法会元》卷 154,《道藏》第 29 册,第 806 页。

⑤ 参见《道法会元》卷 155,《道藏》第 29 册,第 816 页。据《历世真仙体道通鉴续编》卷 5《雷默庵传》,谓雷时中羽化后,“雷霆累降笔云:上帝已升真人为玄都上相、混元妙道普济真君、雷声演教天尊”。(《道藏》第 5 册,第 447 页)故以上两部经典对雷时中称呼的变化,或在一定程度上反映了经典编定的先后。

每岁,本宫正官诣宫致祭……纶音叠降,税役蠲除……住持俱系钦奉圣旨,重膺宣命。各处行中书省累次榜奉仙山,莫不尊崇……及延祐戊午(1318年),真君(张道清)与其徒杨真人(杨宗权)同受加封,又蒙换给五品提点印以重此山。"①元代,此派大约为第五到第八代。据《九宫山志》,见于载籍者主要如下。

罗希注,字景山,号洞云,道号弥边先生,封太本弟子。继其师之志,修复九宫山宫观。至元二十三年(1286年),元世祖征聘江南高士,遣集贤学士帖木儿不花赍圣旨宣召罗希注赴阙。罗在京都住了6年,守家传之秘,阐化于朝。与文士相过从,于至元二十四年(1287年)结识赵孟頫,请赵撰书《重建钦天瑞庆宫碑》。后因天师之请,令其兴复西山玉隆万寿宫。罗希注与著名内丹家陈致虚交往甚密,罗希注72岁时筑交泰庵,陈致虚作《交泰庵记》以赠。陈致虚还有《与罗洞云书》一篇,与罗氏讨论内丹。罗希注精通易学,常与其徒谈论易理。曾作《交泰庵说示车可诏》,似为讲论易理与丹道之说。

雷希复,号凝和冲妙崇正法师,出自孚惠真人杨宗权一系。杨宗权曾至仪真(今江苏省仪征市),因治疫有功,当地人德而祠之。② 后祠堂因年久而毁坏,雷希复"畚土輂石,峙板干而基之。繇至元甲申(1284年)讫大德丁酉(1297年),积十四年,而殿堂门庑、室房庖库、园田仓庾,罔不毕备",为通真观,而雷氏为"通真第一代祖"。③ 其时,扬州玄妙观"岁久弗治",殿宇、神像敝坏,玄教大宗师张留孙遂命雷希复领衔修缮,"经始于至大戊申(1308年)之冬,落成于庚戌(1310年)之夏"。因其修复之功,"皇庆元年(1312年)夏,大宗师以闻,降玺书护持雷希复本观(玄妙观)住持提点"。④

---

① (清)傅燮鼎:《九宫山志》卷8,《中国道观志丛刊》,南京:江苏古籍出版社2000年版,第7册,第205—206页。

② 参见(明)申嘉瑞:《(隆庆)仪真县志》卷14《孚惠先生治疫》,《天一阁藏明代方志选刊》,上海:上海古籍书店1963年版,第18册。

③ (元)程钜夫:《雪楼集》卷11《通真观记》,《文渊阁四库全书》第1202册,第140页。

④ (元)程钜夫:《雪楼集》卷19《扬州重建玄妙观碑》,《文渊阁四库全书》第1202册,第276—277页;《雪楼集》卷19《扬州重建广福观记》,《文渊阁四库全书》第1202册,第277页。

余惟铃，钦天瑞庆宫道士。宋末从九宫山到柳山（在今江西九江市武宁县），里人延之值守柳贞公祠堂（祀唐代柳浑）。章鉴作于德祐元年（1275年）中秋的《柳贞公祠记》载，柳贞公祠堂燬于开庆（1259 年）兵变，有乡里善士柳松谷字时章者重修，"适端（当为瑞）庆羽士余惟铃来任守事，乃于祠之偏营数椽以栖其徒，观曰真庆，奉武当神也，里民之祈祷者从之"①。可见余惟铃在真庆观崇奉真武。

惟字辈还有李惟早，与天字辈的熊天与、罗天𪲈，守字辈的胡守焕等，俱被上旨。

明天琮（1278—?），弱冠出家，敏而好学，虽为符箓派道士，却素喜内丹之道，甚至因为倾慕白玉蟾而改名明素蟾。凡四方来九宫山者，他都询以丹道，前后阅数十人，遂自以为得金丹之道，以至俯视同辈，旁若无人。元顺帝至元元年（1335 年）五月，际遇陈致虚。陈氏见其资禀非凡，勇锐可授，乃针对他的毛病，循序渐进地"降其骄心，摄其狂心，去其愚心，移其疑心，正其邪心，开其道心"，最终付嘱道妙，授号宗阳子。得诀之后，明天琮云："今承教旨，孰知至妙至玄，最为难议者哉，始知五十八年都是错也。"②后明天琮为陈致虚《金丹大要》作序，阐扬师说。

可字辈中有著名道士车可诏。车可诏，通山（今湖北通山县）人，号兰谷。元顺帝宣授"文正明道诚德法师，教门高士"，任钦天瑞庆宫住持，五品提点。延祐元年（1314 年）和至治元年（1321 年），九宫山两次受灾，宫观尽毁，车可诏皆矢志兴复。欧阳玄于至元四年（1338 年）撰《重建钦天瑞庆宫碑》记其事。车可诏虽然主持修复，事务繁剧，但仍对丹道孜孜以求，拜在陈致虚门下，得号碧阳子。陈致虚《与九宫山碧阳子车兰谷》说："九宫山碧阳子。车兰谷，为玄门栋梁者。四十余年矣。其功业设施，表表在人耳目也。卓然道眼识人，不似他人之忌才者……一揖之初，乃即深契，求我丹道，足所未闻。睹其神气裕如，遂将祖师先天后天金丹

① （明）徐麟：《（嘉靖）武宁县志》卷 6《古迹 · 柳贞公祠堂》，《天一阁藏明代方志选刊续编》，上海：上海书店 1990 年版，第 42 册。

② 以上见（元）陈致虚：《金丹大要》卷 6《与宗阳子明素蟾》，《道书全集》，北京：中国书店 1990 年版，第 57—59 页。

之旨悉以授之。"[1]车可诏能诗文,有高韵,与虞集相友善,曾招虞集游九宫山,虞未克往,有《寄九宫山提点车兰谷二首》诗作,收于《九宫山志》卷11。车可诏的撰述,除《真牧堂新赝龙光记》、《黄绫记语》收入《九宫山志》外,还在后至元三年(1337年)为其师祖赵友钦(陈致虚之师)的《仙佛同源》作序言一篇[2]。羽化时,寿92岁。

由上可以看出,御制派几代传人除传扬本派道法、兴复本山宫观外,也同其他的符箓道法派别一样,积极地学习吸收内丹,特别是罗希注、明天琮、车可诏等人,表现突出。

第八节　净明忠孝道的创建与传绪

南宋周(何)真公所创立的净明道,其后不见传人。是本有传人而缺载,或因某种原因而未传下去?现已难于考知。《西山隐士玉真刘先生传》说:自何(周)真公"建翼真坛,传度弟子五百余人……迨今二百余年('二'应为'一'字之误),其法浸微"[3]。据此可知,这个派别到南宋末年便已湮没无闻了。但是由许逊崇拜发展而来的净明忠孝信仰,在社会上已经流传了几百年,当然不会因为一个教派的消失而泯灭,到一定历史条件下,将会有怀抱这种信仰的人出来加以重建。至南宋末,当社会矛盾极度尖锐、人民所受的苦难极度严重时,终于出来了重建者,此人就是刘玉。

刘玉(1257—1308年),字颐真,号玉真子。其先鄱阳石门人,高祖宗翰始迁南康建昌(今江西安义县),父刚再迁隆兴新建(今江西南昌新建区)忠孝乡。5岁就学,读书务通大义。弱冠,父母继亡,居丧尽礼。家贫,力耕而食。视尘世事不足为,笃志于神仙之学。元世祖至元末年,从事重建净明道的活动。为了耸动听闻、吸引群众,和许多创派道士一样,编造了一系列仙

① 《与九宫山碧阳子车兰谷》,《道书全集》,北京:中国书店1990年版,第56页。陈致虚此文,亦见于(清)傅燮鼎:《九宫山志》卷8《元(玄)空》,《中国道观志丛刊》,南京:江苏古籍出版社2000年版,第7册,第198—205页。

② (元)车可诏:《仙佛同源序》,《道书全集》,北京:中国书店1990年版,第461页。

③ 《净明忠孝全书》卷1,《道藏》第24册,第629页。

真下降的神话。宣称,至元壬辰(二十九年,1292年)秋①,行经西山泻油冈时,遇洞真天师胡君(指唐道士胡惠超),告以"龙沙已生,净明大教将兴,当出八百弟子,汝为之师",并说,岁在丙申即元贞二年(1296年)腊月,"真君(许逊)下降子家,子际遇如何真公时"。② 第二年(1293年)春,再遇胡君于玉隆禁山,"胡君曰:吾今再来,实传真君之旨,可寻西山中黄堂山乌晶原建玉真坛以栖隐……今仙运将周,乌晶出现,其在青羊之岁,上元之辰,紫清宫中,子得以镇靖庐,大教兴矣。因与言净明之旨","自是益加精进,又于孝行里立腾胜道院,以善道劝化,远近闻知,仰向从游者众"。③ 甲午(1294年),又"遇水府仙伯郭君(指晋人郭璞),教以经山纬水之术"④。后游黄堂山乌晶原,得真君昔时修真之所,"隶紫清,以田易之,而卜筑且定居焉"⑤。元贞乙未(1295年)正月⑥,神游玉真府,遇真君与张君(指唐人张氲)、胡君等朝元回,胡君授以《大道说》。次年丙申(1296年)岁晚,为预定真君下降之期。十二月庚申日,刘玉约集弟子王真定、方公成、胡次由以及晚到的黄元吉等,在所居之舍熏香等候。夜半,真君果降其家,"降授《玉真灵宝坛记》,纸尾署云:弟子刘玉真"⑦。次年(1297年)正月甲子,又随真君登山巅受至道,既而郭璞授以《坛疏》。真君告曰:"吾昔修真时,于此朝礼太上,太上命日月二君降此,授吾至道,是名灵宝朝天坛。吾今亦于此授此中黄大道、八极真诠,子当敬受。吾八百弟子,汝为首英……更当勉励弟子不昧心君,不戕性命,忠孝存心,方便济物。异日功成果满……登晨白日,如吾无异,勉之勉之。"言毕高举。⑧

以上这一长段话头,无疑是刘玉和撰传的作者为了神化净明道和刘玉

① 《玉真刘先生传》作"壬午",此从《逍遥山万寿宫志》卷5《刘玉传》,《藏外道书》第20册,第725页。

② 《净明忠孝全书》卷1《西山隐士玉真刘先生传》,《道藏》第24册,第629页。

③ 《净明忠孝全书》卷1《西山隐士玉真刘先生传》,《道藏》第24册,第629页。

④ 《净明忠孝全书》卷1《西山隐士玉真刘先生传》,《道藏》第24册,第629页。

⑤ 《净明忠孝全书》卷1《西山隐士玉真刘先生传》,《道藏》第24册,第629页。

⑥ 《玉真刘先生传》作"己未",元贞无己未,故从《逍遥山万寿宫志》卷5《刘玉传》,《藏外道书》第20册,第726页。而且,此处呼应前文"青羊之岁",亦当为乙未。

⑦ 《净明忠孝全书》卷1《西山隐士玉真刘先生传》,《道藏》第24册,第630页。

⑧ 参见《净明忠孝全书》卷1《西山隐士玉真刘先生传》,《道藏》第24册,第630页。

本人有意杜撰的，但人们从这段神话里依稀见到了刘玉创教活动的影子。即从至元二十九年（1292 年）到元贞三年（1297 年）初，刘玉在江西南昌西山一带，进行了积极的重创净明道的活动。在做了大量的宣传舆论工作的基础上，先建起一批坛、靖，收了一批弟子，使所创净明道初具规模。“由是开阐大教，诱诲后学。”此后，“先生虽道行日隆，而益自韬晦。间为人祈禬禳解，无不出奇。隐真、洞真靖庐，次第兴建；诸品秘要，相继授受”。[①] 即更多的宫观靖庐建起之后，又通过讲经收了更多弟子，使净明道终于重建成功。因此，只要剥去其神话外衣，刘玉的创教过程和结果是记载清楚的。

刘玉不仅在组织上重建了净明道，而且对它的教义作了重新阐释，使之具有较新的思想内容。其基本特点是“以老氏为宗”，“以忠孝为本”，[②]吸取了较多的南宋理学思想，使原来形式粗糙、仙气很重的许逊忠孝之道，变成颇具理学色彩、颇多思辨内容的净明之道。从而使重建后的净明道，不管在组织上、思想内容上都具有新的面貌。

刘玉对净明教义的阐释，具载于门人所辑的《玉真先生语录》。主要围绕“净明忠孝”四字展开。“或问：古今之法门多矣，何以此教独名净明忠孝？先生曰：别无他说，净明只是正心诚意，忠孝只是扶植纲常。”[③]而且强调不把忠孝只挂在口头上，而是务求“真践实履”，即贯彻到行动中去。又说：“何谓净？不染物。何谓明？不触物。不染不触，忠孝自得。”又曰：“忠者，忠于君也，心君为万神之主宰，一念欺心，即不忠也。”[④]还说：“人子事其亲，自谓能竭其力者，未也。须是一念之孝，能致父母心中印可，则天心亦印可矣。如此，方可谓之孝道格天。”[⑤]还说：“大忠者，一物不欺，大孝者，一体皆爱。”[⑥]总之，确认忠孝为其教义的核心，但又不把忠孝局限于奉养父母、敬事君长的日常行为上，而是将它扩展到“一物不欺”、“一体皆爱”的广阔范围，特别着重要求在思想上涵养忠孝观念，使之逐渐达到不染不触一点杂

① 《净明忠孝全书》卷 1《西山隐士玉真刘先生传》，《道藏》第 24 册，第 630 页。
② 《净明忠孝全书》卷 1《西山隐士玉真刘先生传》，《道藏》第 24 册，第 631、630 页。
③ 《净明忠孝全书》卷 3《玉真先生语录内集》，《道藏》第 24 册，第 635 页。
④ 《净明忠孝全书》卷 3《玉真先生语录内集》，《道藏》第 24 册，第 635 页。
⑤ 《净明忠孝全书》卷 3《玉真先生语录内集》，《道藏》第 24 册，第 635 页。
⑥ 《净明忠孝全书》卷 3《玉真先生语录内集》，《道藏》第 24 册，第 635 页。

质的净明境界。他称此纯洁净明的忠孝为真忠至孝,以之作为修持净明道的最高理想。

为了达到这个最高境界,他制定了“始于忠孝立本,中于去欲正心,终于直至净明”①这样三个互相衔接的修持步骤。

“忠孝立本”是修持净明道的第一步。刘玉认为,“仙道”和“人道”是统一的,不是矛盾的。人道是仙道的基础,仙道是人道的升华。只有打好了人道的基础,才有可能修成仙道。“又道是欲修仙道,先修人道”②。譬如造房必须先打好屋基,架桥必须先立好桥墩。如果屋基、桥墩不作好,就急急忙忙地在上面建房、架桥,即使暂时建成了,难免有一天要倒塌。而人道之根本则是忠孝,即人之所以为人,之所以能与天地相配而为“三才”,就在于人具有禽兽所无的忠孝德性。如果人失掉了这种德性,“便不得为人之道,则何以配天、地而曰三才”③。因此,人要学得为人之道,就必须具有忠孝德性,不能丢掉这个根本。仙道是建立在人道基础上的,要修成仙道,更离不开这个根本,只有修道者在心中把这个根本立起来,修持好人道,才有可能进而修成仙道,此之谓“忠孝立本”。

正因忠孝是净明道修持的基础和根本,故刘玉径称净明道为“忠孝大道”,说:“入吾忠孝大道之门者,皆当祝国寿、报亲恩为第一事;次愿雨旸顺序,年谷丰登,普天率土,咸庆升平。”④又称净明道为“学为人之道”,说:“此教法大概只是学为人之道……入此教者,或仕宦,或隐遁,无往不可。所贵忠君孝亲,奉先淑后。至于夏葛冬裘,渴饮饥食,与世人略无少异。只就方寸中用些整治工夫,非比世俗所谓修行,殊形异服,废绝人事,没溺空无。”⑤因此他反对避世绝俗、隐遁山林的修行方法,以为那样会不利于修持忠孝。他说:“此教门不是蓬首垢面、滞寂沉空的所为,所以古人道是:不须求绝俗,作名教罪人。”⑥又说:“上士非必入山绝人事、去妻子、入闲旷、舍荣

① 《净明忠孝全书》卷5《玉真先生语录别集》,《道藏》第24册,第647页。
② 《净明忠孝全书》卷3《玉真先生语录内集》,《道藏》第24册,第636页。
③ 《净明忠孝全书》卷3《玉真先生语录内集》,《道藏》第24册,第635页。
④ 《净明忠孝全书》卷4《玉真先生语录外集》,《道藏》第24册,第640页。
⑤ 《净明忠孝全书》卷3《玉真先生语录内集》,《道藏》第24册,第639页。
⑥ 《净明忠孝全书》卷3《玉真先生语录内集》,《道藏》第24册,第636页。

华而谓之服炼，当服炼其心性，心明性达，孝悌不亏，与山泽之癯童者异矣……后世失道之人，不忠不孝以乱其国家，国家败，无所容身，乃假名入山学道，是舍厦屋而入炎火也。”①所以净明道具有强烈的入世倾向。

刘玉又反对弃忠孝于不顾，只花大力气去修炼精气和符箓的修道者。他说：“世俗于克己工夫多是忽略，别求修炼方术，殊不知不整心地（指去欲正心修持忠孝），只要飞腾，可谓却行而求前者也。”②又说：“每见世间一种号为学道之士，十二时中使心用计，奸邪谬僻之不除，险诐倾侧之犹在，任是满口说出黄芽白雪、黑汞红铅，到底只成个妄想去。所以千人万人学，终无一二成，究竟何以云然？只是不曾先去整理心地故也。”③

正因刘玉的净明道是把在心中修持忠孝看作修仙的根本，务求在心地上涵养忠孝德性，故他将道教传统的斋醮章符放在次要地位，而尽量加以简化。如简化申奏表章，只存“上家书”一项。“或问：道法旧用奏申文字，今只上‘家书’，无乃太简乎？先生（指刘玉）曰：古者忠臣孝子只是一念精诚，感而遂通。近代行法之士，多不修己以求感动，只靠烧化文字，所以往往不应。盖惟德动天，无远弗届。今此大教之行，学者真个平日能惩忿窒欲，不昧心天，则一旦有求于天，举念便是。若平时恣忿纵欲，违天背理，一旦有求，便写奏申之词百十纸烧化，也济不得事。”④又简化符箓，只用炼度一符。“或问：诸家炼度，动是百十道符……今净明只是炼度一符，无乃太简乎？先生曰：至道不烦，只是以善化恶，以阳制阴，收万归三，收三归一，炼消阴滓，身净自然化生。每见后天之法，不曾究竟得一个大本领，搬出许多枝梢花叶，徒为已堕之魂重添许多妄想。”⑤又简化告斗之法，不设斗灯。“或问：净明告斗之法，何为不设斗灯？何为符命绝少？先生曰：……先天之法贵乎简者，就发端处用工……若只靠存想之繁，符箓之多，吾但见其神离气散耳！”⑥

① 《净明忠孝全书》卷5《玉真先生语录别集》，《道藏》第24册，第646页。
② 《净明忠孝全书》卷3《玉真先生语录内集》，《道藏》第24册，第637页。
③ 《净明忠孝全书》卷3《玉真先生语录内集》，《道藏》第24册，第636页。
④ 《净明忠孝全书》卷3《玉真先生语录内集》，《道藏》第24册，第639页。
⑤ 《净明忠孝全书》卷4《玉真先生语录外集》，《道藏》第24册，第643页。
⑥ 《净明忠孝全书》卷4《玉真先生语录外集》，《道藏》第24册，第644页。

正因刘玉的净明道是以儒家的忠孝作为修持的根本，且尽量简化道教传统的斋醮方术，因而使该派的儒学气加强了，鬼神气减少了。从而使它在思想内容上发生了很大的变化，突出的是它所持的神仙观念的变化。简单地说，就是它不再追求人体的长生不死，而只追求忠孝道德的完善，可谓追求精神不死。刘玉说："忠孝之道非必长生，而长生之性存。死而不昧（指忠孝之心不昧），列于仙班，谓之长生。"①他的弟子黄元吉对此作了进一步的解释，他说："当知九霄之上，岂有不净不明不忠不孝的神仙也。"②有人问他什么叫"真人"，他回答说："真者一真无伪，人者异于禽兽。净明教中所谓真人者，非谓吐纳、按摩、休粮、辟谷而成真也；只是惩忿窒欲，改过迁善，明理复性，配天地而为三极，无愧人道，谓之真人。"③故在他们的眼里，"神仙"、"真人"的特点已不再是具有无限神通和长生不死，而只是具有最完善的忠孝道德属性，忠孝德性最完善的人就是真人、仙人。这种看法显然与道教的传统观点大相径庭，却与儒家所尊崇的至圣贤人十分接近。无怪乎刘玉称周、程、朱、张为"天人"，"皆自仙佛中来"④，原来他是把仙佛与圣贤视为二而一者的。

修持净明道的第二步骤是"去欲正心"。"去欲正心"既是修持净明道的重要步骤，又是修持净明道的基本方法。这句话实是"惩忿窒欲，正心诚意"两句话的简括。"惩忿窒欲"来源于《周易》的《经》和《传》："君子以惩忿窒欲"，"惩忿窒欲，迁善改过"。"正心诚意"来源于《大学》："欲修其身者，先正其心，欲正其心者，先诚其意，欲诚其意者，先致其知，致知在格物。"这两句话被理学家用作道德修养的主要方法，也被刘玉借用来修持净明道。

之所以要用这两句话来修持净明道，主要是因刘玉把修持净明忠孝的重点摆在思想上，即不仅要求修道者平时尽到忠君事亲的责任，如对父母做到饮食起居的供奉，而更主要的是要求修道者注重思想上的忠孝修养，并不

① 《净明忠孝全书》卷5《玉真先生语录别集》，《道藏》第24册，第646页。
② 《中黄先生问答》，《道藏》第24册，第649页。
③ 《中黄先生问答》，《道藏》第24册，第649—650页。
④ 《净明忠孝全书》卷4《玉真先生语录外集》，《道藏》第24册，第642页。

断使之完善和净化。所谓“忠孝立本”，也就是要求在思想上立下这个根本。有人问黄元吉：“事亲之礼，冬温夏凊，昏定晨省，口体之养，无不尽心，可得谓之孝乎？”黄元吉回答说：“此是孝道中一事耳，当知有就里的孝道，不可不行持。”[①]所谓“就里的孝道”，指的就是在思想上涵养忠孝德性，并使之不断完善和净化。

刘玉承袭理学家的观点，认为人的忠孝德性，是人人本心所固有的，不假外求。他说：“忠孝者，臣子之良知良能，人人具此天理，非分外事也。”[②]又说：“净明忠孝，人人分内有也。”[③]故“忠孝立本”，就是立自己思想上已具之根本。但是，人处于社会中，由于外界的影响和己身的私欲，又常常使心中固有的这个根本——忠孝良知受到侵袭，从而使已经立起来的忠孝德性有丧失的可能。为了使它不受侵袭而丧失，就必须惩治外界的影响和己身的私欲，故需用“惩忿窒欲，正心诚意”的修持方法。刘玉对“忿”和“欲”作了这样的解释，他说：“所谓忿者，不只是恚怒嗔恨，但涉嫉妒，小狭偏浅，不能容物，以察察为明，一些个放不过之类，总属忿也……所谓欲者，不但是淫邪色欲，但涉溺爱眷恋，滞著事物之间，如心贪一物，绸缪意根，不肯放舍，总属欲也。”[④]可知他赋予“忿”、“欲”以很广泛的内涵，但大概又统指私欲、邪念而已。理学家称之为“私欲”，刘玉称之为“私己”，认为有了这些私己，自己本自光明的“心天”就给蒙蔽了，“谓之昧心天。心天才昧，恰如一面明镜，无端却把许多埃墨涂污其上”[⑤]。刘玉又称蒙蔽“心天”的“私己”为“内祟”和“魑魅魍魉”。强调要治“外邪”（指外界的不良影响），必须先除“内祟”（指私欲），视内祟为最大的敌人。说：“大凡行法之士，未消得峻责鬼神，且要先净除了自己胸腹间几种魑魅魍魉，则外邪自然息灭矣。所谓魑魅魍魉者，只是十二时中，贪财好色，邪僻奸狡，胡思乱量的念头便是也……所以道是：能治内祟，方可降伏外邪。”[⑥]

---

① 《中黄先生问答》，《道藏》第 24 册，第 649 页。
② 《净明忠孝全书》卷 5《玉真先生语录别集》，《道藏》第 24 册，第 647 页。
③ 《净明忠孝全书》卷 3《玉真先生语录内集》，《道藏》第 24 册，第 639 页。
④ 《净明忠孝全书》卷 3《玉真先生语录内集》，《道藏》第 24 册，第 635 页。
⑤ 《净明忠孝全书》卷 3《玉真先生语录内集》，《道藏》第 24 册，第 635 页。
⑥ 《净明忠孝全书》卷 3《玉真先生语录内集》，《道藏》第 24 册，第 639 页。

刘玉认为，只有不断惩治“内祟”与“外邪”，即不断进行“惩忿窒欲”工夫，才能达到“心正”、“意诚”。“正心诚意”既是修持净明忠孝的方法，又是某一阶段的目的。刘玉把“正心诚意，惩忿窒欲”称作“整理性天心地工夫”，认为这是修持净明道不可须臾或缺的，所以他又称净明道为“正心修身之学”。他说：“净明大教是正心修身之学，非区区世俗所谓修炼精气之说也。正心修身是教世人整理性天心地工夫。”①又说：“奉行道法，皆当平居暇日，存守正念，此即正心之学。”②意谓平居暇日，应时时除去邪念、存守正念，即时时除去侵袭忠孝的内祟与外邪，以期心正意诚。只要学道者能在“忠孝立本”的基础上，长久不懈地做此整理心地工夫，长期保持心正意诚的境界，天长日久，终有一天会达到“方寸净明”的地步，到那时，“自己心天与上天黄中道气血脉贯通，此感彼应，异时与道合真，如水归海矣”③。他批判那些平时不做整理心地工夫、专务方术的道士，说：“每见世人不肯力除恶习，克去私己，却于晨昏诵念不辍，此等，圣贤不取。”④“是谓不明理而学道，却行而求前，纵有小成，亦不能升入清虚之境。”⑤

如何在心地上作惩忿窒欲工夫呢？他提出了在念头几微处下工夫的方法，即消灭私欲于萌芽状态。“或问：净除邪念有何法度？先生曰：这个却在念头几微上工夫。如何是几微？譬如恶木萌蘖初生时，便要和根铲却；若待它成长起来，枝叶延蔓，除之较难了。《易》曰：‘履霜坚冰至。’……又曰：‘君子见几而作，不俟终日。’”⑥

他又提出“不欺心”和“慎独”的修持方法。他认为，在十目所视之地检点言行不难，比较难的是个人独处时也言行不苟，不做昧心事。他说：“吾初学净明大道时，不甚诵道经，亦只是将旧记儒书在做工夫。谓如崇德尚行，每念到‘戒慎乎其所不睹，恐惧乎其所不闻’，‘言悖而出者亦悖而入，货

① 《净明忠孝全书》卷3《玉真先生语录内集》，《道藏》第24册，第637页。
② 《净明忠孝全书》卷3《玉真先生语录内集》，《道藏》第24册，第637页。
③ 《净明忠孝全书》卷3《玉真先生语录内集》，《道藏》第24册，第637页。
④ 《净明忠孝全书》卷3《玉真先生语录内集》，《道藏》第24册，第638页。
⑤ 《净明忠孝全书》卷3《玉真先生语录内集》，《道藏》第24册，第637页。
⑥ 《净明忠孝全书》卷3《玉真先生语录内集》，《道藏》第24册，第639页。

悖而入者亦悖而出’此等言语，发深信心，不敢须臾违背了。”①“戒慎”、“恐惧”二句出于《中庸》，是讲君子慎独的；“言悖”、“货悖”二句出于《大学》，是讲祸福果报的。刘玉引用来讲净明道的修持方法，并借以激励自己与教诲门徒。他说：“净明大教，大中至正之学也……紧要处在不欺昧其心，不斫丧其生，谓之真忠至孝……旦旦寻思，要仰不愧于天，俯不愧于人，内不怍于心。”②“内不怍于心”，即问心无愧，与“不欺昧其心”同义，皆不自欺之意。为了使其门徒做到不自欺，又求助于神灵。他说，如果“夙兴夜寐存着忠孝一念在心者”，就可“上合天心”，“人不知，天必知之也”。③“又有一种人，爱说薄福话的，恣意说出来，无所忌惮，不知虚空却有神明听着。”“纤毫失度，即招黑暗之愆，霎顷邪言，必犯禁空之丑。”④他解释说：“所谓禁空之丑者，即《度人经》中飞天大丑魔王是也。其类甚众，上帝委任助佐三官检察过恶，常时飞行虚空，鉴观下界，邪言一出，冒犯其禁，彼才动念之顷，言者福德自销。福德既销，殃祸随至。”⑤用鬼神威吓信众以进行忠孝修持，到底不失宗教家本色。

第三步是净明境界。这是前段工夫的进一步发展，又是修持净明道最终之目的。按刘玉的思想逻辑，在忠孝立本之后的去欲正心，主要是进行整理心地工夫，即时时进行清扫侵袭忠孝德性的内祟与外邪，目的是使忠孝德性日趋完善与净化。只要这种工夫坚持不懈地做下去，终有一天就会达到最完美的净明境界。什么是净明境界？刘玉作了解释，他说：“何谓净？不染物。何谓明？不触物。不染不触，忠孝自得。”⑥又说：“心如镜之明，如水之净。”⑦还说：“本净元明”，“方寸净明”。⑧意思都是说人的心地不染一点杂质。它的意义，与空无一物不同。如果空无一物，忠孝也无立足之地，与

① 《净明忠孝全书》卷3《玉真先生语录内集》，《道藏》第24册，第638页。
② 《净明忠孝全书》卷3《玉真先生语录内集》，《道藏》第24册，第636页。
③ 《净明忠孝全书》卷3《玉真先生语录内集》，《道藏》第24册，第636页。
④ 《净明忠孝全书》卷3《玉真先生语录内集》，《道藏》第24册，第635页。
⑤ 《净明忠孝全书》卷3《玉真先生语录内集》，《道藏》第24册，第635—636页。
⑥ 《净明忠孝全书》卷3《玉真先生语录内集》，《道藏》第24册，第635页。
⑦ 《净明忠孝全书》卷3《玉真先生语录内集》，《道藏》第24册，第638页。
⑧ 《净明忠孝全书》卷3《玉真先生语录内集》，《道藏》第24册，第637页。

修持忠孝的净明主旨根本悖离了。因此刘玉的本意是指忠孝不染一点杂质，即忠孝德性已被彻底地净化，而达到一种最纯净最完美的状态。刘玉弟子黄元吉对此作了较为确切的解释，他说：所谓净明，“大概无别说，只要除去欲念便是净，就里除去邪恶之念，外面便无不好的行检……淘汰到无的田地，却是公心也。公能生明。所以曰：欲净则理明。”①把除去私欲后留下的“公心”、“天理”看作净明，确系刘玉的本旨。刘玉有时又称净明境界为“真忠至孝”，用“真”、“至”来表现忠孝的纯粹、完美，同样体现了他的本意。可是黄元吉在另一处所作的解释，却与此相矛盾。即他在讲真净、真明、真忠、真孝时说：“若能深明性地，不染一尘，动静俱定，应酬无伤，是名真净；澄湛心源，冰壶水月，映彻万象，寤寐恒一，是名真明……惟不欺为用，小心翼翼，昭祀上帝，是谓真忠；珍啬元气，深知天命，长养道胎，继续正脉，是谓真孝。”②显然这是引进佛教性空思想所作的解释。既然心地已经“不染一尘”，恐怕忠孝德性也没有附着之地，这与其师忠孝立本、纯然天性（忠孝纯然）的思想是相背离的。

由上可见，刘玉所阐述的净明道教义，理学气味是很浓的。从而使该教派具有较多的世俗化特点，也使它革新了较多的道教传统思想，和具有较少的鬼神气。这在道教诸派中是十分罕见的。

刘玉时期的净明道也造了一些经书，现存者有以“太上灵宝净明”冠首的《洞神上品经》、《玉真枢真经》、《道元正印经》、《天尊说御瘟经》、《首入净明四规明鉴经》、《九仙水经》、《中黄八柱经》等，皆收入《道藏》太平部。有些很短，似为残卷，一些经书对净明教义的阐释与刘玉《语录》完全一致。如《首入净明四规明鉴经》云：“道者性所有，固非外而铄，孝弟道之本，固非强而为。得孝弟而推之忠，故积而成行。”③“学道以致仙，仙非难也，忠孝者先之，不忠不孝而求乎道，而冀乎仙，未之有也。”④“忠孝之道，非必长生，而长生之性存，死而不昧，列于仙班，谓之长生……后世失道之人，不忠不孝以

① 《中黄先生问答》，《道藏》第 24 册，第 648 页。
② 《中黄先生问答》，《道藏》第 24 册，第 649 页。
③ 《道藏》第 24 册，第 614 页。
④ 《道藏》第 24 册，第 614 页。

乱其国家，国家败，乃无所容其身，乃入山以学道，是犹舍厦屋而入炎火也。”①“下士呼符水治药饵，已人之一疾，救人之一病，而谓之功。非功也。此道家之事，方便法门尔！吾之忠孝净明者，以之为相，举天下之民跻于寿，措四海而归太平，使君上安，民自阜，万物莫不自然……以吾之忠，使不忠之人尽变以为忠；以吾之孝，使不孝之人尽变以为孝。其功可胜计哉！”②“天事始乎春，至冬而岁成，地事始乎东，至北而化成，仙学始乎孝，至道而学成。上士以文立忠孝，中士以志立忠孝，下士以力致忠孝，昧道者反此。”③

以上经书中又讲述了净明道的方术。主要有存神、符咒、步罡和内丹等。在《洞神上品经》中，除讲步罡踏斗外，又讲运用符咒“服炼身形”，为人“度脱六亲”、“救治百病”，以及驱除百邪、召役鬼神等。

刘玉自创教之日起，活动了 16 个春秋，至武宗至大元年(1308 年)正月逝世，享年 51 岁。临终前，以教事传付弟子黄元吉。生前著有《净明秘旨》，现已不存；现仅存经弟子整理的平时言论《玉真先生语录》3 卷。

刘玉所创净明道的第二代传人黄元吉(1270—1324 年)，字希文，人称中黄先生。出身豫章丰城(今属江西)名族。年十二，入西山玉隆万寿宫，事清逸堂朱尊师。朱殁，再师王月航尊师。④ 清雍正《江西通志》卷 103《黄元吉传》谓：“年十二，师玉隆宫王月航，授以旌阳清净之道。”⑤王尊师殁久之，乃师刘玉。刘玉为“八百仙人之首”，“独重希文，以为可托。及去世，以其传嘱焉。盖其说以本心净明为要，而制行必以忠孝为贵而已”⑥。至治三年(1323 年)，以其说游京师，公卿士大夫多礼问之。次年(1324 年)，泰定改元，嗣汉三十九代天师张嗣成朝京，廷臣向他推荐希文说：“中黄先生刚介坚鸷，长于干裁，向尝都监其宫，治众严甚，人或不乐，而土田之入，庐舍之完，公而成功，昔为忤者，更交誉之亲之。其后从玉真先生，得旌阳忠孝之

---

① 《道藏》第 24 册，第 614 页。
② 《道藏》第 24 册，第 615 页。
③ 《道藏》第 24 册，第 615 页。
④ 《净明忠孝全书》卷 1《中黄先生碑铭》，《道藏》第 24 册，第 631 页。此碑铭未著撰人，虞集《道园学古录》卷 50 有《黄中黄墓志铭》，文同，盖为虞集所撰。
⑤ (清)谢旻：《(雍正)江西通志》卷 103，《文渊阁四库全书》第 516 册，第 415 页。
⑥ 《净明忠孝全书》卷 1《中黄先生碑铭》，《道藏》第 24 册，第 631 页。

教。盖折节就冲澹，为达人巨公前席，宜表异之。”①嗣成乃为书请希文为“净明崇德弘道法师、教门高士、玉隆万寿宫焚修提点。未行，玄教大宗师（吴全节）留之崇真万寿宫。期年，将以其名上闻，奏且上，有玺书之赐。而希文翛然高居，唯以发明其师说为己事”②。当荐书奏上、玺书未下之时，黄元吉于泰定元年（1324 年）十二月为书寄别弟子后逝世，享年 55 岁。传授弟子最著者有：陈天和、徐慧、刘真传、熊玄晖、刘思复、黄通理等。曾编集其师《玉真先生语录》为 3 卷。平时与弟子之问答，为其弟子陈天和编集，徐慧校正，名《中黄先生问答》，皆载《净明忠孝全书》。

净明道第三代传人为徐慧（1291—1350 年）。又名异，字子奇，号丹扃子。其先为丰城望族，仕庐陵（今江西吉安市），因迁居于此。“幼孤，即颖异，耻与俗子交，闭户读书，危坐竟日。”③青年时即善为诗，曾侍祖父往谒“时称为文章司令”之刘将孙，“一见，问所学，即令以诗题，子奇援笔立就，先生（刘将孙）大加赏叹，因取少陵‘徐卿二子生绝奇’之语，改字子奇，且为序其所作诗集。称其五言高处春容淡泊，颇近古意。至于近体，亦变化流丽。盖其天分之高，而学所致也。其推许之意，概可见矣”④。延祐五年（1318 年）春，慨然为金台游，首以文墨见知于御史李一飞等，由是钧枢台阁名公巨卿，多所接礼。至治三年（1323 年），英宗诏书金经，“试字中书者数百人，子奇首中前列。未几，经事竟寝”。闻中黄先生得都仙净明之道，驻于崇真万寿宫，遂往师之。中黄一见便说：“夜梦子，今子来，似有夙契，当宏吾教。”自是尽得中黄八极之妙。又参全真道的蓝道元于长春宫，得全真无为之旨。赐号“净明配道格神昭效法师”。泰定元年（1324 年）春，以母老竟归，曲意顺承二十余年。迨终，丧葬尽礼。归家之当年，乡大旱，乡人请祷于里之吉安桥，旋慰霓望。自是弟子益众，及其门者，皆文学特达之士。数十年间，千百里内，水旱丰凶，请祷即往。士庶染病逢妖，辄书符治愈之。士君子常称奇峰先生，又称丹扃道人。有诗集曰《杯水》，滕宾为之序。所

① 《净明忠孝全书》卷 1《中黄先生碑铭》，《道藏》第 24 册，第 631 页。
② 《净明忠孝全书》卷 1《中黄先生碑铭》，《道藏》第 24 册，第 631 页。
③ 《净明忠孝全书》卷 1《丹扃道人事实》，《道藏》第 24 册，第 632 页。
④ 《净明忠孝全书》卷 1《丹扃道人事实》，《道藏》第 24 册，第 632 页。

传净明忠孝诸书，先已刊行，至于手撰科文，正大雅洁，凡若干卷，传于世。尝自赞其像曰："生前我即汝，死后汝即我。于是二中间，谁曾识真我。咦，月轮元不在波心，四海五湖无不可。"至正十年（1350年）春，作诗寄别诸友，其中一首有云："花甲今年恰一周，安心安分更何求。梦回池草春生笔，吟到江梅月满楼。生数又从今日始，老怀不及少年游。还丹炼就身如叶，洞府名山任去留。"当年五月逝世，享年60岁。度弟子数百人，其著者有钟彦文、萧尚贤等。①

徐慧逝世时，已至元之末世，接其任之第四代传人为赵宜真，传承甚杂，既传净明，又传全真，还传清微。因其活动于元末明初，故待下章详之。

第九节　符箓派的会归与金丹派的合一

在道教发展史上，南宋金元是道派分衍和繁荣时期，但从元代中后期起，则因新旧诸道派的繁荣与交融，乃逐渐会归为两个大道派，即新旧诸符箓派会归而为正一道，金丹派南北二宗及真大道等合并而为全真道。关于南宋金元诸道派的分衍与繁荣，已如前述。本节所要介绍的则是新旧诸符箓道派在元代中后期如何会归为正一道，以及南北二宗如何合并为全真道。

一、新旧符箓派的会归与正一道的形成

新旧诸符箓派之所以在元代中后期会归为正一道，有多种原因。一方面，蒙元前期全真道在北方的大发展，形成了宫观跨几省、徒众满江北的一个大道派，这对原来活动地域狭小、组织比较松散的江南诸符箓派，不能不是很大的刺激，促使它们尽快组成一个大道派与之相抗衡。另一方面，新旧符箓诸派因教义、方术很接近，也为彼此的会归提供了可能。至元代，由于天师后嗣受命掌管江南道教，使原来联系甚少的各道派加强了联系，并为之准备了统一的领导者和加强了凝聚力。因此，到元代中后期，当各种主客观条件都已成熟时，正一派也就正式宣告成立了。

① 参见《净明忠孝全书》卷1《丹扃道人事实》，《道藏》第24册，第632页。

各符箓派之组成为一个大道派，有一个由思想交融到组织会归的发展过程。正由于诸符箓派的教义、方术很接近，它们的思想交融是早已有之的现象，不过由于元代天师后嗣之掌管江南道教和各派的发展，使这种交融更加广泛而深入。这种思想、方术的交融现象，在元代是很多的。如前面介绍玄教时所说，吴全节既向陈可复学雷法，又向东华派首领林灵真学道法，还向南宗道士赵淇学内丹；夏文泳既考订各派道法、斋科，又精究医药、卜筮；徐懋昭既熟习本派符箓斋仪，又能役使鬼神致雷雨；陈日新既精诣黄箓斋科，又研究道书丹经。这些都是玄教首领和骨干与其他道派互相参学的例子。这种互相参学的情况，在其他符箓派中亦大量存在。如茅山道士赵嗣祺参学玄教，张雨拜玄教道士王寿衍为师。武当全真道士张道贵、叶云莱、刘道明等向清微派宗师黄舜申参学清微法。徐异既嗣净明道为其三祖，又向全真掌教蓝道元参学全真。赵宜真先学正一法，次师全真道士金志扬之徒张铁玄、李玄一学内丹，复师徐异学净明，并被净明道尊为第四祖。如此等等。各符箓派的互相参学，为组成一个大道派准备了思想条件。

思想、方术上的互相交参，进一步导致道派组织上的会归、合流。如原由太一道主持的六丁之祠，至延祐初（1314 年），已由玄教道士毛颖达主持，惠帝至元（1335—1340 年）初，又由玉笥山道士（属正一道）郭宗纯主持，表明这部分太一道在延祐以后已逐渐会归于正一道。传至武当山的清微法，早在世祖至元（1264—1294 年）年间即与全真道合流，而其南传之系则可能渐合于正一。东华派在林灵真以后，已由龙虎宗弟子董处谦和第三十九代天师张嗣成相继作了它的两代宗师，证明东华派在林灵真之后已成为正一道之一部分。所有这些都表明诸符箓派在组织上的逐渐合流。

在符箓各派思想交参和组织会归的基础上，正一道在元代中后期正式形成。它以元成宗大德八年（1304 年）敕封第三十八代天师张与材作“正一教主”为标志。该年元成宗录张与材平潮功，在已授张与材管领江南诸路道教的基础上，加授其为“正一教主，主领三山符箓”①，实际宣告了正一道的成立。

---

① 《元史》卷 202《释老传》，北京：中华书局 1976 年版，第 15 册，第 4526—4527 页。

正一道的特点是：第一，以张陵后嗣为首领。自三十八代天师张与材于大德八年作“正一教主”后，后继的历代天师皆袭此职。张与材于仁宗延祐三年（1316年）卒，“四年（1317年），子嗣成嗣，为三十九代，袭领江南道教，主领三山符箓如故”①。其后第四十代张嗣德、四十一代张正言皆相继受命作正一教主。明清时，天师封号虽被取消，正一教主也非皇帝敕封，但张陵子孙仍被视为其教的首领。第二，在组织上，由原有的新旧各符箓派组合而成，包括龙虎宗、茅山宗、阁皂宗、太一道、净明道，以及神霄、清微、东华、天心等小派。其组织比较松散，类似联盟性质。组成大派之后，原有的小宗派或因承传乏人而彻底融入大宗，有的则只以天师道为大宗主，而继续其原有小宗的承传。如净明道、清微派等，直至清代，仍各自承传不绝。第三，以《正一经》为共同奉持的主要经典，主要法术是画符念咒、祈禳斋醮，为人驱鬼降妖、祈福禳灾。第四，正一道士可以不住宫观，可以娶妻生子，被称为“火居道士”。其宫观规模较全真道为小，戒律也不如全真道严格。这些特点决定了两大派在此后的竞争中，正一道弱于全真道。

二、全真道的南传与南北二宗的合流

与诸符箓派逐渐互相交参组成正一道同时，全真道亦在其发展过程中，逐步与另外的丹鼎派会归合流，组成规模更大的全真道。其中除合并了北方的真大道外，主要是合并了南方的金丹派南宗。金丹派南宗与全真道是在南宋与金对峙时期分别产生于南北两地的金丹派别，它们同主金丹，又皆宗祖钟吕，自谓同一源流。只因两地隔绝，遂各立门户。但至元世祖统一江南后，南北统一，原来两个长期隔绝的道派，经过接触，产生会归合流为一派的要求，特别是势力弱小的南宗更是如此。

南宗与全真道的合流会归，并不是在南北统一时立即完成的，而是经过相当时间的酝酿之后才实现的。其中主要是通过全真道的南传，使金丹派南宗有了较多的认同机会，从而促使其中某些人出而推动了两派的合并。

全真道的大举南传始于元世祖统一江南后，但小规模的南传则在此之

① 《元史》卷202《释老传》，北京：中华书局1976年版，第15册，第4527页。

前。如地处南宗北疆的湖北武当山，离金界不远，早在金代，即有全真道士活动的踪迹。王圻《续文献通考》卷243云："吉志通，陕西郃阳（今陕西武功县）人。幼颖悟，师乔潜道及潘清客。博学多闻。后居武当山，十年不食火食，但饵黄精苍术，精神清彻，行步如飞。"①至中统甲子（1264年）逝世。乔潜道是马钰弟子，见于《终南山祖庭仙真内传》等书，其所传吉志通则为马钰之再传。吉志通居武当山，当在元宪宗时，当时武当山仍属宋地。比吉志通稍晚，武当山又有鲁大宥和汪真常二人为全真道士。鲁大宥（？—1285年），号洞云子，随州应山（今属湖北）人。家世宦族，初入武当山学道，"隐居五龙观，草居菲食四十余年"。元兵破襄汉，"去渡河，访道全真，西绝汧陇，北逾阴山，至元十二年（1275年）归（武当）"②，是一位转隶全真的武当道士。汪真常，名思真，号寂然子，家世徽（治安徽歙县）人，宋丞相汪伯彦之后。生于安庆（今安徽安庆市）。嗣全真教法，入武当山兴复五龙宫，任本宫提点。③ 二人皆为武当入元后最早的全真道徒，他们于至元十二年（1275年）率领徒众修复紫霄、五龙诸宫，各度徒众百余人，为全真道在武当山的发展打下了基础。汪真常之徒张道贵，鲁大宥之徒张守清，皆为元代武当山著名的全真道士，从二张开始，武当山全真道有一个较大发展，不过他们同时承袭了清微派宗师黄舜申之清微道法，此后武当山许多道士兼传全真与清微，已于本章第七节做了考述。而汪真常兴复五龙宫，在此传留一派徒裔，现有资料并未明言他们是否兼传清微法，故论列于此。据揭傒斯《敕赐武当山大五龙灵应万寿宫碑》所述，五龙观毁于宋元之际的战火，"有道之士汪思真（真常）奋然特起，辟草莱，剪榴翳，一举而新之"。后张留孙将武当道士叶云莱奏闻于朝，世祖召见而崇信其道，"至元二十三年（1286年）诏改其观为五龙灵应宫，以希真（叶云莱）主之。居八年而侯道懋继之，又二十年而续道诚等继之"。仁宗以天寿节"实与玄武神同，遂加赐其额曰大

① （明）王圻：《续文献通考》卷243，台北：文海出版社1979年版，第23册，第14560页。
② （元）程钜夫：《雪楼集》卷5《均州武当山万寿宫碑》，《文渊阁四库全书》第1202册，第63页；《元赐武当山大天一真庆万寿宫碑》，《道藏》第19册，第643页。
③ 参见《大岳太和山志》卷6，《藏外道书》第32册，第922页；《古今图书集成》卷255引《武当山志》，北京：中华书局、成都：巴蜀书社1985年版，第51册，第62364页。

五龙灵应万寿宫，仍甲乙住持”，并于宫内建玄武殿。此殿之建，吴全节“出私钱万缗为之倡，而住山续道诚、张道真、吴明复、邵明庚、李明良先后贤而成之”。[①] 同为揭傒斯所撰《大五龙灵应万寿宫瑞应碑》，记“至正元年(1341 年)夏，本宫住持邵明庚、李名(明)良节岁计之赢，会檀施之积”，重修玄武殿后玉象阁。[②] 以上道士中，叶云莱为清微法嗣，与汪真常没有师承关系，大概由于张留孙和元世祖的原因担任了五龙宫的住持，除此而外，鉴于五龙宫为甲乙相承的性质，其余诸人似应为汪真常徒裔。这一点，可以从王喆撰《华阳岩浩然子记碑》得到佐证。此浩然子即上述李明良，根据碑记，其师龙岩子林公“乃开山祖师汪君真常之徒，讳曰道富。而先生(李明良)在汪君则为正传嗣孙也”[③]。此碑为王喆根据“其(李明良)徒何仁逊等告述其事而志诸”。据此，可以清楚看到汪真常——林道富——李明良——何仁逊的传系。另外，此碑碑阴落款“至元已卯岁(1339 年)中元日，教门高士、通玄灵应明德法师、本宫住持提点、重修本岩李明良立石。制授教门高士、崇玄冲道成德法师、主领大五龙灵应万寿宫事、兼领本路诸宫观事邵明庚主盟”[④]，可与揭傒斯所记参证。《白浪双峪黑龙洞记碑》云：“至正癸未(1343 年)，(五龙宫)宫副凃德渊遂构祠宇洞之傍，塑圣像以奉之。”[⑤]则凃德渊也应该在本宫的传承谱系内。此系道士，唯李明良赖王喆之记，略知生平。李明良，家世居于安成(今属江西)城南兴德乡之阳溪，生

① 《大岳太和山志》卷 12，《三洞拾遗》，合肥：黄山书社 2005 年版，第 13 册，第 461—463 页；《藏外道书》第 32 册所收山志有缺板。

② 参见《大岳太和山志》卷 12，《三洞拾遗》，合肥：黄山书社 2005 年版，第 13 册，第 465 页。

③ 《大岳太和山志》卷 12，《三洞拾遗》，合肥：黄山书社 2005 年版，第 13 册，第 474 页；《藏外道书》第 32 册所收山志有缺板。华阳岩隶属五龙宫，参见《大岳太和山志》卷 8，《三洞拾遗》第 13 册，第 438 页。

④ 《大岳太和山志》卷 12，《三洞拾遗》，合肥：黄山书社 2005 年版，第 13 册，第 476 页。至元三年(1337 年)立于五龙宫的《臣下碑》再次强调本宫属“甲乙住持”，且列出邵明庚、李明良二人的职衔、师号，可参。(清)贾洪诏：《均州艺文志》，《石刻史料新编》第 3 辑，台北：新文丰出版社 1986 年版，第 13 册，第 511 页。同碑又载陈垣编纂：《道家金石略》，北京：文物出版社 1988 年版，第 1191—1192 页。

⑤ 《大岳太和山志》卷 12，《三洞拾遗》，合肥：黄山书社 2005 年版，第 13 册，第 478 页。此碑为王喆撰于至正四年(1344 年)十一月。

于至元丙戌(1286 年),大德间入武当,师从林道富,“于是结草作靖,坐忘其中,肋不沾席者十有五年”。吴全节嘉其善,“以为宫(五龙宫)之主席,至元后丁丑(1337 年)乃复以其名闻于圣天子,降玺书宠嘉而赐以教门高士、通玄灵应明德之号”。他与揭傒斯等名流相友善,“方外老释之士闻风而师承者尤众”。[①] 其自赞云:“假合身躯用墨图,性天朗朗笔难模。上天之载无声臭,此个清光何处无。”[②]

稍晚于鲁大宥、汪真常,全真高道王志谨也有徒裔在武当山居住过。张仲寿撰《抱元真静清贫李真人道行碑》说,李道元自号清贫子,卫辉路淇州朝歌(今河南淇县)人,40 岁志欲出家,“持钵化饭,云游西秦京兆。于古庙破窑之中,毁炼睡眠,已经年载,心地未明,遂上武当山,投□□□栖云王真人门下袁先生为师。因开石洞工毕,随师往邓州土洞兴缘”。此事在至元二十六年(1289 年)之前。[③]

邓志明,曾为峄山(在今山东邹城市)仙人万寿宫已故提点李志椿撰《崇德真人之记》[④],其署名为“冲寂体真纯一大师、武当山紫霄元圣宫三洞讲经师邓志明”,记云:“俾吾全真之教,自古以固存,愈久□明盛者哉!”此碑于至治二年(1322 年)立石,可知邓氏大约在此前后活动于紫霄宫。

继湖北武当山之后,全真道又相继南传至苏、浙、闽、赣等省区。受其传者大都为南宗道士。因为在此之前,传于南方的南宗道士,是一个组织十分松散的教团,人数少,且无固定的宫观,社会影响也不大。随着元世祖统一江南,大批全真道徒纷纷南下以后,许多南宗道士逐渐与之相认同,且逐渐认识到,要想更好地开展活动,最好是打出全真道的旗帜,于是不少南宗道士纷纷自称全真,且将南北派之学互相交融。如至元(1264—1294 年)间道

① (金)王喆:《华阳岩浩然子记碑》,《大岳太和山志》卷 12,《三洞拾遗》第 13 册,第 474—475 页。此记李明良行事,皆类全真苦行、内丹修炼、葺治宫观,丝毫不见清微道法的影迹。

② 《浩然子自赞》,《大岳太和山志》卷 14,《三洞拾遗》,合肥:黄山书社 2005 年版,第 13 册,第 508 页。

③ 参见王宗昱:《金元全真教石刻新编》,北京:北京大学出版社 2005 年版,第 47 页。

④ 参见陈垣编纂:《道家金石略》,北京:文物出版社 1988 年版,第 763—764 页。李志椿,出于刘处玄一系,参见《仙人万寿宫重建记》,陈垣编纂:《道家金石略》,北京:文物出版社 1988 年版,第 762—763 页。

士李道纯,字元素,号清庵,别号莹蟾子,都梁(旧县,故城在今湖南武冈县东北)人。[①] 本是白玉蟾弟子王金蟾之门人,为南宗嫡系。但其著作中,有《全真集玄秘要》1 卷,《中和集》中又有《全真活法》节论“全真之道”,俨然以全真道士自居。《扬州府志》记他曾住仪真长生观,仪真即今江苏省仪征市;《凤阳府志》则将他列为盱眙道士,盱眙原隶安徽凤阳,与江苏邻境。关于他的事迹所知甚少,明弘治《徽州府志》在记道士赵道可事时,曾涉及他的一段事迹,现抄录如下:“[赵]道可,其先辽州人……初名大德,授阁门宣赞舍人马步军副总管……授武德将军金牌管军千户,又充通事马军万户府镇抚,寻授昭勇大将军管军总管。累遭差调,冒犯风霜,遂成肺疾,麾下老卒李清庵者,素号得道,一夕候安否,因请屏去侍妾,解衣趺坐,腰背相倚,安不得动,达旦而疾瘳矣。道可感动,礼清庵为师。以印绶诰命付其弟大明承袭,乃弃家往建康创道院居之。又往池阳建德之岳山,至饶建云隐堂凡四所,命其徒居之。大德二年(1298 年)秋来婺源(今属江西)募缘,江桂坡先生舍环村地八亩,建中和精舍以居之,人不识其尝为达官也。”[②]据此,可知李道纯入道后有一段兵士生涯,入伍原因不明。且是他弟子赵道可(号定庵)麾下之“老卒”,可知他当兵时之年岁已非青年。

李道纯是元代著名的道教理论家,他既通《老子》、《周易》,又懂禅理。著有《道德会元》、《中和集》、《三天易髓》、《全真集玄秘要》,以及《太上大通经注》、《太上老君说常清静经注》、《太上升玄消灾护命经注》、《无上赤文洞真经注》等多种,门人又辑其语录为《清庵莹蟾子语录》。他认为《老子》和《周易》是“诸经之祖”,故在撰《三天易髓》以授门人之后,又参阅诸家注本撰《道德会元》(成书于至元二十七年,1290 年)以阐述《老子》之旨义。其基本特点是以“真常”之义解《老子》,认为老子之“道”即“真常之道”。何谓真常之道?他认定有下列几种属性:第一,不可名,不可言。他

---

① 王圻《续文献通考》卷 179《经籍考·中和集》与《四库全书总目》卷 147《子部·道家类存目》皆谓李道纯为都梁人,《道德会元》李道纯自序亦称“都梁参学”。光绪《湖南通志》卷 242 谓武冈人,误(参见《续修四库全书》,上海:上海古籍出版社 2002 年版,第 667 册,第 517 页)。

② (明)汪舜民纂:《徽州府志》卷 10《仙释》,《天一阁藏明代方志选刊》,上海:上海古籍书店 1982 年版,原书卷 10 叶 34。

说:“道之可以道者,非真常之道也。夫真常之道,始于无始,名于无名。”①又是不可言说的,“拟议即乖,开口即错”②。第二,永恒不变。他说:真常之道,“自历劫以来不曾变易……一切有形皆有败坏,性(“惟”字之误)有这个常在;天地虚空,亦有败坏,只有这个不坏”③。“颂曰:人情多聚散,世道有兴衰,惟有真常在,古今无改移。”④第三,虚静无为。他说:“真常之道本无为,有为即非常道……天地无为,万物生成;圣人无为,万民安泰。”⑤此外,真常之道的道体虽永不变易,但它并非静止不动,而是循着一定的规律在不停地运动,具有“变动有则”的性质;同时,真常之道之所以恒久不坏,就在于它是阴阳相感,刚柔相应,气顺中和,又具有“顺应中和”的性质。总之,以上这五种特性:无名无言、永恒不变、虚静无为、变动有则、顺应中和,就构成老子之道的本质,李道纯称之为“真常之道”。他认为,如果不这样来体认《老子》,就不能把握老子之道的本质。

李道纯在理论上的成就,并不限于对《老子》有独特的阐发,而是进一步融《老子》、《周易》思想以阐述内丹理论。他在《中和集》中说:“真常之道果何难,只在如今日用间。一合乾坤知阖辟,两轮日月自循还。归根自有归根窍,复命宁无复命关?踏遍两重消息子,超凡越圣譬如闲。”⑥原来他阐发“真常之道”的目的,是以它作为内丹修炼的理论指导。李道纯的内丹修炼理论很丰富,其基本路线是性命双修、先性后命。他认为,性与命是不可分割的统一整体:“夫性者,先天至神,一灵之谓也;命者,先天至精,一气之谓也。精与性,命之根也。性之造化系乎心,命之造化系乎身。见解智识,出于心也;思虑念想,心役性也;举动应酬,出于身也;语默视听,身累命也。命有身累,则有生有死;性受心役,则有往有来。是知身心两字,精神之舍也,精神乃性命之本也。性无命不立,命无性不存,其名虽二,其理一也。”⑦

① 《道德会元》卷上,《道藏》第12册,第644页
② 《道德会元》卷上,《道藏》第12册,第644页。
③ 《道德会元》卷上,《道藏》第12册,第644页。
④ 《道德会元》卷下,《道藏》第12册,第652页。
⑤ 《道德会元》卷上,《道藏》第12册,第650页。
⑥ 《中和集》卷5,《道藏》第4册,第512页。
⑦ 《中和集》卷4《性命论》,《道藏》第4册,第503页。

他反对把性命割裂开来，单修一端，说："修命者不明其性，宁逃劫运？见性者不知其命，末后何归？仙师云：'炼金丹不达性，此是修行第一病。只修真性不修丹，万劫英灵难入圣。'"①因此他认为必须"性命兼达"，即必须性命双修。但是次序应是先性后命，他说："先持戒定慧而虚其心，后炼精气神而保其身。身安泰则命基永固，心虚澄则性本圆明。性圆明则无来无去，命永固则无死无生，至于混成圆顿，直入无为，性命双全，形神俱妙也。"②坚持性命双修，不失南宗本色，主张先性后命，则是吸取全真丹法的结果。由此也可看出李道纯确系由道教南宗进入全真之门的道士。此外，李道纯反对把"玄关"一窍解释为人体的某个关窍，指出"玄关"就是"中"，守中是修丹的核心要诀；又把丹法分为顿渐四乘和九品，反对旁门邪道，这些都是他的内丹理论中颇具特色的部分。

李道纯有很多弟子，知名者有柴元皋、赵道可、苗善时、邓德成、张应坦、蔡志颐等。

江苏镇江奉真道院，为至元十九年（1282 年）全真道士赵道渊所建。元俞希鲁《奉真道院记》云："皇元混一后，有全真道人赵道渊者，故笔生也，少慕神仙学，弃家簪黄冠，肄业于兹，慨然有缮葺之志。"后经其徒于道清"铢积寸累"，辛苦营建，终于"克成厥志"。③

宿迁峒峿山龙泉庵，据延祐乙卯（1315 年）立《龙泉庵碑记》，其地兵革以来，惟存窟洞，有"开山住观韬光大师隐真子成志谨，度二子龚志明、方志元，褒衣竭力，芟除荆棘，拨去瓦砾"，重建兹庵。铭曰："玉阳派下，庵曰龙泉。"是知成志谨为王处一徒裔。撰碑者"峄山五华顶远尘裔嗣、晚褐春阳教道显"，则为刘处玄一系王志顺（远尘通妙纯德真人）门下。④

王逢《梧溪集》卷 4 云："十二月廿二日为重阳王真人诞辰，是日立春，

---

① 《中和集》卷 4《性命论》，《道藏》第 4 册，第 503 页。

② 《中和集》卷 4《性命论》，《道藏》第 4 册，第 503 页。

③ 王宗昱编：《金元全真教石刻新编》，北京：北京大学出版社 2005 年版，第 237—238 页。

④ 参见王宗昱编：《金元全真教石刻新编》，北京：北京大学出版社 2005 年版，第 238—239 页。另见《创建三清殿记》、《白云五华宫记》，陈垣编纂：《道家金石略》，北京：文物出版社 1988 年版，第 1147—1148、750—751 页。

在淞江长春道院瞻拜真人及七真像,敬题薛一山丹房。"[1]淞江即今上海市松江区。此长春道院,据史志,为大德十年(1306年)郑道真所建,被称为"境内全真教祖"、"境内全真教所自始",可知为松江府境内最早的全真道院。[2]

浙江亦有南宗道士归入全真道者。万历《钱塘县志》曰:"徐宏(弘)道,号洞阳,修真瑞石山。年八十三,沐浴更衣,书颂而蜕,有'不离本性即神仙'之语。得法弟子丁野鹤也。道常感张平叔住山传诀,故庵名紫阳云。"[3]瑞石山为杭州西湖东南吴山之一部,徐弘道因感张伯端传诀而名其庵曰"紫阳",并有"不离本性即神仙"之颂,可知其为南宗徒裔。其弟子"丁野鹤,钱塘人,元延祐(1314—1320年)初祖徐太师法,弃家为全真道士,居吴山之紫阳庵,导引辟谷者二十余年"[4]。其妻王守素,钱塘民家女,"一日,(野鹤)召守素入山,书付四句云:'懒散六十三,妙用无人识。逆顺两俱忘,虚空镇常寂。'坐抱一膝而逝。方外者流谓之骑鹤化。守素遂亦束发簪冠,着道士服"[5]。《西湖新志》亦云:"野鹤,元人,弃俗全真,屏居于此。""明正统间道士范致虚重建(紫阳庵),并作丁仙亭,亭中有龛,奉丁野鹤遗蜕。"[6]可见丁野鹤是南宗兼全真道士。

杭州重阳庵,元季亦传全真。元贞(1295—1297年)、大德(1297—1307年)之际,天师张与材"重阳庵题字"中即出现了"全真派"之说。1335年,江铁庵(守真)建五祖七真之堂,奉祀全真祖师。至正(1341—1368年)间

---

① (元)王逢:《梧溪集》卷4,《文渊阁四库全书》第1218册,第717页。
② 详细考证,参见吴亚魁:《江南全真道教》,上海:上海古籍出版社2012年版,第76—86页。
③ (明)聂心汤:《(万历)钱塘县志·纪仙》,《中国方志丛书》,台北:成文出版社1975年版,第760页。
④ (明)陈善纂:《万历杭州府志》卷90,《明代方志选》,台北:台湾学生书局1965年版,第1218页。
⑤ (元)陶宗仪:《南村辍耕录》卷22《夫妇入道》,北京:中华书局1959年版,第273页。
⑥ 胡祥翰辑:《西湖新志》卷6,沈云龙主编:《中国名山胜迹志》(第二辑),台北:文海出版社1971年版,第228页。范致虚,据明景泰二年(1451年)聂大年撰《重创紫阳道院记》,当为范应虚。见(清)丁午辑:《紫阳庵集》,《中国道观志丛刊》第17册,南京:江苏古籍出版社2000年版,第6页。

杨古岩者,其学"出金蓬头之派"。此庵于洪武二十四年(1391 年)立为全真丛林。①

全真道士黄公望亦曾隐于西湖、富阳。黄公望(1269—1355 年),字子久,号一峰,又号大痴道人,井西老人。"本姓陆,世居平江之常熟(今属江苏),继永嘉黄氏,遂徙富春(今浙江富阳)……性禀敏异,应神童科。至元中,浙西廉访徐琰辟为书吏。一日著道士服,持文书白事,琰怪而诘之,即引去。更名坚,自号大痴道人,隐于西湖之筲箕泉,已而归富春,卒年八十六。"②据《录鬼簿·黄子久传》,他在作浙西书吏时,曾因"经理田粮"事获罪。又在京师时,与权豪不合,有人借张板夺民田事,牵连于他,遭受监禁。这些遭遇,无疑是他放弃宦途、改儒为道的动因。黄公望善为诗,又通音律,还是元代名画家,画宗董源、巨然,而加以发展,形成自己的新风格,与王蒙、倪瓒、吴镇并称"元季四家"③,在山水画上有卓越的成就和极高的地位。作品流传至今者不少,有《富春山居图》、《雨岩仙观图》、《天池石壁图》、《九峰雪霁图》、《陡壑密林图》、《快雪时晴图》、《秋山幽寂图》等,以《富春山居图》最为著名。文集有《大痴道人集》,别有《纸舟先生全真直指》、《抱一子三峰老人丹诀》和《抱一函三秘诀》几种丹书,收入《道藏》,皆署:"嗣全真正宗金月岩编,嗣全真大痴黄公望传。"④金月岩未详,或疑即金志扬(野庵)。黄公望有弟子王玄真,张雨跋其所撰《丹阳祭炼内旨》说:"学全真道人王玄真,字无伪,号体玄,苏人也。妙年忠慕清虚,辞亲割爱,从大痴黄先生于钱塘西湖南山之曲。其奉师也谨,执侍杖屦,暑雨祁寒,不惮劳苦。十数年间,尽得先生之旨。其事亲也孝……尤汲汲好施,济死度生。是以名公巨卿,时加礼敬……观其集中所著《性命混融歌》、《日用铭》二篇,可为矜式同志者,宜载于《祭炼内旨》之末。"末署"至正丙申十二月句曲外史张雨书于箕泉小隐"。⑤ 查至正丙申为至正十六年(1356 年),张雨已先于此前之

① 以上参见吴亚魁:《江南全真道教》,上海:上海古籍出版社 2012 年版,第 60—76 页。

② (清)陈铭珪:《长春道教源流》卷 7,《藏外道书》第 31 册,第 124 页。

③ 明中叶后,董其昌更倪瓒为赵孟頫,元季四家即为黄、王、赵、吴。

④ 这几种丹书分载《道藏》第 4 册和第 10 册。

⑤ 《道法会元》卷 210,《道藏》第 30 册,第 321—322 页。

至正八年(1348年)逝世,且现存张雨《句曲外史集》中未收此文,此是后人托名之作,抑或丙申(1356年)为丙戌(1346年)之误呢?尚有待于考定。

温州道士刘修真(?—1339年),本受林灵真一系东华派道法,后“又从霞隐张真人参全真内功”。① 永嘉华盖山传为容成公修真处,道教第十八洞天,称“大玉洞天”。延祐(1314—1320年)间,有提点曹渊龙“构容成道院,以居全真之士”。② 海盐紫虚道院,“元至正间全真道士彭圆隐建”。③

浙江黄岩委羽山亦有全真道士足迹。袁桷《野月观记》云:赵宋宗室某,家于黄岩,其四世孙赵与庆,号虚中,“遁世乐道,从北方之学者而慕之。志强气坚,胁不至席,今逾十年矣。遂筑室委羽山之西北……而名之曰野月焉”④。“志强气坚,胁不至席”,正是全真道士苦行之风。袁桷此记作于至治元年(1321年),证明赵与庆已在此前十年,即大体在仁宗朝(1312—1320年在位)于委羽山修习全真之术。

吴澄《送道士刘道圆序》云:“道圆从全真师学全其真”,至江西九江湖口县石钟山,爱其形势,“请于天师,将建碧霞观”。⑤ 吴澄卒于元统元年(1333年),则全真道士刘道圆至九江早于此时。

在江西、福建一带,又有金志扬及其徒裔之活动。他们亦是南宗归入全真的道士。金志扬(1276—1336年),号野庵,常蓬头一髻,世呼之曰“金蓬头”。浙江永嘉人。甫长慕道,师全真道士李月溪。张宇初《岘泉集·金野

① (明)王光蕴:《(万历)温州府志》卷13,《四库全书存目丛书》,济南:齐鲁书社1996年版,史部第211册,第115页。

② (明)王光蕴:《容成大玉洞天道院记》,(清)王棻、孙诒让等:《(光绪)永嘉县志》卷24,《续修四库全书》,上海:上海古籍出版社2002年版,第708册,第595页;另参见(明)王光蕴:《(万历)温州府志》卷4,《四库全书存目丛书》,济南:齐鲁书社1996年版,史部第210册,第548页。

③ (清)王彬等:《(光绪)海盐县志》卷7,《中国地方志集成·浙江府县志辑》,上海:上海书店2000年版,第21册,第682页。

④ (元)袁桷:《野月观记》,《清容居士集》卷19,《文渊阁四库全书》第1203册,第255页;陈垣编纂:《道家金石略》,北京:文物出版社1988年版,第1158页。

⑤ (元)吴澄:《吴文正集》卷26,《文渊阁四库全书》第1197册,第273页。

庵传》谓:“月溪,白紫清(白玉蟾)徒也。”①《历世真仙体道通鉴续编·金蓬头传》则谓:“月溪乃真常李真人(李志常)之徒。”②盖李月溪本南宗道士,而又师李志常者。李月溪很器重金志扬,命其游学燕赵齐楚,求正于先德。行经袁州(治今江西宜春),遇守城校尉颠军子,状貌奇伟,异而师之,既久,益有所得。后游武夷、龙虎二山,龙虎山先天观主傅师正馆于蓬莱庵③,乃命其徒李全正、赵真纯筑天瑞庵于峰顶。时在延祐(1314—1320 年)中,独居草庵 20 年。四方闻其道者,无远近,有疾患辄扣之,以所供果服之,无不愈。由是礼者日集。尝天旱,辄召龙兴雨。惠宗元统元年(1333 年),复隐武夷山,居白玉蟾之止止庵。浙东元帅李太平闻而礼之。惠宗至元二年(1336 年)四月书偈而逝。④

与金志扬同时名世的又有桂心渊。桂心渊(? —1336 年),名义方,字心渊。世为江西贵溪人。先从学于龙虎山上清宫熊尊师,元贞元年(1295 年),从天师张与材朝京师,授蕲州道官。后周游名山,至江西庐山隐居。⑤“时桂心渊隐匡庐,金志扬居武夷,二人者世号真仙翁,修丹之士依之者成市。”⑥康熙《江西通志》称其为抚州人,“居紫极宫,醉卧地上,不就衾枕,虞集礼遇之……后栖隐庐山,集赠以诗”⑦。《九江府志》谓其“隐居飞云洞,人谓之桂风子,后尸解去”⑧。

---

① (明)张宇初:《岘泉集》卷 4,《道藏》第 33 册,第 231 页。

② 《历世真仙体道通鉴续编》卷 5,《道藏》第 5 册,第 447 页。

③ 《龙虎山志》卷 4 云:“先天观,元延祐中金蓬头居之。”卷 5 云:“蓬莱庵在圣井山中,元上清道士金蓬头乐其幽邃,门徒为之构庐于此。”(《藏外道书》第 19 册,第 450、453 页)

④ 参见《岘泉集·金野庵传》、《历世真仙体道通鉴续编·金蓬头传》及危素《山庵图序》和《先天观诗序》。

⑤ 参见(元)危素:《桂先生碑》,《危太朴集续集》卷 2,《元人文集珍本丛刊》第 7 册,台北:新文丰出版公司 1985 年版,第 517—518 页。又载陈垣编纂:《道家金石略》,北京:文物出版社 1988 年版,第 957 页。因杨维桢曾为之修改,又载《东维子文集》卷 4。

⑥ (明)宋濂:《大上清正一万寿宫住持提点张公碑铭》,《宋学士全集补遗》卷 8,《丛书集成初编》,北京:中华书局 1985 年版,第 2131 册,第 1605 页。

⑦ (清)于成龙、安世鼎:《(康熙)江西通志》卷 42《仙释》,《中国地方志集成·省志辑·江西》,南京:凤凰出版社 2009 年版,第 2 册,第 406 页。

⑧ 转引自《古今图书集成·神异典》卷 255,北京:中华书局、成都:巴蜀书社 1985 年版,第 51 册,第 62365 页。

金志扬有弟子劳养素、郭处常、李西来、张天全、殷破衲、方壶子等，皆以道法闻于世。《广信府志》谓："方壶名从义，字无隅，贵溪道士也。"①雍正《江西通志》谓："名无隅，龙虎山人，学仙于金蓬头。"②危素《山庵图序》云："方壶子者，早弃尘世，深求性命之学，从先生（指金志扬）最久。先生既去人世，方壶子稍出而游观天下名山，至于京师。曾未旬日，即思南还，与之交游之素者，争挽留之。"③余阙称："其气泊然，其貌充然。人与之谈当世之事，则俯而不答。独其性好画，人以礼求之，始为出其一二，皆萧散，非世人所能及。"④《广信府志》称其"工画，与张伯雨齐名"⑤。《江西通志》称"其画冠绝一时，尤精于竹，张宇初称为壶仙。尝于高石徐氏画青山白云图，学士虞集题句"⑥。宋濂《题方方壶画钟山隐居图》诗有"飘飘方壶子，本是仙者伦，固多幻化术，笔下生白云"等句⑦，张宇初有《题方壶真人奇峰雪霁图歌》、《题方壶宝晋云烟图歌》、《题方壶真人墨竹歌》、《题方壶真人淇篆堂墨竹行》等，载于《四库全书》本《岘泉集》卷4。

金志扬之再传弟子方丘生，号蒲衣道者。"早游临川吴文正公（吴澄）之门，既而师事李西来于武夷山，学全真之学。西来者，故金蓬头之高弟子也。久而去之，居龙虎圣井山之天瑞庵。又去之，浮游江湖。见东鲁能仁叟，参明性命一致之要，其说与金（志扬）契。复历丛林，究竟宗旨，后得安成之武功山，筑室其巅，若将终身焉。一日忽弃之去……而之豫章，又将历崆峒，逾梅岭，登罗浮，以绝于南海。"至江西天国时，被县尹陈文彬留止，为修葺城南之长春道院以居之，后卒于此。⑧

---

① 转引自《古今图书集成 · 神异典》卷286，北京：中华书局、成都：巴蜀书社1985年版，第51册，第62678页。

② （清）谢旻：《（雍正）江西通志》卷106，《文渊阁四库全书》第516册，第518页。

③ （元）危素：《说学斋稿》卷2，《文渊阁四库全书》第1226册，第703页。

④ （元）余阙：《高士方壶子归信州序》，《青阳集》卷2，《文渊阁四库全书》第1214册，第385页。

⑤ 转引自《古今图书集成 · 神异典》卷286，北京：中华书局、成都：巴蜀书社1985年版，第51册，第62678页。

⑥ （清）谢旻：《（雍正）江西通志》卷106，《文渊阁四库全书》第516册，第518页。

⑦ 参见（明）宋濂：《文宪集》卷31，《文渊阁四库全书》第1224册，第537页。

⑧ 参见（清）曾国藩、刘坤一：《（光绪）江西通志》卷125《寺观五》，《续修四库全书》，上海：上海古籍出版社2002年版，第659册，第133页。

活动于江西、浙江、福建等省的还有李珏——陈致虚系，他们也是由南宗转入全真者。据陈致虚《金丹大要列仙志》载，李珏，字双玉，蜀之崇庆府（今四川崇州市）人，得黄房公金丹之道，改名栖真，号太虚，即往邵武之武夷，潜修金丹。后至真州（今江苏仪征市）玉虚庵坐圜，出圜后以道授张模。张模，字君范，号紫琼，饶州德兴（今属江西）人。既得金丹之传，复至真州修炼，后以道授赵友钦。赵友钦，字缘督，饶郡（治江西鄱阳）人。宋宗室。遭逢国变，云游四方。“极聪敏，天文、经纬、地理、术数，莫不精通。及得紫琼师授以金丹大道，乃搜群书经传，作三教一家之文，名之曰《仙佛同源》，又作《金丹难问》等书行于世。”[①]赵友钦又撰有星历学著作《革象新书》，原为5卷，经王祎刊订为2卷，现收于《四库全书》。宋濂为其作序云：“先生波阳人，隐遁自晦，不知其名若字，或曰名敬，字子恭，或曰友钦其名，弗能详也。故世因其自号，称之为缘督先生。先生宋宗室之子，习天官遁甲钤式诸书，欲以事功自奋。一日坐芝山酒肆中，逢丈夫修眉方瞳，索酒酣饮，先生异而即之，相与谈玄者颇久。且曰：‘汝来何迟也？’于是出囊中九还七返丹书遗之。临别，先生问其姓名，曰：‘我扶风石得之（石泰）也。’得之盖世传杏林仙人云。先生自是视世事若漠然不经意，间往东海上独居十年，注《周易》数万言，时人无有知者，唯傅文懿公立极独畏敬之，以为发前人所未言。先生复悉弃去，乘青骡，从以小苍头，往来衢婺山水间。人不见其有所赍，旅中之费未尝有乏绝，竟不知为何术。倦游而休，泊然坐忘，遂葬之衢之龙游（今属浙江）鸡鸣山……先生之《易》已亡于兵烬，所著兵家书及神仙方技之言，亦不存，其所存者仅止此而已，当与《历经》并行无疑。”[②]《金丹大要列仙志》云：“己巳（1329年）之秋寓衡阳（今属湖南），以金丹妙道授上阳子（陈致虚）。”《衢州府志》云：宋濂、刘基皆从先生游，华川王祎手校其书以传世。《江西通志》云：缘督洪武（1368—1398年）初坐化，葬于龙游鸡鸣山。[③]

① 以上见（元）陈致虚：《金丹大要列仙志》，《道藏》第24册，第76—77页。《续文献通考》作“又作《金丹问难》等书行世”。（参见（明）王圻：《续文献通考》卷243，台北：文海出版社1979年版，第23册，第14559页）

② （明）宋濂：《宋学士全集》卷5，《丛书集成初编》，北京：中华书局1985年版，第2113册，第159—160页。

③ 参见（清）谢旻：《（雍正）江西通志》卷104，《文渊阁四库全书》第516册，第470页。

其《仙佛同源》被收入《诸真玄奥集成》卷8,前有赵友钦自序、陈致虚序等。陈序云:“道德五千余言,高仙之祖书;大藏五千四十八卷,诸佛之慧炬。”仙佛“异派而同源,所谓天下无二道也。我师缘督子赵真人,得钟吕王马之的传,授黄房太虚之密旨,自涂山修行来,欲共众生同证仙佛,遂作《金丹难问》六章。而以旨意幽深,学人难入,乃述《仙佛同源》八十一卷。又以其文颇繁,手删之为十卷,使人易于览悟”①。其10卷为:苦求师傅第一,知音道侣第二,具足法财第三,即非坐禅第四,即非心神第五,有物第六,有事第七,有为第八,混俗第九,长生不死第十。每章皆采摭道书之语为“道言”,佛藏之语为“佛语”,再续以“缘督子曰”以合会之。以示仙佛同源,佛道之旨无二,学习仙道者亦当会通佛理云。

陈致虚(1290—?),字观吾,号上阳子,江右庐陵(今江西吉安市)人。好道,通群籍。元天历二年(1329年),年四十,得赵友钦所授金丹之道,后又得青城老仙之秘,是元代后期有影响的内丹家。著有《金丹大要》、《金丹大要图》、《金丹大要列仙志》、《金丹大要仙派》、《元始无量度人上品妙经注解》、《参同契分章注》等若干卷,又有与薛道光、陆墅共同署名的《悟真篇三注》5卷。戴起宗在《悟真直指详说三乘秘要》中指出薛道光未曾注《悟真篇》,薛道光注实翁葆光注之讹。王阳明更认三注皆出自陈致虚一人之手。陈致虚弟子甚众,有田至斋、王冰田、潘太初、车兰谷、明素蟾、欧阳玉渊、欧阳玉田、周允中、周草窗、余观古、张性初、徐仁寿、张彦文、李天来、张毅夫、夏彦文、赵仁卿、邓养浩、赵伯庸、韩国仪、真息、陶唐佐等。

陈致虚的丹法属道教南宗阴阳双修派,与翁葆光同系,而同全真道的清修思想迥异。但他为了标榜自己为全真道嫡传,乃在《金丹大要列仙志》等书中宣称己派传自丘处机弟子宋德方,称李珏之师黄房公即宋德方,谓宋德方“号黄房公……能披云而见斗,故时号披云真人”②。此说于史无据,陈铭珪《长春道教源流》已疑为陈致虚之假托。正因陈致虚出身南宗,而又以全真嫡传自居,故成为元代中后期二宗合并的积极推动者,并在二宗合并时,

① 《道书全集》,北京:中国书店1990年版,第460页。

② (元)陈致虚:《金丹大要列仙志》,《道藏》第24册,第76页。

极力抬高全真道祖师的地位而压低南宗祖师的地位。

由上可见，自元世祖统一江南后，全真道在南传过程中，众多的南宗道士纷纷投入全真道门下，或亲身投师参学全真，或以全真道相标榜。这种现象的出现并非偶然，它是组织松散、力量弱小的南宗争取发展的必然归宿。这种现象又说明从组织上将南宗合并于全真道，是南宗道士的普遍要求，二宗合并的条件渐趋成熟。

南宗合并于全真道的过程，反映在南北二宗道士如何追寻己派的渊源和如何调整二宗祖师地位的轨迹中。最初全真道与南宗皆祖述自己的创派人，很少言及自己的远源。如全真道最初只有“七真”之称，而无“五祖”之说，徐琰撰《广宁通玄太古真人郝宗师道行碑》说：“重阳唱之，马、谭、刘、丘、王、郝六子和之，天下之道流祖之，是谓七真。”①即将王重阳和他的六位弟子（不含孙不二）合称为“七真”；此碑之后所附的王粹《真赞》亦赞此七人。可见那时王重阳头上并无祖师之桂冠。另一方面，王重阳的师父是谁，较早的记载也大都闪烁其词，如金源璹于金正大（1224—1225 年）初所写的《全真教祖碑》，仅称王重阳在甘河镇遇“二仙”，但二仙为谁，也未确指：“问之乡贯年姓，答曰濮人，年二十有二，姓则不知也。”②可见至金末、蒙元初，全真道并未将王重阳与钟、吕等联系起来，更无王重阳与钟、吕等并称“五祖”之说。《重阳全真集》有诗云：“汉正阳兮为的祖，唐纯阳兮做师父，燕国海蟾兮是叔主，终南重阳兮弟子聚。”③从口气看，绝非王重阳手笔，而是其弟子辑录的他人之文。宋濂所撰《跋长春子手帖》，称丘处机曾写有手帖给弟子宋道安，“首言吾宗承传次第非一朝夕者，盖自东华少阳君得老聃之道，以授汉钟离权，权授唐进士吕岩，辽进士刘操，操授宋之张伯端，伯端授石泰，泰授薛道光，道光授陈楠，楠授白玉蟾，玉蟾授彭耜，此则世所号南宗者也。岩授金之王喆，喆授七弟子，其一即公（指丘处机），余曰谭处端，曰

① 《甘水仙源录》卷 2，《道藏》第 19 册，第 740 页。

② 《甘水仙源录》卷 1《终南山神仙重阳真人全真教祖碑》，《道藏》第 19 册，第 723 页。碑文未署年月，但据刘祖谦《终南山重阳祖师仙迹记》考之，当成文于金正大初，因刘文有云：“正大初，密国公璹赞云：全真道东，四子传化，四子谓谁，丘刘谭马，德其亚者，王郝与孙。”此即指金源璹碑。

③ 《重阳全真集》卷 9，《道藏》第 25 册，第 736 页。

刘处玄，曰王处一，曰郝太一(当为“古”，即郝大通)，曰马钰及钰妻孙不二，此则世所号北宗者也”①。陈铭珪未详此跋，在《长春道教源流》卷8谓：“此长春手帖系元末道流赝作。长春题钟吕画及咏刘海蟾诗，并无一私淑语，安有言重阳出自钟吕、海蟾事。”②实际上，上引文除“吾宗承传次第非一朝夕”为丘处机原帖(或原意)外，其余为宋濂文字，先引后释，乃此篇跋文的体例。③ 跋文又说：“公(丘处机)以兴定己卯(1219年)受诏见我元太祖皇帝于奈蛮国，弟子十八大师皆从。”④此称“我元”，盖宋濂元季所作。这样看来，陈铭珪断此关于南北宗传系的说法出自元末，大致不差。总之，七真在世时，并未把全真道与钟、吕联系起来。直至王重阳之再传弟子秦志安作《金莲正宗记》，始倡五祖七真之说，即将王重阳从“七真”中抽出来，上升为祖师，接王玄甫、钟离权、吕岩、刘海蟾之后，称为“五祖”，所缺七真之位，由孙不二补上，与马钰、谭处端、刘处玄、丘处机、王处一、郝大通合称“七真”。考《金莲正宗记序》末云：“是教也，源于东华，流于重阳，派于长春，而今而后，滔滔溢溢，未可得而知其极也。故作《金莲正宗记》，时太岁辛丑，平水(今山西临汾市)长春壶天述。”⑤秦志安于1244年逝世，故辛丑当为1241年。

与此同时，南宗道士也在追寻己派的渊源。如翁葆光于乾道癸巳(1173年)作《悟真篇注疏序》时，称张伯端之师为青城丈人，曰：“天台仙翁……晚年遇青城丈人于成都，尽得金丹妙旨，洞晓阴阳颠倒互用之机，天地反复生成之理。”⑥而陆诜之孙陆思诚作《悟真篇记》时，径谓此青城丈人

---

① (明)宋濂:《宋景濂未刻集》卷下,《文渊阁四库全书》第1224册,第614页。《古今图书集成》收录,可据以校补。见《古今图书集成・神异典》卷217,北京:中华书局、成都:巴蜀书社1985年版,第51册,第62004—62005页。

② (清)陈铭珪:《长春道教源流》卷8,《藏外道书》第31册,第148页。

③ 下文又云:“又言全真之名自知明君始者,知明,喆(王重阳)之字也。……又言已至大雪山之阳,栖霞之事如何者,栖霞,观名也。”皆是先引述手帖,继以解释。宋濂且考证此帖是丘处机西觐成吉思汗至大雪山时,写与留守中途所建栖霞观的徒众的,信然。

④ (明)宋濂:《宋景濂未刻集》卷下,《文渊阁四库全书》第1224册,第614页。

⑤ 《道藏》第3册,第344页。

⑥ 《道藏》第2册,第911页。

就是刘海蟾。他说:“岂不知平叔(张伯端)传非其人,三遭祸患者乎?子当勉之,宜无忽焉。复序其所从来,得之成都异人者,岂非海蟾耶?”并证明说:“因取此书(指《悟真篇》)读之”,与“世之所传吕公《沁园春》及海蟾诗词,无一语不相契者,是以知渊源所来,盖有自矣”。① 但即使指明张伯端之师为刘海蟾,而其再上源也未叙及。总之,在白玉蟾之前,南宗尚未将己派与钟、吕挂上钩。白玉蟾《快活歌》云,南宗自张伯端以后,“四传复至白玉蟾”②。至于“四传”具体何指,白玉蟾《题张紫阳、薛紫贤真人像》有云:“昔李亚以金汞刀圭火符之诀传之钟离权,权以是传吕岩叟,岩叟以是传之刘海蟾,刘传之张伯端,张于难中感杏林石泰之德,因以传之。泰,邠州人也,事成游毗陵,授之于蜀僧道光。光之门有行者道楠,号为陈泥丸,即先师也。”③白氏弟子承袭了这种说法。留元长作《海琼问道集序》,云:“白君得之于陈泥丸,陈得于薛道光,薛得于石泰,石得于张平叔,张得于刘海蟾,刘得于吕洞宾。”④陈守默、詹继瑞所作《海琼传道集序》亦云:“昔者钟离云房以此传之吕洞宾,吕传之刘海蟾,刘传之张平叔,张传之石泰,石传之道光和尚,道光传之陈泥丸,陈传之白玉蟾,则吾师也。”⑤

---

① 《悟真篇三注》前所载《悟真篇记》,《道藏》第2册,第969页。经考证,此记显有错版,前半部分为陆思诚所写,后半部分落款为“乾道五年(1169年)乙丑岁中秋日孙薛式谨书”。《道藏通考》认为陆思诚记作于1161年以后,见[荷]施舟人、[法]傅飞岚主编:《道藏通考》,芝加哥:芝加哥大学出版社2005年版,第823页。

② 《修真十书》卷39《上清集》,《道藏》第4册,第783页。另,《海琼传道集》亦录此歌,参见《道藏》第33册,第152—153页。

③ 《琼琯白真人集》卷4,《藏外道书》第5册,第105页。另外,《修真十书》卷6载白玉蟾《谢张紫阳书》,云:“先师泥丸先生翠虚真人,出于祖师毗陵和尚薛君之门。而毗陵一线,实自祖师杏林先生石君所传也。石君承袭紫阳祖师之道。”(《道藏》第4册,第625页)学者一般认为此文并非出于白玉蟾之手,但是否袭自白玉蟾的说法,还有待商榷,姑录于此。

④ 《道藏》第33册,第140页。留氏在序中自述:“幼时业爱修仙,鞭心于兹,不觉壬子(1192年)又丁丑(1217年)矣。人间岁月如许……是年春,遭逢真师海琼君,姓白讳玉蟾。”其云人间岁月“壬子又丁丑”,或即生于1192年版,于1217年遇师白玉蟾。得授之后,“谨集问酬警悟之一二以锓诸木”,即此《海琼问道集》也。所以,《海琼问道集》或于1217年稍后刊刻。

⑤ 《道藏》第33册,第147页。此序未署年月,但据后文记述编集《传道集》缘由中,出现乙亥(1215年)、戊寅(1218年)等纪年推测,当不晚于南宋末。

由上可见,在全真道与南宗彼此隔绝的条件下,双方都在追寻自己的渊源,但在开始时,皆各自祖述己派的创始人,经过一段时间,大约到南宋中晚期和蒙元初期,双方才将己派分别上溯于钟、吕,不约而同地都以钟、吕为自己的始祖。但在此时,双方都是各自祖述,而未言及对方。这是二宗隔绝、互不了解对方的反映。

至白玉蟾之再传、即彭耜弟子萧廷芝时,始将两派的传系联系起来。邓锜《道德真经三解》卷首"大道正统"节,引录了一段萧廷芝论述南、北二宗传系的文字,说:"一自三阳①唱道以来,至于海蟾真人(指刘操),传之张紫阳(伯端)、王重阳(喆)。紫阳传之翠玄(石泰),翠玄传之紫贤(薛道光),紫贤传之翠虚(陈楠),翠虚传之海琼先生(白玉蟾),凡九传。又王重阳真人之所传,凡七真。"②文末云:"廷芝忝出鹤林先生(彭耜号)门下……庚申冬至日弟子萧廷芝书。"彭耜和萧廷芝的生平皆无系统记载,无法直接断定此"庚申"是何年。《海琼白真人语录》末,有一段彭耜说明编辑该《语录》原委的"跋语",末署"时淳祐辛亥(1251年)季冬甲子鹤林彭耜稽首敬书"③。据此推知,上面萧廷芝文所署之"庚申"当为"淳祐辛亥"后之"庚申",即理宗景定元年(1260年)。其后不久,景定五年(1264年),李简易作《玉溪子丹经指要·混元仙派之图》,亦列有两宗传法谱系。因其文繁,不录。至元代,李道纯弟子柯道冲为《玄教大公案》作序,亦有类似叙述。他说:"自周汉以来,惟尹子嗣祖位,金阙帝君继道统,授东华帝君,帝君传正阳钟离仙君,钟(离)传纯阳吕仙君,吕传海蟾刘仙君,刘南传张紫阳五紫(按:当作"祖"),北传王重阳七真,道统一脉,自此分而为二。"④此序未署年月,但其后有编集此书(《玄教大公案》)的作者王志道写于泰定甲子(1324年)的序,柯道冲之序亦当作于此年或前后不远。

以上两篇由南宗道士所写的文字,明确把南宗的张伯端与全真道的王喆算作刘海蟾的南北两弟子(自然并非事实),其辈分是相同的,含二宗平

① 指华阳真人李亚,正阳真人钟离权,纯阳真人吕岩。
② 《道藏》第12册,第186页。
③ 《道藏》第33册,第139页。
④ 《道藏》第23册,第889页。

等之意。在此之前，秦志安作《金莲正宗记》，已将王重阳升格为祖师，列名于王玄甫、钟离权、吕岩、刘海蟾之后①，被后世称为“北五祖”。至元六年（1269年），皇帝又封此五人为“真君”（王重阳七弟子封真人），至大三年（1310年），更加封此五人为“帝君”（王重阳七弟子晋升为真君）。② 与此同时，南宗又早已称张伯端、石泰、薛道光、陈楠、白玉蟾等五人为祖师，是为“南五祖”。作为两个独立道派，分列两个五祖，自然不成问题，但当元代中后期两宗准备合为一宗时，这两个五祖就不能同时存在了。怎么办？只有一个办法，就是去掉一个五祖，保留一个双方都能接受的五祖，以作合并后的共祖。保留哪个五祖更合适呢？南五祖显然不合适，因他们与全真道毫无渊源，不可能被全真所接受；而北五祖却比较合适，因他的前四祖（王玄甫、钟离权、吕洞宾、刘海蟾）是两宗早已认同的，尊他们为共同祖师，自然顺理成章；特别重要的是因北五祖已得元室封赠，获得了政治上的庇护，以之作合并后的五祖，理由较充分。问题出在第五祖王重阳身上，他自然是全真道的祖师，但以之作为南宗的祖师，特别是让他传法给张伯端，显然与历史事实相左，因张伯端去世30年后王重阳才出生。如把他拉下来，又有更改元室封赠之嫌，也不能被势力强大的全真道所接受。不得已，乃避开王重阳传张伯端的矛盾，而从吕洞宾名下分开，造成这样的传承体系：

王玄甫—钟离权—吕洞宾—┬刘海蟾（下传张伯端、石泰、薛道光、陈楠、白玉蟾）
　　　　　　　　　　　　└王重阳（下传北七真）

这就是元代中后期积极推动二宗合并的陈致虚所作的安排，见于他所作的《金丹大要》和《金丹大要列仙志》，成书于1335年左右。其《金丹大要》说：“华阳、玄甫、云房、洞宾授受以来，深山妙窟，代不乏人。……燕相海蟾受于纯阳，而得紫阳，以传杏林、紫贤、泥丸、海琼，接踵者多。我重阳翁受于纯阳，而得丹阳，全真教立，长春、长真、长生、玉阳、广宁、清静诸老仙

① 参见《道藏》第3册，第344—351页。
② 封真君、帝君诏载《金莲正宗仙源像传》前，参见《道藏》第3册，第366—369页。

辈，枝分接济，丹经妙诀，散满人间。”①这段话就是对《金丹大要列仙志》谱系的文字说明，也是《列仙志》的基本精神。

陈致虚从吕岩名下断为两支，一传刘海蟾（再传张伯端以至白玉蟾），一传王重阳（再传北七真），虽然避开了王重阳、张伯端的矛盾，保留了刘海蟾传张伯端的旧说，却使王重阳成了刘海蟾的同辈，张伯端的前辈，与史实相去更远。但这是不违皇帝“五祖”封赐之旨，又维持了钟、吕共祖地位的最好解决办法。好在史实之真伪，对宗教信仰者来说，并不是最重要的，事实的矛盾并不妨碍他们的信仰，于是南北两宗都接受了这一安排，并把它作为二宗合并后全真道长期奉守的典则。在此五祖之下，设北七真和南七真，以代表原有两宗，北七真仍为马钰、谭处端、刘处玄、丘处机、王处一、郝大通、孙不二，与前一样；而把原来的南五祖张伯端、石泰、薛道光、陈楠、白玉蟾降格，加刘永年、彭耜二人，合称南七真。

以上两宗传法系统，经过如此协调统一之后，南宗与全真道的合并就算最后完成了。此后，原金丹派的南北宗即变成为全真道的南北宗。至此，过去历史上长期形成的诸多派别，最后合流为正一和全真两大派。此两大派分统道教的格局，一直延续到明清及近代。

不过应该指出，两大派分统道教，只是就大局而言，事实上，不管是正一或全真，在诸小派合流为一个大派以后，并非真正结束了小派的独立活动，更非从此杜绝了大派的重新分裂。正一派形成后，其原有的茅山、清微、净明等派，仍按自己的方式相继承传不绝，有的直传至近代；而全真道则逐渐分衍出许多小派，如著名的以奉全真七子为宗祖的龙门（宗丘处机）、遇仙（宗马钰）、南无（宗谭处端）、随山（宗刘处玄）、华山（宗郝大通）、嵛山（宗王处一）、清净（宗孙不二）等七真派，就从明代开始分立门户，此后分裂出的小派还更多。这种分合现象的出现，原因很多，统治者的支持与否，是较为重要的一条。元室信奉道教，使道教形成两个重心，为许多小派最后会归为两大派创造了条件；而明以后，统治者的支持大不如前，相反加强了控制、管理，两大派皆形不成强有力的领导核心，自然无力控制全局，只能由其教

① （元）陈致虚：《金丹大要》卷1，《道藏》第24册，第2页。

徒各行其是、分立门户了。由此可见，在中国封建社会的历史条件下，道教的兴衰及其教派的分合，实与当时统治者的支持与否密切相关。

第十节　金元全真道的斋醮与《灵宝领教济度金书》的编撰

金元是全真道的兴起发展时期，全真道作为崛起于北方的新道派，以崭新的面貌登上中国的历史舞台。一代全真宗师为传教弘道，积极参与金元国家的斋醮法事，以斋醮科仪来实践济世度人的宗旨。

一、金元时期全真道的斋醮活动及其时代特色

金元时期全真道国家斋醮活动频繁，斋醮坛场之科仪规制亦颇为宏大壮观。金元时期全真道斋醮发挥其宗教功能，承担了金元国家大型祭祀的职能，适应了封建国家神道设教的时代需要。

第一，史籍道经中所见金元全真道的斋醮。

斋醮科仪是道教济世度人的活动，也是道教传播教义、影响信众的重要方式。金元之际的全真道宗师，运用道教传统斋醮于创教弘道活动，而金元统治者出于神道设教的需要，也恪信道教斋醮的祈福功能，由此形成金元时期国家斋醮的兴盛局面。全真宗师因道法高妙而受金元皇帝礼遇，其为国家斋醮主持的道教科仪，镌刻于金石。全真道为国家进行斋醮活动，始自金世宗（1161—1189年在位）时期。王处一多次被召赴中都为国家主持斋醮。大定二十七年（1187年）十一月，金世宗征召王处一至燕京天长观，翌年为国家主持万春节醮事。大定二十九年（1189年），世宗又召王处一进京，王处一抵达中都时世宗已死，继位的章宗即命王处一设醮，以道教科仪为世宗求冥福。丘处机《磻溪集》卷3《世宗挽词》引言说："臣处机以大定戊申春二月，自终南召赴阙下，蒙赐以巾冠衫系，待诏于天长观。越十有一日，旨令处机作高功法师，主万春节醮事。"①大定二十八年（1188年）的万春节醮

① 《道藏》第25册，第823页。

事,由丘处机、王处一共同主坛,两位全真宗师主持国家斋醮,扩大了全真道在金廷的影响。

金章宗时期多次举行道教斋醮,由此掀起金代国家斋醮活动的高潮。《金史》卷10《章宗本纪二》记载:章宗在承安元年(1196年)九月丁丑朔天寿节、承安二年(1197年)秋七月壬寅朔、泰和元年(1201年)三月壬申,曾三次幸天长观建醮以祈嗣。其中承安二年(1197年)“秋七月壬寅朔,幸天长观,建普天大醮。禁屠宰七日,无奏刑,百司权停决罚”①。《全真教祖碑》载,承安丁巳(1197年)六月,“章宗再诏王处一至阙下,特赐号体玄大师,及赐修真观一所。十月诏刘处玄至,命待诏天长观”②。据天长观斋醮惯例,可推测两位全真宗师参与了国家大醮。金代道教举行的普天大醮法事中,有为皇室成员祈福而建醮的。《钦定续通典》卷117载:“承安二年七月,以寿王洪辉疾愈,帝幸天长观建普天大醮,禁屠宰七日。”③全真道不仅在十方大天长观建醮祈福,还在皇宫举建大醮为皇子祈祷。《金史》卷93《章宗诸子》载寿王洪辉事说:

> 闰六月壬午,病急风,募能医者加宣武将军,赐钱五百万。甲申,疾愈,印《无量寿经》一万卷报谢,衍庆宫作普天大醮七日,无奏刑名,仍禁屠宰。④

全真道在皇宫建普天大醮,是为寿王洪辉疾愈答谢天地神灵。建醮的衍庆宫是金代皇宫之一,奉安昭祖以下三祖、三宗御容,衍庆宫圣武殿还绘有二十名功臣的图像。

元代国家举行的大型斋醮法事,其坛场多设在全真祖庭长春宫。如《元史》卷5《世祖本纪二》载,中统三年(1263年)十一月“丁亥,敕圣安寺作佛顶金轮会,长春宫设金箓周天醮”⑤。《元史》卷8《世祖本纪五》载,至元十一年(1274年)春正月“丁酉,长春宫设周天金箓醮七昼夜”⑥。《元

---

① 《金史》,北京:中华书局1975年版,第1册,第242页。

② 陈垣编纂:《道家金石略》,北京:文物出版社1988年版,第452页。

③ 《文渊阁四库全书》第641册,第363页。

④ 《金史》,北京:中华书局1975年版,第6册,第2059页。

⑤ 《元史》,北京:中华书局1976年版,第1册,第88页。

⑥ 《元史》,北京:中华书局1976年版,第1册,第153页。

史》卷10《世祖本纪七》载，至元十五年（1278年）十二月"庚子，敕长春宫修金箓大醮七昼夜"①。《元史》卷10《世祖本纪七》载，至元十六年（1279年）十二月丁酉"敕自明年正月朔日，建醮于长春宫，凡七日，岁以为例"②。《元史》卷18《成宗本纪一》载，成宗元贞元年（1295年）正月癸亥"诏道家复行金箓科范"③。《元史》卷35《文宗本纪四》载，文宗至顺二年（1331年）三月癸巳"召亳州太清宫道士马道逸、汴梁朝天宫道士李若讷、河南嵩山道士赵亦然，各率其徒赴阙，修普天大醮"④。

从《元史》记载所见，在世祖、成宗、泰定帝、文宗时期，都曾在长春宫举行国家斋醮。此外，《资治通鉴后编》卷147载南宋度宗咸淳四年（1268年）八月"丁巳，蒙古敕长春宫修金箓周天大醮七昼夜，建尧庙及后土太宁宫"⑤。《资德大夫陕西诸道行御史台御史中丞董公神道碑》载："从成宗皇帝至赛音布拉克，方俾道流，设黄箓大醮，以公纯诚恭谨，命领其事，及代祀岳渎，复命称旨，益被奖眷。"⑥

金元时期全真道国家斋醮的兴盛，与全真道的发展及全真宗师的道行有关。王重阳藏头诗《终南刘蒋姚二官设醮》曰：

□谈心应遇佳时，□下修成大醮仪。
□俗喜逢真吉善，□今虽有最慈悲。
□怀道德洪禧助，□拔先宗胜广施。
□谢圣贤多拥护，□人名姓已天知。⑦

其题为"吕先生作醮托请泾阳道友"的《满庭芳》词曰："平昔开怀，今朝阐醮，就中别有清欢。"⑧这些有关斋醮的诗词，透露出全真祖师倡行道教传统斋醮的心志。

① 《元史》，北京：中华书局1976年版，第1册，第207页。
② 《元史》，北京：中华书局1976年版，第1册，第218页。
③ 《元史》，北京：中华书局1976年版，第2册，第390页。
④ 《元史》，北京：中华书局1976年版，第3册，第780页。
⑤ 《文渊阁四库全书》第345册，第13页。
⑥ （元）黄溍：《文献集》卷10上，《文渊阁四库全书》第1209册，第619页。
⑦ （金）王喆：《重阳全真集》卷2，《道藏》第25册，第699页。
⑧ （金）王喆：《重阳全真集》卷11，《道藏》第25册，第749页。

马钰更是以斋醮祈雨而著名。张子翼《丹阳真人马公登真记》载："（马丹阳）抵山东，凡在三州五会之众，倾赴云集，欢喜踊跃，不啻如见慈父。乃起黄箓，争虔恳，延致以为济度师焉。"①《洞玄金玉集》中收录多首涉及斋醮的诗词。诗有《赴莱阳黄箓加持高功李讲师见贻诗韵》、《加持马从仕宅醮》、《赠莱州醮首王永暨众道友》、七言长篇《自喻》诗中《黄邑修设黄箓邀予作度师，既至，加持于全真庵，借东坡海市诗韵以示道众》。词有《文登县黄箓醮赠道众》、《赠醮首刘大官》、《赴黄箓醮赠道众》、《赴莱州黄箓大醮作》、《赠莱阳县众醮首》、《赴登州黄箓大醮》等，其中所记著名的醮事有东牟祈雨醮、登州黄箓醮、芝阳醮、文山九幽醮等。《金莲正宗记》卷3《丹阳马真人》载马丹阳行东牟祈雨醮说：

壬寅年（1182年）五月，东牟大旱，嘉苗槁矣。遍祷山川，一无所应，州县官长礼请先生，庶获沾足，名香一爇，膏雨沛然。②

大定二十三年（1183年）四月，马钰行化至芝阳，又多次主持斋醮。秦志安《金莲正宗记》卷3《丹阳马真人》载：

癸卯年四月十三日，主行芝阳醮事，而风雨大作，众人哀祷庶获晴霁。先生叩齿冥目，似有所祝，须臾云敛日出。③

元赵道一《历世真仙体道通鉴续编》卷1《马钰》载："下元日，文山九幽醮，师夜闻空中报云重阳真人至。"④《金莲正宗记》卷3《丹阳马真人》则载为文山加持醮事。大定二十二年（1182年）夏，马钰又在登州福山县举行黄箓大醮，《登州福山县黄箓大醮记》详载其事。⑤ 据《金莲正宗仙源像传》载：金大定十五年（1175年）夏，清净散人孙不二"西入关，致醮祖庭"⑥。

金元时期国家重要的斋醮法事，多礼请全真宗师亲自主坛。《全真第五代宗师长春演道主教真人内传》载：

丙戌夏五月，京师大旱，行省请师作醮，雨乃足，佥曰神仙雨也。名

① 《甘水仙源录》卷1，《道藏》第19册，第727页。
② 《道藏》第3册，第354页。
③ 《道藏》第3册，第355页。
④ 《道藏》第5册，第421页。
⑤ 王陵基修、于家漳纂：《福山县志稿》，烟台：裕东书局1931年铅印本。
⑥ 《道藏》第3册，第379页。

公硕儒，皆以诗贺。丁亥夏复旱，有司祷无少应，奉道会众请师作醮，师曰：“我方留意醮事，公等亦有是请，所谓好事不谋而同。”仍云五月一日为祈雨醮，三日作谢雨醮，约中得者是名瑞应雨，过所约非醮家雨也。①

姬志真《云山集》卷7《长春真人成道碑》说：丘处机主盟玄教之后，“教门弘阐，古所未闻。真人年登耄耋，席暖燕山，普应诸方，远近咸化，祈晴祷雨，克期而应。盖天人之相通，毫发无间也”②。丘处机于金哀宗正大元年（1224年）居太极宫，该宫即金代的十方大天长观，因天长观于泰和二年（1202年）被火焚毁，翌年在原址上重建太极宫。太极宫在金哀宗正大四年（1227年），因丘处机祷旱祈雨有瑞应，而下诏改赐名为长春宫。《钦定续通志》卷585《丘处机传》载：

岁乙酉，荧惑犯尾，其占在燕，处机祷之，果退舍。丁亥，又为旱祷，期以三日雨，当名瑞应，已而亦验。有旨，改赐所居名长春宫。③

丘处机不仅在长春宫祈晴祷雨，还曾受栖云子王志谨之请赴盘山建醮。姬志真《云山集》卷7《盘山栖云观碑》载：“丙戌春，疏请长春真人作黄箓醮事，真人因题其额曰栖云观焉。”④

据李志常《长春真人西游记》载：丘处机率弟子西行途中，在宣德州上元观、朝元观、德兴之龙阳观、缙山之秋阳观，及蔚州三馆、龙门川，都曾多次建斋设醮，史称“师不惮其老，亲祷于玄坛”⑤。丘处机在德兴龙阳观醮后题诗云：“自揣肉身潜有漏，难逃科教入无形。且遵北斗斋仪法，渐陟南宫火炼庭。”⑥丘处机《磻溪集》卷1收录七言诗《福山县黄箓醮感应》、《赴蓬莱狄氏醮踏晓登山》、《赴潍州北海醮》、《昌阳黄箓醮》，卷3有为斋醮撰《步虚词》二首。丘处机撰《登州修真观建黄箓醮》，以古调诗体描写黄箓醮科仪曰：

① 陈垣编纂：《道家金石略》，北京：文物出版社1988年版，第636页。
② 《道藏》第25册，第416页。
③ 《文渊阁四库全书》第401册，第124页。
④ 《道藏》第25册，第414页。
⑤ 《道藏》第34册，第497页。
⑥ 《道藏》第34册，第482页。

承安四年冬十月，大兴黄箓演金科。
赤书玉字先天有，白简真符破邪久。
三级瑶坛映宝光，九叵神灯摛星斗。
巉岩破钱酆都山，列峙升仙不可攀。
四夜严陈香火供，九朝时听步虚环。①

丘处机曾在虢县和陇州修过朝真醮、下元醮，其斋醮法事以谢恩、祈福、求雨和济度为内容。据《清和演道玄德真人仙迹之碑》，丘处机大弟子尹志平掌教时，亦多次为各种斋醮法事主坛。“癸巳春，师赴北京，宣差侯公请作大醮……复赴义州，官请作下元醮……乙未春，西入汾晋，赴沁帅杜德泰请，于平遥县玉清观作大醮，多致感应。”史称尹志平主持“岁时醮事，多致休祥”②。据《玄都至道披云真人宋天师祠堂碑铭并引》，丘处机弟子宋德方亦曾在平阳主醮事。

栖云子王志谨掌教时，亦曾主持黄箓大斋。据《栖云真人王尊师道行碑》，王志谨多次主持醮事，“岁戊子，经镇市帅曹德禄邀师作黄箓大斋，远近会者不下数千”③。姬志真《云山集》卷7《鄢陵黄箓大斋之碑》载：

仍敦请南京朝元宫栖云真人掌行醮事。意者荐拔某路无主孤魂，洎各家先亡滞魄，有亲无力，附简提灵。④

《云山集》作者姬志真，本名为姬翼，为栖云子王志谨弟子。姬志真《云山集》卷8，收录《京兆普度碑》、《黄箓大斋碑》，都是有关栖云子王志谨主持斋醮的碑文。《京兆普度碑》就明确记载己未冬十月修建无上黄箓醮事，敦请栖云真人作大济度师。

王处一是北七真中主持斋醮的大师，不仅在长春宫设醮，还曾于金章宗泰和元年（1201年）、泰和三年（1203年），两次在亳州太清宫举行普天大醮。《玉阳体玄广度真人王宗师道行碑铭》载：“泰和改元及三年，诏两设普

① 《道藏》第25册，第825页。
② 陈垣编纂：《道家金石略》，北京：文物出版社1988年版，第539—541页。关于全真嗣教六世祖尹志平主持醮事，参见《玄门掌教清和妙道广化真人尹宗师碑铭并序》，《甘水仙源录》卷3，《道藏》第19册，第741—744页。
③ 《甘水仙源录》卷4，《道藏》第19册，第756页。
④ 《道藏》第25册，第418页。

天醮于亳州太清宫，度民为道士千余人。”①他的《云光集》中，收有《天寿节作醮》、《赐紫登坛作醮》、《黄箓满散赠众醮首》、《黄箓醮抄亡灵》、《黄箓大醮破用无私》、《福山请主醮》、《赴山前醮》、《本州岛醮罢赠诸道友》、《诸王醮罢示众》、《赣榆县朱王村下元黄箓醮赠众》、《丹阳升霞作黄箓醮罢忆师遂作》等斋醮诗，都是其主持斋醮法事有感而作。此集卷2《诸王醮罢示众》曰：

无相无为一点真，普同供养大罗尊。
万灵庆悦承超度，出离阴囚五苦门。②

丘处机弟子李志常曾两奉朝命，在长春宫建普天大醮、金箓大斋。元宪宗四年（1254年），宪宗命各方国斋醮以超升幽魂，特敕命李志常主醮作大济度师，挑选全国高道于春三月在长春宫设黄箓普天大醮。关于李志常主持的这次斋醮，元代金石碑文有详细记录。《敕建普天黄箓大醮碑》说：

（宪宗）遣中使数十人，驰驿四出，各就方国，行荐拔事……来燕京大长春官，特命掌教真常至德又玄真人李志常主醮，作大济度师……设普天黄箓大醮三千六百分位，甲寅春三月初九日至十六日，凡七昼夜……况大宗师真常真人李公所率金冠云服，星冠紫服，登坛墠者五千人，皆清高洁白，深通秘典，严持斋法，有道之士。③

《重修真常宫碑》载：

甲寅，上遣使就燕京长春宫作黄箓普天大醮，命师（李志常）为大济度师……名卿士大夫皆有赞咏，佳声和气，倾动京邑。④

《玄门掌教大宗师真常真人道行碑铭》说：

甲辰春正月，朝命令公（李志常）于长春宫作普天大醮三千六百分位，及选行业精严之士，普赐戒箓。逮戊申春二月既望，醮始告成，凡七昼夜，祥应不可殚记……癸丑春正月，奉上命作金箓大斋，给散随路道士女冠普度戒牒，以公为印押大宗师。甲寅春，上又遣使作普天大醮，

---

① 《甘水仙源录》卷2，《道藏》第19册，第737页。
② 《道藏》第25册，第668页。
③ 《宫观碑志》，《道藏》第19册，第713—714页。
④ 陈垣编纂：《道家金石略》，北京：文物出版社1988年版，第574页。

分位日期如戊申，而益以附荐海内亡魂，敕公为大济度师。①

张诚明继李志常掌教长春宫，元世祖中统五年（1264年）三月，奉敕在长春宫设金箓周天大醮七昼夜，并赴济渎投龙简。《济祠投龙简灵应记》说：

属祈谷之春，申明祀事，乃命真人张诚明即燕都长春宫设金箓周天大醮七昼夜。升坛之际，彩云玄鹤，联祥来应，若合符契。醮毕，仍遣诚明赍奉金玉龙简、纽璧等物，诣济渎清源祠投进，昭其信也。②

金元时期继承唐宋斋醮投龙规制，在举行国家斋醮祈祷天地之后，必有高功投龙简于名山大川，用以昭示祭祀天地神灵之诚信。《元史》卷5《世祖本纪二》载：至元元年（1264年）"三月庚辰，设周天醮于长春宫"③。《大朝投龙记》载至元元年醮事说：

凡有国家祈祷天地之后，必有瑶简以传行龙，投于名山大川，用昭诚信，其来尚矣。钦惟圣朝讲明祀事，导迎和气，于中都大长春万寿宫设周天大醮，以夜继昼，七日乃已。特命宗师诚明真人张至于王屋行投送之礼，时四月下旬，届于天坛紫微宫。④

史载张诚明建醮有瑞鹤之灵应。虞集《瑞鹤赞》，追记至元元年（1264年）长春宫设金箓周天大醮说："臣闻至元纪元，岁在甲子，实命诚明张真人建大醮于兹宫，有瑞鹤之应焉，今七十年矣。"⑤《玄门掌教宗师诚明真人道行碑铭》则载："至元二年圣旨，就长春宫建设金箓大醮三千六百分位。行事之日，有群鹤翔舞，下掠坛墠，去而复来者累日。"⑥

宋德方弟子刘志真，号普济大师，亦曾在长春宫为国举行大醮。元王恽《故普济大师刘公道行碑铭》载：

中统庚申（1260年）冬，诏就长春宫设罗天清醮，师摄行大礼，凡七

① 《甘水仙源录》卷3，《道藏》第19册，第746页。
② 陈垣编纂：《道家金石略》，北京：文物出版社1988年版，第572页。
③ 《元史》，北京：中华书局1976年版，第1册，第96页。
④ 陈垣编纂：《道家金石略》，北京：文物出版社1988年版，第562页。
⑤ （元）虞集：《道园学古录》卷21，《文渊阁四库全书》第1207册，第314页。
⑥ 《甘水仙源录》卷5，《道藏》第19册，第758页。

旦夜，神人和畅，且有天光现朗之异。上闻之喜甚，咸谓师精诚所致。①

孙德彧也曾于元仁宗延祐二年(1315年)在长春宫设醮祷雨。虞集《玄门掌教孙真人墓志铭》载：

真人道行著于天下，其最可传信者，延祐二年夏，礼部尚书元明善代丞相祷雨长春宫，真人曰：明日雨征至，须丞相上章，自言忧民报国之意，小得雨。尚书即为章往白丞相，丞相病在卧内，使人取章入，署名付还……夜半，真人曰：上帝念民无辜，赐之雨三日，果雨三日。②

苗道一曾得元文宗黄金神仙符命印的赠赐。《元史》卷33《文宗本纪二》载天历二年(1329年)八月癸卯，"遣道士苗道一、吴全节修醮事于京师，毛颖达祭遁甲神于上都南屏山、大都西山"③。天历二年(1329年)冬十月"癸卯，命道士苗道一建醮于长春宫"④。虞集《道园学古录》卷21《瑞鹤赞》，载苗道一在元文宗至顺三年(1332年)的建醮说：

至顺三年三月，赵国公臣常布呼齐，中书平章政事臣伊拉齐，御史中丞臣托音鼐等，钦奉皇帝圣旨、皇后懿旨，命特进神仙大宗师臣苗道一修罗天大醮于大长春宫。四月朔旦，臣布呼齐自长春以青词入谒内廷，请署天子御名，沐以龙香之泽，封以云锦之函，羽葆鼓吹，导自禁籞。⑤

虞集《道园学古录》卷26的供醮文，收录为元代国家斋醮撰写的青词，也反映出元代国家斋醮的实况。如《黄箓溥天大醮青词》其建坛词第一朝为回荐皇朝宗庙列圣神仪，第二朝为回荐济雅图皇帝，第三朝为回荐皇亲国戚一切灵仪。《金箓普天大醮青词》则包括建斋词、祈嗣密表、皇后保安密表、建坛词等。

第二，金元全真道斋醮的时代特色。

金元时期北方产生几支道教的新道派，在全真道崛起于中原的同时，北

① （元）王恽：《秋涧集》卷53，《文渊阁四库全书》第1200册，第710页。

② （元）虞集：《道园学古录》卷50，《文渊阁四库全书》第1207册，第698—699页。

③ 《元史》，北京：中华书局1976年版，第3册，第739页。

④ 《元史》，北京：中华书局1976年版，第3册，第743页。

⑤ 《文渊阁四库全书》第1207册，第314页。

方还有太一道、大道教的传播，元代正一道的玄教也在大都活动。金元统治者对道教各派皆予以重视，各道派宗师常应统治者礼请同坛演法，为国家举行祈禳、济度法事。金代中都的十方天长观，就是各派法师联合演法的坛场。这种情况从金章宗时代就已开始。金章宗明昌元年(1190 年)二月壬子，章宗诏提点天长观事、冲和大师孙明道在京师十方大天长观，为国设普天大醮七昼夜。《十方大天长观普天大醮瑞应记》记章宗为普天大醮所降青词一通曰：

> 嗣天子臣谨上启三清四帝二后，伏以祗应丕绪，仰戴慈闱，惟日奉承，方备九州之养，赖天孚佑，克开万寿之祥。偶失时和，遽成微恙。爰欵殊庭之邃，聿严秘醮之科。所冀孝诚，俯回真驭，垂至神而洞鉴，锡景命之延洪，嘉与群生，永依大庇。臣无任恳祷之至，谨词。①

章宗驾幸斋坛行香祭祀，回宫后还为大醮守斋戒七日，此青词就是章宗所降御书青词九通之一。

金王若虚《清虚大师侯公墓碣》载：

> 师讳元仙，字子真，赵州人也……明昌初，以高德应诏，入住中都天长观。自泰和改元，国家事祈禳，连设大醮，羽流极天下之选，而师皆与焉。②

侯元仙为太一道法师。太一道历代掌教都曾参与金元时期的斋醮。王若虚《太一三代度师萧公墓表》载："泰和初，章庙春秋已高，皇嗣未立，设普天大醮于亳之太清宫，间岁报谢，师皆与焉。"③说明太一道法师参加了此次普天大醮。

元世祖中统元年(1260 年)正月，太一道五祖李居寿奉忽必烈之命，在本宫设黄箓静醮，冥荐江淮战役捐躯者。元王恽《太一五祖演化贞常真人行状》载：

> 师姓李氏，讳居寿，字伯仁，道号淳然子……明年庚申，中统建元春正月，命师即本宫设黄箓静醮，冥荐江淮战殁一切非命者。迎奏际，阴

① 《宫观碑志》，《道藏》第 19 册，第 719 页。

② (金)王若虚：《滹南集》卷 42，《文渊阁四库全书》第 1190 册，第 494—495 页。

③ (金)王若虚：《滹南集》卷 42，《文渊阁四库全书》第 1190 册，第 493 页。

风凄凄，若有趋赴惨泣之状。秋九月，诏赴阙下，上亲谕修祈祓金箓醮筵。翌日，特赐号太一演化贞常真人……十年正月，就上都大安阁，演金箓科仪。①

《元史》卷10《世祖本纪七》载，至元十六年(1279年)十月“辛丑，以月直元辰，命五祖真人李居寿作醮事，奏赤章，凡五昼夜”②。《金文最》卷80《投龙碑》载：金大安三年(1211年)冬十二月二十九日，金完颜永济敕中都太极宫提点李大方、炼师刘道元，于崇庆改元(1212年)春上七日，“诣太极宫罗天大醮三昼夜千二百分。择初四日御署青词，五日入斋，七日子时散坛。遣官行礼载敕，高功捧玉简金龙环璧之恳，遍诣名山大川岳渎水府投送。为国祈恩，与民请福，愿凶寇不生，甘霖时作”③。李大方为太一道法师，曾被太一三祖萧志冲推荐主持中都太极宫。金元好问《通玄大师李君墓碑》载：

君讳大方，字广道，世为汾西人……泰和七年春，诏以君提点中都太极宫事，赐号体玄大师，俄被旨以祈嗣设大醮，君严恭科禁，方士诞幻之语，未尝一出诸口，徒以精诚感通，遂有万鹤下临之应。百官表贺，文士亦多赞咏，召对称旨。④

金代太一道二代度师萧道熙、三代度师萧志冲、清虚大师侯元仙等都曾以高德被选，入住中都十方天长观，参与国家斋醮活动。王恽《太一二代度师赠嗣教重明真人萧公行状》载：“已而，世宗诏求海内名师，宗主天长观事，师遂幡然应诏。”⑤王若虚《太一三代度师萧公墓表》载：“居无几何，有司奏选四方高德之士，补住中都天长观，师首应之。”⑥元代五祖李居寿又多次赴长春宫，与全真宗师共同为国家修建大醮。王恽《故真靖大师卫辉路道教提点张公墓碣铭》载：“癸丑冬，诏天下名师赴燕长春宫，修罗天清醮。公奏五

① (元)王恽：《秋涧集》卷47，《文渊阁四库全书》第1200册，第630—631页。
② 《元史》，北京：中华书局1976年版，第1册，第217页。
③ (清)张金吾编纂：《金文最》下，北京：中华书局1990年版，第1174页。
④ (金)元好问：《遗山集》卷31，《文渊阁四库全书》第1191册，第352页。
⑤ (元)王恽：《秋涧集》卷47，《文渊阁四库全书》第1200册，第624页。
⑥ (金)王若虚：《滹南集》卷42，《文渊阁四库全书》第1190册，第492页。

代贞常真人与会，其所以致显宗教，推毂嗣师，高出众表，俾道流光阐，公力居多。”①而金元全真道士同样参与国家斋醮的选拔，《大元宗圣宫主李尊师道行碑》载，全真道士李志柔，“甲寅春，诏燕京大长春宫修普天大醮，师预高道之选。”②

元代全真道与江南正一道法师，亦多次在长春宫联合举行斋醮。元世祖至元十七年（1280年），遣中使持香币，至江南龙虎山、阁皂山、茅山访求高士，为国家举行斋醮。元世祖多次召三十六代天师张宗演至京，而张宗演在大都主持的斋醮活动，就在全真道的长春宫举行。《元史》卷9《世祖本纪六》载至元十三年（1276年）四月壬午，“召嗣汉天师张宗演赴阙”③。至元十四年（1277年）正月丙申，“赐嗣汉天师张宗演演道灵应冲和真人，领江南诸路道教”④，己未，“命嗣汉天师张宗演修周天醮于长春宫。宗演还江南，以其弟子张留孙留京师”⑤。《资治通鉴后编》卷152载，宋端宗景炎二年（1277年）春正月，“嗣汉天师张宗演赴元召，至大都，元主命百官郊劳，待以客礼，因赐号演道灵应冲和真人，领江西诸路道教，寻令修周天醮于长春宫。事毕还龙虎山，留弟子张留孙于大都。”⑥张留孙少年时入龙虎山为道士，有道人相之为“神仙宰相”。张留孙留京师为玄教大宗师，曾以正一道擅长的上章为国祷告。《元史》卷10《世祖本纪七》载至元十六年（1279年）五月丙子，“命宗师张留孙即行宫作醮事，奏赤章于天，凡五昼夜”⑦。

元代长春宫有关斋醮投龙简的金石碑刻，记载了各道派联合举行大醮投龙的史实。《投龙简记》载元仁宗延祐元年（1314年）：

> 命特进、上卿、玄教大宗师、志道弘教冲玄仁靖大真人张留孙等，建周天大醮于南城长春宫，列位二千四百，领天下羽士千余人，荐科宣仪，

---

① （元）王恽：《秋涧集》卷61，《文渊阁四库全书》第1200册，第795页。
② 陈垣编纂：《道家金石略》，北京：文物出版社1988年版，第599页。
③ 《元史》，北京：中华书局1976年版，第1册，第182页。
④ 《元史》，北京：中华书局1976年版，第1册，第187页。
⑤ 《元史》，北京：中华书局1976年版，第1册，第188页。
⑥ 《文渊阁四库全书》第345册，第70页。
⑦ 《元史》，北京：中华书局1976年版，第1册，第212页。

礼于上真，凡七昼夜已。①

行周天大醮科仪之后，并命集贤司直、奉训大夫周应极，崇真万寿宫提举陈日新，乘传封香，奉玉符简、黄金龙各二，赴济渎清源善济王庙、天坛王母洞投龙简。

《大元投奠龙简之记》载：元仁宗延祐二年（1315 年）乙卯冬十月，玄教大宗师张留孙、全真掌教孙德彧等，“于大都长春宫设建金箓普天大醮，列位三千六百，肇自十二月十一日，凡九昼夜”②。此次金箓普天大醮之后，有中奉大夫李倜、太一崇玄体素演道真人蔡天祐赴济渎灵源投奠龙简。按照道教投龙简的科仪规制，国家为保安宗社而修设金箓斋、罗天醮之后，要投金龙玉简于天下名山洞府，以祈恩请福，谢过消灾。

《周天大醮投龙简记》曰：

诏玄教大宗师玄德真人吴全节，太一崇玄体素演道真人、嗣教七祖蔡天祐，五福太一真人吕志彝，正一大道真人刘尚平，玄教嗣师真人夏文泳，率法师道士几千人，修建金箓周天大醮于大都崇真万寿宫，为位二千四百，昼夜凡七。③

此次金箓周天大醮之后，遣太一七祖真人蔡天祐等，赴济渎灵源投奠龙简。这是历史上由全真道、正一道和太一道法师联合主坛的盛大法会。

泰定二年（1325 年）二月，第三十九代天师张嗣成、全真掌教孙履道、玄教大宗师吴全节，率南北道士千人，在长春宫建黄箓普度大醮七日。虞集《黄箓普度大醮功德碑》说：

泰定二年，岁次乙丑正月之吉，始和皇帝燕居穆清，抚时康宁，中心无为，以守至正，践丕承之位著，若有见于羹墙，乃召集贤院臣而告之曰：……时则有若三十九代天师太玄辅化体仁应道大真人臣张嗣成，亲扬祖教，妙斡道枢，神仙演道大宗师泰定虚白文逸明德真人臣孙履道，以老成敦厚之资，深符真契，特进、上卿、玄教大宗师、崇文弘道玄德广

① 陈垣编纂：《道家金石略》，北京：文物出版社 1988 年版，第 894 页。

② 陈垣编纂：《道家金石略》，北京：文物出版社 1988 年版，第 862 页。

③ 陈垣编纂：《道家金石略》，北京：文物出版社 1988 年版，第 863 页。

> 化真人臣吴全节，以聪明特达之器，参赞化机，并领玄宗，共承明诏。以二月一日，各真人率南北道士千众，即大长春宫，陈大科法者七日，出黄箓白简万通，启长夜之幽扃，畅好生之至德。①

《黄箓普度大醮功德碑》盛赞此醮仪说："赫赫洋洋，洞洞煌煌，一时盛典，蔑有加焉！"②

虞集《河图仙坛之碑》载玄教宗师吴全节于泰定二年（1325年）：

> 奉旨设大醮于长春宫，又设大醮于崇真宫。护教之诏如故事……有旨设醮于长春宫，公告老，请以弟子夏文泳嗣玄教。诏留公。三年，有旨设普天大醮于长春宫，又设大醮于崇真宫。③

金元全真道、太一道、玄教诸宗师，多次奉敕同坛为国举行大型斋醮仪式，由此形成道教斋醮史上高道云集的空前盛况。

金元时期全真宗师举行的斋醮，多为普天大醮、周天大醮之类的大型法会，按照宋代定型的道教科仪规制，大醮是专为国家斋醮设立的上三坛法事。按照道教上三坛的科仪格式，普天大醮供奉三千六百神真圣位，周天大醮供奉二千四百神真圣位，罗天大醮供奉一千二百神真圣位。金元统治者不仅热衷于上三坛的坛场规模，而且科仪使用的金箓、黄箓也兼具道教祈禳济度的宗教功能。唐代道经《道门经法相承次序》卷下就说："一金箓上元主天。天者，乾为天，金箓主之，故销天灾也。二黄箓下元主地，地者坤，坤包黄，故黄箓主之。济拔七祖，七祖恐在地府。"④金元时期全真宗师多次为国举行三坛大醮，说明全真宗师在斋醮方面仍然遵行道教传统科仪规制。据李志常《长春真人西游记》卷下载：长春真人丘处机羽化之后，道众在长春宫建奉安道场三昼夜，设灵宝清醮三百六十分位。这更显示道教传统的灵宝斋法，在全真道的斋醮科仪中得到传承。

金元时期国家斋醮中多举建黄箓大醮，这与金元时期的政治背景密切相关。金元统治者以武力征服中原，无数将士血染沙场，命归黄泉，百姓更

---

① （元）虞集：《道园学古录》卷23，《文渊阁四库全书》第1207册，第333页。
② （元）虞集：《道园学古录》卷23，《文渊阁四库全书》第1207册，第334页。
③ （元）虞集：《道园学古录》卷25，《文渊阁四库全书》第1207册，第363页。
④ 《道藏》第24册，第797页。

是生灵涂炭，千里户绝。对战争给人民带来的灾难境况，道门人士有最深切的感受。姬志真《云山集》卷7《鄠陵黄箓大斋之碑》说：

爰自大朝隆兴，金源失统，干戈不息，以迄今日，几四十年矣。马蹄之所及，则金汤齑粉；兵刀之所临，则人物劫灰。变谷为陵，视南成北。比屋被诛，十门九绝，孑身不免，万无一存。漏诛残喘者，孤苦伶仃；覆宗绝嗣者，穷年索冥。凭谁荐拔，空负寒心。况在黄流之外，疆场之郊，当此之危，甚于他所，惊魂滞魄，长劫难伸，须仗玄勋，始能解脱。①

同卷《长春真人成道碑》载：

曩者国朝初兴，天兵暂试，血流川谷，肉厌立原。黄钺一麾，伏尸万里，马蹄之所及无余地，兵刃之所临无遗民。玉石俱焚，金汤齑粉。②

因此，统治者需要借道教的黄箓大醮，以普度阵亡将士和无主孤魂。《敕建普天黄箓大醮碑》载王志坦说宪宗皇帝曰：

惟国朝自开创以来，干戈饥馑，刑罚或中或否，其横罹凶害，沉魂滞魄，困于幽狱，无由出离者，可胜计哉！愿皇帝圣慈，选有道之士，依黄箓玄科，普行济度，使幽魂苦爽，出离冥途，咸遂超升。③

姬志真《云山集》卷8《京兆普度碑》，亦说修建无上黄箓大斋：

荐济宗族远亡近化，洎率土无主孤魂……启黄箓大斋之法，仰众真之普力，冀三境之垂光，照烛幽冥，开通阴府。收摄万气，久沉之魄悉归源；混合百神，无主之魂皆拔萃。④

道教的黄箓具有济拔救度之功能，既可普资家国，又能遍济存亡。在道教的二十七等斋仪中，黄箓科仪被列为首要，道经则称黄箓济度的功能为第一。《十方大天长观普天大醮感应碑》论及道教斋醮之功能就说："而禳祈之事，独施于道家者流。斋有法，醮有仪，斋以谢咎，醮以度厄……且谓祈祷之法，莫严于道家。"⑤黄箓具有度厄之功能，被视为度人之上品。因此在道

① 《道藏》第25册，第417—418页。
② 《道藏》第25册，第416页。
③ 《宫观碑志》，《道藏》第19册，第713页。
④ 《道藏》第25册，第418页。
⑤ 《宫观碑志》，《道藏》第19册，第720页。

教斋醮科仪中，唯黄箓醮应用最为广泛，既可用于济度，又可用于祈禳，能满足社会各阶层的心理需要。金元统治者频繁举行黄箓大醮，正是看重黄箓普荐阵亡的功能。全真宗师的黄箓科仪，确乎有遍济存亡的社会功能，长春真人丘处机“黄冠三日醮，素服万家临”的诗句①，就隐约反映出全真黄箓醮在民间的巨大影响。

王处一《云光集》卷 1 诗序称，承安丁巳(1197 年)六月二十五日到中都天长观，七月初三日金章宗宣见。金章宗问及北征之事，王处一答“戊午年即止”。承安三年(1198 年)果然应验。《元史》卷 10《世祖本纪七》载至元十六年(1279 年)十月，李居寿在为国作斋醮法事之后，向元世祖进言皇太子春秋鼎盛，宜预国政。元世祖翌日即下诏皇太子燕王参决朝政，凡中书省、枢密院、御史台及百司之事，皆先启后闻。一代高功以斋醮为媒介积极参与国家的政治活动。金元时期的道教宗师确有高德睿智者。

金元时期全真道的国家斋醮活动，是全真道发展史上的重要一页。一代全真宗师运用道教传统斋醮科仪，通过为国家祭祀祈福活动提升了全真道的地位。从金元时期全真道斋醮科仪来看，至少有两点动向显示出与唐宋时期国家斋醮的不同：一是全真道与太一道、正一道、玄教、真大道教法师携手联合，开创了道教斋醮史上各派法师同坛祭祀的先例；二是举行的大多是金箓大斋、黄箓大斋、普天大醮、周天大醮的盛大法会，参加祭祀的高功法师动辄上千人，史称各真人率南北道士千众、率法师道士几千人、登坛墠者五千人，如此规模可谓道教斋醮史上的空前盛典。我们从全真宗师王重阳、马丹阳、丘处机、王处一、尹志平、宋德方、李志常、张诚明、王志坦、王志谨、孙德彧、孙履道、刘志真等建斋设醮的史实，可见一代高德借道教传统斋醮实践济世度人的宗旨，从而扩大了道教在中国社会政治生活中的影响。

二、林灵真编撰《灵宝领教济度金书》

《灵宝领教济度金书》是在唐宋国家斋醮实践基础上，在刘宋陆修静，唐代张万福、杜光庭，宋代蒋叔舆、金允中、王契真等道门科教宗师著述基础

① 参见(元)李志常:《长春真人西游记》卷下,《道藏》第 34 册,第 497 页。

上，综合各派科仪编撰而成的巨帙科书。此经“大而告天祝圣之文，小而田里禬禳之事，修斋奉醮，粲然毕备”①，可谓是集唐宋道教斋醮科仪之大成的经书。诸如唐代杜光庭《太上黄箓斋仪》、南宋蒋叔舆《无上黄箓大斋立成仪》等科书，都为林灵真撰写《灵宝领教济度金书》所借鉴和参考。

《灵宝领教济度金书》的编纂综合了宋代上清派、灵宝派、正一派的科法，是适应宋代道教各派科法交融的历史大势而编撰的科书，道教有非灵宝不可以度人之说，其灵宝领教的名称具有斋醮百科全书的意涵。《灵宝领教济度金书》题录为“洞微高士开光救苦真人宁全真授，灵宝通玄弘教水南先生林灵真编”。可知《灵宝领教济度金书》为南宋宁全真传授，是在元初由林灵真最后编纂而成。东华派宣称早在宁全真时期，就已得到上清派杨司命科书的传授。《灵宝领教济度金书嗣教录·赞化宁先生》载：

前是，杨司命得道华阳，以《灵宝玄范四十九品》、《五府玉册符文》一宗印诀进于朝，诏藏秘府。司命登真，付于嗣法仕子仙，曰：“尔嗣吾上道，慎勿轻泄。若遇绯衣人，则付之。”后仕君于江南，时先生尚从裴姓，仕君曰：“吾昔受先师绯衣之嘱，今始悟绯衣者，子姓也。”即以图策心印付度。②

《灵宝领教济度金书》卷261《炼尸生仙品·上清灭度炼尸生仙科法》载录林灵真的一段《序说》称：“余先人箓参大洞，法受灵宝，开庆已未，倏焉无疾而化。时余年方弱冠，闻世有炼尸生仙符，可为灭度津梁，而未尝抄录。隆暑仓卒，常服就殓。迨今每一关念，涕泗交颐。后十余年，方得此本。”③可知灭度炼尸生仙科法，是上清派的炼度经法，此济世度人的经法最终为林灵真获得。“然经目所载，有《三洞送终仪》，有《大洞送终仪》，有《正一送终仪》，其详略异同，漫无考证，次第当就句曲《道藏》求之。虽余受三洞箓，传大洞及灵宝法，若无假他寻，亦不容不识也。”④“句曲《道藏》”当指茅山

① 《道藏》第7册，第19页。
② 《道藏》第7册，第17页。
③ 《道藏》第8册，第257页。
④ 《道藏》第8册，第257页。

上清派传承的经书,“三洞箓”指正一派法箓①,此段来自林灵真本人的历史记忆,可知他编撰《灵宝领教济度金书》时,参考了江南道教占主流的正一派、上清派、灵宝派的科书。

林灵真编撰《灵宝领教济度金书》,收集灵宝派祖师的内文秘典,也参考了江南的正一教法。《灵宝领教济度金书·嗣教录》载林灵真“乃退居琳宇,尽三洞领教诸科,及历代祖师所著内文秘典,准绳正一教法,撰辑为篇目,为《济度之书》一十卷,《符章奥旨》二卷”②。说明该书宋末元初编撰初期仅 12 卷。北京神乐观提点杨震宗撰《上清灵宝济度大成金书·后序》称:

> (林灵真)以三洞领教诸科,及历代祖师所著内文秘典,准绳正一教法,辑撰为《济度之书》、《符章奥旨》三十四卷,流行于世,以资施用。③

据上述记载可以推测,林灵真所撰 12 卷科书,至明宣德(1426—1435 年)时已增补为 34 卷。《灵宝领教济度金书》从最初的 12 卷,到 34 卷,到最后入藏的 322 卷,实为《道藏》中卷帙最多之科书。

据《灵宝领教济度金书·嗣教录》,宁全真、林灵真相距百余年,两人其实并无直接的授受关系。《灵宝领教济度金书嗣教录·水南林先生》就载林灵真宣称:“予学道于虚一先生林公、东华先生薛公,于兹有年矣。”④虚一先生林公事迹不详。林灵真直接师承的东华先生薛公,即《灵宝源流》所列之薛熙真。该经题录为“洞微高士开光救苦真人宁全真授,灵宝通玄弘教水南先生林灵真编”,旨在彰显东华派教法的一脉相承。

《灵宝领教济度金书》正文 320 卷并目录 1 卷,嗣教录 1 卷,总计 322 卷。《正统道藏》收录在洞玄部威仪类第 208—263 册。该经卷 1《灵宝领教

① 历史上道士多参受各派法箓。《隋书·经籍志》记道教受道之法说:“初受《五千文箓》,次受《三洞箓》,次受《洞玄箓》,次受《上清箓》。”即在接受老子《道德经》教育之后,先后接受正一派《三洞箓》、灵宝派《洞玄箓》、上清派《上清箓》的传授。

② 《道藏》第 7 册,第 19 页。

③ 《藏外道书》第 17 册,第 625 页。

④ 《道藏》第 7 册,第 19 页。

济度金书·嗣教录》，为元大德六年(1302年)林灵真门人林天任所撰，嗣教录所载宁全真、林灵真的传记，是了解东华派最重要的史料。

今本《灵宝领教济度金书》为元明间道士陆续增补而成，如卷55、卷159、卷175、卷314等所列奏启文牍款式中，皆有首称"大明国某州某县某乡某里人"者，即明代编修《正统道藏》修改增补之内容。《灵宝领教济度金书》卷55《科仪立成品》开度黄箓斋投山简、水简、土简，分别有读简文的科仪，其中投山简仪的《读山简文》曰：

> 大明国某州某县某乡某里某，奉为亡故某，修建黄箓大斋几昼夜，满散设醮几分位。仰答恩光，斋坛解散，投简灵山。伏愿天官赐福，地府除愆，酆山削罪，幽狱停冤，注名朱府，运度自然，见存得道，即往生天，缯璧效信，金龙驿传，一如告命。①

《读水简文》、《读土简文》，同样开始称"大明国某州某县某乡某里某"，可知此投龙简文书是明代撰写而成的。

《灵宝领教济度金书》卷175《科仪立成品》预修黄箓斋，同样要投山简、水简、土简，分别有读简文的科仪，其中投山简仪用的《读简文》曰：

> 大明国某州县乡里某，崇建预修黄箓大斋几昼夜，满散修设清醮几分位，仰答恩光，行道事毕，投简灵山。愿神愿仙，长生度世，飞行上清，五岳真人，至神至灵，乞削罪籍，上名九天，百年运尽，径上南宫，受化更生，得为种民。谨诣仙山，投简纪名，金龙驿传，一如告命。②

投水简仪《读简文》、投土简仪《读简文》，同样开始称"大明国某州县乡里某人"。

《灵宝领教济度金书》集录唐宋元时期设斋建醮、祈禳炼度所用之各种科仪，包括立坛法度、各种斋醮之节次仪范及所用表章款式、符书云篆、偈赞颂词等，并附有多种符书图像。该经分二十品集录斋醮科仪，第七品为科仪立成品，卷帙最为庞大，从卷12至卷259，共计247卷。科仪立成品先列祈禳、开度通用的各种科仪格式，然后分七曜斋、资福斋、黄箓斋、青玄黄箓斋、

---

① 《道藏》第7册，第267页。

② 《道藏》第7册，第757页。

青玄斋、明真斋、五炼生尸斋、星斋、度星斋、师友命过斋、自然斋、安宅斋、保命斋、北帝斋、资福斋、璇玑斋、传度斋、雷霆斋、十回斋、祈晴斋、禳蝗斋、净供、迁拔道场、血湖道场、消灾集福道场、玄灵经忏道场、传度道场、禳荧惑道场等，记载了各种斋法、道场的科仪格式，反映宋元时期道教科仪较唐代更为丰富齐备。该经的五炼生尸血湖道场、水火炼度、分灯等科仪，都为宋代新出科法。《灵宝领教济度金书》卷319《设醮》说：

> 自古建斋无设醮之仪，只于散坛拜表后，铺设祭馔果肴，或五柈，或九柈，或十四柈，或二十四柈，或三十六柈，备以茶酒，列于坛心。自三宝而下，至于三界真司、将吏神祇，无不召请，三献宣疏，盖酬其圆成斋福，翊卫坛场，辟斥魔灵，宣通命令故也……后世始安排醮筵，陈列圣位，其小者惟二十有四，其多者至三千六百，每位各设茶酒果食，立牌位供养。①

所谓安排醮筵陈列圣位，其小者惟二十有四，指民间小型醮仪供奉二十四位神灵，而唐宋道教醮筵陈列圣位多者至三千六百，即指道教最大规模坛场供奉三千六百神灵的普天大醮，那是道教为国家举建的上三坛大醮之一。②

林灵真《灵宝领教济度金书》在许多斋品后，都立有谢恩醮的节次，这是沿袭唐代杜光庭的科仪格式。可以说在道教斋醮中，先斋后醮仪格的形成，标志着斋醮科仪格式已趋于完备。斋醮科仪经典的逐渐丰富，斋醮科仪格式的日渐完备，是道教科仪思想渐趋成熟的标志，它有助于道教行使国家宗教的职能。

《灵宝领教济度金书》的炼度科仪，有卷25至卷26“开度通用”的炼度醮仪，卷80“生神开度斋用”的炼度醮仪，卷81“生神开度斋用”的炼度仪，卷95“青玄黄箓斋用”的炼度醮仪，卷106“明真斋用”的炼度仪，卷114“迁拔道场用”的太极心法祭炼仪，卷130“度星斋用”的经法炼度仪，卷263至卷265炼度品等。《灵宝领教济度金书》收录三种分灯仪，分别是开度、祈禳、青玄黄箓救苦斋行用的仪式。该经所列科仪虽品类繁多，但以内炼存思

---

① 《道藏》第8册，第809页。

② 据宋张君房《云笈七籤》卷103《翊圣保德真君传》载：道教为国家斋醮设立的上三坛，指三千六百星位的普天大醮，二千四百星位的周天大醮，一千二百星位的罗天大醮。星位指斋醮坛场供奉神真的圣位。

为斋醮科仪之本。如《灵宝领教济度金书》卷320《开度》说："法师能破身中之狱，然后能破地下之狱。"[①]若法师未能全己之阳，则不能补亡灵之阴而度其脱离幽冥。宋代道教内丹学兴起，并直接运用于斋醮科仪的内炼，要求高功具备内丹修炼之功，才能在斋醮坛场运神打破地下之狱。卷320《开度》就说："诸摄召全以运神为主，至于歌章吟偈，乃科仪耳。"[②]林灵真将道教内丹修炼引入斋醮之中，丰富了宋元道教炼度科仪的理论。

明代周思得《上清灵宝济度大成金书》的编撰，直接汲取了林灵真《灵宝领教济度金书》的内容。据顾惟谨、周士宁《上清灵宝济度大成金书赞》之序文称："履和养素崇教高士周先生，集其所得水南林真人济度金书符箓，与夫卫国佑民、捍灾止患、济生度死不传之科，通为四十卷，题之曰《上清灵宝济度大成金书》。"[③]明代周思得《上清灵宝济度大成金书》为道教史上空前之巨帙科书，今收入《藏外道书》第16—17册，但此科书确乎汲取了林灵真《灵宝领教济度金书》的精华。

林灵真《灵宝领教济度金书》以320卷的庞大篇幅，显示出宋代科仪门类的齐备。其中的五炼生尸血湖道场、水火炼度、请光分灯等科仪，都为宋代道教新出科法。尤其此科书将数百种科仪，明确分为祈禳、开度两大类别，后世民间则俗称为阳法事、阴法事。宁全真、林灵真承袭北宋东京科仪的传统，其科仪以显扬灵宝斋法为己任，而又代表了东华派的科仪特色。

道教灵宝斋法在魏晋以后大行于世，所谓"请福祈真，斋法为大"[④]。唐代以后的科仪经典，所载斋法皆以灵宝为宗，认为"斋法出于灵宝"[⑤]，甚至有"非灵宝不可以度人"之说。[⑥] 元郑所南《太极祭炼内法》卷下说："非灵宝不可以度人，非灵宝不可以生神，故灵宝法为诸法之祖。"[⑦]东华派声称继承灵宝派科法，《灵宝领教济度金书》确乎为集灵宝斋法大成之科书。道教

① 《道藏》第8册，第819页。
② 《道藏》第8册，第819页。
③ 《藏外道书》第17册，第626页。
④ 《道藏》第30册，第649页。
⑤ 《道藏》第31册，第428页。
⑥ 参见（明）周思得：《上清灵宝济度大成金书》卷23，《藏外道书》第17册，第1页。
⑦ 《道藏》第10册，第462页。

所谓的“灵宝”，来自《度人经》的经名，后世道经对“灵宝”之义有各种阐释。宋代道经《灵宝无量度人上品妙经符图》卷上说：“神降为灵，气聚为宝。”①唐代道经《洞玄灵宝定观经》说：“灵者，神也，在天曰灵；宝者，珍也，在地曰宝。”②六朝道经《汉武帝内传》说：“谓常思灵宝也。灵者，神也；宝者，精也。”③宋元道士洞阳子《太上洞玄灵宝天尊说救苦妙经注解》说：“灵者神也，宝者气也。”④元郑所南《太极祭炼内法》卷下说：“灵者，性也；宝者，命也。”⑤宋蒋叔舆《无上黄箓大斋立成仪》卷16《科仪门》说：“灵者神也，微妙之功出于思议之表，变化无穷，故谓之灵。宝者一也，三才所得，而以清宁正者也。”⑥林灵真将所编科书取名为《灵宝领教济度金书》，旨在显扬集灵宝派科书大成之作的意涵。

黄箓斋具有广泛的祈禳济度功能，历来为道教科仪宗师所重视。从晋唐时期的陆修静、张万福、杜光庭，到宋元明时期的蒋叔舆、林灵真，皆曾编撰黄箓科仪。此外，林灵素、李景祈、翟公巽、留用光、蔡致虚、路时中、赵道升、吕云等，亦曾撰作黄箓科仪。所谓三日九朝仪，实际建斋五昼夜。林灵真《灵宝领教济度金书》卷2载开度黄箓斋五日节目、祈禳黄箓斋五日节目、预修黄箓斋五日节目，亦是三日正斋，九时朝奏，正斋前一天为宿启建坛，后一天为散坛设醮。在史籍道经中，黄箓仪有一天、三天、五天、七天的记载。将黄箓斋明确分为开度、祈禳两大类，是林灵真《灵宝领教济度金书》的贡献，显示宋元时期道教斋醮科仪分类体系的完善。

道教灯仪的九狱灯，每一狱燃三灯，可以生玄、元、始三气，此乃一生二、二生三之道，旨在下彻照破阴翳，使诸狱皆睹光明。九幽神灯仪的破狱，首先破中央普掠之狱（幽狱），然后才是破东、南、西、北、东北、东南、西南、西北等八方地狱。而林灵真《灵宝领教济度金书》的《九幽灯仪》，是破周围八狱以后，才破第九中央幽狱。九幽神灯仪倡行普济，对沉沦九幽地狱的罪

① 《道藏》第3册，第63页。
② 《道藏》第6册，第497页。
③ 《道藏》第5册，第50页。
④ 《道藏》第6册，第489页。
⑤ 《道藏》第10册，第462页。
⑥ 《道藏》第9册，第477页。

魂,“或是九祖七玄,或是先亡后逝,或识不识,若冤若亲”①,都要以燃灯功德之力,依凭大道进行迁拔,使其托化人天,皈依正道。从九幽灯仪到破九幽地狱科法的行用,显示宋元道教斋法济生度死理论的成熟。

唐宋道教的燃灯之法,还有三途五苦灯、十一曜灯、南斗灯、北斗灯、周天灯、弧矢灯、九宫八卦灯、三十二天灯、诸大地狱灯坛,每种灯法都有相应的礼灯仪式,《灵宝领教济度金书》就收录有上述灯法的灯仪。卷27《科仪立成品》收录三种分灯仪,分别是开度、祈禳、青玄黄箓救苦斋行用的仪式。高功在行仪分灯时,都要念分灯赞文。开度用分灯仪在三清前分灯后说:

> 一生二,二生三,三生万物;地法天,天法道,道法自然。降三天无量之慧光,拯十极有情之昏暗。②

《灵宝领教济度金书》卷136《科仪立成品》,祈禳通用分灯仪在点灯后说:

> 道生一,一生二,二生三,三生万物,见前清众,请为分辉。③

《灵宝领教济度金书》卷85《科教立成品》,青玄黄箓救苦斋用分灯仪在分灯后说:

> 道生一,以分三,开明三景;气含三,而为九,照映九幽。④

这种有关分灯意蕴的赞文,通过仪式中分灯的象征表现,有力阐释老子《道德经》的思想,是斋醮分灯仪中必行的仪格。

从刘宋陆修静编撰科仪直至清代,道教的科仪经典几乎历代都有撰修,但宋朝可谓是科仪编撰史上的重要时期。北宋时期编撰斋醮科仪取得明显效果,道教斋醮的规模和科仪的丰富都超过唐代。但随着北宋王朝的覆没和少数民族政权在北方的建立,宋代国家祭祀大一统的格局已不复存在,南宋时期道教科仪形成诸家并起、各持一说的局面。南宋分裂和离乱的时代背景,客观上为各派科仪的显扬提供了机遇。而乱世中欲图振兴道教的忧患意识,也激发了道门人士编撰科仪的创发力。南宋是民间道教自由编撰

---

① 《道藏》第9册,第520页。

② 《道藏》第7册,第161页。

③ 《道藏》第7册,第629页。

④ 《道藏》第7册,第415页。

科仪的时代,南宋的留用光、蒋叔舆、宁全真、林灵真、金允中、王契真、路时中、吕太古、吕元素等人,作为道教各派科仪的代表,其编撰传世的一批斋醮科仪经典,无论是科书经典的数量和科仪门类的齐全,都超出中唐张万福和唐末五代杜光庭的科仪。这些科仪经典反映宋代道教斋醮的时代水平,也显示南宋道教科仪宗师惊人的创造力。林灵真《灵宝领教济度金书》庞大的篇幅,就充分显示出宋代斋醮科仪门类的齐备。

第十一节 宋元道教的科技成就

宋元时期,道教科技理论与方法日趋完善,体系更加合理和科学化。这一时期涌现出一批在中国科技史上占有重要地位的学者和著述,除了上一章已经讨论过的南宋时期外丹黄白术所取得的成就外,道教学者在农学、数学、地理学、天文学和光学等方面也取得了令人瞩目的成绩。

一、陈旉《农书》的特色及其农业科技成就

余英时先生在《中国近世宗教伦理与商人精神》中,专门就“中国宗教的入世转向”问题作了论述,指出:“全真道与新禅宗也有不同之处,它的入世倾向自始便比较显著。因此,它对一般社会伦理的影响也比禅宗来得直接显著。”①余英时还分析了中国宗教伦理入世转向对明清商人精神培育的积极意义。他的论述有力批驳了德国学者韦伯对中国宗教伦理的错误观点,极有启发性。传统观念认为,道教注重个人修炼与解脱,似乎不大关心世俗社会“辟土殖谷”、畜牧、桑蚕之事,于农学无涉。但事实并非如此。道教以“贵生重生”、“生为第一”为基本教义,而生命存在的一个基本前提是必须有足够的衣食保障。从逻辑上分析,“道在养生”,“养”古文写作“養”,《说文解字》释云:“养,供养也。从食,羊声。”②因此,“养”的本义就是用食物来供养。广义的养生,理应包括日常生命的维持与延续,衣食的保

① [美]余英时:《中国近世宗教伦理与商人精神》,合肥:安徽教育出版社2001年版,第112页。

② (汉)许慎:《说文解字》,北京:中华书局1963年版,第107页。

障就是“养生”的一个前提和基础。换句话说，道教“重生”必然导致“贵农”，农耕之道也是道教孜孜以求的自然之道的一个组成部分，对农耕之道的探索也就成为道教徒奉道体现和求道证道的一个途径；道门奉行“道人宁施人，勿为人所施”的教诫，以力耕自养、利物济世为修行规范，这一宗教伦理对于密切道教与农学的关系起了积极推动作用；宗教的发展与宗教自身的寺院经济实力有密切关系，随着道教宫观制度的发展与完善，出家入道的道众数量猛增，维持宫观日常生活的开销也增大，单靠乞食化缘已难以为继。而力耕自养、农道合修则一方面可以解决道众的生计，另一方面还可以通过农桑之业来扩大宫观经济实力，为道教实现济世度人的宗教关怀提供强有力的支持，进而为巩固发展教团组织提供恒久动力；道教信徒多来自农家子弟，自幼对农桑之业耳熟能详，具备农道合修的基础和条件。事实上也的确如此，道教典籍中本身就有“农道”一词的专门用法；道教中一直存在着“农道合修”、农道并举的潜流与传统。① 道门中有不少名士高道本着出世而不离世的宗教精神，对事关民生大计的农桑技艺也表现出异常的兴趣，在农学领域中有着不俗的表现，提出了许多精辟的农学思想。其中全真子陈旉的成体系的农学思想尤为可贵，在中国传统农学史有着重要地位。

金元时期的新道教，其入世苦修的宗教伦理精神对于密切道教与中国传统科技的关系也有重要作用，不但促进了道教医学的发展，而且对于传统农学思想的进步也有积极意义。下面我们以陈旉《农书》为个案，深入分析道教对传统农业科技发展的影响与贡献。

我国是一个文明古国，一向是以“农业立国”，农学十分发达，农、医、天、算号称中国古代四大学科。历代编撰的有关农业科技方面的农书种类繁多，据《中国农学书录》统计，我国古代农书，包括现存和已佚的，总计 376 种之多。② 宋元时期是我国农学发展的一个高峰，所出农书多达 133 种，其中宋代道教学者陈旉所撰《农书》、元代的《农桑辑要》、王祯《农书》和鲁明善《农桑衣食辑要》等四部综合性农书，是我国传统农学中的四部传世佳

① 参见盖建民：《道教“农道合修”思想考论》，《哲学研究》2010 年第 1 期。
② 参见王毓湖：《中国农学书录》，北京：中华书局 1957 年版。

作。尤其是陈旉《农书》乃我国第一部对农业进行系统讨论的农书,极大地推动了我国农学体系的发展。

陈旉,《宋史》无传。关于其生平行状,目前只能从其所著《农书》及其序、跋中略知梗概。

现存陈旉《农书》有多个版本,计有《永乐大典》本、《四库全书》本、《函海》本、《知不足斋本》等。《四库全书提要》云:"《农书》三卷,影宋抄本……首有自序,佚其前二页,末有洪兴祖后序及旉自跋。"①《四库全书》本陈旉自序缺前二页,似不完整。已故农学家万国鼎先生曾对陈旉《农书》进行校勘、标点和注释,著有《陈旉农书校注》一书,其内容除了正文 3 卷、陈旉自序(完整无缺)、洪兴祖后序、陈旉自跋外,还收录陈旉后序、新安汪纲跋,版本较为完善。

陈旉又作陈敷,自号"西山隐居全真子"②,又号"如是庵全真子"③。"全真子"是典型的道士道号。金代始创的全真道,其教义思想集中体现在"全真"二字,其寓有"真性"保全,或使"精气神"三全,或强调个人内修的"真功"与济世利人的"真行"双全等教义思想。由此可以断定陈旉是一名受道教影响的道教学者。关于其生平,其同时代人丹阳洪兴祖后序称:

> 西山陈居士,于六经诸子百家之书,释老氏黄帝神农氏之学,贯穿出入,往往成诵,如见其人,如指诸掌。下至术数小道,亦精其能,其尤精者易也。平生读书,不求仕进,所至即种药治圃以自给。绍兴己巳,自西山来访予于仪真,时年七十四,出所著《农书》三卷,曰:此吾闲中事业,不足拈出,然使沮溺耦耕之徒见之,必有忻然相契处。④

洪兴祖称陈旉绍兴己巳即南宋高宗绍兴十九年(1149 年)已 74 岁,故可断定陈旉生于北宋神宗熙宁九年(1076 年)。陈旉卒年不详,但据"陈旉跋"称"此书成于绍兴十九年",此跋作于成书后五年,故又可推定陈旉享年当

① 《文渊阁四库全书》第 730 册,第 169 页。
② 《陈旉自序》,万国鼎校注:《陈旉农书校注》,北京:农业出版社 1965 年版,第 22 页。
③ 《陈旉跋》,万国鼎校注:《陈旉农书校注》,北京:农业出版社 1965 年版,第 65 页。
④ 《洪兴祖后序》,万国鼎校注:《陈旉农书校注》,北京:农业出版社 1965 年版,第 63 页。

在八旬以上。陈旉的里贯也难以详考，根据陈旉自序中“西山隐居全真子”、“旉躬耕西山”来分析，西山乃陈旉隐居自耕自足之地。今查《古今地名大辞典》，西山可能是指扬州西山或太湖洞庭西山，这两处均在江苏境内。另据陈旉在《农书》写成后，曾送给时任真州（即江苏仪征）知州洪兴祖，洪兴祖后序又称陈旉“所至即种药治圃以自给”这一情况，我们可以断定陈旉隐居地不只西山一处。综合上述材料，我们基本上可以肯定陈旉乃南宋时期云游于江苏一带的自耕自足的道教学者。

陈旉所著《农书》具有鲜明的特色，其在农业科技方面取得的成就是巨大的。

第一，善于总结农耕经验，重视农业技术的推广和农学理论的指导作用。

陈旉身为道门中人，信奉“道人宁施人，勿为人所施”的传统，所至之处皆种药治圃以自给，对农业的地位和作用有深刻认识。他认为“民之大事在农”①，农桑之业乃“生民之本”，关系到持家治国安邦。他严厉批评了士大夫耻为农学的无知行为，指出：“士大夫每以耕桑之事为细民之业，孔门所不学，多忽焉而不复知，或知焉而不复论，或论焉而不复实。”②陈旉自己则不然，一生读书，不求仕进，乐于隐居耕读。《农书》3 卷是他在长期躬耕经验基础上撰写的，正如他序中所表白的那样：“旉躬耕西山，心知其故，撰为《农书》三卷，区分篇目，条陈件别而论次之。是书也，非苟知之，盖尝允蹈之，确乎能其事，乃敢著其说以示人。”③也就是说，《农书》所总结的农桑耕作技术经验都是陈旉本人亲自实践过的，确实“可信可用”才加以总结并笔之于书，其内容“固非腾口空言，夸张盗名”④，也非“迂疏不适用”的虚论，而是“实有补于来世”。基于这一认识，陈旉对一些于农事无补的如葛洪神仙论“皆在所不取也”。⑤ 这种求实务实的态度实属

① 《陈旉后序》，万国鼎校注：《陈旉农书校注》，北京：农业出版社 1965 年版，第 61 页。
② 《陈旉自序》，万国鼎校注：《陈旉农书校注》，北京：农业出版社 1965 年版，第 21 页。
③ 《陈旉自序》，万国鼎校注：《陈旉农书校注》，北京：农业出版社 1965 年版，第 22 页。
④ 《陈旉自序》，万国鼎校注：《陈旉农书校注》，北京：农业出版社 1965 年版，第 22 页。
⑤ 《陈旉自序》，万国鼎校注：《陈旉农书校注》，北京：农业出版社 1965 年版，第 22 页。

不易。

陈旉总结农桑技术经验撰写《农书》之目的，在于“庶能推而广之，以行于此时而利后世”①。陈旉已意识到农书在指导农业生产中的作用，谓：“农事备载方册……其文散在六籍子史，广大浩博，未易伦类而究览也。贤士大夫固常熟复之矣，宜不待申明然后知。乃若农夫野叟，不能尽皆周知，则临事不能无错失。”②农书是农业生产经验的理论总结，对于推广先进农耕技术、指导农事活动意义重大。所以当陈旉看到所著《农书》在真州一带刊布流传过程中出现传刊讹误，心里十分不安和忧虑，“当时传者失真，首尾颠错，意义不贯者甚多。又为或人不晓旨趣，妄自删改，徒事絺章绘句，而理致乖越”③。陈旉认为他撰写《农书》的目的在于“晓农事之大，使人心喻志解”④，指导天下之民务农以桑，但理乖义讹之书却会使人“仅惑其说”而误农坑农。五年后，陈旉不顾八十高龄，毅然“取家副本，缮写成帙”，希望“当世君子，采取以献于上，然后锲版流布”，从而“使天下之民，咸究其利”。⑤由此可见，陈旉不仅懂得农耕实践经验的重要性，而且深深体会到农书在指导农业生产中的意义和作用，所以他在撰写《农书》时，十分讲求农学体系的完整性和系统性。

第二，前无古人的农学体系思想。

陈旉《农书》分上、中、下3卷，连同序、跋约1.2万余字，其篇幅在历代农书中可谓极其简约，却建构了一个相当完整而有系统的农学体系。

卷上总论农场经营学与栽培，这是全书的重点内容，约占全书篇幅三分之二；卷中“牛说”叙述耕牛在农耕中的地位，从经营上看乃是卷上农耕内容的延续；卷下“蚕桑”论述养蚕收茧及桑树种植管理。陈旉在撰写《农书》时打破了以往农书仅对农业生产各个环节进行各论的传统，尤其反对不分主次轻重缓急罗列农耕生产技术知识，而是将农业生产视为一个有内在联

① 《陈旉自序》，万国鼎校注：《陈旉农书校注》，北京：农业出版社1965年版，第22页。
② 《陈旉后序》，万国鼎校注：《陈旉农书校注》，北京：农业出版社1965年版，第61页。
③ 《陈旉跋》，万国鼎校注：《陈旉农书校注》，北京：农业出版社1965年版，第65页。
④ 《陈旉跋》，万国鼎校注：《陈旉农书校注》，北京：农业出版社1965年版，第65页。
⑤ 《陈旉跋》，万国鼎校注：《陈旉农书校注》，北京：农业出版社1965年版，第65页。

系的系统。故他认为农书应力求全面系统地反映农学理论知识体系。对此，他在自序及后序中反复予以强调：

> 旉躬耕西山，心知其故，撰为《农书》三卷，区分篇目，条陈件别而论次之。①

> 故余纂述其源流，叙论其法式，诠次其先后，首尾贯穿，俾览者有条而易见，用者有序而易循，朝夕从事，有条不紊，积日累月，功有章程，不致因循苟简，倒置先后缓急之叙……②

陈旉《农书》的谋篇布局也体现了他讲求农学体系完整性的思想。上卷是全书的中心和主体，分别以农业生产经营十二宜为篇名，依次展开论述。即“财力之宜篇第一”、“地势之宜篇第二”、“耕耨之宜篇第三”、“天时之宜篇第四”、“六种之宜篇第五”、“居处之宜篇第六”、“粪田之宜篇第七”、“薅耘之宜篇第八”、“节用之宜篇第九”、“稽功之宜篇第十”、“器用之宜篇第十一”、“念虑之宜篇第十二”，并附“祈报篇”和“善其根苗篇”于后。这十二宜所论述的内容，并非机械罗列，而是围绕着农业生产与经营这根主线，依照农事生产活动的目的、轻重缓急等规律，条分缕析，构成一个有机联系的农学理论体系。

1. 农业生产经营的主要目的在于丰产和赢利。要达到这一目标，经营者必须有一定的经济实力和劳动力投入。我国农业的一个优良传统是精耕细作，所谓“多虚不如少实，广种不如狭收”③，若财力、劳力不足必然影响精耕细作。故陈旉把“财力之宜篇”作为全书的首篇，开宗明义地指出：

> 凡从事于务者，皆当量力而为之，不可苟且，贪多务得，以致终无成遂也。④

> 况稼穑在艰难之尤者，讵可不先度其财足以赡，力足以给，优游不

① 《陈旉自序》，万国鼎校注：《陈旉农书校注》，北京：农业出版社 1965 年版，第 22 页。

② 《陈旉后序》，万国鼎校注：《陈旉农书校注》，北京：农业出版社 1965 年版，第 62 页。

③ 《财力之宜篇第一》，万国鼎校注：《陈旉农书校注》，北京：农业出版社 1965 年版，第 23 页。

④ 《财力之宜篇第一》，万国鼎校注：《陈旉农书校注》，北京：农业出版社 1965 年版，第 23 页。

迫,可以取必效,然后为之。①

陈旉在篇中反复强调农桑经营规模要与财力相称,“农之治田,不在连阡跨陌之多,唯其财力相称,则丰穰可期也,审矣”。只有这样才能保证农业丰产获利。

2. 经营规模确定后,农田基本建设就是农耕的一项基础工作。故陈旉将“地势之宜篇”列为第二,对土地使用规划作了专论。紧接着就论述具体整地方法,是为“耕耨之宜篇第三”。

3. 整地问题解决了,就面临如何栽种作物问题。农桑播种必须顺天应时,故陈旉将“天时之宜篇”列为第四,强调“四序乱而不能生成万物”②,要发挥人之主体能动性,“在耕稼盗天地之时利”③。这种思想实际上是陈旉将道教《阴符经》天、地、人三才互盗思想引入农学领域的结果,是道教农学思想的闪光之处。陈旉还进一步引用老子道法自然的思想来说明农事必合天地之时宜,云:“故农事必知天地之时宜,则生之、蓄之、长之、育之、成之、熟之,无不遂也。”④

农时掌握后,就必须根据时宜,合理安排多种作物配合经营,以便充分利用土地和劳动力,提高农业效率。所以陈旉将“六种之宜篇”列为第五,指出:“能知时宜,不违先后之序,则相继以生成,相资以利用,种无虚日,收无虚月。”⑤

4. 农业生产的整地、播种都离不开劳动力。陈旉引用古代农业谚语云:“近家无瘦地,遥田不富人。”⑥他认为:“民居去田近,则色色利便,易以集事。”⑦也

① 《财力之宜篇第一》,万国鼎校注:《陈旉农书校注》,北京:农业出版社1965年版,第23页。

② 《天时之宜篇第四》,万国鼎校注:《陈旉农书校注》,北京:农业出版社1965年版,第27页。

③ 《天时之宜篇第四》,万国鼎校注:《陈旉农书校注》,北京:农业出版社1965年版,第28页。

④ 《天时之宜篇第四》,万国鼎校注:《陈旉农书校注》,北京:农业出版社1965年版,第28页。

⑤ 《六种之宜篇第五》,万国鼎校注:《陈旉农书校注》,北京:农业出版社1965年版,第30页。

⑥ 《居处之宜篇第六》,万国鼎校注:《陈旉农书校注》,北京:农业出版社1965年版,第33页。

⑦ 《居处之宜篇第六》,万国鼎校注:《陈旉农书校注》,北京:农业出版社1965年版、第33页。

就是说，农家住址靠近田野，便于照顾农田作物。故陈旉专列"居处之宜篇第六"来讨论农家住址选择与农事关系问题。

5. 农作物播种后，其生产状况与农田施肥与田间管理是否得当有密切关系。故陈旉接下来又专设"粪田之宜篇第七"和"薅耘之宜篇第八"，分别就施肥与中耕除草等田间管理问题作深入论述。陈旉基于其"地力常新壮"的土壤学新思想（后文将论述），对施肥问题很重视，提出了新的见解。一是提倡广开肥源，多积肥料，增进肥效，避免损失。书中记载了制造火粪、堆肥发酵、粪屋积肥、沤池积肥等，为以前农书所未载。二是在肥料的施用方面，提出"用肥得理"和多次追肥的思想，以前农书只重视基肥和种肥，很少提到追肥，陈旉则认为"宜屡耘而屡肥"，发前人所未发。

6. 作物栽培成熟后，紧接着就面临收获、消费、贮备等问题。所以陈旉又立"节用之宜篇第九"讨论节俭与来年农业再生产等问题。陈旉指出："古者一年耕，必有三年之食。三年耕，必有九年之食。以三十年之通，虽有旱干水溢，民无菜色者，良有以也。"①强调丰收之后必须节俭，做到"量入为出，丰年不奢，凶年不俭"。陈旉还引老子防患于未然之语来阐述这一节用思想，云："老子曰：能知其所不知者上也。不能知其所不知者疾矣。夫惟病病，是以不病。圣人不病，以其病病，是以不病。"②并且指出："夫能如此，孰有仓卒窘迫之患哉。"③

以上，陈旉就农业生产经营的各个环节有条不紊地作了阐述。此外，陈旉还认为农业生产经营的好坏与人力的发挥、农具的精良与否、务农者是否专心致志这三个基本问题紧密相关，故又分别立"稽功之宜篇第十"、"器用之宜篇第十一"、"念虑之宜篇第十二"依次论述之。

《农书》十二宜篇将农业生产经营的各个主要环节和要素纳入一个有机联系的系统，并且提炼概括出其中所包含的农学规律和原理，从而建构了

① 《节用之宜篇第九》，万国鼎校注：《陈旉农书校注》，北京：农业出版社 1965 年版，第 36 页。

② 《节用之宜篇第九》，万国鼎校注：《陈旉农书校注》，北京：农业出版社 1965 年版，第 38 页。

③ 《节用之宜篇第九》，万国鼎校注：《陈旉农书校注》，北京：农业出版社 1965 年版，第 38 页。

一个相对完整的农学理论体系。农学之所以号称中国古代四大学科之首，其主要原因就在于中国农学有着自己独立的学科理论体系，而这种农学体系的系统阐发和理论建构始自陈旉《农书》。由此可见道教学者陈旉农学体系思想在中国传统农学史上的特殊地位和历史意义。

第三，土地利用规划思想。

土地是农业生产的最基本资源，合理有效地利用土地资源是搞好农业生产经营的关键。陈旉《农书》上卷“地势之宜篇”是我国农学史上讨论土地利用规划的专论，这在古农书中是前所未有的创举。陈旉开篇即云：

> 夫山川原隰，江湖薮泽，其高下之势既异，则寒燠肥瘠各不同。大率高地多寒，泉冽而土冷，传所谓高山多冬，以言常风寒也，且易以旱干。下地多肥饶，易以淹浸。故治之各有宜也。①

这段话简练地概括了陈旉的土地利用规划思想。首先，陈旉明确指出土地的自然面貌和性质具有多样性，《尔雅》云：“广平曰原，下湿曰隰。”山野平川、江湖大泽由于海拔地势相差很大，则必然造成各地的土地具有寒燠肥瘠不同，故须合理开发利用，扬长避短。其次，陈旉不仅认识到地势对土地性质的巨大影响，而且还具体地科学总结了地形与温度、肥瘠、水旱之间的关系。根据这一思想，陈旉随后分别就高田、下田、坡地、葑田、湖田的五种具体土地利用规划作了分析。例如对高田，陈旉指出：

> 若高田，视其地势，高水所会归之处，量其所用而凿为陂塘，约十亩田即损二三亩以潴蓄水；春夏之交，雨水时至，高大其堤，深阔其中，俾宽广足以有容；堤之上，疎植桑拓，可以系牛。②

意思是说，对高田应勘察地势，在高处来水会归的地点，凿为陂塘，贮蓄春夏之交的雨水。塘内必须足够的宽深，大小依据灌溉所需要的水量，大约十亩田划出二三亩来凿塘蓄水。堤岸要高大，并种上桑柘，可以系牛。这样的做法有几个好处：“牛得凉荫而遂性，堤得牛践而坚实，桑得肥水而沃美，旱即

① 《地势之宜篇第二》，万国鼎校注：《陈旉农书校注》，北京：农业出版社1965年版，第24页。

② 《地势之宜篇第二》，万国鼎校注：《陈旉农书校注》，北京：农业出版社1965年版，第24—25页。

决水以灌溉，潦即不致于弥漫而害稼。”①这种土地利用措施还有一大优点，即利用水面较高的陂塘放水自流灌溉，不必提水上升。大雨时有陂塘拦蓄雨水，可以避免水土流失，防止冲坏良田。这确实是一种设计合理而巧妙的高田土地利用系统工程。

第四，“地力常新壮”的土壤学思想。

种植业的基础是土壤。我国古代在土壤方面的理论和技术是用地和养地相结合，以提高土地肥力。陈旉在《农书》中对土壤问题也作了创新性论述。他在“粪田之宜篇”中云：“土壤气脉，其类不一，肥沃硗埆，美恶不同，治之各有宜也。”②指出土地虽然有好坏不同，但只要治理得宜，都可用于栽培作物。陈旉针对地力渐减论的传统观念，提出了一个土壤地力方面的重要思想，即土壤可以经常使它保持新壮。陈旉指出：“或谓土敝则草木不长，气衰则生物不遂，凡田土种三五年，其力已乏。斯语殆不然也，是未深思也。”③陈旉反驳了地力随着耕种年限而衰减的观念，认为土壤可以通过施肥和其他相应措施使其变得肥沃，维持和提高地力。“若能时加新沃之土壤，以粪治之，则益精熟肥美，其力常新壮矣，抑何敝何衰之有。”④也就是说，如果能经常给农田添加新而肥沃的土壤，施用肥料，就可以使土壤越来越“精熟肥美”，其地力“常新壮”。陈旉还进一步指出，土壤虽然有好坏之别、肥瘠之差，但只要耕作得当，施用肥料，“治之得宜，皆可成就”，同样可以获得好的收成。陈旉这种地力常新壮的思想是中国农学史上具有重要价值和现实意义的传统科学思想，值得深入挖掘和借鉴。

第五，农业经营思想。

陈旉之前的古代农书，一般侧重于垦殖栽培技术的记述，较少涉及农业

① 《地势之宜篇第二》，万国鼎校注：《陈旉农书校注》，北京：农业出版社1965年版，第25页。

② 《粪田之宜篇第七》，万国鼎校注：《陈旉农书校注》，北京：农业出版社1965年版，第33页。

③ 《粪田之宜篇第七》，万国鼎校注：《陈旉农书校注》，北京：农业出版社1965年版，第34页。

④ 《粪田之宜篇第七》，万国鼎校注：《陈旉农书校注》，北京：农业出版社1965年版，第34页。

经营管理问题。而陈旉则从农业生产的整体思想出发,不但在农书中详细记载了具体的农业垦殖栽培技术,而且专门论述了农业生产的经营与管理。这是陈旉《农书》的一大特色。陈旉本人长期“躬耕西山”,“所至即种药治圃以自给”,在农业经营上总结出一套自己的管理原则和思想。

1. 从事农桑要有通盘规划。农业生产涉及的方方面面因素很多,如果没有全局观念和经营计划,难免顾此失彼。他在《农书》中开门见山地指出:“况稼穑在艰难之尤者,讵可不先度其财足以赡……若深思熟计,既善其始,又善其中,终必有成遂之常矣,岂徒苟徼一时之幸哉! 易曰:‘君子以作事谋始’,诚哉是言也。”①陈旉已充分意识到农业经营的复杂性,故强调务农者必须事前深思熟虑,要有一个经营计划,“既善其始,又善其中”,自始至终,逐步进行,确保丰产获利。《农书》之“居处之宜篇”、“地势之宜篇”中所阐述的农舍安置、土地利用等都体现了这一思想。

2. 讲求通过农桑技术创新来促产增利。陈旉十分重视农桑技术的作用,他在卷下“蚕桑叙”中指出:“古人种桑育蚕,莫不有法。不知法,未有能得者,纵或得之,亦幸而已矣。盖法可以为常,而幸不可以为常也。今一或幸焉,则曰是无法也。”②这里所说之“法”系指农桑技术。农耕养蚕皆有其法,不可忽视。不知其法,就会造成农事失误。陈旉在《农书》中对各种农耕养蚕牧牛之法下了很大工夫进行整理研究,希冀为务农者提供切实可行之法。这一思想与我国农业精耕细作的传统是相吻合的。

3. 适度规模与多种经营的思想。陈旉认为农桑经营规模要与自身财力相称,反对贪多广种,提倡集中有限力量、合理利用土地资源,开展多种经营,利用多种作物的生长期不同间种套种,做到“种无虚日”、“收无虚月”,使土地和劳动力资源都达到最佳经济效果。

陈旉《农书》中的农业科技成就远不止上述这些,其他诸如在肥料和施肥、南方水稻耕作技术等方面,陈旉也有许多创新性论述,这些都值得深入挖掘和借鉴。当然,也必须看到,作为一名道教农学家,陈旉《农书》中也难

---

① 《财力之宜篇第一》,万国鼎校注:《陈旉农书校注》,北京:农业出版社 1965 年版,第 23 页。

② 《蚕桑叙》,万国鼎校注:《陈旉农书校注》,北京:农业出版社 1965 年版,第 53 页。

免夹杂有一些神秘主义的东西。例如他在卷上十二宜篇之后专门又附加"祈报篇",记述农业春祭、秋报的祭祀礼仪。"祈报篇"专言农事祈禳,声称"有其事必有其治,故农事有祈焉,有报焉"①。宣扬通过"祈祷巫祝"可以"顺丰年、逆时雨、宁风旱、弭灾兵、远罪疾"②,使耕牛作物免除疫疠虫害,等等。

二、《数术记遗》的珠算学成就

《数术记遗》是中国古代一部重要的珠算学著作,题徐岳撰,汉中郡守前司隶臣甄鸾注。此书不见于唐前史志,《旧唐书·经籍志》历算类始称徐岳撰有《数术记遗》(甄鸾注),宋人所编官私书目一般沿袭此说。③《数术记遗》又作《数术纪遗》,现存版本众多,最古版本为南宋鲍澣之嘉定六年(1213 年)刻本,北京大学图书馆藏,文物出版社 1980 年据以影印,亦收入上海古籍出版社的《续修四库全书》;《数术记遗》列入《道藏缺经目录》卷上④,今《藏外道书》第 1 册亦收录有明毛晋校本。此外还有曲阜孔氏刊本等⑤。

关于这部著作的作者,向来就有不少的争议。《数术记遗》卷首题"(汉)徐岳撰,(北周)汉中郡守、前司隶臣甄鸾注"。编撰者徐岳,字公河,东莱人。阮元《畴人传》卷 4 为其立传。今人华印椿编著的《中国珠算史稿》一书以"《数术记遗》是否是徐岳撰著的争论"为题,列举了《四库全书总目提要》、周中浮及钱宝琮先生、余介石教授、李约瑟博士等人见解,对学界的争论做了梳理,为了便于读者对这一问题的了解,现择要引述如下:

---

① 《祈报篇》,万国鼎校注:《陈旉农书校注》,北京:农业出版社 1965 年版,第 42 页。

② 《祈报篇》,万国鼎校注:《陈旉农书校注》,北京:农业出版社 1965 年版,第 43—44 页。

③ "汉徐岳撰。说郛本、秘册汇函本、津逮本、学津本、微波榭本。[补]宋嘉定六年鲍澣之跋,云采自道藏。余曾以之校津逮秘书本。"(清)莫友芝撰、傅增湘订补:《藏园订补　郘亭知见传本书目》,北京:中华书局 2009 年版,第 589 页。

④ 《道藏缺经目录》卷上,汤一介主编:《道书集成》,北京:九州出版社 1999 年版,第 42 册,第 374 页。

⑤ 参见(清)孙星衍:《孙氏祠堂书目内编》卷 2,焦桂美、沙莎标点:《中国历代书目题跋丛书》(第三辑),上海:上海古籍出版社 2008 年版,第 382 页。

《四库全书总目提要》否定《数术记遗》为徐岳所作，理由是：《隋书·经籍志》具列徐岳及甄鸾所撰《九章算术》、《七曜历算》等书，而独无此书之名。至《新唐书·艺文志》始著于录。因此四库馆臣认为，唐代选举之制，明算科学习《九章算法》和《五曹算经》之外，兼习此书。此必当时购求古算，好事者因托为之，而嫁名于徐岳。

周中浮在其著《郑堂读书记》中也赞同四库馆臣的意见，理由是《数术记遗》书中"未识刹那之赊促，安知麻姑之桑田。不辨积微之为量，讵晓百亿于大千"为道教、佛教语句。且麻姑故事出于晋代葛洪的《神仙传》，这不可能为汉末魏初人徐岳所知。

钱宝琮先生主编的《中国数学史》认为《数术记遗》是甄鸾依托伪造而自己注解的书。因为"书中称刘洪为'刘会稽'，又引天目山隐者的话，用'刹那''大千'等佛经词汇和后汉末年的历史事实不合。本书决不是徐岳的原著"①。

余介石先生则认为，四库馆臣已疑《数术记遗》为伪书，那么甄鸾的注文也值得怀疑。

李约瑟博士也发表了看法，认为"《数术记遗》是本章所提到的著作中较接近于道教与占卜术的著作，而在甄鸾的注释中又有佛经的引文，这些事实使许多学者把全部原文看成是后来的伪作，并认为大概是注释者本人所写的"②。

有些珠算史研究者对《数术记遗》中叙述的三等数之说表示怀疑，认为根据我国记数法的历史推断，徐岳不可能提出三等数之说。

也有些珠算研究者不同意《数术记遗》是伪托著作之说，而肯定是汉代徐岳的著作，他们的主要论点如下③：

1. 麻姑的故事虽出于晋代葛洪的《神仙传》，但传中叙述的故事发生于汉桓帝时，是在徐岳撰述《数术记遗》之前。

2. "大千"、"刹那"等佛典词汇，东汉迦叶摩腾和竺法兰同译的《四

① 钱宝琮主编：《中国数学史》，北京：科学出版社 1981 年版，第 92—93 页。

② 参见［英］李约瑟主编：《中国科学技术史》第 3 卷，北京：科学出版社 1978 年版，第 64 页。

③ 参见华印椿编著：《中国珠算史稿》，北京：中国财政经济出版社 1987 年版，第 22 页。

十二章经》中已有“大千世界如一河子”之语。“刹那”意译成“须臾”，以后所附注疏中就有“刹那”译名。

3.《隋书·经籍志》未列《数术记遗》书名，是由于《隋书·经籍志》编次无方，述经学源流，每多舛误之故。

4. 刘洪是颇有造诣的数学家、天文学家，他的乾象术最大数目用到六十七亿以上，他应当通晓万万进的记数法。所以，徐岳可能提出三等数。

华印椿先生本人对《数术记遗》的体裁、内容和近人肯定这本书是徐岳所作的论点，也持怀疑态度。但他对《数术记遗》是否是徐岳撰著还无法得出一个明确的结论：“总之，《数术记遗》的作者问题，直到现在，否定与肯定两种意见，还争论不决，所以不能作最后断定。”①

上述有关《数术记遗》是否为徐岳所作的纷争，肯定与否定的意见都有各自的依据，笔者不拟作更多的评述。我们以为，不管《数术记遗》作者是否为徐岳，就《数术记遗》版本来历和思想内容来分析，《数术记遗》的道教色彩相当浓厚，当出自宋元道门术士之手。

《数术记遗》开卷就交代了此书的来历：

> 余以天门金虎，呼吸精泉，羽檄星弛，郊多走马，遂负帙游山，跖迹志道，备历丘岳，林壑必过。乃于太山，见刘会稽博识多闻，偏于数术。余因受业，颇染所由。余时问曰：“数有穷乎？”会稽曰：“吾游天目山中，见有隐者，世莫知其名，号曰天目先生。”余亦以此意问之。先生曰，世人言三不能比两，乃云捐梦与四维。数不识三，妄谈知十。犹川人士迷其指归，乃恨司方之手爽。未知刹那之赊促，安知麻姑之桑田。不辨积微之为量，讵晓百亿于大千。②

从书中刘会稽③提到的天目山隐者天目先生来分析，《数术记遗》的思想内容来自天目先生的传授。天门金虎、呼吸精泉、羽檄星弛乃道教炼养的常用术语。天目先生为刘洪之师。李约瑟博士认为这个天目先生是一位道士，

① 华印椿编著：《中国珠算史稿》，北京：中国财政经济出版社 1987 年版，第 23 页。

② 《数术记遗》，钱宝琮点校：《算经十书》，北京：中华书局 1963 年版，第 535—538 页。

③ 刘洪，号会稽，汉代天文学家，撰有乾象历。

甚至可能是张陵[①]。种种证据表明,《数术记遗》编撰者是宋代一个奉道人士;《数术记遗》原属道教术数文献,这还可以从《数术记遗》原书典出南宋道藏得到有力旁证。[②]

《数术记遗》现存最早的刻本乃南宋汀州鲍澣之所刻。鲍澣之于南宋嘉定年间撰文详细说明其从道观中发现此书的经过:

> 自五季纷乱之后,筹学之书类多散逸,所是缀术三等数已亡失而不传。国家文治煨兴,经籍道备,徐岳《数术记遗》犹在《崇文总目》之数。及至中兴,馆阁收拾遗书,乃不复见。民间藏书之家亦无其本,则是筹学所缺者三书矣。余官中都,丐外得请暇日,因至七宝山三茅宁寿观阅道藏中书目,乃见有《数术记遗》者,亟恳道士启其函而快读之。其书篇首言"余以天门金虎,呼吸精泉",谅此二语类道家之说,遂以见收,不然则无传矣。即就录之,以补筹经之阙。[③]

鲍澣之至七宝山三茅宁寿观阅道藏中书目,发现有一部未曾见过的筹算著作《数术记遗》书名,于是"亟恳道士启其函而快读之",并"即就录之,以补筹经之阙"。鲍澣之,据学者研究,亦作鲍瀚之、鲍浣之,是南宋著名的天文学家之一,在临安期间,他曾和南宋天文学家杨忠辅讨论过历法。《宋史》和他的《九章算术》序中都有记载。[④] 从《数术记遗》曾入宋代《道藏》这一情况来看,此书的道教归属不言而喻,《数术记遗》无疑是一部宋代道教数学著作。

此外,从思想内容来分析,《数术记遗》列举了 14 种不同的记数法,"其一积算,其一太乙,其一两仪,其一三才,其一五行,其一八卦,其一九宫,其一运筹,其一了知,其一成数,其一把头,其一龟算,其一珠算,其一计数"[⑤]。

---

① 参见[英]李约瑟:《中国科学技术史》第 3 卷《数学》,北京:科学出版社 1978 年版,第 66 页。

② 参见盖建民:《道教科学思想发凡》,北京:社会科学出版社 2005 年版,第 116—118 页。

③ 《数术记遗》鲍澣之《后记》,载任继愈主编:《中国科学技术典籍通汇·数学卷一》,郑州:河南教育出版社 1993 年版,第 351 页。

④ 参见郭金彬、刘秋华:《鲍澣之与"算经十书"的刊刻流布》,《自然辩证法通讯》2006 年第 4 期。

⑤ 《数术记遗》,钱宝琮点校:《算经十书》,北京:中华书局 1963 年版,第 541—542 页。

其中,“太一(乙)算,太一之行,去来九道。两仪算,天气下通,地禀四时。三才算,天地和同,随物变通。五行算,以生兼生,生变无穷。八卦算,针刺八方,位阙从天。九宫算,五行参数,犹如循环”①。从这些算法的名目如太乙、两仪、三才、五行、八卦、九宫来看,显然有道教术数的烙印。其中,“九宫算,五行参数,犹如循环。注云:九宫者,即二、四为肩,六、八为足,左三、右七,戴九、履一,五居中央。五行参数者,设位之法依五行,已注于上是也”②。下面我们就《数术记遗》中的数学思想展开分析,以期从这一个案中加深对道教术数的数学思想特色的认识。

《数术记遗》中的算学思想特色。中国传统数学向来以计算见长,算学十分发达,极富特色。《数术记遗》的算学特色主要体现在珠算思想方面。

《数术记遗》是现存最早著录“珠算”器的文献,其以珠为运算工具的思想开启了中国传统珠算的先河。《数术记遗》所记 14 种算法中,有 4 种是以珠计算的,具体为:

> 太一算,太一之行,去来九道。注云:刻板横为九道,竖以为柱,柱上一珠,数从下始。故曰去来九道也。③
>
> 两仪算,天气下通,地禀四时。注云:刻板横为五道,竖以为位。一位两珠,上珠色青,下珠色黄。其青珠自上而下,至上第一刻主五,第二刻主六,第三刻主七,第四刻主八,第五刻主九。其黄珠自下而上,至下第一刻主一,第二刻主二,第三刻主三,第四刻主四,而已。故曰天气下通,地禀四时也。④
>
> 三才算,天地和同,随物变通。注云:刻板横为三道,上刻为天,中刻为地,下刻为人,竖为算位。有三珠,青珠属天,黄珠属地,白珠属人。又其三珠通行三道。若天珠在天为九,在地主六,在人主三。其地珠在天为八,在地主五,在人主二。人珠在天主七,在地主四,在人主一。故曰天地和同,随物变通。亦况三元,上元甲子一、七、四,中元甲子二、

---

① 《数术记遗》,钱宝琮点校:《算经十书》,北京:中华书局 1963 年版,第 542—544 页。
② 《数术记遗》,钱宝琮点校:《算经十书》,北京:中华书局 1963 年版,第 544 页。
③ 《数术记遗》,钱宝琮点校:《算经十书》,北京:中华书局 1963 年版,第 542 页。
④ 《数术记遗》,钱宝琮点校:《算经十书》,北京:中华书局 1963 年版,第 542 页。

八、五，下元甲子三、八、九，随物变通也。①

珠算，控带四时，经纬三才。刻板为三分，其上下二分以停游珠，中间一分以定算位。位各五珠，上一珠与下四珠色别。其上别色之珠当五。其下四珠，珠各当一。至下四珠所领，故云控带四时。其珠游于三方之中，故云经纬三才也。②

算筹是中国传统的运算工具，有其运算方面的优势和特点。但筹算在做多位数加减法和乘除法时占地位多，布数慢，不利于快速计算，难以适应社会生产和商业活动的需要。因此，随着古代算术的发展，在传统筹算的基础上，出现了算盘，这种新的计算工具是以珠算代替传统的算筹。古算书《数术记遗》是最早著录“珠算”器的文献，这种“珠算”器是现代算盘的前身，两者的建构基本类似。可惜原文和注解过简，关于书中的算盘是否有柱贯珠这一问题，学术界尚有分歧。③

《数术记遗》所记古算十四法，早在19世纪30年代就引起日本学者三上义夫先生的兴趣，其著《中国数学的特色》④用相当的篇幅论述了《数术记遗》中的种种算法和算器。继此之后，陆续有一些学者对《数术记遗》展开研究。关于《数术记遗》所蕴涵的现代意义的科学思想，也有一些学者做了分析。例如，关于两仪算和三才算，李约瑟《中国科学技术史》指出：“它使用两种不同颜色的珠，黄珠在y轴的左边，青珠在y轴的右边，立数的方法与‘太一’算相同。这种方法与近代的曲线图形表示法有惊人的类似之处，因为在近代的曲线图形表示中，不同类型的点与轴上的不同标度相联系。还有一种方法使用三种不同颜色的珠，只有三个水平位置，用这种方法同样可以建立任何一个需要的数。这就是‘三才’算法。总之，这些系统即使晚至公元6世纪才出现，它们仍表明当时人们对座标

① 《数术记遗》，钱宝琮点校：《算经十书》，北京：中华书局1963年版，第542页。

② 《数术记遗》，钱宝琮点校：《算经十书》，北京：中华书局1963年版，第546页。

③ 参见华印椿编著：《中国珠算史稿》，北京：中国财政经济出版社1987年版，第24—25页。

④ [日]三上义夫：《中国数学的特色》，《万有文库》第一集中译本，上海：商务印书馆1929年版。

关系已有一定的认识。”①李约瑟最为推崇的是太一算，曾给予很高的评价：

> 正文提及某物“去来九道”（或许是槽?）。注释说“刻板横为九道，竖以为柱，柱上一珠”（这种算法的名称就是由此产生的）；因此，把这些珠上下移动，就可以定出需要保留的任何一个数。这个方法清楚地表明，在珠算系统中隐藏着座标几何学的方法，以 10 的幂次标定 x 轴，而以小于 10 的各数标定 y 轴。如果当时人们（即使是在思想上）能够相信这些珠沿着连续曲线移动，那么，用座标图示法的笛卡尔学派早就应该出现了。②

中国传统数学以计算而见长，与西方数学公理化的演绎传统有显著的区别。当代著名数学家吴文俊先生将其概括成中国数学的机械化道路，即要求之运算或证明过程中，每前进一步之后，都有一个确定的，必须选择的下一步，这样沿着一条有规律的刻板道路一直达到结论。关于中国数学思想的机械化特征，郭金彬先生的《中国传统科学思想史论》做了深入的专题论述③，可参阅，兹不复述。因此，有学者从程序化意义来研究和解读《数术记遗》的古算十四法，认为“《数术记遗》的古算十四法部分，包含有十分丰富的程序设计思想，并行原则、搜索、选取原则等程序设计思想，在其中均有体现”④。《数术记遗》的古算十四法充分显示了吴文俊先生所概括的中国传统数学的机械化思想特征。这些有启发意义的见解，值得重视，同时也说明了《数术记遗》蕴涵了富有特色的数学科学思想，需要细心加以体味。

三、天元术与道教数学贡献

当代著名数学家吴文俊教授在《近年来中国数学史的研究》一文中指

① ［英］李约瑟：《中国科学技术史》第三卷《数学》，北京：科学出版社 1978 年版，第 169—170 页。

② ［英］李约瑟：《中国科学技术史》第三卷《数学》，北京：科学出版社 1978 年版，第 169 页。

③ 参见郭金彬：《中国传统科学思想史论》，北京：知识出版社 1993 年版。

④ 陈开先：《〈数术记遗〉之古算十四法的程序意义解读》，《自然辩证法研究》2003 年第 4 期。

出:“宋元时期(10至14世纪)最重要的数学成就就是天元概念的引进。”① 李约瑟博士也认为充满道家神秘色彩的“元”概念对中国数学思想的发展有特殊意义:

关键在于,中国远在《孙子算经》(3世纪末)出现以前就已有了一个基本上是十进制的位值体系。因此,道家神秘主义的“元”,对于发明Sunya(即零)的记号所作的贡献,可能并不下于印度哲学的“空”。②

中国代数学十分发达,天元术即是其中重要的成就。天元术以“立天元一”的“元”字代未知数。或以太极的“太”记绝对项,写在系数之旁,用以表明多次方程各项的地位。换句话说,天元术即现代代数学中一元高次方程的立法。“天元”代表未知数的符号x,所谓“立天元一为某某”用现代数学的语言即为“设x为某数”。“天元开方式”即今天的一元高次方程式,只不过表达形式不同。

天元术是如何起源的?这一问题很早就引起中外数学史家的兴趣,但由于目前所能发现的史料甚少,至今没有定论,因此“天元术的起源”被数学史家李迪先生列为“中国数学史上未解决的问题”③。

目前能看到的有关天元术源流的早期文献,乃元人祖颐为其友朱士杰《四元玉鉴》所撰的《松庭先生四元玉鉴后序》:

平阳蒋周撰《益古》,博陆李文一撰《照胆》,鹿泉石信道撰《钤经》,平水刘汝锴撰《如积释锁》,绛人元裕细草之,后人始知有天元也。④

平阳、平水、绛俱在山西境内,博陆、鹿泉则在河北境内。数学史家梅荣照先生据此认定:“天元术产生于山西、河北一带;它是经过一系列数学工

---

① 吴文俊主编:《中国数学史论文集》(三),济南:山东教育出版社1987年版,第8页。

② [英]李约瑟:《中国科学技术史》第三卷《数学》,北京:科学出版社1978年版,第25—26页。

③ 李迪:《中国数学史中的未解决问题》,吴文俊主编:《中国数学史论文集》(三),济南:山东教育出版社1987年版,第17页。

④ (元)祖颐:《松庭先生四元玉鉴后序》,《知不足斋丛书》本,任继愈主编:《中国科学技术典籍通汇·数学卷一》,郑州:河南教育出版社1993年版,第1206页。

作者的工作才完成的。"①梅荣照先生认为天元术产生于13世纪②金末元初的山西、河北一带，绝不是偶然的，这里面还有它的客观的社会因素："女真统治时期，汉族的士大夫阶级受到歧视，政治上没有出路，尤其在金末元初，阶级斗争十分剧烈，战事到处发生。因此，一些学者放弃了功名，著书讲学……在女真统治时期，山西西南部受到战争的破坏较少，经济比其他地区优越，尤其是造纸业和印刷术更为发达。平阳、平水等地是当时北方的刻板中心，平阳的白麻纸，平水的雕版技术都很出名。这些都是科学文化发展的物质条件。"③梅荣照先生的分析很有启发意义。但我们以为，天元术产生的直接渊源是道教"天元"思想。理由如下：

首先，天元术渊源于金元时期的山西、河北、山东一带，这一地域正是金元道教发展的活跃地区。金元是道教宗派纷起和继续发展的一个重要时期。金太宗完颜晟于天会三年（1125年）灭辽，天会五年灭北宋。宋高宗赵构南渡，偏安临安，形成与金、元南北对峙的局面。北方地区由于战乱不断，百姓生活十分动荡和困苦，身受异族统治之苦的广大汉族士人精神上无以寄托，这为宗教的发展提供有力的环境。在这种社会背景下，先后于河南、河北、山东一带由汉族士人所创立的新道派，如金熙宗天眷元年（1138年）卫州人萧抱真开创的太一教，金熙宗皇统二年（1142年）沧州刘德仁创立的大道教，以及王重阳、丘处机等人创立的全真道，相继产生，受到北方地区汉族士人的热烈欢迎和拥护，隐逸清洁之士翕然从之，发展十分迅速。已故著名史学家陈垣先生早在20世纪三四十年代就对这一问题做过专题研究，可参阅。④

其次，从天元术的主要贡献者李冶的生平事迹来分析，李冶的数学思想

① 梅荣照：《李冶及其数学著作》，《宋元数学史论文集》，北京：科学出版社1966年版，第123页。

② 李迪主张"天元术估计产生于十二世纪"，参见吴文俊主编：《中国数学史论文集》（三），济南：山东教育出版社1987年版，第17页。

③ 梅荣照：《李冶及其数学著作》，《宋元数学史论文集》，北京：科学出版社1966年版，第123页。

④ 参见陈垣：《南宋初河北新道教考》，北京：中华书局1962年版。

直接传承于道门隐士。李冶(1192—1279年),字仁卿,号敬斋,金末元初著名数学家,《元史》卷160有传:

> 李冶,字仁卿,真定栾城人。登金进士第,调高陵簿,未上,辟知钧州事。岁壬辰,城溃,冶微服北渡,流落忻、崞间,聚书环堵,人所不堪,冶处之裕如也。世祖在潜邸,闻其贤,遣使招之,且曰:"素闻仁卿学优才赡,潜德不耀,久欲一见,其勿他辞。"……冶晚家元氏,买田封龙山下,学徒益众。及世祖即位,复聘之,欲处以清要。冶以老病,恳求还山。至元二年,再以学士召,就职期月,复以老病辞去,卒于家,年八十八。所著有《敬斋文集》四十卷、《壁书丛削》十二卷、《泛说》四十卷、《古今黈》四十卷、《测圆海镜》十二卷、《益古衍段》三十卷。①

李冶是河北真定栾城人,"自幼喜算数"②,曾考取金朝词赋科进士,担任过钧州(今属河南)知事,元世祖曾向他请教过地震发生的原因。在蒙古军队进攻金朝的战乱中,李冶流落到山西忻州、崞县(今原平)一带,"聚书环堵"。这"环堵"是何场所?现今一般不为人所知晓,其实乃是古代道门中人修炼隐居之所,是道教静室的一种。南北朝时期陶弘景所编撰的道教上清派经典《真诰》卷18云:"所谓静室者,一曰茅屋,二曰方溜室,三曰环堵。"③环堵是道人闭关修行的场所。中起一屋,筑圜墙闭之,别开小牖以通饮食,便人送也。居于环堵之中,可以和外界隔绝,专意修行。《庄子·庚桑楚》有一段话谈及"环堵之室":"庚桑子曰:'弟子何异于予?夫春气发而百草生,正得秋而万宝成。夫春与秋,岂无得而然哉?天道已行矣。吾闻至人,尸居环堵之室,而百姓猖狂,不知所如往。'"疏云:"四面环各一堵,谓之环堵也,所谓方丈室也。如死尸之寂泊,故言尸居。"④金元全真道士热衷坐环,将住环者称为坐环先生。《盘山栖云王真人语录》

① 《元史》卷160《李冶传》,北京:中华书局1976年版,第12册,第3759—3761页。

② (元)李冶:《测圆海镜》自序,《知不足斋丛书》本,任继愈主编:《中国科学技术典籍通汇·数学卷一》,郑州:河南教育出版社1993年版,第730页。

③ 《真诰》卷18,《道藏》第20册,第596页。

④ (清)郭庆藩:《庄子集释》第4册,北京:中华书局1961年版,第769页。

记载了全真道士王志谨论道言论，其中多处讨论了坐环修行问题。“师云：古人学道，心若未通，不远千里求师参问。倘若针芥相投，心地明白，更无疑虑，然后或居环堵，或寄林泉，或乞市中，或立宫观，安心守道，更无变坏，此修真之上士也”①。坐环者长期居于环中，空对四壁，需要有极强的毅力和恒心，所以“人所不堪”，然而“冶处之裕如也”。由此可以窥见李冶聚书环堵安心学问的境界。

李冶本人在《测圆海镜》自序云其在“老大”的时候，得到“洞渊九容之说”：

> 老大以来，得洞渊九容之说，日夕玩绎，而向之病我者，使爆然落去而无遗余。山中多暇，客有从余求其说者，于是乎又为衍之，遂累一百七十问。既成编，客复目之《测圆海镜》。②

从李冶的学术年谱来看，这里所说的“老大”当指50岁以后。因为，李冶在20岁左右的时候以作文章为乐趣，30多岁的时候以“搴取声华”为乐，40岁左右的时候热衷于“究竟名理”，而到了50岁以后，才发现过去所醉心的辞章之学不名一文。③ 只是到了“老大”以后其学术兴趣与思想才发生了转折，主要原因是得遇“洞渊”，获得算术传授。《测圆海镜》成书于1248年，是中国现存最早的一部主要论述天元术的数学著作。清人阮元指出：“《测圆海镜》何为而作也？所以发挥立天元一之术也。”④可以肯定，李冶的测圆术是在继承了“洞渊九容”的基础上发展起来的。这里有两个问题值得进一步细究，一是“洞渊九容”的来历？二是李冶是在什么地方得到“洞渊九

---

① （元）王志谨：《盘山栖云王真人语录》，《道藏》第23册，第727页。

② （元）李冶：《测圆海镜》自序，《知不足斋丛书》本，任继愈主编：《中国科学技术典籍通汇·数学卷一》，郑州：河南教育出版社1993年版，第730页。

③ 李冶《泛说》云：“李子年二十以来，知作文章之可乐，以为外是无乐也；三十以来，知搴取声华之可乐，以为外是无乐也；四十以来，知究竟名理之可乐，以为外是无乐也。今五十矣，复取二十以前所读《论》、《孟》六经等书读之，乃知向诸所乐，曾复虫也不如焉。”故有学者指出：“在五十岁之前，李冶基本上是一个以经文为主、兼及其他的儒学通才，虽然对天文、数学、医学、音律等有所涉猎，但在科学（包括数学）没有深入的研究和突出的成果。”参见周翰光：《论李冶的科学思想》，吴文俊主编：《中国数学史论文集》（三），济南：山东教育出版社1987年版，第73页。

④ （清）阮元：《重刻测圆海镜细草序》，《知不足斋丛书》本，任继愈主编：《中国科学技术典籍通汇·数学卷一》，郑州：河南教育出版社1993年版，第729页。

容”之说的？已故数学史家李俨先生经过考证①，认为天兴三年（1234 年）金亡，李冶北渡后，流落忻崞间，先隐于崞山的桐川。在桐川聚书环堵，得“洞渊九容”之说，日夕玩绎，戊申（1248 年）写成《测圆海镜》12 卷。清嘉庆年间元和李锐在校勘《测圆海镜》时，认为“今洞渊之为人与书虽不可考”，但“洞渊疑为古之精于算者”。② 李俨先生也认定洞渊是一个“不详其姓氏里居”的“近古数学家”③。

“洞渊九容”今已不存，梅荣照先生也曾对“洞渊是人是书，九容之说包括哪些以及九容公式的证明等问题”作过“一些推测”。④ 李迪先生则推测：“‘九容之说’可能是讲的直角三角形内外切圆的计算问题九则，‘洞渊’大概为北宋处州的洞渊大师李思聪。”⑤李迪先生这里主要根据宋代王应麟《玉海》卷 1“至和列象拱极图”的材料。而祝亚平的《道家文化与科学》一书则根据李迪先生的这一推测径称李思聪为天元术的创始人⑥，似乎缺乏说服力。笔者在前贤研究的基础上，现根据道书中有关“洞渊”的一些记载，对此略作辨析。

明代《正统道藏》中以“洞渊”为书名的道经就有两部，一是题为“龟山长筌子著”的《洞渊集》5 卷，其内容主要是长筌子所撰的论重玄、致道、至德、内炼、幽居等修持诗文。其中“幽居”云：

> 正大辛卯岁孟春望日，时有龟山长筌子逃干戈于古唐之境，避地于泌阳畎亩之中。柴篱蓬户，楮冠缊袍，箪食藜羹……昂霄咏歌而叹曰：快哉幽居乎！快哉幽居乎！⑦

① 参见李俨：《中国数学大纲》上册，北京：科学出版社 1958 年版，第 209 页。

② 《测圆海镜细草》卷 11 李锐案语，《知不足斋丛书》本，任继愈主编：《中国科学技术典籍通汇 · 数学卷一》，郑州：河南教育出版社 1993 年版，第 859 页。

③ 李俨：《中国数学大纲》之“近古数学家小传”，北京：科学出版社 1958 年版，上册，第 207 页。

④ 参见梅荣照：《李冶及其数学著作》，《宋元数学史论文集》，北京：科学出版社 1966 年版，第 117—121 页。

⑤ 李迪：《十三世纪我国数学家李冶》，《数学通报》1979 年第 3 期。

⑥ 参见祝亚平：《道家文化与科学》，合肥：中国科学技术大学出版社 1995 年版，第 242 页。

⑦ 《洞渊集》卷 4，《道藏》第 23 册，第 872 页。

正大乃金哀宗年号(1224—1231年),泌阳,县名,在河南省。从上述“幽居”一文可知,长筌子乃金末人,系全真派道士,于正大辛卯岁(1231年)孟春躲避战乱于河南泌阳,幽居于山水之间。《正统道藏》洞真部玉诀类还收有长筌子注释的另外两部道经《元始天尊说太古经注》、《太上赤文洞古经注》。二是题为“冲妙先生李思聪集”的《洞渊集》9卷,卷中阐述道教名山、洞天福地、二十八治、水府、星名、三十二帝宫神等。卷前有李思聪撰于宋皇祐元年(1049年)十二月的《进洞天海岳表》,自称“虔州大中祥符宫道士”①。据此可知李思聪系宋仁宗朝人,为虔州(今江西赣州市)大中祥符宫道士,号冲妙先生。

然而,《道藏》中带有“洞渊”书名的道经则更多,计有《太上洞渊神咒经》、《太上洞神洞渊神咒治病口章》、《太上洞渊北帝天蓬护命消灾神咒妙经》、《太上洞渊三昧神咒斋忏谢仪》、《太上洞渊三昧神咒斋清旦行道仪》、《太上洞渊三昧神咒斋十方忏仪》、《太上洞渊三昧帝心光明正印太极紫微伏魔制鬼拯救恶道集福吉祥神咒》等。其中《太上洞渊神咒经》,据唐代道教学者杜光庭序称,乃晋代金坛马迹山道士王纂所编撰。入唐以后,以洞渊经系为传法系统形成洞渊一派,颇有声势,出现了韦善俊、叶法善等知名高道。因此,仅凭“冲妙先生李思聪集”的《洞渊集》,很难断定“洞渊九容之说”的洞渊就是李思聪。但可以肯定“洞渊九容之说”当出自道门。

李冶《测圆海镜》12卷,全书列有170题,系统总结了天元术,对于高次方程的解法、各种勾股容圆、小数记法以及代数式的写法等有多方面的创新。从李冶所著的《测圆海镜》的天元术内容与思想分析,神秘的道门数学家“洞渊”已有明确的立天元一的开方造术数学思想和步骤。例如李冶在《测圆海镜》卷11《杂糅十八问》末指出:“又法此问系是洞渊测圆门第一十三,前答亦依洞渊细草,用勾外容圆术以如于较和。然其数烦碎,宛转费力。今别草一法,其廉从与前不殊,而中间段络径捷明白,方之前术极为省易,学者当自知也。”②这有力说明李冶汲取了洞渊的数学思想方法,正如清代李

① 《洞渊集·表》,《道藏》第23册,第834页。

② (元)李冶:《测圆海镜》卷11,《知不足斋丛书》本,任继愈主编:《中国科学技术典籍通汇·数学卷一》,郑州:河南教育出版社1993年版,第858页。

锐所指出的:“序(指李冶自序)中谓老大以来,得洞渊九容之说。而于此问又明其为洞渊测圆门第十三题,前答亦依其细草。大抵是书之作,皆师其意而演之者也。”①只不过洞渊的运算较为烦琐而已。李冶在继承洞渊天元术思想的基础上,对天元术进行了简化创新,取消了表示负幂的地元,只用一个“元”字表示未知数的一次幂,或用“太”表示常数项,其他幂次皆按位置值给出,进一步简化了天元术的表示和运算。他在《测圆海镜》中采取正幂在上、负幂在下的方式,后来他在另一部数学著作《益古演段》(成书于1259年)中则采取正幂在下、负幂在上的形式,为后来数学著作所沿用。

《测圆海镜》一书标志着天元术的成熟。李冶所发展的天元术理论和数学思想对宋元数学的长足进步有着重要意义。今人白尚恕先生归纳总结了李冶《测圆海镜》在数学方面的十大贡献②,有助于我们了解天元术思想的科学意义,兹录如下:

1. 一个文字按其不同位置及系数以表示未知数的各次项,使得由文词代数能顺利地演变成符号代数。

2. 对十进小数的表示法,与现今十进小数表示法,只差一个小数点。

3. 利用乘法消去分母,使分式化为整式。这方法与现今分式方程的解法相一致。

4. 利用乘方消去根号,使根式化为有理式。这方法与现今无理方程的解法相一致。

5. 创立升位法或降位法,对某些特殊方程在解法上提供了方便。

6. 在某种意义上,对正整指数幂与负整指数幂的理解,与现今的理解比较相近。

7. 在所列方程的次数上,比唐初王孝通时代有显著的增高。

8. 所列方程突破了秦九韶(1202—1261年)“实常为负”的限制。

9. 对于筹式的写法,给四元术提供了有利条件。

---

① 《测圆海镜细草》卷11“李锐案语”,《知不足斋丛书》本,任继愈主编:《中国科学技术典籍通汇·数学卷一》,郑州:河南教育出版社1993年版,第859页。

② 白尚恕:《测圆海镜今译》,济南:山东教育出版社1985年版,“前言”第3—4页。

10. 在书末出现了文词代数式的初步尝试。

正是由于这些方面的创新贡献，使得李冶《测圆海镜》彪炳史册。李冶本人也十分珍惜这部数学著作，他曾告诫家人："吾平生著述，死后可尽燔去。独《测圆海镜》一书，虽九九小数，吾尝精思致力焉。后世必有知者，庶可布广垂永乎！"①笔者以为，李冶的天元术不仅直接渊源于洞渊九容之说，而且从科学思想方法上分析，其"立天元一"的代数表达思想得益于道教三元并列的思维模式。

李冶《敬斋古今注》也声称其本人在东平得一神秘《算经》：

> 余至东平，得一《算经》，大概多明如积之术，以十九字志其上下层数曰：仙、明、霄、汉、垒、层、高、上、天；人；地、下、低、减、落、逝、泉、暗、鬼。此盖以人为太极，而以天、地各为元，而陟降之。②

东平在山东境内。李冶在东平得到的《算经》，其独特的数学思想是以人表示常数项，居中；仙、明、霄、汉、垒、层、高、上、天表示未知数的9、8、7、6……2、1次幂，居人之上；地、下、低、减、落、逝、泉、暗、鬼表示未知数的-1、-2、-3、-4……-8、-9次幂，居人之下。这里用仙、明、霄、汉等符号来表示天元，用逝、泉、暗、鬼等符号来代表地元的思想明显受到道教的影响，带有浓厚的道教色彩。

三元是道教的一个重要术语和思想概念。道教的三元思想渊源于周易的天、地、人三才说，《周易·说卦》云："昔者圣人之作《易》也，将以顺性命之理。是以立天之道曰阴与阳，立地之道曰柔与刚，立人之道曰仁与义。兼三才而两之，故《易》六画而成卦。"道门人士将《周易》的三才引入道教，泛指三种相互关联且意义重大的事物，称三元。道教以三洞宗元为基本教义思想，道教的基本信仰和经教体系无不宗元于此，是道教的根本宗元。《云笈七籤》卷3《道教本始部·道教所起》认为："寻道家经诰，起自三元，从本降迹，成于五德。"③"原夫道家由，肇起自无先垂迹应感生乎妙一，从乎妙一

① （元）王德渊：《敬斋先生测圆海镜后序》，《知不足斋丛书》本，任继愈主编：《中国科学技术典籍通汇·数学卷一》，郑州：河南教育出版社1993年版，第868页。

② （元）李冶：《敬斋古今注》卷3，藕香零拾本。

③ （宋）张君房：《云笈七籤》卷3，《道藏》第22册，第12页。

分为三元，又从三元变成三气，又从三气变生三才，三才既滋，万物斯备。”①道教以三洞（洞真、洞玄、洞神）为三元，三洞之元，本同道气，道气惟一，应用为三。因此，道教神仙理论以三元为三宝君，即天宝君、灵宝君、神宝君分别治于三清境，是为道教最高神灵三清尊神。当然，三元在道教典籍中还有多种指称和用法。有以日、月、星为三元者，《黄庭内景经》云：“上睹三元如连珠。”梁丘子注云：“三元，谓三光之元，日、月、星也。”②有以三丹田为三元者，例如《周易参同契》云：“含精养神，通德三元。”俞琰注：“三元，上中下之三田也。”③还有以身体器官头、心、肾为三元者，例如道书《洞真太上道君元丹上经》云：“故使阴阳之数，历备三元，头为天元，心为中元，肾为下元，并三万六千神主所治，名曰三元微妙，分别左右。”④有以精气神为三元者，例如《悟真篇》云：“黄牙白雪不难寻，达者须凭德行深。四象五行全仗土，三元八卦岂离壬。”三元，刘一明《直指》列为元精、元气、元神。也有不同的注释，陆西星《方壶外史》认为系“天元、地元、人元”。⑤《道藏》中以三元为书名的道书有十余部，如《上清三元玉检三元布经》、《太上洞玄灵宝三元玉京玄都大献经》、《太上洞神三元妙本福寿真经》等等。其中元代李鹏飞的《三元延寿参赞书》，以道教三元之说为全书的论述总纲：“人之寿，天元六十，地元六十，人元六十，共一百八十岁，不知戒慎，则日加损焉。精气不固，则天元之寿减矣；谋为过当，则地元之寿减矣；饮食不节，则人元之寿减矣。”⑥因此，《三元延寿参赞书》卷1论天元之寿，卷2论地元之寿，卷3论人元之寿。此外，道教的节日还有上元节（正月十五）、中元节（七月十五）、下元节（十月十五）之分。虽然道书在三元的概念所指上不尽相同，但是从上述的引证中，我们可以清楚地看到，三元并列是道教构建其庞大教义理论的一个重要思维模式。这种三元并列的思维模式对传统数学代数式的写法

① （宋）张君房：《云笈七籤》卷3，《道藏》第22册，第13页。
② 《黄庭内景经注》卷中，《道藏》第6册，第526页。
③ （元）俞琰：《周易参同契发挥》卷8，《道藏》第20册，第249页。
④ 《洞真太上道君元丹上经》，《道藏》第33册，第619页。
⑤ 参见王沐：《悟真篇浅解》，北京：中华书局1990年版，第20页。
⑥ 《三元延寿参赞书》“李鹏飞自序”，《道藏》第18册，第528页。

和符号化曾起了积极作用。

总而言之,东平《算经》可以和“洞渊九容”互为印证,成为李冶天元术思想渊源于道教的另一个有力旁证。

李冶之后,天元术经二元术、三元术,到了元代朱世杰的《四元玉鉴》进一步发展为四元术,“其法以元气居中,立天元一于下,地元一于左,人元一于右,物元一于上”①。朱世杰分别将一元方程称为“一气混元”,二元方程称为“两仪化元”,三元方程称为“三才运元”,四次方程称为“四象会元”。他汲取了天元术的思想方法,参照了线性方程组的用算筹摆出的“矩阵”运算方法,创造出以“天”、“地”、“人”、“物”表示四个不同的未知数的四元高次方程组的数值解法,成功地解决了四元高次方程组的建立和求解问题,达到了宋元数学的最高成就。

“天”、“地”、“人”三元与“物”并列,道教典籍《阴符经》②有一个经典的表达:“天地,万物之盗;万物,人之盗;人,万物之盗。三盗既宜,三才既安。”③宋代理学家朱熹化名崆峒道士所著的《阴符经考异》释云:“天地生万物,而亦杀万物者也;万物生人,而亦杀人者也;人生万物,而亦杀万物者也。以其生而为杀者也,故返而言之,谓之盗。犹曰五贼(指五行,笔者注)云尔。然生杀各得其当,则三盗宜。三盗宜,则天地位,万物育矣。”④也就是说,天地人与万物之间存在着相互“盗取”、互相依存的生态群落关系,强调要正确处理好天、地、人、万物之间的系统关系。虽然尚未发现朱世杰以“天”、“地”、“人”、“物”表示四个不同的未知数的思想方法与道教有关的直接史料证据,但前文已论述了天元术的思想渊源于道教,那么作为天元术发展高峰的四元术,朱世杰的《四元玉鉴》天、地、人与物并列的“四象会元”方法极有可能也受到道教思想的影响。当然,这仅仅是一种逻辑上的推演

① (元)莫若:《四元玉鉴前序》,《知不足斋丛书》本,任继愈主编:《中国科学技术典籍通汇·数学卷一》,郑州:河南教育出版社 1993 年版,第 1205 页。

② 王明先生认为《阴符经》的作者是北朝一位久经世变的隐者。其成书年代上限为公元 531 年之后,下限为唐初。参见王明:《道家和道教思想研究》,北京:中国社会科学出版社 1984 年版。

③ 《黄帝阴符经》,《道藏》第 1 册,第 821 页。

④ (宋)朱熹:《阴符经考异》,《道藏》第 2 册,第 827 页。

和猜测，对此尚须作进一步的史料考证工作。

天元术是一种半符号式的代数，“以不同的文字表示不同的未知数意味着开始向符号代数的转化，这包括了对数的抽象、对文字的抽象、对运算的抽象思维过程，表现了中国古代数学家高度的抽象思维能力”①，是近代符号代数的雏形。天元术的出现和完善是中国古代数学思想发展的重要环节，而这一重要数学思想的源头活水乃是道教思想。

天元术是一种用数学文字符号列方程的方法。“立天元一”是其主要数学思想方法，这与今之代数学“设 x 为某某”是等价的。中国古代数学列方程的数学思想可以远溯到汉代《九章算术》，书中就用文字叙述的方法建立了二次方程，但尚缺乏明确的未知数概念。唐代王孝通以高度的数学技巧成功地列出了三次方程，但还无法掌握列方程的一般方法，仍然需要借助语言文字来表述。郭金彬先生对中国传统计算思想的演变进行了研究，认为：“到了宋代，高次方程的发展使方程的造法越来越困难。但是，不找出某种普遍的列方程的方法是不行的。因为，众所周知，要运用方程求解实际问题，首先要根据问题所提供的条件列出方程，然后解方程求根，获得答案。‘天元术’就是在这种情况下产生出来的具有中国独特风格的一种普遍的列方程的方法。”②郭金彬先生所说的“中国独特风格”，我们以为主要就体现在道门中人洞渊所首创的“天元”概念及“立天元一”的天元术思想方法。

金代道教数学家所传的天元术对南宋数学思想的发展可能也产生过积极影响。钱宝琮先生在论及“金元之际数学之传授”这一问题时，指出：

> 南宋数学以秦九韶《数书九章》（公元 1247 年）为最有价值。九韶为四川人，转至东南，寓居湖州。《数书九章》自序云“早岁侍亲中都，因得访习于太史。又尝从隐君子受数学”。其大衍求一术之“立天元一”，疑得自金人，非南宋另有天元术也。③

① 王鸿钧、孙宏安：《中国古代数学思想方法》，南京：江苏教育出版社 1988 年版，第 143 页。

② 郭金彬：《中国传统科学思想史论》，北京：知识出版社 1993 年版，第 43 页。

③ 《钱宝琮科学史论文选集》，北京：科学出版社 1983 年版，第 321 页。

钱宝琮先生这一见解很有启发意义。

李约瑟博士在《中国科学技术史》第三卷《数学》中对道家、道教与传统数学的关系作过一个基本评价，云："在历法领域中，数学在社会上属于正统的儒家知识的范畴，但有理由认为它与非正统的道家有关。公元 2 世纪的徐岳肯定受过道家的影响；这可从 11 世纪那部曾给李冶大受启发的神秘著作中看出；此外，宋代萧道存那张奇怪的图也说明了这一点。可惜，人们一直没有弄清楚，在大炼丹家葛洪与数学家孙子这样的人物（他们很可能是同时代人）之间，有没有发生过任何接触。看来，在文艺复兴以前，这种思想上的联系在任何地方多半是不可能有的。"①李约瑟博士认为，道家对传统数学的影响是有限的。他还分析了其中的原因，指出"一个很重要的原因必须从中国人对'自然法则'的态度中去探求"。具体地说，"他们没有造物主（上帝）的观念，因而也没有最高法则制定者的观念，加以他们坚定地认为整个宇宙是一个自给自足的组织（道家人物曾用充满卢克莱修精神的高尚诗篇表达这种观念），这一切就产生一种无所不包的宇宙组织概念，自然规律在其中是没有地位的，因此，只有对于天球上很少几个规律，用数学去解决才是有益的"②。李约瑟博士从道家自然观和宇宙观的特点来分析个中原因，认定道家缺乏构造性宇宙观念，道家的宇宙观是一个自我发生、自我构造、自我变化的自组织的有机模型，这就无法导致宇宙自然规律可用数学形式表达的概念形成。

四、《长春真人西游记》的地理科技成就

1220 年正月，73 岁高龄的丘处机率十八弟子，自莱州北行，开始了他前后长达 4 年、行程数万里的西游壮举，其旅行的时间、途经路线都是前无古人的壮举，因此，丘处机也被作为中国地理学家载入史册。《长春真人西游记》就是记述这一长途跋涉经历的地理游记。

---

① ［英］李约瑟：《中国科学技术史》第三卷《数学》，北京：科学出版社 1978 年版，第 340 页。

② ［英］李约瑟：《中国科学技术史》第三卷《数学》，北京：科学出版社 1978 年版，第 341 页。

《长春真人西游记》的作者是随丘处机西行的十八弟子之一李志常。李志常“通明中正,学问该洽”①,颇有文才,“平昔著述多为人持去,有《又玄集》二十卷、《西游记》二卷行于世”②。李志常在随其师西游途中,详细记载了丘处机北上西域的历程、沿途地理状况和风土人情,“门人李志常从行者也,掇其所历而为之记。凡山川道里之险易,水土风气之差殊,与夫衣服、饮食、百果、草木、禽虫之别,粲然靡不毕载,目之曰《西游》”③。《长春真人西游记》分上、下两卷。上卷记述丘处机西去的路线及沿途所见,下卷描述了丘处机觐见成吉思汗、东返、燕京传道及丘处机羽化前后一系列事迹。卷首收录丘处机道友孙锡所作《长春真人西游记序》,卷尾为附录,收有成吉思汗致丘处机的诏书、圣旨,地方官员恭请丘处机主持天长观的奏疏,随行的十八门人及蒙古护持名录。《长春真人西游记》不仅是研究丘处机全真道与蒙古关系的重要文献,也是研究中外交通史的宝贵资料。明代《正统道藏》所收《长春真人西游记序》,署名为“戊子秋后二日西溪居士孙锡序”,此序作于戊子年即公元1228年,据此可推断《长春真人西游记》是李志常在陪同丘处机西行返回燕京后不久完成的,成书时间不迟于1228年。《长春真人西游记》成书后,一直作为道书收藏在《道藏》中,并未引起人们的重视。清乾隆六十年(1795年),钱大昕和段玉裁在游览苏州时,于玄妙观阅读《道藏》时发现此书,极为兴奋,题写了题跋,从此《长春真人西游记》开始为人们所重视。后来被收入《皇朝藩属舆地丛书》和《连筠簃丛书》中。王国维先生很重视《长春真人西游记》的价值,作有《长春真人西游记注》;张星烺先生认为《长春真人西游记》记载详明,为研究中世纪中亚细亚史地者不可缺之书,其价值堪与《马可波罗游记》相媲美;同时《长春真人西游记》在科学史上也有很高的价值,尤其对于研究中国西北、中亚的历史地理和自然地理有不可替代的地理学价值。早在清代,就有学者对《长春真人西游记》中的地理气象记录进行过考证。丘处机本人也因此以地理学家的身份入载《中国古代科学家传

① 《甘水仙源录》卷3《玄门掌教大宗师真常真人道行碑铭》,《道藏》第19册,第745页。

② 《甘水仙源录》卷3《玄门掌教大宗师真常真人道行碑铭》,《道藏》第19册,第746页。

③ (元)孙锡:《长春真人西游记序》,《道藏》第34册,第480页。

记》一书中①,成为地理学界公认的道教地理学家。

丘处机西游的路线位于西北的蒙古高原和中亚地区,丘处机西行的出发地是莱州(今山东掖县),最远到达成吉思汗位于今阿富汗境内的大雪山行宫。不同于以往旅行家如晋代法显和唐代玄奘所走的路线,更具唯一性和典型性。"师之是行也,崎岖数万里之远,际版图所不载"②。据《长春真人西游记》卷上记载,其具体旅行路线如下:

1220年农历正月十八日(公历2月23日)自山东莱州启程→潍阳(今山东潍县)→青州(今山东益都)→常山(今河北正定)→二月二十二日至卢沟抵达燕京(今北京)作醮于太极宫→出居庸关→五月德兴(今河北涿鹿)龙阳观度夏→八月初宣德州(今河北宣化)朝元观→返德兴(今河北涿鹿)龙阳观过冬→十一月十四日赴龙岩寺→辛巳上元节(1221年正月十五)醮于宣德州朝元观→二月八日启行,十日宿翠屏口(张家口)→十一日北度野狐岭、俯视太行诸山→北过抚州(今河北张北)→十五日东北过盖里泊(今伊克勒湖)盐碱地→行五日出明昌界→又行六七日入大沙漠(蒙古境内)→三月朔出大沙漠→三月五日起之东北→四月朔至贝加尔湖斡辰大王(成吉思汗四弟)帐下,"大王问以养生事,师谓:'须斋戒'"③→四月十七日大王以牛马百数车十乘送行,马首西北→四月二十二日抵陆局河(克鲁伦河)→沿克鲁伦河南岸西行,翻越库伦(今蒙古乌兰巴托)以南的高山→六月十三日至长松岭(杭爱山)→六月十四日过山度浅河→六月十七日宿岭西→六月二十八日泊窝里朵之东→七月九日沿杭爱山北坡向西北行,穿越杭爱山向西南行→七月二十五日至田镇海八剌喝孙(田镇海城)→八月八日傍大山(阿尔泰山)西行,穿越阿尔泰山,经大峡→中秋日抵金山(阿尔泰山)东北,少住复南行→八月二十七日抵阴山(天山)后,回纥郊迎至小城,西行历两小城至鼈思马大城→重九日至回纥昌八剌城→九月二十

① 参见杜石然主编:《中国古代科学家传记》上册,北京:科学出版社1992年版,第594—597页。

② (元)孙锡:《长春真人西游记序》,《道藏》第34册,第480页。

③ 《长春真人西游记》卷上,《道藏》第34册,第484页。

七日至阿里马城（今新疆霍城县境）→又西行四日至答剌速没辇（伊犁河）→十月二日乘舟以济南下，经大石林牙、答剌速、塔什干→仲冬十有八日（十一月十八日）过大河，至邪米思干大城之北（今乌兹别克境内撒马尔干）过冬→公元三月十五日启行，四日过碣石城，过铁门（今阿富汉库尔勒城北），七日舟济大河即阿毋没辇（阿姆河）→四月五日抵达大雪山（今阿富汗境内）成吉思汗行宫入见，“上劳之曰：‘它国征聘皆不应，今远逾万里而来，朕甚嘉焉。’对曰：‘山野诏而赴会者，天也。’上悦，赐坐食。次问：‘真人远来，有何长生之药以资朕乎？’师曰：‘有卫生之道，而无长生之药。’上嘉其诚”①。此后数月，丘处机多次为成吉思汗讲道，宣传道教“天道好生”的教义思想，受到成吉思汗高度礼遇→公元1223年二月七日，丘处机请求东归；三月七日得旨东还，授以虎头金牌，令掌管天下道教，诏免道门赋税→三月十日辞朝启程→五月初返回田镇海城→六月二十一日宿鱼阳关，到达丰州（今呼和浩特）→七月九日至云中（今大同）→八月十九日至宣德→公元1224年三月，77岁的丘处机返回燕京，结束了前后历时4年的旅行。

长春真人丘处机的这次西行，不但为全真道在元初赢得了迅速发展的机遇和空间；同时，在地理学方面，丘处机的西行也有重要的科学价值。其旅行路线是沿着蒙古高原经新疆进入中亚地区，大部分线路是过去中土人士所未到过的。

首先，仅就路程而言，远远超过汉代的张骞；就《长春真人西游记》所描绘的具体地理线路而言，也有别于《法显传》和《大唐西域记》。因此，《长春真人西游记》的地理学价值弥足珍贵。

其次，《长春真人西游记》以精炼的笔触描述了13世纪蒙古高原、西域及中亚一带的自然景观，包括沿途数万里经过的高山、峡谷、河流、湖泊、沙漠、森林、绿洲的气候植被、地质地貌，为后人留下了极为难得的自然地理学资料。例如，公元1221年二月十五日东北过盖里泊（今伊克勒湖）盐碱地，行五日出明昌界，又行六七日入蒙古境内大沙漠，“忽入大沙陁，其迹有矮

① 《长春真人西游记》卷上，《道藏》第34册，第490页。

榆,大者合抱,东北行千里外无沙处,绝无树木。三月朔出沙陁,至鱼儿泺,始有人烟聚落,多以耕钓为业。时以清明,春色渺然,凝冰未泮”①,生动地描绘出大沙漠的自然景观。关于阿尔泰山附近的大峡谷的地理状况,“其山高大,深谷长,板车不可行,三太子出军始辟其路,乃命百骑挽绳悬辕以上,缚轮以下”②。在穿越阴山最为难行的一段山路时,《长春真人西游记》仔细描写了当地的地形地貌:“渡河而南,前经小山,石杂五色,其旁草木不生,首尾七十里,复有二红山当路。又三十里盐碱地中有一小沙井,因驻程。挹水为食,傍有青草,多为羊马践履。”③过赛里木湖时,《长春真人西游记》这样描写道:“晨起西南行约二十里,忽有大池,方圆几二百里,雪峰环之,倒影池中,师名之曰天池。沿池正南下,左右峰峦峭拔,松桦阴森,高逾百尺,自巅及麓,何啻万株,众流入峡,奔腾汹涌,曲折湾环可六七十里。”④准确形象地将赛里木湖的地理位置、方圆面积及周围山势、水流走向记录下来。《长春真人西游记》对所经过的蒙古中部长松岭山地森林的分布特点也有很准确的概括,指出其森林分布限于北坡,“松栝森森,干云蔽日,多生山阴涧道间,山阳极少”⑤。对中亚大石林牙地区的地理气候特点也做了分析对比:“此地其风土气候与金山以北不同,平地颇多,以农桑为务,酿葡萄为酒,果实与中国同。惟经夏秋无雨,皆疏河灌溉百谷。”⑥《长春真人西游记》还将丘处机西行途中所遇的一些自然现象如日食记录下来。沿克鲁伦河南岸西行时,就记录了五月初的一次日食现象。“五月朔亭午,日有食之既,众星乃见,须臾复明。时在河南岸,蚀自西南,生自东北”⑦。后来在邪米思干大城,丘处机路遇一算历者,还与他讨论起旅行途中所见的日食的原因。“时有算历者在旁,师因问五月朔日食事。其人云:‘此中辰时食至六分止。’师曰:‘前在陆局河时午刻见其食既,又西南至金山,人言巳时食止

① 《长春真人西游记》卷上,《道藏》第34册,第484页。
② 《长春真人西游记》卷上,《道藏》第34册,第486页。
③ 《长春真人西游记》卷上,《道藏》第34册,第486页。
④ 《长春真人西游记》卷上,《道藏》第34册,第487页。
⑤ 《长春真人西游记》卷上,《道藏》第34册,第484页。
⑥ 《长春真人西游记》卷上,《道藏》第34册,第488页。
⑦ 《长春真人西游记》卷上,《道藏》第34册,第484页。

七分，此三处所见各不同。按孔颖达《春秋疏》曰：（月）体映日则日食。以今料之，盖当其下即见其食既，在傍者则千里渐殊耳。正如以扇翳灯，扇影所及无复光明。其旁渐远则灯光渐多矣'"①。丘处机在旅行中已经注意到各地的时差问题，他借以扇翳灯的例子，用扇影对灯光遮蔽的原理，来解释说明三处因时差所见不同日食现象的原因，表明丘处机有很深的天文地理学素养。

复次，《长春真人西游记》中还详细记载了大量的人文地理信息，诸如沿途城乡的居民人口、民风民俗、宗教信仰、建筑、手工业生产状况等等，有助于我们了解13世纪西域和中亚的人文地理及其变迁情况。公元1221年四月朔丘处机一行至斡辰大王（成吉思汗四弟）所辖贝加尔湖地区，关于这一地方的地理状况和风土人情，《长春真人西游记》有详细记述："水始泮，草微明矣。时有婚嫁之会，五百里内首领皆载马湩助之。皂车毡帐成列速千。"②"其地朝凉而暮热，草多黄花，水流东北，两岸多高柳，蒙古人取之以造庐。"③在经过库伦以南的山地之后，丘处机一行来到蒙古自然条件最为优越的土拉河流域，"从此以西，渐有山阜，人烟颇众，亦皆以黑车白帐为家。其俗牧且猎。衣以韦毛，食以肉酪。男子结发垂两耳，妇人冠以桦皮，高二尺许，往往以皂褐笼之。富者以红绡其末，如鹅鸭，名曰故故。大忌人触。出入庐帐须低回。俗无文籍，或约之以言，或刻木为契，遇食同享，难则争赴。有命则不辞，有言则不易。"④《长春真人西游记》中类似这样描写还有很多，"西即鼈思马大城，王官士庶僧道教数百，具威仪远迎。僧皆赭衣，道士衣冠与中国特异。泊于城西葡萄园之上阁时，回纥王部族劝葡萄酒，供以异花杂果名香，且列侏儒伎乐，皆中州人士。"⑤书中对中亚细亚各城市建筑、人口、行业的描写十分生动。如对乌兹别克境内撒马尔干（《长春真人西游记》称邪米思干大城）有详尽的记述："由东北门入其城，因沟岸为之，

① 《长春真人西游记》卷上，《道藏》第34册，第489页。
② 《长春真人西游记》卷上，《道藏》第34册，第484页。
③ 《长春真人西游记》卷上，《道藏》第34册，第484页。
④ 《长春真人西游记》卷上，《道藏》第34册，第484页。
⑤ 《长春真人西游记》卷上，《道藏》第34册，第486页。

秋夏常无雨，国人疏二河，入城分绕巷陌，比屋得用。方算端氏之未败也，城中常十万余户。国破而来存者四之一，其中大率多回纥人。田园自不能主，须附汉人及契丹、河西等。其官长亦以诸色人为之，汉人工匠杂处城中。有岗高十余丈，算端氏之新宫据焉。”①“车舟农器制度颇异中原。国人皆以鍮石铜为器皿，间以磁石。有若中原定磁者。酒器则纯用琉璃，兵器则以镔（即铁，笔者注）。市用金钱无轮孔，两面凿回纥字。其人物多魁梧，有膂力，能负载重物，不以担。妇人出嫁，夫贫再嫁。”②这些有关城市建筑、器物制度、民风民俗的记录都是研究 13 世纪中亚地区历史、人文地理和中西交通的珍贵文献史料。

《长春真人西游记》的地理学价值远不止上述三个方面，其他诸如地质、气象、水文、物种、矿产方面的记录也屡见不鲜。如中亚地区古代是棉花（草棉）的原产地，书中就记载了阿里马城种植棉花的情况：“其地出帛，目曰秃鹿麻，盖俗所谓种羊毛织成者，时得七束，为御寒衣。其毛类中国柳花，鲜洁细软，可为线、为帛、为棉。”③秃鹿麻即棉花，丘处机在山东地区未曾看见过棉花，所以将其称为羊毛。这段记载有助于我们了解棉花种植的历史。此外，丘处机在旅行途中还时常触景吟诗，《长春真人西游记》收录了丘处机近 70 首诗，其中有不少诗词描绘了路途的自然景色和地理特点。例如出明昌界时，丘处机“以诗纪实”云：“坡陁折叠路湾环，到处盐场死水湾。尽日不逢人过往，经年时有马回还。地无木植唯荒草，天产丘陵没大山。五谷不成资乳酪，皮裘毡帐亦开颜。”④将蒙古高原东部的自然地理特征鲜明地勾勒出来。总而言之，其散见在游记文字和诗词中的地理科学思想值得挖掘和认真研究。

五、朱思本及其地理学著作

朱思本（1273—1333 年，或 1273—1350 年），字本初，号贞一，临川人，

① 《长春真人西游记》卷上，《道藏》第 34 册，第 488 页。
② 《长春真人西游记》卷下，《道藏》第 34 册，第 491 页。
③ 《长春真人西游记》卷上，《道藏》第 34 册，第 487 页。
④ 《长春真人西游记》卷上，《道藏》第 34 册，第 484 页。

江西龙虎山道士，元代道教龙虎宗支派玄教的骨干之一。朱思本是元代著名道教地理学家，其绘制的《舆地图》蕴涵丰富的地理科学思想，对中国传统制图科学思想的发展作出了重大贡献，被认为是中国地图史上继晋代裴秀、唐代贾耽之后又一位杰出地图学家。① 关于其生平事迹，道书文献及文人笔记有许多记载。② 翟镛《铁琴铜剑楼藏书目录》卷22在收录朱思本所著《贞一斋杂著》1卷、《诗稿》1卷后，也有一简短的朱思本生平介绍："思本，字本初，江西临川人。学道龙虎山中，从张仁靖真人扈直两京，又从吴全节居都下。后主席玉隆万寿宫。尝以周游天下，考核地理，竭十年之力，著《舆地图》二卷，刊石于上清之三华院。惜今不传。"③早在20世纪30年代，日本学者内藤虎次郎依据朱思本《贞一斋杂著》的史料，撰写了一篇介绍朱思本事迹的文章《地理学家朱思本》，史学家吴晗将其译为中文，刊于《北平图书馆馆刊》第7卷第2号上。今人黄长椿查阅了江西地方志和元人诗文集，对朱思本的身世、事迹有比较深入的考述。④

玄教兴盛于元代，其创始人为贵溪龙虎山道士张留孙。朱思本出身于士大夫之家，其家与贵溪张留孙家族是世代姻亲。少年时，随父至贵溪龙虎山，拜张留孙为师，出家为道士。元代道教正一派受到朝廷的重视，三十六

---

① 裴秀（223—271年）绘制有《禹贡地域图》和《地形方丈图》，总结出的"分律"、"准望"、"道里"、"高下"、"方邪"、"迂直"即著名的"制图六体"思想，奠定了中国传统制图学理论基础；贾耽（729—805年）师承了裴秀"制图六体"思想，绘制有全国形地图——《海内华夷图》，图中以墨（黑色）标注古郡国名，以朱（红色）标注今州县名。这种以颜色来区别古今地名的方法，在中国地图绘制史上是一大创举，为后世所效法。

② 据台湾学者王德毅、李荣村、潘柏澄编《元人传记资料索引》（北京：中华书局1987年版，第321页），有关朱思本的文人笔记资料有：《送本初朱提点之玉隆主席五首》，《霞外诗集》10/16；《送朱本初住玉隆万寿宫》，《清容居士集》12/7；张起岩：《送朱贞一》，《国朝风雅杂编》上/3下；王士熙：《送朱本初住玉隆》，《皇元风雅后集》1/4；薛玄曦：《送朱本初之玉隆宫》，《皇元风雅后集》3/6下；《送朱本初法师赴豫章玉隆宫四首》，《柳待制文集》4/3下；《玉隆万寿宫兴修记》，《柳待制文集》14/16下；《朱本初北行稿序》，《至正集》32/5下；《题朱本初藏秀楼》，《道园遗稿》2/28下；《赠朱本初》，《道园遗稿》5/24下；范梈、刘有庆、欧阳应丙、虞集、吴全节、柳贯等：《贞一斋诗文稿序》，《贞一斋诗文稿》卷首；《题元朱本初道士贞一稿后》，《匏翁家藏集》23/4；《元诗选癸集》壬上/9；《元诗记事》；等等。

③ （清）翟镛：《铁琴铜剑楼藏书目录》卷22，上海：上海古籍出版社2000年版。

④ 参见黄长椿：《朱思本及其〈舆地图〉》，《江西师范学院学报》1983年第3期。

代天师张宗演于至元十三年应诏入觐，张留孙随行。张宗演受到元世祖礼遇，命掌江南道教。张留孙则被留侍阙下，因法术有验，先后被赐予上卿、玄教宗师等号，授道教都提点，管领江北淮东淮西荆襄道教事。后来元成宗、元武宗又屡屡加封。张留孙留在大都作玄教宗师后，陆续从龙虎山选调了许多道士到京城，委以道职，分派各地，协助其管理江南的道教事务，以此为基础，逐渐形成元代道教的一个特殊道派——玄教。大德初，朱思本应召到大都，受到玄教第一代掌教张留孙和第二代掌教吴全节的重用，成为玄教的主要骨干之一，多次奉命代皇帝祭祀天下名山。曾先后出任杭州玄妙观住持提点、南昌玉隆万寿宫住持等道职。

朱思本在长期的奉道生涯中，积极从事地理考察活动，这在流传下来的朱思本"自叙"中有清晰的交代：

> 余幼读书，知九州山川。及观史司马氏周游天下，慨然慕焉。后登会稽，泛洞庭，纵游荆襄，流览淮泗；历韩魏齐鲁之郊，结辙燕赵，而京都实在焉。由是奉天子之命，祠嵩高，南至于桐柏，又南至于祝融，至于海。往往讯遗黎，寻故迹，考郡邑之因革，核山河之名实；验诸滏阳安陆石刻禹迹图、建安混一六合郡邑图，乃知前人所作，殊为乖谬，思构为图以正之。阅魏郦道元注《水经》、唐《通典》、《元和郡县志》、宋《元丰九域志》、今秘府《大一统志》，参考古今，量校远近，既得其说，而未敢自是也。中朝大夫，使于四方，遐迩攸同，冠盖相望；则每嘱以质诸藩府，博采群言，随地为图，乃合而为一。自至大辛亥迄延祐庚申，而功始成。其间山河绣错，城连径属，傍通正出，布置曲折，靡不精到。若夫涨海之东南，沙漠之西北，诸蕃异域，虽朝贡时至，而辽绝罕稽，言之者既不能详，详者又未可信，故于斯类，姑用阙如。嗟乎！余自总角，志于四方，及今二毛，讨论殆遍。兹图盖其平生之志，而十年之力也。后之览者，始知其非苟云。是岁日南至，临川朱思本本初父自叙。①

从中我们可以得知，朱思本自幼读书，很早就知晓古代九州的划分和山川形势。他十分羡慕司马迁，向往着能像司马迁一样周游天下。这一宏愿终于

① （明）罗洪先：《广舆图》卷首"舆图旧序"，明万历本，首都图书馆藏。

在他入道后得以实现。朱思本并且利用其在玄教中的特殊地位,借奉诏代祀名山海河的机会,往来于大江南北,考察天下郡县的历史沿革,核实山河的名实,从而积累了丰富的地理学知识。其足迹遍及现在的浙江、江西、湖南、湖北、河南、江苏、安徽、河北、山西、山东及广东沿海地区等十余个省份。朱思本在实地考察中,还阅读了许多地志和前人绘制的地图,如其自叙中提到的宋代石刻《禹迹图》、《建安混一六合郡邑图》等,经与实地考察相对照,结果发现有许多地图"殊为乖谬",为了更正前人的错误,由此萌发了绘制新图的决心。至大四年(1311 年),朱思本开始着手绘制地图,历时十年之久,于延祐七年(1320 年)终于完成了一副全国性地图,即著名的《舆地图》。朱思本的《舆地图》问世后,曾被多次摹绘,还曾被翻刻在石碑上,立于江西龙虎山上清宫三华院内。

朱思本的《舆地图》在中国传统地图史上具有承上启下的历史地位。对于道教地理学家朱思本的科学贡献,地理史界曾给予了高度评价。著名地理史家王庸先生指出:"中国地图自裴秀以后,至贾耽而为之一振……降及元代,乃有朱思本崛起,舆图之作,始又中兴。历明代以迄清初,多为朱思本之势力所笼罩,其影响之大,较元以前之贾图有过之而无不及。"①中国科学院自然科学史研究所主编《中国古代地理学史》引用王庸先生的观点,指出:"朱思本是继裴秀、贾耽等人之后,在我国地图学史上又一位划时代的人物。他绘制的'舆地图'经罗洪先增补为'广舆图'后,支配了中国地图两百多年,影响之大前所罕见。"②卢志良编《中国地图学史》认为元明两代是传统制图学的高峰,其思想渊源于朱思本的地图科学思想方法,"地图学方面,由于受朱思本地图的影响,出现了罗洪先、陈祖绶等著名的地图学家,并经过他们的努力,使我国传统制图学走上了成熟阶段"③。《舆地图》以其先进的地理思想和独到的制图科学方法,形成中国地图思想史上独有的"朱思本地图系统",成为元、明、清各代绘制全国总图的主要蓝本。

① 王庸:《中国地理学史》,北京:商务印书馆 1938 年版,第 86 页。
② 中国科学院自然科学史研究所地学史组主编:《中国古代地理学史》,北京:科学出版社 1984 年版,第 313 页。
③ 卢志良编:《中国地图学史》,北京:测绘出版社 1984 年版,第 99 页。

朱思本的地理科学成就主要体现在如下几个方面：

其一,“使于四方”、“讯遗黎,寻故迹,考郡邑之因革”,注重实地观察和田野调查。实地考察是地理科学研究的一种重要方法,这是获取地理资料、丰富地理知识的基本途径。作为一名受到朝廷重用的方外之人,朱思本可以经常四处云游,具备从事山川形势、气候物产、交通道路、城邑关防、行政区域、风土民俗情况的野外调查的可能和各种便利条件。他“奉天子之命,祠嵩高,南于桐柏,又南至于祝融,至于海。往往讯遗黎,寻故迹,考郡邑之因革”,从而掌握了大量的第一手地理资料。

其二,“参考古今,量校远近”,强调地理文献知识与实地调查相结合的研究方法。朱思本不仅注重实地考察,而且将野外调查获取的资料,同有关的地志、方志中的地理文献记载进行对比分析。他在各地游历考察过程中,“阅魏郦道元注《水经》、唐《通典》、《元和郡县志》、宋《元丰九域志》、今秘府《大一统志》”,每到一地,都查阅官府地理文档,向当地人士广泛了解本地地理风土人情,进行历史地理资料的古今比较和辨析,分析区域地理的变迁情况。其著《贞一斋杂著》中就收录《北海释》、《和宁释》、《八番释》、《西江释》等四篇地名考释的文章。朱思本在收集地理资料的过程中,很注意地理资料的全面性和准确性,如同其自叙中所云:“质诸藩府,博采群言”。这种将书籍文献知识同实地考察相结合的研究方法,使得朱思本能够获得比较准确而翔实的地理资料,所谓“其间山河绣错,城连径属,傍通正出,布置曲折,靡不精到”。朱思本这一地理科学研究思想方法有效地提高了其绘制地图的精确度。

其三,“言之者既不能详,详者又未可信,故于斯类,姑用阙如”的科学规范和严谨态度。朱思本在地理考察过程中,很注意对所收集的地理资料进行筛选和辨析。对于尚未考察的“涨海之东南,沙漠之西北,诸蕃异域”的地理情况,因“辽绝罕稽”,虽然可以从来京朝贡的使节那里获得一些地理信息,但其所言不能详尽细致,且又无法核实真伪。诸如此类的资料,朱思本本着宁缺毋滥的科学态度,一律不予采信,以免误导世人。这些都充分显示了道教地理学家朱思本一丝不苟的严谨学风。

其四,在地图绘制思想方法上,继承了中国传统的“计里画方”思想,并巧妙地运用“随地为图,乃合而为一”的全国性地图绘制方法。明代罗洪先的《广舆图 · 序》称其“访求三年,偶得元人朱思本图,其图有计里画方之法,而形实自是可据,长而分合,东西相伴,不至背舛”①。“计里画方”是传统地图绘制的一种重要方法,采用的是正方方格的网格坐标体系,每一方格的边长,相当于现今地图的比例尺。据此方格,可以很快计算出地图上两点之间的距离。这一地图绘制法在西方经纬度法传入之前,是中国古代比较先进的地图绘制法。“计里画方”始于何时? 学术界有不同看法,有西周说、西晋说和宋代说等等。但到了元代,“计里画方”在地图绘制中已鲜见,面临失传的危险。朱思本继承并振兴了这一传统地图绘制方法,将“计里画方”运用于《舆地图》的绘制中,这从保存了朱思本《舆地图》内容的明代罗洪先《广舆图》中可以看出。《广舆图》的总图和分图均采用了“计里画方”法。总图的方格每格表示 500 里,比例尺大约是 1 ∶ 15500000,分图的方格每格表示 100 里,比例尺大约是 1 ∶ 3100000。宋太宗淳化四年(993 年),曾凭借全国之力,令画工集诸州图,合而画之,绘制出北宋第一幅全国性地图《淳化天下图》。而元代朱思本所绘制的全国性地图《舆地图》则基本上是由其个人完成的。朱思本每到一地,在广泛收集地理资料的基础上,先画当地的区域地图,“随地为图”,等到各地的分图都完成后,“乃合而为一”,即用计里画方法把小幅的分图合并为长宽各 7 尺的全国性总图。

其五,在地图图例方面,首创简捷明了系统的几何符号标示法。在传统地图绘制中,用符号来标示地理内容的做法出现很早,长沙马王堆三号汉墓出土的汉代帛绘地图《驻军图》里,就采用实心红三角形、等边三角形、间断曲线等符号来表示指挥部、前沿哨所、道路等。宋人黄裳所绘的《地理图》中,也有森林、山川、长城等符号。但这些符号都不系统,也没有统一的图例。朱思本《舆地图》首开用系统几何符号作为图例的先河②。现存明代罗

① (明)罗洪先:《广舆图》卷首“广舆图序”,明万历本,首都图书馆藏。

② 过去学术界有人认为中国传统地图系统地使用图例符号始于明代罗洪先的《广舆图》,但是比《广舆图》早二十多年的明代《杨子器跋舆地图》中也使用了二十多种图例符号。事实上,《广舆图》和《杨子器跋舆地图》都渊源于《舆地图》,皆属于朱思本地图系统。

洪先的《广舆图》中遗存有朱思本首创的图例,即用 24 种几何符号来表示山、河、路、界、府、州、县、驿、卫、屯、堡、城、隘、营、站、所、关、塞、整、台、宣慰司、宣抚司、安抚、长官。据罗洪先的"广舆图序"记述:山从、水从、界从、路从、府从□、州从◇、县从○、驿从△、卫从■、所从◆、屯从●、堡从▲、城从⊡、隘从◈、营从⊙、站从、关从、塞从、墩从、台从、宣慰司从◘、宣抚从、安抚从**O**、长官从。① 运用这些统一的几何图例来表示地图的自然地理和人文地理内容,具有简捷明了的特点,使得地图的功能大大完善。总之,朱思本先进的地图绘制思想,推动了传统地图绘制技术的进步。

六、赵友钦《革象新书》的天文学与光学成就

赵友钦是宋元时期著名的道教学者,所著《革象新书》是一部中国古代科学专著,其中蕴涵了丰富的天文物理思想,将中国古代传统科技推向了一个新的发展水平。

赵友钦是宋元时活跃于江浙湘闽一带金丹派李珏——陈致虚——系的重要传人。关于赵友钦的里贯、字号有不同说法。明宋濂《革象新书原序》称:"先生鄱阳人,隐遁自晦,不知其名若字,或曰名敬字子恭,或曰友钦,其名弗能详也。故世因其自号称之为缘督先生。"②赵友钦的徒弟陈致虚所撰《上阳子金丹大要列仙志》以及《江西通志・仙释》皆载有其生平小传,谓:"缘督真人,姓赵讳友钦,字缘督,饶郡人也,为赵宗子,幼遭劫火,蚤有山林之趣,极聪敏,天文经纬地理术数莫不精通。及得紫琼师授以金丹大道,乃搜群书经传,作三教一家之文,名之曰《仙佛同源》,又作《金丹问难》等书行于世。己巳之秋寓衡阳,以金丹妙道悉付上阳子。六月十八日生。"③"少习天官遁甲……洪武初坐化,葬龙游鸡鸣山后。所著有《仙佛同源》、《金丹正理》、《盟天录》诸篇,今所存者,《革象新书》而已。"④赵友钦乃宋王朝宗室,

① 参见(明)罗洪先:《广舆图》卷首"广舆图序",明万历本,首都图书馆藏。

② 《革象新书原序》,《文渊阁四库全书》第 786 册,第 274 页。

③ 《上阳子金丹大要列仙志》,《道藏》第 24 册,第 76—77 页。

④ (清)曾国藩、刘坤一:《(光绪)江西通志》卷 180《仙释》,《续修四库全书》,上海:上海古籍出版社 2002 年版,第 660 册,第 534—535 页。

宋亡后入道，其鼎盛年当在元朝。[1] 师从紫琼师张模得授金丹大道，曾隐居浙江龙游县鸡鸣山，筑观象台观星望气，并进行了大型的光学实验。赵友钦一生著述甚丰，可稽索者有《革象新书》、《金丹正理》、《盟天录》、《推步立成》、《三教一源》、《周易注》及兵家之书，惜多散失，唯《革象新书》流传至今。

《四库全书》收有《革象新书》两种版本，一为《永乐大典》中的原本计5卷，一为明代王祎删定的2卷节本。关于《革象新书》的传刻，宋濂云："《革象新书》者，赵缘督先生之所著也……原有朱晖德明者，龙游人也，久从先生游，得其星历之学，因获受是书。而晖亦以占天名家。晖既没，其门人同里章濬深惧泯灭无传，亟正其舛讹刻于文梓而征濂为之序。"[2]《革象新书》后由金华王祎删定为上下2卷本，此后又多次重印，故2卷本较5卷原本流行。清四库馆臣认为"二本所载亦互有短长，并录存之，亦足以资参考"[3]，故从《永乐大典》中辑出赵友钦原本与王祎删定的节本一同收入《四库全书》中。

《革象新书》乃司天之书，共有32篇，论述了中国传统天文学中的32个问题。即天道左旋、日至之景、岁序终始、闰定四时、天周岁终、历法改革、星分棊布、日道岁差、黄道损益、积年日法、元会运世、气朔灭没、日月盈缩、月有九行、时分百刻、昼夜短长、气积寒暑、天地正中、地域远近、月体半明、日月薄食、目轮分视、五纬距合、盖天舛理、浑仪制度、经星定躔、横度去极、占景知交、偏远准则、小罅光景、句股测天、乾象周髀。纵观全书，作者对前人天文学问题作了系统总结和归纳。书中虽有失当之处，例如仍然把大地看作平面，使用勾股法测定天体的远近，但"其覃思推究颇亦发前人所未发"[4]，书中蕴涵着许多赵友钦本人在观星测天中独创的天文物理思想。[5] 其中就有关于"日

① 康熙五十一年范一梁《赵缘督公年世考》也认定"公(指赵友钦)生于宋季，书传于元初"。参见余绍宋:《龙游县志》卷35，《中国地方志集成 · 浙江府县志辑》，上海:上海书店1993年版，第57册，第686页。

② 《革象新书原序》，《文渊阁四库全书》第786册，第274—275页。

③ 《四库全书提要》，《文渊阁四库全书》第786册，第222页。

④ 《四库全书提要》，《文渊阁四库全书》第786册，第223页。

⑤ 赵友钦在数学上也很有造诣，《革象新书》卷5《乾象周髀》关于平面割圆术的研究对传统"割圆术"思想有一定的发展。

之圆体大，月之圆体小”的思想。中国古代传统天文观念一直认为日月等大，体积相同。然而赵友钦发现在解释日月食现象时，必须假定月在日下，月的视直径就应比日大，可二者看上去是一样的。这一问题长期困扰着中国古代天文宇宙结构理论，直到赵友钦才得以圆满解决。赵友钦通过长期的天文观测，在视角问题上提出了自己的独到见解，提出“日虽与人相远，天去人为尤远，近视则小犹大，远视则虽广犹窄”。也就是说，远视物则微，近视物则大，近视虽小犹大，远视则虽广犹窄。根据这一视角知识，赵友钦明确指出：

> 日之圆体大，月之圆体小。日道之周围亦大，月道之周围亦小。日道距天较近，月道距天较远。月道在日道内亦似小环在大环之中，周遭相距之数不殊。日月之体与所行之道虽周径有少广之差，然月与人相近，日与人相远，故月体因近视而可比日体之大，月道因近视而可比日道之广，亦犹日道之可比天道。①

赵友钦这里所得出的“日之圆体大，月之圆体小”的论断是中国古代天文学史上的一个创新思想，推动了古代天文知识的发展。

赵友钦在恒星观测上颇有建树，曾绘制过大型星图，并勒石为碑。赵友钦在恒星测量思想方法上十分先进和科学，他在《革象新书》卷4《经星定躔》与《横度去极》中创造性地提出测定恒星入宿度和去极度的两种新方法。

中国天文学上测量天体的入宿去极，传统方法离不开浑仪或简仪。其方法是先按赤道环上二十八宿距度对准二十八宿距星，然后旋转四游环用窥管对准观测的星体。这种观测法必须依赖大型仪器才能进行。而赵友钦经过实践探索，提出了两种实用而科学的测量方法，即用漏壶定时刻，以时间差来测定经星的入宿度；立一四柱木架测经星的去极度。这两种新方法不用大型复杂的浑仪或简仪，便于民间天文学家观测星象。需要特别指出的是，赵友钦在论说这两种测量新方法时，反复强调要分两组对照观测并多次测量以避免误差，提高精确度。下面以“经星定躔”为例对此观测思想略

① 《革象新书》卷3《日月薄食》，《文渊阁四库全书》第786册，第246页。

作分析。

赵友钦在《经星定躔》中云:“古者逐夜测验中星,遂知黄道各宿度数,又以浑仪比较而后定……今别作一术测之,于地中置立壶箭刻漏……此壶漏不常用,但以推测经星度数。”①赵友钦提出了一种测定两颗恒星上中天的“恒星时”时刻差来求它们之间的赤经差之新方法,并巧妙地制造出了这种由两漏壶为主构成的测经仪。

为了提高观测精度和可靠性,赵友钦又提出:“然亦当用两人(组)以两架测之,庶几可以彼此参较。观象者候视各宿,若距星当罅中随即声说,看箭者言其箭画数目,秉笔者记之。”②赵友钦认为在测量过程中应把观测人员分为两组,分别用两架相同测经仪同时观测,这样就可以彼此参验,对照观测结果。

更为难能可贵的是,赵友钦还提出为了避免误差,提高测量的精确度,必须进行多次测量,“须当再验三四夜,以审定焉”③。也就是以多次测量的平均值来计算恒星赤经差。这一立两架同时参验、多次观测以消除误差的观测思想在中国科学思想发展史上是极为先进和科学的,它充分显示了赵友钦作为一名实验科学家所具有的深邃科学思想。

此外,赵友钦在光学领域也作出了一流的贡献,其“小罅光景”的光学成就及其科学思想在中国科学史上独树一帜。

我国古代很早就对光线直进、针孔成像等问题进行了研究,《墨经》、《梦溪笔谈》中就有这方面的讨论记录。然而在中国科技史上,对光线直进、针孔成像与照度最有研究并最早进行大规模实验者当推赵友钦。赵友钦曾在衢州龙游(今属浙江)鸡鸣山构筑了一个观象台,夜观星象。并在其寓所地面下挖了两个圆井,精心设计了一个相当完备而又十分复杂的大型光学实验。这一实验载于《革象新书》卷5《小罅光景》中。《小罅光景》从内容上可分前后两大部分。前一部分主要是关于壁间小孔成像:

室有小罅,虽不皆圆而罅景所射未有不圆。及至日食则罅景亦如

① 《革象新书》卷4《经星定躔》,《文渊阁四库全书》第786册,第257页。
② 《革象新书》卷4《经星定躔》,《文渊阁四库全书》第786册,第257页。
③ 《革象新书》卷4《经星定躔》,《文渊阁四库全书》第786册,第258页。

所食分数。罅虽宽窄不同,景却周径相等,但宽者浓而窄者淡。若以物障其所射之处,迎夺此景于障物上,则此景较狭而加浓。①

赵友钦善于观察,他发现光线透过小孔时有一些特殊现象:日光、月光通过壁间小孔,小孔虽然不圆,但所得到的像却皆呈圆形;在日食发生时所观察到的像和日食的分数相同;小孔的大小虽有不同,但像的大小相等,只是浓淡不同(即照度不同)。如果把像屏移向小孔,则像变小,照度加大。这些光学现象引起赵友钦的深思:

予始未悟其理,因熟思之。凡大罅有景必随罅之方圆长短尖斜而不别,乃因罅大而可容日月之体也。若罅小则不足容日月之体,是以随日月之形而皆圆,及其缺则皆缺。罅渐窄则景渐淡,景渐远则周径渐广而愈加淡,大罅之景渐远亦渐广,然不减其浓,此则浓淡之别也。②

赵友钦经过反复实验和思索,终于找到了原因:由于"罅小则不足容日月之体,是以随日月之形而皆圆,及其缺则皆缺"。如果把小孔逐渐缩小,则像逐渐变淡。如果把像屏逐渐移远,像逐渐加大而照度减小。通过这一实验研究,赵友钦正确地得出了小孔成(倒)像的光学思想。同时赵友钦对大孔成(正)像(指明亮部分)、照度问题也有正确认识。他发现如果墙壁的孔相当大,则情况有所变化,像必随孔的方圆、长短、尖斜而与大孔的形状相类似,这是因为"罅大而可容日月之体也"。由于《小罅光景》的前一部分实验是以日、月为光源,只能改变孔的大小、形状及像距,故实验研究的范围受到限制。为了克服这一局限性,赵友钦在《小罅光景》后一部分中又别出心裁地设计了一套小孔成像实验,这一大型的光学实验是全篇的重点内容。其实验装置原文如下:

假于两间楼下各穿圆井于当中,径皆四尺余,右井深四尺,左井深八尺,置桌案于左井内,案高四尺,如此则虽深八尺只如右井之浅。作两圆板,径广四尺,俱以蜡烛千余枝密插于上,放置井内而燃之,比其形于日月。更作两圆板径广五尺,覆于井口地上,板心各开方窍。③

① 《革象新书》卷5《小罅光景》,《文渊阁四库全书》第786册,第263页。
② 《革象新书》卷5《小罅光景》,《文渊阁四库全书》第786册,第263页。
③ 《革象新书》卷5《小罅光景》,《文渊阁四库全书》第786册,第263页。

赵友钦选取楼房作为实验场所，在楼下两房间的地面上挖两个直径四尺多的圆井，右井深四尺，左井深八尺，根据实验需要，可在左井中另放一张四尺高的桌子。取两块直径为四尺的圆板，每块板上密插上一千多支蜡烛，分别点燃，放入井底（或桌面上）作为实验光源。分别用中心开孔的木板遮盖井口。楼板在实验中可作为固定像屏。这个光学实验被公认为世界物理史上的一个独创，享有盛誉。

赵友钦的这一光学实验构思巧妙，其实验设计思想的先进性和科学性有三点：其一，蜡烛放在井内，烛焰比较稳定；其二，将光源封闭在圆井中，光线只能从板孔中穿出，这样就可以保证观察结果的准确和清晰；其三，在地下深挖圆井，增大了光线与像屏之间的间距，扩大了调节范围。

整个实验分五个基本步骤进行：

1. 保持光源、小孔、像屏三者之间距离不变，点燃蜡烛，两边楼板（屏幕）上所成的像（明亮部分）形态相同，“总成一景而圆”，然而“却有一浓一淡之殊”。对于这一结果，赵友钦“详察其理”，指出都呈圆像可用光线直进原理来解释。对于像的浓淡原因，赵友钦指出：“所以有浓淡之殊者，盖两处皆千景叠砌，圆径若无广狭之分，但见其窍宽者所容之光较多，乃千景皆广而叠砌稠厚，所以浓。窍窄者所容之光较少，乃千景皆狭而叠砌稀薄，所以淡。”①这一解释通俗易懂。

2. 改变光源。赵友钦进行了一个“小景随日月亏食”的模拟实验，“向右井东边减却五百烛，观其右间楼板之景缺其半于西，乃小景随日月亏食之理也”②。接着，赵友钦“又灭左井之烛，但明二三十支，疏密得所。观其楼板之景，虽是周圆布置，各自点点为方，不相粘附而愈淡矣”③。这一实验结果揭示了光学理论的一个思想，即距离不变时，物体上的照度正比于光源强度。

3. 赵友钦又改变了一下实验装置，“别将广大之板二片各悬于楼板之下较低数尺，以障楼板而迎夺其景”，将像距缩小。实验结果发现：“此景较

① 《革象新书》卷5《小罅光景》，《文渊阁四库全书》第786册，第263—264页。
② 《革象新书》卷5《小罅光景》，《文渊阁四库全书》第786册，第264页。
③ 《革象新书》卷5《小罅光景》，《文渊阁四库全书》第786册，第264页。

于楼板者敛狭而加浓。所以迎夺其景者，表其景近则狭而浓，远则广而淡也。”[①]为什么会出现这样的情况？赵友钦做了正确解释：“烛光斜射愈远则所至愈偏，则距中之数愈多，围旁皆斜射，所以愈偏则周径愈广，景之周径虽广，烛之光焰不增，如是则千景展开而重叠者薄。所以愈广则愈淡，亦如水多则味减也。”[②]这一实验结果实际上揭示了一个光学思想，即在平行光线照射下，被照面上的照度随光线入射角的大小而变化。

4. 赵友钦再次改变了一下实验装置：“去其所悬之板，举其左井连板之烛，撤去井内桌案，复燃连板之烛，置于井底而掩之。”[③]即保持光源强度、孔的大小和像距不变，改变物距。其实验结果是：“窍既远于烛，景则敛而狭。”[④]对这一光学现象，赵友钦做了探讨，指出：“所以敛狭者，盖是窍与烛相远则斜射之光敛而稍直，光皆敛直，则景不得不狭，景狭则色当浓，烛远则光必薄，是以难于加浓也。”[⑤]

5. 赵友钦又改变孔的大小和形状，对大孔成像也做了实验研究，并与小孔成像进行了对比分析。

通过上述一系列实验研究，赵友钦归纳出小孔成像的规律：“景之远近在窍外，烛之远近在窍内。凡景近窍者狭，景远窍者广；烛远窍者景亦狭，烛近窍者景亦广。景广则淡，景狭则浓。烛虽近而光衰者，景亦淡；烛虽远而光盛者，景亦浓。由是察之，烛也、光也、窍也、景也四者消长胜负皆所当论者也。”[⑥]这里，赵友钦通过实验实际上已经定性地得出了光学的一个基本定律思想，即照度随光源的强度增大而增大，随距离的增大而减小。这一照度随距离成反比的光学思想早于西方科学400年，充分说明道教科学家赵友钦在天文、物理领域内所具有的深邃而先进的科学思想，获得史学界的高度评价，称赵友钦“是中国古代最接近现代物理实验思想的科学家。他实

---

① 《革象新书》卷5《小罅光景》，《文渊阁四库全书》第786册，第264页。
② 《革象新书》卷5《小罅光景》，《文渊阁四库全书》第786册，第264页。
③ 《革象新书》卷5《小罅光景》，《文渊阁四库全书》第786册，第264页。
④ 《革象新书》卷5《小罅光景》，《文渊阁四库全书》第786册，第264页。
⑤ 《革象新书》卷5《小罅光景》，《文渊阁四库全书》第786册，第264页。
⑥ 《革象新书》卷5《小罅光景》，《文渊阁四库全书》第786册，第264页。

验目的明确,实验条件可控,实验步骤清晰,实验结果可靠。不足的是他还没有进行定量分析。如果赵友钦的实验思想有一小部分在中国得到发扬,中国明代以后的科学可能会有更加令人瞩目的成就”①。

① 杨仲耆、申先甲主编:《物理学思想史》,长沙:湖南教育出版社 1993 年版,第 92 页。

第十章
道教在明中叶以前的发展和贵盛

道教经历了南宋金元的宗派分合以后，到明中叶以前，在统治者的扶持下，发展到极为贵盛的状况，在这方面以正一派最为突出。不少道徒被朝廷委以重要官职，深入宫廷，参与朝政，有的位极人臣，声势显赫，甚或交通中官，威福在手，致使“天下士大夫靡然从风”①，仰其鼻息，夤缘以进。其地位之高，权势之重，为历代所罕见。从而使道教对明代的政治和社会的各个方面均产生了广泛而深刻的影响，在哲学、文学、艺术等许多领域也表现出明显的渗透力。但盛而衰，此乃事所必至，理所固然。在明中叶以后，由于资本主义因素的萌芽和发展，各种社会矛盾日趋尖锐，中国的封建社会便开始进入了所谓“天崩地解”的时代，朱明王朝以及作为封建社会意识形态之一的道教，在此之后也便伴随着整个封建社会的逐步解体而开始走向衰落。因此，从道教发展史来看，到了明世宗朱厚熜统治的时候，既是隋唐以来道教兴盛发展时期的最后一个高潮，也是这个时期的终结。正是由于许多道徒在这段时间的极其显贵，养尊处优，遂使他们日益走向腐朽和蜕化。他们除了为统治者建斋设醮、祈福禳邪，凭借其所谓的秘术仙方以干禄求荣之外，在教理教义的建树方面则无所作为、缺乏创新，对道教的进一步发展没有作出积极的贡献，表明道流素质的逐渐降低，道教生机的逐步衰竭。故后来虽经神宗朱翊钧的扶持，仍然起色不大，此后即每况愈下了。明代统治者在建国初期，鉴于元明之际下层群众不断利用民间宗教组织进行起义和道教在元末发展较滥等情况，吸取历代的统治经验，在对道教的崇奉和利用的同时，又制定和完善了管理道教的各种规章制度，加强了对道教的管理和约

① 《明史》卷307《佞幸》，北京：中华书局1974年版，第26册，第7876页。

束。尽管不少规章制度后来仅是一纸空文,并未认真贯彻执行,但在道教发展史上也不无一定的意义。本章即对道教在明代初中期的发展状况和统治者对道教的态度进行考察。

第一节　统治者对道教的利用、崇奉与管理

太祖朱元璋是明王朝的开国君主,在他夺取了政权之后,即制定了三教并用的宗教政策。他知道要巩固已经建立起来的明王朝,除须依靠国家政权这个专政工具进行强力统治外,利用中国固有的儒释道三教加强思想统治,是必不可少的补充手段。

一、明太祖到武宗对道教的利用与尊崇

在三教中,明太祖认为最重要的是儒教,他说:"仲尼之道,祖尧舜,率三王,删诗制典,万世永赖"[①],是"凡有国家不可无"[②]的,因此必须尊崇。其余二教如何呢?他说:"昔梁武好佛,遇神僧宝公者,其武帝终不遇佛证果。汉武帝、(北)魏武帝、唐明皇皆好神仙,足世而不霞举。以斯之所求,以斯之所不验,则仙佛无矣。"[③]那么,是弃绝二教吗?他认为,不可。"其佛仙之幽灵,暗助王纲,益世无穷","若绝弃之而杳然,则世无鬼神,人无畏天,王纲力用焉(疑应为'焉用')"?[④] 即佛道之鬼神信仰,可以使老百姓畏天、畏王法,有"暗助王纲"的作用,是不可缺少的。又说:"僧言地狱镬汤,道言洞里乾坤、壶中日月,皆非实象。此二说俱空,岂足信乎?"[⑤]"然此佛虽空,道虽玄",但它们可以"感动化外蛮夷及中国假处山薮之愚民",使他们"未知国法,先知虑生死之罪,以至于善者多,而恶者少"。[⑥] 即是说,佛道二教的说教虽不可信,但它们是教化"愚民",使之去恶从善的工具,也是不可

① 《三教论》,《明太祖文集》卷10,《文渊阁四库全书》第1223册,第108页。
② 《释道论》,《明太祖文集》卷10,《文渊阁四库全书》第1223册,第107页。
③ 《三教论》,《明太祖文集》卷10,《文渊阁四库全书》第1223册,第108页。
④ 《三教论》,《明太祖文集》卷10,《文渊阁四库全书》第1223册,第108页。
⑤ 《释道论》,《明太祖文集》卷10,《文渊阁四库全书》第1223册,第107页。
⑥ 《释道论》,《明太祖文集》卷10,《文渊阁四库全书》第1223册,第107页。

缺少的。所以他的结论是:“三教之立,虽持身荣俭之不同,其所济给之理一,然于斯世之愚人,于斯三教有不可缺者。”①由此可见,明太祖是三教互补论、三教并用论者。但三教中主要的是儒教,其次才是佛道二教,从而确定了以儒学为主、释道为辅的基本方针。同时又可看出,他之所以尊崇佛道二教,主要不是出于信仰,而是出于巩固大明统治的需要,即出于政治上的利用。这从他一生对道教政策的实施中可以得到证明。

首先,为了表明自己是真命天子,他曾和御用文人们炮制文章,对其出生到即位,作了种种神奇的描写。其中大量假借了道教的“神力”。如说他的祖坟是经过道士选择的风水宝地,“有天子气”。② 故葬后仅半年,母亲即孕育了他。又说,母亲妊娠时,吃了道士所给的丸药,故其出生时,“红光满室”③。又说,幼时某日,有道士入其家,告知他父亲:“八十三当大贵。”④其后果然。至正四年(1344 年),年十七,父母及兄相继死于饥疫,乃投皇觉寺为僧。仅一月,游食合肥。道中病寒热,有二紫衣人(指道士)护视之,“病已,遂不见”。⑤ 至正十二年(1352 年),天下兵兴,出处两难,乃投佛寺问卜。是神昭示他从军“倡义”,故入濠城郭子兴部。⑥ 当他征伐南昌陈友谅时,有周颠仙者追着他“告太平”,预告他是剪灭群雄,致天下于太平的真命天子。⑦ 当他即大明皇帝位之前夕,梦道教三清尊神从其家上空飞临而过,并派数名紫衣道士授以五采“真人服”及冠、履、剑。⑧ 表明他之即皇帝位,并非只靠“臣民拥戴”,而是天神的旨意。以上这些描写自属虚构,其目的无非是想借助道教的“神力”,为其抹上神圣的灵光,向人展示他是货真价

---

① 《三教论》,《明太祖文集》卷 10,《文渊阁四库全书》第 1223 册,第 108 页。

② (明)王文禄:《龙兴慈记》,《丛书集成初编》,北京:中华书局 1985 年版,第 3961 册,第 1—3 页。

③ 《明太祖实录》卷 1,《明实录》,台北:“中研院”史语所校印,1962 年,第 1 册,第 1 页。

④ 《明太祖实录》卷 1,《明实录》,台北:“中研院”史语所校印,1962 年,第 1 册,第 2 页。

⑤ 《明通鉴前编》卷 1,(清)夏燮著,沈仲九标点:《明通鉴》,北京:中华书局 1959 年版,第 1 页。

⑥ 参见《纪梦》,《明太祖文集》卷 14,《文渊阁四库全书》第 1223 册,第 144—145 页。

⑦ 参见《御制周颠仙人传》,《丛书集成初编》,北京:中华书局 1985 年版,第 3435 册,第 2 页。

⑧ 参见《纪梦》,《明太祖文集》卷 14,《文渊阁四库全书》第 1223 册,第 146 页。

实的“真命天子”而已。意味深长的是：和尚出身的明太祖，为什么不借用释迦“佛法”，而偏要借助道教“神力”来妆点其君权神授呢？只能有一个解释，即中国的土著宗教——道教，在经过元代的大发展之后，对社会的影响是那样的广泛而深刻，借用它来神化自己和皇权，比用佛法更能有效地为广大群众所接受。

其次，朱元璋在夺取政权的时候，利用一些道士为其出谋划策。上面提到的周颠仙是其中之一。《御制周颠仙人传》云：“朕将西征九江（伐陈友谅），特问颠者曰：‘此行可乎？’应声曰：‘可。’……朕谓曰：‘此行你偕往可乎？’曰：‘可。’……后兵行带往，至皖城，无风，舟师难行。遣人问之，颠者乃曰：‘只管行，只管有风。无胆不行，便无风。’……不十里，大风猛作，扬帆长驱，遂达小孤。”后朱元璋命人杀之，不死，遂不知所之。数年后，朱元璋患热症，忽一赤脚僧奉周颠仙之命前来送药，服之，“当夜病愈”。[①] 又任用铁冠道人张中，《明太祖实录》卷 13 云：“张铁冠者，名中，字景和，临川（今属江西）人，少应进士举不第。遇异人授以皇极数，谈祸福多验。元末兵乱，归隐幕府山……壬寅（1362 年），陈友谅围南昌，上帅师下之。参政邓愈荐中，上问之曰：‘予定南昌，兵不血刃，市不易肆，生民自此苏息否？’中对曰：‘天下自此大定，但此地旦夕当流血……’后指挥康泰反，一如中言……及友谅复围南昌，上忽得异梦，命占之……铁冠曰：‘宜亟援江西。’后三日，报果至，上遂亲将兵往。复召问中，中曰：‘是行勿迟，五十日当大胜，戌亥之日，获其首领。’常遇春等与友谅战，率舟师深入，敌围之数重。众谓不可出，中曰：‘勿忧，当自出。’既而果出。其他奇中，往往类此。”[②]这些道士是否真有如此神异本领，自当别论，但表明朱元璋在行军作战过程中曾让道士参与其军事决策，当属事实。

最后，即位之后，根据他的三教并用政策，对道教作了扶持，特别是扶持

---

① 《御制周颠仙人传》，《丛书集成初编》，北京：中华书局 1985 年版，第 3435 册，第 5—9 页。又见《明太祖实录》卷 13，文字略同，盖为《御制周颠仙人传》之节录。

② 《明太祖实录》卷 13，《明实录》，台北：“中研院”史语所校印，1962 年，第 1 册，第 168—170 页。

其中的正一派。全真道上层在元末即由于蜕化而脱离群众，正一派这时在民间的影响较大，其所修持符箓斋醮更适合统治者敦纯民俗的需要。因此，早在他作吴王时之龙凤六年（1360 年），即出榜招聘四十二代天师张正常，并命有司访求之。到即大明皇帝位之洪武元年（1368 年），张正常入贺，即授予“正一教主嗣汉四十二代天师、护国阐祖通诚崇道弘德大真人”之号，俾领道教事。① 后去其“天师”号，只称大真人。张正常于洪武十年（1377 年）逝世后，又命其子张宇初袭教，授“正一嗣教道合无为阐祖光范大真人”。同样优礼有加。

在尊宠张陵后嗣的同时，又大量起用正一派的有道之士，著名的有邓仲修、傅若霖、张友霖、黄裳吉、宋宗真等人。邓仲修，名某，以字行，号云林子，江西临川人，龙虎山道士。师留敬斌、金志扬。曾提点温州玄妙观，又主杭州龙翔宫。洪武四年（1371 年）随张正常入觐，次年应诏入京，主祀祠之事，留居南京朝天宫。多次祷雨有验，甚受尊崇，太祖曾赐诗及《御注道德经》。后与宋宗真等同受命修撰道教灵宝科仪行于世。② 张友霖，字修文，江西贵溪人，龙虎山道士。师周贵德、桂心渊、金志扬。有文学，张嗣德曾辟为教门讲师兼玄坛修撰。洪武四年（1371 年）辟为教门高士，提点大上清正一万寿宫。次年，与邓仲修、黄裳吉同被召，奏对称旨。该年秋逝世于京师朝天宫，寿六十七。著有文集《铁矿子》若干卷，传弟子张自宾等。③ 傅若霖（1322—1399 年），名某，以字行，号同虚子④，龙虎山道士。善祈祷，能诗，且善鼓琴。屡随张正常朝京师，洪武六年（1373 年），以高道被征，居南京朝天宫。“尝应制赋诗，讲《道德经》，修校道门斋科行于世。”⑤凡侍祠八年，于洪武

① 参见（明）宋濂：《四十二代天师正一嗣教护国阐祖通诚崇道弘德大真人张公神道碑铭》，《文宪集》卷 18，《文渊阁四库全书》第 1224 册，第 111 页。

② 参见（明）宋濂：《邓炼师神谷碑》、《赠云林道士邓君序》等，载《宋学士全集补遗》卷 4 和卷 2，见《丛书集成初编》，北京：中华书局 1985 年版，第 2129 册和第 2127 册。

③ 参见（明）宋濂：《大上清正一万寿宫住持提点张公碑铭》，《宋学士全集补遗》卷 8，《丛书集成初编》，北京：中华书局 1985 年版，第 2131 册，第 1605—1606 页。

④ 参见《龙虎山志》卷 7《人物》谓：“傅同虚，字虚堂，崇元院道士。”见《藏外道书》第 19 册，第 488 页。

⑤ （明）张宇初：《故神乐观仙官傅公墓志》，《岘泉集》卷 3，《文渊阁四库全书》第 1236 册，第 441 页。《道藏》所收《岘泉集》无此文。

十三年(1380年)请老还。洪武十五年(1382年),诏设道录司,复召赴阙,以老辞。洪武十八年(1385年)“有旨于龙虎、三茅、閤皂三山,选道行之士充神乐观提点,佥推公,应召赴京。上悦,授格神郎、五音都提点、正一仙官,领神乐观事,敕礼部铸印如六品,命掌之”①。居神乐观凡十年,于洪武二十六年(1393年)始还龙虎山。② 宋宗真,号浩然,学道于京城报恩光孝观。洪武初,任该观提点。洪武五年(1372年),受命住持朝天宫。明年有旨:凡有事郊社及山川百神,令宗真率徒十人先期准备,临事之日,仍令宗真被法服与祭。由是深合帝心,屡蒙召对。③ 洪武七年(1374年),明太祖以灵宝斋仪失于文繁,诏宋宗真、邓仲修、傅若霖等删繁摭要,重新修纂,并“设筵以宴享之”④。现《道藏》洞玄部威仪类所收《大明玄教立成斋醮仪范》1卷,当为宋宗真等奉敕撰成之书,该书《序略》所列此书撰人,除宋宗真、邓仲修、傅若霖外,还有周玄真、赵允中。

洪武二十六年(1393年),又闻赣县祥符宫道士刘渊然颇能呼召风雷,遣使召至,赐号高道,馆朝天宫。永乐中,从至北京。仁宗立,封“长春真人”,给二品印。宣德初,进大真人,是明代有名的高道。

明太祖在尊崇正一道的同时,对颇具全真风范的“仙人”张三丰亦多仰慕,遣使觅之,不得。有司又奏彭通微有奇术,洪武二十七年(1394年)遣使征召,以羽化闻。

曾利用僧道以夺取政权的朱元璋,深知对佛道运用得当,对维护封建统治十分有利,如任其发展,又会损害统治者的利益。他鉴于道教在元末发展较滥,有些道徒已因贵盛而渐趋腐化,一些僧道“皆不循本俗,污教败行,为

① (明)张宇初:《故神乐观仙官傅公墓志》,《岘泉集》卷3,《文渊阁四库全书》第1236册,第441页。《道藏》所收《岘泉集》无此文。

② 《岘泉集》卷3《崇仁县玉清景云观记》云:傅自成“洪武初以乐舞员召赴阙,居祠宫者三十年”,“尝受法于仙官傅公同虚,究灵宝雷霆之奥,犹以道术称焉”。(《道藏》第33册,第226页)可见傅同虚擅雷法。

③ 参见(明)宋濂:《赠浩然子叙引》,《文宪集》卷26,《文渊阁四库全书》第1224册,第380页。

④ (明)宋濂:《傅同虚感遇诗序》,《宋学士全集补遗》卷2,《丛书集成初编》,北京:中华书局1985年版,第2127册,第1230页。文中宋宗真作宋真宗。

害甚大”[①]。而有些隐于僧道之间的人,在明初仍一遇机会,即图谋不轨。[②]因此他在尊崇道教的同时,又不断制定各种规章制度,以加强对佛道的管理和约束。从而逐渐形成一套对道教既尊崇又抑制的双重政策,目的是使道教不致偏离他所要求的化导民俗、维护其封建统治的发展轨道。

继太祖之后的惠帝(年号建文),执政4年,其事迹经“靖难”后修实录者的多次删削,已“荡然无遗”,故该朝对道教有何举措,已无从知晓。

成祖朱棣原为一外藩,以发动“靖难”为由的军事政变登上皇帝宝座,在位22年,创造出有明一代的鼎盛时期。他在举兵“靖难”时,学其父之故技,任用一批僧道和方士为之出谋划策,也利用他们为其起兵、继统,制造“神授”根据。如僧道衍(姚广孝)、相人袁珙、卜者金忠,皆力称其龙形凤姿,必登大宝。[③] 明人黄瑜《双槐岁钞》卷3云:袁珙,字廷玉,其先南昌人。善相术。“洪武丁丑(三十年,1397年),燕(王)府遣仪卫司正蔡礼赍币征聘,戊寅(洪武三十一年,1398年)三月至北平。太宗召见,廷玉稽首言曰:‘异日太平天子也。龙形凤姿,天广地阔,额如圆璧,伏犀贯顶,日丽中天,五岳附地,重瞳龙髯,五事分明,二肘若肉印状,龙行虎步,声如撞钟,足底龟文,有双黑痣。年交四十,须过于脐,即登宝位。’馆于仰山寺僧道衍室,宴赉无算,谋必预焉。”[④]又有颠士者,“不知何许人,亦亡姓名,佯狂谲诞,语多不伦,然事或奇中。人不识,成祖独心异之,时召与言,多隐语赞成大事意”[⑤]。僧道衍更是朱棣“靖难”夺权的主谋人。他俗名姚广孝,江苏长洲(今苏州)人。元至正十二年(1352年)剃度为僧,名道衍。以诗文知名。“壬戌(洪武十五年,1382年)九月,诏选高僧分侍诸王,(道)衍往燕府,

① 《明太祖实录》卷209,《明实录》,台北:“中研院”史语所校印,1962年,第5册,第3109页。

② 明初民间僧道利用各种秘密宗教组织起义的,如洪武十九年(1386年)有彭玉琳,洪武三十年(1397年)有田九成,永乐十五年(1417年)有石金州,永乐十六年(1418年)有刘化,景泰七年(1456年)有火居道士李珍及武当山道士魏玄冲等。

③ 参见《明史》卷299《袁珙传》,北京:中华书局1974年版,第25册,第7642页;《明史》卷150《金忠传》,北京:中华书局1974年版,第14册,第4159页。

④ (明)黄瑜:《双槐岁钞》卷3《柳庄相术》,北京:中华书局1999年版,第48页。

⑤ (明)高岱:《鸿猷录》卷7《靖难师起》,上海:上海古籍出版社1992年版,第149页。

住持庆寿禅寺，遂预靖难之功。”[①]朱棣起兵，多所谋划。至起兵之日，更声称其师玄武神将助其“靖难”，“出祭纛，见披发而旌旗蔽天，太宗顾之曰：‘何神？’曰：‘向所言吾师玄武神也。’于是太宗仿其像，披发仗剑相应”[②]。

即位以后，一仍太祖尊崇正一道首领的成法，继续尊崇张陵后嗣。如将建文时犯法的张宇初免罪复用，《明史·张宇初传》说：张宇初“建文时，坐不法，夺印诰。成祖即位，复之”[③]。并“赐缗钱葺大上清宫。永乐元年（1403年），命陪祀天坛。丙戌（永乐四年），命编修道教书以进”[④]。此后曾两次奉诏访道士张三丰。永乐八年（1410年）逝世。诏令其弟张宇清嗣教，封正一嗣教清虚冲素光祖演道真人。

值得指出的是，成祖崇道和乃父一样，重在政治上的利用。突出的例子是崇奉真武。[⑤] 如前所述，他在起兵“靖难”时，据说姚广孝曾请到真武神大力相助。即位以后，成祖更亲撰《御制真武庙碑》、《御制大岳太和山道宫之碑》等对此事大肆宣扬，说他之“靖难”成功，多得真武的“阴翊默赞”[⑥]。“朕起义兵，靖内难，神辅相左右，风行霆击，其迹甚著”[⑦]。真武神助，固属子虚，无非是向天下表明他之所以举兵“靖难”和入继大统是真武神的旨意。这种做法，与乃父用《龙兴慈记》、《御制纪梦》塑造“真命天子”形象如出一辙。须知朱棣是以外藩入继大统的，非如此不足以“正名”，不足以慑服臣下。即位以后，为了酬谢真武神功，遂命于“京城艮隅（东北）并武当山重建庙宇。两京岁时朔望各遣官致祭，而武当山又专官督视祀事”[⑧]。不仅

---

① （明）黄瑜：《双槐岁钞》卷3《姚少师》，北京：中华书局1999年版，第46页。

② （清）傅维鳞：《明书》卷160《姚广孝传》，《丛书集成初编》，北京：中华书局1985年版，第3957册，第3157页。

③ 《明史》卷299《张宇初传》，北京：中华书局1974年版，第25册，第7654页；《明太宗实录》卷102，《明实录》，台北：“中研院”史语所校印，1962年，第7册，第1332页。

④ 《汉天师世家》卷3《张宇初传》，《道藏》第34册，第835页。

⑤ 即北方七宿之玄武。宋真宗为避所尊圣祖赵玄朗讳，命改名真武。

⑥ 《御制真武庙碑》，《道藏》第19册，第640页。

⑦ 《大明玄天上帝瑞应图录》，《道藏》第19册，第632页。

⑧ 《明孝宗实录》卷13，《明实录》，台北：“中研院”史语所校印，1962年，第28册，第310页。

如此，还于永乐十年（1412 年）敕隆平侯张信、驸马沐昕率军夫二十余万（或云三十余万），大建武当山宫观，十年秋兴工，十六年落成。历时六年，费以百万计，建成八宫、二观、三十六庵堂、七十二岩庙等建筑群，规模十分宏伟。其直接目的是欲借真武以神化其统治，而其间接结果则是使武当道教走向兴盛。武当道士孙碧云、任自垣等亦因之受宠遇，张三丰亦因成祖之多次遣人寻访而被人愈传愈神。①

出于同样用心，成祖又崇奉福建的两位地方神徐知证和徐知谔。《宛署杂记》卷 18 载："太宗文皇帝临御，尝梦二神人，言南处海滨，来辅家国。上异之，明日适有礼官言闽中灵济二真君事，正符所梦。遂专使函香迎神像至于北京，而于宫城之西，得洪恩灵济宫，以奉祀事。"②封二神为金阙、玉阙洪恩真君。《明太宗实录》说此二神很灵验，成祖尝"遣人以事祷之辄应。间有疾，或医药未效，祷于神辄奇效"③。二者说法虽不同，无非都是表白成祖的宝座得到神灵的护佑。

此外，成祖还为道教斋醮谱曲、撰词，即今存于《道藏》的《大明御制玄教乐章》。包括四部分：醮坛赞咏乐章、玄天上帝（玄武）乐章、洪恩灵济真君乐章、大明御制天尊词曲。用工尺谱记录了 14 首道曲。④

成祖在崇道的同时，又对太祖所定的抑道政策，即约束道教的各种规章制度作了补充增益，使之更趋完备。

继成祖之后的仁、宣二朝，基本贯彻了前两代所定的既崇且抑的双重政策。在崇道方面，一是遵循明初尊崇正一道首领的成法，继续对其嗣教者予以尊宠。宣宗朱瞻基于宣德元年（1426 年）晋封张宇清为大真人，领天下道教事。在张宇清死后，于宣德三年封其继任者张懋丞为真人，四年

① 成祖大营武当山宫观，据上引书是为了酬谢真武神助之功，此说似近事实。另有一说则谓成祖遣人数访张三丰不遇，乃于武当山建宫观以待之。即为寻找一道士而建武当山宫观。此说似不如上说可信。杨启樵《明代诸帝之崇尚方术及其影响》一文对此有辨证，可参。

② （明）沈榜：《宛署杂记》卷 18《御制洪恩灵济宫碑》，北京：北京古籍出版社 1982 年版，第 198 页。

③ 《明太宗实录》卷 186，《明实录》，台北："中研院"史语所校印，1962 年，第 8 册，第 1993 页。

④ 参见《道藏》第 19 册，第 858—861 页。

进大真人。[1] 二是尊崇高道刘渊然。渊然于永乐中被谪居云南龙泉观，仁宗朱高炽即位（1425 年），即遣使召还京城，封“冲虚至道玄妙无为光范演教长春真人”，寻加“庄靖普济”，进位大真人。[2] 宣德元年，又从刘渊然之请，“立云南、大理、金齿三道纪司”[3]。宣德七年（1432 年），又诏其徒邵以正为道录司左玄义。[4] 此外，还相继封正一派道士沈道宁、周思得为高士。在抑道政策方面，明初所定管理约束道教诸制度，基本得到贯彻。

从英宗起，至代、宪、孝、武等朝，土地兼并日趋激烈，赋税徭役日益加重，各种社会矛盾日益显露激化起来。特别严重的是这几代皇帝都长期不问政事，大权渐次落入宦官手中，出现了宦官专政的局面。在这种历史背景下，明初所立的既崇且抑的双重政策渐遭破坏，尊崇过滥的现象日趋严重。

英、代两朝遵循明初尊崇正一道的政策，继续尊礼张陵后嗣。张懋丞死后，封其继任者张元吉以大真人号。英宗朱祁镇又组织道士于正统十年（1445 年）完成《正统道藏》的编纂刊印，于正统十二年颁赐天下道观。代宗朱祁钰又赐邵以正高士、真人号。在这两朝间，有一道士蒋守约被逐级提拔为礼部尚书。《明英宗实录》云：“守约，字德简，直隶宜兴县（今属江苏）人。少失怙恃，鞠于祖母王。有黄冠师见而异之，授以所业。既而选为神乐观乐舞生。永乐庚寅（八年，1410 年），授太常寺赞礼郎。秩满，升协律郎。甲辰（二十二年，1424 年），升寺丞。宣德（1426—1435 年）中，以礼部尚书胡濙荐诣行在。丙辰（正统元年，1436 年），上（英宗）嗣位，升少卿，掌寺事。越三载，升本寺卿。（代宗）景泰壬申（三年，1452 年），进升礼部尚书，仍掌太常寺。天顺元年（1457 年），上（英宗）复位，以例致仕归。是年秋，

---

① 参见《汉天师世家》卷 3、卷 4，《道藏》第 34 册，第 836—837 页；（明）沈德符：《万历野获编补遗》卷 4《道官封爵》，北京：中华书局 1959 年版，下册，第 914 页。

② 参见《龙泉观长春真人祠记》，陈垣编纂：《道家金石略》，北京：文物出版社 1988 年版，第 1260 页；《明史》卷 299《刘渊然传》，北京：中华书局 1974 年版，第 25 册，第 7656 页。《明史》本传称“宣德初，进大真人”，《弇州异典》谓宣德间进大真人，此从《龙泉观长春真人祠记》和《万历野获编补遗》卷 4《道官封爵》。

③ 《龙泉观长春真人祠记》，陈垣编纂：《道家金石略》，北京：文物出版社 1988 年版，第 1261 页。

④ 参见《龙泉观长春真人祠记》，陈垣编纂：《道家金石略》，北京：文物出版社 1988 年版，第 1261 页。

复召至京,命莅事如初。”至天顺二年(1458 年)卒,“遣官谕祭,命工部为营葬事”。① 礼部为明代中央六部之一,其尚书责任重大。在士大夫眼中,尚书是清职,道士系“杂流”,根本不配担任此种职务,故《明宪宗实录》的修纂者说:“本朝革中书省,立六部以分掌国政,今之尚书,盖前代宰辅。而官杂流,此景泰之失也。”②代宗和英宗终于作了如此任用,是其前代所无的③,无疑表明他们对道士的尊崇较前代为甚。

至宪宗朱见深即位以后,其崇道尤甚。他宠信过很多方士和道士,著名的有李孜省、邓常恩、赵玉芝、凌中、顾玒、王世能、曾克彰、黄大经、江怀、李成等人。他们多与宦官相勾结,以方术投宪宗所好,一旦取得信任,即骤得显官。其中的李孜省最为典型。“孜省,江西南昌人。初为吏,待选京师。成化丁酉(1477 年),因太监钱义、柯兴,以祈祷术见先帝(宪宗),试之验,传授太常寺丞。言官劾之,改上林苑监丞。未几,传升通政司右通政。赐金冠、法剑各一,图书印二,文曰‘忠贞和直’,曰‘妙悟道玄’。有所奏请,用以封进。孜省又日采取符录诸书以献,宠信日隆。八年间,官至礼部左侍郎,掌通政司事。恃恩骄恣,有忤己者必害之。”孜省既得势,遂树党植援,与内使梁芳表里为奸,干预政事。复与权臣勾结,淆乱朝政,成为中国历史上方士乱政的典型事例。直至宪宗崩,方被刑死于狱。④ 其余邓常恩等皆以方术而得宠,且获高第。⑤ “而诸杂流加侍郎、通政、太常、太仆、尚宝者,不可悉数”⑥。其崇道之滥,可想而知。

① 《明英宗实录》卷 287,《明实录》,台北:“中研院”史语所校印,1962 年,第 20 册,第 6141—6142 页。

② 《明宪宗实录》卷 51,《明实录》,台北:“中研院”史语所校印,1962 年,第 23 册,第 1032 页。

③ 英、代前亦有命道士为官之例,如明太祖授丘玄清为监察御史,再擢太常卿。又任王德益为太常卿。成祖曾任袁廷玉、沈与真、赵彝善为太常寺丞等。但皆无作尚书者。

④ 参见《明孝宗实录》卷 8,《明实录》,台北:“中研院”史语所校印,1962 年,第 28 册,第 178—180 页。

⑤ 邓常恩、赵玉芝、凌中、顾红四人记载见《明史 · 李孜省传》附;王世能记载见傅维鳞撰《明书》卷 160;曾克彰、黄大经、江怀、李成四人记载见《明孝宗实录》卷 2、卷 7、卷 10 等。

⑥ 《明史》卷 307《李孜省传》,北京:中华书局 1974 年版,第 26 册,第 7883 页。

宪宗崇道过滥，还从他首开的传升制度中表现出来。即朝臣之升迁，不经执掌大臣议论，全出皇帝之意旨，要升迁某人，命宦官传旨即定。时人称如此得官者为“传奉官”。《明史·李孜省传》云：“初，帝践位甫逾月，即命中官传旨，用工人为文思院副使。自后相继不绝，一传旨姓名至百十人，时谓之传奉官，文武、僧道滥恩泽者数千。”①初时受传升者非限一途，文武僧道均有，越后则多属僧、道。有人据《明宪宗实录》作出统计，宪宗成化二十余年间，传升僧道官达三百数十次之多。② 现仅举道官之传升一二例于下，以见一斑。

成化十一年（1475 年）十一月丙午（初一日），“太监黄赐传奉圣旨：升道录司左正一胡守信为高士，右正一聂彦良、左演法昌道亨俱为左正一，左演法戚道珩为右正一，右至灵郭道诚为左演法，左玄义侯智和为右演法，右玄义杨志贤为左至灵，右玄义王道昌为右至灵，灵济宫道士来弘善、大德显灵宫道士吴道然、阮永清俱为左玄义，朝天宫道士宋志衡、刘良辅、灵济道士邵得源、延祐观道士杨全中俱为右玄义”③。一次即传升道官 15 人。

成化二十二年（1486 年）三月庚戌（五日），“太监韦泰传奉圣旨：大德显灵宫真人王应裿兼本宫住持，高士陈应循、刘绍先俱升真人，左演法陈崇仁、左至灵邓思诚俱升高士，右至灵杨云纲升左演法，左至灵景德暹升右演法，右至灵韩文富、杨应祐俱升左至灵，左玄义张道本、刘云徽俱升右至灵。右演法张通玄，左至灵臧守中，右至灵吴仲芳、李谷泉、萧景清，左玄义常复成、张崇礼、刘德升，右玄义魏用贤、尚德淵、苗云崇、钱云嵠、左文亮、阎本庸、蔡宗白、陈良福、柏尚宽俱管道录司事。右演法刘洞虚升左演法，右至灵刘应梁升左至灵，左玄义张用仁升右至灵，道士李守诚升右玄义”④。一次传升道官达 32 人。

---

① 《明史》卷 307《李孜省传》，北京：中华书局 1974 年版，第 26 册，第 7882 页。

② 杨启樵：《明代诸帝之崇尚方术及其影响》，载杨启樵：《明清史抉奥》，香港：广角镜出版社 1984 年版，第 52 页。

③ 《明宪宗实录》卷 147，《明实录》，台北：“中研院”史语所校印，1962 年，第 25 册，第 2691 页。道录司所设官名数见下文。

④ 《明宪宗实录》卷 276，《明实录》，台北：“中研院”史语所校印，1962 年，第 27 册，第 4644 页。

还有一月中传升三批、四批道官者。举例如下：

成化十九年(1483 年)十二月丙寅(七日),"太监覃昌传奉圣旨:升道录司左正一吴道然、阮永清为真人,右正一刘绍仙、王文彬、右至灵戴景安俱(为)高士,太常寺寺丞顾纶本寺少卿,太常寺寺丞连克彰提督城隍庙事"。

同月戊寅(十九日),太监李荣传奉圣旨:"道录司左至灵宋志衡(升)右正一,右玄义杜永祺(升)右演法,道士刘得皞(为)右玄义,神乐观乐舞生陈守瑄(为)太常寺司乐,俱仍旧办事。"

同月庚辰(二十一日),太监怀恩传奉圣旨:"道录司右演法刘良辅(升)左正一,右玄义张守中(升)左至灵,李谷泉、萧景清俱右至灵。"

同月丙戌(二十七日),太监覃昌传奉圣旨:"李孜省(升)左参议,仍旧办事。"①

可见宪宗成化年间传升的道官是很多的。与此同时,他所敕封的"真人"、"高士"亦复不少。据《明史·继晓传》称:"帝初即位,即以道士孙道玉为真人",其后,"羽流加号真人、高士者,亦盈都下"②。值得指出的是,某些赐号真人的道官,还受到皇帝的特别褒宠。如成化十年(1474 年)十一月,由高士晋升为真人的喻道纯,被赐予十八字的封号,曰"体玄守道安恬养素冲虚湛默演法翊化普济真人"③。次年八月,又追赠其父为太常寺寺丞,母为安人。④ 道士被尊宠如此,遂引起一些监生、儒士的羡慕和仿效,他们为投宪宗所好,每取佛书、道经及小说不经之语,缮写成帙,标为异书以献之,亦每得显官。上云成化间传升僧、道三百余次中,即含有这样一部分人

① 以上见《明宪宗实录》卷 247,《明实录》,台北:"中研院"史语所校印,1962 年,第 27 册,第 4175—4176、4182、4183、4188 页。

② 《明史》卷 307《继晓传》,北京:中华书局 1974 年版,第 26 册,第 7884—7885 页。此指成化元年(1465 年)三月五日,诰封孙道玉为"洞微体顺凝诚养默致虚守静光范悟法弘教真人",掌道教事。参见《孙道玉诰封碑》,《北京图书馆藏中国历代石刻拓本汇编》,郑州:中州古籍出版社 1989 年版,第 52 册,第 45 页。

③ 《明宪宗实录》卷 135,《明实录》,台北:"中研院"史语所校印,1962 年,第 25 册,第 2529 页;《龙泉观通妙真人祠堂记》,陈垣编纂:《道家金石略》,北京:文物出版社 1988 年版,第 1266 页。

④ 参见《明宪宗实录》卷 144,《明实录》,台北:"中研院"史语所校印,1962 年,第 25 册,第 2659 页。

在内。

在上述传奉僧、道之风的猛烈冲击下，旧有的朝官升迁制度已荡然无存。《明宪宗实录》于成化十二年（1476 年）十一月云："时僧、道官传奉寖盛，左道邪术之人荐至京师，吏部尚书尹旻等无旬日不赴左顺门候接传奉。每得旨，则次日依例于御前补奏。后内官亦自讳其烦，密谕令勿复补奏，至废易旧制而不恤云。"①

原定的僧道官制度亦被破坏无遗。旧制，僧、道录司官各八员，有缺则由所司按资选补，至是完全被破坏。而大量传升的结果，则使僧道官成几倍、十几倍的增加。至成化十二年（1476 年）二月，礼科都给事中张谦等上书言："僧官今几四倍，道官今几三倍。"②至成化二十三年（1487 年）十月，礼部上疏谓："传升僧录司禅师兼左善世等官一百二十员，道录司真人、高士并左演法等官一百三十三员。"③则增至原额的十五六倍。

宪宗崇道过滥，又从他对张陵后嗣张元吉的过分优容上表现出来。张元吉，于英宗正统十年（1445 年）嗣教，初封真人，继加大真人，受到英、代、宪等朝的隆重礼遇。但此人恃宠骄恣，横行乡里，强夺良女，诈人财物，私设牢狱，甚至为泄小忿而杀人，前后被其杀害者达四十余人。成化五年（1469 年）四月事发，械至京，下刑部狱，法司拟罪凌迟，妻子流放，绝其荫封。宪宗同意法司所拟元吉刑，令监候处决；并革其妻吴氏玄君之号；但免吴氏及其子玄庆之流刑，并保留其荫封。④ 后执事臣屡请正元吉典刑，不允。次年十月，"诏免死，杖之百，发充肃州卫军，家属随住"⑤。至成化八年（1472

① 《明宪宗实录》卷 159，《明实录》，台北："中研院"史语所校印，1962 年，第 25 册，第 2905 页。

② 《明宪宗实录》卷 150，《明实录》，台北："中研院"史语所校印，1962 年，第 25 册，第 2742 页。

③ 《明孝宗实录》卷 4，《明实录》，台北："中研院"史语所校印，1962 年，第 28 册，第 56 页。《明史》则谓道官 123 人。参见《明史》卷 307，北京：中华书局 1974 年版，第 26 册，第 7885 页。

④ 参见《明宪宗实录》卷 66，《明实录》，台北："中研院"史语所校印，1962 年，第 23 册，第 1325—1327 页。

⑤ 《明宪宗实录》卷 84，《明实录》，台北："中研院"史语所校印，1962 年，第 24 册，第 1627 页。

年)三月,又命其子张玄庆袭封正一嗣教真人。① 成化九年(1473年)正月,更不顾臣下反对,诏准张玄庆之请,“放肃州卫军张元吉还其乡”②。张元吉所犯大罪,至此一笔勾销。不仅如此,其子张玄庆在嗣教之后,受到更加优厚的礼遇。《汉天师世家》卷4载,玄庆于“成化丁酉(十三年,1477年)入觐,锡燕内庭,遣中官梁芳传旨,聘成国公朱仪女为配。明年,诏赴南畿完婚。仍赐蟒衣玉带,加拨马快船支送回。诰授正一嗣教保和养素继祖守道大真人,领道教事”③。张玄庆不仅未受其父影响,照样袭封嗣教大真人,而且作了皇亲成国公朱仪的乘龙快婿,地位反较其先辈更加显赫。

明陆容《菽园杂记》载成化年间朝廷给张真人待遇超过衍圣公之事,更证明其地位之崇高。该书说:“袭封衍圣公每岁赴京朝贺,沿途水陆驿传,起中马站船廪给。回日,无马快船装送。而张真人往回水陆,起上马站船廪给,且有马快船之从……时成化十六年三月初五日也。”④此时的张真人正是张玄庆。它从一个侧面证明其地位之显赫,也具体表明宪宗崇道之甚。

成化年间又任用了一个道士作礼部尚书。这是继蒋守约之后的第二个道士尚书。此人名李希安,初为神乐观乐舞生,某年升太常寺丞。天顺元年(1457年)升太常寺少卿。成化二年(1466年)历官至礼部左侍郎,支二品俸。成化四年(1468年)升礼部尚书,仍掌太常寺事。成化七年(1471年),三年考满,吏部谓其年已七十以上,例宜致仕,上不允,诏继续任职。成化九年(1473年),乞以兄子佑为国子监生,许之。同年,以病乞致仕,不许,某年卒。⑤

宪宗还对道教内丹修炼感兴趣,比如对李道纯、蔡志颐、高宗周等编集的《全真群仙集》,他不仅进行重新编订,作《御制群仙集序》、《御制群仙集

① 参见《明宪宗实录》卷102,《明实录》,台北:“中研院”史语所校印,1962年,第24册,第1993页。

② 《明宪宗实录》卷112,《明实录》,台北:“中研院”史语所校印,1962年,第24册,第2180页。

③ 《道藏》第34册,第839页。聘成国公女为配事,又见《皇明恩命世录》卷7。该书又载授玄庆大真人诰。

④ (明)陆容:《菽园杂记》卷8,北京:中华书局1985年版,第93页。

⑤ 参见《明英宗实录》卷282,《明宪宗实录》卷37、卷51、卷81、卷115、卷123。

后序》，还命宫廷画师为此书增绘大量的彩色插图。[①] 宪宗还将全真道士李守真召至京师，问长生之术，欲授太常博士，不拜，留居显祐宫两年。恳请还山，诏许之，敕赐“冲虚妙悟道人太极涵真子李隐仙”[②]。

继宪宗之后，是孝宗朱祐樘，史称其“恭俭有制，勤政爱民，兢兢于保泰持盈之道”[③]。即位初年，在群臣交谏下，惩治了一批民忿较大的方士和番僧，裁革了大批传升的僧道官[④]，似欲革宪宗之弊政而新之。然而时隔几年，倖门重开，再步乃父之后尘，继续宠任番僧，好尚方术，广建斋醮，及大量传升朝官和僧道官。宪宗所做的一切，几乎全部重演。宠任番僧等事，此处略而不论，仅就其传升道官之事稍加论列。

弘治十年（1497 年）八月辛未（二日），“升太常寺寺丞冯宗远为本寺少卿。时少卿员缺，吏部疏上提督四夷馆少卿王佐及太仆寺少卿王珩二人名，而特用宗远。宗远本以黄冠进也”[⑤]。

同月乙亥（六日），“传旨升太常寺典簿赵继宗、协律郎王福广为本寺寺丞。继宗等俱以黄冠进也”[⑥]。

弘治十六年（1503 年）十月戊午（二十五日），“传旨升朝天等宫高士杜永祺等五人为真人，左右至灵钱云嵊等三人俱为高士，右玄义柏尚宽等四人俱为道录司左右正一，陈良福等三人俱为左演法，李得晟等七人俱为左至灵，李云峪等三人俱为右至灵，道士余允谦等三人俱为左玄义，朱尚美等十五人俱为右玄义”[⑦]。一次即传升道官 43 人，比他父亲传升的道官名单还

① 参见王育成：《明代彩绘全真宗祖图研究》，北京：中国社会科学出版社 2003 年版，第 6 页。

② （清）王政：《（道光）滕县志》卷 11，《中国地方志集成 · 山东府县志辑》，南京：凤凰出版社 2004 年版，第 75 册，第 317 页。

③ 《明史》卷 15《孝宗本纪》，北京：中华书局 1974 年版，第 2 册，第 196 页。

④ 参见《明孝宗实录》卷 4、卷 5，《明实录》，台北：“中研院”史语所校印，1962 年，第 28 册，第 55—57、83—84 页等。

⑤ 《明孝宗实录》卷 128，《明实录》，台北：“中研院”史语所校印，1962 年，第 30 册，第 2267 页。

⑥ 《明孝宗实录》卷 128，《明实录》，台北：“中研院”史语所校印，1962 年，第 30 册，第 2271—2272 页。

⑦ 《明孝宗实录》卷 204，《明实录》，台北：“中研院”史语所校印，1962 年，第 32 册，第 3804—3805 页。

要长。

正因弘治(1488—1505年)中年后传奉之风复炽,言官们乃纷纷上章谏阻。弘治十二年(1499年)十二月丁亥(二日),“六科十三道交章论奏传升冗员之弊。谓祖宗稽古建官,各有定额,近年始有额外传升乞升之官。陛下登位之初,亦尝深知其弊而痛革之矣,然去者未几而复进,革者未几而复传”,“今复传升不已……乞俱革去”。“上曰:各官俱内府供办有劳,既升用矣,其置之”。[①] 根本不听谏阻,继续传升不绝。其结果是使冗官数量愈来愈多。弘治十二年十二月,吏部尚书屠滽等言:“近日节次传升文职官员及冠带人等,通前共七百九十余人。”[②]至弘治十三年(1500年)五月,五府六部等衙门奏曰:“近年传升乞升,文职至八百四十一员,武职二百六十六员,比之成化末年,数增一倍。”[③]至弘治十四年(1501年)八月,吏部及兵部奏:“近年传奉及乞升官,文职八百九十余人,武职至二百八十余人。”[④]不详其中有多少是传升的道官,推测数目当不少。

孝宗在大量传升道官的同时,又对其中的真人、高士给予崇高的封号、诰命,有的封号竟多达18字,为此曾遭到大臣们的反对。弘治十七年(1504年)二月,“内阁大学士刘健等言:今早司礼监传旨,赐问臣等所撰真人杜永祺等诰命封号久不进呈。臣等窃惟……诰命之典,朝廷所以奖贤励能,虽师保大臣,必待三年考称无过,乃得颁给。今永祺等即与诰命,不知其何贤何能,而反重如此?至于封号,尤为非礼,盖祖宗庙号不过十六字,亲王及文武大臣有功德者,谥号止一、二字,而此辈封号乃多至十八字……臣愚以为此等诰命待三年后颁给,封号即令停止”[⑤]。从上面一段话,可以清楚看出孝宗对道士的

---

① 《明孝宗实录》卷157,《明实录》,台北:“中研院”史语所校印,1962年,第31册,第2811页。

② 《明孝宗实录》卷157,《明实录》,台北:“中研院”史语所校印,1962年,第31册,第2816页。

③ 《明孝宗实录》卷162,《明实录》,台北:“中研院”史语所校印,1962年,第31册,第2918页。

④ 《明孝宗实录》卷173,《明实录》,台北:“中研院”史语所校印,1962年,第31册,第3274页。

⑤ 《明孝宗实录》卷208,《明实录》,台北:“中研院”史语所校印,1962年,第32册,第3870页。

尊崇已非一般。据载，“疏入，上嘉纳之”，观《孝宗实录》前后出尔反尔者甚多，此处所云“嘉纳之”是否真的从此取消了道士诰命封号，似不尽然。

孝宗朝又任用了一名道士作礼部尚书，是为明代第三个道士尚书。此人名崔志端，顺天宛平（今属北京市）人。初由神乐观道士充乐舞生。成化八年（1472 年）授太常寺赞礼郎。十七年（1481 年）补寺丞。十八年（1482 年）补少卿。弘治八年（1495 年）迁卿。十七年（1504 年）进礼部尚书，仍掌太常寺事。迁太常寺卿时，遭言官弹劾，不听。进礼部尚书时，遭到更强烈的反对，乞收回成命，不允。弘治十八年（1505 年）五月孝宗逝世，武宗即位，又经多人劾奏，志端亦累乞致仕，方于该年九月准其所请，退居神乐观。正德九年（1514 年）六月卒。[1]

武宗朱厚照即位之初，于前代弊政亦有所革新，如诏除国师、真人、高士等三十余人名号，严禁僧道出入禁中、滥设斋醮等。[2] 然未及两年，又重演其祖、父辈之故技，继续崇奉释道。他对佛教特别是喇嘛教很着迷，“造新寺于内，群聚诵经，日与之狎昵”[3]。后更自号“大庆法王”，亲自演法于内厂。[4] 正德二年（1507 年）三月壬戌（十九日），又再兴传升之风，《武宗实录》的撰写者云：“自是传升乞升充满官署，至不能容云。”[5]传升之僧官最多，道官亦不少。举例如下：

正德二年（1507 年）十月戊子（十八日），“以太常寺寺丞赵继宗为本寺少卿。初，继宗以黄冠为乐舞生，进寺丞。至是，少卿缺，吏部以起复清黄通政黄宝、提督四夷馆少卿张志淳请，竟补继宗云”[6]。

---

① 参见《明孝宗实录》卷 99、卷 207、卷 208，及《明武宗实录》卷 5、卷 113 等。

② 参见《明武宗实录》卷 1，《明实录》，台北：“中研院”史语所校印，1962 年，第 33 册，第 33—34 页。

③ 《明武宗实录》卷 24，《明实录》，台北：“中研院”史语所校印，1962 年，第 33 册，第 659 页。

④ 参见《明武宗实录》卷 64，《明实录》，台北：“中研院”史语所校印，1962 年，第 34 册，第 1397、1407 页。

⑤ 《明武宗实录》卷 24，《明实录》，台北：“中研院”史语所校印，1962 年，第 33 册，第 658 页。

⑥ 《明武宗实录》卷 31，《明实录》，台北：“中研院”史语所校印，1962 年，第 34 册，第 775 页。

同年十二月辛卯(二十二日),“准复显灵宫右正一刘云徽为真人,仍与原给印诰。上初即位,革云徽真人诰,已会官烧毁矣,至是陈乞,仍复给之”①。

正德四年(1509年)八月癸亥(三日),“司礼监传旨:升……道录司左正一柏尚宽为真人”②。

正德五年(1510年)十月戊戌(十五日),“升大德显灵宫道录司左正一朱正增为真人,兼至德灵通宫住持管事”③。

这只是《明武宗实录》留下的不完全记载。据《明世宗实录》卷3记,在武宗逝世后,被世宗下令裁革的正德间传升乞升的“僧录司左善世文明等一百八十二员,道录司真人、高士柏尚宽等,左正一周得安等七十七员”④。可见正德间传升的道官仍是不少的。自宪宗开始的传升制度,历孝、武二朝,旋革旋兴,至武宗逝世始告结束。这是此三朝崇道过滥的重要表现之一。伴随着英、代以来崇道过滥的发展,明初所定抑道政策也逐渐废弛或遭破坏。

二、明世宗的崇道奉玄

及至世宗朱厚熜即位之后,明代统治者的崇道行为,便发展到了登峰造极的地步。在他之前的诸帝,往往释道并崇,或崇释甚于崇道,而世宗在早年亦承此传统而并崇之,但在嘉靖六年(1527年)以后,逐渐黜释而专崇道教,其狂热程度,与唐玄宗和宋徽宗相比,也并不逊色。

世宗崇道的主要表现,一是崇尚斋醮,二是宠任方士和道士,三是迷信方药。现分别予以介绍。

---

① 《明武宗实录》卷33,《明实录》,台北:“中研院”史语所校印,1962年,第34册,第814页。

② 《明武宗实录》卷53,《明实录》,台北:“中研院”史语所校印,1962年,第34册,第1203页。

③ 《明武宗实录》卷68,《明实录》,台北:“中研院”史语所校印,1962年,第35册,第1508页。

④ 《明世宗实录》卷3,《明实录》,台北:“中研院”史语所校印,1962年,第38册,第151页。

世宗崇尚斋醮，从初政到崩殂，未尝中辍。早年虽有斋醮无益之谕及暂止斋醮之命①，但皆徒具空言，未尝实行；见于实践者，则是斋醮不绝，祷祠不断。《明史》谓："世宗嗣位，惑内侍崔文等言，好鬼神事，日事斋醮。谏官屡以为言，不纳。"②嘉靖三年（1524 年），征道士邵元节入京，令"专司祷祀"，寻祷雨雪"有验"，赐真人。③ 元节又为建醮祈皇嗣，皇子生，授礼部尚书。④ 其后"庄敬太子患痘"，陶仲文"祷之而瘥"，由是深得世宗"宠异"。⑤嘉靖十九年（1540 年），"帝有疾，既而瘳，喜仲文祈祷功，特授少保、礼部尚书"⑥。如此之例甚多，兹不备举。

道教建醮，需奏青词。⑦ 而这些青词率由词臣代笔。于是出现了一种历史上罕见的现象，即士大夫皆争相习写青词以邀宠，因为一旦所写青词中世宗之意，即可立获超擢，以至入阁。世宗朝，以善写青词而获高位者，从顾鼎臣开始。《明史・顾鼎臣传》谓："词臣以青词结主知，由鼎臣倡也。"⑧他在嘉靖十年（1531 年）十二月作礼部右侍郎时，"进《步虚词》七章，复言七日奏进青词，尤为至要"⑨。其后终于在嘉靖十七年（1538 年）入阁参机务。据《明史・宰辅年表》统计，嘉靖十七年后内阁 14 辅臣中，即有 9 人系以撰青词起家。除顾鼎臣外，首为夏言。"初，言撰青词及他文，最当帝意。"⑩于嘉靖十五年（1536 年）闰十二月入阁。二十年（1541 年）八月忤旨当罢，帝

① 参见《明世宗实录》卷 24，《明实录》，台北："中研院"史语所校印，1962 年，第 38 册，第 695 页。

② 《明史》卷 307《邵元节传》，北京：中华书局 1974 年版，第 26 册，第 7894 页。

③ 参见《明史》卷 307《邵元节传》，北京：中华书局 1974 年版，第 26 册，第 7894 页。

④ 参见《明世宗实录》卷 195，《明实录》，台北："中研院"史语所校印，1962 年，第 43 册，第 4135 页；《明史》卷 307《邵元节传》，北京：中华书局 1974 年版，第 26 册，第 7895 页。

⑤ 《明史》卷 307《陶仲文传》，北京：中华书局 1974 年版，第 26 册，第 7896 页。

⑥ 《明史》卷 307《陶仲文传》，北京：中华书局 1974 年版，第 26 册，第 7896 页；《明世宗实录》卷 243，《明实录》，台北："中研院"史语所校印，1962 年，第 44 册，第 4900 页。

⑦ 青词又称绿章，是斋醮时献给天神的奏章祝文，一般为骈丽体，因用朱笔写在青藤纸上，故名。

⑧ 《明史》卷 193《顾鼎臣传》，北京：中华书局 1974 年版，第 17 册，第 5115 页。

⑨ 《明世宗实录》卷 133，《明实录》，台北："中研院"史语所校印，1962 年，第 41 册，第 3148 页。

⑩ 《明史》卷 196《夏言传》，北京：中华书局 1974 年版，第 17 册，第 5195 页。

恐言去，撰青词乏人，特宥之。后因拒戴香叶冠（道冠）等事，于二十一年革职闲住。① 继之者为严嵩，《明史·严嵩传》云："（夏）言去，醮祀青词，非嵩无当帝意者。"②但若干年后，因种种奸恶为帝所察，"所进青词，又多假手他人不能工，以此积失帝欢"③。继严嵩以撰青词称旨卒至入阁者为徐阶。阶为嘉靖二年（1523年）进士，累官至礼部尚书。"帝察阶勤，又所撰青词独称旨，召直无逸殿……廷推吏部尚书，不听，不欲阶去左右也。"④后世宗令阶出使祈福，阶故稽延，又以他事失旨，逐渐疏远。"（严）嵩因谓阶可间也，中伤之百方……阶危甚，度未可与争，乃谨事嵩，而益精治斋词迎帝意，左右亦多为地者。帝怒渐解。未几，加少保，寻进兼文渊阁大学士，参预机务。"⑤踵徐阶后而相继入阁者为袁炜、严讷、李春芳、郭朴四人。《明史·严讷传》附《袁炜传》说："炜性行不羁，为御史包孝所劾，帝宥不罪。进侍读。久之，简直西苑，撰青词最称旨。"⑥后屡迁秩，至嘉靖四十一年（1562年）十一月，以户部尚书兼武英殿大学士入典机务。该传又称："自嘉靖中年，帝专事焚修，词臣率供奉青词。工者立超擢，卒至入阁。时谓李春芳、严讷、郭朴及炜为'青词宰相'。"⑦袁炜卒，李春芳、严讷同于四十四年（1565年）入阁。《明史·李春芳传》云：李春芳于"嘉靖二十六年（1547年）举进士第一，除修撰。简入西苑撰青词，大被帝眷"，"自学士至柄政，凡六迁，未尝一由廷推"。⑧《明史·严讷传》云：讷嘉靖二十年（1541年）进士，迁侍读后，与李春芳同入直西苑，撰青词，累迁至吏部侍郎，"皆兼学士，仍直西苑。所撰青词皆称旨"。寻代郭朴为礼部尚书，"讷晨出理部事，暮宿直庐，供奉青词，小心谨畏，至成疾久不愈"⑨。郭朴与高拱为嘉靖朝最后入阁者，朴固有"青

① 参见《明史》卷196《夏言传》、卷308《严嵩传》，北京：中华书局1974年版，第17册，第5195—5196页；第26册，第7915页。
② 《明史》卷308《严嵩传》，北京：中华书局1974年版，第26册，第7915页。
③ 《明史》卷308《严嵩传》，北京：中华书局1974年版，第26册，第7918页。
④ 《明史》卷213《徐阶传》，北京：中华书局1974年版，第19册，第5632页。
⑤ 《明史》卷213《徐阶传》，北京：中华书局1974年版，第19册，第5633页。
⑥ 《明史》卷193《袁炜传》，北京：中华书局1974年版，第17册，第5117页。
⑦ 《明史》卷193《袁炜传》，北京：中华书局1974年版，第17册，第5118页。
⑧ 《明史》卷193《李春芳传》，北京：中华书局1974年版，第17册，第5118、5119页。
⑨ 《明史》卷193《严讷传》，北京：中华书局1974年版，第17册，第5116页。

词宰相”之称，拱亦以撰青词称旨而蒙眷注，二人同于四十五年（1566 年）三月入预机务。以上 9 人之入阁皆与奉玄撰青词有关。14 辅臣之其余 5 人为翟銮、许赞、张璧、张治、李本，因未能以青词迎主，皆旋起旋罢。观此 14 辅臣之进退，足见世宗对斋醮之热衷，亦见其影响政治之深且巨。嘉靖四十五年（1566 年）二月，海瑞上疏言事，即以“修醮”为世宗政治失误之“大端”，他说：“陛下则锐精未久，忘（妄）念牵之，谓神仙可得，一意玄修，竭民脂膏，侈兴土木。”“陛下之误多矣，大端在修醮”①。此就斋醮耗费民财之严重而言，结合上述政治上之深巨影响来看，海瑞所说，确非虚语。

世宗崇道的另一表现是宠任方士和道士。所宠方士、道士甚多，其最知名者为邵元节和陶仲文。邵元节（？—1539 年），江西贵溪人，龙虎山上清宫道士。第四十八代天师张彦頨曾师事之。② 嘉靖三年（1524 年）征召入京，见于便殿，大加宠信。嘉靖五年（1526 年）封清微妙济守静修真凝玄衍范志默秉诚致一真人，赐金、玉、银、象牙印各一，领道教事。寻赠其父太常丞，母安人，师真人。嘉靖九年（1530 年），兵科给事中高金上表劾之，世宗罪金逮问。嘉靖十一年（1532 年），翰林院编修杨名再上疏劾元节，世宗怒，令下狱拷掠，寻被谪戍。时世宗乏皇嗣，元节为建祈嗣醮，越三年（嘉靖十五年，1536 年），皇子诞生，录其祷祀功，授礼部尚书，赐一品服，孙、徒、师咸进高秩。嘉靖十八年（1539 年），帝南巡，元节病不能从，无何死。世宗为之出涕，赠少师，赐祭十坛，有司营葬，用伯爵礼，谥“文康荣靖”③。

陶仲文（1475—1560 年），初名典真，湖北黄冈人。尝受符水诀于罗田万玉山。嘉靖中，因邵元节荐，得幸世宗。十八年（1539 年），世宗南巡，元节病不能从，以仲文代。授神霄保国宣教高士，寻封神霄保国弘烈宣教振法通真忠孝秉一真人，领道教事。十九年（1540 年），世宗有疾，既而瘳，喜仲文祈祷功，特授少保、礼部尚书。久之，加少傅，仍兼少保。二十一年（1542 年），世宗

---

① 《明世宗实录》卷 555，《明实录》，台北：“中研院”史语所校印，1962 年，第 48 册，第 8920、8922 页。《明史纪事本末》系此事于嘉靖四十四年十月。

② 参见（明）王詠撰、张永绪立：《四十八代天师张彦頨墓志铭》，陈柏泉编著：《江西出土墓志选编》，南昌：江西教育出版社 1991 年版，第 361 页。

③ 《明史》卷 307《邵元节传》，北京：中华书局 1974 年版，第 26 册，第 7894—7895 页。另参见《明世宗实录》卷 61—222 有关部分。

遭宫婢变①,移居西内,日求长生,君臣不相接,独仲文得时见,见辄赐座,称师而不名。二十三年(1544年),大同获谍者王三,世宗归功上玄,加仲文少师,仍兼少傅、少保。一人兼领三孤,终明世,唯仲文一人而已。二十六年(1547年),加授特进光禄大夫柱国兼支大学士俸,荫子世恩为尚宝丞。二十九年(1550年),以祷雨及赞平狱功,封恭诚伯,岁禄二千石,其徒郭弘经、王永宁升真人。三十一年(1552年),以仇鸾就戮,下诏称仲文叩玄伐虏功,增禄百石,荫子世昌国子生。三十六年(1557年),仲文有疾,乞还山,献还历年所赐蟒玉、金宝、法冠及白金万两。既归,世宗念之不置,遣锦衣官存问,命有司以时加礼。仲文得宠二十年,位极人臣。然小心缜密,不敢恣肆。三十九年(1560年)卒,年八十余。世宗闻之十分哀痛,葬祭视邵元节,谥"荣康惠肃"②。

除邵元节、陶仲文外,世宗又宠信方士段朝用、龚中佩、蓝道行、胡大顺、蓝田玉等多人。段朝用,合肥人。初以烧丹术干郭勋,言所化银皆仙物,用为饮食器,可不死。勋进之世宗,世宗大悦。仲文亦荐之,献万金助雷坛之费。世宗嘉其忠,授紫府宣忠高士。已而术不验,其徒王子岩攻发其诈。执付镇抚拷讯,事败。会郭勋得罪系狱,朝用乃胁勋贿,捶死其家人,复上疏渎奏。世宗怒,遂论死。③

龚中佩④,嘉定(今属上海)人,幼出家昆山为道士,通晓道教神名,由仲文进。诸大臣撰青词者,时从中佩问道教故事,俱爱之,得为太常博士。世宗命入西宫,教宫人习法事,累迁太常少卿。为中官所恶,诬其嗜酒,使使侦之,报其醉刑部员外郎邵畯所。诏执二人下狱,各杖六十,中佩杖死,畯亦夺官。畯与中佩故无交,无敢白其枉者。⑤

① 数宫婢以绳勒世宗颈,欲致之死,未果。据《明世宗实录》卷267和《万历野获编》卷2载,此事发生于嘉靖二十一年十月,《明史·陶仲文传》则谓在嘉靖二十年,盖误。

② 《明史》卷307《陶仲文传》,北京:中华书局1974年版,第26册,第7896—7898页。另参见《明世宗实录》卷222—490有关部分。

③ 参见《明史》卷307《段朝用传》,北京:中华书局1974年版,第26册,第7898页。另参见《明世宗实录》卷271和《万历野获编》卷27《段朝用》。

④ 《明史》作"龚可佩",《明史》卷307《龚可佩传》,北京:中华书局1974年版,第26册,第7898页。此从《明世宗实录》卷525和《万历野获编》卷27《道士入直内庭》。

⑤ 参见《明史》卷307《龚可佩传》,北京:中华书局1974年版,第26册,第7898—7899页。

蓝道行以扶鸾术得幸，与中官交通，甚得世宗宠爱。嘉靖四十一年（1562 年）五月某日，世宗问："今天下何以不治?"他回答说："贤不竟用，不肖不退耳。"世宗问谁贤、谁不肖？他又说："贤如徐阶、杨溥，不肖如（严）嵩。"世宗心动。会御史邹应龙劾嵩疏上，世宗遂令嵩致仕驰驿归。嵩既去，世宗追念其赞玄功，意忽忽不乐。嵩闻知世宗念己，乃赂世宗左右各十万金，令发道行诸不法事。于是诏收道行下狱，坐斩，死狱中。①

胡大顺，陶仲文同县人，缘仲文进，供事灵济宫。仲文死，大顺以奸欺事发，斥回籍。后觊复用，伪撰《万寿金书》一帙，诡称吕祖所作，得之鸾笔，且言吕祖授三元大丹，可却疾不老。嘉靖四十四年（1565 年），遣其子随妖人何廷玉赍以入京，因左演法蓝田玉（原为铁柱宫道士）、左正一罗万象以通内官监太监赵楹，献于世宗。大学士徐阶发其奸，诏逮诸人并论死。②

世宗除宠任方士、道士外，又宠任一批儒生兼方士的人物，如顾可学、盛端明、朱隆禧、王金等。前三人皆出身进士，以方术获宠至显位，王金为国子生，亦以方术贵。

嘉靖朝，又有一道士历官至礼部尚书，为继崔志端后第四个道士尚书。③ 此人名徐可成，原为神乐观道士，起乐舞生，寻升赞礼郎。嘉靖十年（1531 年）升太常寺丞。某年升卿。二十六年（1547 年）升礼部右侍郎。三十三年（1554 年），以特例荫其徒昝义金为太常寺典簿。三十五年（1556 年）升礼部尚书，仍掌太常寺事。三十七年（1558 年）卒，以例赐祭葬。隆庆元年（1567 年）被追夺赠谥诰命。④

---

① 参见《明世宗实录》卷 509，《明实录》，台北："中研院"史语所校印，1962 年，第 48 册，第 8389—8390、8391 页；《明史》卷 307《蓝道行传》、卷 308《严嵩传》，北京：中华书局 1974 年版，第 26 册，第 7899、7918—7919 页。

② 参见《明世宗实录》卷 546，《明实录》，台北："中研院"史语所校印，1962 年，第 48 册，第 8820—8822 页；《明史》卷 307《胡大顺传》，北京：中华书局 1974 年版，第 26 册，第 7899—7900 页。

③ 此前，邵元节和陶仲文也曾授礼部尚书，但未视事，属荣誉职，未计入此数内。

④ 参见《明世宗实录》卷 123、卷 329、卷 406、卷 437、卷 465 和《明穆宗实录》卷 7。《明世宗实录》卷 437、卷 465 记可成任工部尚书，盖误。《万历野获编》卷 27《乐工道士之横》作礼部尚书，云："嘉靖间，道士徐可成亦至礼部尚书。"同卷《道士娶妻》又作工部尚书，云："其后工部尚书徐可成，荫徒昝义金为太常博士。"［（明）沈德符：《万历野获编》，北京：中华书局 1959 年版，下册，第 700、698 页］

迷信方术、方药是世宗崇道的又一表现。世宗先是要求祛病延年，进而要求长生，也要求淫欲的满足。由此招来了大批挟有各色方术、方药的人物，许多人因此受到宠信。较早的有陶仲文，“以仓官召见，献房中秘方，得倖世宗，官至特进光禄大夫、柱国少师少傅少保、礼部尚书、恭诚伯”①。段朝用“以烧炼干郭勋，言所化银皆仙物，用为饮食器，当不死。勋进之帝，帝大悦”②。顾可学“瞯世宗好长生，而同年生严嵩方柄国，乃厚贿嵩，自言能炼童男女溲为秋石，服之延年。嵩为言于帝，遣使赍金币就其家赐之。可学诣阙谢，遂命为右通政”③。盛端明“自言通晓药石，服之可长生，由陶仲文以进，严嵩亦左右之，遂召为礼部右侍郎”④。朱隆禧邀陶仲文“至其家，以所传长生秘术及所制香衲（属房中术）祈代进。仲文还朝，奏之。帝悦……加太常卿致仕。居二年，加礼部右侍郎”⑤。当时所进方术、方药甚多，但多秘而不宣，只有少数流传于外。《万历野获编》云：“嘉靖间，诸佞倖进方最多，其秘者不可知。相传至今（指万历时）者，若邵（元节）、陶（仲文）则用红铅，取童女初行月事炼之如辰砂以进，若顾（可学）、盛（端明）则用秋石，取童男小遗去头尾炼之如解盐以进。此二法盛行，士人亦多用之。然在世宗中年始饵此及他热剂，以发阳气，名曰长生，不过供秘戏耳。”⑥

“帝晚年求方术益急，仲文、可学辈皆前死。四十一年冬，命御史姜儆，王大任分行天下，访求方士及符箓秘书……至四十三年十月还朝，上所得法秘数千册，方士唐秩、刘文彬等数人。”⑦“时遣官求方士于四方，至者日众。丰城人熊显进仙书六十六册，方士赵添寿进秘法三十二种，医士申世文亦进三种”⑧。又有王金者，先以仙酒献通政使赵文华，文华献之于世宗。继而厚结中使，得芝万本，聚为一山，号为万岁芝山以进，得授太医院御医。后

① （明）沈德符：《万历野获编》卷21《秘方见倖》，北京：中华书局1959年版，中册，第546页。
② 《明史》卷307《段朝用传》，北京：中华书局1974年版，第26册，第7898页。
③ 《明史》卷307《顾可学传》，北京：中华书局1974年版，第26册，第7902页。
④ 《明史》卷307《盛端明传》，北京：中华书局1974年版，第26册，第7903页。
⑤ 《明史》卷307《朱隆禧传》，北京：中华书局1974年版，第26册，第7903页。
⑥ （明）沈德符：《万历野获编》卷21《进药》，北京：中华书局1959年版，中册，第547页。
⑦ 《明史》卷307，北京：中华书局1974年版，第26册，第7903—7904页。
⑧ 《明史》卷307《王金传》，北京：中华书局1974年版，第26册，第7901页。

“思所以动帝，乃与（申）世文及陶世恩、陶倣、刘文彬、高守中伪造《诸品仙方》、《养老新书》、《七元天禽护国兵策》，与所制金石药并进”①。王圻《续文献通考》谓：“陶倣进九白兜肚香袍，又陶世恩进小涵丹，刘文彬进经验仙丹，王兆先进五色龟芝，又进百花酒，以暖丹田，申世文进天水生元丹，高守中进三元丹，皆麝附房术。诸人俱以方士致通显。世宗晚年须眉脱落，乃至大渐，丹毒并作。”②真如古诗所谓“服食求神仙，多为药所误”了。

应该指出，世宗崇道有一个发展过程，愈往后愈急切。大抵可以嘉靖十八年世宗南巡、起用陶仲文为分界，划为前期与后期。前期 18 年世宗虽已崇道，但尚不忘政务，故对政治之影响尚不显著；后期 23 年则渐以崇道奉玄为中心，许多政治举措皆必视之为转移，遂使朝政受到很大影响。特别是嘉靖二十一年遭宫婢之变后，“移居西内，日求长生，郊庙不亲，朝讲尽废，君臣不相接”③，整个朝政几乎服从于崇道奉玄了。其表现有很多方面：

其一，在朝臣任用上，主要不视其才德之当否，而视其对修玄所持之态度。上述 14 辅臣之进退即是最好的证明。夏言等 9 人能勤谨入直西苑，供撰青词，故皆相继入阁参机务；而其余 5 人则因不能以青词迎主，则旋起旋罢，其中之张治更因此悒悒成疾而死。《明世宗实录》卷 366 云：嘉靖二十九年（1550 年）十月，“太子太保礼部尚书兼文渊阁大学士张治卒……是时，上崇尚焚修，辅臣悉供玄撰，治殊不自得，遂悒悒疾。及卒，上颇不悦，诏加以中谥”④。死了也得不到原谅。同是一个夏言，先以撰青词“最当帝意”，得入阁，继以拒戴世宗所赐香叶冠（道冠），被斥闲住（时嘉靖二十一年），最后以议河套事失旨被杀时（嘉靖二十七年），“犹及言前不戴香冠事”⑤。正如《明史・陶仲文传》所云：“夏言以不冠香叶冠，积他衅至死。”⑥当夏言谓

---

① 《明史》卷 307《王金传》，北京：中华书局 1974 年版，第 26 册，第 7901—7902 页。

② （明）王圻：《续文献通考》卷 240，台北：文海出版社 1979 年版，第 23 册，第 14366—14367 页。

③ 《明史》卷 307《陶仲文传》，北京：中华书局 1974 年版，第 26 册，第 7896 页。

④ 《明世宗实录》卷 366，《明实录》，台北：“中研院”史语所校印，1962 年，第 45 册，第 6542—6543 页。

⑤ 《明史》卷 196《夏言传》，北京：中华书局 1974 年版，第 17 册，第 5198 页。

⑥ 《明史》卷 307《陶仲文传》，北京：中华书局 1974 年版，第 26 册，第 7897 页。

香叶冠“非人臣法服,不受”时,严嵩却“因召对冠之,笼以轻纱”①,于是深得宠眷,得以代言入阁。一顶小小的道教香叶冠,竟然使持不同态度者,或升,或降,或致死,自然表现了皇权之淫威,亦表明世宗确以崇道奉玄为首务,并以之作为选拔升降大臣之标准。在世宗眼里,能竭诚襄赞其崇道奉玄者为忠,反之即为奸。嘉靖三十年(1551 年)十一月庚寅(初六),世宗手书谕严嵩等说:“今之为臣者,一律谓之奸固不可,皆为(谓)之忠尤不可……至于卿等直赞事玄,尚目之为奸佞,或有口同心异,对人自解者,今已死二三矣。”②傅维鳞《明书》卷 149《严嵩传》载:“上谕(严嵩)以尽诚赞玄,实为忠首。”③严嵩正是顺应了世宗这种忠奸观,才得以大售其奸,而最终成为历史上有名的奸相。

其二,在对臣下的功过赏罚上,亦以襄赞崇道奉玄与否为标准。对陶仲文的升赏就是突出的例子。嘉靖十九年(1540 年)十一月壬子(二十五日),“上谕礼部:朕近患疾,甚于往昔。仰赖皇天后土、宗祧社稷,幸而得生……又病固以医药奏效,秉一真人陶典真(陶仲文)竭忠尽诚,为朕祷叩,未为无劳,其加少保、礼部尚书”④。轻描淡写地承认医疗效果,而着重肯定的却是陶仲文的祷玄之功。嘉靖二十三年(1544 年)十月,大同边卒获叛人王三。次月,世宗“谕吏礼二部曰:朕祗叩玄威保民伐逆,赖上天下鉴,叛恶生擒,固义勇之徒奋力,实鬼神默戮其魄……玄恩酬谢,礼不可无,别议秉一真人礼部尚书陶仲文加少师,余如旧”⑤。同样是泛泛地称赞义勇奋力,而着重肯定叩玄之威力。“二十九年春,京师灾异频见,帝以咨仲文。对言虑有冤狱,得雨方解。俄法司上缵宗等爰书,帝悉从轻典,果得雨。乃以平狱

① 《明史》卷 308《严嵩传》,北京:中华书局 1974 年版,第 26 册,第 7915 页。

② 《明世宗实录》卷 379,《明实录》,台北:“中研院”史语所校印,1962 年,第 46 册,第 6726 页。

③ (清)傅维鳞:《明书》卷 149,《丛书集成初编》,北京:中华书局 1985 年版,第 3955 册,第 2946 页。

④ 《明世宗实录》卷 243,《明实录》,台北:“中研院”史语所校印,1962 年,第 44 册,第 4900 页。

⑤ 《明世宗实录》卷 292,《明实录》,台北:“中研院”史语所校印,1962 年,第 44 册,第 5600 页。

功，封仲文恭诚伯，岁禄千二百石。”[①]嘉靖三十一年（1552年）十月庚申（十一日），“上以逆鸾就戮，下诏称秉一真人陶仲文叩玄伐虏之功，命岁加禄米百石，仍荫其子世昌为国子生”[②]。总之，把百官军民勠力做成之事，一概归功于崇道奉玄和陶仲文，足见崇道奉玄已被定为头等大事，一切皆须视之为转移。

其三，与襄赞奉玄受赏相对，凡是谏阻其修玄的人则被之刑典。为此受其刑罚者甚多，除前述高金、杨名因上疏劾邵元节获罪下狱外，其后又兴了多次大狱。嘉靖十九年（1540年）八月丁丑（十八日），太仆卿杨最谏信方士，触世宗怒，“立下诏狱，重杖之，杖未毕而死”[③]。嘉靖二十年（1541年）二月丙寅（初九），御史杨爵上疏言事，语及仲文和奉道之非，“帝震怒，立下诏狱搒掠”。“既而主事周天佐、御史浦鋐以救爵，先后棰死狱中，自是无敢救者”[④]。嘉靖二十一年（1542年）秋，工部员外郎刘魁谏用陶仲文言建雷殿事，“帝震怒，杖于廷，锢之诏狱”[⑤]。嘉靖二十二年（1543年）六月，吏科给事中周怡上言，中有“陛下日事祷祀，而四方之水旱灾伤未能销”之语，世宗以为谤讪，“诏杖之阙下，逮下诏狱，命如杨爵例锢系之”[⑥]。嘉靖三十一年（1552年）十二月，光禄少卿马从谦劾中官杜泰疏中，颇及斋醮事，触世宗怒，“命廷杖八十，戍烟瘴，竟死杖下”[⑦]。此外，因谏阻崇道修玄被杖责或削官者不乏其人。如嘉靖十七年（1538年）冬，礼科给事中顾存仁疏陈五事，误指道士叶凝秀为释氏，“廷杖之六十，编氓口外”[⑧]。嘉靖二十四年（1545

---

① 《明史》卷307《陶仲文传》，北京：中华书局1974年版，第26册，第7897页。

② 《明世宗实录》卷390，《明实录》，台北：“中研院”史语所校印，1962年，第46册，第6854页。

③ 《明史》卷209《杨最传》，北京：中华书局1974年版，第18册，第5516页。另参见《明史》卷17《世宗纪》（第2册，第230页）及卷120《诸王传》（第12册，第3647页）。

④ 《明史》卷209《杨爵传》，北京：中华书局1974年版，第18册，第5526页。另参见《明世宗实录》卷246，《明实录》，台北：“中研院”史语所校印，1962年，第44册，第4937—4939页。

⑤ 《明史》卷209《刘魁传》，北京：中华书局1974年版，第18册，第5531页。

⑥ 《明世宗实录》卷275，《明实录》，台北：“中研院”史语所校印，1962年，第44册，第5399—5402页。

⑦ 《明史》卷209《马从谦传》，北京：中华书局1974年版，第18册，第5545页。

⑧ 《明史》卷209《顾存仁传》，北京：中华书局1974年版，第18册，第5517页。

年）十一月，吏部尚书熊浃谏止箕仙忤旨，诏削职为民，押回原籍当差。①

综上可见，随着世宗对长生的追求日益迫切，其崇道举措也日益坚决。自嘉靖中叶以后，更以崇道奉玄为其施政的中心，许多重大朝政皆必视此中心为转移，从而使嘉靖后期的朝政带上浓厚的道教色彩。世宗还于嘉靖三十五年（1556 年）为其皇考和皇妣上道教尊号，又自号“灵霄上清统雷元阳妙一飞玄真君”，后加号“九天弘教普济生灵掌阴阳功过大道思仁紫极仙翁一阳真人元虚玄应开化伏魔忠孝帝君”，再号“太上大罗天仙紫极长生圣智昭灵统三元证应玉虚总掌五雷大真人玄都境万寿帝君”②，俨然以道教教主自居，使整个明王朝几乎变成为一个道教之国了。正是在统治者的狂热崇信的驱使下，道教在明代的前中期发展到极为贵盛的局面。不少教徒担任着朝廷的重要官职，有的甚至位极人臣，声势显赫，不仅恩渥终身，且荫及子孙。其时道教的社会地位之高，影响之大，已达到登峰造极的地步。但盛极而衰，这是事物发展的普遍规律，道教也不会例外。由于明中叶以后，资本主义因素的萌芽已在中国封建社会的内部逐渐成长，我国的封建社会已开始进入所谓“天崩地解”的时代，而道教原有的教理教义则适应于中国的封建制度，具有较强的封建性和保守性，面对这种社会大变动的新形势，而当时道教的一些上层人士却只知干禄求荣，养尊处优，并且日趋腐朽，缺乏创新精神，不能适应时代的发展对道教进行自我革新，故在此之后，作为封建社会意识形态之一的道教，不得不随着它所依附的封建社会的衰落而走向衰落。

三、道教管理制度的建立与施行

在明王朝建立的初期，鉴于元末僧道的发展较滥和有些民间僧道的图谋不轨，吸取以往统治者的经验，为适应明王朝加强封建集权制的需要，在实行崇道的同时，亦不断建立和完善对道教的管理制度，以加强对道教的管

① 参见《明世宗实录》卷 305，《明实录》，台北：“中研院”史语所校印，1962 年，第 45 册，第 5771 页。

② 《明史》卷 307《陶仲文传》，北京：中华书局 1974 年版，第 26 册，第 7897—7898 页。

理和约束。现对这些制度的建立和实施的情况作一简要的介绍。

第一,道教管理机构的建立。

洪武元年(1368 年)正月,“立玄教院,以道士经善悦为真人,领道教事”①。洪武四年(1371 年)十二月,革玄教院。② 至洪武十五年(1382 年)四月,始改置道录司,以掌天下道教。道录司设正一、演法、至灵、玄义等官,分左、右设置,一职一人。即:左、右正一各一人,正六品;左、右演法各一人,从六品;左、右至灵各一人,正八品;左、右玄义各一人,从八品。府设道纪司,都纪一人,从九品;副都纪一人,未入流。州设道正司,道正一人。县设道会司,道会一人。俱未入流。③

又命洪武十二年(1379 年)所建神乐观,设提点一人,正六品,知观一人,从八品(嘉靖中革)。神乐观职掌乐舞,以备大祀天地神祇及宗庙社稷之祭,隶太常寺,与道录司无相统属。④

又先后于龙虎山,设正一真人一人,正二品;法官、赞教、掌书各二人,以佐其事。三茅山、阁皂山各设灵官一人,正八品。武当山设提点一人。⑤

明初所设上述道教管理机构,是借鉴前代经验基础上建立起来的。政府设置道教管理机构,盖昉于南北朝。《唐六典》云:“北齐有昭玄寺掌释道二教,置大统一人,都维那三人……后周有司寂上士、中士掌法门之政,又有司玄中士、下士掌道门之政。隋置崇玄署令丞。炀帝改佛寺为道场,改道观为玄坛,各置监丞。皇朝(唐)又为崇玄署令,又置诸寺观监,隶鸿胪寺。”⑥

---

① 《明太祖实录》卷 29,《明实录》,台北:“中研院”史语所校印,1962 年,第 1 册,第 500 页。玄教院的道官设置,大概有掌教大真人、赞教、掌书等职。比如,经善悦曾任“玄教院掌教大真人”,邓永中曾任“大明玄教院赞教”,袁垣为“句曲青元观道士,玄教院掌书”。以上见(清)张谦:《道家诗纪》,《藏外道书》第 34 册,第 436、437、444、445 页。

② 参见《明太祖实录》卷 70,《明实录》,台北:“中研院”史语所校印,1962 年,第 2 册,第 1312 页。

③ 参见《明太祖实录》卷 144,《明实录》,台北:“中研院”史语所校印,1962 年,第 4 册,第 2262 页。参见《大明会典》卷 226 和《明史》卷 74《职官三》。

④ 参见《明太祖实录》卷 145,《明实录》,台北:“中研院”史语所校印,1962 年,第 4 册,第 2277—2278 页;《明史》卷 74《职官三》,北京:中华书局 1974 年版,第 6 册,第 1817、1818 页。

⑤ 参见《明史》卷 74《职官三》,北京:中华书局 1974 年版,第 6 册,第 1817 页。

⑥ (唐)张九龄等:《唐六典》卷 16,《文渊阁四库全书》第 595 册,第 165 页。

至宋，曾设左、右街道箓院，以领道教。金代则“于帅府置司，正曰道录，副曰道正，择其法箓精专者授之，以三年为任，任满则别择人”①。至元代，中央设集贤院总领道教，所辖各派再分级进行管理。如正一派在天师之下，路设道录司，州设道正司，县设威仪司，分领其事。② 玄教、真大道等皆如此。很明显，明代道教管理机构，是吸取前代经验特别是元代经验后设置的。

道录司是明朝廷总管天下道教的机构，隶属于礼部。其职责是：凡天下府州县宫观、道士名数，从道录司核实，而书于册，申报礼部；各宫观住持有缺，从道官举有戒行、通经典者，送道录司考中，申礼部奏闻方许；道士申请度牒，亦从本司官申送如前考试，礼部类奏出给；负责检束天下道士，使之恪守戒律清规，违者从本司理之；若犯与军民相干者，方许有司惩治。③

各级道教管理机构设官不置署，诸司全设在道观内。道录司在明初设在南京朝天宫，“靖难”之变后，京师迁北京，建灵济宫于小时雍坊，置道录司于内。宣德八年（1433 年），诏如南京式样建朝天宫于阜城门内（今白塔寺西），以置道录司。至天启六年（1626 年），朝天宫遭火灾，道录司始迁入东岳庙，终明迄清，未有改变。其下各司官署亦设在道观内。

最初，道录司衙门各官，“一依宋制，不支俸”④。但至洪武二十五年（1392 年）十一月，重定文武百官品阶秩禄时，又命道录司各官依品支俸。左、右正一，正六品，秩同翰林侍读等，月给米十石；左、右演法，从六品，月给米八石；左、右至灵，正八品，月给米六石五斗；左、右玄义，从八品，月给米六石。府道纪司都纪，从九品，月给米五石。州道正、县道会，皆未入流，俱不给禄。⑤

---

① （金）宇文懋昭：《大金国志》卷 36《道教》，济南：齐鲁书社 2000 年版，第 273 页。

② 参见《汉天师世家》卷 3《张宗演传》，《道藏》第 34 册，第 829 页。

③ 参见《明太祖实录》卷 144，《明实录》，台北：“中研院”史语所校印，1962 年，第 4 册，第 2262—2263 页。

④ 《明太祖实录》卷 144，《明实录》，台北：“中研院”史语所校印，1962 年，第 4 册，第 2263 页。

⑤ 参见《明太祖实录》卷 222，《明实录》，台北：“中研院”史语所校印，1962 年，第 5 册，第 3252—3258 页。

按规定，各级道官，俱应“选精通经典，戒行端洁者为之”①。在太祖、成祖、宣宗等朝，大体按制施行，所选道官皆一时高道。如明初高道刘渊然，于洪武二十六年（1393 年）征至京师，馆朝天宫，不久擢为右正一，永乐（1403—1424 年）初，迁左正一。仁宗立，赐号长春真人，给二品印诰，与正一真人等。宣德（1426—1435 年）初，进大真人号。《明史稿》本传说他“有道术，为人清静自守，不干世事，故为累朝所礼”②。继他之后担任左、右正一的李时中、邵以正、汤希文等，均为一代高道。又如龙虎山道士曹希鸣（名大镛，以字行），洪武十五年（1382 年）置道录司时，以有道行被选至京师，命为右演法，逾年，正一员缺，受命掌道录司事，二十八年（1395 年），并任朝天宫住持。洪武三十年（1397 年）逝世，殡葬时，“执绋者以千数，时人荣之”③。

道录司之下的府、州、县各司的设置情况，史书缺乏完整记载，是全国各府、州、县均设置，还是有条件者方设置？疑莫能定。推测当属后者，即具有相当数量的宫观和道士的府、州、县始设置，不具备此条件者不设置，待条件具备后再设置。一般说来，内地汉族聚居的府、州、县，宫观和道士数量大都较多，在洪武十五年中央设立道录司后，应相继建立起府道纪司、州道正司、县道会司，但史无记载，已不知其详。相反，《明实录》中却有一些边远地区设置道纪司、道正司之记载。如洪武三十五年（即建文四年，1402 年）九月，播州（今贵州遵义，时隶四川）设立道纪司。④ 永乐十年（1412 年）八月于交趾之北江、交州、三江、谅江、奉化、建平六府设立道纪司，威蛮州设立道正司。⑤ 永乐十四年（1416 年）五月，又于交趾之建昌等六府设道纪司，归化

① 《明太祖实录》卷 144，《明实录》，台北：“中研院”史语所校印，1962 年，第 4 册，第 2262 页。

② （清）王鸿绪：《明史稿·方技传》，台北：文海出版社 1962 年版，第 6 册，第 317 页。

③ 以上见（明）张宇初：《故道录司演法朝天宫提点曹公墓志》，《岘泉集》卷 3，《文渊阁四库全书》第 1236 册，第 437—438 页。

④ 参见《明太宗实录》卷 12 下，《明实录》，台北：“中研院”史语所校印，1962 年，第 6 册，第 224 页。

⑤ 参见《明太宗实录》卷 131，《明实录》，台北：“中研院”史语所校印，1962 年，第 8 册，第 1620 页。

等十五州设道正司,慈廉等三十七县设道会司。① 宣德(1426—1435年)初,应刘渊然之请设立云南、大理、金齿三府道纪司。② 如此等等,余不赘述。

应该说,明代建立的全部道教管理制度中,上述组织机构的建立制度,是施行得较好的。尽管在成化、弘治、正德三朝,曾因道官传升制度的冲击,使道官升迁过滥,道录司官八员的定额被破坏,但毕竟为时不久,而且各级机构的工作仍照常进行,终明之世,这套机构一直发挥着管理道教事务的作用。

第二,道士管理制度。

明代开国,面临着"释老二教,近代崇尚太过,徒众日盛"③的局面,乃下决心采取措施控制释道的发展。上面谈的建立道教管理机构,仅是管理道教的组织措施,与此同时,又对道教的宫观和道士作出种种政策规定,以具体限制他们的发展。这种种政策规定,在实践中即逐渐形成为制度。

为了控制僧道人数的过分增长和维护国家经济的发展,明代开国不久,即发布了若干限制民众加入佛道的禁令。洪武六年(1373年)十二月,令民家女子非40岁以上者,不得出家为尼姑、女冠。④ 洪武二十年(1387年)八月,诏男子20岁以上者,不许出家为僧道。⑤ 二十七年(1394年)正月,禁收民家儿童(14岁以下)为僧道。⑥ 洪武、永乐中,禁止军人、工匠及亡命黥

① 参见《明太宗实录》卷176,《明实录》,台北:"中研院"史语所校印,1962年,第8册,第1926—1927页。

② 参见(明)陈循:《龙泉观长春真人祠记》,陈垣编纂:《道家金石略》,北京:文物出版社1988年版,第1261页。

③ 明太祖语,参见《明太祖实录》卷86,《明实录》,台北:"中研院"史语所校印,1962年,第3册,第1537页。

④ 参见《明太祖实录》卷86,《明实录》,台北:"中研院"史语所校印,1962年,第3册,第1537页。《明史》卷74则谓"民年非四十以上,女年非五十以上者,不得出家"(《明史》卷74《职官三》,北京:中华书局1974年版,第6册,第1818页)。

⑤ 参见《明太祖实录》卷184,《明实录》,台北:"中研院"史语所校印,1962年,第4册,第2771页。

⑥ 参见《明太祖实录》卷231,《明实录》,台北:"中研院"史语所校印,1962年,第5册,第3372—3373页。

刺者作僧人、道士。[①] 永乐十六年(1418 年)十月,规定全国僧道人数,府不过 40 人,州不过 30 人,县不过 20 人(全国总计约 36000 余名)。[②] 以上这些规定的颁布,明显是要限制佛道的过分发展。

明代所定的道士管理制度中,最重要的是“度牒”制。度牒,即国家颁发给僧道(含尼姑、女冠)的身份凭证,由礼部发给,上面载明度牒持有者的年甲、姓名、字行,及始为僧道的年月,剃度师,与所授度牒的年月、字号等。僧道持有它,其身份才算获得国家的正式承认,本人才算正式出家的僧人和道士,可以享受免除徭役、赋税的特权。此制开始于唐,历经宋元,是国家控制僧道发展的重要手段之一。明代开国后承袭此制,于洪武五年(1372 年)十二月,向全国僧道发行度牒。“时天下僧尼道士女冠,凡五万七千二百余人,皆给度牒,以防伪滥。”[③]其后,每代统治者又吸取前代的经验,意欲通过严格获证条件和完善发放手续等办法,以继续发挥其控制佛道发展的作用。其获证条件和步骤大致如下:

1. 系籍。凡出家而尚未获得度牒的初学者称道童,俗称徒弟。徒弟从师出家,寄名于宫观,造籍上礼部听候试经,唐宋时谓之系账,明代谓之系籍,是为入道之第一步。明初,太祖和成祖对道童的条件作了若干规定,主要有:第一,年十四以上,二十以下。第二,本人愿意,父母允许。第三,本人出家后,祖父母和父母有人供养。第四,邻里保勘无违碍之事,并陈告有司得到许可。[④] 符合上述条件,履行上述手续之后,始能入宫观从师系籍,成

① 参见《明宣宗实录》卷 114“礼部尚书胡濙言”,《明实录》,台北:“中研院”史语所校印,1962 年,第 12 册,第 2575 页;《明太宗实录》卷 205,《明实录》,台北:“中研院”史语所校印,1962 年,第 9 册,第 2109 页。

② 参见《明太宗实录》卷 205,《明实录》,台北:“中研院”史语所校印,1962 年,第 9 册,第 2109 页。另参见《明孝宗实录》卷 112“南京礼科给事中彭诚等奏”,《明实录》,台北:“中研院”史语所校印,1962 年,第 30 册,第 2043 页。《明史》谓:“凡各府州县寺观,但存宽大者一所,并居之。凡僧道,府不得过四十人,州三十人,县二十人”(《明史》卷 74《职官三》,北京:中华书局 1974 年版,第 6 册,第 1818 页)。

③ 《明太祖实录》卷 77,《明实录》,台北:“中研院”史语所校印,1962 年,第 2 册,第 1416 页。

④ 参见《明太祖实录》卷 184(第 4 册,第 2771 页)、卷 231(第 5 册,第 3373 页)和《明太宗实录》卷 205(第 9 册,第 2109 页)。

为道童。道童从师期间的主要任务是学习经业，准备考试，时间为 5 年。

2. 考试。作道童满 5 年后，取得了参加考试的资格。考试是道童能否获得度牒成为正式道士最关键的一步，为明代诸帝所特别重视。洪武六年(1373 年)十二月，明太祖在归并寺观的诏令中，即强调指出："若请给度牒，必考试，精通经典者方许。"①洪武二十七年(1394 年)正月的诏令中，再次强调，僧道行童、道童随师习经 3 年(后改为 5 年)后，"赴京考试，通经典者，始给度牒；不通者，杖为民"②。永乐十六年(1418 年)十月，成祖命礼部榜谕天下之文中，规定行童、道童"从师授业五年后，诸经习熟，然后赴僧录、道录司考试，果谙经典，始立法名，给与度牒，不通者罢还为民"③。宣宗也强调考试，宣德元年(1426 年)七月，"谓行在礼部尚书胡濙曰：今僧道行童请给度牒甚多，中间岂无有罪之人潜隐其中者。宜令僧道官取勘。如果无之，尔礼部同翰林院官、礼科给事中，及僧道官(会)同考试。能通大经，则给与度牒；在七月十九日以后及不通经者，皆不给"④。英宗正统十四年(1449 年)四月，再次规定考试之前，由僧道衙门进一步审查参加考试者的资格，并规定了应考的经典。"(英宗)谓礼部尚书胡濙等曰：……尔礼部即行文诸司，待三年后，凡有应给牒者，先令僧道衙门勘试，申送该管有司。审系额内(指府四十，州三十，县二十之限额)，并贯籍明白，仍试其精通本教经典。如行童令背《法华》等经并诸品经咒；道童令背《玉皇本行集》等经并诸品科范……方许申送礼部复试。中式，然后具奏请给(度牒)。敢有似前滥保，事发，其经由诸司官吏、里老，俱重罪不宥。"⑤说明对行童、道童的资格审查中，已出现了滥保和审查不实的问题，强调今后要改进加强。同时再

① 《明太祖实录》卷 86，《明实录》，台北："中研院"史语所校印，1962 年，第 3 册，第 1537 页。

② 《明太祖实录》卷 231，《明实录》，台北："中研院"史语所校印，1962 年，第 5 册，第 3373 页。

③ 《明太宗实录》卷 205，《明实录》，台北："中研院"史语所校印，1962 年，第 9 册，第 2109 页。

④ 《明宣宗实录》卷 19，《明实录》，台北："中研院"史语所校印，1962 年，第 10 册，第 516 页。

⑤ 《明英宗实录》卷 177，《明实录》，台北："中研院"史语所校印，1962 年，第 17 册，第 3425 页。

次规定严格考试，除规定考试经典外，又规定实行两堂考试，一为僧道录司的初试，二为礼部的复试。明王朝之所以如此重视僧道的考试，其主要着眼点并不是提高僧道的素质，而是以之作为控制僧道数量和防止刑徒和反政府力量混入僧道的一种手段。

3. 给牒。道童经过考试，中式后，发给度牒。发放度牒的机关是礼部。道童获得度牒，即完成了入道的最后手续，其道士身份才最后获得国家的承认。但是，道童能否取得度牒，又要受下列两个制度的制约。其一，定期给牒制。即考试给牒，并非每年举行。洪武初规定三年一给度牒，永乐中改为五年一给，后冒滥益甚，天顺二年(1458 年)改为十年一给，弘治初，孝宗准左都御史马文升之请，停十年一度之例，"待后各处额数不足之日，方许所在官司照依额内名缺，起送赴部，考中，给与度牒"①。因此，即使道童从师五年期满，亦必待国家给牒之期，才有参加考试取得度牒的机会。其二，僧道总额。永乐中规定，全国僧道"府不过四十，州不过三十，县不过二十"，即全国僧道总额数分别不得超过 36000 余名。只有当此额数不足时，才能按缺额之数发放度牒，如果总额数已满，即使考试合格，也不能获得度牒。上述这两条制度，显然是防止度牒发放过滥的有力措施，是控制僧道发展过快的有力保证。

为了使度牒制真正发挥控制僧道发展的作用，明王朝又严禁私度，并不断重申之。所谓私度，是指不符国家规定的入道条件和未履行国家规定的入道手续，而由道士私自接收徒弟的现象。不禁止私度，度牒制就会被彻底破坏，国家就会完全丧失控制僧道发展的能力。因此明前期诸帝屡申此禁令，并不断以加重刑罚促其实现。永乐六年(1408 年)，成祖诏"令军民子弟僮奴自削发为僧者，并其父兄送京师，发五台山做工，毕日，就北京为民种田，及卢龙牧马；寺主僧擅容留者，亦发北京为民种田"②。宣德十年(1435年)十一月，英宗(于此年一月即位，仍用宣德年号)下诏"禁僧道私自簪剃，

① (明)陈子龙等辑：《皇明经世文编》卷 77《止给度疏》，《续修四库全书》，上海：上海古籍出版社 2002 年版，第 1656 册，第 62 页。另参见《明孝宗实录》卷 113(第 30 册，第 2049—2053 页)、卷 114(第 30 册，第 2064 页)。

② 《大明会典》卷 104，台北：新文丰出版公司 1976 年版，第 3 册，第 1576 页。此令是对僧人而发，对道士亦当适用。

及妄言惑众者。从给事中李性言也”[①]。景泰四年(1453年)四月,十三道监察御史左鼎言:“今天下僧数十万计……乞再通行天下,凡无度牒者,即令还俗;有度牒者,止于本寺居住;如有仍前私自披剃、潜住庵寺者,在京,令五城兵马(司)鞫问发遣,纵容者究问……”帝命所司详议以闻。[②] 天顺八年(1464年),“令各处僧人年二十以上无度牒者,即便还俗,有隐瞒年岁者,并其师治罪”[③]。尽管明前期诸帝屡下禁令,但禁而不止,特别是在英宗、代宗以后,私度之风更加泛滥,原因是统治者官卖度牒愈演愈烈,私度也就畅通无阻,无暇顾及了。

第三,宫观管理制度。

唐宋以后,随着佛道的发展,天下寺观不断增多,给政府和社会带来了不少麻烦。一方面,修建寺观既要浪费大量的物力和财力,僧道增多,又使政府减少更多赋税和劳动力;另一方面,寺观又往往是逃避赋役者、罪犯及反政府力量的藏身所。因此历代统治者大都力图制止寺观的过分增长,并加强对它的管理。明初既面临元代寺观大发展的现实,又有元末以来民间秘密宗教(如白莲教)存在的威胁,所以更加重视控制寺观数量的增长和加强对它们的管理。

为了上述目的,明初采取了归并寺观的措施。洪武六年(1373年)十二月,明太祖“以释老二教近代崇尚太过,徒众日盛,安坐而食。蠹财耗民,莫甚于此。乃令府州县止存大寺观一所,并其徒而处之,择有戒行者领其事”[④]。洪武二十四年(1391年)六月重申此令:“自今天下僧道,凡各府州县寺观虽多,但存其宽大可容众者一所,并而居之。毋杂处于外,与民相混。违者治以重罪。”[⑤]洪武二

① 《明英宗实录》卷11,《明实录》,台北:“中研院”史语所校印,1962年,第13册,第210页。

② 参见《明英宗实录》卷228,《明实录》,台北:“中研院”史语所校印,1962年,第19册,第4985—4986页。

③ 《大明会典》卷104,台北:新文丰出版公司1976年版,第3册,第1577页。

④ 《明太祖实录》卷86,《明实录》,台北:“中研院”史语所校印,1962年,第3册,第1537页。

⑤ 《明太祖实录》卷209,《明实录》,台北:“中研院”史语所校印,1962年,第5册,第3109页。

十七年(1394年)正月,又“命礼部榜示天下僧寺道观,凡归并大寺,设砧基道人一人,以主差税。每大观道士编成班次,每班一年高者率之,余僧道俱不许奔走于外,及交构有司”①。此项命令的基本精神,一是减少寺观数量,二是便于对僧道进行集中管理,以防逃军、逃犯和“邪教”分子混迹其间。

在加强僧道管理和防止逃军、逃犯、“邪教”分子混迹方面,最重要的制度是令僧道录司造“周知册”。即僧道录司将在京和各府州县寺观之僧道造成名册,备载其姓名、字行、籍贯、父兄名号,以及入僧道年月与度牒字号等,颁行天下寺观。凡遇僧道,即与对册,其父兄贯籍、告度年月等如有不符,即为伪冒。准有司送京治罪。这是辅行度牒制的一项重要制度。据《大明会典》称,此制始于洪武五年(1372年),而据《太祖实录》记,则始于洪武二十五年(1392年)。《太祖实录》还载:“凡游方行脚至者,以册验之。其不同者,许获送有司,械至京治重罪。容隐者,罪如之。”②洪武二十六年(1393年)正月,礼部再次榜示天下:“若游方问道……凡所至僧寺,必揭周知册以验其实,不同者,获送有司。”③对洪武中并寺观、造周知册的用意,嘉靖中之詹事霍韬的一次上疏中,曾有过解释,可谓一语破的。他说:“洪武中给僧道度牒,令僧道录司造周知册,颁行天下寺观,凡遇僧道,即与对册,如有不同,即为伪冒。又令各府州县,寺观但存宽大(者)一所,并居其众,毋容散处,盖作奸倡乱自易觉察也。宜遵行之。”④

为了控制寺观的过分增长,明王朝又严禁私建寺观。所谓私建,是指未获朝廷允许和未获皇帝赐额而建造的寺观。明王朝视皇帝敕建和赐额者为合法,私建者为非法。屡次下令禁止私建。洪武二十四年(1391年)七月,

① 《明太祖实录》卷231,《明实录》,台北:“中研院”史语所校印,1962年,第5册,第3372页。

② 《明太祖实录》卷223,《明实录》,台北:“中研院”史语所校印,1962年,第5册,第3269页。

③ 《明太祖实录》卷231,《明实录》,台北:“中研院”史语所校印,1962年,第5册,第3372页。

④ 《明世宗实录》卷83,《明实录》,台北:“中研院”史语所校印,1962年,第40册,第1860—1861页。

“诏天下僧道，有创立庵堂寺观非旧额者，悉皆毁之”[①]。建文四年（1402年），“令清理释道二教，凡历代以来，及洪武十五年以前，寺观有名额者，不必归并，新创者，归并如旧”[②]。永乐五年（1407年）闰五月，“上以洪武年间，天下寺院皆已归并，近有不务祖风者，仍于僻处私建庵观，僧尼混处，屡犯宪章，乃命礼部榜示天下”，严禁天下僧尼私建庵院，“违者必诛”。[③] 正统六年（1441年）四月，英宗谕胡濙等曰，近年僧道中多有不务祖风，私建寺观者，“尔都察院即遵洪武旧例，再出榜各处禁约，违者依例罪之不恕。新建寺观，曾有赐额者，听其居住，今后再不许私自创建”[④]。与禁止私度僧道一样，私建寺观之事，终明世，仍屡禁不止。盖因帝王不断敕建寺观，宦官们又大量创建，贯彻私建禁令也就不力了。

第四，其他禁令。

洪武二十七年（1394年）正月令：“僧道有妻妾者，诸人许捶逐，相容隐者罪之，愿还俗者听。”[⑤]“其一二人于崇山深谷修禅及学全真者听，三四人勿许，仍毋得创庵堂。若游方问道，必自备道里费，毋索取于民。”[⑥]“有称白莲、灵宝、火居，及僧道不务祖风，妄为论议沮令者，皆治重罪。”[⑦]永乐十年（1412年）谕礼部：“天下僧道多不守戒律，民间修斋诵经，动辄较利厚薄，又无诚心，甚至饮酒食肉，游荡荒淫，略无顾忌”，即揭榜严禁，“违者杀不赦”[⑧]。成化二十三年（1487年）令：“僧道有父母见存，无人侍养者，不问有

① 《明太祖实录》卷210，《明实录》，台北：“中研院”史语所校印，1962年，第5册，第3125页。

② 《大明会典》卷104，台北：新文丰出版公司1976年版，第3册，第1577页。

③ 《明太宗实录》卷189，《明实录》，台北：“中研院”史语所校印，1962年，第8册，第2008页。

④ 《明英宗实录》卷78，《明实录》，台北：“中研院”史语所校印，1962年，第15册，第1534页。

⑤ 《明太祖实录》卷231，《明实录》，台北：“中研院”史语所校印，1962年，第5册，第3372页。

⑥ 《明太祖实录》卷231，《明实录》，台北：“中研院”史语所校印，1962年，第5册，第3372页。

⑦ 《明太祖实录》卷231，《明实录》，台北：“中研院”史语所校印，1962年，第5册，第3373页。

⑧ 《大明会典》卷104，台北：新文丰出版公司1976年版，第3册，第1577页。

无度牒，许令还俗养亲。”[①]弘治七年（1494 年）令：“僧道尼姑女冠有犯奸淫者，就于本寺门首枷号一个月，满日发落。”弘治十三年（1500 年）奏准“僧道官、僧人、道士，有犯挟妓饮酒者，俱问发原籍为民；若奸拜认义父母亲属，俱发边卫充军”[②]。

以上这些制度和禁令，应该说是控制佛道发展的较好办法，如果按而行之，自当收到预期的效果。但是实际情形却不然，那些制度大都未发挥应有的作用，原因无他，是明代统治者自己并未认真予以贯彻，有时还亲手破坏了它们。这里仅举度牒制和宫观制为例，以概其余。

如前所述，发放度牒，既须受府州县额定总数（全国共 36000 余名）的限制，又须遵守定期给度的规定。只有如此，度牒制才会发挥控制佛道发展的作用。但是除太祖、成祖时严守制度外，其后诸帝皆有制不依，甚至滥发度牒，使度牒制遭到极大破坏。这又表现为几种情形：

1. 非给度之年的零星赐牒。即不按所定的三年、五年、十年给度之制，而是皇帝凭好恶随意赏赐度牒。如宣德九年（1434 年），因四十五代天师张懋丞治愈皇太子之疾，“给度牒五百”。[③] 宣德十年十二月，“给僧、道童倪华观等一百一十五人度牒，从行在礼部奏请也”[④]。正统二年（1437 年）正月，“行在礼部尚书胡濙等奏请给僧道度牒凡一百九十五人”[⑤]。同年三月，“给僧童丁源等四千三百六十六人度牒”。[⑥] 同年十月，“给僧道五千六百六十六人度牒，从行在礼部尚书胡濙等奏请也”[⑦]。正统五年（1440 年）为例度之年，已度僧道一万余名，但在次年，却因张懋丞建吉祥醮于朝天宫，

① 《大明会典》卷 104，台北：新文丰出版公司 1976 年版，第 3 册，第 1577 页。

② 《大明会典》卷 104，台北：新文丰出版公司 1976 年版，第 3 册，第 1578 页。

③ 《汉天师世家》卷 4《张懋丞传》，《道藏》第 34 册，第 837 页。

④ 《明英宗实录》卷 12，《明实录》，台北：“中研院”史语所校印，1962 年，第 13 册，第 225 页。

⑤ 《明英宗实录》卷 26，《明实录》，台北：“中研院”史语所校印，1962 年，第 13 册，第 523 页。

⑥ 《明英宗实录》卷 28，《明实录》，台北：“中研院”史语所校印，1962 年，第 13 册，第 564 页。

⑦ 《明英宗实录》卷 35，《明实录》，台北：“中研院”史语所校印，1962 年，第 13 册，第 694 页。

"给度牒五百"。[①] 正统八年(1443年)三月,又"给道童刘珪安等一百七十四人度牒"[②]。如此之例甚多,每次所给之数虽不大,却是对定期给牒制的破坏。

2. 提前给度或给牒超过定额。如景泰二年(1451年)正月,礼部奉皇后懿旨度僧30000,后来实际度了32800余人。[③] 至景泰五年(1454年),时间仅过三年,尚未到永乐所定五年一度之期,但朝廷却准备再次发放度牒。六科给事中林聪等谏曰:"景泰二年已度僧三万有奇,若今岁复度,恐天下之民将半为僧道矣。"[④]代宗接受了谏言,才停止了这次开度。成化二年(1466年)为例度之年,除给足额定度牒外,又"令额外给度僧道十五岁以上者五万名"[⑤]。据记载,"自天顺元年(1457年)至成化二年(1466年),已度一十三万二千二百余人"[⑥]。短短十年中所度之僧道,即已远远超过永乐所定之全国总额数。不仅如此,按天顺二年(1458年)规定的十年一度之制,在成化二年、十二年已给度之后,应至二十二年始为给度之年,但在成化二十年(1484年)却因山西、陕西等处灾荒,遂令于浙江等处提前发放(实为出售)度牒70000,以所得银、粟赈饥,"准后二十二年该度之数"[⑦]。真可谓"寅吃卯粮"了。仅成化二年(1466年)、十二年(1476年)、二十二年(1486年)这"三次开度,已逾三十五万,正数之外,增至十倍"[⑧]。发放度牒之滥,可以想

① 《汉天师世家》卷4《张懋丞传》,《道藏》第34册,第837页。
② 《明英宗实录》卷102,《明实录》,台北:"中研院"史语所校印,1962年,第15册,第2055页。
③ 参见《明英宗实录》卷200、卷210,《明实录》,台北:"中研院"史语所校印,1962年,第18册,第4264、4522页。
④ 《明英宗实录》卷239,《明实录》,台北:"中研院"史语所校印,1962年,第19册,第5213页。
⑤ 《明宪宗实录》卷28,《明实录》,台北:"中研院"史语所校印,1962年,第22册,第560页。
⑥ 《明宪宗实录》卷120,《明实录》,台北:"中研院"史语所校印,1962年,第24册,第2310页。
⑦ 《明宪宗实录》卷259,《明实录》,台北:"中研院"史语所校印,1962年,第27册,第4367页。
⑧ 《明孝宗实录》卷113,《明实录》,台北:"中研院"史语所校印,1962年,第30册,第2049页。

见。正因如此，弘治初，左都御史马文升奏请停止十年一度之例，改为额定数缺时照补的办法。此奏虽已获孝宗首肯，但他并不准备实行，至弘治九年（1496年），又准备下令开度。后虽经群臣谏阻停止开度，但仍命“在京准度八千名，南京五千名”①。继位的武宗同样不想停止十年一度之制，正德二年（1507年）五月，“僧录司左善世定皑等奏谓已及十年给度之期，宜如例举行。事下礼部，侍郎张潔等覆议：前次度僧道，视额数已逾十倍，今止宜照缺度补，不可滥度……”武宗“不从”，“准度在京在外僧三万名，道一万名”②。据《明武宗实录》卷106载，正德八年（1513年）又曾“有旨度番汉僧行道士四万人”③。可见自英宗、代宗以来，不管是定期给度制，或给度总额数之规定，皆被破坏无遗，原来预期的以度牒发放制来控制僧道增长的目的只能落空。

3. 政府出售度牒。这是使度牒制遭受破坏最严重的举措。政府出售度牒，实同度牒制与生俱来，在唐代即已出现。至宋室南迁，疆域缩小，经费支绌，更以出售度牒作为解决财政困难的重要手段之一。嘉定二年（1209年）五月八日，臣僚言：“国家所以纾用度者，僧牒与鬻爵耳。”④明代开国之初，朱元璋深知其弊，于洪武五年（1372年）下令废“免丁钱”，不准以度牒鬻钱。⑤ 但经数代之后，其子孙同样因财政困难，不能不再次乞灵于鬻牒。从《明实录》等资料看，明代鬻牒，盖始于代宗景泰年间。《明英宗实录》卷206载，景泰二年（1451年）七月，朝廷用兵贵州，需从四川等地运粮饷军，乃从罗绮之请，“令各司典吏有能运米七十石赴播州（今贵州遵义），或运三十石赴贵州者，送吏部授以冠带，照资格选用……僧、道赴彼纳米五石者，给

① 《明孝宗实录》卷114，《明实录》，台北：“中研院”史语所校印，1962年，第30册，第2065页。

② 《明武宗实录》卷26，《明实录》，台北：“中研院”史语所校印，1962年，第34册，第692页。

③ 《明武宗实录》卷106，《明实录》，台北：“中研院”史语所校印，1962年，第35册，第2172页。

④ 《宋会要辑稿·职官》13之39，（清）徐松辑：《宋会要辑稿》，北京：中华书局1957年版，第3册，第2683页。

⑤ 《明太祖实录》卷77，《明实录》，台北：“中研院”史语所校印，1962年，第2册，第1416页。

与度牒”①。景泰五年(1454年)四月,又“命礼部:凡僧道请给度牒者,于通州运米二十石赴口外万全等处官仓交收,以备军用”②,方发给度牒。此鬻牒之风,至宪宗成化间而大盛。成化二年(1466年),河南、淮扬等地频年水旱,“命礼部给度牒鬻僧以赈饥民。巡抚淮扬都御史林聪处一万,每名纳米十一石(应为一十石);南京礼部五千,每名纳米十五石;其各处僧见在京师者,每名纳银五两”③。成化二十年(1484年)十月,“给空名度牒一万纸,分送山西巡抚都御史叶琪,陕西巡抚都御史郑时,募愿为僧道者,令诣被灾处输粟十石以助赈济,给度之”④。同年十一月,“诏顺天永平及保定等府僧道输粟十五石于大名等府被灾处赈济,给牒度之”⑤。同年十二月,“预度天下僧道六万人。时山西、陕西饥,许浙江等处愿为僧道者,输粟赈济,给以度牒已万人矣。户部言:陕西饥尤甚,乞再度六万人,各输银十二两……从之”⑥。孝宗年间,鬻牒之风稍杀,至武宗朝又起,正德元年(1506年),因救灾或工程需银,诏准僧道官有缺,许纳银送部免考授官。⑦ 正德三年(1508年),户部左侍郎兼左副都御史韩福“请度僧六万人,预给度牒分派两广、福建及江南北诸郡……(筹)银两以济急用。事下所司俱议,从之。惟度僧以正德二年已度三万人,令减其数之半”⑧。

政府出售度牒之风兴起之后,不仅度牒制之各种规定被破坏无遗,而且

① 《明英宗实录》卷206,《明实录》,台北:“中研院”史语所校印,1962年,第18册,第4422页。

② 《明英宗实录》卷240,《明实录》,台北:“中研院”史语所校印,1962年,第19册,第5230页。

③ 《明宪宗实录》卷27,《明实录》,台北:“中研院”史语所校印,1962年,第22册,第545页。

④ 《明宪宗实录》卷257,《明实录》,台北:“中研院”史语所校印,1962年,第27册,第4337页。

⑤ 《明宪宗实录》卷258,《明实录》,台北:“中研院”史语所校印,1962年,第27册,第4358页。

⑥ 《明宪宗实录》卷259,《明实录》,台北:“中研院”史语所校印,1962年,第27册,第4367页。据卷269载,此七万度牒的分配,僧五万,道二万。

⑦ 参见《明武宗实录》卷9、卷13,《明实录》,台北:“中研院”史语所校印,1962年,第33册,第298、393页。

⑧ 《明武宗实录》卷36,《明实录》,台北:“中研院”史语所校印,1962年,第34册,第871—872页。

在它的影响下，社会上出现转手倒卖度牒的现象，“江南富僧一牒可售数十百两”①。又出现伪造度牒卖钱的现象。“所收之人，但取银两，或假张作李，或称老作少，或容纵军囚灶站，或滥及游手白丁，或人不到而借债代替，或捏虚名而货卖与人”②。这样一来，不仅天下度牒满天飞，完全丧失其控制僧道发展的作用，而且度牒本身也不再是僧道的身份证明书，仅是具若干交换价值的纸片而已。原来的度牒制度，实际已荡然无存。

下面再谈宫观管理制度的施行情况。在太祖朱元璋和成祖朱棣的时候，曾用归并寺观和禁止私建等办法，以期把寺观数量控制在额定范围内，但时隔几代之后，他们的后继者却大量敕建寺观和给寺观赐额。在他们的影响下，宦官们也大建寺观。民间的私建也连年不绝。景泰元年（1450年），臣下即有以此为言者，说：“比者，宦寺专权，取命（民）膏血以创寺观。”③景泰三年（1452年）六月命造大隆福寺，同年七月又命修大报恩寺。④ 至英宗复辟之天顺元年（1457年），即有人在疏奏中谈及寺观之骤增，“以在京观之，寺观动至千百，僧道不可数计”⑤。成化以后，敕建寺观更盛。成化七年（1471年）十二月，王一夔上疏言五事，其五曰：“臣惟京师连年创建寺宇不绝，报恩寺之工甫毕，崇国寺之役又兴，所费动数十万计。谓奉佛可以徼福，则梁武往彻（辙）可鉴。何必竭府库有限之财，为此无益之事？”疏入，上批答曰：“此皆陈腐之言，而妄自张大。本当究治，但系用言之时，姑宥之。”⑥不仅不纳所言，险些因此获罪。至成化二十一年（1485年）

---

① 《明宪宗实录》卷260“汪奎等言十事”，《明实录》，台北：“中研院”史语所校印，1962年，第27册，第4406页。

② 《明宪宗实录》卷260“汪奎等言十事”，《明实录》，台北：“中研院”史语所校印，1962年，第27册，第5281页。

③ 《明英宗实录》卷193，《明实录》，台北：“中研院”史语所校印，1962年，第18册，第4045页。

④ 参见《明英宗实录》卷217、卷218，《明实录》，台北：“中研院”史语所校印，1962年，第18册，第4678、4696页。

⑤ 《明英宗实录》卷276，《明实录》，台北：“中研院”史语所校印，1962年，第20册，第5895页。

⑥ 《明宪宗实录》卷99，《明实录》，台北：“中研院”史语所校印，1962年，第24册，第1916页。

正月,礼部尚书周洪谟等之疏奏中云:“成化十七年以前,京城内外敕赐寺观至六百三十九所,后复增建,以至西山等处相望不绝。自古佛寺之多,未有过于此时者。”①在皇帝大批敕建和赐额的影响下,民间的私建之风也必然禁而不止,其所创数额自当数倍于敕建者。孝宗即位之初,曾应左都御史马文升之请,“命内外寺观新修私创者拆毁,年十五以上无度牒行童道童还俗”②。此项命令,可能和他所奏的停止十年一度之制一样,不会被认真贯彻实施。明太祖和成祖意欲限制寺观增长之初衷只能成为泡影。

综上可见,明初所定的道教管理制度,自英宗、代宗以后渐遭破坏而被搁置,原拟限制道教宫观和道士发展的各种规章,大都变成一纸空文。在此情况下,道教在明代的发展也就愈来愈滥,道士的素质逐步下降,使道教逐渐失去其活力。明中叶以后,随着资本主义萌芽的不断增长,依附于封建制度的道教也因之进入了衰落阶段。

第二节　正一道的贵盛与《正统道藏》的编纂

从明初起,道教便被朝廷划分为正一、全真两大派。洪武七年(1374年),太祖朱元璋在《御制玄教斋醮仪文序》中说:“朕观释道之教,各有二徒:僧有禅有教,道有正一有全真。”③洪武十五年(1382年),正式设道录司总管全国道教,所辖道士分全真、正一两种,两种道士的度牒和职衔互不相同。这种对道教派别的官方划分,决定了社会人士对道教派别的一般概念,尽管全真、正一两大派的教义教制实际上已互相影响和融混,从道教本身由传承、宫观的不同而区分的派别尚不止两大派,但人们从此渐把道教大略区别为两家。

① 《明宪宗实录》卷260,《明实录》,台北:“中研院”史语所校印,1962年,第27册,第4392页。

② 《明孝宗实录》卷14,《明实录》,台北:“中研院”史语所校印,1962年,第28册,第352页。

③ 《道藏》第9册,第1页。

一、正一道的荣贵

两大派道教中，以斋醮祈禳为职事的正一派，因其宗教行事与民俗联系紧密，所起的社会作用较全真更大，更适应明王朝利用神道设教以进行伦理教化的需要，因而受到明室的青睐，终明之世，正一道的政治地位，都远在全真之上。朱元璋《御制玄教斋醮仪文序》说得很清楚："禅与全真，务以修身养性，独为自己而已。教与正一，专以超脱，特为孝子慈亲之设，益人伦，厚风俗，其功大矣哉！虽孔子之教明，国家之法严，旌有德而责不善，则尚有不听者；纵有听者，行不合理又多少。其释道两家，绝无绳愆纠缪之为，世人从而不异者甚广。官民之家，若有丧事，非僧非道难以殡送。"①从"益人伦，厚风俗"的角度而言，以做道场殡送死者、超度亡灵为主要职事的正一道，当然较离尘出世修仙求道的全真道更为重要。因此，正一道便在明室的扶植重用下而贵盛，在政治地位上压倒其余一切道派，取得了前所未有的尊荣，成为道教的代表。

大概还由于正一道第四十二代天师张正常（1335—1377 年）早在 1361 年吴王朱元璋攻占南昌之时，发御榜访求招聘天师，张正常遣使上笺告以"天运有归"之符命，与朱氏拉上了关系。1365 年、1366 年，两度入觐，"宠赐特至"。南京士庶求符者日以千百，张正常"乃篆巨符投朝天宫井中，人争汲之，须臾水竭，见土弗已，疫者饮之皆瘳，上闻而嘉之，令作亭井上，号曰太乙泉"②。诏命传太上、延禧诸阶法箓。及还山，赐织文金衣，给驿券。洪武元年（1368 年），朱元璋即位，正常入朝礼贺，太祖曰："夫天岂有师？"去元封"天师"号，改授"护国阐祖通诚崇道弘德大真人"，领道教事，赐银印，秩视二品，其下特设赞教、掌书等官阶，辞还，太祖于谨身殿从容谓曰：

> 卿乃祖天师，有功于国，所以家世与孔子并传，以迄于今。卿宜体之，以清静无为，辅予至治，则予汝嘉！③

① 《道藏》第 9 册，第 1 页。

② 《汉天师世家》卷 3，《道藏》第 34 册，第 834 页。

③ 《汉天师世家》卷 3，《道藏》第 34 册，第 834 页；《明太祖实录》卷 34，《明实录》，台北："中研院"史语所校印，1962 年，第 1 册，第 601—602 页。

表达了利用传统道教辅政的期望,并赐白金十五镒以新其宅。次年特诏入朝,焚香上章于天帝。洪武三年(1370 年)夏,敕吏部改赠其父第三十九代天师张嗣成“太玄弘化明成崇道大真人”号,改赠母胡氏为“恭顺慈惠淑静玄君”。这年秋,再次诏见,问以鬼神情状,给掌天下道教银印。洪武五年(1372 年),御制制诰,命“掌天下道教事”,正一天师从此由道教一派的首领升格为整个道教的教主、统领,取得了前所未有的尊贵地位。洪武十年(1377 年)夏,奉诏率群弟子入朝,命正常代祀嵩山,分遣重臣与正常弟子代祀诸岳,赐宴赐衣,并御制历代天师赞示之。这年,张正常卒于山中,太祖御制祭文,遣使致祭。

张正常卒后,其长子张宇初(1361—1410 年)嗣为第四十三代天师。《明太祖实录》记曰:“(洪武十三年二月)已丑,召故真人张正常子宇初赴阙,敕曰:‘……今尔服制已终,当起领教事。敕至,率其徒以来,能不贰乃心,则朕将尔嘉矣。’宇初既立(或当为‘至’),命嗣为‘正一嗣教道合无为阐祖光范真人’。”[①]赐法衣金币,给驿券还山。同年十一月,封其母包氏为玄君。[②] 洪武十六年(1383 年)诏赴阙,命建玉箓大斋于紫金山,十八年夏,命祷雨于神乐观,“大见灵应”。洪武二十三年(1390 年),奏请重建大上清宫,赐准。次年入觐,赐正一玄坛铜章,视六品。成祖即位,张宇初于当年(1402 年)十月入贺,宠遇益隆,赐钱修葺大上清宫。[③] 永乐元年(1403 年),命陪祀天坛。永乐四年(1406 年),诏命编修道教书以进,是为明道藏编辑之肇始,这一工作直到英宗正统十年(1445 年)才初步完成。永乐五年(1407 年),命张宇初于朝天宫主建玉箓大斋以荐拔亡灵,据称有“庆云覆坛、鸾鹤交舞之瑞”。次年命传延禧法箓,建延禧大斋五坛,厚赐上方珍物,给驿券还山。永乐八年(1410 年),张宇初卒,皇太子遣行人陈逵赐祭,次年复遣萧荣谕祭。

---

① 《明太祖实录》卷 130,《明实录》,台北:“中研院”史语所校印,1962 年,第 3 册,第 2064 页;《龙虎山志》卷 8《爵秩》载《制》文,《藏外道书》第 19 册,第 504 页。

② 参见《明太祖实录》卷 134,《明实录》,台北:“中研院”史语所校印,1962 年,第 3 册,第 2128 页。

③ 《明实录》谓“赐钞六百锭”。参见《明太宗实录》卷 13,《明实录》,台北:“中研院”史语所校印,1962 年,第 6 册,第 234 页。

第四十四代天师张宇清(1364—1427 年),字彦玑,为张正常次子,永乐八年(1410 年)嗣教,成祖召见,命设醮于朝天宫,制授“正一嗣教清虚冲素光祖演道真人”,领道教事。十一年(1413 年),命使诣龙虎山,就大上清宫建金箓大斋七日。十三年(1415 年),诏修大上清宫,敕建真懿观,造浮桥,筑堤防。十五年(1417 年),诏往福建灵济宫修建祈谢金箓大斋,见祥瑞,有金币之赐。十六年(1418 年)召入京,赐冠服綵币、白金百镒,命祠玄帝金像于武当山。又命治浙江潮患,乃书铁符命弟子黄瑞友往投之,既而水退患止,遣使嘉奖赏赍。次年封其妻为玄君。十八年(1420 年)召见,命率羽士修玉箓大斋,又建普度醮于京中灵济宫。次年,命建星辰坛、保安醮,及祈谢大斋,赏赐有加。仁宗即位后奉诏建荐扬大斋,有法印法服等赐。宣宗即位,因刘渊然赐号大真人,张宇清入朝恳请礼部尚书胡濙为奏请加号,赐准,加封为“清虚冲素光祖演道崇谦守静洞玄大真人”,掌天下道教事。① 宣德二年(1427 年)入觐,命有司蠲其仆从丁役。还山而卒,朝廷遣使致祭。②

第四十五代天师张懋丞(1387—1445 年),字文开。其父宇珵,为张正常第三子,洪武初曾蒙太祖诏见。其母刘氏,为开国功臣刘基侄女。宣德二年(1427 年)嗣教③,次年入朝,奉命建延禧醮于大内,有宝冠剑佩等赐,诰封为“正一嗣教崇修至道葆素演法真人”④,领道教事。四年入贺皇寿,设醮坛于宫中,召见与语,懋丞奏举龙虎山高道操克弘等四人充任道录职员,从之。又建吉祥斋祠旸,陪祀太庙,诰赠其故室孙氏为玄君。⑤ 六年(1431 年)入贺,献星辰坛醮于大内。越二年入觐,以符治愈皇太子疾,赐钞 5000

---

① 参见《明宣宗实录》卷 18、卷 30,《明实录》,台北:“中研院”史语所校印,1962 年,第 10 册,第 483、782 页。

② 《龙虎山志》卷 6《世家》记其卒于宣德元年版,参见《藏外道书》第 19 册,第 471 页。《明宣宗实录》卷 30 系于宣德二年八月,参见《明实录》,台北:“中研院”史语所校印,1962 年,第 10 册,第 782 页。

③ 《龙虎山志》卷 6《世家》云“宣德元年袭爵”。参见《藏外道书》第 19 册,第 471 页。

④ 《龙虎山志》卷 8《爵秩》载《制》文,记为宣德四年,《藏外道书》第 19 册,第 506 页。另《明宣宗实录》卷 39 系于宣德三年三月,参见《明实录》,台北:“中研院”史语所校印,1962 年,第 11 册,第 968 页。

⑤ 参见《龙虎山志》卷 8《爵秩》载《制》文,记为宣德五年,《藏外道书》第 19 册,第 506 页。

贯、白金50两，给牒度道士百人，帝后皆有银币之赐。英宗即位，入朝礼贺献醮，赐以金币。正统四年（1439年）又入朝献醮，祝太皇太后寿。次年，诰封其继室董氏为玄君。正统五年（1440年）、七年（1442年）、八年（1443年），三度入朝献醮，皆有赏赐，给牒度道士500人。

张懋丞之子张留纲早夭，懋丞将终之年，奏请由孙张元吉（1435—1477年）嗣代。正统十年（1445年）赴阙，诰授“正一嗣教冲虚守素绍祖崇法真人”，领道教事。① 次年召见，命书赵天君符，赐冠服圭佩金币之属，诰赠其父母真人、玄君号。请给上清宫紫微院道童徐孟卿等259人度牒。② 十四年（1449年）夏，因雷撤内殿瓦、雨浃旬不止，召入问对，命建祈晴醮于朝天宫。代宗即位，召入顾问者再，命建保镇国祚醮于大德观，降敕褒奖。次年，给道士度牒1000。③ 景泰三年（1452年）冬，命于内殿设醮，赐宴。次年命分献风云雷雨坛醮于朝天宫。景泰五年入朝，乞给道童420人度牒，胡濙为之请，许之。④ 八月丙申（十七日），加封为“正一嗣教冲虚守素光祖演道崇谦守静洞玄大真人”，掌天下道教事。奏请禁约私出符箓惑民取财，从之。⑤六年（1455年）春，召见于文华殿，问雷法之秘，命作符，代宗大悦，称赞说：“神明之胄，代不乏人，可谓善继矣。”⑥命建金箓、黄箓二大斋于灵济宫，据称有“卿云覆坛”、“鸾鹤群至”之瑞。天顺元年（1457年），英宗复位，张元吉入贺，命建祈谢醮于内庭，宠赉逾厚。六月丁巳（二十五日），改封为“正

① 《明英宗实录》系此于正统十一年五月己丑（二十二日），与封赠其父母同时，参见《明英宗实录》卷141，《明实录》，台北：“中研院”史语所校印，1962年，第16册，第2796页。

② 参见《明英宗实录》卷141，《明实录》，台北：“中研院”史语所校印，1962年，第16册，第2799页。

③ 此据《汉天师世家》卷4，《道藏》第34册，第838页。《明英宗实录》仅云：二月戊寅（九日）“正一嗣教真人张元吉请给上清宫道童周玄章等四百七十五人度牒。从之”，参见《明英宗实录》卷201，《明实录》，台北：“中研院”史语所校印，1962年，第18册，第4288页。

④ 参见《明史》卷299《张正常传》，北京：中华书局1974年版，第25册，第7655页。

⑤ 参见《明英宗实录》卷244，《明实录》，台北：“中研院”史语所校印，1962年，第19册，第5306页。《明史》云，元吉欲得大真人号，胡濙为之奏请而得。盖指此。（《明史》卷299《张正常传》，北京：中华书局1974年版，第25册，第7655页）

⑥ 《汉天师世家》卷4，《道藏》第34册，第838页。

一嗣教冲虚守素绍祖崇法安恬乐静玄同大真人”，掌天下道教事。[①] 七月，颁敕申禁伪出符箓及族属欺凌者。天顺三年（1459 年）入觐，再命传太上、延禧诸秘箓。次年，命陪祀天坛，问对称旨，赐金练衣，加封其母高氏为太玄君。五年（1461 年），召赴阙行醮于大内玄天祠，又命于承天门建祈谢禳荧醮，嘉奖深至，赐冠服剑器，从行弟子亦蒙赏赐。复召对，奏乞大赦天下。天顺七年（1463 年）正月，乞给道童 350 人度牒，礼部尚书姚夔谏阻之，诏许度 150 人。[②] 次年入朝，命书符劾治御座影响之怪，又进符水治英宗脚痛，设醮禳谢奉天殿空中怪声。宪宗即位，于天顺八年（1464 年）六月，加封为“正一嗣教体玄悟法渊默静虚阐道弘化妙应大真人”，加封其母高氏为“慈和端惠贞淑太玄君”。[③] 成化二年（1466 年）正月，宪宗遣中官赍良马文锦等为寿，命分献风云雷雨坛，建升真醮于大德观，敕申禁族属侵犯及诸人伪造符箓，并授赞教、掌书等道官助理教事。次年秋入朝，召见于大善殿，命以祖传印剑进览。十一月复召对，给正一嗣教大真人府金印，又加赐玉印各一颗，御书“大真人府”四字赐之，加封张元吉为“正一嗣教体玄崇默悟法通真阐道弘化辅德佑圣妙应大真人”，掌天下道教事，赏赐蟒衣玉带、冠履剑器圭佩之属，“宠赍独盛，朝野荣之”。

明代正一天师虽见重于朝廷，屡蒙召见赐封，常命设醮建斋，可谓荣耀已极，然自张宇初起，便露腐化之迹。《明史》卷 299 传称张宇初“建文时，坐不法，夺印诰。成祖即位，复之”[④]。又言他曾受法于刘渊然，后与刘不

---

① 参见《明英宗实录》卷 279，《明实录》，台北：“中研院”史语所校印，1962 年，第 20 册，第 5986 页。《汉天师世家》卷 4 记封此号为代宗景泰六年四月事（《道藏》第 34 册，第 838 页），但据《明实录》，景泰五年八月已封大真人，且此处诰封之名号乃由英宗正统十年所封真人号加字而成，当为英宗复位后改封，故从。

② 参见《明史》卷 299《张正常传》，北京：中华书局 1974 年版，第 25 册，第 7655 页；《明英宗实录》卷 348，《明实录》，台北：“中研院”史语所校印，1962 年，第 21 册，第 7015 页。

③ 《明宪宗实录》卷 6，《明实录》，台北：“中研院”史语所校印，1962 年，第 22 册，第 161 页；《明史》卷 299《张正常传》，北京：中华书局 1974 年版，第 25 册，第 7655 页。《汉天师世家》卷 4 记为英宗所封，盖误（《道藏》第 34 册，第 839 页）。

④ 《明史》卷 299《张正常传》，北京：中华书局 1974 年版，第 25 册，第 7654 页；《明太宗实录》卷 102，《明实录》，台北：“中研院”史语所校印，1962 年，第 7 册，第 1332 页。

协,相诋讦。[1] 张元吉虽荣耀至极,然"素凶顽,至僭用乘舆器服,擅易制书。夺良家子女,逼取人财物。家置狱,前后杀四十余人,有一家三人者"[2],是一个凶残的恶霸。成化五年(1469 年),有司以其恶迹上奏,宪宗怒,将张元吉械押至京,会百官廷讯,论死。刑部尚书陆瑜等奏请废正一真人号,停止世袭,未许。统治者当然还要利用正一真人的权威统辖道教,辅助世治。乃敕命择张天师族人袭真人位,有妄称天师印行符箓者罪不贷。张元吉虽判死刑,但以其权势和关系积极活动,坐牢两年后,竟免死罪,杖百,发配肃州充军。未几,又以夤缘获释为庶人。明朝政治之腐败,官僚间互相庇护利用的复杂关系,于此可见一斑。张元吉劣迹及被廷讯论死等事,其后代撰的《汉天师世家》当然隐讳不记,并掩饰云:"己丑(1469 年)冬,召见,命建金箓醮于朝天宫。辞归出游,历登名岳,探仙人旧隐之迹,去六载方还。"[3]发配充军,在这里竟变成了游览探胜的风雅之举。

成化五年(1469 年)四月张元吉被废后,宪宗谕"惟荫封为祖宗旧制,仍择其族人以授"[4]。虽有皇帝旨意,但遴选工作似乎进行得并不顺利,到成化七年(1471 年)十一月,刑部尚书陆瑜奏称:"犯人张元吉等当处罪,时奉旨以其子玄庆年幼免科,复以荫封真人为祖宗旧制,仍择其族人以授,已如旨奉行矣。今历二年,未见奏报,而玄庆乞恩,自称伦序居长,例应承袭。宜遣人驰驿至彼,责限官司保勘,毋复迟缓致罪。"宪宗准其奏。[5] 虽然官方似乎并不属意于罪犯之子,但张玄庆并未放弃,内中曲折今已难知其详,结果是成化八年(1472 年)三月"命张玄庆袭正一嗣教真人"。《明实录》载曰:"玄庆,元吉之子。元吉既宥死戍遣,其族人光范者与玄庆争袭,事下有司

① 参见《明太宗实录》卷 102,《明实录》,台北:"中研院"史语所校印,1962 年,第 7 册,第 1332 页。

② 《明史》卷 299《张正常传》,北京:中华书局 1974 年版,第 25 册,第 7655 页。

③ 《汉天师世家》卷 4,《道藏》第 34 册,第 839 页。

④ 《明宪宗实录》卷 66,《明实录》,台北:"中研院"史语所校印,1962 年,第 23 册,第 1327 页。

⑤ 参见《明宪宗实录》卷 98,《明实录》,台北:"中研院"史语所校印,1962 年,第 24 册,第 1873 页。

勘议，以玄庆伦序居长，至是始承袭。”①

张玄庆（？—1509年），字天赐，嗣为第四十七代天师。成化十三年（1477年）入觐，降旨聘成国公朱仪女为妻，次年诏赴南畿完婚，赐蟒衣玉带，诰授“正一嗣教保和养素继祖守道大真人”，领道教事，封其母吴氏为玄君。② 成化二十年（1484年）赐敕谕申禁诸人伪造私出符箓及偷盗放生。次年，特敕江西守臣重建大真人府第，命张玄庆降香大华盖山及铁柱宫。成化二十二年（1486年）入觐，命设醮于钦安殿，有玉带金币之赐。弘治戊申（1488年），明孝宗即位，张玄庆入朝礼贺，三年（1490年）夏，雷击谨身殿柱，命玄庆建祈谢醮，又命设醮祈皇嗣，次年太子生，赐玉带金冠蟒衣银币等。弘治九年（1196年），孝宗派遣太监李瑾、李珍赍御敕至龙虎山，命建保民大醮于大上清宫，以江西守臣邓原并两司掌印官陪祀。十一年（1498年）冬，应诏祈雪于朝天宫。次年春，命传太上、延禧秘箓，赐牙刻印记二函并金币。十四年（1501年）冬，诏携嗣子入朝，赐嗣子衣带，玄庆乞请致仕，许之。次年，遣玄庆祀长陵归，授致仕敕书。又遣赍香幡赴天目、葛仙、华盖、武当、鹤鸣五山，事毕，差通州卫指挥率官兵护送还山。弘治十八年（1505年），孝宗降御书褒问，并敕命张玄庆赍御前香烛，游武当、鹤鸣、葛仙三山降香礼神。正德四年（1509年）九月，卒于本山。

第四十八代天师张彦頨（1490—1560年）③，字士瞻，张玄庆子。弘治十四年（1501年）甫12岁，随父入朝，诰授“正一嗣教致虚冲静承先弘化真

---

① 《明宪宗实录》卷102，《明实录》，台北：“中研院”史语所校印，1962年，第24册，第1993页。

② 《明宪宗实录》卷172记诰封事于成化十三年十一月，只封“真人”，参见《明实录》，台北：“中研院”史语所校印，1962年，第25册，第3111—3112页。《龙虎山志》卷8《爵秩》载《制》文，也记为成化十三年版，见于《藏外道书》第19册，第507页。

③ 张彦頨生卒年版，据嘉靖四十一年（1562年）王詠撰、张永绪立《四十八代天师张彦頨墓志铭》，参见陈柏泉编著：《江西出土墓志选编》，南昌：江西教育出版社1991年版，第360—366页。《龙虎山志》卷8《爵秩》记“（嘉靖）三十九年版，致仕大真人张彦頨卒”，可证。（《藏外道书》第19册，第509页）但《汉天师世家》卷4及《龙虎山志》卷6记其卒于嘉靖庚戌（1550年），又说寿七十一，盖误“庚申（1560年）”为“庚戌”。

人”，掌天下道教事。[①] 武宗即位，入朝礼贺，奏对称旨。正德三年（1508年），颁给部牒，准度道士。五年（1510年），彦頨上疏请重修大上清宫，敕遣内官监太监李文会同江西镇巡等官督造。七年（1512年），召见，命陪祀泰坛，有蟒衣玉带之赐。九年（1514年）正月，赐度牒200道。[②] 十五年（1520年），武宗车驾南巡，有人奏言牛首山后湖有妖，召彦頨至行在，敕谕往除之。武宗主要热衷于西藏密教，相对而言，对道教的态度较为冷淡。至明朝崇道第一的世宗朝，对张彦頨及其教自然要更为重视。嘉靖元年（1522年），彦頨入朝贺世宗即位，召对问答，以清心寡欲对之，“宠赍孔殷”，请太上诸秘、延禧箓文以进。次年，诏聘安远侯柳文之女为彦頨继室，敕留都内外守备官陪往娶亲。这位天师，以迎合天子所好以博取宠遇著名史册，《明史》卷299传云：“彦頨知天子好神仙，遣其徒十余人乘传诣云南、四川，采取遗经、古器进上方，且以蟒衣玉带遗镇守中贵，为云南巡抚欧阳重所劾，不问。十六年（1537年）祷雪内庭有验，赐金冠玉带、蟒衣银币，易金印，敕称卿不名。”[③]嘉靖五年（1526年），赐诰加封张彦頨为“正一嗣教怀玄抱真养素守默葆光履和致虚冲静承先弘化大真人”，掌天下道教事，并敕授上清宫道士傅德岩、邵启南为赞教，金永寿、詹望奎为掌书等官，以佐理大真人，敕往祷于武当山。同年，张彦頨奏乞差官修造天师府第，准奏，敕遣内官监左少监吴猷，会同江西巡抚重建大真人府，增造敕书阁以藏累朝敕书诰命，于阁东建万法宗坛奉上帝列真，阁西建天师家庙祀历代天师，赐以铜铸神像及“掌法仙卿”银印、牙刻“宗传”之印，并诏户部查明上清宫田产之被豪民侵匿者，降敕禁护之。次年，张彦頨托舍人张显等以山中珍物进贡，世宗赐以御书。七年（1528年）入觐，命陪祀星辰坛。十年（1531年）复入觐，因迟到，问以原因，对以驿传艰阻，世宗乃下诏敕各巡按御史查治违慢有司之罪。次年，又敕遣内官监左监丞曹玉会同江西巡抚重建大上清宫。嘉靖十四年

① 参见《汉天师世家》卷4，《道藏》第34册，第840页。《龙虎山志》卷8《爵秩》载《制》文，记为弘治十五年（《藏外道书》第19册，第507页）。

② 参见《明武宗实录》卷108，《明实录》，台北：“中研院”史语所校印，1962年，第36册，第2221页。

③ 《明史》卷299《张正常传》，北京：中华书局1974年版，第25册，第7655页。

(1535年),张彦頨奏以本府庄田有司违例编寄庄各县差徭,下户部议,命悉蠲免。十六年(1537年)入觐,又以驿传违慢奏请迟到之罪,下旨追究戒饬。次年,命建金箓大斋于大内皇坛,有"白鹤绕坛、卿云捧日"之瑞,赏赐有加。又诏往齐云山建报谢祷禳大醮。十八年(1539年),彦頨生子,特降御书金币为贺,次年谕暂免入朝,以俾守护嗣子。二十年(1541年),诰赠其嫡母朱氏、生母宋氏及妻李氏、吴氏、柳氏元君号。① 二十一年(1542年),给道士度牒500,特敕江西巡抚、都御史,严禁抚州奸民伪出符箓。② 二十八年(1549年),诏携嗣子入觐,遣太监高忠至都门迎接,赐嗣子蟒衣玉带金帛,命录历代天师名讳进览,赐嗣子名曰永绪,后乞致仕,诏许之。

第四十九代天师张永绪(1539—1565年),字允承,嘉靖二十八年诰授"正一嗣教守玄养素遵范崇道大真人"③,掌天下道教事,诏聘定国公徐延德女为妻,敕成国公朱希忠、遂安伯陈鏸议行婚礼。嘉靖三十一年(1552年)入觐,降旨给予伯爵朝祭常服。次年,奉旨成婚。三十四年(1555年),奉敕改建正一、静应、祥符三观,工费不敷,上疏请益以落成之。三十七年(1558年)冬入觐,再召入对,命建保安大醮于朝天宫,赐以蟒衣玉带。四十三年(1564年)复入觐,次年又召见,与徐阶等七大臣宴坐便殿,敕命以张永绪为首席。又命设醮于内庭,复命主春祈祀典,归家未几而卒。④ 世宗遣行人姚光泮谕祭,命以伯爵例安葬,封其妻徐氏为"静和元君"。次年,特降敕禁族人侵害凌侮。嘉靖朝,几次降诏保护龙虎山田产,可见其时土地兼并非常严重,或有豪民危及道教天师田产,或者天师掠夺民田,乞奏保护。《万历野

① 《龙虎山志》卷8《爵秩》载《制》文,记为嘉靖二十一年(《藏外道书》第19册,第508页);而王詠撰、张永绪立《四十八代天师张彦頨墓志铭》记为嘉靖辛丑(二十年)(陈柏泉编著:《江西出土墓志选编》,南昌:江西教育出版社1991年版,第363页)。

② 《汉天师世家》卷4记此事于嘉靖二十年版(《道藏》第34册,第841页)。此据王詠撰、张永绪立《四十八代天师张彦頨墓志铭》(陈柏泉编著:《江西出土墓志选编》,南昌:江西教育出版社1991年版,第363页)。

③ 《明世宗实录》卷337记张永绪承袭父职在嘉靖二十七年六月,其时,"吏部言:正一嗣教大真人乃诰封时所加,其初袭止当真人,不宜滥封号。上谓此系见(现)职,无革夺理,仍令诰封时别赐之"。(《明实录》,台北:"中研院"史语所校印,1962年,第45册,第6159页)可见张永绪袭"大真人"号,其诰封或在嘉靖二十八年。

④ 《明世宗实录》卷550记:嘉靖四十四年九月"乙巳,正一嗣教大真人张永绪卒"(《明实录》,台北:"中研院"史语所校印,1962年,第48册,第8856页)。

获编》称张永绪“荒淫不检,死无嫡子”①。

除正一天师代代袭封大真人、掌天下道教事,召见问对,命主斋醮,荣耀无加外,明初中期正一派道士中受明室重用、宠赐荣贵可比于天师者,尚颇有其人,最著者为太、成、仁、宣四朝的刘渊然,成、仁、宣、英、景五朝的周思得,及世宗朝的邵元节、陶仲文。

刘渊然(1351—1432 年),赣县人,幼为祥符宫道士,师事元明间名道士赵宜真,得全真、清微二派之传,《净明宗教录》尊为净明道第六代嗣师,以能呼召风雷名世。洪武二十六年(1393 年),蒙太祖朱元璋召见,试以道术,赐号高道,命馆于朝天宫。永乐中,随从成祖至北京,升左正一,曾奉敕建金箓大斋七昼夜,公卿士大夫多与之往来,因性耿介,忤权贵,被谪置龙虎山,又移云南,居龙泉观三年。仁宗时召回,命居洞阳观,赐号“长春真人”,给二品印诰,与正一真人等。宣德初(1426 年),进号大真人。从而引起正一真人张宇清的嫉妒,恳请礼部尚书胡濙为他奏得大真人封号,以与刘渊然比肩。刘渊然命徒阐道云南,奏立大理、云南、金齿三道纪司,有功于云南道教的发达。《明史》称刘渊然“有道术,为人清静自守,故为累朝所礼”,“淡泊自甘,不失戒行”。② 刘渊然晚年告老,居南京朝天宫,御制山水图歌赐之。③ 荐其徒邵以正(?—1462 年),召为道录司左玄义。英宗正统中升右演法,九年(1444 年)十月奉命点校道藏经于禁中。④ 再升左正一,领京师道教事。代宗景泰四年(1453 年)十月“丙戌(三日),赐守玄冲静高士兼道录司左正一邵以正诰命”⑤。

① (明)沈德符:《万历野获编补遗》卷 4《真人张元吉》,北京:中华书局 1959 年版,下册,第 919 页。《明世宗实录》卷 550 云,张永绪卒时,“其妻徐氏以子自命方六岁,奏言孤寡恐为族党所欺,请赐封降敕如其先世元君董氏例”(《明实录》,台北:“中研院”史语所校印,1962 年,第 48 册,第 8856 页)。徐氏为其正室,似有子嗣。

② 《明史》卷 299《刘渊然传》,北京:中华书局 1974 年版,第 25 册,第 7656、7657 页。

③ 刘渊然墓于 2010 年 12 月在南京市南郊西善桥梅山村出土,墓志风化严重。参见南京市博物馆:《南京西善桥明代长春真人刘渊然墓》,《文物》2012 年第 3 期;岳涌:《明长春真人刘渊然墓志考》,《中国道教》2012 年第 2 期。

④ 参见《明英宗实录》卷 122,《明实录》,台北:“中研院”史语所校印,1962 年,第 16 册,第 2444 页。

⑤ 《明英宗实录》卷 234,《明实录》,台北:“中研院”史语所校印,1962 年,第 19 册,第 5101 页。

五年（1454 年）十二月“丙申（二十日），赐守玄冲静真人邵以正银印”①。英宗复位，天顺元年（1457 年）二月，具疏辞真人号，仍任左正一。八月乙巳（十四日），因张元吉奏保，复赐号“悟玄养素凝神冲默阐微振法通妙真人”，仍掌道教事。② 天顺六年（1462 年）八月卒，遣官致祭。③《明史稿》称其“廉静谦谨，礼度雍容，缙绅咸重之”④。

刘渊然、邵以正师徒虽以道术显，被看作正一道士，实多所师承，集全真、清微、净明诸派之传于一身。《净明宗教录》卷 6《刘渊然传》谓刘渊然从赵宜真得净明秘奥，“每与同辈处，语及修行，辄举忠孝为之主本”，“（赵宜真）复授以《玉清宗教》、《无极净明》等书”，故被净明道后学尊为嗣师。⑤

周思得（1359—1451 年），《明史》无传，生平主要见于习经所撰墓志铭⑥。思得，法讳养真⑦，号素庵野人，钱塘（今浙江杭州市）人。童年即颖悟过人，

① 《明英宗实录》卷 248，《明实录》，台北：“中研院”史语所校印，1962 年，第 19 册，第 5374 页。

② 参见《明英宗实录》卷 281，《明实录》，台北：“中研院”史语所校印，1962 年，第 20 册，第 6036—6037 页；《明英宗实录》卷 299，《明实录》，台北：“中研院”史语所校印，1962 年，第 20 册，第 6348 页。

③ 参见《明英宗实录》卷 343，《明实录》，台北：“中研院”史语所校印，1962 年，第 21 册，第 6949 页。邵以正生平，参见（明）商辂：《龙泉观通妙真人祠堂记》，《北京图书馆藏中国历代石刻拓本汇编》，郑州：中州古籍出版社 1989 年版，第 52 册，第 126 页。

④ （清）王鸿绪：《明史稿 · 方技传》，台北：文海出版社 1962 年版，第 6 册，第 317 页；《明英宗实录》卷 343，《明实录》，台北：“中研院”史语所校印，1962 年，第 21 册，第 6949 页。

⑤ 参见（清）胡之玫编纂：《净明宗教录》卷 6，南昌：江西人民出版社 2009 年版，第 168 页。

⑥ （明）习经：《寻乐习先生文集》卷 19《故履和养素崇教弘道高士管道录司事兼朝天宫大德观住持周思得墓志铭》，《四库全书存目丛书补编》，济南：齐鲁书社 2001 年版，第 97 册，第 175—176 页。对其生平的研究，参见丁煌：《台北藏明宣德本〈上清灵宝济度大成金书〉初研》，《汉唐道教论集》，北京：中华书局 2009 年版；张泽洪：《明代道士周思得与灵官法》，《中国道教》2006 年第 3 期。

⑦ 此据宣德七年（1432 年）神乐观提点杨震宗为周思得纂《上清灵宝济度大成金书》所作后序，见《藏外道书》第 17 册，第 625 页。其他文献多言其字养真，但宁全真传东华派有所谓“真真相传”，且传代之人法名实多含“真”字（详见前文）；杨震宗为当代高道，且其后序还提及林水南“法讳灵真”，说明其对东华派传人之俗字和法讳是有清楚分判的，故从。杨序还说周氏字思得，尚无确证，但亦有可能。如贝琼撰《故贞孝处士周公墓志铭》云：周天祐（1323—1371 年），字思顺，其先汴人，五世祖燧靖康末扈从高宗南渡，占籍于杭。［（明）贝琼：《清江贝先生文集》卷 30，李鸣校点：《贝琼

读儒书辄成诵。甫长，慕玄教，敦孝友于家。娶沈氏，生儿女各一，即弃绝家累，数从游方。礼杭州府道纪司都纪、宗阳宫提点丘月庵为师，习灵宝五雷神法，洞究玄微。① 自是放情湖海间，历谒名山，访求真逸，于玄理愈邃。《明一统志》云其“从四十三代天师张宇初读道家书”②，或在此时。偶坐外累，于永乐丙申（1416 年）谪戍登州（治今山东蓬莱县）。寻荷明成祖见知，驿召至阙，凡叩几微，神应响答。庚子（1420 年），诏建天将庙于宫城之西，以周思得领焚修。成祖连年北征，召扈从，大阐神休，屡著护国之勤，赐金织道衣并白金五十两、宝钞二百五十锭。③ 仁宗恒赐清问，恢拓天将庙，建玉虚、昭应二殿，月给薪米优赡。洪熙元年（1425 年），鼎建九天雷殿。④ 宣宗即位，眷遇尤隆，敕建玉皇宝阁，宣德五年（1430 年）改庙额为大德观⑤。宣德三年（1428 年），授“履和养素崇教高士”，次月获诰命。⑥ 宣德十年（1435 年），加授“履和养素崇教弘道高士”，管道录司事，兼朝天宫、大德观住持。正统癸亥（1443 年），英宗数召至奉天、武英二殿，书符咒净，阴翊灵感，赐金织紵丝二端、宝钞百锭。又因祷雨有验，赐宝剑、银盂、金冠、绣履、象简、玉

集》，长春：吉林文史出版社 2010 年版，第 185—186 页］据《故贞孝处士周公墓志铭》，周思得先世居汴梁，远祖随宋室南渡，寓籍于杭。二者家世相近，若有关联，命字或似，备考。少数材料记其名思德，据《明实录》，以及周思得宣德七年刻吕知常《道德经讲义》序末署名和钤“周氏思得”印，似以思得为正。（参见国家图书馆藏本，善本书号 08990）

① 参见周思得：《上清灵宝济度大成金书序》，《藏外道书》第 16 册，第 4 页。周思得作《寿度师月庵丘宗师》，收入《周真人集》，载（明）俞宪编：《盛明百家诗》，《四库全书存目丛书》，济南：齐鲁书社 1997 年版，集部第 306 册，第 629 页。丘月庵，见（明）于冕撰《宗阳宫记》，载（清）郑沄、邵晋涵：《（乾隆）杭州府志》卷 28，《续修四库全书》，上海：上海古籍出版社 2002 年版，第 701 册，第 663 页。

② （明）李贤等：《明一统志》卷 38，《文渊阁四库全书》第 472 册，第 970 页。

③ 成祖尝有敕曰：“尔周思得体尚净虚，术超灵异，祈旱魃而甘霖立沛，阐正法而魑魅潜踪，功绩显然。用仿古制，授官给符。尔其守真勿懈，奉道益虔，弘阐元宗，用副朕意。”见于（清）傅王露：《西湖志》卷 22，《四库全书存目丛书》，济南：齐鲁书社 1996 年版，史部第 242 册，第 26 页。

④ 参见（明）杨震宗：《上清灵宝济度大成金书后序》，《藏外道书》第 17 册，第 625 页。

⑤ 参见（明）沈榜：《宛署杂记》卷 18《御制大德观碑》，北京：北京古籍出版社 1982 年版，第 196—197 页。

⑥ 参见《明宣宗实录》卷 39、卷 41，《明实录》，台北：“中研院”史语所校印，1962 年，第 11 册，第 969、1007 页。

佩、法服、宝钞、彩段，遣中官陪送诣观。乙丑（1445年），建观于凤凰山，谋为退居之地，正统十一年（1446年）赐额太清观。[①] 景泰元年（1450年），归老杭州仁和县玄元庵，其徒至灵周道宁扶侍以去，俱特受恩旨。明年八月卒，遣使谕祭。赠谥“通灵真人”[②]。其子周士宁亦从之学道，任太常寺丞，先乃父卒，赠太常少卿。孙周福，亦任庙职。

周思得所擅为灵官法，明倪岳曰：“萨真人（萨守坚）之法，因王灵官而行；王灵官之法，因周思得而显。”[③]所谓王灵官，道教称为玉枢火府天将，故其庙始称天将庙。《道藏》收有《太上元阳上帝元始天尊说火车王灵官真经》[④]、《雷霆三五火车王元帅秘法》[⑤]、《豁落灵官秘法》[⑥]、《南极火雷灵官王元帅秘法》[⑦]等。思得行法之灵异，文籍屡载。如宣德五年（1430年）《御制大德观碑》云：“高士周思得，以赤心忠良王元帅之法，显于京师。元帅世称灵官，天之贵将也。其神最灵，无远近幽深，遂知来物，祷祈之至，凭人以告。明所几微，审于祸福，决于未然之先，验诸既然之后。我皇祖太宗文皇帝，数遣人试之，靡爽毫发，至于祛邪孽，除灾疠，随祷皆应。”[⑧]《客座新闻》

---

① 参见《敕赐太清观记》，《北京图书馆藏中国历代石刻拓本汇编》，郑州：中州古籍出版社1989年版，第51册，第153页。

② （明）李贤等：《明一统志》卷38，《文渊阁四库全书》第472册，第970页。《百川书志》著录其《弘道集》，称“通灵真人”。见于（明）高儒：《百川书志》卷13、卷17，《百川书志　古今书刻》，上海：古典文学出版社1957年版，第197、255页。成化十八年（1482年）彭华撰《敕赐宝极观记》，称“阐法通灵真人”。见于（清）张大昌：《龙兴祥符戒坛寺志》卷4，杭州：杭州出版社2007年版，第58页。嘉靖乙丑（1565年）俞宪辑《周真人集》，识语有云：“予采明诗，阙羽士，心以为歉。忽姚山人携《弘道集》视予，遂收刻之。弘道乃真人周思得谥。”见于《盛明百家诗》，《四库全书存目丛书》，济南：齐鲁书社1997年版，集部第306册，第629页。其后，明清之际张岱《夜航船》称“弘道真人”（成都：巴蜀书社1998年版，第328页），钱谦益《列朝诗集小传》同（上海：古典文学出版社1957年版，第676页）。或即因周氏高士号有“弘道”字、诗集曰《弘道集》，致有此说。据上述彭华撰《敕赐宝极观记》，周思得弟子昌道亨号“弘道真人”，师弟似不应同号。

③ （明）倪岳：《清溪漫稿》卷11，《文渊阁四库全书》第1251册，第125页。

④ 《道藏》第34册，第737—741页。

⑤ 《道法会元》卷241，《道藏》第30册，第488—493页。

⑥ 《道法会元》卷242，《道藏》第30册，第493—494页。

⑦ 《道法会元》卷243，《道藏》第30册，第494—495页。

⑧ （明）沈榜：《宛署杂记》卷18，北京：北京古籍出版社1982年版，第196—197页。

所记尤为生动具体，曰：

道士周思德（得）者，浙人也。初为火居，法行高妙，能附童体作书，所言多验。宣德中，朝廷命内使持香投词焚于坛，思德（得）不知也，乃伏坛，顷之附童飞五六里，所过山木皆焚，盖王灵官凭火轮降坛耳。旋入坛，拜伏思德（得），讨纸笔连书云：辽东某将有才略，亦兵少，可移某处若干助之；大同某将塌茸而贪贿，军有怨声，且无纪律，多至误事，可以某代之，如此则三边军势大振。中官即以所书进封。时上适问此三事，称旨，即命易将益兵，三边仰若神明云。①

要言之，以王灵官为召神役将的主将，"附体降神，祷之有应"②，能前知祸福，祛邪禳灾。

周思得以法术致显，获累朝宠渥，然其为时人所称者，不止于此。《两浙名贤录》云："尝扈从北征，役王灵官鞭虎前驱，虏见之大惊，遁去，杀获过当，尸横遍野。时当炎月，秽气触人。思得祷雪覆之，六军皆悦。"③可见对生命的尊重。弟子昌道亨称其"为人介直清修"④，盖非曲媚之人。习经谓其"平居宝慈俭，尤以利济为怀。每受赐赉，辄以周人窘急，与丧停而不能举者。人每系重狱，值苦寒，亦济以衣粮"，铭曰："列圣在御，清问时降。锡赉有加，载昭灵贶。灵贶孔多，已愈谦虚。力行不显，功成不居……尤宝慈俭，利济孜孜。金帛周急，恩赉奚私益。"⑤实有异于恃宠骄纵之流。

① （明）沈周：《石田翁客座新闻》卷6《王灵官显应称旨》，《续修四库全书》，上海：上海古籍出版社2002年版，第1167册，第206—207页。明沈仪《两湖麈谈》载："永乐中召赴京，寓大德观……每朝廷有问，则中贵赍御封词旨赴观，设香案焚之，周不与知也。顷之神降，则历历指陈如见。……其他灵验，不可殚纪。"见于（清）傅王露：《西湖志》卷22引，《四库全书存目丛书》，济南：齐鲁书社1996年版，史部第242册，第26页。

② （明）倪岳：《清溪漫稿》卷11，《文渊阁四库全书》第1251册，第125页。

③ （明）徐象梅：《两浙名贤录》外录卷2，《四库全书存目丛书》，济南：齐鲁书社1996年版，史部第114册，第739页。

④ （明）彭华：《敕赐宝极观记》，（清）张大昌：《龙兴祥符戒坛寺志》卷4，杭州：杭州出版社2007年版，第58页。

⑤ （明）习经：《寻乐习先生文集》卷19《故履和养素崇教弘道高士管道录司事兼朝天宫大德观住持周思得墓志铭》，《四库全书存目丛书补编》，济南：齐鲁书社2001年版，第97册，第176页。

周思得生前虽未获赐真人、大真人号，但其年寿绵长，经营大德观数十载，管领道录司、住持朝天宫亦有年，门徒百余，派下任职于道录司、太常寺者不乏其人，是明代初中期相当重要的一位高道。①

明世宗朝，皇帝崇道，大事斋醮，符箓方术之士因而大批贵显，其中最著者为邵元节、陶仲文，《明史》皆入佞幸列传。邵元节（？—1539年），龙虎山上清宫达观院道士，师事范文泰、李伯芳、黄太初，属正一派。宁王朱宸濠曾召之，推辞不赴。嘉靖三年（1524年），征召入京，世宗见之于便殿，命祷雨雪有验，授"清微妙济守静修真凝元衍范志默秉诚致一真人"②，命统辖京师朝天、显灵、灵济三宫，总领道教，赐以紫衣玉带及银、木、象牙印章。给事中高金谏阻之，世宗竟将高金下狱。自此居于京师，每预祀事，奉诏祈祷雨雪。敕建府第于城西，岁给禄米百石，拨校尉40人为护卫。嘉靖十二年（1533年），降敕赐以阜成门外八里庄谷大用入官庄田一区，共占地30顷，为本宫香火之资，蠲其租赋。邵元节又奏乞将永恩寺并园圃等入官，改为道宫，准奏，敕命翻新之，赐额曰元福宫，升正一道士、道录司右演法陈善道为右正一，兼任元福宫住持，蠲免其宫内一应粮草差役，下敕保护，禁欺凌侵占。又遣中使于江西贵溪建道院，赐额仙源宫。次年建成，邵元节奏乞归山，世宗手敕，命带校尉10名以供驱使。途中，邵元节奏称为大学士李时之弟员外李旼所侮，诏逮李旼狱。及还朝，舟至潞河，诏遣中官迎入，赐以蟒服及"阐教辅国"玉印，任道录司左正一，升太常寺丞，再升为中宪大夫、太常寺少卿。因祈祷皇太子生，拜礼部尚书，赐一品服。其徒陈善道、其孙启南皆沾恩进秩，善道封"清微阐教崇真卫道高士"，掌道录司事，邵启南官至太常寺少卿。嘉靖十八年（1539年），邵元节卒，敕授大宗伯职，遣内官监太监崔文同、工部郎官张镗、锦衣卫副千户陆壬护柩归葬，谥"文康荣靖"。嘉靖二十一年（1542年），准邵启南、陈善道奏，下敕保护邵元节之仙源宫，设提点、提举等官，给与印记。任邵元节徒孙道士彭云翼为右至灵，蠲免仙源宫坟茔田地五千亩粮差，拨坟户看守邵元节坟园。

① 参见陈文龙、郑衡泌：《周思得道派与明代道录司》，《世界宗教研究》2015年第4期。
② 《明史》卷307《邵元节传》，北京：中华书局1974年版，第26册，第7894页。

陶仲文(1475—1560年),湖北黄冈人,少为县掾,喜神仙方术,曾受符水诀于罗田万玉山,由邵元节推荐而深受世宗的宠信。嘉靖十八年(1539年),以道术治宫中黑眚、预言行宫中火灾,授"神霄保国宣教高士",寻封神霄保国弘烈宣教振法通真忠孝秉一真人,领道录事。食二品禄。盖主要承神霄雷法之传。世宗身体羸弱,仲文劝他玄修以保元神,清静宁一,自是世宗遂迁居迎和宫,事秘祷,以乞长生。后为世宗祈祷治病有功,嘉靖十九年(1540年)进封礼部尚书,特授少保,食正一品俸。久之,加少傅,仍兼少保。任其子世同为太常寺丞,其婿吴濬、从孙陶良辅为太常寺博士。嘉靖二十三年(1544年),又加少师,仍兼少傅、少保。《明史》卷307传云:"一人兼领三孤,终明世,惟仲文而已。"①其荣耀非诸儒臣可比。后来又授光禄大夫柱国,兼支大学士俸,荫其子世恩为尚宝丞,复以皇帝诞辰,加恩给伯爵俸禄,授其徒郭弘经、王永宁为高士。嘉靖二十九年(1550年),因谏言平冤狱以消灾,得雨,封为恭诚伯,岁禄二千石,其徒郭弘经、王永宁进升真人。其荣显逾于邵元节,为明代道士之冠,声势显赫,士大夫亦多夤缘以求上进。陶仲文曾请建雷坛于各乡县,为皇帝祝寿,公私沸然,御史杨爵、郎中刘魁谏阻之,下狱,官吏监工不力者多受贬谪。给事中周怡陈言时事,有"日事祷祀"之语,世宗大怒,命下诏狱拷掠长系。吏部尚书熊浃谏请不事乩仙,诏命削籍,于是朝臣皆不敢言,中外争献符瑞。嘉靖二十一年(1542年),世宗遭宫婢之变惊吓后,自以为因崇道而得大难不死,乃深居内宫,日求长生,事斋醮,不理朝政,诸大臣皆不得进见,独陶仲文得以时时见,见辄赐座,世宗称之为师,不称其名。小人辈如顾可学、盛端明、朱隆禧等,皆夤缘以进。《稗说》卷1则谓陶仲文实因点金术而得宠:

> 时上好道,建万寿宫于禁中,征天下善符箓与烧丹者延纳宫内,日夜设醮坛,求神仙不死药。命翰院诸词臣时时撰青词,焚坛上……会上闻陶名,遣使赐书驰驿征召。陶忘戒,诣阙。上赐对与语,悦之,拜万寿宫使。寻命点金,皆验。宠渥日盛,进称真人,出入禁中,舆盖卫从甚都。陶又得异术,能吞舟……陶数被诏点金,药已尽。仅一吞舟术,又

① 《明史》卷307《陶仲文传》,北京:中华书局1974年版,第26册,第7897页。

为上疑。知难久留，托言南中诸名山有神仙药可采，且可佐丹术，愿取之以进上……竟披绣横玉鼓吹刺舟漕渠间。及抵南日，招致四方妄人，求幻惑术媚上，迟久无所得。①

《明史》卷307传云："仲文得宠二十年，位极人臣。然小心缜密，不敢恣肆。"②《戒庵老人漫笔》卷7解释云："上即宠用仲文，不欲令预朝政。乃仲文实无他方术，在上左右最久，亦心惮上威严不测，不敢他有所奸。"③世宗所宠用的方术之士，如段朝用、龚可佩、蓝道行、王金、胡大顺、蓝田玉之流，不久皆败，多遭杀身之祸，唯独陶仲文能终其荣禄于嘉靖朝者，盖由其善体君意、谨慎明敏，不敢过分伪妄所致。

除刘渊然、周思得、邵元节、陶仲文外，明初中期，正一道士中以方术道法显于时，受朝廷任用，及获封号高官者还很多。如《宋文宪公全集》卷11《大上清正一万寿宫住持提点张公碑铭》，记龙虎山明远院道士张修文（名友霖，字修文）于洪武辛亥（1371年）辟为教门高士，寻提点大上清正一万寿宫。同书卷8《送黄尊师西还九宫山序》，谓九宫山道士黄中理（道名守逸，号菊山）曾见朱元璋于江汉，应对称旨。卷9《周尊师小传》，记嘉禾紫虚观道士周玄真洪武间至京师求雨，任为神乐观提点。《典故纪闻》卷14，记天顺八年（1464年）升左正一孙道玉为真人，给诰命，"道士乞恩膺封自此始"④。《龙虎山志》卷7载，元末上清宫洞观院道士蒋雷谷，游蜀得掌心雷秘，于明太祖洪武初授神乐观知观，升五音都提点，成祖永乐中还山，度弟子颜福渊、吴嗣育。吴葆和，亦明远院道士，洪武初授道录司左至灵，兼朝天宫住持。《宋文宪公全集》卷30《邓炼师神谷碑》谓有张正常之徒、龙虎山紫微院道士邓仲修者，被张正常荐举，于洪武四年（1371年）召至京师，问以雷霆鬼神之事，任为温州玄妙观、杭州龙翔宫提点。《道家诗纪》卷31记，林复真（一作复贞）字刚伯，号止庵，又号大同子，常熟人，永乐初入龙虎山为

---

① （清）宋起凤：《稗说》卷1《陶真人》，《明史资料丛刊》（第二辑），南京：江苏人民出版社1982年版，第14—15页。
② 《明史》卷307《陶仲文传》，北京：中华书局1974年版，第26册，第7898页。
③ （明）李诩：《戒庵老人漫笔》卷7《陶仲文传》，北京：中华书局1982年版，第290页。
④ （明）余继登：《典故纪闻》卷14，北京：中华书局1981年版，第249页。

道士，预修《永乐大典》，校正道书，洪熙改元（1425 年），以老疾辞归，授本县道会，居致道观，有《止庵集》行世。① 王志玄，随林复真龙虎山校正道书，张宇清器之，给祠部牒，有司荐送考补道会，祷雨旸辄应，又兴葺道宇，号秋崖道人。②《龙虎山志》所载正一道士之显要者还有：

曹大镛，龙虎山仙隐院道士，洪武间赐号光岳先生，授道录司左演法，“道法为当时所称”。

张迪哲，工篆隶，洪武十七年（1384 年）任上清宫提点。

林靖乐，龙虎山崇禧院道士，永乐初赴召，授道录司左演法，加武当山南岩宫提点，“都督武当事”。

邓景韶，龙虎山三华院道士，永乐中授道录司左演法，奉敕改芝山堂为栖碧堂，御制诗并额赐之。

吴伯理，龙虎山道士，永乐中任上清宫提点，随张宇初访张三丰，入蜀居鹤鸣山，通经史，工诗文，精篆隶，能画枯木竹石。

连克章，龙虎山浴仙观道士，成化初赴召，授道录司左至灵，加太常寺丞，升太常卿，钦差取经，卒于京。

王绍通，龙虎山凤栖院道士，以道法灵应名，于英宗天顺间赴召，赐冠剑法衣。第四十六代天师张元吉待以师礼，授赞教，兼掌真人府法箓都提点。

操克宏、颜福渊、黄嘉佑、龚继宗，皆龙虎山道士，于宣德九年（1439 年）同被召赴京师，奏对称旨，俱授道录司左至灵。

段文锦，龙虎山洞观院道士，“道法显应，祈祷如响”，于成化间赴召，廷对称旨，授职真人府赞教。

周应瑜，龙虎山凤栖院道士，于成化间敕授赞教、法箓都提点，号明诚文节先生，诗文集名《皆春集》。

李伯芳，龙虎山洞观院道士，因曾为邵元节师，于嘉靖中赠“宏范真人”号。

黄太初，邵元节师，嘉靖间追赠为“清微安恬养默抱一履和守顺凝虚体

① 参见（清）张谦：《道家诗纪》，《藏外道书》第 34 册，第 447—448 页。

② 参见（清）高士鷞等：《（康熙）常熟县志》卷 22，《中国地方志集成·江苏府县志辑》，南京：凤凰出版社 2008 年版，第 21 册，第 559 页。

元翊教真人”。

王用佐，龙虎山浴仙观道士，嘉靖中从邵元节入觐，授元福宫住持。

张定汉，龙虎山紫微院道士，嘉靖初授上清宫提点，奏请重修上清宫庙宇。

陶隐贤，亦浴仙观道士，嘉靖初随四十九代天师张永绪入觐，授上清宫提点，申明旧制，奏免差役。

吴尚礼，龙虎山达观院道士，随邵元节赴召，授道录司左至灵，升左正一。

王时佐，亦达观院道士，授道录司左正一，兼龙虎山大上清宫住持，升高士。

方定相，亦达观院道士，王时佐徒，随师赴召，世宗爱其文雅，授道录司左至灵，升右演法。

永乐中大兴武当山，敕命天师张宇清举荐道士任各宫观提点等职，据《大岳太和山志》记载，其所荐皆为正一道士，尤以龙虎山法师为多。比如，邵庆芳，幼从龙虎山上清宫学道，洪武二十四年（1391 年）以道行荐于朝，奉命差往广东清理道教。永乐十一年（1413 年），张宇清举荐为玄天玉虚宫提点。① 林子良，幼从龙虎山上清宫出家，永乐十一年荐为玄天玉虚宫副宫，永乐十七年（1419 年）升大圣南岩宫提点。② 徐复高，永乐十四年（1416 年）荐任紫霄宫住持。③

《万历野获编》卷 13 谓胡濙荐同里人、道士蒋守约，历官至礼部尚书、太常卿。景泰间又荐道士仰弥高为右玄义。④

道士中以道术方术荣显者，宪宗成化朝为多。《明通鉴》卷 31 谓成化

① 参见《大岳太和山志》卷 7，《藏外道书》第 32 册，第 930—931 页。

② 参见《大岳太和山志》卷 7，《藏外道书》第 32 册，第 931 页。

③ 参见《大岳太和山志》卷 7，《藏外道书》第 32 册，第 932 页。其余任职武当山宫观的正一道士，见《大岳太和山志》卷 8 对各宫观的介绍，《藏外道书》第 32 册，第 933—947 页。

④ 参见（明）沈德符：《万历野获编》卷 13《礼部三失印》，北京：中华书局 1959 年版，中册，第 337 页。

四年(1468年),“羽流加号真人、高士者亦盈都下。佞倖由兹更进矣”①。《万历野获编》卷27称“成化一朝,僧道俱幸”②。如邓常恩、赵玉芝、王文彬等,皆以方术得官。邓常恩于成化十七年(1481年),由道录司右至灵升任太常卿,其进升乃由献房中术。王文彬,号“静一冲元守道清修履和养默崇教抱朴安恬真人”,成化二十三年(1487年),任其父为太常寺丞,母封安人。孝宗朝,有道士崔志端掌太常寺,带衔为礼部尚书。嘉靖朝,道士方士以术得封号官位者更众。如道士徐可成,至礼部尚书,荫其徒眢义金为太常博士。道士顾玒,以扶乩术任太常卿,在显灵宫奉祀香火,曾奏乞赐祭葬其妻王氏。又道士金赟仁,任太常寺、礼部左侍郎,三年考满,为其徒协律郎陈自暹求荫,升为太常典簿。“甫逾年,而赟仁与自暹各私娶妻,即居神乐观中,且毁天坛地以广私室,为乐舞生所发,上下刑部议罪,发赟仁为民,自暹永戍边卫”③。嘉靖二十七年(1548年),授陶仲文徒郭弘经号“清微辅教志静宣诚高士”,王永宁号“清微辅道翊范通真高士”,各赐以印,越二年,二人皆升为真人。此二人盖皆由斋醮祈祷得封。乃至一类愚憨道士,亦有因故而得官者,如前文曾提及的龚中佩,《明史》入《佞幸传》,据《万历野获编》卷27《道士入直内庭》云:

> 道士龚中佩者,幼入崑山县之猛将庙,落魄贫苦,漫游京师,因入真人陶仲文名下,得交撰青词诸人。其人愚憨好酒,乃羽人之下劣者,然幼熟道书,尽知诸神名号,入直诸老,时从考问诸灵位业。遂为婚娶,荐为太常博士,驯至太常少卿。上命入内庭教习诸宫人科仪,然时酣酗,侮诸中贵,因恨,思中之。一日出饮于刑部郎邵畯家,上偶呼不至,为诸珰所谮,上大怒,下诏狱杖死。④

嘉靖朝道士方士之得宠与其不肖,于此可见一斑。道士方士之荣贵,世

① (清)夏燮著,沈仲九标点:《明通鉴》卷31,北京:中华书局1959年版,第1198页。

② (明)沈德符:《万历野获编》卷27《真人封号之异》,北京:中华书局1959年版,下册,第696页。

③ (明)沈德符:《万历野获编》卷27《道士娶妻》,北京:中华书局1959年版,下册,第697—698页。

④ (明)沈德符:《万历野获编》卷27《道士入直内庭》,北京:中华书局1959年版,下册,第700页。

宗皇帝之崇道，引起当时不少正直儒臣的抗议，犯颜直谏者不乏其人，前文已提到杨最、刘魁、杨爵等人。其他如嘉靖十一年（1532年），翰林院编修杨名奏言：“真人邵元节，猥以末术，过蒙采听，尝令设醮内府，且命左右大臣奔走供事，遂至不肖之徒，有昏夜乞哀，出其门者，书之史册，后世其将谓何！”①又如名臣海瑞，于嘉靖四十五年（1566年）二月，备棺椁，散僮仆，诀别家人，呈《直言天下第一疏事》，以死谏之：

> 今乃修斋建醮，相率进香，仙桃天药，同辞表贺。建宫筑室，则将作竭力经营；购香市宝，则度支差求四出。陛下误举之，而诸臣误顺之，无一人肯为陛下正言者，谀之甚也……陛下受术于陶仲文，以师称之。仲文则既死矣，彼不长生，而陛下何独求之……此左右奸人，造为妄诞以欺陛下，而陛下误信之，以为实然，过矣。②

而世宗终不能悟，逮海瑞下狱。是年冬，世宗误食丹药而卒，这个崇道昏君终于受到了应得的惩罚。

二、正一道诸宗派的传续

诸符箓道派会归为正一道虽然是一种大的趋势，且历代天师对正一道的总体管辖得到统治者的认可，但实际上，正一道这个大联盟内的各宗派也还保持着自身的传承，而且还有新派别产生。

莫月鼎神霄雷法一系在明初继续传承。胡道安，字安谷，吴江（今属苏州）人，苏州玄妙观道士。晚遇至人授青城太乙雷书及斩勘魖魔法秘旨。洪武末，吴中大旱，郡守延其致祷辄应。人称胡风子。张景忠（1380—1440年），俗称张皮雀，后更名道修，别号云峰，长洲（今属苏州）人。入玄妙观礼胡道安为师，“胡盖得雪溪莫月鼎之传，然秘其术，不肯授人”。景忠得其传，数著灵异，正统五年（1440年）四月无疾而终，年61岁。张宗茂，号贞庵，为莫月鼎徒裔张善渊嫡嗣。成化三年（1467年）大旱，郡守邢某命宗茂祷之立应，此后雨旸弗若咸属之，屡著奇验。嗣天师授札俾知观事，加号

① （清）夏燮著，沈仲九标点：《明通鉴》卷55，北京：中华书局1959年版，第2090页。

② 《明史》卷226《海瑞传》，北京：中华书局1974年版，第19册，第5928—5929页。

“雍端信惠阐教法师”①。又有郭守源,字本中,为周玄真弟子。洪武初,选居神乐观,授天坛奉祀。朝廷有大醮,辄敕其辅嗣天师蒇事,眷赐甚隆。永乐初,擢道录司左至灵,佐领天下玄教,住持朝天宫。及卒,皇太子制文谕祭。②

南宋时张道清开创的九宫山御制派,仍在传续。第九代黄守逸活动于明初。据《九宫山志》载,黄守逸,义宁(今江西九江市修水县)双井人,号菊山,初名中理,是黄庭坚八世孙。元末,为光州固始(今河南固始县)县尉,因患半身不遂,弃官归家。有金华君者疗其疾。遂入道,拜九宫山车可诏为师。明太祖平陈理,黄守逸下山至鄂渚迎驾,奏对称旨。洪武四年(1371年),太祖又召至南京,设宴款待。归时,朝官赠诗甚夥。正德(1506—1521年)年间,九宫山遭遇兵火,殿宇俱烬。第十四代樊祢峰,字楼云,率徒渐次重新,嘉靖五年(1526年)改立石坊(真牧坊)。熊伯通撰《瑞庆宫改建石坊记》记其事。樊祢峰91岁羽化,其徒孙方端肃、周端熹、舒端棠、金端表、陈端珩、方端简、刘端祥等分别住持七处宫观,即九一、万寿、承露、启元、永隆、石城、隐泉。之后,御制派传人未见记载,但也并未断绝。到了雍正朝,宋宁宗所订40个派字接近用完,又由兴国(今湖北阳新县)进士刘晋元接续40字:“增广开雍基,修持正本支。秀钟贤达立,福寿海山齐。妙悟承嘉祉,融通得静机。万年类永锡,佐国瑞云奇。”此见于白云观藏《诸真宗派总簿》,说明御制派清末民初仍在传承。③ 据云,到近代,此派可能已传至福字辈。④

河北易州龙兴观,旧传正一天心道法,在有元一代发展得甚是欣欣向荣。然而,“元季鼎沸,正殿倾颓,门楣朽剥,碑碣仆地,甚非修真之所。虽

① 胡道安、张景忠、张宗茂三人,参见《玄妙观志》卷3,《三洞拾遗》,合肥:黄山书社2005年版,第15册,第679—680页。张景忠,可参见(明)都穆:《都公谭纂》卷上,《续修四库全书》,上海:上海古籍出版社2002年版,第1266册,第656—657页。

② 参见(明)王鏊:《(正德)姑苏志》卷58,《文渊阁四库全书》第493册,第1110页。

③ 关于《诸真宗派总簿》的大致编撰时间,参见王卡:《诸真宗派源流校读记》,熊铁基、麦子飞主编:《全真道与老庄学国际学术研讨会论文集》上册,华中师范大学出版社2009年版,第49—75页。《九宫山志》所记嘉庆年间任道会的曹开缘(《中国道观志丛刊》第7册,第101页),当为此续谱第三代。

④ 参见刘嗣传:《九宫山与道教御制派》,《中国道教》2002年第4期。但此文记字辈为“福肇”,据《诸真宗派总簿》为“福寿”。

存道流，忍心坐视，略不兴念一整。自国朝永乐以来，有邻民辈因见观中无主持者，率将周环故址侵占以为己产”①。至宣德四年（1429 年），住持耿景顺率徒兴复，数年始成。碑载，耿景顺，萧县（今安徽萧县）人，自幼出家，甘嗜淡薄，酷尚清虚。始游方，学道于灵济宫，得真筌。后遇至人，得口传心授之秘旨，详究七返九还金液之妙。灵宝法事，流通疏畅；《道德》《阴符》，过目无遗。奉道录司之命，住持龙兴观，始志兴复。乃于宣德四年二月十四日赍本赴阙，奏奉圣旨，令募缘修盖。行在礼部移文易州，保勘被占土地退还该观。于是率诸徒张通微、陈道兴、吴景胜等，法孙刘惟勤、郑福初、和玄秀等，共同募缘鸠工。其事经四十五代天师奏上，授以“上清三洞五雷经箓悟玄纯素法师”之号。② 在王曾撰碑的碑阴，列怀远将军保定后卫指挥左能、前道正汪道清等助缘官民士庶芳名。在房景敫撰碑的碑阴，列《龙兴观恒产形图》、本观及下院嗣法弟子名录及各处恒产界畔，尤为重要的是，刻有本宗宗派字谱：“守景通玄性朗然，悟明觉净法常延。渊弘道德徽宗印，妙本清真广泰圆。”征之嗣法弟子名录（共 73 人），大部分符合这一派字，为景、通、玄、性辈弟子（58 人）。但从上述二碑也可看到，此时龙兴观的下院有豹泉玉泉观、城西北上清观、张家庄玄真观、淇村云溪观、流井清真观、涞水太虚观、乐平村东溪观、上庄清溪观、三阳观、岳灵观、黄耳庄云溪观等等，其中一些在元代即为龙兴观下院；且据上引碑文，耿景顺住持该观以前，观内是有道流的。因此，耿景顺开创的这一宗派与龙兴观原有的天心派究竟关系如何，还有待新材料来说明。

据任自垣《大岳太和山志》记载，武当清微派在元末明初也仍有传承。单道安，均州（今湖北丹江口市）人，“从南岩张真人（即张守清，创建南岩天一真庆宫）学，精究道法，执弟子礼，殷勤弗怠。真人升举之后，潜藏于叠字峰，屏绝人事，服气养神，固有年矣。洪武初游方，遍览西华、终南诸名山，道化盛行，济人为大，仍居圜堵于重阳万寿宫，以平昔所授（受）玄秘付与门

① （明）房景敫：《大明保定府易州重修龙兴观住持耿景顺功行碑》，转引自王雪枝：《易州龙兴观现存元明两代碑铭镌文传录补正》，《宗教学研究》2012 年第 1 期。

② 据房景敫碑及王曾撰《重建龙兴观悟玄纯素法师功行碑》，均转引自王雪枝文传录。

人,厌弃而去。弟子李素希携冠履瘗于五华仙茔”①。从上述行事来看,他继承了乃师兼传清微与全真的特色。另外还有一些派系不明的清微法师,因任职武当山宫观而见于载记。王一中,湖广人,从龙虎山上清宫高士游,得清微至道符水,济人御灾多灵验,永乐十一年(1413 年)张宇清举荐为大圣南岩宫提点。② 钱若无,京口云阳(今属江苏镇江)人,少从清微法师度为道士,正一斋醮之法无不研究,永乐十三年(1415 年)钦选静乐宫焚修,永乐十六年(1418 年)张宇清举荐为本宫提点。③ 还有永乐十七年(1419 年)钦除静乐宫提点“太平府文昌宫清微法师张太和”④。

北京通州区张家湾镇地处古大运河的最北端,在元明以来漕运鼎盛时期,实当进出京城的要冲⑤,里二泗村又是该镇的一个重要闸口、码头。因此,里二泗村佑民观供奉妈祖、河神,香火旺盛,为一方伟观。嘉靖《通州志略》载:“佑民观,原张家湾里二寺。嘉靖十九年(1540 年)钦改佑民观。”⑥康熙《通州志》云:“佑民观,张家湾天妃庙也。旧名里二泗寺。凡运船往来,于此修醮。明嘉靖十四年(1535 年)道士周从善奏请赐额,观曰佑民,阁曰锡禧。”⑦本观开山周从善来自龙虎山天师府,于此肇开一派,称“佑民派”,《诸真宗派总簿》称“正乙派”,并说此派于光绪八年(1882 年)八月续谱,总成 40 字。⑧

① (明)任自垣:《大岳太和山志》,《藏外道书》第 32 册,第 925 页。

② 参见(明)任自垣:《大岳太和山志》,《藏外道书》第 32 册,第 931 页。

③ 参见(明)任自垣:《大岳太和山志》,《藏外道书》第 32 册,第 931 页。

④ 参见(明)任自垣:《大岳太和山志》,《藏外道书》第 32 册,第 938 页。

⑤ 《通州志略》云:“张家湾,在州城南一十里,南北水陆要会之处。人烟辐辏,万货骈集,为京东第一大马(码)头,日日为市。”见于(明)杨行中纂辑,刘宗永校点:《(嘉靖)通州志略》卷 1,《北京旧志汇刊》,北京:中国书店 2007 年版,第 1 册,叶十六。

⑥ (明)杨行中纂辑,刘宗永校点:《(嘉靖)通州志略》卷 12,《北京旧志汇刊》,北京:中国书店 2007 年版,第 4 册,叶二二二。据杨行中《通州志略序》(第 1 册,序叶一),此志稿成于嘉靖丁未(1547 年),且杨行中为本邑人,故改观名之时间宜依此。

⑦ (清)吴存礼:《(康熙)通州志》卷 2,《中国地方志集成 · 北京府县志辑》,上海:上海书店 2002 年版,第 6 册,第 464 页。

⑧ 参见《白云观志》卷 3《清真宗派总簿》,《藏外道书》第 20 册,第 578 页。有关本派传系的口碑材料,参见冯鹤:《通州佑民观小考》,《中国道教》2012 年第 3 期。

三、张天师主持国家斋醮

明初中期皇帝崇信道教，国家的斋醮活动很多。统治者对正一道进行扶植，张天师更是受到诸帝的重视，故明代国家举行的斋醮仪式，多命龙虎山张天师主持。从洪武至永乐年间，第四十三代天师张宇初为国建玉箓大斋、荐扬玉箓大斋，在皇宫传延禧法箓，祷雨祈晴，遣弟子分祭武当山及群岳。第四十四代天师张宇清至第四十九代天师张永绪，先后为国建金箓大斋、祈谢金箓大斋、玉箓大斋、祈谢大斋、普度大斋、升真大斋、普度醮、保安醮、祈年醮、祈祝醮、祈谢醮、祈圣嗣醮、保民大醮、祈雪醮、祈谢禳荧醮、升真醮、保国安民大醮、金箓报恩延禧普度罗天大醮等。据《皇明恩命世录》、《汉天师世家》、《大岳太和山志》、《徐仙真录》、《龙虎山志》、《明季北略》、《崇祯实录》、《淡然轩集》等书记载，明代张天师共为国斋醮 84 次。①

明成祖永乐五年(1408 年)，四十三代天师张宇初在南京朝天宫举行荐扬玉箓大斋，为刚去世的徐皇后超度，这次大斋长达百日，是历史上所见时间最长的一次斋醮法会。② 永乐十七年(1419 年)，四十四代天师张宇清在福建洪恩灵济宫建斋七日，集浙江、湖广、江西、福建道士七千余人参加斋会，创造了斋醮人数最多的历史纪录。翌年所建的玉箓大斋，也有一千八百名羽士的规模。③

当时的南京朝天宫，北京洪恩灵济宫、钦安殿、大德观、神乐观，龙虎山上清宫，都是张天师为国家斋醮的坛场。张宇初于洪武十八年(1385 年)，

① 参见庄宏谊:《明代道教正一派》，台北:台湾学生书局 1986 年版，第 175 页。

② 《皇明恩命世录》卷 3《命建斋有应奖敕》载奖敕张宇初曰:“仁孝皇后崩逝，特命尔率诸道众，爰举荐扬，启玉箓之斋科，宣琅函之秘典。百日之内，瑞应骈臻。灿五色之庆云，烂九天之瑞霭。青鸾缭绕于琳馆，白鹤飞舞于瑶坛。”见于《道藏》第 34 册，第 792 页。苏州道士杨茂林参与此次醮事，见于(清)李铭皖等:《(同治)苏州府志》卷 135，《中国地方志集成 · 江苏府县志辑》，南京:凤凰出版社 2008 年版，第 10 册，第 471 页。

③ 《皇明恩命世录》卷 4《命祷于福建灵济宫瑞应奖敕》敕张宇清:“比者洪恩真君，于福建灵济宫修建金箓大斋，醮谢上真，为朕祈贶。特举尔代行科事。启坛之初，阴雨开霁，天日融明。既至，敷宣秘典，藏扬大范，天人和同，百灵翕集。而七日之内，嘉祥迭荐，景贶骈臻。”永乐十八年(1420 年)召见张宇清，“命率羽士千八百人，修玉箓大斋”。见于《道藏》第 34 册，第 795 页。

“祷雨于神乐观,随应。永乐中,建玉箓大斋,有庆云覆坛、鸾鹤交舞之瑞”①。清谷应泰《明史纪事本末》卷52《世宗崇道教》说,嘉靖十七年(1538年),明世宗“命建金箓大斋于内皇坛,白鹤绕坛,卿云捧日,赏赉天师张彦頨有加”②。

明代皇室以有道号为荣,张天师遂有为皇室传箓之责。张天师奉命在皇宫进太上延禧箓,并在皇宫开建延禧醮。③ 邵元节曾奉敕为国家建金箓醮事,因祷祀功加授礼部尚书,给一品服俸。④ 永乐初,刘渊然曾为国家建金箓大斋。⑤ 明代神乐观乐舞生系道士选充,实际是国家的道乐团,专门为国家斋醮祭祀服务。

明代武当山是皇室家庙,国家的斋醮活动颇为盛行。明皇室对武当山道教十分重视,明成祖让张宇清“俾选有道行羽士,为武当山住持”⑥。明诸帝生日及太子生日、玄帝圣诞及冲举日,武当山宫观都要例行建斋醮,明代张天师曾四次奉命到武当山主持醮典。⑦《大岳太和山志》卷2《大明诏告》,载明永乐二十二年(1424年)秋七月,自称“上清三洞宝箓灵宝领教玄化真人、南曹执法仙宰、都天大法主行诸司院府便宜事、嗣教四十四代天师”的张宇清撰写《金箓大醮意》说:

今宫观告成,乃以永乐二十二年七月十九日为始,至二十五日圆

① (清)谢旻:《(雍正)江西通志》卷104《仙释》,《文渊阁四库全书》第516册,第462页。

② (清)谷应泰:《明史纪事本末》,北京:中华书局1977年版,第2册,第786页。

③ 《汉天师世家》卷3载,四十三代天师张宇初“传太上延禧法箓,建延禧大醮五坛”。《汉天师世家》卷4载,四十五代天师张懋丞“传太上延禧箓,建延禧醮于大内,礼成,赐冠服剑佩之属”。见于《道藏》第34册,第836、837页。

④ 谷应泰《明史纪事本末》卷52《世宗崇道教》说:嘉靖十五年春正月“为祷雪辄应,命为致一真人,领金箓醮事,给玉金银象印各一”。“十一月,大修金箓醮于立极殿七日夜,以谢储祥。”见于(清)谷应泰:《明史纪事本末》,北京:中华书局1977年版,第2册,第785、786页。

⑤ 王直《长春刘真人祠堂记》载:“擢右正一,永乐初迁左正一,建金箓大斋,有醴泉甘露鸾鹤之祥,而宠赉备至。”见于(明)王直:《抑庵文后集》卷5,《文渊阁四库全书》第1241册,第427页。

⑥ 《汉天师世家》卷3,《道藏》第34册,第836页。

⑦ 参见杨立志:《元明正一天师与武当道》,《武当学刊》1996年第2期。

满，特命正一嗣教真人张宇清率领道众于玄天玉虚宫修建金箓报恩延禧普度罗天大醮七昼夜，计三千六百分位。分就静乐宫、兴圣五龙宫、太玄紫霄宫、大圣南岩宫、大岳太和宫、遇真宫讽诵经诠，积崇善果，少伸诚恳，以答天心。①

此次罗天大醮供奉神位三千六百分位，其实采用的是普天大醮的仪格。张宇清还撰写《延禧表式》、《青词式》奏达天庭。嘉靖五年(1526年)，明世宗《命祈祷于太和山敕》特谕第四十八代天师张彦頨："今朕命尔前诣玄天福地，修建清醮，一以为国大本，一以为民祈福。尔务精一乃心，恭虔致恪。"②

明世宗嘉靖年间(1522—1566年)，可谓是中国历史上斋醮香火最旺的时代。嘉靖之初，世宗听信太监之言，在乾清宫"修斋醮，奏青词"，"不斋则醮，月无虚日"。③ 事无大小，系请于神，不验则请之再三，有验则行大醮以谢神佑。明沈德符《万历野获编》卷2载："每建金箓大醮坛，则上必日躬至焉。"④沈德符说世宗朝斋醮的费用惊人，每一次举行斋醮，耗赤金数千两，还不计其他费用。醮场的门坛匾对皆用金书，屑金为泥，仅此一项，即耗金数十盌(碗)。明给事中郑一鹏亦说：世宗"一醮之费，金钱万余，以月计之，不知几万"⑤。

四、张宇初振宗兴教的构想及其对教规教义的贡献

明初中叶，正一道士荣贵者虽甚夥，但他们对教义的发挥并不多，著述无几。正一天师中，能文者不多，四十二代张正常著有《汉天师世家》11卷，列历代天师传记，宋濂为之作序，后人为之补撰，写至第四十九代天师张永绪而止，书存《道藏》中。第四十四代天师张宇清有《西壁文集》传世，其书已佚。第四十三代天师张宇初，博学能文，为历代天师中著述最多者，有

① (明)任自垣：《大岳太和山志》，《藏外道书》第32册，第833页。
② 《皇明恩命世录》卷8，《道藏》第34册，第806页。
③ (清)夏燮著，沈仲九标点：《明通鉴》卷50，北京：中华书局1959年版，第1877、1879页。
④ (明)沈德符：《万历野获编》卷2《帝社稷》，北京：中华书局1959年版，上册，第41页。
⑤ (明)沈越：《皇明嘉隆两朝闻见记》卷1，《明代史籍汇刊》(四)，台北：台湾学生书局1969年版，第92页。

《道门十规》1卷，根据明初清整道教的需要，针对道教弊端，以训诫道徒之口气，论道教源流、道门经箓、坐圜守静、斋法行持、道法传绪、住持领袖、云水参访、立观度人、金谷钱粮、宫观修葺十事，涉及教义、教制各方面的重大问题，是一篇有关明初清整道教问题的纲领性文献。张宇初还有诗文集《岘泉集》12卷、《度人经通义》4卷存《道藏》中，还撰有《龙虎山志》10卷。张宇初的思想学说，作为明初正一天师之作，颇有代表性。

针对儒学日兴、巫祝之术渐衰的趋势，张宇初在《道门十规》中首先申明道统源流，以在中国文化界有深远影响、可与儒家孔子相提并论的老子为道教教主。谓道教“虽有道经师三宝之分，而始自太上授道德五千言于关令尹”①，此“太上”，明指历史人物老子而言。他又承袭道教关于老子历代“降迹示现”的神话，给作为历史人物的老子涂上神的光圈，将老子的出处上溯于《庄子》书中所说的广成子：“三代之前，则黄帝问道广成子，即太上也。及曰生于殷末仕于周初，在文王时为柱下史，迨武王时迁藏室史，其所著则《道德》上下经，其徒则有关、文、庄、列、亢仓、柏矩之流，其言则修齐治平、富国强兵，经世出世之术互有之矣。”②把道统源流溯接于有文可征、言经世出世之术、历代为帝王师的思想家老子，自较溯源于史书无征的元始天尊等三清神真为聪明，这对道教之能否牢固生存于世，当然十分重要。《岘泉集》中的《玄问》、《丹纂要序》等，还论述了道教修养之学、内丹之道与老子之学的渊源关系。《玄问》谓玄即天，始于老，老子之说乃内圣外王之道，穷阴阳之至理，夺造化之至神，其所谓“无视无听，抱神以静”，即是高仙之道，强调“学老子者舍仙道尚何从焉”！③《丹纂要序》谓“黄老之书出而吾道兴”，从黄帝问道之广成子，至关尹庄列诸子，言虽有异同，而授受之源本一，“盖其本则三洞九霄诸经品道藏者，其用世之说则内圣外王之道，盖公曹参以清静而治是也。其要也，使有归于无，实返于虚，顺元气之流行，而深根固蒂，返本还元，则性命混融，守其一真，复超乎无而已矣”④。此乃内外

① (明)张宇初:《道门十规》,《道藏》第32册,第146页。
② (明)张宇初:《道门十规》,《道藏》第32册,第147页。
③ (明)张宇初:《岘泉集》卷1,《道藏》第33册,第186页。
④ (明)张宇初:《岘泉集》卷2,《道藏》第33册,第206—207页。

丹道之根本原理。《道门十规》谓明太祖御注《道德经》,立为道门上范,实乃明主圣哲,故张宇初谨体上意,强调道门以老氏为宗源。并说黄老在儒家之先,“所谓先黄老而后六经”,立黄老为道教本源,自可给予道教徒道先于儒、道高于儒的精神支柱,便于在儒学攻排下争得道教的文化地位。对于正一道教主要所本、而易受时儒攻击的方士之术、禳禬之道,张宇初颇持否定的态度,《道门十规》云:

自秦汉以来,方士竞出,若文成五利之以金石草木,徒杀身取祸,遂世称方术矣。外而施之,则有祷禬祠祝之事,自寇杜葛陆之徒,其说方盛。由后之师匠增损夸诞,奔竞声利,而世曰异端矣。然二者,太上之初,所未彰显。后之不究其本、不探其源者,流而忘返,眩异失同,则去太上立教之本、虚无清静无为不言之妙日远矣。凡习吾道者,必根据经书,探索源流,务归于正,勿为邪说淫辞之所汩!①

作为正一天师,竟然批判自寇杜葛陆以来本派传统的符箓祈禬之术,这也从反面反映出儒家人士攻击道教为异端对道教的压力,这种压力促使道教首领力图正本清源,上靠黄老之学为其宗源,以清静无为为本,减其方士巫祝之习,对道教的整顿来说,是具有积极意义的。

张宇初虽提倡归源于老氏,但也不否定六朝以来道教经箓之传承。《道门十规》第二条“道门经箓”,教诫道徒诵经,“若元始说经,当以《度人上品》为诸经之首;灵宝说经,当以《定观》、《内观》为要;太上立教,当以《道德》、《日用》(《太上老君日用妙经》)为规。内而修己,则《虚皇四十九章经》、《洞古》、《大通》、《生天》、《清静》诸经最为捷要。外而济世度幽,则《黄帝阴符经》、《玉枢》、《北斗》、《消灾》、《救苦》、《五厨》、《生神》诸经,《玉枢》、《朝天》、《九幽》诸忏,是皆入道之梯航,修真之蹊径”②。对于传统道教的重要经典,基本上全面肯定继承。当然,张宇初所举经典中的重要者如《定观》、《洞古》、《大通》等,皆以老庄思想为本,主张清静无为、修身养性。

---

① 《道藏》第32册,第147页。

② 《道藏》第32册,第147页。

晚唐以来，内丹修炼形成热潮，至宋元间，道教诸派，几乎无不谈内丹。正一天师中，自第三十代张继先起，即学习内丹，以内炼为符法之本。至张宇初，对内丹修炼更为重视，他曾从得全真北派内丹之传的刘渊然学道，通晓内丹，纂集古今内外丹经诗诀为《丹纂要》一书，今只存序。其《岘泉集》诗文也多言内丹者。如卷4《与倪孟冲论火候书》，自称于内丹秘中之秘的火候，"凡参讨数十载，往来方外之士靡不讨论"①。对火候诸说有其独特的见解。《道门十规》第三条"坐圜守静"提倡道徒性命双修，内炼为本："近世以禅为性宗，道为命宗，全真为性命双修，正一则惟习科教。孰知学道之本，非性命二事而何？虽科教之设，亦惟性命之学而已。"②对于正一派传统唯重符箓科教的宗风，进行了批判，强调各派道士皆须循全真道性命双修之道，注重"真功"，潜心研究《石壁记》、《龙虎经》、《参同契》、《悟真篇》等丹书，了彻性命。而了彻性命，尤以静定为要，以"坐圜守静为入道之本"。甚至说仙道除内外丹之外皆妄，尤斥元季流行的采战御女之术为邪说，"假先德之言以相引证，诳惑当世，富豪大贾之人且多从之，以延年纵欲，必丧身亡命而后已"③。至于持草木云霞、按摩导引之书以为入道之资，"虽可养生延寿，求其成工(功)，亦缘木求鱼，负薪救火"④。只有张伯端、王重阳南北二宗所传内丹，一则"必内外合而后成"，一则修内而已，皆为大道正宗。主张炼丹须按百日立基、十月胎圆、三年圆毕的次第循序渐进，性命双修，以致虚守静为要，火候法度，须合天地日月度数以抽添进退、消息增减，始于有为，终达无为，不宜单修性而致沉空守寂。张宇初对内炼的重视，反映出全真之学对正一道的深刻影响。而注重了彻性命，也是时代思潮所使然。

张宇初还承宋元道教传统，力图将内炼与外用、内丹与符箓统一于一体，以深化符箓道术。认为内丹外法，同出一源。《岘泉集》卷7《三元传度普说》谓道者，"内而修之，乃金液返还三五之道；外而施之，即灵宝十回真

① 《道藏》第33册，第233页。
② 《道藏》第32册，第148页。
③ 《岘泉集》卷2《丹纂要序》，《道藏》第33册，第207页。
④ 《岘泉集》卷2《丹纂要序》，《道藏》第33册，第207页。

一之妙，演之为紫枢飞梵之文、赤书灵图之录”①。同卷《灵宝炼度普说》云：“灵宝即金丹，金丹即灵宝。”所谓灵宝者，“神凝为灵，气聚为宝”，“故至人修之以炼己，推之以度人，实乃天地之真阳点化阴魄，时刻升迁矣，是知灵宝亦金丹之异名也”。② 谓超度亡灵、炼化阴魄之灵宝法，与内炼成丹是一回事。炼度亡魂，唯在于自己内炼成就，以我之阳神炼彼之阴魄，交媾阴阳，而归太极，混合性命，返于真元。因此，“苟不求诸己，其能以度己之功度人也哉”③？至于行持雷法，呼召雷霆，驱役鬼神，无非在于以己身小天地之阴阳造化感通宇宙大天地之阴阳造化，神灵响应，总归亦不出我人“一点灵明”之妙用。《岘泉集》卷7《授法普说》云：

人禀一灵，并天地而为三才，一身之造化阴阳，与天地并行而不违也。我之一点灵明，晖天朗地，亘古亘今，了无人识，儒曰虚灵不昧，释曰妙净明心，直下悟取，非心非法，非道非禅，觌面相逢，煞机在我……人之合乎天者冲气为和，鬼神者二气之良能，以我纵闭之机役之，则此感彼应……大可以保镇国祚，证道成真，小可以保己宁家，济人利物。皆一气之往来，五行之生克。以我旷劫之元神，役虚无之神，神灵气合，气至将灵，故不离当处常湛然，觅则知君不可见……一气一诀，皆出身中妙用，非徒纸上之文。故曰万法一法也，万神一神也。④

在这里，张宇初对张继先的正一雷法说作了进一步的发挥，强调作法的关键是我身的一点灵明，不在于身外，不在于符箓咒诀之形式，而唯在于明了“性天道法”、“心地雷霆”。因此，他教诫道徒，须先炼就内丹，悟明心地：

故参学者必须先究夫玄关妙用，水火真源，归根复命之妙，则可会万于一，百虑而一致矣。苟不内明性天道法、心地雷霆，其能静则金丹、动则霹雳乎？然必戒行为之志节，精勤为之蹊阃……果能抱元守一，御气凝神，六识净消，一真独露，我即雷霆大法王，尚何符咒罡诀云乎哉！虽上宾三境，超出万幻，亦不难矣。其为济利之功，泥丸蓑草皆可寓气

① 《道藏》第33册，第244页。
② 《道藏》第33册，第245、246页。
③ 《岘泉集》卷7《授法普说》，《道藏》第33册，第247页。
④ 《道藏》第33册，第247—248页。

栖神。是故谈笑风霆,特吾余事耳。①

如此注重内修性命,对于只重符水咒诀、类于巫祝的正一道士,自不无提高其修养、素质的作用。张宇初还总结符箓道法诸派源流,分为正一、净明、灵宝、上清、清微、神霄诸派,一一略述其传承,认为"派虽不同,其源则一",皆出于太上。至于斋法,道门已有科仪定制,明太祖更立成仪范,以恪守为则,不得增损移易。《道门十规》特别规诫道士,不得于传统道法斋法外,行圆光附体、降将扶箕、扶鸾照水等"诸项邪说",不得"蔽惑邪言,诱众害道"。"凡行符水之士,务以利济存心,以丹砂药术兼济,不得妄受资财,反与鬼神构怨,以至法术不验。"②又以历史上遭人唾弃的赵归真、林灵素等道士为鉴戒,谓如此之流:"偶为世主之所崇尚敬礼,即为富贵所骄,有失君臣之分,过设夸诞之辞,不以慈俭自守,亦取议当时后世多矣,是切为后戒!"③

符箓咒术之灵验,终究以实有神鬼为根本依据。针对儒门无神论者的批判,张宇初采取援引儒学的方法,论鬼神之实有,为符箓道法作辩护。《岘泉集》卷1《问神》云:"程子曰:主宰谓之帝,妙用谓之鬼神。又曰:鬼神者造化之迹,二气之良能。盖阴阳之运,迹不可见而理可推焉,理之显微有不可窥测而神居焉。故虽圣人未始言其无也,特不专言之而已。"④如从风雨雷电、霜雪晦明变化莫测之迹,可推知其必有神宰之,非人力所操纵。"凄怆之集,或声或状,或气感或虑至"⑤,有迹可见闻感知,即鬼魂实有的确证。而鬼魂亦不过滞而不化、屈而不伸之气所结成。行斋作法感通鬼神,无非精诚灵粹所致,如鲁阳挥戈止日,烈妇哭而霜降,韩愈开衡山之云、驱鳄鱼之暴,皆明载儒书,为感通天地鬼神的事例。至于役使鬼神,也不过董仲舒所谓"纵诸阳,闭诸阴"之用,没有什么不可思议的道理。如此论证鬼神实有,当然是为维护符箓道法乃至整个道教学说的地位。

---

① 《道藏》第33册,第248页。
② 《道藏》第32册,第150页。
③ 《道藏》第32册,第149页。
④ 《道藏》第33册,第197页。
⑤ 《道藏》第33册,第197页。

《道门十规》的实质性特点，是针对当时道教教团日趋腐化的积弊，提倡初期全真派的教风，以利整顿振作。《道门十规》开篇即表明："念吾道自近代以来，玄纲日坠，道化莫敷，实丧名存，领衰裘委，常怀振迪之思，莫遂激扬之志。"①看来张宇初对道教衰腐的弊端看得相当清楚，确实不无振宗兴教之想，他提出的诸项规诫，也确切中要害。他规诫道士说："其初入道，先择明师参礼，开发性地，悫守修真十戒，白祖师（白玉蟾）、冯尊师（元初全真道士）堂规等文，收习身心，操持节操，究竟经典。"②"凡行持之士，必有戒行为先"③。在投师入道、恪守道戒的基础上，应离情舍爱，远离尘俗，实践"真功"，了彻性命：

既知入道之门，然后择山水明秀、形全气固之地，创立庵舍，把茆盖头，聊蔽风雨，风餐露宿，水迹云踪。次结道伴，惟务真素朴实之人，晨夕为侣，供送饮食。草衣木食，箪食瓢饮，但获止饥蔽寒而已。直候百日立基，十月胎圆，三年圆毕，或留圜或出定，惟断绝人事，情消缘灭，去来自由。其或有力之家布施斋粮衣钵，随分自给而已，不得妄贪过取……其补破遮寒，乞食化衣，真功苦行，槁木死灰，乃磨砺身心分内之事……不得假以禅宗棒喝，互争人我，取世非议。④

要求各派道士皆遵初期全真道之制，效初期全真道士之行，苦修苦行，实践真功，参究性命，当然是对治教团腐化弊端之良方。然道教至此，积弊已深，精神已衰，非正一天师乃至皇帝的提倡号召，便能彻底见效，一新其面目。

《道门十规》还对宫观诸项制度作了规诫，谓住持领袖，须公推高年耆德、刚方正直之士；蓄众之方，以严净戒行规矩为首要；待客之制，"其官贵宾客往还，素面一餐，遇夜则宿，不得干与公事"⑤。对私蓄俗眷、秽亵神祇、不遵守教门规矩的轻薄之流，须依律遣断，给与惩处。宫观金谷钱粮，须得

① 《道藏》第 32 册，第 146 页。
② 《道藏》第 32 册，第 148 页。
③ 《道藏》第 32 册，第 149 页。
④ 《道藏》第 32 册，第 148 页。
⑤ 《道藏》第 32 册，第 150 页。

“公同出纳，明白登载”①，不得出卖常住土地，各蓄私财。“如田粮所用不敷，或资于经醮，或藉于题注”②，然不得借募化之名交结官贵商贾，强人谋为，招惹是非。至于度人入道，须择名器之家、资性淳良者出家，依例申报，朝廷给牒，方可簪披为道士。这些制度规矩，多属全真道宫观所制定，对于严整教门风纪，不无积极作用。张宇初表明，他旦夕搜集前代定规、群师遗则，撰此《道门十规》，意在“激励流风，昭宣圣治，永为奕世绳规，玄门祖述”③。他的《道门十规》，在道教界影响深远，对道教教团的自我整顿，产生过一定作用。

张宇初的思想，还带有较为浓厚的融合三教的时代色彩。他顺应时代思潮，上承全真祖风，盛倡三教归一，以心性为三教共同之源。其《度人经通义》卷 1 云：“元始，己之元神也，宝珠即心也，儒曰太极，释曰圆觉，盖一理也。”④尤多和会理学，融合儒道，表现出一种向儒学、理学靠拢的倾向。撰有《广原性》、《辨荀子》、《先天图论》、《河图原》、《谈观物篇》等，论儒家、理学性命之说，和会道教。认为心统性命为一太极，是为儒、道二家共通之谈。《岘泉集》卷 1《太极释》和会理学诸家之说云：“心统之之谓道，道之体曰极……以是求之即心也，道也，中也。周子曰：中焉止矣。程子曰：太极者道也。邵子曰：心为太极。朱子曰：太极者理也。陆子曰：中者天下之大本，即极也。理一而已，合而言之，道也。”⑤认为诸家之说法虽不同，所阐其实并无二致，不过是说同一个道，这个道也就是道教所谓的道。在《道门十规》中，他规诫道士：“行有余力，若儒之性理，释之禅宗，更能融通一贯，犹为上士。”⑥教导他们于道教之学外参学儒释之说，并将三家之学融通一贯。

据《龙虎山志》卷 7，明初中叶正一道士中有著述者，还有邵元节，著《太和文集》，周应瑜有诗文曰《皆春集》，盖皆应酬诗文之类，对本派教义无多

① 《道藏》第 32 册，第 151 页。
② 《道藏》第 32 册，第 152 页。
③ 《道藏》第 32 册，第 147 页。
④ 《道藏》第 2 册，第 297 页。
⑤ 《道藏》第 33 册，第 188 页。
⑥ 《道藏》第 32 册，第 151 页。

发挥之辞，且其书皆已不传。

周思得在科仪书修撰方面颇为着力，先是将东华派宗师田灵虚所传符章奥旨集为3卷①，又以世传林灵真灵宝法书为本，“补其散失，订其讹谬，参以简策，佐以符章”②，纂为《上清灵宝济度大成金书》40卷。除此而外，他还有诗集《弘道集》，俞宪选编入《盛明百家诗》，并有《重刊清静经注解序》、《道德经讲义序》等传世。借之可略窥其思想大旨。盖以大道本在一心，明心即了道，了道则长生。“吾道之在天地间，兆于无始，垂于无穷，大之而弥六合，小之而敛一心。学者苟能因是深讲，力穷夫道德之旨，以臻于至精至极之域，吾见无视无听、无思无为，而长生久视、消摇八表可必矣。”③清静寡欲，乃修心合道之要。“道无今古，而时有后先；心有彼此，而性无差等。灵台清静，而欲牵之。学者苟能扫除旧染之污，顿悟真常之道，则宇宙在乎手，造化生乎身，常应常静，常清静矣”，“又何古何今，何先后、彼此差等之有哉”，“道本无言，欲造夫道者，舍此（清静其心）复何求哉”？故以“《清静经》者，实金丹之要领也”。④ 又以内丹之“性命”释“灵宝”，谓：“灵者性也，宝者命也。苟知乎此，则理与心融，道与气合，不假作为，而大业自立矣。”⑤其说皆宋元以来道家常谈，因循以修心为本、内炼与外法结合的路数。

五、赵宜真的道教思想

明初正一道士中以著述传世者，除张宇初外，最值得一提的是元明间的赵宜真（？—1382年）。赵号原阳子，江西安福（今属吉安市）人，少通经史，后入道门，初师事清微派传人曾贵宽（尘外），复师吉州泰宇观道士张天全，张为元初江南全真道士、内丹名家金野庵（蓬头）之徒。赵宜真后来又

① 参见（明）杨震宗：《上清灵宝济度大成金书后序》，《藏外道书》第17册，第625页。

② （明）周思得：《上清灵宝济度大成金书序》，《藏外道书》第16册，第4页。

③ （明）周思得：《道德经讲义序》，载（宋）吕知常：《道德经讲义》，国家图书馆藏明宣德七年（1432年）刻本，善本书号08990。

④ 以上参见（明）周思得：《重刻清静经注解序》，载（清）丁丙辑：《武林往哲遗著》，光绪二十二年（1896年）刻本。

⑤ （明）周思得：《上清灵宝济度大成金书序》，《藏外道书》第16册，第4页。

师事南昌李玄一，玄一荐之师事冯蒲衣，冯蒲衣亦金野庵之徒。《净明宗教录》卷 6 传称赵宜真从曾真人受净明忠孝道法，“间有阙文，悉加订正，参考尽详……时净明之道，久湮不行，今复大显于世者，实真人振起之力也。由是净明学者宗之，尊为嗣师云”①。是则赵宜真一身，兼全真、清微、净明诸派之传，尤被清微、净明两派尊为嗣师。他在元代曾居白鹤山永兴观，间以雷法呼召雷雨。元末兵兴，携弟子西游吴蜀，及还，又游武当，谒龙虎山，四十二代天师张正常深嘉礼之，欲留不可，山中道士多师事之。至江西雩都紫阳观定居，《岘泉集》卷 4《赵原阳传》称他“凡道门旨奥，皆缀辑成书”②。今存清微道法书，尤《道法会元》中所收清微雷法，有赵宜真序跋数篇，盖皆出赵所辑。赵宜真还有《灵宝归空诀》、《原阳子法语》传世。

赵宜真著述中所表现出的道教思想，具有内丹、雷法相结合的特点。他得全真北派内丹之传，其内丹说大略与全真之说同调，以“自性法身”为内丹之本，以无为为采炼诀要，以“忘”字为诀，以“粉碎虚空”为究竟。《原阳子法语》卷上《还丹金液歌》序云：“自性法身本来具足，不假于外，自然之真。其进修之功则摄情归性，摄性还元，有为之为出于无为，无证之证所以实证。”③同卷《真道归一偈》总括内丹大旨云：“摄情还性归一元，元一并忘忘亦去，囊括三界入虚空，粉碎虚空绝伦伍。”④而其所谓虚空，亦非一无所有，乃不空之“真空”，同卷《答知白炼师议论道法偈》有云：“人知此道只虚空，岂悟真空却不空。一月遍涵千涧水，清光元自不留踪。”⑤其说颇近于禅。与全真派不同之处，是赵宜真不但讲内丹，而且也肯定外丹，说外丹乃取日月之精华、夺乾坤之造化，资外药点化肉身，以臻形神俱妙，白日升举。内外二丹功用虽少异，而造道则一，修炼法则也基本相同。《法语》卷上有歌云：“无中生有为丹祖，便是真铅天地母，制汞成丹还弃铅，绝似儿成母归土。”⑥所谓“制汞成丹还弃铅”，在内丹来说即以气摄心、炼气化神，与外丹

① （清）胡之玫编纂：《净明宗教录》卷 6，南昌：江西人民出版社 2009 年版，第 168 页。
② 《道藏》第 33 册，第 232 页。
③ 《道藏》第 24 册，第 80 页。
④ 《道藏》第 24 册，第 83 页。
⑤ 《道藏》第 24 册，第 85 页。
⑥ 《还丹金液歌并叙》，《道藏》第 24 册，第 83 页。

同一功用。

赵宜真注重从人事应接、日用云为中修心炼性，尤承师传，主张以日记为自我反省之法。《原阳子法语》卷下《日记题辞》云："每日但有举意发言，接人应事，皆书于帙中，其不可书者即不可为，既为之，不问得失，必当书之。合于理则为合天心，背于理则为欺天心。"①如此鞭策警省，真积力久，一旦豁然，心与理合，天人合德，便知所谓修心即修道之理。同卷《福慧因果说示上清诸道契》强调修道应"福慧相须，不可偏废。独饶一己未足为奇，自利利他则彼此皆济"②。看得出受全真"真行"说的影响。本着修福济世的精神，赵宜真刊有《仙传外科集验方》，表现出全真道重医药济人之风。又谓善恶报应，若依儒家之说，则于现世容有未验，"若以三生因果之说推之，则灼然可信"③。肯定佛道二教的因果报应说于人伦教化大有裨益。

在雷法方面，赵宜真的说法与宋元清微派一致，重内炼成就为外用符法灵验之本，强调行持作法要在与"天心"相合，仪式上的繁文缛节则在其次。《道法会元》卷 8 收赵宜真《祈祷说》云："清微祈祷本无登坛……所谓天地大天地，人身小天地，我之心正则天地之心亦正，我之气顺则天地之气亦顺矣。故清微祈祷之妙，造化在吾身中，而不在乎登坛作用之繁琐也。"④

赵宜真编述的《灵宝归空诀》，序称传为达摩禅师所作，赵宜真认为盖属后人假托，乃因旧本参以异闻，正误删繁，序为七言歌诀一篇，凡 14 章。诗诀讲修道者临死时超脱生死的诀要，谓"顶门天鼓若雷轰"⑤，为出行信号，出后"诸般人物境象来，引归业道受轮回，坚持心印休贪着，斧劈毋惧毋嫌猜"⑥。无论见到鬼神、佛菩萨、旷野殿宇等各种境相，皆应识之为幻，毫不动心，"只见雷火电光路，日光毫光千丈度，将身猛去不动心，即证人天归净土"⑦。又云："自性法身本无生灭，迎之不见其首，随之不见其后，辉今耀

① 《道藏》第 24 册，第 87 页。
② 《道藏》第 24 册，第 88 页。
③ 《道藏》第 24 册，第 88 页。
④ 《道藏》第 28 册，第 715 页。
⑤ 《道藏》第 10 册，第 657 页。
⑥ 《道藏》第 10 册，第 658 页。
⑦ 《道藏》第 10 册，第 658 页。

古，卓然独存。唯其汩于根尘，引入诸趣，迷惑本来。若能奋勇猛大智慧力勘破根尘，则情欲顿消，法身自见。从他四大败坏，于我了不相干，此所谓无生大法王也。”①其词旨颇类佛教之说，而其出神法与佛教密宗的中阴成佛法相类，可能与元初传入内地的藏传佛教密法有关系。

六、科仪、道法经典的编集与《正统道藏》的修撰

明代初中期，正一道士们还编有一些斋醮仪范，其中最重要者为朱元璋敕礼部选道士宋宗真、赵允中、傅同虚、邓仲修、周玄真等编成的《大明玄教立成斋醮仪范》1 卷。此书据传统斋仪，去繁就简，编为定规，所编度亡醮仪文，有咒、白文、偈、经目、赞、颂、戒、疏等式，其节次有发直符、扬幡、参礼咒食、敷座演经、灵前召请、立寒林所、安符、济孤、设醮、献供、读疏、送神、化财满散等，内容以突出忠孝为特质。书成后，朱元璋亲制御序，命颁行全国，立为定制。《道藏》中所存明初编定的此类斋仪，还有《诸师圣诞冲举酌献仪》、《洪恩灵济真君自然行道仪》、《洪恩灵济真君愿文》、《伏魔经坛谢恩醮仪》等。《道藏》正一部所收《太上玄天真武无上将军箓》1 卷、《太上北极伏魔神咒杀鬼箓》1 卷，为真武法箓，当出于大崇真武的永乐朝，武当山正一道士之手笔。

明代另一部重要的科仪经典是周思得所编《上清灵宝济度大成金书》40 卷。据《上清灵宝济度大成金书 · 赞》称，此书是周思得集水南林真人之济度金书符箓而成②，水南林真人即东华派宗师林灵真。据学者考证，林灵真最初所撰为《济度之书》10 卷，《符章奥旨》2 卷，共 12 卷，后世又有增加，至明宣德、正统年间增补至 34 卷。③ 除林灵真之书外，北宋道士田灵虚之符书亦为《上清灵宝济度大成金书》之源。④ 田灵虚也是东华派非常重要的人物，据《灵宝领教济度金书》卷一《嗣教录》及《赞化先生宁真人事实》，宁

① 《道藏》第 10 册，第 659 页。

② 参见《藏外道书》第 17 册，第 626 页。

③ 参见卿希泰主编：《中国道教思想史》，北京：人民出版社 2009 年版，第 3 册，第 399—400 页。

④ 参见卿希泰主编：《中国道教思想史》，北京：人民出版社 2009 年版，第 3 册，第 399—400 页。

全真曾从田灵虚(思真)得东华、灵宝二派法箓之传。因此,《上清灵宝济度大成金书》是研究东华派的重要经典。

《道法会元》和《法海遗珠》是这一时期出现的法术经典,此二书主要收录了宋元时期的各派法术,对这些法术的源流、施行方式以及法术中用到的符箓、法器、文书等进行了介绍。《道法会元》是很重要的一部符箓道法汇编,全书共268卷,为道法类著述中卷帙最巨者。从书中仪文有"大明国某府州县"的字样及所收赵宜真序跋多篇看,此书盖由明初道士最后编成。书中汇编宋元时期道教各派法术著作150多篇,主要记载有南方符箓道派神霄、清微、灵宝、东华、天心、正一、净明诸道派之道法。叙述了各派法术之源流、神灵等,并介绍了法术中要用到的内炼、符箓、章表、咒语、法印和戒律等。这些法术大都与雷法有关,反映了宋元时期雷法在道教法术中的重要地位。书中许多法术都有署名作者,他们都是宋元南方各符箓道派的著名道士。如神霄派的王文卿、林灵素、萨守坚、白玉蟾、陈楠、莫月鼎、徐必大,东华派的宁全真、林灵真,灵宝派的金允中,净明派的刘玉、赵宜真,正一派的张继先等。尽管这些作者大都是后人伪托,却也反映了宋元尤其是南宋以后南方各符箓道派的发展状况。《法海遗珠》也是元末明初的道教法术经典,共46卷,编集者不详。此书收录了神霄派、太乙派、北帝派、正一派、混沌派、西河派及金丹派南宗等宋元符箓道派之法术,介绍了法术中的建坛、符箓、文书、踏斗、咒语及内炼之法等内容。《道法会元》和《法海遗珠》,是研究宋元符箓道派及其法术的重要参考资料。

明初中叶,正一道士在道教著述方面最重要的贡献,是《道藏》的编纂。道书自唐开元以来,几经编辑成藏,所编《开元道藏》、《宝文统录》(北宋真宗朝王钦若总领修校)、《大宋天宫宝藏》(北宋真宗朝张君房主持编校)、《政和万寿道藏》(北宋徽宗朝元妙宗、王道坚等校订)、《大金玄都宝藏》(金章宗明昌元年孙明道补缀完成),经战乱,先后皆遭焚毁散佚。元初全真道士宋德方令其弟子秦志安主持,于1244年编成的《玄都宝藏》,凡7800余卷,收入金元间全真道士所著较多。后因道教在僧道诤辩中失败,事涉收入《玄都宝藏》的《老子化胡经》,至元十八年(1281年),世祖诏命除《道德经》外,其余道书及道经印板尽行焚毁。《玄都宝藏》经板于是被毁,经书亡佚甚多,有必要进行又一次编辑。明成祖即位之初,百废俱兴,敕第四十三代正一天师张宇初主持编修道藏。永乐四五年间,又一再催办。永乐八年(1410 年),张宇初卒,诏命第四十四代天师张宇清继续主持编修道藏事。直到英宗正统九年(1444 年),方才编完刊板,英宗又敕命刘渊然之徒邵以正督校,增所未备。次年,刊板事竣,题名《正统道藏》。前后参加编校的道士,除张宇初、张宇清、邵以正外,可考者尚有永乐时的任自垣、涂省躬、林复真、王志玄,正统时的喻道纯、汤希文。《正统道藏》的编辑体例,大体仍依前代,按三洞四辅十二类编排,以千字文为函目,共 5305 卷,分 480 函。三洞四辅十二部的分类,自有其道理,然《正统道藏》入类之诸书,有的已混淆不清,编入其类,毫无根据者,比比皆是。如《悟真篇》诸注,按理应入太玄部,却入洞真部玉诀类;全真道士之著述多入太平部者,未知何据。正一部本应以正一经箓为内容,而其中竟列入专述内丹的《诸真内丹集要》,及本应列入洞真部的上清经箓《洞真高上玉帝大洞雌一玉检五老宝经》等 80 余种,还有本应列入太玄部的医书《葛仙翁肘后备急方》。如此之类,不胜枚举,可见编辑者水平之低,说明明代正一道士中已无多少精通本教教义典籍者。《正统道藏》收有《道藏阙经目录》2 卷,题下注云:"于旧目录内抄出。"①陈垣先生《南宋初河北新道教考 · 藏经之刊行第五》谓此即明正统刊藏时较元《玄都宝藏》所缺经之目录。所载缺失经凡 790 部,然其中也有未缺者,如《正易心法》等。《正统道藏》虽然编辑水平不高,混淆甚多,但包罗宏富,至今尚为主要的道教丛书。

第三节　全真道的相对沉寂与内丹学的继续发展

兴盛于金元时代的全真道,至元代中后期,因长期贵盛,已呈外盛内衰之象,无有影响的高道出现。全真道本来兴起于北方,元初虽渡江南传,但其在南方的势力,终元之世,比起在江南根深蒂固的正一、上清、灵宝诸老道派,要弱得多。明太祖朱元璋起兵于东南,与全真道的关系本来就较浅,也

① 《道藏》第 34 册,第 502 页。

可能因全真与元室关系密切,明室对它自然较为疏远。再加上明室从伦理教化、斋醮祈祷出发的对道教的看法与政策,全真道入明后显遭明室冷遇,其政治地位较元代大有降低,其荣贵无法与正一道相比。然而,入元以后,道教各派在传承、教义上渐呈融合之势,正一道深受全真影响滋润,明初正一道士中的荣耀者,如刘渊然、邵以正师徒,即兼承全真北派之传,其师承渊源,可由刘渊然之师赵宜真上溯于元初江南著名全真道士金野庵。赵宜真、刘渊然、邵以正皆被全真道视为本派子孙。景泰七年(1456 年),邵以正还于全真道祖庭北京白云观新修三殿。《白云观志》载明武宗正德十一年(1516 年)妙应真人李得晟撰《长春殿增塑七真仙范纪略》云:"若夫原阳赵真人,学北派金丹之传者,及门弟子受业也,长春刘真人(渊然)封号相类……至如通妙邵真人(以正)、普毅杜真人,下及得晟,滥厕妙应真人,皆嗣派云孙,蒙其余泽者也。"①赵宜真门下刘渊然、邵以正一系,虽以祈祷咒术显于世,属正一道士,但因兼承全真,其学养作风,还有全真道士风格,言内丹,重真功,清静自守,廉静谦谨,与正一道士中别的荣贵显赫者如邵元节、陶仲文辈不同。第四十三代正一天师张宇初,亦曾从刘渊然学道,其内丹说当出刘所传,承全真一脉,虽卒与刘渊然不合,然张宇初《道门十规》诸条,从教义到教制,实深受全真道影响,其实是对全真教旨教风的弘扬推广。明初龙虎山道士张修文,亦承全真道士桂心渊、金野庵一系之传,曾任教门高士、大上清正一万寿宫提点。②

一、张三丰的"隐仙"风范及其思想

朱元璋起兵时,其左右亦颇有神仙方术之士,铁冠道人张中、周颠仙为其著者。周颠仙之行状,似为内炼有成的全真道士。《今言》卷 4 谓其日则施力于人,夜则卧闾檐间,寒暑风雨自若,衣带常系菖蒲三寸许,日细嚼饮水,能坐密室中不食达 23 日,朱元璋以巨瓮覆之,外积薪五尺许燔瓮四周,火灭而周颠端坐如故。又命投之江,久而复来求食。显示出内丹所言"入

① 《白云观志》卷 1,《藏外道书》第 20 册,第 556 页。

② 参见(明)宋濂:《大上清正一万寿宫住持提点张公碑铭》,《宋学士全集补遗》卷 8,《丛书集成初编》,北京:中华书局 1985 年版,第 2131 册,第 1605 页。

火不焚，入水不濡”之功效。每至朱元璋所，言“告太平”，又曾寄药治愈朱元璋病，时人目为仙，朱元璋特制文勒石，以记其“仙迹”。① 与周颠仙、张中等一起，作为“神仙”出世之范例，以为新朝圣世之祥瑞，而为明室所推尊备至者，还有亦得全真之传的元明间道士张三丰。不过张三丰的作风，与周颠、张中等之亲近帝王颇有不同，与正一天师、正一道士荣贵者之腰金衣紫更相迥异，而是以隐而名愈著、地位愈高。其“隐仙”风范，上承陈抟，而更显示出全真道风格之一面。张三丰身后，形成以他为祖师的道派，《三丰全书》称之为“隐仙派”、“隐派”、“犹龙派”，将其师承追溯于请老子作《道德经》的关令尹喜——文始先生。白云观 1926 年抄《诸真宗派总簿》所载以张三丰为祖师的道派有十数支。由于明室之推尊神化，张三丰成为自吕洞宾后最负盛名的活神仙。

关于张三丰的行迹风范，《明史》卷 299《张三丰传》记述说：

> 张三丰，辽东懿州人，名全一，一名君宝，三丰其号也。以其不饰边幅，又号张邋遢。颀而伟，龟形鹤背，大耳圆目，须髯如戟。寒暑惟一衲一蓑。所啖，升斗辄尽，或数日一食，或数月不食。书经目不忘。游处无恒，或云能一日千里。善嬉谐，旁若无人。尝游武当诸岩壑，语人曰：“此山异日必大兴。”时五龙、南岩、紫霄俱毁于兵，三丰与其徒去荆榛，辟瓦砾，创草庐居之，已而舍去……后居宝鸡之金台观……乃游四川，见蜀献王。复入武当，历襄、汉，踪迹益奇幻。②

并说张三丰在宝鸡一旦自言当死，留颂而逝，尸体入棺，而又复活，乃入蜀云游。由此看来，张三丰是一个内炼有成，寒暑不侵，能辟谷，甚至得了预言、神行等特异功能的道士。他聪明过人，有学识，能诗书，善嬉谐，谈笑自若，洒脱不羁，颇具神仙风度，足使世之好神仙者歆羡，乃至将他神化。然其身世出处，不可详考。《明史》云：“或言三丰金时人，元初与刘秉忠同师，后学道于鹿邑之太清宫，然皆不可考。”③明人郑晓《今言》199 条谓张三丰号

① 参见(明)郑晓:《今言》卷 4,北京:中华书局 1984 年版,第 182—183 页。
② 《明史》卷 299《张三丰传》,北京:中华书局 1974 年版,第 25 册,第 7641 页。
③ 《明史》卷 299《张三丰传》,北京:中华书局 1974 年版,第 25 册,第 7641 页。

保和容忍三丰子，亦记其辟谷神行、死而复生等事迹。[①]《名山藏》亦谓张三丰曾与刘秉忠同师，学于海云禅师，明初另一奇人协律郎冷谦，亦其同学。[②]《明史稿》称张三丰学道于鹿邑宫时，与里人张毅相习，张毅四世孙朝用曾游宝鸡见张三丰，三丰问及其祖，并预言其后将为三品官，果验。[③] 依此，则张三丰若为金代人，师事元初名禅师海云者，至明初，当有一百多岁高龄。清人汪锡龄撰《三丰先生本传》，称张三丰生于蒙古定宗二年（1247 年）四月初九，曾为中山博陵县令，后弃官，出家为全真道士，延祐元年（1314 年）67 岁，于终南山遇火龙真人传以真诀，赴武当山修炼多年。[④] 如此，则洪武初，张三丰已 120 岁。

张三丰云游西蜀襄汉，留下不少墨迹和传述。如《益部谈资》卷下云：三丰在明初与夔府开元寺僧广海善，临别留诗云："深入浮屠断世情，奢摩他行恰相应……魂销影散无何有，到此谁能见老僧。"留草鞋一双、沉香三片而去。后来广海献其诗与遗物于朝廷，永乐帝赐玉环一枚、千佛袈裟一领答之。[⑤]

据《张三丰先生全集·道派》所说，张三丰之师火龙真人为一隐居道士，师希夷先生陈抟，陈抟师麻衣先生李和，麻衣师文始真人尹喜。张三丰又兼得少阳派刘海蟾一系之传，合老子门下文始、少阳二派为一。[⑥] 这一宗谱，从火龙真人以上，两千年间仅三传，显难自圆其说，且此说亦未见于张三丰的自述，当为后人所推尊编造。当然，张三丰得陈抟一系或陈抟一系的火龙真人之传，非无可能。陈抟一派，以关中一带为活动中心，至明清时代犹传承不绝。据清初刘献廷《广阳杂记》说，孙宗武曾言，华山道派有全真龙

① 参见（明）郑晓：《今言》卷 3，北京：中华书局 1984 年版，第 114 页。
② 参见（明）何乔远：《名山藏》卷 103，《续修四库全书》，上海：上海古籍出版社 2002 年版，第 427 册，第 573 页。
③ 参见（清）王鸿绪：《明史稿·方技传》，台北：文海出版社 1962 年版，第 6 册，第 315 页。
④ 参见（清）李西月编：《张三丰先生全集》卷 1，《藏外道书》第 5 册，第 412—413 页。
⑤ 参见（明）何宇度：《益部谈资》，《文渊阁四库全书》第 592 册，第 754 页。
⑥ 参见《藏外道书》第 5 册，第 415 页。

门派及宗陈抟为祖的太华两派。[①] 民国时白云观所抄《诸真宗派总簿》中尚有陈抟所传“老华山派”[②]。是则宋元间终南山一带有陈抟一系的传人,如火龙真人者,当非绝无其事。从张三丰的隐逸之风看,其思想行径与陈抟确有渊源关系。《道统源流》谓张三丰于元代师陈致虚[③],不知何据。

张三丰的出名,与明室的访求及张三丰高蹈隐逸的行径有密切关系。他可谓因隐而著,因著而愈隐,表现出一种类似中国隐士作风的隐仙风范。从明初起,张三丰便受到皇帝的钦重。洪武十七年(1384 年),太祖朱元璋下诏征张三丰入朝,不赴。遂下诏命张三丰弟子沈万三、丘玄清征请张三丰,未获。洪武二十四年(1391 年),又命第四十三代天师张宇初访求张三丰,不获。《明史》卷 299《张三丰传》云:“太祖故闻其名,洪武二十四年,遣使觅之不得。”[④]似乎为故意逃避皇帝的访求。居于武当山的张三丰,出山云游,踪迹不定,给寻访者增添了不少麻烦,也给张三丰的名字增添了浓厚的神秘色彩。明成祖对张三丰更为景仰渴求,永乐五年(1407 年),遣给事中胡濙偕内侍朱祥赍玺书香币往访,“遍历荒徼,积数年不遇”[⑤]。成祖在给张三丰的御书中表示:“朕久仰真仙,竭思亲承仪范”,乃至“至诚愿见之心,夙夜不忘”[⑥],可谓景仰之至。永乐十年(1412 年),敕命孙碧云于武当山建宫住持,预候张三丰。永乐十四年(1416 年),敕命安车迎请张三丰,又不得,成祖颇觉怏然。

据《名山藏》说,明成祖原先与张三丰有过一段因缘:张三丰一日至京师,成祖召见,问曰:“吾欲学道,谁最乐者?”对云:“食美嗜,遗通利,极乐事。”成祖以其语不敬,欲杀之,忽觉身体不适,不能食,不得遗(大便不通),方思张三丰预言之神。而张三丰道逢朝廷使者,托以蓑衣草数茎进上,令成祖煎服之,乃愈。成祖于是衷心佩服,思念相见,遣使寻访迎请。[⑦] 这或许

① 参见(清)刘献廷:《广阳杂记》卷 3,北京:中华书局 1957 年版,第 130 页。
② 参见《藏外道书》第 20 册,第 579 页。
③ 参见严合怡:《道统源流》,上海民铎报社等发行,1929 年,卷中,第 10 页。
④ 《明史》卷 299《张三丰传》,北京:中华书局 1974 年版,第 25 册,第 7641 页。
⑤ 《明史》卷 299《张三丰传》,北京:中华书局 1974 年版,第 25 册,第 7641 页。
⑥ 《大岳太和山志》卷 2,《藏外道书》第 32 册,第 827 页。
⑦ 参见(明)何乔远:《名山藏》卷 103,《续修四库全书》,上海:上海古籍出版社 2002 年版,第 427 册,第 574 页。

是神话传说。《今言》199条说,“成祖遣礼科都给事中胡濙名求邋遢,实访故君云”①,谓成祖寻访张三丰只是个幌子,其实际目的是借此寻访隐于僧道中的建文帝,除掉政治上的隐患。这当然也非无可能。成祖访求张三丰不得,乃命工部侍郎郭琎、隆平侯张信等督丁夫三十余万人,大造武当山宫观,供奉玄帝,所费银以百万计。宫观落成,赐武当名“太和太岳山”,设道官以守,竟然使张三丰“此山异日必大兴”的预言应验。

朝廷虽多次征召,张三丰终不趋附,这使他身价倍高。而其存亡,终未可知。但以后明朝诸帝,对他无不钦崇褒重。英宗天顺三年(1459年),诏封张三丰为“通微显化真人”。成化二十二年(1486年),明宪宗因厌恶当时僧道方士之趋荣逐利,特诰封张三丰为“韬光尚志真仙”,周颠为“宣猷辅化真仙”,以示表彰提倡。嘉靖四十二年(1563年),明世宗封张三丰为“清虚元妙真君”,从这个封号看,大概到这时,明朝皇帝才确信张三丰已不在人世而升于天界或仙界。直到天启三年(1623年),据称因张三丰降坛示以鸾语,迷信扶乩降仙的明熹宗,又封张三丰为“飞龙显化宏仁济世真君”。张三丰虽未尝入朝居官,却也受明朝诸帝屡次诏封,声名大著。

张三丰蒙帝王屡召而不赴,隐迹山林,表现出一种不慕世荣的隐仙精神。《张三丰先生全集·八遁序》赞颂隐遁说:

> 遁之为用妙矣哉!天子不得臣,诸侯不得友,不谒君公,不逢权贵,不以长生之术分人主励精图治之心,自求自用,自得自娱,望之若白云之在天而舒卷无定也,即之如明月之印水而动荡难收也。②

又称生平所师慕者有八:汉严光、法真,晋陶渊明、戴逵,唐卢鸿、轩辕集,宋陈抟、林逋。张三丰正是发扬了中国三教中人传统的隐逸风尚,表现出自己的人格、性格,这在当时来说,作为对趋炎附势者,尤其是正一道士中那些以方术迷惑人主、邀取高官厚禄的人的一种否定,作为此类俗流的一个对立面,自有其积极意义,表现出道教精神,乃至中国文化传统精神的一面。

---

① (明)郑晓:《今言》卷3,北京:中华书局1984年版,第114页。

② 《藏外道书》第5册,第388—389页。

关于张三丰的卒年,始终是个谜。明末人都穆《游王屋山记》[①],谓张三丰再传弟子陈性常言:张三丰于正统年间(1436—1449年)犹在世,其时他应近200岁。直到清代雍正(1723—1735年)年间,任剑南观察使的汪锡龄还自称遇张三丰传以丹诀,告以生平,有诗词赠答。道光(1821—1850年)年间的白白先生(李西月),亦自称遇张三丰。这就更加难以置信了。

张三丰的及门弟子,据明人任自垣的《大岳太和山志》卷6《张全一传》,在武当山有丘玄清、卢秋云、刘古泉、杨善澄、周真德等道士,张三丰命他们各住一地:"命丘玄清住五龙,卢秋云住南岩,刘古泉、杨善澄住紫霄。又寻展旗峰北陲,卜地结草庐,奉高真香火,曰遇真宫;黄土城卜地立草庵,曰会仙馆。语及弟子周真德:'尔可善守香火,成立自有时来,非在子也。'"[②]其时在明初,武当山宫观多毁,张三丰与其徒居山中修炼,自成一小道派。此五弟子中的丘玄清(1327—1393年),还因张三丰而被明室重用。丘玄清,陕西富平人,初从黄德祯出家为全真道士。洪武初游武当,师事张三丰。《万历野获编补遗》卷3谓于洪武初因张三丰荐为武当山五龙宫住持,有司又以贤才荐为御史,后转太常卿[③],封三代,殁于京师,为明代全真道士中少有的官居高位者。[④] 洪武二十六年(1393年)卒,太祖遣礼部右侍郎张智谕祭。[⑤]《万历野获编补遗》还记述了丘玄清自阉的故事:"上以二宫人赐之,丘度不能辞,遂自宫。今观其遗像,真俨然一妪也。"并谓京师之"燕九"节,都下耆旧即谓因全真道士丘玄清以是日自阉,故名"阉九"(正月十九),转为"燕九",宛然成都中一大节日。"然京师是日不但游人塞途,而四方全真道人不期而集者不下数万,状貌诡异,衣冠瑰僻,分曹而谈出世之

① 参见(明)何镗辑:《古今游名山记》卷6,《四库全书存目丛书》,济南:齐鲁书社1996年版,史部第250册,第504—505页。

② 《藏外道书》第32册,第923—924页。

③ 洪武十八年(1385年)六月初八日诰封太常卿的圣旨,收录于《大岳太和山志》卷2,《藏外道书》第32册,第825页。

④ 参见(明)沈德符:《万历野获编补遗》卷3《淹九》,北京:中华书局1959年版,下册,第902页。

⑤ 洪武二十六年(1393年)二月十五日谕祭文,收录于《大岳太和山志》卷2,《藏外道书》第32册,第825页。

业。中贵人多以是日散钱施斋。闻京都无赖亦有趁此时腐其童稚者。”[①]若自阉属实，则丘玄清虽居官，仍保持了全真道士清净自守之风，可谓难得。丘玄清的弟子有燕善名、蒲善渊、马善宁等[②]，蒲善渊有弟子易本中[③]。卢秋云（？—1410年），光化（今湖北老河口市）人，“从终南山大重阳万寿宫高士游，悟全真之理”，后至龙虎山，“谒天师于上清宫，佩领教符。复归武当五龙宫，住持有年”，退隐南岩紫霄之巅，杜门修道。永乐八年（1410年）冬，无疾而化。[④] 刘古泉，河南人，早岁即志在修道，“九还七返之妙，调铅炼汞之功，并无虚日”；杨善澄，太行西山人，夙有道契，与刘古泉结伴，于宝珠岩下修行。[⑤]

据《张三丰先生全集・道派》，张三丰的弟子，还有沈万三、余十舍、陆德原、王宗道、李性之等。沈万三（1328—？），号三山道士，为有名的秦淮富户。明人田艺蘅《留青日札》谓其名富，字仲荣，因粪而致富，洪武中曾捐助税粮万石、银五千两于朱元璋，以佐军费，后流云南，“或云善点化之术”。[⑥]余十舍（金）为其婿，善黄白术，洪武初流潮州。[⑦] 陆德原，吴人，洪武初亦曾助朱元璋军粮。余、陆二人师事沈万三，似以擅黄白术而与道教有瓜葛。王宗道，淮安人，从张三丰学道，永乐三年（1405年），与胡濙赴召，赐金冠鹤氅，给全真道士度牒，令寻张三丰而不遇，封“圆德真人”，是丘玄清之外又一沾张三丰光者。李性之，据称于武宗正德间（1506—1521年）入武当山，遇张三丰传以丹道。其时张三丰当已260岁，似不大可能在世。北京白云观《诸真宗派总簿》所列宗奉张三丰为祖师的道派，有王屋山邋遢派、自然

① （明）沈德符：《万历野获编补遗》卷3《阉九》，北京：中华书局1959年版，下册，第902页。

② 燕、蒲二人传记，见《大岳太和山志》卷7，《藏外道书》第32册，第929页。马善宁，见洪武二十年（1387年）刘三吾撰《武当五龙灵应宫碑》，《大岳太和山志》卷13，《三洞拾遗》第13册，第503页，此碑《藏外道书》本有缺板。

③ 参见《大岳太和山志》卷9，《藏外道书》第32册，第948页。

④ 参见《大岳太和山志》卷7，《藏外道书》第32册，第928页。

⑤ 参见《大岳太和山志》卷7，《藏外道书》第32册，第926页。

⑥ （明）田艺蘅：《留青日札》卷35《沈万三秀》，上海：上海古籍出版社1992年版，第661—662页；《张三丰先生全集・渡沈万三》，《藏外道书》第5册，第420页。

⑦ 余十舍，参见《张三丰先生全集・余氏父女传》，《藏外道书》第5册，第387—388页。

派、三丰派、三丰祖师日新派、三丰祖师蓬莱派、檀塔派等。清道咸间四川乐山人李西月所立的内丹西派，亦宗承张三丰，可算作张门后学之一支。

关于张三丰的著述，《明史 · 艺文志》著录有《金丹直指》、《金丹秘诀》各 1 卷，明胡广录呈张三丰文集名《捷要篇》。然编正、续道藏时未收，不知何故。或许张三丰著述出世于神宗朝以后，或许编辑《道藏》的正一道士因故不收其书。直至清雍正朝，剑南观察汪锡龄将所见张三丰丹经 2 卷、诗文若干篇，及附记张三丰显迹 30 余则编辑成《三丰祖师全集》家藏。道光甲辰(1844 年)，西蜀李西月从汪锡龄六世孙汪昙家得其书，只存十之七八，李又采诸书补辑，编成《张三丰先生全集》8 卷，以付梨枣。此书坊间有多种刻本，《道藏辑要》收录之。另外，清乾嘉年间刘一明撰《道书十二种》中，有为张三丰《无根树》丹词所作注；闵一得辑《古书隐楼藏书》收有《三丰真人玄谭全集》及《三丰张真人破疑直指全卷》等。李西月所编《张三丰先生全集》，掺入了不少后人的作品，可看作隐派著作之汇编。其中也有不少篇章是明代流传的张三丰著述。据称集中的《大道论》、《玄机直讲》、《玄要篇》，即《明史 · 艺文志》著录之张三丰丹书二种。又《无根树》、《大道歌》、《炼铅歌》、《琼花诗》、《丽春院》、《青羊宫留题》、《金液还丹歌》、《真仙了道歌》等，其目见于明胡广录呈张三丰《捷要篇》，多存《张三丰先生全集》中。《张三丰先生全集》凡例称《云水前集》为张三丰在世时所作，《云水后集》系度汪锡龄时作，出于清代，当为后人补缀。总之，《张三丰先生全集》中有关内丹的重要作品，大抵可看作明代流传的张三丰之作，反映了张三丰的内炼思想。

从《张三丰先生全集》中所收大概代表了张三丰思想的作品看，张三丰的思想，具有元明时代道教思想的普遍特征，高唱三教同源一致，是其著述中的一个重要内容。张三丰以“道”为三教共同之源，认为此道统生天地人物，含阴阳动静之机，具造化玄微之妙，统无极，生太极，是万物的本根、本始和主宰。《大道论》云：“窃尝学览百家，理综三教，并知三教之同此一道也。儒离此道不成儒，佛离此道不成佛，仙离此道不成仙。”①三教圣佛仙，皆本

① 《藏外道书》第 5 册，第 466 页。

此一道而立教。既然三教同源一道,同遵一道,则理应地位平等,和平相处。“儒也者行道济时者也,佛也者悟道觉世者也,仙也者藏道度人者也,各讲各的妙处,合讲合的好处,何必口舌是非哉!”①这种三教合同说,当然是从道教仙学的立场出发,针对儒门人士对释老二氏的攻讦排击而发。《大道论》的目的,是为道教辩护。论中力说孔孟未尝攘斥佛老,自唐宋以来,始有韩愈、朱熹二贤出,力辟二氏,致使“诸大儒和之,群小儒拾其唾余以求附尾”②,实际不过是徒吹滥竽,未必有韩、朱之识见。殊不知韩、朱非辟真学佛老者,乃辟其非佛非老之流。若不然,韩愈往来赠答之诗,为何多予二氏之人;朱子晚年为何爱读《周易参同契》。俗儒视仙道为异端,不知黄老所传,亦正心修身治国平天下之理,人若遵行其道,修正身心,则“真精真神聚其中,大才大德出其中”③。如张良、诸葛亮、李靖、葛洪、许逊等,皆先深隐修身,后出而安民济世。何况济人利世、行孝成仙,乃道教本旨,岂同杨墨之自私?

张三丰认为三教同源之“道”,具体于个人而言,即是性命本原。对性命的秘奥,仙家之言最为晓畅。《大道论》云:“夫道者,无非穷理尽性以至于命而已矣,孔子隐诸罕言,仙家畅言之。”④仙家性命之学,乃从人生命之形成,探究其先天之本:

> 今专以人生言之,父母未生以前一片太虚,托诸于穆,此无极时也;无极为阴静,阴静阳亦静也。父母施生之始,一片灵气投入胎中,此太极时也;太极为阳动,阳动阴亦动也。自是而阴阳相推,刚柔相摩,八卦相荡,则乾道成男,坤道成女矣。故男女交媾之初,男精女血混成一物,此即是人身之本也。嗣后而父精藏于肾,母血藏于心,心肾脉连,随母呼吸,十月形全,脱离母腹。斯时也,性浑于无识,又以无极伏其神;命资于有生,复以太极育其气。气脉静而内蕴元神,则曰真性;神思静而中长元气,则曰真命。浑浑沦沦,孩子之体,正所谓天性天命也。人能

① 《藏外道书》第5册,第466页。
② 《藏外道书》第5册,第466页。
③ 《藏外道书》第5册,第465页。
④ 《藏外道书》第5册,第466页。

率此天性以复其天命，此即可谓之道。①

这里对性命的论述，较前人丹书中的一般说法，深了一层。《一粒黍米说》还说天性天命，道门中喻为真铅真汞，佛门中叫作真空真妙觉性，儒门中名为无极而太极，名虽不同，其实只是一物。② 儒家说穷理尽性以至于命，佛家说明心见性，仙家说了性了命，三教本来一揆，岂有二致，故曰："三教原来是一家"。张三丰这个三教归一的倡导者，因此被其后学奉为"三教宗师"、"三教真宰"、"救难天尊邋遢静光佛"。③

张三丰三教归一论的突出特点，是极力和会儒学，其说具有浓厚的理学气味。《大道论》以丹家的五行比附儒家的五常："仁属木，木中藏火，大抵是化育光明之用，乃曰仁。义属金，金中生水，大抵是裁制流通之用，乃曰义。仙家汞铅即仁义之种子也……意土合而五行全，大道之事备矣。"④又谓性即是理，"人以性而由天之理"⑤，亦即人之本性天然地合于天理。外而儒家所谈伦常，内而仙家所炼内丹，皆由此理而致。《大道论》云："夫欲由其理，则外尽伦常者其理，内尽慎独者其理，忠孝友恭衷乎内也，然著其光辉则在外也。喜怒哀乐见于外也，然守其未发则在内也。明朗朗天，活泼泼地，尽其性而内丹成矣。"⑥以一由理尽性，调和了儒家入世的伦理之道与仙家出世的内丹之道。

张三丰的思想以内炼成仙为纲宗，其著述大都为丹诀丹论。在张三丰看来，人生至为宝贵，又至为短促，为人生最大憾事，修道成仙，超出生死，乃人生之最高价值所在。《大道论》云："天地之间至灵至贵者人也，最忙最速者时也，可大可久者金丹也。惜人多溺于功名富贵场中，爱欲恩情之内，狼贪不已，蛾扑何休，一朝大限临身，斯时悔之何及！"⑦不悟人生无常，不识功名富贵恩爱之虚幻，不肯修道炼丹求得永生，是为可悲。唯有求道学仙，换

① 《藏外道书》第5册，第465页。
② 参见《藏外道书》第5册，第474页。
③ 《张三丰先生全集》卷1《宝诰》，《藏外道书》第5册，第409、410页。
④ 《藏外道书》第5册，第466页。
⑤ 《藏外道书》第5册，第468页。
⑥ 《藏外道书》第5册，第468页。
⑦ 《藏外道书》第5册，第467页。

骨长生，“居不夜之天，玩长春之景，与天地同久，日月同明，此正大丈夫分内事也”①！这是内丹家传统的人生价值观与根本信仰。

从这种长生信仰和人生价值观出发，张三丰像初期全真道士一样，叹浮生若苦海之舟，凡躯如石火水泡，悲功名富贵、妻子儿女的无常难保，劝勉人出家学仙。《张三丰先生全集·叹出家道情》有云：

> 叹出家，到也高学了些散淡逍遥，顺逆颠倒通玄妙。一瓢饭能吃多少，三杯酒面像仙桃，花街柳巷呵呵笑。小葫芦常挂在腰，万灵丹带上几包，到处与人行方便。遇缘时美酒佳肴，淡薄时饮水箪瓢，富贵穷通由天造。任凭他身挂紫袍，任凭他骏马金貂，转眼难免无常到。三寸气缥缥缈缈，一家人哭哭叫叫，那管你子贤孙孝。算将来修道为高，延年寿病减灾消，无忧无虑无烦恼。等时来到步云霄，会八仙去上仙桥，那时方显玄中妙！②

把一个全真道士的人生观和生活情趣表达得淋漓尽致。但张三丰似乎又接受了南宗双修派思想，非片面强调形式上的出家，又倡“炼己于尘俗”、“积铅于市廛”。《张三丰先生全集》卷3《道言浅近说》云：“学道以丹基为本，丹基既凝，即可回家，躬耕养亲，做几年高士醇儒，然后入山寻师，了全大道。彼抛家绝妻、诵经焚香者，不过混日之徒耳，乌足道！”③实际主张超越出家在家的形式，以炼就丹基为要，当然终以出家、高隐为究竟。《大道论》云：“身抱金丹之后，即宜高隐洞天，深藏福地，勿以黄白卖弄朝廷，为方士之先导。隐显度世，以待天符，白日飞升，不露圭角，此方为无上上品真人。”④张三丰本人，便是实践此道，作了丹成高隐、隐显度世的典型。

张三丰的内丹丹法，基本上属于北宗先性后命、性命双修一路。首重立基炼己。立基，以伦理实践为主的人道为要。《大道论》云：“不拘贵贱贤愚、老衰少壮，只要素行阴德，仁慈悲悯，忠孝信诚，全于人道，仙道自然不远

① 《藏外道书》第5册，第466页。
② 《藏外道书》第5册，第461页。
③ 《藏外道书》第5册，第481页。
④ 《藏外道书》第5册，第467页。

也。"①《大道论》又云:"修道以修身为大,然修身必先正心诚意。意诚心正,则物欲皆除,然后讲立基之本。"②这种立基说,颇近净明道宗旨,显然是受儒学影响的表现。

炼己,又曰炼性、修心、存心,被强调为修炼第一着。《张三丰先生全集·玄要篇》所收《道情歌》云:"未炼还丹先炼性,未修大药且修心。心修自然丹信至,性清自然药材生。"③同书卷3《道言浅近说》云:"大道以修心炼性为首。性在心内,心包性外,是性为定理之主人,心为栖性之庐舍。修心者存心也,炼性者养性也。存心者坚固城郭,不使房屋倒塌,即筑基也。养性者浇培鄞鄂,务使内药成全,即炼己也。"④炼己功夫,要在正念,即收摄心意,扫除杂念,令万念俱消,元神独照。《玄机直讲》云:"初功在寂灭情缘,扫除杂念,除杂念是第一着筑基炼己之功也。"⑤这种功夫,在静坐中做时,具体方法为:"每日先静一时,待身心都安定了,气息都和平了,始将双目微闭,垂帘观照心下肾上一寸三分之间,不即不离,勿忘勿助,万念俱泯,一灵独存,谓之正念。"⑥通过意守丹田,摄心不散,达到先天"真神"或"真心"、"真意"、"真念"独照。何为先天真神?"真诀曰:玄关火发,杳冥冲醒,一灵独觉者是也。丹家云:一念从规中起,即真神即真念也。又云:微茫之中,心光发现,即真神即真心也。又云:定中生慧,一意斡旋,即真神即真意也。"⑦真神、真心,指的是气功静定中的特殊心理状态。

筑基炼己的功夫,还须注意调息。《张三丰先生全集·玄要篇·打坐歌》云:"初打坐,学参禅,这个消息在玄关,秘秘绵绵调呼吸,一阴一阳鼎内煎……闭目观心守本命,清净无为是根源。"⑧调息与凝神入气穴(意守丹田),是一回事,以随息自然为要。《张三丰先生全集·道言浅近说》云:"心

① 《藏外道书》第5册,第466页。
② 《藏外道书》第5册,第468页。
③ 《藏外道书》第5册,第433页。
④ 《藏外道书》第5册,第480页。
⑤ 《藏外道书》第5册,第470页。
⑥ 《藏外道书》第5册,第470页。
⑦ 《藏外道书》第5册,第479—480页。
⑧ 《藏外道书》第5册,第434页。

神一静，随息自然，我只守其自然，加以神光下照，即调息也。调息者，调度阴蹻之息，与吾心中之气相会于气穴中也。”①此谓心平则自然气和，心息相依，阴蹻穴（在会阴之上）所生之气息与心相合。由心息相依，至呼吸渐趋匀长微细，则可臻于先天“真息”，真息者，胎息也，“真息一动，玄关即不远矣，照此进功，筑基可翘足而至，不必百日也”②。将收心摄念、凝神守窍、调息合而为一，作为筑基打坐之功夫，是张三丰丹法的一大特点。《三丰全书·玄机直讲》（删改前人之作）描述说，当摄心守窍、万念俱泯、一灵独照之际，“于此念中活活泼泼，于彼气中悠悠扬扬，呼之至上，上不冲心；吸之至下，下不冲肾。一阖一关，一来一往，行之一七二七，自然渐渐两肾火蒸，丹田气暖，息不用调而自调，气不用炼而自炼。气息既和，自然于上中下不出不入，无来无去，是为胎息，是为神息，是为真橐籥、真鼎炉，是为归根复命，是为玄牝之门、天地之根”。③

据称修炼至胎息之时，自然有真气熏蒸营卫，由尾闾穿夹脊，循督脉上行，升上脑中泥丸，下鹊桥，过重楼（喉），至绛宫（心），落于中丹田，这叫作“河车初动”。虽然气运，因神未全故，非为真动，不可理会，只微微凝神守住丹田，自有无限生机，这叫作“养鄞鄂”。或说筑基炼己、行河车运转中，须以神驭气，从尾闾下至两足底涌泉穴，渐升起过膝，还至尾闾，再走督脉、任脉。《张三丰先生全集·玄要篇·大道歌》云：

> 蒙师指我一段功，先将九窍关门通。九窍原在尾闾穴，先从脚底涌泉冲。涌泉冲起渐至膝，膝下功夫须着力。释氏即此号芦芽，又如虫行又如刺。过膝徐徐至尾闾，有如硬物来相抵。方行最上一切功，三段功夫有口诀。从此三关一撞开，泥丸顶上转将来。④

这段功夫，传统功法叫作“冲关荡秽”或“芦芽穿膝”，目的在以气打通下身气血通道。以上正念、凝神调息、养鄞鄂的筑基炼己功，又叫“玉液还丹”，主要属修性。修性成功，摄情归性，将自降生以来被天地人物盗去的

① 《藏外道书》第5册，第479页。
② 《藏外道书》第5册，第481页。
③ 《藏外道书》第5册，第470页。
④ 《藏外道书》第5册，第435页。

天真从虚无中夺回，返于自己天性之中，得精气神三全，炼就小还丹，可以驻世延年。此后尚须进而修命，炼就“金液还丹”（大还丹、大药）。《张三丰先生全集·登天指迷说》云：“先行玉液还丹，炼己和光，操持涵养，回光返照，此即见性明心之事也。既见其性，更求向上之事，乃金液还丹。”①

金液还丹的修炼，以“药”为本，药分内外，《大道论》云：“内药是精，外药是气，内药养性，外药立命。”②须以内药求外药，炼精化气，炼气化神。炼化过程，亦以神静为诀。《玄机直讲》谓依前养鄞鄂法行之一月二月，神益静而气益生，至百日或百余日，精神益长，真气渐充，温温火候，自然坎离交媾，乾坤会合，神融气畅。霎时间，真气混合，自有一阵回风（气）上冲百脉，行周天运转，名“河车真动”，亦即真正先天气的运转。周天运转中自觉有一点灵光在丹田，名“水底玄珠”、“土内黄芽”。“尔时一阳来复，恍如红日初升，照于沧海之内，如雾如烟，若隐若见，则铅火生焉。”③此铅即真铅、大药，亦即元精所化的先天气。其时乾坤坎离未交，虚无寂灭，神凝于中，功无间断，五藏之气及精神魂魄意打成一片，名曰“五行配合”。至水火相交，二候采取，河车逆转，四候得药，神居于内，丹光不离，谓之“大周天”，谓之“九转大还丹”，亦即炼气化神功夫。此后息住于胎，内外温养，静定寂止，顷刻不乱，名曰“十月功夫”，谓约需十个月的时间方能毕功。

关于大药出生的情景及火候之要，《张三丰先生全集》中多有描述，如《铅火歌》云：

> 大药之生有时节，亥末子初正半夜。精神相媾合光华，恍恍惚惚生明月。媾罢流下喷泡然，一阳来复休轻泄。急须闭住太玄关，火逼药过尾闾穴。采时用目守泥丸，垂下左上且凝歇。谓之瞻理脑升玄，右边放下复起折。六六数毕药生乾，阳极阴生往右迁。须开关门以退火，目光下瞩守坤田。右上左下才凝住，二八数了一周天。此是天然真火候，自然升降自抽添。也无弦望与晦朔，也无沐浴共长篇。异名扫除譬喻扫，

① 《藏外道书》第5册，第475页。
② 《藏外道书》第5册，第469页。
③ 《藏外道书》第5册，第470页。

只斯两句是真诠。（夹注：左右二字，作前后看，勿误。三丰自记。）①

虽然仍用了不少术语，但对采炼大药时火候（用意）法度之交代，较前人丹书之说明晰了许多。《玄要篇·登高台》又谓大周天功毕，十月胎圆，“婴儿”出现，然后面壁九年，炼神还虚，生死自在，“做个阆苑蓬莱物外仙”。②

张三丰内丹说的一个特点，是从文辞看，不少地方颇似主张双修，与南宗双修派似乎同调。如《大道论》云：“外药者，在造化窟中而生。”又云：“大修行人欲求先天外药，必炼己以待阳生，用神气炼成慧剑，采金水匀配柔刚。”③采药于外、炼己先“铸剑”，皆阴阳派法。又如《青羊宫留题四首》云：“炼黍米须要有法财两件，心腹事须要托二三为伴，怎得个张环卫共谈玄，马半州同修炼。薛道光曾把俗还，王重阳幸遇良缘，伯端翁访友在扶风县，达磨祖了道在丽春院。才晓得花街柳巷，也正好参禅。”④更似双修派常谈。尤其是被推为张三丰丹词之代表作、也最为可靠的《无根树》道情，更多似谈双修之词，如云：“无根树，花正青，花酒神仙古到今。烟花寨，酒肉林，不犯荤腥不犯淫……打开门，说与君，无酒无花道不成。”又云：“女子无夫为怨女，男子无妻是旷夫。叹迷徒，太模糊，静坐孤修气转枯。”⑤此类词语，当然也可释为清修，但释为双修，似更近情理。然而，张三丰丹书中也多处反对采战御女，乃至双修。如《古书隐楼藏书·三丰张真人破疑直指》云：“世有一等小根盲人，见先仙所言外阴阳、外炉鼎、外药物，便执迷以女人为鼎器，诚可哀也……岂知万物皆备于我，天地造化，皆同我之大哉！”⑥《张三丰先生全集·登天指迷说》亦谓天地、乾坤、坎离、男女、内外炉鼎，皆喻一身内外之阴阳，并无男女等相，斥采女人之精而利己身“与世之杀人者有何异焉”！⑦

---

① 《藏外道书》第5册，第433—434页。

② 《藏外道书》第5册，第447页。

③ 《藏外道书》第5册，第469页。

④ 《藏外道书》第5册，第455页。

⑤ 《藏外道书》第5册，第452页。

⑥ 《三洞拾遗》，合肥：黄山书社2005年版，第20册，第680页。相似的说法，见《登天指迷说》，《藏外道书》第5册，第475页。

⑦ 《藏外道书》第5册，第476页。

谓用女鼎一事,“万无此理”,“某见酷好炉火(双修)者,百无一成”。[①] 是则张三丰主清修抑或双修,殊不易断定。无怪乎其后学分清修、双修两派。

张三丰丹法的又一特点,是有其独特的内丹睡功,称“蛰龙法”。《张三丰先生全集》卷4有《渔父词》咏此法云:“蛰法无声却有声,声声说与内心听。神默默,气冥冥,蛰龙虽睡睡还醒。”[②]又有《蛰龙吟》一首咏睡功云:

> 睡神仙,睡神仙,石根高卧忘其年,三光沉沦性自圆。气气归玄窍,息息任天然。莫散乱,须安恬,温养得汞性儿圆,等待他铅花儿现。无走失,有防闲,真火候,运中间。行七返,不艰难,炼九还,何嗟叹。静观龙虎战场战,暗把阴阳颠倒颠。人言我是朦胧汉,我却眠兮眠未眠。学就了,真卧禅,养成了,真胎元,卧龙一起便升天。[③]

这种蛰龙睡功,是以卧姿修炼内丹,其凝神守窍调息,养性炼气,与坐功基本相同。词末说明,此蛰龙法传自陈抟,“图南一派俦能继?邋遢道人张丰仙”[④]。承认张三丰继承了陈抟卧功之传。就此而言,张三丰与陈抟一系,确有传承关系。

张三丰还被尊奉为道教武当内家拳的创始人或代表人物。此说起码起于明代。明末清初学者黄宗羲《王征南墓志铭》云:“少林以拳勇名天下,然主于搏人,人亦得以乘之。有所谓内家者,以静制动,犯者应手即扑,故别少林为外家,盖起于宋之张三峰。三峰为武当丹士。”[⑤]且述其源流云:“三峰之术,百年以后,流传于陕西,而王宗为最著。温州陈州同从王宗受之,以此教其乡人,由是流传于温州,嘉靖间张松溪为最著。松溪之徒三四人,而四明叶继美近泉为之魁……得近泉之传者,为吴昆山、周云泉、单思南、陈贞石、孙继槎,皆各有授受。昆山传李天目、徐岱岳,天目传余波仲、吴七郎、陈茂弘。云泉传卢绍岐。贞石传董扶舆、夏枝溪。继槎传柴玄明、姚石门、僧

① 《藏外道书》第5册,第475页。
② 《藏外道书》第5册,第449页。
③ 《藏外道书》第5册,第450页。
④ 《藏外道书》第5册,第450页。
⑤ (清)黄宗羲:《南雷文定》卷8,《四库全书存目丛书》,济南:齐鲁书社1997年版,集部第205册,第212页。

耳、僧尾。而思南之传则为王征南。”[①]王征南（1557—1609年）名来咸，征南为其字，自奉化来鄞（今属宁波），黄宗羲与之游，亲见其术。王曰：“今人以内家无可炫耀，于是以外家搀入之，此学行当衰矣。”[②]因许叙其拳法源流。九载后，征南卒。宗羲子黄百家撰《王征南先生传》云：“盖自外家，至少林，其术精矣。张三峰既精于少林，复从而翻之，是名内家。得其一二者，已足胜少林。”[③]《张三丰先生全集》卷1《拳技派》引王士祯语，称“拳勇之技，少林为外家，武当张三丰为内家”[④]。《道统源流》谓张三丰“好道善剑”[⑤]。内家拳取道家思想为指导，以静制动，将道教内丹炼养无为、虚静、柔弱、自然之旨融化于武术中，形成贵柔尚意的独特风格，实为内丹气功与武术的融合，与张三丰可能很有关系。晚近流传的八卦掌、太极拳、形意拳等，皆从内家拳演绎发展而成。内家拳在武术、体育、气功方面价值甚高，可谓道教文化的精品，张三丰创编或提倡之功，实不可灭。

二、全真道的相对沉寂

虽然张三丰一系因隐逸而著名，在明代社会上有甚大影响，但明初中期的全真道由于政府的严厉管束，以及自身丧失了初创期的创造活力与适应能力，因此与元代的贵盛相比显得甚为沉寂。从本章第一节来看，全真道罕见有影响的高道出现，受皇帝征召、赐号封官者更少，与同期正一道士之荣贵形成鲜明对照。

明代的藩王是一个特殊的社会群体，他们设藩府于地方，享受着优渥的俸禄和待遇，同时也受到中央政府的严格监控，没有实际的领地和臣

① （清）黄宗羲：《南雷文定》卷8，《四库全书存目丛书》，济南：齐鲁书社1997年版，集部第205册，第212页。

② （清）黄宗羲：《南雷文定》卷8，《四库全书存目丛书》，济南：齐鲁书社1997年版，集部第205册，第213页。《张三丰先生全集·拳技派》与此略同，而谓王征南为顺治时人，盖误。《藏外道书》第5册，第417页。

③ （清）黄百家：《学箕初稿》卷1，《四库全书存目丛书》，济南：齐鲁书社1997年版，集部第257册，第762页。

④ 《藏外道书》第5册，第417页。

⑤ 严合怡：《道统源流》，上海民铎报社等发行，1929年，卷中，第10页。

民，不得干预地方事务。明成祖即位之后，对于反对他的藩王进行惩治清算，又剥夺了亲王的军事指挥权。因此，明代藩王虽然有着优越的政治和经济地位，但缺少人身自由，整日无所事事，其中部分人便寄情于道教，成为道教重要的信仰资助者。明初中叶，全真道也得到藩王的一些支持。[①]比如，洪武年间，晋恭王朱棡出资为元通观增修了供奉全真祖师的五祖七真殿及道祖法堂。[②] 成化十八年（1482 年），鲁王一系"阖府之名王，各镇国将军"等合资重修兖州万寿宫，宫内住有全真道士王得全等。[③] 正德四年（1509 年），郑懿王朱祐檡命王屋山龙门派道士张太素在怀庆府修建玉清宫、虚皇阁。正德十年（1515 年），周府胙城王孙因祷疾于天坛有应，遣使赍书币，请张太素崇修王屋山天坛顶之三清殿。[④] 山西介休后土庙属龙门派，正德年间，庆成王府资助该庙重修献楼。[⑤] 陕西耀州药王山静明宫属华山派，嘉靖年间秦王命内相张公沂捐金马若干，扩展庙基、增塑神像，并创建上帝殿两楹。[⑥] 韩王主妃因在静明宫求子应验，遂施以白金新饰殿宇。[⑦] 有的藩王崇信全真道士，比如扬州人杨汝真修全真之道，入蜀彭县，往来苟仙、阳平二观，蜀献王朱椿敬礼之[⑧]；黄一真，内乡奉仙观道士，师事全真李崇朴，南阳宗藩唐王命为道官，主南阳北观，常往来

---

① 参见 Richard. G. Wang（王岗），*The Ming Prince and Daoism*，Oxford University Press，2012. 以下关于藩王支持全真道的内容，转引自张方：《明代全真道的衰而复兴——以华北地区为中心的考查》第一章第四节，中国社会科学院博士学位论文，2014 年。

② 参见（清）阎士骧：《（道光）阳曲县志》，《中国方志丛书》，台北：成文出版社 1976 年版，第 107 页。

③ 参见《大明鲁国重修万寿宫碑》，《道家金石略》，第 1267—1269 页。该碑立于成化二十一年（1485 年）。

④ 参见（明）何瑭：《柏斋集》卷 8《白斋张先生修建碑记》，《文渊阁四库全书》第 1266 册，第 581—582 页。

⑤ 参见《创建献楼碑》，张晋平：《晋中碑刻选粹》，太原：山西古籍出版社 2001 年版，第 180 页。其道派归属，参见张方：《碑刻所见介休后土庙龙门派传承》，赵卫东主编：《全真道研究》第 3 辑，济南：齐鲁书社 2014 年版。

⑥ 参见《重修孙真人祈嗣神岩记》，立于嘉靖二十三年（1544 年），碑存陕西耀州药王山。

⑦ 参见《重修静明宫殿门记》，立于嘉靖三十年（1551 年），碑存陕西耀州药王山。

⑧ 参见（明）何乔远：《名山藏》卷 103，《续修四库全书》，上海：上海古籍出版社 2002 年版，第 427 册，第 575 页。

玉清宫、大谷屿玉仙宫①。有些藩府还任用全真道士管理香火院，比如，正德年间全真道士张守安住持青州修真宫，兼充衡府家庙司香烛道士；②山西高平仙姑万寿宫，正德年间有代藩隰川王令旨为本府香火院；③泰山三阳观为明代全真道士王三阳（王阳辉）创立，嘉靖年间，德王以为香火院，命王府典服马松冈市庄宅一区，地三十亩，以为焚修道众衣粮之资。④

藩府的有限支持并不能改变全真道的颓势，《金盖心灯》卷1《周大拙（玄朴）律师传》曾说："是时玄门零落，有志之士皆全身避咎，师隐青城，不履尘市五十余年……弟子数人，皆不以阐教为事，律门几至湮歿。"⑤盖经元明之际的战火摧残，以及明初的宗教管理政策比如寺观合并措施的抑制，全真道在元代建立的行之有效的发展模式遭到破坏，其受官方支持的本教层级道官制度不复存在，原本跨州连邑的宫观网络也被摧破，转而多以一宫一观一地为生存限域，正是"玄门零落"之象。而当时龙门律宗沉寂不振，道士多隐遁山林，"不以阐教为事"，大概也与明室对全真道的不重视有关。

终南山重阳万寿宫是全真道祖庭之一，其宫观群在元明易代中有所保存，在永乐、正统时尚有传承。永乐年间住持重阳宫的侯圆方"受业经台宗圣宫，深悟全真之旨"⑥，他受永乐帝之命，"同礼部尚书胡濙驿驰天

---

① 参见《古今图书集成·博物汇编·神异典》卷256，北京：中华书局、成都：巴蜀书社1985年版，第51册，第62376页。

② 参见《重修修真宫记》，赵卫东、庄明军编：《山东道教碑刻集》（青州昌乐卷），济南：齐鲁书社2010年版，第185页。

③ 参见常书铭主编：《三晋石刻大全》（高平卷上），太原：三晋出版社2010年版，第101页。

④ 参见赵卫东：《泰山三阳观及其与明万历宫廷之关系》，载陈鼓应主编：《道家文化研究》第23辑，北京：三联书店2008年版，第298页。

⑤ 《藏外道书》第31册，第178页。《金盖心灯》卷1厘定的龙门律宗谱系学界多有质疑，较集中的论述参见丁培仁《〈金盖心灯〉卷一质疑》（陈鼓应主编：《道家文化研究》第23辑，北京：三联书店2008年版）一文，但其对明清之际全真道特别是龙门律宗状况的描述还是值得注意的。

⑥ （明）张楷：《重修祖庭碑》，刘兆鹤、王西平：《重阳宫道教碑石》，西安：三秦出版社1998年版，第136页。

下名山洞府，寻访张三丰仙翁。久而复命将归，给领道藏经，并护敕宗圣、重阳等宫，统理道众"①。正统年间，其徒唐袭淳承继道统住持宗圣宫。②

祖述丘处机的龙门派③，在明初有陈风便（1346—1429 年）徒裔。陈风便，号痴呆子，于永乐十八年（1420 年）住房山隆阳宫，宣德初，得刘渊然赐号悟性通元清虚养素颐真守静法师。《隆阳宫痴呆子来鹤记》云：陈氏为福建邵武人，初入武夷山学道，后于山东得授金丹秘诀。其行事则驱役雷霆，祈祷契勘，其应如响；含和镇璞，育婴胎息，终日如醉。似兼通雷法与内丹，类元代金丹派南宗道士的风格。但记文特别强调"风便之学，全真也"。其所传授，有徒崔璇珙，徒孙陈道暹、胡道真；而又云"今嗣其派者，弟子王常安、李常惠等端志全真，欲觉后觉，以畅斯教"。似其弟子所学或志向非一，部分人自觉归宗全真。④ 这些矢志弘扬全真的弟子，除了王常安、李常惠外，还有一个重要人物张常真（1376—1449 年）。据《天坛修造白斋道人张

① （明）尹文振：《重修洪妙庵记》，王忠信编：《楼观台道教碑石》，西安：三秦出版社 1995 年版，第 163 页。

② 参见樊光春：《明清时期西北地区全真道主要宗派梳理》，赵卫东主编：《全真道研究》第 1 辑，济南：齐鲁书社 2011 年版。

③ 据现有研究，"龙门"名派乃清以后才出现并固定下来，但大概自明初期偏后，已有该派字谱前 20 字的完整记载并实际应用于法裔命名，当时称为"长春真人仙派"（《天坛修造白斋道人张公太素行实之碑》）、"长春道派"（《李赤肚传》）、"丘真人门下宗派"（《天仙正理直论注》）、"丘祖派"（《定心峰铁塔铭》）等。现为行文方便，统一记作"龙门派"。其他托称"七真"所传宗派大概情况皆类此，行文中亦同样处理，不另说明。参见张方：《明代全真道的衰而复兴——以华北地区为中心的考查》附录二，中国社会科学院博士学位论文，2014 年；王岗：《明代江南士绅精英与茅山全真道的兴起》，赵卫东主编：《全真道研究》第 2 辑，济南：齐鲁书社 2011 年版；樊光春：《明清时期西北地区全真道主要宗派梳理》、张广保：《明代全真教的宗系分化与派字谱的形成》，赵卫东主编：《全真道研究》第 1 辑，济南：齐鲁书社 2011 年版。以下对明初中期各派的简述，主要依据张方上列博士学位论文，将仅注明原始材料来源，详细考证请见该论文。

④ 参见康熙《房山县志》卷 7，国家图书馆藏微缩胶卷，编号 DJ1951。录文见于张方：《房山隆阳宫与明代北方全真道》，《世界宗教研究》2013 年第 4 期。陈风便于宣德三年（1428 年）参与募刻房山石经《玉皇经》，跋文署"嗣全真教高士陈风便"，可见其宗派认同。见于中国佛教协会、中国佛教图书文物馆编：《房山石经》，北京：华夏出版社 2000 年版，第 29 册，第 387 页。

公太素行实之碑》,张常真于宣德丙午(1426 年)“礼西山隆阳宫全真陈公风便为师,授以金液还丹之旨”①。陈风便这几个弟子,在宣德年间已进入北京白云观主持钵堂。大约在宣德四年(1429 年)至宣德七年(1432 年)间重印的《玄风庆会图》,劝缘道士题名即有“白云观主钵东鲁王常安、白云观副钵绛阳李守一”②。据《石州三阳云凤山云际孙先生修真功行记》,孙云际正统戊午(1438 年)赴京,得“白云观长春祖师嗣法六代玄师张常真亲授正真之道,钵堂二载,复还本山”③。在正统九年(1444 年)《白云观重修记碑》“本观执事道众”中,张常真、王常安为主钵,李常惠、李守一为知堂。④进入丘处机藏蜕之所白云观、主持内丹修炼场所钵堂,此系道士果然“端志全真”,且已由此因缘而归宗丘祖门下,如张常真称“长春祖师嗣法六代玄师”。此后,张常真来到王屋山完真堂修炼⑤,羽化于此。《天坛修造白斋道人张公太素行实之碑》有其小传,并载“长春真人仙派”字谱即“道德通玄净,真常守太清,一阳微复本,合教永延明”,列其徒弟程守然、张守默。程守然传陈太洪、范太阳、田太希、张太素。陈太洪传王清润,范太阳传张清霞,田太希传韩清阳、高清谭,张太素传王清芳、冯清善、薛清濙、王清泽、乔清鉴等。⑥ 可见此派字谱已实际使用,前述白云观李守一亦当为“守”字辈。

---

① 碑存王屋山天坛顶总仙宫,立于嘉靖三年(1524 年),此据张方录文。见于张方:《明代全真道的衰而复兴——以华北地区为中心的考查》附录二,中国社会科学院博士学位论文,2014 年。

② 《三洞拾遗》,合肥:黄山书社 2005 年版,第 16 册,第 422 页。关于重印时间的考证,参见张方:《〈玄风庆会图〉残卷版本考》,《中华文化论坛》2015 年第 2 期。

③ 此石碣现嵌于山西吕梁市凤山道院孙真人殿墙中,刻于景泰六年(1455 年),此据张方录文。参见张方:《明代全真道的衰而复兴——以华北地区为中心的考查》附录二,中国社会科学院博士学位论文,2014 年。

④ 参见《北京图书馆藏中国历代石刻拓本汇编》,郑州:中州古籍出版社 1989 年版,第 51 册,第 122 页。

⑤ 张方推测张常真及其弟子程守然等人至王屋山,与正统九年(1444 年)《正统道藏》刊成后,明英宗向王屋山道观颁赐《道藏》有关,或为护送《道藏》至此。参见张方:《明代全真道的衰而复兴——以华北地区为中心的考查》第三章第四节,中国社会科学院博士学位论文,2014 年。

⑥ 碑存王屋山天坛顶总仙宫,立于嘉靖三年(1524 年),此据张方录文。见于张方:《明代全真道的衰而复兴——以华北地区为中心的考查》附录二,中国社会科学院博士学位论文,2014 年。

张太素(1445—1529 年),山西万泉县(属今山西万荣县)人,与同母弟田九畴偕行访道,弘治六年(1493 年)入王屋山,因范太阳举荐,"遂礼程公(程守然)为师,嗣派太素,弟名太希,授以返还无为之旨"。① 张太素于弘治十一年(1498 年)、正德十年(1515 年)两次增修扩建天坛总仙宫,任本宫住持。②

此隆阳宫一系全真道士,在房山仍有传续,并传到陕西。《明故真默子姜君墓志》载,真默子姜浩渊于天顺元年(1457 年)入京请经度牒,"投礼张良洞(在房山)全真崔君常熊为师"③。户县化羊庙存景泰三年(1452 年)《重修古迹东岳庙记》载,宣德元年(1426 年),"有北京隆阳宫全真道士常存荣公……来游观之。乃与周曲湾正阳洞道士杨道中而共居焉。已而化羊庙祝杨仁闻其道行高妙,礼请以来"。碑记道士题名为"荣常存、郑守山、杨守清、李道明、梁道一、王守静、刘守□、陈守真"④。全真师崔常熊、荣常存,当与张常真、王常安同辈。

与张太素同时,王屋山紫微宫还有刘静云一系,其派字也符合龙门派字谱。在正德十五年(1520 年)《重修阳台万寿宫三清殿记》碑阴,除张太素及其弟子题名外,还有紫微宫刘静云、王净川、原真方、李真孝、党真洪、侯真汝、王常廉等人。⑤ 在《长春真人仙派传授图》碑上,张太素以下的"清"字辈与"一"字辈弟子的姓名均被磨去,在磨平的地方重新刻上"□□□领尊宿刘静云、丘真环,本宫道众略开在后",后面共刻有"通"字辈 7 人,"玄"字辈 5 人,"净"字辈 2 人,"真"字辈 25 人,"常"字辈 68 人,"守"字

① 《天坛修造白斋道人张公太素行实之碑》,碑存王屋山天坛顶总仙宫,此据张方录文。

② 参见(明)何瑭:《柏斋集》卷 8《王屋山天坛玉皇庙记》、《白斋张先生修建碑记》,卷 10《白斋张先生墓表》,《文渊阁四库全书》第 1266 册,第 577—578、581—582、625—626 页。《重修阳台万寿宫三清殿记》,碑存王屋山阳台万寿宫,立于正德十五年(1520 年),此据张方录文。此碑还列有其门徒张宜贞、侯宜□,当为"一"字辈。

③ 碑存山西吕梁市凤山道院真人祠旁,此据张方录文。

④ 吴敏霞主编:《户县碑刻》,西安:三秦出版社 2005 年版,第 349 页。此为目前所见西北地区最早的"龙门派"题名,参见樊光春:《明清时期西北地区全真道主要宗派梳理》,赵卫东主编:《全真道研究》第 1 辑,济南:齐鲁书社 2011 年版。其中李道明、梁道一与他人派字不符,或可由荣常存曾与杨道中共居寻求解释。

⑤ 碑存王屋山阳台万寿宫,此据张方录文。

辈18人。[①]

山东青州修真宫的龙门派传承,就目前所知始于正德年间。正德八年(1513年)《重修修真宫记》,载住持道士张守安修复本宫事。本宫道众题名有"守"字辈董守春1人,"太"字辈7人,"清"字辈4人。[②]

正德丙子(1516年),山西介休后土庙道士张德深创建献楼。[③] 在嘉靖十三年(1534年)立《重建后土庙记》中,张德深将道派传承推至其师祖,云:"本庙道会祖师赵洞海,门人韩福霓、王福宏,门徒韩德源、张德深、高德济,门徒李通桂、吕通相、郝通楔、胡通枢同立石。"[④]嘉靖四十年(1561年)撰《重修太宁宫殿并创建三门记》,署"住持吕通相、张通晓,门徒李玄□、李玄□,署印道士□玄□"[⑤]。可见,介休后土庙于正德年间从"德"字辈开始传续龙门派字谱。[⑥]

---

① 碑存王屋山天坛顶总仙宫,此据张方录文。紫微宫为王屋山宫观之首,有御赐《正统道藏》,张太素入王屋山,即遇其师程守然于紫微宫,可惜目前未见早于此碑的本宫道士资料,不能确知其采用龙门派字谱的时间和缘由。且刘静云已称尊宿,而"通"、"玄"辈的道士尚排在偏后的位次,似乎有悖于龙门派字谱的顺序。参见张方:《明代全真道的衰而复兴——以华北地区为中心的考查》第三章第四节,中国社会科学院博士学位论文,2014年。张方又考得,丘处机弟子张志谨曾于王屋山传承丘祖法脉,有张志谨—杜志元—李志微—段道信—傅道宁的传系,傅道宁至大三年(1310年)为紫微宫住持,管理王屋山道教。并推测"刘静云一系的龙门派可能是王屋山原有的全真丘祖法脉"。据《尊宿提点刘道清德行之记》及碑阴题名(陈垣编著:《道家金石略》,北京:文物出版社1988年版,第1210—1211页),有总仙宫住持讲经师陶德泰,阳台宫刘道清、王德仁等30余人(除惠惟素及3个道童外,其余人名字中皆含"道"或"德"字),因誊录的关系,现仅能确定刘道清—梁德仪系师徒关系。此碑仅署戊子年立石,《道家金石略》列为至正八年(1348年)。此系道士是否属丘祖法脉,及其与龙门派字谱的形成是否有关系,有待研究。

② 参见赵卫东、庄明军编:《山东道教碑刻集》(青州昌乐卷),济南:齐鲁书社2010年版,第185—187页;赵卫东:《青州全真修真宫考》,《宗教学研究》2008年第4期。

③ 参见《创建献楼记》,张晋平:《晋中碑刻选粹》,太原:山西古籍出版社2001年版,第179—180页;张正明、[英]科大卫编:《明清山西碑刻资料选》,太原:山西人民出版社2005年版,第604—605页。

④ 张晋平:《晋中碑刻选粹》,太原:山西古籍出版社2001年版,第183页;张正明、[英]科大卫编:《明清山西碑刻资料选》,太原:山西人民出版社2005年版,第472页。

⑤ 碑嵌介休后土庙娘娘殿后墙,此据张方录文。

⑥ 参见张方:《碑刻所见介休后土庙龙门派传承》,赵卫东主编:《全真道研究》第3辑,济南:齐鲁书社2014年版。

在晋祠，天顺元年（1457年）圣母殿钟上有“住庙道士贾通真、张通受”①铭文。弘治十一年（1498年）所铸铁人有“道会司护印赵玄恩、晋祠庙道士翟通宵”②铭文。嘉靖十一年（1532年）吕祖阁钟铭有道士智净莹，水母楼磬有本庙道士王常宁、王玄洁。表明也属于龙门派传承。③

据清初王常月《钵鉴》记述，龙门派至元明间形成以戒律密传的“龙门律宗”，其第一代律师为赵道坚，赵传张德纯，张传陈通微，是为第三代传人。陈通微号冲夷子，山东东昌人，本学正一道法，后来至华山师事龙门律宗第二代传人张德纯，终隐于青城山。洪武丁卯（1387年），陈通微传戒法于西安农人出身的周玄朴，是为龙门律宗第四代。周玄朴传戒法于张静定、沈静圆，为龙门第五代律师。张静定号无我子，余杭人，居天台桐柏观，于嘉靖七年（1528年）传戒法于赵真嵩，为龙门第六代。赵真嵩号复阳子，山东琅玡人，长期隐居王屋山潜修，据传内丹成就，证得六通，寿数很长，是清代以来内丹家称道的一个重要人物。周玄朴下沈静圆一支，传行于东南，沈静圆号顿空子，江苏句容人，成化乙酉（1465年）以戒法传嘉兴石门人卫真定（1441—1645年），卫真定号平阳子，是一个享寿颇长的全真道士。如前所述，见载于《金盖心灯》的这一早期谱系已遭到学界的广泛质疑，或许只能说，龙门律宗在明代虽续有传嗣，然道派传衍不广，道士声望不大，并未受到朝廷及社会上层的重视。

托称谭处端所开南无派。据《南无道派宗谱》，该派第五代杨理信，活动于明初，递传胡玄宗、马微善、刘至洞等，历代宗师多出华北鲁、冀、豫三省，其活动范围亦不出华北，无一人显著者。④

许昌天宝宫在元代为真大道重要据点，但从明中期起开始传衍全真华山派。许州知州邵宝弘治五年（1492年）撰《天宝宫碑》，提到住宫道士牛志道。⑤

---

① 刘大鹏著，慕湘、吕文幸点校：《晋祠志》，太原：山西人民出版社2003年版，第168页。

② 刘大鹏著，慕湘、吕文幸点校：《晋祠志》，太原：山西人民出版社2003年版，第166页。

③ 参见张方：《明代全真道的衰而复兴——以华北地区为中心的考查》第四章第二节，中国社会科学院博士学位论文，2014年。

④ 参见（清）刘名瑞修：《南无道派宗谱》，《三洞拾遗》，合肥：黄山书社2005年版，第17册，第600—602页。

⑤ 碑存天宝宫祖师殿前，张方有著录。碑文见录于王秀文等：《许昌县志》，《中国方志丛书》，台北：成文出版社1968年版，第1350—1354页。

徐永撰《许州天宝宫增修记》云，牛志道于正德丙寅（1506 年）羽化，其徒谭一淮、权一衡、牛一郗等继续增益本宫，丙子（1516 年）春求记，正德十二年（1517 年）立石。此时住持即为谭一淮，副宫为权一衡。碑阴开列本宫道众，有“志”字辈 2 人，“一”字辈 18 人，“无”字辈 48 人，“尚”字辈 4 人，为华山派字谱第一至四代。此碑还记载了周边道观的信息，其中符合华山派字谱的有：清虚宫住持蒋志诚、顾志谧、牛一进、周一松；清真观住持孙崇昕、冯崇瓓、陈崇洋、霍崇高；钧州万寿宫住持景崇高、陈崇太；聚仙观住持马一涞、魏无空、赵无伤、谷无量；白乐宫住持尹一洪、冯一新、戚一良、马无驭；郾城县洞志观住持戴志谅、赵一元、李一清、马一□；龙泉观苏崇奉、杨崇臣、牛一锦；王□庙住持张一宁、李无限、张无廷、宋尚信。① 这些道观主要分布在许州、禹州等开封府辖境。

山西左权县紫微观，在嘉靖四十一年（1562 年）碑石中出现了“崇、教、演、全、真”等华山派字辈。② 平遥南神庙嘉靖四十一年立石的《重修耶输神祠并钟楼碑记》，署“起意人道会司道会武真义，师祖郭教碧，门徒郭演秀，化缘人秦演玄，门徒吕全清，门徒刘真□、陈真□……王家庄观侯全真门徒”③。为“教、演、全、真”四代。

西北地区最早出现华山派字谱是景泰二年（1451 年）陕西洋县丰都山，为“道、崇”两代。正德三年（1508 年）甘肃灵台县丹阳观出现“崇、教”两代。正德十三年（1518 年）陕西耀州药王山《重修孙真人庙洞记》出现“崇、教、演”三代。嘉靖四年（1525 年），咸阳天圣宫碑载本县太清宫、天圣宫“道、崇、教、演”四代道士题名。嘉靖十一年（1532 年），陕西石泉天池山迎真观有“演”字辈；同年，户县化羊峪东岳庙重修殿宇，碑记题名“住持杨崇茂，徒杨教真、方教玄、李教仁，孙刘演玉、肖演全、郑演□、阎演义、杨演淮、郑演弦、田演表、胡演安、魏演恩、□演锐、郑演□、魏演□，重孙万全会、王全经”④。嘉靖二十四年

① 碑存天宝宫祖师殿前，此据张方录文。

② 参见张方：《碑刻所见左权紫微观派字传承》，《中国道教》2012 年第 4 期。

③ 碑存平遥县干坑村源相寺，此据张方录文。参见张正明、［英］科大卫编：《明清山西碑刻资料选》，太原：山西人民出版社 2005 年版，第 316 页。

④ 吴敏霞主编：《户县碑刻》，西安：三秦出版社 2005 年版，第 72 页。

(1545 年),甘肃平凉崆峒山有道士郭教成、张演福。[①] 嘉靖三十五年(1556年),陕西城固洞阳宫为"演、全"两代。[②]

山东济南市长清区五峰山现存正德戊寅(1518 年)《题神虚宫记碑》,道众题名为"崇"字辈 3 人,"教"字辈 10 人,"演"字辈 12 人,"全"字辈 1 人。[③] 到嘉靖十六年(1537 年)《洞真观建仙亭桥记碑》,题名道士有"崇"字辈 2 人,"教"字辈 6 人,"演"字辈 7 人。[④] 淄博市博山区凤凰山,据嘉靖二十二年(1543 年)立《重修玉皇宫记》,有华山派住持道士郭教聪、张教明、李演存、李演禄、□演祥。[⑤]

北京西城区有立于嘉靖四十二年(1563 年)的《敕赐显应观纪成之碑》,碑文言其地乃"京师龙脉所经",道士包教玉首倡创观之议,遂得嘉靖皇帝赐帑任官而作成,赐名显应观。碑侧刊"显应观焚修道士秦全浩、秦真玉"[⑥]。这是华山派"教、全、真"三代,说明华山派至迟在嘉靖末已进入此观。

据《大岳太和山志》,明初中叶武当山全真道尚较盛,然道士多兼承清微派法,崇祀玄帝。如李素希(1329—1421 年),洛阳人,字幽岩,号明始韬光大师[⑦],于洪武初度为全真道士[⑧],五龙宫住持提点,永乐三年(1405 年)、四年(1406 年)因榔梅结实,遣道士上贡,有赐。诣朝谢恩,赐座便殿,问以

---

① 参见《新建南天门铁索记碑》、《建三天门铁索记碑》,吴景山:《崆峒山金石校释》,兰州:甘肃文化出版社 2014 年版,第 14—17 页。

② 参见樊光春:《明清时期西北地区全真道主要宗派梳理》,赵卫东主编:《全真道研究》第 1 辑,济南:齐鲁书社 2011 年版。

③ 碑存五峰山洞真观,参见秦国帅:《明清以来(1368—1949)泰山道派考略》,《中国道教》2011 年第 3 期。

④ 碑存五峰山洞真观,参见秦国帅:《明清以来(1368—1949)泰山道派考略》,《中国道教》2011 年第 3 期。

⑤ 参见赵卫东、王予幻、秦国帅编:《山东道教碑刻集》(博山卷),济南:齐鲁书社 2013 年版,第 141—142 页。

⑥ 《北京图书馆藏中国历代石刻拓本汇编》,郑州:中州古籍出版社 1989 年版,第 56 册,第 93、94 页。碑阳、碑侧或非刊于一时。

⑦ 陈铭珪《长春道教源流》引《武当山志》,仅云"号明始"。参见《藏外道书》第 31 册,第 122 页。

⑧ 参见永乐帝敕文,称"五龙宫全真道士李素希"。《大岳太和山志》卷 2,《藏外道书》第 32 册,第 826 页。

理国治身之道，唯以道德奉对，礼待甚厚，赐还本山。永乐十九年（1421年）羽化。[①] 李孤云，河南人，“自幼志慕清虚，明全真理”，洪武初到五龙宫，与李素希“结方外友”，年92卒。[②] 周自然，金台人，幼入全真道，及长，游于四方，“一以道化俗，次以药济人”，洪武初来武当山五龙行宫，年将耄耋而貌若童稚，可见其修养有成。[③] 李德囦，号古岩，金台人，自幼入陕西重阳万寿宫出家，为全真道士，后礼武当山紫霄宫曾仁智为师，受清微雷法。洪武二十三年（1390年）湘王来山，赐住荆州府长春观，嘉其修炼之勤，卒后遣官致祭，赠以偈。[④] 简中阳，字致和，武昌人，得异人授以中黄上道清微秘法，洪武辛未（1391年）至武当，永乐丙戌（1406年）召至阙，赐以祠部护身符牒。[⑤] 永乐十年（1412年），敕建武当福地，“令全真道士简致和焚修”[⑥]。本山玄天玉虚宫建有仙楼，“太上尊像、五祖仙像，俱于仙楼供奉，全真杨道中焚修”[⑦]。八仙观“以全真王守真、赵福缘、王道晖等焚修”[⑧]，太常观有“全真殷宏道、兴道、徐永道焚修”[⑨]，太上观由全真曾闻善“领徒众焚修”[⑩]，大道庵“以全真张道清、杨道絹等焚修”[⑪]。

孙碧云（1345—1417年）号虚玄子，也曾在武当山栖止，并与明王室保持着良好的关系。据《甘肃通志》和《大岳太和山志》卷2《诏诰》、卷7《本传》等文献[⑫]，其为冯翊（治今陕西大荔县）人，至正五年（1345年）生，幼即

① 参见《大岳太和山志》卷7，《藏外道书》第32册，第926—927页。其死后事，参见胡濙所记，收录于《大岳太和山志》卷2，《藏外道书》第32册，第834—835页。
② 参见《大岳太和山志》卷7，《藏外道书》第32册，第926页。《大岳太和山志》卷2收有湘王赐李孤云诗，见于《藏外道书》第32册，第838页。
③ 参见《大岳太和山志》卷7，《藏外道书》第32册，第929页。
④ 参见《大岳太和山志》卷7，《藏外道书》第32册，第928—929页。
⑤ 参见《大岳太和山志》卷7，《藏外道书》第32册，第932页。
⑥ 《大岳太和山志》卷5，《藏外道书》第32册，第912页。
⑦ 《大岳太和山志》卷8，《藏外道书》第32册，第933页。
⑧ 《大岳太和山志》卷8，《藏外道书》第32册，第940页。
⑨ 《大岳太和山志》卷8，《藏外道书》第32册，第941页。
⑩ 《大岳太和山志》卷8，《藏外道书》第32册，第942页。
⑪ 《大岳太和山志》卷8，《藏外道书》第32册，第943页。
⑫ 参见（清）许容等监修、李迪等编纂：《甘肃通志》卷41，《文渊阁四库全书》第558册，第486—487页；（明）任自垣：《大岳太和山志》，《藏外道书》第32册。

慕道,年13入华山学道,继后道价日溢,玄风大振。洪武二十七年(1394年)十二月,明太祖召至阙下,馆于朝天宫,至次年闰九月遣其还山。其间多次召见问道,太祖自比于轩辕黄帝,而以孙碧云为广成子,赏赉优厚。尝论及三教优劣,对曰:于道言之,则无优劣之辩,教虽分三,道乃一也。永乐十年(1412年)二月,成祖敕封其为道录司右正一,同时谕礼部尚书吕震:"道录司右正一孙碧云,着他去武当山南岩办道修行,一应人等不许搅扰。若是他要去天下名山福地修行云游,都随他往来自在,不要阻当(挡)。"① 三月,成祖因钦仰张三丰而欲创建遇真宫,因报本祈福而欲重建紫霄、五龙、南岩诸宫,敕孙碧云往武当山"审度其地,相其广狭,定其规制,悉以来闻"②,并赐诗一首。又任命孙碧云为武当南岩宫住持。孙碧云还与肃庄王朱楧有交往。据刘一明《金天观碧云孙真人像传》,孙云游至兰州,朱楧"素闻其名,遂迎请之,以师礼相待,复于西郊外金天观,九阳山之西,为真人筑圜室以养静",后"真人因观近市井,不乐久居,辞王离兰,复游少华,旋归武当"。朱楧将其像刻于石碣,以志不忘。③《肃王赐虚玄子像赞》云:"大哉真仙,无极自然,含三为一,玄之又玄。"④永乐十五年(1417年),孙碧云逝于武当山,有太易子作《碧云集》行于世。其著述流传至今者,唯有《修身正印》1卷,论内丹修炼,为嘉庆八年(1803年)刻板,现收入《三洞拾遗》第9册。孙碧云在兰州期间,有肃王府承奉阮、黎二人皈依受教。阮氏墓志于乾隆丁未(1787年)出土于兰州五泉山之阴,题"肃府承奉正、嗣全真派阮公无量墓志",略谓:"公乃越裳人,因来贡于明,遂留中国,曾为肃庄王承奉正,得碧云孙真人无上大道,别号无量,庄王赐曰静庵道人,又称遂通子。潜心密炼,性命俱了,七十六岁,辞世归空。"⑤又据《诸真宗派总簿》云:"碧云祖师姓孙名碧岩,系终南山人,留传榔梅派,即武当山本山派。"其字谱为:"碧

① 《大岳太和山志》卷2,《藏外道书》第32册,第828页。
② 《大岳太和山志》卷2,《藏外道书》第32册,第827页。
③ 参见(清)刘一明:《栖云笔记》卷2,孙永乐评注:《刘一明:栖云笔记》,北京:社会科学文献出版社2011年版,第42—43页。
④ 《大岳太和山志》卷2,《藏外道书》第32册,第838页。
⑤ (清)刘一明:《栖云笔记》卷3《静庵道人阮公墓志》,孙永乐评注:《刘一明:栖云笔记》,北京:社会科学文献出版社2011年版,第94—95页。

山传日月，守道合自然。性理通玄得，清微古太元。真静常悠久，宗教福寿长。庆云冲霄汉，永远大吉昌。”[①]此派后传衍于武昌县（今湖北鄂州市）葛店斗牛观，1925 年《湖北省长春观乙丑坛登真箓》犹载榔梅派受戒者 8 人，为“福寿长庆”四代。[②]

据《松江府志》及王逢《梧溪集》，有全真道士彭通微（1307—1394 年）者，号素云，河南汝阳人，少师长生庵全真刘月渊，至正甲申（1344 年）游武当，洪武十四年（1381 年）至细林山结茅。明太祖曾遣使召见，赐号明真子。彭通微曾于武当师事紫霄宫张真人，得炼气栖神之旨。[③] 又据笪蟾光编《茅山志》卷 9、《弇州山人续稿・阎道人传》及《江宁府志》，有道士阎希言者，于嘉靖乙未（1535 年）、丙申（1536 年）间入道，从武当山至江苏句曲乾元观，住观五十余年，不畏寒暑，食能兼人，表明炼养有得。“劝人行阴骘，广施予，勿淫勿杀，勿忧勿恚，勿多思”，于万历十六年（1588 年）十月示化。传弟子舒本住、江（一说姓姜）本实等。[④] 其在茅山乾元观留传法派被视为丘祖复字岔派，称为“阎祖派”。[⑤] 此二人在明初中期江南全真道中占有举足轻重的地位。全真道在江南根基甚浅，通过以彭、阎为代表的一些道士的努力，此时始建或至此明确其全真道身份的道教宫观主要有：常州全真庵，洪武二年（1369 年）建，祀张伯端；苏州佑圣道院，洪武（1368—1398 年）间，道纪倪玄素重建；杭州葆真观，洪武八年（1375 年）重建；松江真圣堂，洪武十

① 《白云观志》卷 3，《藏外道书》第 20 册，第 580 页。

② 参见梅莉：《民国〈湖北省长春观乙丑坛登真箓〉探研》，《世界宗教研究》2011 年第 2 期。

③ 详细的考述，参见吴亚魁：《江南全真道教》，上海：上海古籍出版社 2012 年版，第 147—149 页。崇祯《松江府志》以下诸文献，多云彭在武当所师为太和张真人，即体玄妙应太和真人张守清，但据程钜夫撰《大元敕赐武当山大天一真庆万寿宫碑》，张守清当生于 1254 年版，至正年间已年登 90，故此说存疑。而较早的正德《松江府志》但云“张真人”，见于（明）顾清等：《松江府志》，《中国方志丛书》，台北：成文出版社 1983 年版，第 1536 页。

④ 参见（清）笪蟾光编：《茅山志》卷 9，《藏外道书》第 19 册，第 866—867 页。

⑤ 《白云观志》卷 3《诸真宗派总簿》，《藏外道书》第 20 册，第 576—577 页。阎希言法名复清（一说复初），故称复字岔派。关于此派的详细考证，见王岗：《明代江南士绅精英与茅山全真道的兴起》，赵卫东主编：《全真道研究》第 2 辑，济南：齐鲁书社 2011 年版。

三年(1380年)彭通微建;松江崇真道院,洪武十四年(1381年)彭通微重修;湖州弁山祥应宫,永乐元年(1403年)沈道宁重建;嘉兴郁秀道院,洪熙(1425年)初,沈道宁徙建;嘉兴清真道院,洪熙间沈道宁重修;苏州福济观,正统、成化间郭宗衡重建;苏州丹霞观,正统、成化间郭鹤坡重修。①

嘉靖朝全真道士中较有道誉者,还有山东崂山道士孙玄清(1496—1569年)。据清人梁教无《玄门必读》述,孙玄清,号金山子,又号海岳山人,青州府寿光县人。自幼于崂山明霞洞出家,师事李显陀。后游铁查山云光洞,遇通源子,授以五行升降出入天门运筹之法。19岁时,即墨县太和真人携住黄石宫,修炼二十余年。复遇斗篷张真人,共谈修真口诀,豁然贯通,遂回明霞洞修行。嘉靖三十七年(1558年)至北京白云观坐缽堂一载,"大著灵异",求雨有验,赐号"护国天师左赞教主紫阳真人"。曾向嘉靖皇帝进上《释门宗卷》、《灵宝秘诀》、《金液大还丹集》、《皇经始末玄奥》等书。孙玄清本属龙门派第四代,其后学别立法派名"金山派",亦称"崂山派"。②

三、内丹学的继续发展

明初中叶,全真道士的著述存于《道藏》中者,只有何道全、王道渊二人,且二人皆元明间人,其学实元代全真道之余绪。

何道全(1319—1399年),号无垢子,浙江四明人,自幼出家,云游东海之上,后入终南山,居圭峰之墟,复云游江南,终卒于长安医舍。《道藏》所收《随机应化录》2卷,为何道全语录诗词辑录,门人贾道玄编集。何道全还通佛学,有《般若心经注》等佛学著作传世。

从《随机应化录》所记何道全云游诸方、随机应答之语录及诗词歌赞来看,何道全的宗教思想,大体与全真立教之初王喆等的思想一致,其接人应机的作风、口气也颇类初期全真道士,喜以诗诀颂赞示人,以为宣扬教旨之方式。其高唱三教同源一致,一如王喆及七真之辈,《随机应化录》卷下有《三教一源》偈云:

---

① 参见吴亚魁:《江南全真道教》第三章第二节,上海:上海古籍出版社2012年版。

② 参见《玄门必读》,汤一介主编:《道书集成》,北京:九州出版社1999年版,第24卷,第66—67页;郭清礼:《金山派始祖孙玄清生平考述》,《中国道教》2011年第4期。

道冠儒履释袈裟，三教从来总一家。红莲白藕青荷叶，绿竹黄鞭紫笋芽。虽然形服难相似，其实根源本不差。大道真空元不二，一树岂放两般花。①

其答人问道，每引证三教，尤多引证佛学，所应答的对象，以僧人为最多。不但解答三教共同探讨的心性等问题，而且解答禅家公案，如《随机应化录》卷下记：

有僧聪都参师，问曰："假若有一女子迎面而来，看为女子，看为男子乎？"师曰："此是古语公案，要你自参自悟，吾若开解，难做功夫。"其僧再三请解，师叱曰："看作女人着境相，看作男子无眼目，真性本无殊，着相生分别，背境向心观，自然万事彻。"师又叱曰："学落花流水去。"其僧不语。师曰："见如不见，焉知男女，心若无心，焉有罪福。大道不分男女，你别辨做甚？经云：一体同观，犹自着相。活泼泼地过去，应事若风鸣万籁，鉴物似月照千江，若此之人，乃高士也。"僧谢而别。②

其答解有似禅师，只是说得更明白些。卷上还有答邛州佑德观秀聚峰和尚问念佛二字云："何必远求，自己的佛如何不认？假如请将西方佛来，却把你自家佛放在何处？"并引证三教之说曰："川老云：若言他是佛，自己却成魔。道云：身中自有真元始，何须心外觅天尊。儒云：吾身自有一太极也。"又论述念佛捷径，谓先须降魔，专心念佛，莫教杂念间断，有念即扫，无念即举，直至不举自举，无念自念。次观想，于行住坐卧语默动静之间，时刻念佛，如子母相忆，稍有散乱，即观想自心中有一尊真佛端坐，以阿弥陀佛作个主宰，"如靠须弥山相似，如急水中抱着桥柱不可放舍"。三参究，于静处趺坐，举起佛号，参究念佛的是谁，四大分张之际，念佛的归于何处安身立命，且参且念，直至不参自参，不念自念，日久月深，"猛然摸着自己鼻孔，认着阿弥陀佛，恁时一声，即登彼岸"。并作念佛偈颂云："西方有佛号阿弥，只在心中人不知。若肯念中无别念，火坑变作白莲池。"③真可谓入佛言佛、学兼三教者。较之全真诸祖师，似乎更通佛乘。

---

① 《道藏》第 24 册，第 139 页。

② 《道藏》第 24 册，第 136 页。

③ （明）何道全：《随机应化录》卷上，《道藏》第 24 册，第 129—130 页。

何道全承全真初旨，宣扬人生无常，劝人学道识心，求出生死。其《修真养命歌》云："百岁光阴反掌间，撇下皮囊何依倚。失阳神，作阴鬼，轮回贩骨无停止。自家性命非等闲，休得将身轻弃死。"①尤劝勉出家学道者不得慵懒，宜访道参禅，努力修行，以期早日成道度众生。认为初机学人应先习养身安乐四法：一齿要频扣，二津要频咽，三发要频梳，四气要频炼，此为小乘法，行之却病延年，身轻体润。以上为外修，还应配合内修，要在四少：心上事少，口中语少，腹中食少，夜间睡少。又初学人不离八养：养体、养胃、养心、养神、养气、养精、养性、养智，养体者减重从轻，养胃者节食薄味，养心者少思寡欲，养神者俭事勿窥，养气者息言缄口，养精者少淫寡听，养性者安知勿思，养智者沉静默然。这都是传统道教的养生法要。从养生入手，表现出道教修养之学的传统风格。

再进一步，何道全承全真宗旨，强调了脱生死之本，唯在明心见性。他和禅宗人一样，认为人人"圆明本具"，自心真性本不生灭，只因愚人自迷，执着尘情，遂沦落生死。明心见性的法要，在于"清净"："修行人要见本来面目者，须是屏息诸缘，六根清净，一心不二，纤毫不立，寸丝不挂，自然迷云消散，性月呈辉也。"②所谓屏息诸缘、六根清净，谓时刻照看住自己的念头，不令逐境随缘而生"妄念"，起贪爱憎嫉等"尘情"，与禅宗慧能的"无念行"相近。又谓若能降伏念头，令"念灭情忘，万缘顿息"，便可顿悟。有偈云："一念归家，万缘尽绝。云散青霄，一轮皎洁。照见本来，不生不灭。只这个是，休生枝节。放下放下，决烈决烈。蓦直便行，有何可说！"③此所言"一念归家"，又名"回光返照"，即向内省察，检点自心，有似禅宗的观心、究心。何道全更强调明心见性，须在境物上磨炼，"见一切物类不爱则不着物，见诸般境界不动则不逐境，如是磨炼，久久得入无心三昧，定处不动，不定处亦不动，乃是真静真定也"④。在境物上磨炼有功的人，不滞着诸境缘，于一切处轻快过去，虽与常人一般应事待人，然其心不同于凡俗，"应事若风鸣万

① 《道藏》第24册，第140页。
② （明）何道全：《随机应化录》卷上，《道藏》第24册，第133页。
③ （明）何道全：《随机应化录》卷上，《道藏》第24册，第131页。
④ （明）何道全：《随机应化录》卷下，《道藏》第24册，第135页。

籁，鉴物似月照千江”，真性不被境物所迷乱，有如莲藕在污泥而花出于水，清新香洁。又谓修行应体用相兼，不堕陷于空无，而从体发用，利人济世，所谓“道之用要安人利物，道之体须无为清静”①。

全真道从初期起，有“入圜”的专修方式，类似佛教徒的“闭关”。何道全对坐环的修法，讲得最为简明，他把坐环分为死环、活环两种：

死环者，四面皆墙，坐环者在内，将门封闭，不令出入，按时送饭。须安身绝念，息气调神，百日而出。有志者功多，无志者反成疾病。活环者，以四大假合为墙壁，以王锁金关为封闭，令一点灵光在内，刻刻不昧，使神不离气，气不离神，内想不出，外想不入，闹中取静，静里分明，精神内守，勿令外扰。如此百日，胜如死环千日。死环者，闭形不能养神，纵制其心，亦是强为，如笼闭猿，如绳栓马，去笼绳依旧颠劣，非是自然。若能向境物上磨炼心地，胜如外边纽(扭)捏强为。②

其所推崇的坐活环，即在境上炼心，是对王喆《立教十五论》所说“打坐”的发挥，这种在境上炼心的修行方法，颇近禅宗的“无念行”或“一行三昧”。

从内丹学角度看，何道全所主张实践的丹法，属从修性入手、以性兼命的顿法。人问内丹炉鼎药材水火等事，答云：“以乾坤为炉鼎，以精气神为药材，以静定为水，以慧照为火，一意和合三宝，密密为丸，混而为一，久久不散，即成丹矣。只这一，也是眼中添屑，和一除去，方可合道。”③是其所主，即李道纯所言上品丹法。然此亦非绝不论炼气炼精、河车搬运等事，而且主张坐环三百日，以炼就灵胎，调神出壳。强调坐环要以《金刚经》所言“凡所有相，皆是虚妄”为则，毫不着相，只是磨炼内心，不起丝毫尘翳，节饮食，薄滋味，敌魔战睡，调息绵绵，精神内守，入于无何有之乡，久之自然结就虚无灵胎，之后仔细保养成至宝，方可调神出壳。

除内炼之“真功”外，何道全尚提倡“修外行”：“恤孤念寡，敬老怜贫，修桥砌路，扶患释难，总有八百之数”④。此即初期全真道所讲的“真行”。

① (明)何道全:《随机应化录》卷下,《道藏》第24册,第136页。
② (明)何道全:《随机应化录》卷下,《道藏》第24册,第135页。
③ (明)何道全:《随机应化录》卷下,《道藏》第24册,第135—136页。
④ (明)何道全:《随机应化录》卷上,《道藏》第24册,第133页。

总之，何道全主张内炼成仙，超脱生死，其修炼以明心见性为核心，倡以性兼命的内丹，重坐环内修与在境物上磨炼心地结合，真功与真行结合，与初期全真道之说十分相近，而且更带有禅的气息，在禅、道双融上，尚不无发挥。何道全的所修所言，反映出明初尚有笃实实践全真初期教旨的道士，表现出与正一道士颇为不同的宗风。

如果说何道全是明初全真北派的典型代表的话，王道渊则是元代以来南北宗融合的全真南派的代表。王道渊号混然子，南昌修江人，生活于元末明初。第四十三代正一天师张宇初为其《还真集》所作序中称他“以故姓博学，尝遇异人得秘授，犹勤于论著”①。其著作存于《道藏》中者有《还真集》3卷、《道玄集》1卷、《崔公入药镜注解》1卷、《黄帝阴符经夹颂解说》3卷、《黄帝阴符经注》1卷、《青天歌注释》1卷，是元明间一个较为多产的内丹学家。

王道渊的思想，系在南宗内丹学基础上，融摄全真北宗之学，形成其内炼体系。对内丹理论之纲宗性命问题，王道渊颇有其独到的见地。《还真集》卷中《性命混融论》从体用角度论述性命关系云：“日用之间，应万事者系乎性，为百事者属乎身。性所以能发机变，命所以能化阴阳。性应物时，命乃为体，性乃为用；命运化时，性乃为体，命乃为用。体用一源，显微无间，方可谓之道，缺一不可行也。”②这种性命互为体用的说法，尚不见于前人著述。王道渊还从易学角度，论述乾为性体，坤为命体，乾坤二卦为易之门户，亦性命体用之根宗。从性命体用不二论出发，王道渊认为性命混融，为内炼的基本原则。性命混融，亦即《易》所谓一阴一阳之道，亦即《阴符经》所言“阴符”。其《阴符经夹颂解注》卷上云：

> 夫阴符者，一阴一阳之谓也。太极未判之始，溟溟涬涬，辽廓无光，纯一阴气而已。阴因之极，一阳生于中，便分奇偶，阳动阴静，两仪判焉，人生其中，三才立焉。三才既立，万物生焉。生万物者道也，成至道者人也。③

① 《道藏》第24册，第97页。
② 《道藏》第24册，第103页。
③ 《道藏》第2册，第834页。

从宇宙生成论角度，论述性命本根，在于太极未判之先。既因阴静阳动而分为阴阳两个、性命二者，欲归根返本，即应从阴阳、性命两方面下手。人之性为阴，唯一点祖气居天心为命，为阳。内炼应性命双修，不可偏执一面。“苟有只修性而不修命，身死之后，性为阴灵，不能现神通；只修命而不修性，身虽长生，终住于相，不能超劫运。”①单修性或单修命，孤阴寡阳，终堕偏枯。只有性命双修，了性而得智慧，无所不知，了命而得长生，无所往而不化，臻于“形神俱妙”，方为正道。

在具体修炼法则上，王道渊融合南北二派之传，大略以持戒收心、惩忿窒欲为入门之要，这显然采用了北宗方法。其《青天歌注释》云：“大凡平日二六时中，心要清净，意要湛然，不可起一毫私念间隔真性，自然如青天无云障也。”②略同北宗所言“清静”功夫。他特别强调惩忿窒欲，认为若不惩忿，则心火上炎，性天云蔽，若不窒欲，则阳精下奔，沉炽于爱欲，致使自身精气神三宝耗散，流浪于生死之场。他甚至强调惩忿窒欲为“修真一个枢纽”。此惩忿窒欲，既总括了北宗丹法之要，又吸收了净明道与理学思想。

王道渊还强调入手筑基，要从修命着眼，先行“修补”，补全自情欲渐开以来随境逐物所丧失的精气神，将后天精气神返回先天。修补之法，须以自身同类之物相补，即以精补精，以气补气，以神补神。修补诀要，在于返还先天，“以元精炼交感精，以元气炼呼吸气，以元神炼思虑神。三物混成，与道合真，自然元精固而交感之精不漏，元气住而呼吸之气不出，元神全而思虑之神不起”③。返还先天的具体方法，是在戒心止念的基础上，收视返听，意守丹田。收视返听，神不从眼漏，精不从耳漏，加之缄口不言，气不从口漏，从而凝神内注丹田，久之则精气神自然牢固不泄，返回先天，补足所失，达到“精全不思欲，气全不思食，神全不思睡”的地步，补亏工作即告完成。

补亏筑基完成后，继入“三关”：“初关炼精化气，抽坎中之阳也。中关炼气化神，补离中之阴而成乾也。上关炼神还虚，乾元运化，复归坤位而结

① （明）王道渊：《还真集》卷中《性命混融论》，《道藏》第24册，第104页。
② 《道藏》第2册，第891页。
③ （明）王道渊：《还真集》卷上《金丹直指》，《道藏》第24册，第99页。

丹也。”①三关修炼，从有为而达无为，以心空性寂为要，遇一阳初动，先天精气生时，以真意为用，驭精气行周天运转，“一举三时，飞龙直透三关”。此所谓“见机采药，依时运符”，须严格依法度掌握火候，勤炼勤烹，不得间断，直至十月功圆，脱胎换鼎，移神上迁泥丸，迸破天门，调护出神，不可毫发差失，直待神通圆满，变化自在。

王道渊把内炼之秘总结为鼎器、药物、火候三要，强调“知此三者分明，方许下手”。鼎器者，又名“天心”、“玄关一窍”等，《还真集》举其异名凡有三十九个，位于人身天地正中，不偏不倚，非内非外，独立虚空，为元始之宗、性命之源，即指丹田而言。《还真集》卷上《金丹妙旨》诗云：“玄关一窍正当中，非后非前独倚空。默默回光居此处，自然神气混玄同。”②药物，即精气二宝，《还真集》举其异名凡四十六个。此分先天后天，以先天三宝为体，后天三宝为用，“非先天不能生后天，非后天不能成先天，此二者之理一体而分化，不可失后损先也。”③火候，“乃乾坤阖辟阴阳运化之机也”④，指掌握意念、调息、采炼的时机法度，《还真集》举其异名凡十二个，此为丹法秘中之秘，主要取法于大天地阴阳辟阖、消息进退之度数。《还真集》以河图五十五数明颠倒阴阳之理，假屯蒙卦象示火候进退之规，终则强调此事须明师指点，不可以纸上之言便谓了达。《还真集》卷上《内丹三要》总结三要说：

> 所谓鼎器者，天心也；药物者，精气也；火候者，神气也。于二六时中，回光返照，绵绵若存，如鸡之抱卵，如龙之养珠，自然神御于气，气养于神，混融于心，太虚同体。于斯时也，无药物，无火候，一神万神也，一气万气也。然虽如是，心田性海无久静之理，静极必有动，动而生阳，阳者乃人身中冬至癸生时也。于此时则当闭关以行火候也。鼓巽风，扇炉鞴，理五气，混百神，飞戊土，塞艮兑，提出坎中之阳，上补离中之阴。意行未止，戊从己土。敛药物而同归，送入鼎釜之中，巽户双开，真火煅

① （明）王道渊：《还真集》卷上《金丹直指》，《道藏》第 24 册，第 99 页。
② 《道藏》第 24 册，第 98 页。
③ （明）王道渊：《还真集》卷上《金丹直指》，《道藏》第 24 册，第 99 页。
④ （明）王道渊：《还真集》卷上《周天火候图》，《道藏》第 24 册，第 101 页。

炼，结成金丹，万劫不灭。[1]

谓鼎器、药物、火候法度虽严，亦不可执着，不过神气混融，静极而气动，动而行火候，以真意（己土）为导而取坎填离，令精气神三宝炼结成一金丹而已。

与这一时期的其他丹书一样，王道渊著述中亦高唱三教归一，《还真集》卷下有《沁园春·三教一理》词，谓"道曰金丹，儒曰太极，释曰玄珠，矧三教之道，本来同祖"，"仙儒佛，派殊而理一，到底同途"[2]，与金元全真道的三教归一论同一格调。同书卷中《惩忿窒欲论》引三教典籍之言，论证惩忿窒欲、保和太和，"在丹家则为取坎填离、水火既济之理，在禅家则为回光返照、转物情空之理，在儒家则谓克己复礼、正心诚意之理，以此论之，三教道同而名异，其实不离乎一心之妙也。是以天地无二道，圣人无两心。"[3]

《还真集》卷下《沁园春》词中还有《全真家风》一首，咏全真道士的情怀云：

不恋功名，不求富贵，不惹闲非。盖一间茅屋，依山傍水。甘贫守道，静掩柴扉。读会丹经，烧残宝篆，终日逍遥任自为。真堪悦，遇饥来吃饭，冷即穿衣。个中消息谁知？自里面惺惺外若痴。且藏锋挫锐，先人后己。和光混俗，岂辨高低。处世随缘，乐天知命，白雪壶中配坎离。时来到，与十洲仙子，同驾云归。[4]

把一类隐居修炼的全真道士淡泊无为的作风表现得淋漓尽致。这反映出明初道教的一个侧面。

另外，《道藏辑要》鬼集所收《真诠》，署名葆真子阳道生传本，守纲道人彭定求校正。阳道生，乃嘉靖朝全真龙门派传人。其书《遇真记》称此书所阐之道，"道生受诸太虚，太虚受诸寥阳，寥阳受诸洞真，洞真受诸云峰，云峰受诸长春（丘处机），长春受诸重阳（王喆）"[5]，乃全真教祖王喆一脉真传。该书引证诸家之说，述以按语评述，阐修炼之道。大略分修炼之道为两

① 《道藏》第 24 册，第 102 页。
② 《道藏》第 24 册，第 120 页。
③ 《道藏》第 24 册，第 104 页。
④ 《道藏》第 24 册，第 120 页。
⑤ 《真诠序》，《道藏辑要》鬼集六，二仙庵刻本，第 5 页。

种：一忘精神而超生之道，语出《文始经》，实即径直修性以兼命的“上品丹法”，该书序云：

> 忘精神者，虚极静至，精自然化气，气自然化神，神自然还虚，此虚无大道之学也……学虚无大道者，虽不着于精气，然与道合真，形神俱妙，有无隐显，变化莫测，其寿无量，是了性而自了命者也，举上而兼下也。①

此忘精神而超生之道，以李道纯《道德会元》中参究校勘“道”是什么之法以了心，以损有为之用而治行，令尘心日损日消。又引《盘山语录》、《金丹直指》（张伯端）、《心论》（张继先）、《鸣道集》（丘处机）等语，以破除执着、无一切心、以事炼心为要，又引司马承祯《坐忘论》法，认为其所言事心之功，“始终完备，条理精密”②，无一言及于龙虎铅汞，见趣尤为卓越，循而行之，即入胜定。

二见精神而久生之道，为循序炼化精气神、性命双修之内丹。其书序云：

> 见精神者，虚静以为体，火符以为用，炼精成气，炼气成神，炼神还虚，此以神驭气之学也……以神驭气则着于精气矣，然保毓元和，运行不息，冲和之至，熏蒸融液，亦能使形合神，长生不死，是了命而性因以存也，自下而做向上去者也。③

此道要在色身上着手，从修命做起。书中总结诸家修命诀要，对修命的理论和方法颇有精到见解。在理论上，认为元精即是淫佚之精，“自其生于真一之中则为元精，漏于交姤之际则为淫欲之精，其为元气所化则一也”④。又谓元精从元气而生，先天真一之气混于杳冥恍惚中，仙家唯取此气交炼成丹，谓之“真种子”，亦即元精。元气生而后元精产，“精气只是一物，言气则精在其中矣”⑤。又论元神即思虑之神，心、性、神本一，以其禀受于天、一点

① 《真诠序》，《道藏辑要》鬼集六，二仙庵刻本，第 2 页。
② 《真诠》，《道藏辑要》鬼集六，二仙庵刻本，第 8 页。
③ 《真诠序》，《道藏辑要》鬼集六，二仙庵刻本，第 2 页。
④ 《真诠》，《道藏辑要》鬼集六，二仙庵刻本，第 20 页。
⑤ 《真诠》，《道藏辑要》鬼集六，二仙庵刻本，第 20 页。

灵明,故曰元神,“其实虽思虑有情识,此个元神固常浑浑沦沦,不亏不欠,人能回光返照,去其情识,则凡此思虑者莫非元神之妙用矣。”①又谓玄关一窍,只是虚无元神,“盖虚极静笃,无复我身,但觉杳杳冥冥,与天地合一,而神气酝酿于中,乃修炼之最妙处,故谓之玄关一窍。”②又谓修命凝神入气穴、专气致柔、心息相依为入手门径,所谓凝神入气穴,“只要气沉到此处(丹田),故曰凝神入气穴,非用意注想之谓也”③。而曰回光内照者,亦非用意观照,不过虚静以返神于内。专气致柔在于忘情识,忘情识之捷径在于心息相依,引性空禅师语云:“上机之士,念苟不起,连息也不必照,但觉念起,只一调息,照一照,无念即止,不可太着意也。”④又谓火候只是一气进退之节,全在念头上着力,“只要缓急得中,勿忘勿助之说是真火候,非有定则”⑤。总之,强调无为自然,为炼化精气之要。

《真诠》从性命一体不二的观点出发,认为忘精神而超生之道是顿法,较见精神而久生之道更为直截:“盖三关自有为入无为者,渐法也。修上一关兼下二关者,顿法也。今只须径做炼神还虚工夫,到虚极静笃处,精自化气,气自化神,把柄在手,命由我立,是一镞贯三关也,最简易最直捷。”⑥其所主张推崇,实在顿法,看得出受禅宗影响之深。《真诠》从总结汉魏以来道教炼养之学的高度,分道士之道为顿渐两途,对渐法炼化精气之诸诀要论述颇为精要切实,其见地高出一般丹书一筹,表现出明代道教炼养之学的进一步成熟。

第四节 道教对社会影响的加强

明代时期,随着经济的发展,道教对社会各方面的影响更加明显。一方面是道教倡导的“三教圆融”思想也得到了儒家与佛教的响应;另一方面是

① 《真诠》,《道藏辑要》鬼集六,二仙庵刻本,第22—23页。
② 《真诠》,《道藏辑要》鬼集六,二仙庵刻本,第23页。
③ 《真诠》,《道藏辑要》鬼集六,二仙庵刻本,第33页。
④ 《真诠》,《道藏辑要》鬼集六,二仙庵刻本,第36页。
⑤ 《真诠》,《道藏辑要》鬼集六,二仙庵刻本,第44页。
⑥ 《真诠》,《道藏辑要》鬼集六,二仙庵刻本,第50页。

道教对社会政治、伦理道德、文学艺术的渗透更加深入了。

一、道教在思想领域的影响——“三教融合”的深入发展

儒释道三教的融合趋势,至明代有了更为深入的发展。其主要表现是:三家完全消除了思想壁垒,原为某家独有的思想,竟成为三家共同的学问。理学家谈禅、谈内丹,佛教徒谈正心诚意、治国平天下,道士谈天理、谈解脱,已成为普遍现象。其结果是三家各自融进对方更多的东西,使彼此的个性几近泯灭,思想面貌彼此混同,以致难辨你我。这种现象,无以名之,或可谓之“三教混融”。

这种混融现象,在道教方面表现十分突出。不少内丹道士,借用儒家的性理之学以讲性命修炼,又采用佛教禅宗的参究法门以讲明心见性。一些符箓派道士,不仅大谈性理,还用佛教大乘空宗思想以超度鬼魂。从而使道教思想掺入了更多的儒释内容。现仅举数例,以见一斑。

如上节所述的道士王道渊,是著名的内丹理论家。他师承南宗性命双修、先命后性路线,而以混融性命为其主要特点。他的内丹理论就颇具理学色彩。

首先,他以理学家的“体用”之说阐述性命双修。说:“性者,人身一点元灵之神也;命者,人身一点元阳真气也。命非性不生,性非命不立。……性乃为人一身之主宰,命乃为人一身之根本。……性应物时,命乃为体,性乃为用;命运化时,性乃为体,命乃为用。体用一源,显微无间,方可谓之道。缺一不可行也。”①此体用之说,即来源于理学家。程颐说:“至微者,理也;至著者,象也。体用一源,显微无间。”②

其次,他虽主性命双修,先命后性,但以炼心为修命的下手工夫。对于如何炼心,则采理学家的惩忿窒欲方法。他说:“惩忿者,戒心也;窒欲者,止念也。戒其心,则忿不生;止其念,则欲不起。忿不生而心自清,欲不起而情自静。心清性静,则道自然而凝矣。”③即以惩忿窒欲达到“戒心”、“止

① (明)王道渊:《还真集》卷中《性命混融论》,《道藏》第24册,第103页。

② 《二程集》卷8《易传序》,北京:中华书局1981年版,第8册,第582页。

③ (明)王道渊:《还真集》卷中《惩忿窒欲论》,《道藏》第24册,第104页。

念”、“心清性静”的目的。

再次，在修性问题上，汲取理学思想更多。他袭用朱熹“天命之性”、“气质之性”的观点，将人性分为本然之性和气质之性两种，说：“人之生也，性无有不善，而于气质不同，禀受自异。故有本然之性，有气质之性。本然之性者，知觉运动是也；气质之性者，贪嗔痴爱是也。”①即是说，人禀受于天的“本然之性”都是善的，只是由于气质不同，才使它有善有恶。不仅人类如此，万物亦然，“虎狼之父子，蜂蚁之君臣，并非无佛性也，乃形质之异也。人与万物之性同，人与万物之形异。”②又说：“其于人也，性有善有恶；其于物也，性亦有善有恶。何也？此气质之异也，非性之本然。”③即是说，人的本然之性是善的，万物的本然之性，也“无不皆善”，虎狼蜂蚁就具有父子君臣的德性，与人无异。平时所见人性之有善有恶，那是所禀气质不同带来的，非天性之本然。以上这些说法，无不可在佛教和理学家那里找到直接来源。为了证明人生之前，就有一个天赋的本然之性（又称“真性”，或“人身一点元灵之神”）存在，他又糅李翱《复性书》和禅宗“月印万川”之说以作喻，说：“性（天性）如空中之月，形犹地上之水。万水澄清，一月普明；万水浊浑，一月普昏。非月之有明有昏，乃水之有清有浊。人为圣为哲为贤，得气之清者也；人为愚为昧为恶，得气之浊者也。佛乃曰‘千江有水千江月，万里无云万里天’是也。”④意思是说，人自先天所得之“真性”、“元灵之神”，本是洁白无瑕的，只由于被气质之性污染了，常常昏而无明。故修性之要，就在于除去蒙在上面的污垢，还它本来光明的真面目。由此可见，王道渊的内丹理论融进了很多佛教思想和理学思想。

此外，他在《道玄篇》中又借用许多儒家思想以阐述“道”之玄旨。他说：“君无臣不举，臣无君不主，君臣同心，天下莫能取。君视民如子，民视君若母，子母相亲，天下莫能语。我之于道，生之若母，保之若子，子母相守，长生不死。”“人于日用也，礼乐不可无也。有礼则心致于敬，有乐则身致于

① （明）王道渊：《还真集》卷中《性说》，《道藏》第 24 册，第 105 页。
② （明）王道渊：《还真集》卷中《性说》，《道藏》第 24 册，第 105 页。
③ （明）王道渊：《道玄篇》，《道藏》第 24 册，第 123 页。
④ （明）王道渊：《还真集》卷中《性说》，《道藏》第 24 册，第 105 页。

和。心致于敬，则百事齐之；身致于和，则百神安之。神安之，则气满于冲虚。”“天下治道有五焉，以仁布天下则民安，以义制天下则民服，以礼教天下则民敬，以智察天下则民守，以信亲天下则民立。此五者同出而名异，是以圣人体道若虚，用道有余。”“善忠者必善于孝，善孝者必善于忠。入则移忠孝于亲，为子之道尽矣；出则移忠孝于君，为臣之道尽矣。是故君与亲一而已，忠与孝亦一而已。其善忠善孝者，天之道也。”“为人臣以道辅人主者，当洁己以奉公。上不闭恩，则君之德下流矣；下不闭言，则民之情上达矣。上下相通，则家国之道常泰矣。”①如此等等，不必分析，即可见他所阐述的“道”之“玄”义，已极大地儒学化了。

明初道士张宇初，是明代第二届正一派首领。其祖传的看家本领是符箓咒术，但他随着时代潮流的衍变，除熟习祖传业务外，又兼修内丹，还融会三教理论。人称其“贯综三氏，融为一途”②，是张陵后嗣中少数几个有文章可称者之一。《四库全书提要》称其所著《岘泉集》说：“其中若《太极释》、《先天图论》、《河图原》、《辨荀子》、《辨阴符经》诸篇，皆有合于儒者之言。《问神》一篇，悉本程朱之理，未尝以云师、风伯诸荒怪之说张大其教。”③实际上，上述诸篇不仅“有合于儒者之言”，而且很多内容只是理学家言论的改头换面。如《太极释》云：“太极散而为万物，则万物各一其性，各具一太极……合言之，万物统体一太极也；分言之，一物各具一太极也……未分之前，道为太极；已形之后，皆具是理，则心为太极……万事万化皆本诸心，心所具者，天地万物不违之至理也。”④从语言到内容，均与理学家的言论没有多少区别。其《广原性》云：“人心统乎性情，本无不善，所谓天命之性也。其具仁义礼智，不假为而能也，即继之者善也。盖天之命于物为性，善所固有。其恶也，所谓气质之性也，即性相近也，由乃感于物，动于欲，蔽于习而然，是有上智下愚之分焉。则其善也，犹鉴之垢，水之昏，直不过太空之浮翳

① （明）王道渊：《道玄篇》，《道藏》第24册，第124、126、128页。

② 《岘泉集序》，《道藏》第33册，第180页。

③ 《文渊阁四库全书》第1236册，第338页。

④ （明）张宇初：《岘泉集》卷1，《道藏》第33册，第188—189页。

也。若垢净而明固存，昏澄而清固彻，其本有之善，孰得而易？"①这同样是理学家们谈得烂熟的问题。其《问神》篇云："夫天积气也，地亦气之厚者，形而上者是也。气行形之内，即天命之流行也。以其流行不息，必有宰之者焉。程子曰：'主宰谓之帝，妙用谓之鬼神。'又曰：'鬼神者，造化之迹，二气之良能。'盖阴阳之运迹不可见，而理可推焉，理之显微有不可窥测，而神居焉。故虽圣人未始言其无也，特不专言之而已。若孔子曰：'祷尔于上下神祇'……《易》曰：'阴阳不测之谓神。'"②完全用儒家的言论作证据，以证鬼神之非无。

张宇初《岘泉集》不仅大量融合理学，也大量融合佛学。其《灵宝炼度普说》，就完全以佛教涅槃说来超度亡魂。该文云：

> 人之有生，知觉一动，昼夜顷刻，交扰纷纭，无一息之宁。耳听目染，口味心思，莫非欲蔽情缠……七情六欲，五蕴三毒，凡贪嗔憎爱，欣怨横逆，缠缚互至，愈深愈固……一切眷属，妄认冤亲，冤亲相缠，互相报复……皆由一念之差，遂种千生之苦。使已之灵昏沉漂荡，散乱颠倒，无有出期。初则受想行识，卒入成住败空，是有天堂地狱之报，皆由心造而然。罔知地水火风，四大假合，一切声色，尽是空花，一切有相，皆是幻妄……惟汝自性法身，本无垢浊，本无生死，自缘染著幻妄，无有解悟。经云：三界众生本无轮转，真一道气本无生灭。苦海无边，回头是岸。故曰：了即业障本来空，未了应须还宿债……只为息此一念，方能照了诸妄，不着一尘。况来无其始，去无其终，生本无生，死本无死，一灵妙有，亘古长存。盖由结爱为恨，积想成业，故有种种受生，种种偿报，千生轮转，万劫苦恼，转转不息，罔自觉知。座下四众受度亡魂：我以非舌言，汝以非心听，向非言非听处，猛烈悟来，毕竟不落万缘，超出万幻。则三业六根，一时净尽。回头顿省，向来一切苦乐缠缚，了不可得。于此直下体认，昔本无生，今未尝死……若了明自性，观汝妙净明心……不着有无际畔，如垢尽鉴明，波澄月现，不空之空真空，无念之念

① （明）张宇初：《岘泉集》卷1，《道藏》第33册，第196页。
② （明）张宇初：《岘泉集》卷1，《道藏》第33册，第197页。

正念，头头动（疑当为“洞”）彻，念念圆通……从此一念不生，万缘俱寂，尘沙罪业，亦遂泯除。惟此本来面目，便是真仙道祖，尚何地狱恶道苦轮不息之系哉！究竟至此，毕竟万幻俱空，一真独露。①

洋洋洒洒数千余言，不啻佛教徒宣唱“法音”。据说，“大众闻此法音，顿然解悟”。

与不少道士借用儒家性理之学讲内丹的同时，又有一些道士借用佛教的“参究”法门以讲道法修炼。明初全真道士何道全是其中之一。何道全曾云游江浙、淮楚、山东、河南、陕西等地，广泛接触了道士、禅僧、信士及官吏。死后，其门徒将他和人们讲道的言论编集为《随机应化录》，既记录了他与道士、信士等讲道的言论，又记录了他与禅僧参禅的言论。仅举数例如下：

师至邳州佑德观，有秀聚峰和尚参师，问“念佛”二字。师曰：“何必远求，自己的佛如何不认？假如请将西方佛来，却把你自家佛放在何处！汝不闻川老云：‘若言他是佛，自己却成魔。’道云：‘身中自有真元始，何须心外觅天尊。’儒云：‘吾身自有一太极也。’”和尚再问曰：“请师开示念佛捷径法门，得见佛面。”师笑曰：“吾语汝……念佛法门有三等：一降魔，二观想，三参究。此三段俱不在念佛数珠上。”②

接着说明前两等念佛法门为根柢浅者所设，行之，不能见佛成佛；只是第三等“参究”法门，坚持行之，方能见佛成佛。他说：

参究念佛者，须择静处，节饮食，厚毡褥，宽衣，结跏趺坐，竖脊调气，屏除杂念。然后将佛号轻轻举起，不在出声，默念一声至百声。如有杂念，重头再举，直至百声无间断。一声声参究意义：念佛的是谁？四大分张之时，念佛的归于何处安身立命？且参且念，时时不离。行住坐卧中参念，不可忘却穷根究本，直须要个明白。直至不参自参，不举自举。日久月深，猛然摸着自己鼻孔，认着阿弥陀佛。恁时一声，即登彼岸，胜似念千万亿佛名，数念珠耗气也。③

① （明）张宇初：《岘泉集》卷7，《道藏》第33册，第244—246页。
② （明）何道全：《随机应化录》卷上，《道藏》第24册，第129—130页。
③ （明）何道全：《随机应化录》卷上，《道藏》第24册，第130页。

师至东海大伊山古佛陀寺，与梁和尚语间，有铁牛和尚参师，拜求指个生死路头，教个出身之处。师曰："有成有败是生死路头，无去无来是出身之处……吾今直言与汝：若情忘念灭便是生门，意乱心狂便是死路。其心不与万法为侣，一性孤明，湛然独照，此乃出身之处。"乃作诗曰："不灭不生性湛然，无来无去出三千。要知这个翻身处，踏破虚空透妙玄。"①

师至静室，有僧聪都参师。问曰："假若有一女子迎面而来，看为女子，看为男子乎？"师曰："此是古语公案，要你自参自悟。吾若开解，难做功夫。"其僧再三请解。师叱曰："看作女人着境相，看作男子无眼目。真性本无殊，着相生分别。背境向心观，自然万事彻。"师又叱曰："学落花流水去。"其僧不语。师曰："见如不见，焉知男女？心若无心，焉有罪福？大道不分男女，你别辨做甚！"②

仅此数例，已可看出何道全对禅学是颇有研究的。如不看他的穿戴，会以为他是很有修养的禅僧。他曾作《三教一源》诗云："道冠儒履释袈裟，三教从来总一家。红莲白藕青荷叶，绿竹黄鞭紫笋芽。虽然形服难相似，其实根源本不差。大道真空元不二，一树岂放两般花。"③在他看来，"三教"本是同一藕根上的红莲、白藕与荷叶，同一竹根上的笋芽、黄鞭与绿竹，其宗旨与思想是"不二"的，只是各自的穿戴不一样罢了。这可看作他的自况，也是对当时"三教"状况的真实写照。

由上可见，明代道士在"三教合一"思潮的推动下，融摄儒释的趋向较前又深化了一步，大量的儒释思想被融进他们的著作中。这是入明以后道教的一大特色。与此同时，儒释两家也吸取了更多的道教思想，表现出道教对它们的影响也有增强。其中理学家身上表现最为突出。

明代理学家继宋儒之后继续融摄佛道思想，尤其以融摄道教思想最为突出。他们中许多人的思想，其佛道色彩之浓，是宋儒们不能望其项背的。如明代早期学者吴与弼（号康斋）有三个学生都很有名，其中只有胡居仁

① （明）何道全：《随机应化录》卷上，《道藏》第24册，第132页。

② （明）何道全：《随机应化录》卷下，《道藏》第24册，第136页。

③ （明）何道全：《随机应化录》卷下，《道藏》第24册，第139页。

(号敬斋)排斥道教。其余两位,一为陈献章(号白沙),倾向佛教,自称他的修持在形迹上与禅无异。① 另一位娄谅(号一斋),居然说从静坐中可以前知。一次,他从江西进京考试,到杭州便折回,人问其故,他说:"此行非惟不第,且有危祸。"②据说,当年"春闱果灾,举子多焚死者"③。弘治四年(1491年)五月,灵山崩,预感要应在自己身上,说:"其应在我矣!"急召子弟永诀。乃命门人蔡登查周、程卒年之月日,然后宣称:"元公、纯公皆暑月卒,予何憾!"果然于当月二十七日逝世。④ 这些思想显然是来自道教。

到明代中叶,出了一个理学大家王守仁(1472—1528年),世称阳明先生。他宣扬"万事万物之理不外于吾心","心明便是天理";又提出"致良知"学说,把伦理道德说成是人生而具有的"良知",还提出"知行合一"说等。他的学说,在明中叶以后,对社会影响很大。但是,就是这样一个伟大的思想家,所受的道教影响就极其深刻。他只活了57岁,自称有30年在道教书籍和修持中度过。他的学生给他写的《年谱》中,不乏他历访道士、异人,虚心向他们问道的记载。其中特别引人注目的是他在弘治元年(1488年)去南昌岳家成婚,当新婚之夜,竟不在新房中陪伴新娘,而是一个人跑到铁柱宫老道士那里去请教养生之道。"相与对坐忘归",一夜不返,到次日始被找回。⑤ 可见他对道教养生术之入迷。31岁之后,虽"渐悟仙释二氏之非"⑥,但在其学说中,仍吸收了大量佛道思想。一次,有学生"问仙家元气、元神、元精?先生(王守仁)曰:只是一件,流行为气,凝聚为精,妙用为神"⑦。又一次,学生陆澄来书问"元神、元气、元精,必各有寄藏发生之处,又有真阴之精、真阳之气"等问题,他回答说:"夫良知一也,以其妙用而言谓之神,以其流行而言谓之气,以其凝聚而言谓之精,安可以形象方所求哉?真阴之精,即真阳之气之母,真阳之气,即真阴之精之父。阴根阳,阳根

① 参见《陈白沙集》卷2《复赵提学佥宪》,《文渊阁四库全书》第1246册,第52—53页。
② 《明儒学案》卷2《崇仁学案二》,《文渊阁四库全书》第457册,第84页。
③ 《明儒学案》卷2《崇仁学案二》,《文渊阁四库全书》第457册,第84页。
④ 参见《明儒学案》卷2《崇仁学案二》,《文渊阁四库全书》第457册,第84—85页。
⑤ 参见《年谱》弘治元年版,《王文成全书》卷32,《文渊阁四库全书》第1266册,第3页。
⑥ 《年谱》弘治元年版,《王文成全书》卷32,《文渊阁四库全书》第1266册,第6页。
⑦ 《传习录上》,《王文成全书》卷1,《文渊阁四库全书》第1265册,第21页。

阴,亦非有二也。苟吾良知之说明,则凡若此类,皆可以不言而喻。不然,则如来书所云三关、七返、九还之属,尚有无穷可疑者也。”①他在回答学生如何“立志”之问时,说:“只念念要存天理,即是立志。能不忘乎此,久则自然心中凝聚,犹道家所谓结圣胎也。”②还说:“良知是造化的精灵。这些精灵生天生地、成鬼成帝,皆从此出。”③可见王守仁的“致良知”学说中,已融进了不少道教内丹思想。与此同时,他又把他的“致良知”学说与佛教禅宗理论相会合。他说:“不思善,不思恶,时认本来面目,此佛氏为未识本来面目者设此方便。本来面目,即吾圣门所谓良知。”④又说:“圣人致知之功,至诚无息,其良知之体,皦如明镜,略无纤翳,妍媸之来,随物见形,而明镜曾无留染,所谓‘情顺万事而无情’也。‘无所住而生其心’,佛氏曾有是言,未为非也。”⑤可见其致良知学说中,又兼融了佛教。

必须指出,王守仁“心即理”及“致良知”等之“悟”得,是借助了类似佛教“禅定”和道教“入静”等修习工夫的。正德五年(1510年),他从贬谪地贵州龙场回归途中,与门人冀元亨等会面,即“与诸生静坐僧寺,使自悟性体,顾恍恍若有可即者”⑥,随后又在途中向诸生写信说:“前在寺中所云静坐事,非欲坐禅入定也。盖因吾辈平日为事物纷挐,未知为己,欲以此补小学收放心一段工夫耳。”⑦

王守仁在吸取佛道思想的同时,又明确主张三教一家,“或问三教同异?阳明先生曰:……就如此厅事,元是统成一间。其后子孙分居,便有中有旁。又传,渐设藩篱,犹能往来相助。再久来,渐有相较相争,甚而至于相敌。其初只是一家,去其藩篱,仍旧是一家。三教之分,亦只似此。其初各

① 《传习录中·答陆原静书》,《王文成全书》卷2,《文渊阁四库全书》第1265册,第57页。
② 《传习录上》,《王文成全集》卷1,《文渊阁四库全书》第1265册,第14页。
③ 《传习录下》,《王文成全书》卷3,《文渊阁四库全书》第1265册,第92页。
④ 《传习录中·又答陆原静书》,《王文成全书》卷2,《文渊阁四库全书》第1265册,第60页。
⑤ 《传习录中·又答陆原静书》,《王文成全书》卷2,《文渊阁四库全书》第1265册,第63页。
⑥ 《年谱》正德五年版,《王文成全书》卷32,《文渊阁四库全书》第1266册,第10页。
⑦ 《年谱》正德五年版,《王文成全书》卷32,《文渊阁四库全书》第1266册,第10页。

以资质相近处，学成片段，再传至四五，则失其本之同，而从之者，亦各以资质之近者而往，是以遂不相通。名利所在，至于相争相敌，亦其势然也”①。可见他是“三教合一”论者，不像许多宋儒那样明反佛道，而暗中偷运佛道。

王守仁有很多学生，私淑他的人也不少。仅黄宗羲在《明儒学案》中所列浙中、江右、南中、楚中、粤闽之王门弟子即有73人，如再加上受其影响较大的《泰州学案》诸人，则王门弟子几遍天下，明显的在儒学中占据统治地位，且此局面一直延续了一百余年。在他的影响下，王门众多弟子中，有不少人大量融合释道，还有一些人兼习道教工夫，如陆澄、王嘉秀、萧惠等。王畿（字汝中，号龙溪）是王守仁有名弟子之一，他的《语录》中即不乏道教思想内容。如他说：“涵养工夫贵在精专接续，如鸡抱卵，先正尝有是言。然必卵中原有一点真阳种子，方抱得成。若是无阳之卵，抱之虽勤，终成毈卵。学者须识得真种子，方不枉费工夫。”②这实际是对张伯端《悟真篇》卷4所云“鼎中若无真种子，如将水火煮空铛”一句的具体阐释。他又常讲静坐调息，说：“欲习静坐，以调息为入门，使心有所寄，神气相守，亦权法也。调息与数息不同，数为有意，调为无意。委心虚无，不沉不乱。息调则心定，心定则息愈调。真息往来，呼吸之机自能夺天地之造化，心息相依，是谓息息归根，命之蒂也。”③又说：“调息之术，亦是古人立教权法，从静中收摄精神，心息相依，以渐而入，亦补小学一段工夫。息息归根，谓之丹母。”④他还用道教内丹理论讲“致良知”学说云：“人之所以为人，神与气而已矣。神为气之主宰，气为神之流行。神为性，气为命。良知者，神气之奥，性命之灵枢也。良知致，则神气交而性命全，其机不外于一念之微。”⑤又说：“戒慎恐惧，乃是孔门真火候；不睹不闻，乃是先天真药物。先师所谓神住则气住精住，而仙家所谓长生久视，在其中矣。此是性命合一之机，直超精气，当

① 《明儒学案》卷25《南中相传学案一》之朱得之《语录》，《文渊阁四库全书》第457册，第414页。

② （明）王畿：《语录·留都会记》，《明儒学案》卷12《浙中相传学案二》，《文渊阁四库全书》第457册，第179页。

③ （明）王畿：《语录·调息法》，《文渊阁四库全书》第457册，第188页。

④ （明）王畿：《语录·答楚侗》，《文渊阁四库全书》第457册，第180页。

⑤ （明）王畿：《语录·吴同泰说》，《文渊阁四库全书》第457册，第184页。

下还虚之秘诀。”①

王守仁另一弟子罗洪先(字达夫,号念庵),“静坐之外,经年出游,求师问友,不择方内方外,一节之长,必虚心咨请,如病者之待医……或疑其不绝二氏”②。他在《与王少参》中说:“庄子所谓外者不入,内者不出,吾儒知止地位,正与相等。即此不入不出处,便是定;即定处,便是吾人心体本然,便是性命所在。守此一意不散,渐进于纯熟,万物无足以挠之,入圣贤域中矣。”③

另一弟子朱得之(字本思,号迁斋),也以道教内丹理论解说理学修养。他说:“人之养生,只是降意火。意火降得不已,渐有余溢,自然上升。只管降,只管自然升,非是一升一降相对也。降便是水,升便是火。《参同契》‘真人潜深渊,浮游守规中’,此其指也。”“或问金丹。曰:金者至坚至利之象,丹者赤也,言吾赤子之心也。炼者,喜怒哀乐发动处,是火也。喜怒哀乐之发,是有物牵引,重重轻轻,冷冷热热,锻炼得此心端然在此,不出不入,则赤子之心不失,久久纯熟,此便是丹成也。故曰:‘贫贱忧戚,玉汝于成。动心忍性,增益不能。’此便是出世,此是飞升冲举之实。谓其利者,百凡应处,迎之而解,万古不变,万物不离,大人之心,常如婴儿,知识不逐,纯气不散,则所以延年者在是,所以作圣者在是。故曰:‘专气致柔如婴儿,清明在躬,志气如神,嗜欲将至,有开必先。’所以知几者在是,所以知天者在是。”④对道教内丹术没有深入研究和体验,是讲不出如此长篇大论的。然而让人读了这篇议论后,不禁会发出疑问:他到底是在讲理学,还是讲内丹?他到底是理学家,还是道士?在这里,理学已经很少儒学的特点,更多的都是道教的修炼说。值得指出的是,他还写过一本名《宵练匣》的书,是讲道教修

① (明)王畿:《龙溪王先生全集》卷17《示宜中夏生说》,《四库全书存目丛书》,济南:齐鲁书社1997年版,集部第98册,第623页。

② 《罗洪先传》,《明儒学案》卷18《江右相传学案三》,《文渊阁四库全书》第457册,第263页。

③ (明)罗洪先:《论学书》,《明儒学案》卷18《江右相传学案三》,《文渊阁四库全书》第457册,第278页。

④ (明)朱得之:《语录》,《明儒学案》卷25《南中相传学案一》,《文渊阁四库全书》第457册,第414页。

炼的,他真可算得上是儒生兼道士的人物。

在王学再传弟子中,亦多出入释道者,如欧阳南野之弟子王宗沐(字新甫,号敬所),嘉靖二十三年(1544 年)进士。黄宗羲谓其"少从二氏而入"①。他在《与聂双江》中说:"近来从事于道者,更相瞒诳,误己误人。师心自圣,则以触处成真,是犹指本身之即仙胎也。而不知破败之后,已非一元之初,则筑基敛己之功,安可轻废?随处致知,则以揣摩求合,是犹指节宣之即是仙功也。而不知血肉之躯,已非飞升之具,则炼神还虚之功,安可尽废?二说相胜,此是彼非,终日言焉而不知流光不待,则已成埋没此生。"②

在明代,这样的理学家很多,也不限于阳明学派。如泰州学派的"方与时,字湛一,黄陂人也。弱冠为诸生,一旦弃而之太和山习摄心术,静久生明。又得黄白术于方外,乃去而从荆山游,因得遇龙溪(王畿)、念庵(罗洪先),皆目之为奇士。车辙所至,缙绅倒屣,老师上卿,皆拜下风"③。泰州学派的另一理学家罗汝芳(字惟德,号近溪),嘉靖三十二年(1553 年)进士。"早岁于释典玄宗,无不探讨,缁流羽客,延纳弗拒。""师事颜钧,谈理学;师事胡清虚(胡宗正)谈烧炼,采取飞升;师僧元觉,谈因果,单传直指……每见士大夫,辄言三十三天,凭指箕仙,称吕纯阳自终南寄书。"④是典型的出入三教的人物。这样的例子不胜枚举,仅此即可看出,明代理学之混于佛道,已达到何等深入的程度。

值得特别指出的是,还有儒家学者因受佛、道影响甚深,最终竟将儒学变成宗教,以至本人俨然成为宗教教主似的。其代表人物就是创"三一教"的林兆恩。⑤ 林兆恩(1517—1598 年),字懋勋,别号龙江,道号子谷子、心隐子,后又号混虚氏、无始氏。福建莆田人。出身世代名宦之家。少事举子

① 《王宗沐传》,《明儒学案》卷 15《浙中相传学案五》,《文渊阁四库全书》第 457 册,第 211 页。

② 《王宗沐传》,《明儒学案》卷 15《浙中相传学案五》,《文渊阁四库全书》第 457 册,第 211 页。

③ 《明儒学案》卷 32《泰州学案一》,《文渊阁四库全书》第 457 册,第 508 页。

④ 《明儒学案》卷 34《泰州学案三》,《文渊阁四库全书》第 457 册,第 545、546 页。

⑤ 林兆恩及三一教的研究,可参郑志明:《明代三一教主研究》,台北:台湾学生书局 1988 年版;林国平:《林兆恩与三一教》,福州:福建人民出版社 1992 年版;何善蒙:《三一教研究》,杭州:浙江大学出版社 2011 年版。

业，嘉靖十三年（1534年）为诸生。嘉靖二十五年（1546年），因“三试弗售，乃弃去举子业”，“遍叩三门（三教之门），凡略有道者，辄拜访之”①。并博览三教，著书立说，倡为三教合一之说。嘉靖三十年（1551年）始，相继收邑人黄州、黄大本等为弟子，至三十二年（1553年）已聚徒数十人，宣讲三教合一思想，形成一个以他为中心的学术团体，人称三教先生。时倭寇肆虐，林兆恩因其毁家纾难、掩尸荐亡的义举而为人钦崇，打下了走向宗教化的群众基础。嘉靖丙寅（1566年），即见有“先生小像”；隆庆壬申（1572年）至樵阳，人“乃各肖像，以遂朝夕瞻依”。② 看得出林兆恩已逐渐化为宗教偶像。随着三教合一思想的进一步发展，终于使其三一说衍变而为三一教（又称三教、夏教），或可以建立三一教堂祠祀林兆恩为标志。据记载，万历十二年（1584年），“黄芳倡建三教祠于马峰”③，此后，各地弟子皆广为兴建。万历十五年（1587年），有方士扶鸾降语，谓“世间可传祀之（指林兆恩）”，于是门人遂称其为“三一教主”。④ 在三一教堂内供奉四个偶像：孔子，称儒仲尼氏，圣教宗师；老子，称道清尼氏，玄教宗师；如来，称释牟尼氏，禅教宗师；林兆恩，称夏午尼氏，三一教主。⑤ 可见林兆恩已由一个儒家学派的领袖，正式登上了宗教教主的宝座。这时他已70岁左右。至万历二十六年（1598年）逝世，享年82岁。

林兆恩所创的三一教，并非是对三教理论原封不动的简单混合，而是经过剪裁取舍修补糅合后的产物。他认为，“其源本一”的三教，经过千百年

① （明）张洪都等：《林子行实》，《林子全集》贞部第9册，《北京图书馆古籍珍本丛刊》，北京：书目文献出版社1998年版，第63册，第1205页。

② （明）张洪都等：《林子行实》，《林子全集》贞部第9册，《北京图书馆古籍珍本丛刊》，北京：书目文献出版社1998年版，第63册，第1212、1215页。

③ （明）张洪都等：《林子行实》，《林子全集》贞部第9册，《北京图书馆古籍珍本丛刊》，北京：书目文献出版社1998年版，第63册，第1218页。

④ （明）张洪都等：《林子行实》，《林子全集》贞部第9册，《北京图书馆古籍珍本丛刊》，北京：书目文献出版社1998年版，第63册，第1222页。

⑤ 早在明初太祖、建文时期，就有道士建“三教堂”，以供奉三教祖师。参见（明）王绅《继志斋集》卷8《三教堂记》，《文渊阁四库全书》第1234册，第758页。文曰：“道士某君某通儒，而旁习乎佛氏之法，于所居辟堂三楹间，乃肖孔子、释迦、老子之像，合而祠之，因名曰三教堂。”可见合三教而为一，是三教中人的普遍思想。不过此君以一道士而奉三教，而非另创一教。

来的分流“迷途”，已经生出许多离本之“非”（即弊病）：儒教病于支离，佛教病于坐禅，道教病于运气（指炼丹）。至于佛教的出家不娶妻、斋戒荤酒，道教的白日飞升、辟谷尸解等，更是“虚怪妄诞”，都应该去除掉。因此他汇编一部集子，定名《圣学统宗·非非三教心圣集》，用以驳辩三教之非，目的是“廓清大道”，为建立本宗教义打下基础。另一方面，他所创的三一教并非三教平分秋色，而是以儒教为主体，以佛、道为辅从，即以“归儒宗孔”为其立教的基本宗旨。在这基本宗旨下，合三为一，从三教理论的共同点上，编织出自己的理论教义。

尽管三一教的基本宗旨是归儒宗孔，但其由最初的学术文化团体最后蜕变为宗教组织，道教的影响起了很大的作用。其中，最突出的是道士卓晚春的影响。卓晚春，自号无山子，亦曰上阳子，福建莆田人。幼孤，行丐于市，善算筹，言休咎皆奇中，是明嘉靖间莆田、仙游一带的传奇道士，人称为“小仙”。① 嘉靖二十七年（1548年），卓晚春拜访林兆恩，二人结成方外交，“数年间相与搜秘讨奇，纵饮行歌”②，形影不离。后林兆恩曾“摘其遗言，拾其遗诗”③，编辑成集，名《寤言录》，附于已作《林子三教正宗统论》之后。尽管此录只留下卓晚春的只言片语，但仍可从中窥见其对林兆恩的影响。其一，林兆恩“人身乃一天地”的思想，直接来源于卓晚春。其二，林兆恩所创的《九序》内丹理论之前五序，渊源于卓晚春。所以林兆恩的三传弟子董史谓卓晚春“有功于师门”④，并建无山宫专门祭祀卓晚春。除卓晚春外，林兆恩又很崇敬明初道士张三丰。他为了增强宣传效果，扩大自己的影响，大肆宣扬张三丰降授等神话，并把据称是张三丰所著的《玄歌》、《玄谭》附于自己著作之后。⑤ 因此，现存的许多三教堂（祠）的正殿中，供奉着三尊偶

① 参见（明）林兆恩：《书寤言录卷端》，《林子三教正宗统论》卷35，《四库禁毁书丛刊》，北京：北京出版社1998年版，子部第19册，第342—343页。

② （明）张洪都等：《林子行实》，《林子全集》贞部第9册，《北京图书馆古籍珍本丛刊》，北京：书目文献出版社1998年版，第63册，第1206页。

③ （明）林兆恩：《书寤言录卷端》，《林子三教正宗统论》卷35，《四库禁毁书丛刊》，北京：北京出版社1998年版，子部第19册，第342页。

④ （清）董史：《东山集草·瑶岛三教祠记》，函三堂刊本，1932年。

⑤ 参见《林子三教正宗统论》卷35，《四库禁毁书丛刊》，北京：北京出版社1998年版，子部第19册，第336—341页。

像：正中是林兆恩，左为卓晚春，右为张三丰。由此可见三一教与道教的特殊关系。

三一教成立后，发展很快。林兆恩去世后，他的弟子更分为三支向外发展，从其家乡莆田，分别发展到福建、浙江、安徽、江苏、河北、北京等地，以至远传台湾及东南亚不少地方。直至近代，有些地区尚存在其影响。在三一教的广泛传播过程中，又不断添进道教因素，如更多地制造张三丰、吕洞宾降授的神话；将道教的符箓、禁咒、卜卦、扶乩及斋醮等引入三一教；还把许多道教神灵纳入其神灵系统。有开天混元无始至尊、玉皇天尊、道德天尊、天官、地官、水官、火官、玄虚上帝、赵玄坛，以及钟离权、吕洞宾、张果老、张伯端、白玉蟾、王重阳、丘长春等，多达数十位，详见《进表仪文》、《镇家宝》等。总之，三一教自始至终受道教影响很大，所以顾仲恭指出："龙江之学，以儒为表，以道为里，以释为归，故称三教也。"①日本学者小柳司气太也说："其(林兆恩)说乃系道教七八分，佛教二三分，而以儒教饰其表面。"②

儒学之变为宗教，虽仅三一教一例，但已可看出佛、道对其影响的深刻。任何事物经过长期的量变积累，发展到相当程度，在一定条件下，都会产生质变。林兆恩融合三教最后创建三一教的事实向我们证明了这一点。

明代道教对佛教的影响不如对儒学的影响深刻，但也留下了相当痕迹。有的僧人续倡"三教一家"之说，如明代四大高僧之一的袾宏说："三教……理无二致，而深浅历然。深浅虽殊，而同归一理，此所以为三教一家也。"③紫柏真可说："我得仲尼之心而窥六经，得伯阳之心而达二篇，得佛心而始了自心……自古群龙无首吉，门墙虽异本相同。"④蕅益智旭说："三教深浅未暇辨也，而仁民、爱物之心则同……自心者，三教之源，三教皆从此心施设。苟无自心，三教俱无；苟昧自心，三教俱昧。若知此心而扩充之，何患三

---

① (清)顾大韶：《炳烛斋稿·易外别传序》，清康熙十年(1671年)顾晶、顾淼刻本。

② [日]小柳司气太：《明末の三教关系》，载《高濑博士还历纪念支那学论丛》，京都：弘文堂1928年版。

③ (明)袾宏：《正讹集·三教一家》，《大藏经补编》，台北：华宇出版社1984年版，第23册，第290页。

④ (明)真可：《紫柏尊者别集》卷1，《卍续藏经》，台北：新文丰出版公司1994年版，第127册，第100页。

教不总归陶铸也哉!"[①]另一明代高僧德清尝言:"为学有三要,所谓不知《春秋》,不能涉世;不精《老》、《庄》,不能忘世;不参禅,不能出世。此三者,经世出世之学备矣,缺一则偏,缺二则隘,三者无一而称人者,则肖之而已。"[②]他著有《道德经注》2卷、《观老庄影响论》1卷、《庄子内篇注》4卷,多汇合融通道家。

总上可见,在明代的三教关系中,道教既融合了大量儒释思想,又给予儒释以很大的影响,表现出道教在哲学思想领域内的强大影响力。这是明代道教对社会影响的一个重要方面。但是明代道教对社会的影响并不限于哲学思想领域,它对文化思想的其他领域也有广泛而深刻的影响,诸如古文、诗词、戏曲、小说、音乐、绘画等方面,都有明显的表现,下面仅作简略的论列。

二、道教在文学艺术及政治领域的影响

在明代,戏曲、小说特别发达,成为当时文学创作的主流。在这些方面,道教的影响也特别显著。

在戏曲方面,除神仙鬼怪思想对舞台有广泛影响外,更涌现了一大批以八仙和道教人物为题材的戏文和杂剧。其中演说吕洞宾点化度人的杂剧特别多。如明初人谷子敬所著《吕洞宾三度城南柳》,即演说吕洞宾度脱柳树精的故事。此剧是据元马致远《吕洞宾三醉岳阳楼》剧本改编,但并无蹈袭痕迹。谷子敬又作《邯郸道卢生枕中记》,演说吕洞宾度卢生入道的故事。[③]此外,贾仲明(1343—1422年)著《吕洞宾桃柳升仙梦》,朱有燉(1379—1439年)著《吕洞宾花月神仙会》,无名氏又著《吕洞宾戏白牡丹》、《吕真人九度国一禅师》、《吕翁三化邯郸店》、《吕纯阳点化度黄龙》等。据傅惜华

① (明)智旭:《灵峰宗论》卷7,《大藏经补编》,台北:华宇出版社1984年版,第23册,第747页。

② (明)德清:《憨山老人梦游集》卷39《学要》,《卍续藏经》,台北:新文丰出版公司1994年版,第127册,第777页。

③ 本事出唐沈既济《枕中记》,谓开元中,道士吕翁行经邯郸道上,有卢生同邸。主人方煮黄粱。翁取囊中枕授卢使眠,卢枕而梦,未几登第,出入将相五十年,备历富贵。醒时方卧于邸中,黄粱未熟,卢生因此感悟,从吕学道。

《明代杂剧全目》和庄一拂《古典戏曲存目汇考》统计，以吕洞宾点化度人为主题的杂剧在 11 种以上。除吕洞宾外，演铁拐李的有贾仲明之《铁拐李度金童玉女》，演韩湘子的有陆进之（明初人）的《韩湘子引度升仙会》，演钟离权的有无名氏之《钟离权度脱蓝采和》，演蓝采和的有无名氏的《蓝采和锁心猿意马》。至于以八仙总体出场的戏剧，如《八仙过海》、《八仙庆寿》等也不少，兹不备举。①

除众多的八仙戏外，不少著名道士也被搬上了舞台。其中有张天师、许逊、孙思邈、王喆、马钰、丘处机、萨守坚等。朱有燉著《张天师明断辰钩月》，此剧是据元吴昌龄《张天师断风花雪月》所改编。该剧叙月宫桂花仙子感陈世英之恩，下凡与之幽会，离别后，世英感念致病。适张天师过，设坛招风花雪月勘问，得知原委后，宽释之。朱有燉以为"太阴至精之正气，不可诬以幽会之事"，乃改以桃妖代嫦娥。无名氏又著《许真人拔宅飞升》，演东晋道士许逊作旌阳令悯民疾苦及返豫章斩蛟救民故事。本事据《太平广记》之《十二真君传》而增益之。无名氏又著《孙真人南极登仙会》，演唐代道士孙思邈的神仙故事，大半本之《唐书》。杨讷（明永乐间人）又著《王祖师三化刘行首》，演全真道祖师王喆点度妓女刘倩娇故事，与明无名氏所著《马丹阳三化刘行首》类似，盖马之度刘，乃奉其师王喆之命。贾仲明又著《丘长（春）三度碧桃花》，演丘处机点度妓女碧桃花故事。宋元以来，文人杂剧中多以神仙点度妓女作主题，明人亦多仿作，即属此类。无名氏又著《萨真人夜断碧桃花》，剧演潮阳知县徐端之女碧桃，许字县丞张珪之子道南，二人偶于园中相遇，为徐端所见，怒责其女，碧桃愤极而死，即葬园中。后道南举第，授潮阳县令，赴任至园，适碧桃盛开，追念碧桃不置。是夜复见女，赠以词，自是得疾。张珪延请萨真人禳祷，摄碧桃，检姻缘簿，知当复合。会碧桃妹玉兰禄当尽，乃令碧桃借玉兰尸附体还魂，使两家终成眷属云。朱有燉又著《紫阳仙三度常椿寿》演紫阳仙度脱成都府锦香楼边"大椿树"事，与谷子敬之《吕洞宾三度城南柳》相似。此紫阳仙是否指北宋张伯端，存

① 以上皆见庄一拂：《古典戏曲存目汇考》，上海：上海古籍出版社 1982 年版；傅惜华：《明代杂剧全目》，北京：作家出版社 1958 年版。

疑。又有无名氏所著《时真人四圣锁白猿》，演杭州沈璧泛海为业，有白猿精幻璧容貌，占其妻子财产。历二年，璧归，白猿驱璧出外。璧至西湖自尽，遇时真人救之，并助其擒妖云。这个时真人不知指谁。其他神仙度人剧、群仙庆寿剧，还有很多，兹不备举。由此可见，神仙戏剧是明代许多剧作家常写的题目，它在明代剧目中占了很大比重，可知道教神仙思想对戏剧界影响之大。

这里有一位在戏剧创作上很有成就的特殊道士值得一提，此人名朱权，朱元璋第十六子。① 洪武二十四年(1391年)，封宁王，越二年之国，就藩大宁。永乐元年(1403年)改封南昌。正统十三年(1448年)卒，谥曰献，世称宁献王。净明道尊之为一代传人，为之作《净明朱真人传》，谓其"名权，号涵虚。初封宁夏……自言前身乃南极冲虚真君降生，不乐藩封，栖心云外"。"忽尔布袍草履，挂冠宫门，飘然云水，至豫章天宝洞。结茅为室，叠石为床，侣烟霞而友麋鹿矣。有一老人授以净明忠孝之微言，日饵阳和，以乐其天真。成祖文皇帝屡诏就国，不赴，乃以其世子即于豫章袭藩封，加封真人为涵虚真人，号臞仙。日与张三丰、周颠仙咏歌酬唱。"②所说去藩邸就山洞茅舍修道，未必是真，但信仰道教和加入道教徒行列当是事实。这与他的经历有关。据《明实录》和《明史》载，他在作宁王时，曾"带甲八万，革车六千，所属朵颜三卫骑兵皆骁勇善战"③。是当时拥有重兵的几个北方藩王之一。后朱棣起兵，以计入大宁，夺其众，挟之南下，从此失掉兵权。永乐元年(1403年)改封南昌后，成祖一直很注意他。"已而人告权巫蛊诽谤事，密探无验，得已。自是日韬晦，构精庐一区，鼓琴读书其间，终成祖世得无患。"④成祖死后，"法禁稍解"，但在仁宗朝因上书言"南昌非其封国"，惹得仁宗不高兴；宣德三年(1428年)又"请乞近郭灌城乡土田。明年又论宗室

① 《明英宗实录》卷170、1958年江西新建县出土的《故宁献王圹志》等作十六子；《明太祖实录》卷118、《明史》卷117《朱权传》、《弇山堂别集》卷32《同姓诸王表》等作十七子；仅《净明朱真人传》作第十五子。

② 《逍遥山万寿宫志》卷5《净明朱真人传》，《藏外道书》第20册，第736页。

③ 《明史》卷117《朱权传》，北京：中华书局1974年版，第12册，第3591页。

④ 《明史》卷117《朱权传》，北京：中华书局1974年版，第12册，第3592页。

不应定品级”，惹得宣宗大怒，“颇有所诘责。权上书谢过”①，才作罢。经过这种种挫折，自然使他对政治日益淡泊，遂“日与文学士相往还，托志冲举，自号臞仙”②，成为一名隐居“精庐”修道的特殊道徒。此人十分博学，著述很多，除《明史》本传所列《通鉴博论》等多种外，又撰有多种道书，有《洞天秘典》、《太清玉册》、《神隐》、《净明奥论》、《阴符性命集解》、《道德性命全集》、《救命索》、《命宗大乘五字诀》、《内丹节要》、《庚辛玉册》、《造化钳鎚》③，《臞仙肘后经》、《臞仙肘后神枢》等④。其《太清玉册》即万历《续道藏》所收的《天皇至道太清玉册》，书前有序，署“皇明第二甲子正统之九年……南极遐龄老人臞仙书”。《神隐》亦存，被收入《藏外道书》第18册。朱权又精通音律、戏曲，著有《太和正音谱》、《神奇秘谱》，前者收入丛书《涵芬楼秘笈》第9集，后者又名《臞仙琴阮》，或《琴阮启蒙》。所作杂剧12种（今仅存2种），其中道教神仙剧即有《淮南王白日飞升》，写淮南王与八公事；《瑶天笙鹤》，写古仙王乔事；《周武帝辩三教》，写北周武帝崇道事；《冲漠子独步大罗天》，写吕纯阳、张紫阳奉东华帝君命点化冲漠子事。前几种已佚，最后一种尚存。庄一拂在评介此剧时说：“按（朱）权晚慕冲举，冲漠子盖即其号。”⑤

与戏曲一样，小说也是明代文学的代表。在明代，通俗小说的创作十分繁荣，中国著名古典小说《三国演义》、《水浒传》、《西游记》等即创作于此时。在题材纷呈的众多小说中，涌现出一大批以写神仙鬼怪为主题的作品，被人们称为“神魔小说”，成为后来小说分目中一大目。上述《西游记》是其中最优秀的代表，它以佛教为主题，铺叙唐僧师徒向西天取经的故事。比它稍后，以道教为主题的小说则有多部。如吴元泰著《东游记》，亦名《上洞八仙传》、《八仙出处东游记》，共2卷56回。吴元泰，嘉靖、隆庆间人，成书年

① 《明史》卷117《朱权传》，北京：中华书局1974年版，第12册，第3592页。

② 《明史》卷117《朱权传》，北京：中华书局1974年版，第12册，第3592页。

③ 参见《明史·艺文志》、《四库全书目录》及光绪《江西通志·艺文略》等著录。

④ 参见（明）刘若愚：《明宫史》卷3，《中国野史集成》，成都：巴蜀书社1993年版，第39册，第25页。

⑤ 庄一拂：《古典戏曲存目汇考》卷6，上海：上海古籍出版社1982年版，上册，第398页。

代不明。小说叙述铁拐李、钟离权、蓝采和、张果老、何仙姑、吕洞宾、韩湘子、曹国舅等八仙得道的故事。八仙故事,唐后已有,至元代,有许多人曾写作戏曲,如上面提到的马致远曾作《吕洞宾三醉岳阳楼》等,再如纪君祥、赵文敬、赵明远及无名氏,都写过这类作品。但在元朝及明初,八仙的人名还没有确定,吴元泰的《东游记》才确定了上举的八仙名,自此以后,再没有更改。又有余象斗著《北游记》,全名《北方真武玄天上帝出身志传》,共 4 卷 24 回。余象斗,隆庆、万历间人,为闽南有名的书商。该小说叙述真武大帝成道降妖的故事。其后有人将这两本道教小说,与另两本佛教小说,即《南游记》(全名《五显灵官大帝华光天王传》)与《西游记》(对吴承恩《西游记》的改编、缩写)一起编成合集,名《四游记》,流行于明末与清代。① 比《东游记》稍晚,邓志谟又著《铁树记》,又名《许仙铁树记》,共 2 卷 15 回。邓志谟,约隆庆、万历间人,其小说叙许逊得道斩蛟擒妖故事。兼善堂本《警世通言》卷 40 之《旌阳宫铁树镇妖》篇全收此书。邓志谟又著《飞剑记》,又名《吕仙飞剑记》,共 2 卷 13 回,叙吕洞宾得道擒妖故事。邓志谟又著《咒枣记》,一名《萨真人咒枣记》,共 2 卷 14 回,叙道士萨守坚得道除妖故事。

比上列小说篇幅更大的,又有《封神演义》100 回。孙楷第、张政烺先生在 20 世纪 30 年代即已指出此书作者为明道士陆西星。孙楷第《中国通俗小说书目》说:"《封神演义》作者,明以来有二说:一云许仲琳撰,见明舒载阳刊本《封神演义》卷二,题云'钟山逸叟许仲琳编辑'……仲琳盖南直隶应天府人,始末不详。且全书惟此一卷有题,殊为可疑;一云陆长庚撰,余始于石印本《传奇汇考》发见之。卷七《顺天时》传奇解题云:'《封神传》传系元时道士陆长庚所作,未知的否?'张政烺谓'元时'乃'明时'之误,长庚乃陆西星字。其言甚是。按:西星,南直隶兴化县人。诸生。著《南华经副墨》、《方壶外史》等书。"②柳存仁先生对此问题作了进一步论证,证据确凿,当

① 参见孙楷第:《中国通俗小说书目》卷 9,北京:人民文学出版社 1982 年版,第 254 页;刘大杰:《中国文学发展史》第 26 章《四游记》,上海:复旦大学出版社 2006 年版,下册,第 191—192 页。

② 孙楷第:《中国通俗小说书目》卷 5,北京:人民文学出版社 1982 年版,第 196—197 页。

可定谳。《封神演义》大体根据《武王伐纣平话》，再参考古籍和传说故事敷衍而成。叙武王伐纣，姜太公封神事。书中述助纣者为截教，助周者为道、佛二教，人神斗法，各逞道术，激烈斗争的结果是武王灭殷，截教败灭，而以周武王分封诸侯和姜子牙封神作结。鲁迅先生《中国小说史略》说："封国以报功臣，封神以妥功鬼，而人神之死，则委之于劫数……其根柢，则方士之见而已。"①这个评论是很正确的。

道教除在戏曲、小说这些明代文学的主要领域中有显著影响外，又在音乐、绘画等传统艺术领域里有相当影响。从明初起，朝廷祭祀大典中，即用小道童作乐舞生，用道士作赞礼等执事官，还用道曲作祭祀音乐，证明道教音乐已登上大雅之堂。与此同时，道教神仙思想又广泛影响着音乐界，有的音乐家已把神仙意境写进自己的乐曲中。如上面提到的"净明朱真人"朱权于洪熙元年(1425 年)著《神奇秘谱》，收有琴曲《八极游》，又名《挟仙游》(具体制作年代不详)，全曲六段。《神奇秘谱》题解云："志在寥廓之外，逍遥乎八纮之表。若御飙车以乘天风云马，放浪天地，游览宇宙，无所羁绊也。"②所表现的就是道教神仙遨游宇宙的思想。明人沈音(生卒年不详)又著琴曲《洞天春晓》。传说他梦游洞天，遇一老人奏中和之曲，醒后作此。乐曲如游仙境，"令人神清心莹，尘滓尽消"③。明代所出的琴谱《古音正宗》中，又收有琴曲《羽化登仙》，④共 30 段，题意取苏轼《赤壁赋》"羽化而登仙"句。其删节本称《岳阳三醉》，共 20 段，题意取"吕洞宾三醉岳阳，飞渡洞庭"的神话。凡此皆足见道教神仙思想对音乐界的影响。

明代绘画，比较繁荣的是山水画，花鸟画次之，人物画又次之。但不论哪个画种，皆见道教的影响。首先是一大批道士跻身于画家行列，被《明画

---

① 鲁迅：《中国小说史略》，上海：上海古籍出版社 1998 年版，第 118 页。

② (明)朱权：《臞仙神奇秘谱》卷下，《续修四库全书》，上海：上海古籍出版社 2002 年版，第 1092 册，第 227 页。转引自《中国音乐词典》，北京：人民音乐出版社 1984 年版。

③ (清)程允基：《诚一堂琴谱》卷 1，查阜西编：《存见古琴曲谱辑览》，北京：人民音乐出版社 1958 年版，第 13 册，第 332 页。沈音游洞天事，参见(明)郝宁、王定安：《藏春坞琴谱·宫调》，查阜西编：《存见古琴曲谱辑览》，北京：人民音乐出版社 1958 年版，第 6 册，第 292—293 页。

④ 《古音正宗》刊于明崇祯七年(1634 年)，不知此曲作于何时。

录》、《画史会要》等列名的善画道士不下 20 人。如四十三代天师张宇初善画墨竹,自成一家,亦精兰蕙,兼善山水,有《秋林平远图》传世。第四十四代天师张宇清善画山水。第四十七代天师张玄庆善画兰蕙、竹石。明初道士冷谦,字启敬(或作起敬),号龙阳子,钱塘人(一作嘉兴人、武陵人),是明初有名的画家,有《蓬莱仙弈图卷》传世。① 龙虎山道士吴伯理,永乐中居嘉定之鹤鸣山,通经史,工诗书,精篆隶,又善画枯木竹石。武夷山道士汪三宝与刘端阳,于嘉靖(1522—1566 年)间创道院于武夷接笋峰,闭户清修,以诗文书画相友善。其次,道教思想影响许多文人画家。如钱塘人戴进(1388—1462 年),是明代早期的著名画家,初为银工,后入画院。所画"人物、神鬼、花果、翎毛、走兽,俱极精致。而神象之威仪,鬼怪之勇猛,衣纹设色,重轻纯熟,亦不下于唐宋先贤。画道释用铁线描,间亦用兰叶描……绝技远出南宋以后诸人之上,为有明画流第一"②。沈周(1427—1509 年)是继戴进之后最有影响的画家。最擅山水,有不少作品流传于世。他所作的某些山水图,在抒发愤世嫉俗之情时,隐然有一种出尘飘逸之气。如他作于弘治五年(1492 年)的《夜坐图》,描写夜山,山麓有茅屋数间,屋内一人秉烛危坐。图上方,作者自书《夜坐记》,长数百言,自言夜坐时,得"外静而内定"的情思,其实是作者对世上"人喧未息"表示感慨。所画《赏月画》,更是文人生活的自我写照。它既是山水画,又是人物画。写江边幽居,时值中秋,有客乘舟而至,主人在屋中设茶点招待。沈周在画上题诗道:"八月十五为中秋,人人看月楼上头。十六之夜月仍好,但惜楼头看人少。看多看少人不知,厚薄人心分两时。"同样是抒发对人情厚薄的感慨及甘于淡泊的情趣。③ 再次,有少数文人画家和一批画工出身的画家,继续创作道释人物画。道释人物画,以唐宋为最盛,许多画家以工于这类绘画而名于世。元明以来转衰,但仍有成就突出者。除上述戴进外,有杭州人倪端,字仲正,宣德

---

① 此据《明画录》等。而明郎瑛《七修续稿》卷 4《蓬莱仙弈图》则称其为后人伪作,清李西月又认此图为真。

② 孙麟公:《中国画史人名大辞典》,上海:神州国光社 1934 年版,第 715 页。

③ 参见王伯敏:《中国绘画史》,上海:上海人民美术出版社 1982 年版,第 459、514 页。

(1426—1435年)中,征入画院,“道释人物,超妙入神”,又善山水,兼工花卉。① 画工出身的蒋子成,江宁(一作宜兴)人,画道释神像、观音大士像,被评为“有明第一手”。永乐中被征入京师,与赵廉画虎,边文进画花鸟,称“禁中三绝”。② 这种画工出身,而以善画道释人物兼及其他画种的画家,在明代尚有很多,如胡隆、阮福海、张靖、蔡世新、萧公伯等,皆因“画艺超群”而被士大夫载之于史册。

总上可见,明代道教广泛影响于中国文化的许多领域,有的影响还十分显著而深刻。

明代道教的影响,又不仅表现在中国文化的许多领域,而且还表现在政治上。这一点,本章第一节已有所叙述,这里仅作一些补充。

第一,国家祀典已受很深的道教影响。封建时代,皇帝十分重视郊天、祀祖、祭百神等祭祀活动,把它看作保社稷、求丰年、安百姓的大事。儒学家们也很重视此事,且把制定祭祀礼仪和乐章等看成非己莫属的专业。然而自唐宋以降,如此庄严的大事,却渐渐被道教所介入,某些祭祀音乐和仪注已引入了道教内容。至明代,不仅一些乐章、乐词采自道教,乐舞生使用小道童,司乐、赞礼等执事人员也大都以道士充任。这种情形,很早就开始了,早在龙凤十年(1364年)朱元璋作吴国公时,即命选道童作乐舞生。一日,“太祖御戟门,召学士朱升、范权引乐舞生入见,阅试之。太祖亲击石磬,命(朱)升辨五音。升不能审,以宫音为徵音。太祖哂其误,命乐生登歌一曲而罢”③。是年置太常司(后改太常寺),设司乐、赞礼、协律郎等官,以道士充任。有道士“冷谦者,知音,善鼓瑟,以黄冠隐吴山。召为协律郎,令协乐章声谱,俾乐生习之。取石灵璧以制磬,采桐梓湖州以制琴瑟。乃考正四庙雅乐,命谦较定音律及编钟、编磬等器,遂定乐舞之制”④。明人黄瑜《双槐岁钞》卷3《冷协律》也说:明初,冷谦被“授太常司协律郎。洪武元年五月,诏校正音乐。太常少卿陈昧、翰林学士詹同、待制王祎,与起敬(冷谦字)及

① 参见孙虋公:《中国画史人名大辞典》,上海:神州国光社1934年版,第315页。
② 参见孙虋公:《中国画史人名大辞典》,上海:神州国光社1934年版,第646页。
③ 《明史》卷61《乐一》,北京:中华书局1974年版,第5册,第1500页。
④ 《明史》卷61《乐一》,北京:中华书局1974年版,第5册,第1500页。

儒士熊太古等,定郊庙诸乐章,起敬裁定为多”①。可见道士冷谦对明初郊庙音乐的创制起了很大的作用。冷谦既是明初很负盛名的绘画家,又是大音乐家,据载,曾撰著《太古遗音》1 卷,《琴声十六法》1 卷,前者佚,后者存。据《明太祖实录》载,洪武十二年(1379 年)二月,“上以道家者流,务为清静,祭祀皆用以执事”②。正式决定以道士作祭祀的执事人员。为了培养音乐人才,又决定建神乐观,于当年十二月建成,“命道士周玄初领观事,以乐舞生居之,上亲制文立碑志其事”③。上面这些措施实行的结果,自然使道士成为国家祭坛上的重要成员,也必然使道教音乐渗入到国家祀典中去。

不仅如此,明代祀典中所祭祀的对象,又渗进了很多道教神灵。这见于《明孝宗实录》和《明史·礼志》。《明孝宗实录》载,弘治元年(1488 年)四月,“礼科给事中张九功言:国之大事在祀与戎。祀典正则人心正……然而朝廷常祭之外,尚有释迦牟尼文佛、三清三境、九天应元雷声普化天尊之祭;又有金、玉阙真君、元君、神父、神母之祭;诸宫观中,又有水官星君、诸天诸帝之祭。非所以示法于天下也。乞敕礼部稽之祀典,尽为厘正”④。孝宗下其章于礼部,礼部尚书周洪谟对当时所祀诸神,作了一番考证,比张九功所言又多出一些,计有:释迦牟尼文佛、三清三境天尊、北极中天星主紫微大帝、九天应元雷声普化天尊、风云雷雨神、三天扶教辅玄大法师真君、大小青龙神、梓潼帝君、北极佑圣真君、崇恩和隆恩真君、金阙和玉阙上帝、神父圣帝、神母元君及金、玉阙元君、东岳泰山神、都城隍神等。以上这些神灵中,除释迦牟尼文佛和大小青龙神属佛教神外,其余都是道教神,可知当时国家奉祀的道教神不少。

对于佛、道教的最高神释迦牟尼佛和三清三境天尊,周洪谟略谓:释迦

① (明)黄瑜:《双槐岁钞》卷 3,北京:中华书局 1999 年版,第 44 页。

② 《明太祖实录》卷 122,《明实录》,台北:“中研院”史语所校印,1962 年,第 3 册,第 1975 页。

③ 《明太祖实录》卷 128,《明实录》,台北:“中研院”史语所校印,1962 年,第 3 册,第 2031 页。

④ 《明孝宗实录》卷 13,《明实录》,台北:“中研院”史语所校印,1962 年,第 28 册,第 304 页;《明史》卷 50《礼四》,北京:中华书局 1974 年版,第 5 册,第 1307 页。

牟尼文佛是佛教之祖，三清三境天尊为道教之神。[①] 以往凡遇万寿、千秋等节，皆建吉祥斋醮，或遇丧礼，要建荐扬斋醮，俱要先期遣官祭告释迦牟尼文佛于大兴隆寺，祭三清三境天尊于朝天宫。这些皆不合祀典。伏望自今以始，凡遇上述节日，皆不遣官祭告。

至于其他那些神灵是如何进入国家祀典的，由周洪谟所言亦可概见，特将其节录如下：

所谓北极中天星主紫微大帝者，盖北极五星在紫微垣中，其北第五星名曰天枢，是为天文之正中，又曰紫微大帝之座，乃朝廷宫殿之象。正统（1436—1449 年）初，建紫微殿于大德观东，设大帝之像，每节令亦遣官祭告。此于祀典亦无稽，乞予罢免。

所谓九天应元雷声普化天尊，为道教所尊的雷部主神，道教以为玉霄一府，总司五雷，雷部诸神皆受其统辖。又以六月二十四日为天尊示现之日，故朝廷岁以是日遣官诣显灵宫致祭。夫风云雷雨，每岁南郊已有合祭之礼，山川坛复有秋报之祭，重复致祭，非其所宜。以六月二十四日为神示现日，和设像名称，皆无所据，亦乞罢免其祭告。

所谓祖师三天扶教辅玄大法师真君者，乃祀道家祖师张陵。旧以正月十五日为陵生日，朝廷遣官于是日诣显灵宫祭告。此亦不合祀典，乞罢之。

所谓大小青龙神者，乃祀僧人卢某（赐号感应禅师）和其二侍童所化二青龙，旧以它们曾赐时雨，故春秋祭之。迩者连年亢旱，祈祷无应，不足崇奉明矣，乞罢之。

所谓梓潼帝君者，神名张亚子，其先越巂人，因报母仇，徙居四川梓潼之七曲山。仕晋战殁，人为立庙。唐玄宗、僖宗和宋咸平（998—1003 年）中，屡封至英显王。道教谓上帝命梓潼掌文昌府事及人间禄籍，梓潼神遂与文昌星合而为一，元因之加号为帝君。天下学校亦有立祠祀之者。景泰（1450—1456 年）中，因京师旧庙辟而新之，岁以二月三日为帝君生辰，遣官致祭。夫梓潼显灵于蜀，庙食其地为宜。文昌六

① 引朱熹语谓道教所尊三清神最无据，应于祀典中革除之。

星与之无涉，今乃合而为一，是诚附会不经。乞罢其祀，其梓潼祠之在天下学校者，俱令拆毁。

道家有所谓北极佑圣真君者，乃祀北方真武神。盖真武乃北方玄武七宿，宋真宗为避所尊圣祖玄朗讳，改玄武为真武，靖康(1126 年)初加号曰佑圣助顺灵应真君。图志云：真武为净乐王太子，得道术，修炼武当山，功成飞升，奉上帝命往镇北方，被发跣足，建皂纛玄旗，摄玄武位。此则道家附会之说。国朝御制碑谓，太祖平定天下，兵戈所向，阴佑为多，尝建庙南京崇祀。及太宗靖难，以神有显相功，又于京城艮隅并武当山重建庙宇，两京岁时朔望各遣官致祭，而武当山又专官督祀事。今请止遵洪武(1368—1398 年)间例，每年以三月三日、九月九日用素馐，遣太常寺官致祭，余皆停免。

所谓崇恩真君、隆恩真君者，道家相传，崇恩真君姓萨名坚(应为萨守坚)，西蜀人。宋徽宗时，尝从王侍宸(王文卿)、林灵素辈学法有验。隆恩真君则为玉枢火府天将王灵官也，尝从萨真君传符法。永乐(1403—1424 年)中，以道士周思得能传灵官法，乃于禁城之西建天将庙及祖师殿。宣德(1426—1435 年)中，改庙为大德观，封二真君。成化(1465—1487 年)初，改观曰显灵宫。每年换袍服，每节候岁时，皆遣官致祭。夫萨真君之法，因王灵官而行，王灵官之法，因周思得而显，而其法之所自，又皆林灵素辈所附会。况近年祈祷，杳无应验。今若以累朝创建之故，难于废毁，其祭告之礼，宜令罢免。

所谓金阙上帝、玉阙上帝者，为祀五代徐温之子知证和知谔，知证封江王，知谔封饶王，尝提兵平福州，闽人德之，图像以祀。宋赐额洪恩灵济宫。考国朝御制碑谓，太宗尝弗豫，药罔效，祷神辄应，因大新闽地庙宇，春秋致祭；又立庙祀于京师，加封知证金阙真君，知谔玉阙真君。正统、成化间，累加号为上帝，每朔望节令，俱遣官祭祀。请仍存闽之庙祀，废京师诸祀，革其帝号服色，止称真君。

所谓神父圣帝、神母元君及金、玉阙元君者，即二徐之父母及其配也。乞削去其圣帝、元君之号，并罢其祭祀。

所谓东岳泰山之神者，庙在山东泰安州山之下，唐宋元皆加号曰王，或曰帝。我朝太祖正祀典，止称东岳泰山之神，有司春秋致祭，有事则遣官祭告，每岁南郊并二、八月山川坛，俱有合祭之礼。今朝阳门外，有元代东岳旧庙，国朝因而不废。其后岁以三月二十八日及万寿节遣官致祭。夫既专祭于封内，且合祭于郊坛，则此庙之祭实为烦渎，亦乞罢免。

所谓京师都城隍庙之神者，盖建国者必设高城深隍以保其民人，其制自黄帝始。今天下府州县各有城隍庙，在京师者，谓之都城隍庙。旧在顺天府西南，俗以五月十一日为神诞辰，故是日及节令，皆遣官祀之。此祭亦非祀典，乞罢之。①

周洪谟将礼部所议之上述意见奏报之后，孝宗说："卿等言是，修建斋醮，遣官祭告，并东岳、真武、城隍庙、灵济宫（祭祀），俱仍旧。二徐真君并其父母妻，宜革出帝号，止仍旧封号……余如所议行之。"②

由上可见，弘治之前百余年间，国家祭祀神灵中之道教神是很多的；经弘治元年的"厘正"之后，数量有所减少，但仍有若干道教神充斥其间。道教影响不可谓不大。

第二，明代的一些政府机构，任用了很多道士作官员。这里所指主要是六部之一的礼部及其所属太常寺（道录司系统的官员尚未计入）。《明史·职官一》载，礼部设尚书一人，"掌天下礼仪、祭祀、宴飨、贡举之政令"③。其下属太常寺则是专掌祭祀的机构。《职官三》载："太常掌祭祀礼乐之事，总其官属，籍其政令，以听于礼部。"④同书又载，太常寺设卿 1 人，少卿 2 人，寺丞 2 人。其属有典簿厅，设典簿 2 人，博士 2 人，协律郎 2 人（嘉靖中增至 5 人），赞礼郎 9 人（嘉靖中增至 33 人，后革 2 人），司乐 20 人（嘉靖中

① 《明孝宗实录》卷 13，《明实录》，台北："中研院"史语所校印，1962 年，第 28 册，第 304—315 页；《明史》文稍略，参见《明史》卷 50《礼四》，北京：中华书局 1974 年版，第 5 册，第 1307—1310 页。

② 《明孝宗实录》卷 13，《明实录》，台北："中研院"史语所校印，1962 年，第 28 册，第 315 页。《明史》卷 50《礼四》，北京：中华书局 1974 年版，第 5 册，第 1310 页。

③ 《明史》卷 72《职官一》，北京：中华书局 1974 年版，第 6 册，第 1746 页。

④ 《明史》卷 74《职官三》，北京：中华书局 1974 年版，第 6 册，第 1796 页。

增至39人，后革5人）。[①] 上面已经说到，太祖在明初即已确定选用道士作祭祀执事人员（指司乐、赞礼、协律等），并正式作了任命。从此开始，就渐逐形成一项制度，即太常寺官员从儒士和道士两部分人中挑选。[②] 因此从明初起，有相当数量的道士进入太常寺作官，而且在不少时候，其数量超过儒生。甚至有的道士，经历年升迁，进入高位，作到礼部尚书者即有4人。为对这个问题有一个具体了解，特据《明实录》所记的太常寺中的道士官作一简略介绍（其记载肯定是不完全的）。最早进入太常寺的道士是上面曾经提到的冷谦，他在洪武初即以知音律被任为协律郎。其后，武当山道士丘玄清（张三丰弟子）于洪武中被荐入京，初授监察御史，后转太常卿。[③] 丘玄清于洪武二十六年（1393年）二月死后，次月即命道录司右至灵王德益为太常寺卿。[④] 成祖时，相人袁廷玉于永乐初作太常寺丞，永乐九年（1411年）卒。[⑤] 永乐十三年（1415年），命神乐观提点沈与真、赵彝善为太常寺丞。[⑥] 又有吴道亮，永乐间选充乐舞生，正统中，授太常寺司乐，历升寺丞。宪宗立玉皇祠于内，召道亮教内臣习乐，年七十五请老，特升本寺少卿致仕。成化二十一年（1485年）卒。[⑦] 最早的两个道士尚书蒋守约、李希安，都是以乐舞生起家，先后历经太常寺各职而晋高位的，其事迹已见本章第一节，这里不再重复。

---

① 参见《明史》卷74《职官三》，北京：中华书局1974年版，第6册，第1795页。

② 《明孝宗实录》卷177载，弘治十四年闰七月，吏科都给事中王洧谓不宜以道士出身的寺丞赵继宗等升任太常寺少卿，遭到孝宗批评，"上曰：太常官员，旧制道士与儒出身者相兼升用，王洧等不谙事体，辄纷扰如此。"《明实录》，台北："中研院"史语所校印，1962年，第31册，第3246页。

③ 参见《明太祖实录》卷225，《明实录》，台北："中研院"史语所校印，1962年，第5册，第3298页。

④ 参见《明太祖实录》卷226，《明实录》，台北："中研院"史语所校印，1962年，第5册，第3307页。

⑤ 《明太宗实录》卷112，《明实录》，台北："中研院"史语所校印，1962年，第8册，第1430页。

⑥ 参见《明太宗实录》卷168，《明实录》，台北："中研院"史语所校印，1962年，第8册，第1869页。

⑦ 参见《明宪宗实录》卷271，《明实录》，台北："中研院"史语所校印，1962年，第27册，第4578页。

宪宗开传升制度后，宪、孝、武等朝，在大量传升道录司官的同时，又传升了不少道士作太常寺官，礼部和太常寺中的道士比前多了起来。如成化十七年（1481 年）十月，传升道录司右至灵邓常恩为太常寺卿，右正一雷普明为寺丞（后升少卿），右至灵毛守玄为太常博士（后升寺丞），法师成复亨、乐舞生赵继宗为协律郎。① 赵继宗在弘治年间继升为太常寺典簿、寺丞、少卿。② 成化十九年（1483 年）五月，传升太常寺少卿顾玒为本寺卿。③ 同月又传升道录司右至灵连克彰为太常寺寺丞，后再升太常寺卿。④ 成化间还有赵玉芝、顾纶、陈守瑄、刘太极、黄大经等，俱被传升任太常寺官，不再一一列叙。孝宗、武宗时亦有大批道士被命作太常寺官，如弘治十年（1497 年）八月，升太常寺寺丞冯宗远为本寺少卿。⑤ 同年九月，传升太常寺博士郑常容为本寺寺丞。⑥ 正德十四年（1519 年）六月，升太常寺丞张道荣为本寺少卿⑦，次月，升太常寺典簿俞九畴为寺丞。⑧ 第三个道士尚书崔志端亦是在成化、弘治年间，由乐舞生，历太常寺赞礼郎、寺丞、少卿、卿，而于弘治十七年（1504 年）晋至礼部尚书的。

世宗嘉靖年间也任用了大批道士作太常寺官员。嘉靖十年（1531 年）三月，“太常寺少卿缺，上命选音吐洪亮、礼仪端谨者数员以闻。吏部请于

① 参见《明宪宗实录》卷 220，《明实录》，台北：“中研院”史语所校印，1962 年，第 26 册，第 3809 页；《明宪宗实录》卷 257，《明实录》，台北：“中研院”史语所校印，1962 年，第 27 册，第 4349 页。

② 参见《明孝宗实录》卷 128、卷 177，《明实录》，台北：“中研院”史语所校印，1962 年，第 30 册，第 2271 页、第 31 册，第 3246 页。

③ 参见《明宪宗实录》卷 240，《明实录》，台北：“中研院”史语所校印，1962 年，第 26 册，第 4062 页。

④ 参见《明宪宗实录》卷 240，《明实录》，台北：“中研院”史语所校印，1962 年，第 26 册，第 4066 页。

⑤ 参见《明孝宗实录》卷 128，《明实录》，台北：“中研院”史语所校印，1962 年，第 30 册，第 2267 页。

⑥ 参见《明孝宗实录》卷 129，《明实录》，台北：“中研院”史语所校印，1962 年，第 30 册，第 2287 页。

⑦ 参见《明武宗实录》卷 175，《明实录》，台北：“中研院”史语所校印，1962 年，第 37 册，第 3403 页。

⑧ 参见《明武宗实录》卷 176，《明实录》，台北：“中研院”史语所校印，1962 年，第 37 册，第 3412 页。

京堂五品及年深科道实授郎中内选用，久之未有应者。至是又缺寺丞。吏部请照例考选，以刑部主事郑允璋等，及本寺典簿金赟仁等名上。得旨，即以本寺寺丞张鄂升少卿，令管教习雅乐；赟仁升少卿，赞礼郎桑友兰、徐可成俱寺丞，轮次读祝奏礼。赟仁等皆乐舞生。其拔用出上意，非部所拟，自是太常官悉用道流矣。”①据此记，嘉靖十年以后，因儒士在与道流比赛中吃了败仗，太常寺几成道士独占的局面。故在此以后，道士入太常寺的更多。如继金赟仁后，有邵启南由太常寺丞升少卿，陈自暹任寺丞，魏时雍、崔继综任太常博士，马良德历官至太常寺卿，陶世恩任太常寺丞，崔仲儒以读祝累进至寺卿，龚中佩、王中敬官至少卿，昝义金由协律郎升太常寺典簿等。② 金赟仁由典簿累升至礼部左侍郎掌太常寺事（后因犯罪被黜），徐可成更由乐舞生，历太常各职而至礼部尚书。由此可见，从明初到嘉靖，太常寺和礼部，道士常占半个天下，有时太常寺几乎被道士所独占，道教对政府机构的影响不可谓不大。

第三，某些施政方针和重大决策，亦受道教的影响。较明显的有宪宗时期的方士乱政，最突出的要数世宗的崇道。此点已详于第一节，兹不赘。

三、道教对社会伦理的影响——善书的流行

最后，还须指出一点，道教所作的劝善书和功过格，在明代曾对社会各阶层产生过很大影响。道教劝善书，以《太上感应篇》和《文昌帝君阴骘文》出世最早，影响也最大。前者大约成书于北宋末和南宋初，后者大约成书于元代。它们以实行儒家的伦常道德为善，违反者为恶，用儒、道的“积善销恶”和佛教的“因果报应”说相劝戒，勉人“诸恶莫作，众善奉行”，戒人“为善得福，作恶遭祸”。自它们问世以来，在社会上引起强烈的反响，南宋理宗为《太上感应篇》题词，诸大臣、名儒为之写序，富商、豪家为之捐资刻印，使它很快在社会上流行起来。至明代，其影响有增无减。道教劝善书在明代受到统治者更加热烈的欢迎，他们不仅为这些书的传播大开绿灯，而且还

---

① 《明世宗实录》卷 123，《明实录》，台北：“中研院”史语所校印，1962 年，第 41 册，第 2971—2972 页。

② 参见《明世宗实录》卷 123 后诸卷。

仿作不少劝善书，为之推波助澜。明中叶以后，社会矛盾更加激化，统治阶级借助劝善书以缓和阶级矛盾的需要更加迫切，更加卖力地推广劝善书的传播，加上当时许多儒家士人的大力提倡，劝善书的传播更为广泛。在民间，不仅广大汉族地区传播更广，许多边远和少数民族地区，亦见其传播踪迹。如《太上感应篇》，在明代已被翻译成彝文，每句经文之下，又用彝族原始宗教和风俗习惯进行解释，在云南彝族中传播。嘉靖二十五年（1546年），贵州宣慰使安万铨立《新修千岁衢碑记》中，有“为善荣庆”、“行善寿长”、“行善地位高”等语，①就是为善得善报思想的反映。道教劝善书的广泛流行，必然给人们的道德观念打上道教的印记，这从另一方面表现出道教对明代社会的影响。以下就对明朝政府的教化政策和道教善书的流行情况做一专题考察。

鉴于元朝后期出现的官僚贪腐成风、社会道德沦丧等一系列社会问题，明朝自太祖朱元璋开始就十分注重民众的教化，洪武初年就制定了一系列旨在加强社会管理和中央集权的措施，其中一个重要的举措便是敕撰了大量以惩恶扬善为教化内容的道德训诫书，以净化社会风气。据《明实录》、《明史稿·艺文志》、《明史·艺文志》等文献的记载，从洪武到宣德年间，朝廷制作各类道德训诫书的总数近六十余种②，数量之多，历代罕见，基本上奠定了整个明朝社会教化内容的基础。从劝诫的对象来看，既有针对皇室和贵族的训诫书，也有针对士农工商阶层的训诫书。它们通过列举历朝王室贵族和民众日常伦理生活中的善恶事例，将国家推行的主要道德规范的内容以民众较易接受的形式和题材进行表述，以示法戒。如《务农技艺商贾书》、《教民榜文》、《仁孝皇后劝善书》、《为善阴骘》、《孝顺事实》、《五伦书》、《女训》等劝诫书在民众中都传播甚广。

明初，道德训诫书的撰写者上至帝王后妃下至乡绅士人，明成祖和仁孝皇后就曾亲自辑录劝善书。据《明太宗实录》卷210记载，明成祖在“视朝

---

① 参见马学良：《明代彝文金石文献中所见的彝族宗教信仰》，《世界宗教研究》1983年第2期。

② 参见［日］酒井忠夫著，刘岳兵、何英莺译：《中国善书研究》（增补版），南京：江苏人民出版社2010年版，第23—41页。

之暇，御便殿披阅载籍，遇有为善获报者，命近臣辑录之，上各为之论断，而系诗于后，类为十卷，名《为（善）阴骘》”[①]。永乐十七年（1419 年）三月成书，还亲自冠之以序，极言阴骘之灵验，其书“采辑传记得百六十五人，各为论断以附其后，并系以诗”[②]。书成之后明成祖将其颁赐诸王群臣，以及国子监和天下学校，并且命礼部以《大诰》为例将其作为科举考试的内容。而仁孝皇后的《劝善书》[③]则主要辑录儒、释、道三教圣人的“嘉言”、“善行”，并结合与之相应的感应事例纂集而成，是众多民众训诫书中的代表作。永乐三年（1405 年）二月，仁孝皇后亲自作序，说明作《劝善书》的意图及其内容，云：“窃惟仁者善之所由生也，善者福之所由基也。是故求福莫大于为善，省己莫严于知戒。用是辅仁，其或庶几。间采三教圣贤劝善惩恶之言，类编为书，举言以提其要，因事以著其实。凡二十卷，名曰：劝善书。”[④]可以看出，其纂集此书正是基于普通民众渴求福瑞的心理，进而以儒、释、道三家的劝善嘉言作为获得福瑞的指引，来劝诫民众修善积福。永乐五年（1407 年）十一月，朱高炽在《后序》中说：“母后……尝编三教圣贤劝善惩恶之言，汇次为二十卷，命之曰《劝善书》……善恶之报皆以类应，理之自然，本无差爽，故《易》曰：积善之家，必有余庆，积恶之家，必有余殃。释云：大善积而灾消，众恶盈而福灭。道云：小善不积，入善不成；小恶不止，以成大罪。三教之言，异途同归，我母后取此与人为善……今以广布流传，恭承我母后慈善仁惠之心。天下臣民于是精则力行，取其善以为法，恶以为戒，则非特其一身之获庆，将其子孙亦有无穷之利哉！”[⑤]可见，在统治者看来，儒、释、道三教在道德教化方面殊途同归，皆劝人为善，有助于社会风气的净化，因此极力推进社会劝善思潮的发展，从而一定程度上为道教善书的传播提供了

---

① 《明太宗实录》卷 210，《明实录》，台北：“中研院”史语所校印，1962 年，第 9 册，第 2128 页。

② 《明太宗实录》卷 210，《明实录》，台北：“中研院”史语所校印，1962 年，第 9 册，第 2128 页。

③ 参见《大明仁孝皇后劝善书》，《藏外道书》第 1 册，第 210—243 页。

④ 转引自［日］酒井忠夫著，刘岳兵、何英莺译：《中国善书研究》（增补版），南京：江苏人民出版社 2010 年版，第 45 页。

⑤ 转引自［日］酒井忠夫著，刘岳兵、何英莺译：《中国善书研究》（增补版），南京：江苏人民出版社 2010 年版，第 46 页。

很好的舆论环境。

同时，明朝自建立以来就主张以礼、乐治理国家，并且重用刑法，这对劝善书的流通也有很深的影响。我们知道，元朝的统治虽然短暂，但胡风对中原文明的影响却非常大，尤其是蒙古游牧文明对中原礼乐文明的冲击，在明朝初年显得十分突出。明太祖朱元璋就认为经过元朝的统治，“昧于先王之道，酣溺胡虏之俗。制度疏阔，礼乐无闻”①。在他看来，“礼者，国之防范，人道之纪纲，朝廷所当先务，不可一日无也”②，“有礼则治，无礼则乱。居家有礼则长幼序而宗族和，朝廷有礼则尊卑定而等威辨”③，“礼立而上下之分定，分定而名正，名正而天下治矣”④。因此，开国不久便设立礼、乐二部，制定了一系列的礼乐制度颁行天下。与此同时，因“患民狃元习，徇私灭公，戾日滋”⑤，太祖于洪武十八年（1385 年）至二十年（1387 年）之间，先后颁布了《御制大诰》、《御制大诰续编》、《御制大诰三编》等国家律令，以强化社会管理和加强中央集权。实际上，在《大明律》正式颁布之前，《大诰》一直发挥着明朝法律的作用，其宗旨在于严惩腐败，对民众进行训诫和道德教化。明太祖不仅颁布《大诰》，而且重视其推广手段，尤其重视在乡里和学校进行推广，据《明史》记载：“皆颁学宫以课士，里置塾师教之”⑥，以期达到化民成俗的目的。到了《大明律》制成以后，《大诰》仍然受到重视，洪武三十年（1397 年）太祖“御午门，谕群臣曰：‘朕仿古为治，明礼以导民，定律以绳顽，刊著为令。行之既久，犯者犹众，故作《大诰》以示民，使知趋吉避凶之道。古人谓刑为祥刑，岂非欲民并生于天地间哉！然法在有司，民不周知，故命刑官取《大诰》条目，撮其要略，附载于律。凡榜文禁例悉除

① 《明太祖实录》卷 39，《明实录》，台北：“中研院”史语所校印，1962 年，第 2 册，第 783 页。
② 《明太祖实录》卷 80，《明实录》，台北：“中研院”史语所校印，1962 年，第 3 册，第 1449 页。
③ 《明太祖实录》卷 73，《明实录》，台北：“中研院”史语所校印，1962 年，第 2 册，第 1337 页。
④ 《明太祖实录》卷 14，《明实录》，台北：“中研院”史语所校印，1962 年，第 1 册，第 194 页。
⑤ 《明史》卷 93《刑法一》，北京：中华书局 1974 年版，第 8 册，第 2284 页。
⑥ 《明史》卷 93《刑法一》，北京：中华书局 1974 年版，第 8 册，第 2284 页。

之,除谋逆及《律》、《诰》该载外,其杂犯大小之罪,悉依赎罪例论断,编次成书,刊布中外,令天下知所遵守'"①。《大明律》颁布以后,《大诰》的条目被附于《大明律》之后,实际上成为补充《大明律》具体判决事例的依据,这样的做法实质上也是向社会颁布行为规范和纲常德目具体要求的体现,而《大诰》和《大明律》的教化内容一定程度上奠定了民间善书的劝诫内容。

不仅如此,明朝推行国家法律和道德教化的具体手段也促进了道教善书的传播。从明初的《教民榜文》中,可以看到明朝是如何将国家教化深入到社会基层组织的。洪武三十一年(1398 年)颁布的《教民榜文》,其中一条规定:"每乡每里,各置木铎一个。于本里内选年老或残疾不能生理之人,或瞽目者,令小儿牵引,持铎循行本里。如本里无此等人,于别里内选取。俱令直言呼唤,使众闻知,劝其为善,毋犯刑宪。其词曰:孝顺父母,尊敬长上,和睦乡里,教训子孙,各安生理,毋作非为。如此者每月六次。"②这种制度后来被称为"游走的宣讲"。不仅如此,明朝政府还通过行乡饮酒礼,由官员、木铎老人宣讲,将国家的教化政策在民间普及,成为明代社会教化的重要方式,并一直延续到清代。其中"孝敬父母,尊敬长上,和睦乡里,教训子孙,各安生理,毋作非为"被称为"圣谕六言"或"六谕"。在嘉靖八年(1529 年)乡约制度正式建立,推行王阳明的《南赣乡约》以后,"六谕"仍是宣讲的主要内容。而无论是宣讲"六谕"还是乡约,宣讲者均可列举相应的报应事例对宣讲内容加以发挥。有时宣讲者会加入民间善书加以辅助,其中就有道教的善书。

此外,明朝的宗教政策也为道教善书的推广奠定了基础。自明太祖朱元璋开始,明代就倡导"三教合一"的宗教政策,提出"于斯三教,除仲尼之道,祖尧舜,率三王,删诗制典,万世永赖,其佛仙之幽灵,暗助王纲,益世无穷,惟常是吉。尝闻天下无二道,圣人无两心。三教之立,虽持身荣俭之不同,其所济给之理一。然于斯世之愚人,于斯三教有不可缺者"③。也就是

① 《明史》卷 93《刑法一》,北京:中华书局 1974 年版,第 8 册,第 2284 页。

② 《皇明制书 · 教民榜文》卷 8,《北京图书馆古籍珍本丛刊》,北京:书目文献出版社 2000 年版,第 46 册,第 290 页。

③ 《明太祖文集》卷 10《三教论》,《文渊阁四库全书》第 1223 册,第 108 页。

说，明太祖主张以儒教为中心，以佛、道二教为辅助，一定程度上促进了明代“三教合一”思想的发展。而且明太祖认为“仙道”，即尊崇老君的道教，不仅仅是黄白炼养之术，其辅助伦理教化的功能“乃有国有家者日用常行有不可阙者是也”①，与儒家忠义孝悌的宗旨是一致的，从而有利于世俗大众接受道教善书伦理。

当然，善书的流行还有着深厚的宗教历史背景，经过唐宋时期的革新，明清时期释、道两教的入世倾向日趋明显。佛教方面，自唐代慧能提出“若欲修行，在家亦得，不独在寺。在寺不修，如西方心恶之人；在家若修行，如东方人修善。但愿自家修清净，即是西方”②的思想，在之后的一个多世纪，禅宗的入世伦理思想不断发展，倡导修行不必拘泥于出家或在家的形式，甚至提出世间法即佛法、佛法即世间法的主张，强调世间法如同出世间法一样都是佛法的正确修行方式。到了明代，佛教的入世倾向进一步加强，明末四大高僧掀起的佛教复兴浪潮，以大乘菩萨的入世修行精神积极入世，更加关注民生社会。道教方面，南宋以来新道教积极入世修行，全真道、真大道、净明道等新兴教派都提出了入世苦行的主张，肯定现实生活，倡导以出世的精神做入世的事业。全真道的真功真行，真大道“专以笃人伦，翊世教为本”和净明道以“忠孝”思想立教都是新道教伦理积极入世的证明。而儒家思想历来就是入世之教，倡导以天下为己任，通过人伦的修持成为圣贤。唐宋时期，新儒家积极吸收禅宗和道家的心性之学，对儒学的修持方法进行改造，通过程朱理学和阳明心学的阐释，更加注重自身对性命以及命运的掌控，与佛、道两家思想结合更加紧密。在这样的三教思想发展背景下，儒、释、道三教合流趋势日益加剧，涌现出大量三教劝善书和功过格，将入世修行的主张进一步深入到民众的日常生活中。

在明代，道教善书中流传最为广泛的是《太上感应篇》、《太微仙君功过格》及《文昌帝君阴骘文》。除此之外，还有一些托名文昌帝君、关圣帝君降授的善书、宝训在民间也流传较广，如《文昌帝君孝经》、《文昌化书》、《关帝

① 《明太祖文集》卷10《三教论》，《文渊阁四库全书》第1223册，第108页。

② （唐）慧能著，邓文宽校注：《敦煌〈坛经〉读本》，沈阳：辽宁教育出版社2005年版，第82页。

忠孝忠义真经》等,下面进行具体介绍。

《太上感应篇》。这部自宋代以来就已广为人知的道教善书,在明代受到统治者的高度重视,明世宗曾亲自为《太上感应篇》作序,认为它"不但扶翼圣经,直能补助王化"①,从而掀起了明代士人注疏、刊印《太上感应篇》的热潮。如李卓吾等人,他们继承了阳明学派重视三教思想的主张,对道教思想颇多借鉴②,其后学泰州学派的代表人物对善书的注释和刊印也颇有兴趣。据《李氏续焚书》收录的《选录睽车志续》记载,李贽在秣陵时曾与焦竑同梓《太上感应篇》,并为之作序。周汝登、陶望龄、徐鸿起等人也曾刊行《太上感应篇》并为之作序。可以说,从帝王到普通的士大夫,《太上感应篇》的劝善思想得到了社会的普遍认可。不仅如此,弘治至正德年间,贵州彝族政权水西罗甸国曾将汉文本《太上感应篇》翻译为彝文,并结合彝族社会的价值观的加以发挥,命名为《劝善经》③,足见《太上感应篇》的影响范围之广。

《文昌帝君阴骘文》(简称《阴骘文》)。这是明代开始流行的一部托名文昌帝君降笔,扶鸾写成的善书。"文昌"原指中国古代天文学中的"文昌宫",自汉代以来便被占星家赋予了"司禄"之职责,而文昌帝君的原型是蜀地的梓潼神张亚子,原本与文昌"司禄"之职无涉。唐宋时期,实行科举考试制度,西南地区士子出川应考的交通要道途经梓潼,当时供奉有梓潼帝君张亚子的大庙往往是士子们途中暂歇的地方。而士人在大庙感应梓潼帝君,以及在科举考试中得到帝君护佑的传说不断随着这些士人到全国各地做官而传播开来,于是人们逐渐将梓潼帝君与文昌星合二为一。由于文昌帝君信仰的流行,从元末到清代,托名文昌帝君的善书不断涌现,其中以《阴骘文》流传最广。此书大概成书于元明之间,其理由有三:一是元仁宗延祐三年(1316 年)梓潼神被加封为"辅元开化文昌司禄宏仁帝君",此书托名为文昌帝君所作,说明成书时候梓潼神的称号与文昌"司禄"之职能已

① (清)王砚堂:《太上感应篇注》,《藏外道书》第 12 册,第 270 页。

② 参见[澳大利亚]柳存仁:《明儒与道教》、《王阳明与道教》等,《和风堂文集》,上海:上海古籍出版社 1991 年版,第 1 册,第 786—847 页。

③ 参见马学良:《彝文〈劝善经〉译注》,北京:中央民族学院出版社 1986 年版,第 3 页。

经合二为一,遂不应早于延祐三年;二是明初胡濙在《文昌诞日祭文》和《公祭文昌举行功过格文》中提到"敬因帝君阴骘之文,敢结下里同心之友,虔遵格训,草创良规。凡属有知,当不疑于祸福之说,先行数事,只以开其恻隐之端。伏神明而默启童蒙,偕品汇而均沾化育"①,说明《阴骘文》在明初已经出现;三是现存较早的《阴骘文》注本《丹桂籍注案》(1875 年有福读书堂重刻版)记载,此书为"明云间颜正廷表著"②,同书收录的吴昌祺、王修玉所撰的原序也提及颜正在黔、蜀为官时,于政事余暇取《阴骘文》加以笺释成书。而据嘉庆《松江府志》卷 51《颜正传》可知,颜正是景泰癸酉(1453 年)的举人,次年的进士,曾任南京监察御史,成化年间任四川按察司佥事,而《阴骘文》的流传应该早于其注本《丹桂籍》。

《阴骘文》共 1 卷,其内容多仿照《太上感应篇》,两者皆劝人行善止恶,只是侧重点略有不同。清人孙念劬在《全人矩矱・凡例》中说:"《感应篇》于善恶事类櫽括靡遗,其叙述恶事较多于善,防恶甚密,辞严理正,昔人谓'天下通行必读书';《阴骘文》劝人广行阴骘,重作善一边,辞气吉祥和蔼,恳恻动人。"③也就是说,与《太上感应篇》侧重于警诫人们切莫作恶相比,《阴骘文》在表述方式上更注重诱导人们行善积福,言辞更为祥和恳切。所谓"阴骘",《尚书・洪范》云:"惟天阴骘下民,相协厥居。"④意即"天"虽然缄默不语,但在冥冥之中监督着人们的言行,并根据人们的言行以及心念的一举一动赏善罚恶。纵观全文,《阴骘文》开篇即以文昌帝君的现身说法口吻,告诫士人应该行阴功、积阴德,云:"吾一十七世为士大夫身,未尝虐民酷吏,救人之难,济人之急,悯人之孤,容人之过,广行阴骘,上格苍穹,人能如我存心,天必赐汝以福。"⑤并列举历史上积善获福的事例来说明"阴骘"之征验,提醒士人要心地善良,广种福田,"行时时之方便,作种种之阴功,

---

① 《古今图书集成・神异典》卷 16,北京:中华书局、成都:巴蜀书社 1985 年版,第 49 册,第 59966 页。

② 《藏外道书》第 12 册,第 683 页。

③ 《藏外道书》第 28 册,第 301 页。

④ (清)阮元:《十三经注释》,北京:中华书局 1980 年版,第 187 页。

⑤ 《文昌帝君阴骘文》,《藏外道书》第 12 册,第 402 页。

利物利人，修善修福。”[①]文末则直接告诫士人云：“诸恶莫作，众善奉行。永无恶曜加临，常有吉神拥护。近报则在自己，远报则在儿孙。百福骈臻，千祥云集，岂不从阴骘中得来哉！”[②]

同时，《阴骘文》的传播也推动了文昌帝君信仰的盛行。随着明代学校和科举制度的推行，文昌帝君信仰也逐渐流行开来，各地纷纷建立文昌宫、文昌祠以祈祷地方文运兴隆，学校设立文昌祠供奉文昌帝君的现象也十分普遍。例如明天顺六年（1462 年），陆容在《文昌道院记》中说：“文昌者，斗前六星如筐者也。其第五星曰司禄，神岂其降精欤？何其擅名于文也？虽然，神蜀人也，礼宜以功德食于其土，今乃遍于天下，又非独道家为然，而所谓学士大夫者亦莫不然。凡学宫之旁，皆肖而祀之，以为是司禄主文治科第者，宜如是也。”[③]文昌帝君原本是梓潼民间神祇，明代《三教源流搜神大全》将其纳入“道教源流”类，《明史》云：“道家谓帝命梓潼掌管文昌府事及人间禄籍，故元加号为帝君。”[④]由于其科场灵验，天下学校供奉梓潼帝君以祈祷文运，每年二月初三为文昌帝君诞辰，各地纷纷举行祭祀活动，作为化民成俗、净化社会风气的重要节日。而其他托名文昌帝君降笔的善书也纷纷涌现，在社会上流传甚广，对于约束士人和普通百姓的伦理道德起到了一定的积极作用。

《文帝孝经》。这是流行较广的一部文昌帝君善书，以劝人行孝为主要内容，是明代推行忠孝治国思想在文昌帝君信仰中的反映。弘治五年（1492 年），邱浚在《文帝孝经原序》中说：“宋西山真先生言是经神妙，通明易晓，如家常说话一般，无不动智而觉迷。其理生天地，生万物，斡阴阳而昭人极，洽群类而建王纶。”[⑤]邱氏提到宋儒真德秀曾阅览并高度评价此书，认为它道理深邃而通俗易懂，就像日常说话一般，但此书是否在宋代就已出现，真德秀是否看到过此书，尚难判断。但此书在明代确已流传，并且作为

① 《文昌帝君阴骘文》，《藏外道书》第 12 册，第 402 页。
② 《文昌帝君阴骘文》，《藏外道书》第 12 册，第 402 页。
③ （清）黄宗羲：《明文海》卷 369，《文渊阁四库全书》第 1457 册，第 285 页。
④ 《明史》卷 50《礼四》，北京：中华书局 1974 年版，第 5 册，第 1308 页。
⑤ 《藏外道书》第 4 册，第 300 页。

儿童的启蒙读物，其宗旨与儒家《孝经》的思想一致，因而受到儒者的推崇。如王鏊在《文帝孝经原跋》中说到他的老师邱浚原本不喜欢谈佛老，但"独谓曾子十八章直与帝君大旨相发明，信服圣训如此，诚以其大有功于儒教耳"①。可以说，邱氏重视并刊印《文帝孝经》，很大程度上是由于其宣讲的内容与儒家的孝道思想一致。而且，文帝的灵验事迹发生在他身上，更加深了他对文帝的笃信。邱浚在《文帝孝经原序》中说道："浚幼服帝训，每日持诵是经。一夕静憩文镜斋头，梦帝君告诫曰：'子诚能广布经文，并劝世人。我当保汝甲第联云，位极文臣。'浚因与同人构梓翻刻，广施凡五千余卷。闱试之日，见奎斗执笔挟卷跳跃于前。卷上大书金字曰：文昌孝经。须臾不见，顿觉祥光满场屋，异香袭肢体，文思大彻，挥毫如意，果得天选高擢。"②可见，对于以邱浚为代表的儒家士人来说，此经之所以受重视，与文帝的灵验事迹颇有关系。此版本的《文帝孝经》后收入蒋予蒲所辑的《道藏辑要》，其内容共六章，分别是：育子章、体恕章、辨孝章、守身章、教孝章、孝感章。其主张"孝"是一种出自人本能的行为，子女对父母的亲近、敬重之情是人的天性，但有赖于良师的教导，有了良师的提醒，孝心才能得以显发。在孝的实践方面，《文帝孝经》主张应该"守身"，认为既要做到对肉体之身的守持，又要节制欲望，修养心性，才算得上真正的孝子。同时，《文帝孝经》与其他宣扬神道设教的道教典籍一样，还以鬼神赏善罚恶作为其孝道思想实施的保障。

《文昌化书》。这是一部文昌帝君的自传性善书，又称《梓潼帝君化书》，共 4 卷，收入《正统道藏》洞真部谱录类，记述了文昌帝君历代显化的事迹。有学者评论道："其中每一化几乎都是劝人为善的故事。这些故事大多以士大夫为主，内容主要是孝亲、忠君、荐贤、恤孤、怜贫等，宣扬神的赏善罚恶和善恶报应。梓潼帝君的现身说法为士大夫们提供了一个楷模，旨在以道德感化人们向善。"③关于其成书年代，说法不一。一般认为它是在南宋时期成书的梓潼帝君自传《清河内传》的基础上衍化而来，大概成书于

---

① 《藏外道书》第 4 册，第 301 页。

② 《藏外道书》第 4 册，第 300 页。

③ 陈霞：《道教劝善书研究》，成都：巴蜀书社 1999 年版，第 60 页。

元末。此书又有绘图本,名为《文昌化书像注》,大概出现于明代中后期,每一化由原文、注解、注解的案语、案语的配图等四部分组成。① 明人李维桢(1547—1626年)曾作《文昌化书叙》,谈及《文昌化书》在当时的流行情况,社会名流如张希尹等人都曾刊行过此书。他说:"文昌祠,事梓潼帝君所在,而有余三为祠记。吴之新都,越之虎林,晋之上艾,皆神离宫,而蜀梓潼最著。往官蜀,以未至其境为憾。侍御张希尹尊人奉神有灵验,希尹令巫山,屡获神助,乃取《文昌化书》行之虎林,其自序与友人黄贞父序详矣。歙潘丞,梓潼人也,复行之,而友人潘景升嘱余叙。"②又说:"然观其书,大指以变化行教化,而莫重于三纲五常。感必通,施必报,惠迪必吉,从逆必凶,读之使人憬然省悟,凛然戒惧,徙义修慝而不敢慢。"③他认为,《文昌化书》以神道设教的方式劝人行善,让人心有所畏,对维护伦理纲常大有裨益,其宣扬的善恶报应思想有令人读之幡然醒悟的作用,这也是地方官员和士人纷纷捐资刊印此书的原因。另外,余继登(1544—1600年)曾在京师河间府交河一带刊布《文昌化书》的节本《文昌戒言》。他在《梓文昌戒言小引》中讲述了刊印此书的缘起:"易参伯君选梓《文昌化书》于晋中,以训晋人。予观九十七化中,有似有者,有似无者,似有者可信,似无者可疑。夫欲化民成俗而使观者谓有谓无,半疑半信,非所以示训也。若曰姑为是神道设教,以感动愚氓,偕之大道,则何若取其事之所必有、理之所可信者,明白告诏,令人憬然觉悟而旷然一变其俗哉!暇因采其中五章,俾临令常君付之剞劂。予与常君曾从臾李参幕创建文昌祠于吾镇之南,复为是梓布之。亦以吾地士风浇漓,俗尚薄恶,仰愧神言,俯多鬼责,蕲缘是以牖之也。"④可以说,一方面他认为《文昌化书》以神道设教的方式固然能使愚氓趋向大道,但不及辑

① 参见张永翔:《儒道融合的劝善书——以〈文昌化书像注〉为例》,《中国宗教》2011年第12期。

② (明)李维桢:《大泌山房集》卷9《文昌化书叙》,《四库全书存目丛书》,济南:齐鲁书社1997年版,集部第150册,第506页。

③ (明)李维桢:《大泌山房集》卷9《文昌化书叙》,《四库全书存目丛书》,济南:齐鲁书社1997年版,集部第150册,第507页。

④ (明)余继登:《澹然轩集》卷5《梓文昌戒言小引》,《文渊阁四库全书》第1291册,第852页。

录其中必有之事、可信之理,令人觉悟其中的道理有效;另一方面,河间一带百姓多敬畏鬼神,以梓潼帝君所言劝诫百姓无疑有利于神道设教、化民成俗,可谓道出了当时的官员、士人刊印传播文昌善书的普遍动机所在。

《太微仙君功过格》。这部在南宋时期就已经产生的功过格,对明代三教劝善思想产生了重大的影响。在明代,它已经不仅仅是一部道教内部或信徒修持仙道的指导性典籍,而是走出道门,成为了一部普通百姓日常人伦道德修养之书。随着社会观念的变迁,其宣扬的思想和修持方法也逐渐被儒、释两家接受并改造,如明代高僧云谷、莲池、袾宏等人都对《太微仙君功过格》进行增修,制作出了佛教的功过格体系。明末高僧云栖袾宏(1535—1615年)早年曾亲自刊印、布施《太微仙君功过格》,晚年又在《太微仙君功过格》的基础上,稍微删定,增其未备,作成佛教的功过格——《自知录》。《自知录·凡例》说:"旧有天尊、真人、神君等,今摄入诸天;旧有章奏、符箓、斋醮等,今摄入佛事。各随所宗,无相碍故。"①他认为《太微仙君功过格》原本是一部道家之书,其神灵和行事为道家所宗,而引入佛教的信仰和行事与其原来的宗旨并不相违背,于是对《太微仙君功过格》进行了佛教式的改造。其改造的方法主要根据《周易》"见善则迁,有过则改"之义,将《太微仙君功过格》的功过两格,改为"善门"和"过门",门类分别是:忠孝类、仁慈类、三宝功德类、杂善类;不忠孝类、不仁慈类;三宝罪业类、杂不善类等。其将"忠孝"列为"善门"之首,无疑显示出浓厚的世俗性和时代特色。而他在"序言"中也说,此功过格是针对在家、出家等一切人。

《太微仙君功过格》的思想又被袁黄等人改造,削减了神佛对人善恶行为的监察,更加强调"命由我造,福自己求"的"立命论",成为一种新的功过格思想。袁黄,字坤仪,本号"学海",悟道后改为"了凡",万历十四年(1586年)进士。其学说被称为"以儒家为基础,以道家为附从,以佛教为究竟"②,晚年作《了凡四训》阐明其立身处世之道。其中《立命篇》讲述他跟从云谷禅师(1500—1579年)修习佛学的过程,云谷禅师不仅传授给袁黄经

① 袁啸波编:《民间劝善书》,上海:上海古籍出版社1995年版,第183页。

② 圣严:《明末佛教研究》,北京:宗教文化出版社2006年版,第217页。

过他佛教化改造的功过格，而且教示袁黄说："命自我造，福自己求，一切福田不离自性，反躬内省，感无不通，何为其不可变也！"①强调人能通过积累功德，改变自己的命运，并传授袁黄"准提咒"，告诫他："但持准提咒，无令间断，持至纯熟，持而不持，不持而持，日用应缘，念头不动，则灵验矣。"②也就是说，通过诵念准提咒，可以灭除一切罪障，在积累功德之时就能保持纯净不动之心，那么命运自然也就改变了。袁黄改信功过格后，悟"立命"之说，遂将其号"学海"改为"了凡"，他在《立命篇》中描述了这一心理变化过程："从此而后，终日兢兢，便觉与前不同。前日只是悠悠放任，到此自有战兢惕厉景象。在暗室屋漏中，常恐得罪天地鬼神。遇人憎我毁我，自能怡然容受。"③可以说，功过格的方法经袁黄重新阐释，劝诫人们行善去恶的主要依据不再是神佛的监督，更多的是强调人对自身命运的掌控。日本学者酒井忠夫就提出了这样的观点，认为"'袁了凡功过格'不像道藏本那样是以教团或者道士为中心的功过格，而更多的是逐渐演变成以袁了凡为代表的民间普通百姓的民族道德为主要内容的功过格"④。酒井氏所说的"教团或者道士为中心的功过格"，指的就是《太微仙君功过格》。而经过袁黄改造的功过格更适宜于普通百姓日常人伦的修持，因此继《了凡四训》之后，大量的世俗劝善书和功过格相继问世。佛教的功过格曾盛行一时，但多效法《了凡四训》，很多儒家的家规、家训也采取了劝善书和功过格相结合的方式，奉劝子孙通过累积功德改变命运。柳存仁先生曾描述从《太微仙君功过格》到《了凡四训》的发展过程："早期所注意者仅为个人之寿命，至正式之功过格发展时期，则不仅寿命，一切功名福利，妻财子禄皆可于此求之，更可依原限之规定而自考察其升降处变，饶有统计与计数机之意味。"⑤所谓

① (清)彭绍升编:《居士传》卷45，南京:江苏广陵古籍刻印社1991年版，第620页。

② (清)彭绍升编:《居士传》卷45，南京:江苏广陵古籍刻印社1991年版，第621—622页。

③ (明)袁黄:《了凡四训》，袁啸波编:《民间劝善书》，上海:上海古籍出版社1995年版，第13页。

④ [日]酒井忠夫著，刘岳兵、何英莺译:《中国善书研究》(增补版)，南京:江苏人民出版社2010年版，第363页。

⑤ [澳大利亚]柳存仁:《和风堂文集》，上海:上海古籍出版社1991年版，第992页。

"早期"的功过格,指的就是《太微仙君功过格》,"正式之功过格"则指的是经过袁黄等人改造之后的功过格。袁黄改造功过格的思想对于善书发展的贡献,则被世人予以高度评价,如清人彭绍升于康熙四十年(1701年)编《居士传》,在《袁了凡传》后按语曰:"了凡既殁百有余年,而功过格盛传于世,世之欲善者,咸无不知效法了凡。"①可以说,袁黄的功过格思想掀起了一场善书热潮。唐君毅先生也认为,由明末袁黄之功过格至清初周梦颜之《安士全书》所代表之"善书思想"是一种前所未有并流行于社会民间的思想,他说:"由袁了凡至周安士之思想,要在就人之日常行为,以规定其善恶功过,进而言因果报应,以勉人为善去恶,积功悔过……而周安士之书,其影响尤大……此由袁了凡至周安士之言善恶功过,皆有因果报应,正是视宋明儒所谓性理、天理、义理之当然者,与人之行其所当然之事,皆一一有实然之因果报应,而同于事势之理、物理之有其因果之必然。故此一流之思想,亦同可说为明末清初重客观实在之事理物理之产物也。"②经袁黄等人的改造,善书、功过格的发展在明末清初出现了鼎盛的局面,酒井忠夫甚至将其称为"善书运动"。由此可见,道教善书、功过格思想对社会劝善氛围的影响之深。

总的来说,在明代教化政策的推动下,道教《太上感应篇》、《文昌帝君阴骘文》、《太微仙君功过格》等善书得到了空前的传播,其教化的对象不仅仅限于道教某个派别的道士及其信众,而是逐渐走出教门,成为广为世人熟知和奉行的道德教化之书,受到社会各个阶层的重视。同时,在明清时期三教合流的思想背景下,这些道教的劝善书、功过格逐渐成为佛教高僧和儒家士人、乡绅撰写善书的典范,大量佛教化、儒学化的善书、功过格被制作出来,形成了明末的劝善潮流。不仅如此,明末西方传教士为了在华传教的方便,也借助于善书、功过格的"积善得福"思想。如1614年,西班牙天主教传教士庞迪我(P.Didace de Pantoja,1571—1618年,字顺阳)出版的天主教宗教伦理的书籍——《七克》中就借鉴了善书、功过格的思想。其将"消恶

① (清)彭绍升编:《居士传》卷45,南京:江苏广陵古籍刻印社,1991年版,第634页。

② 唐君毅:《中国哲学原论——原教篇》(校订版),台北:台湾学生书局1984年版,第690—691页。

积德”作为实现自我修养的基本手段,“推论人性下份的私欲七罪:为傲、为妬、为贪、为忿、为饕、为淫、为怠,复推论人性上份的彝良七德:以谦伏傲,以仁平妬,以施解贪,以忍息忿,以淡塞饕,以贞防淫,以勤策怠。既痛言七罪之丑恶,复盛陈七德之美好。”①《七克》主张通过修习“七善”,消除“七罪”引起的不道德行为,获得功德,循序渐进,持之以恒,就能在现世实现精神上的“天堂境界”。在功过格盛行的明末社会,这种传教方式无疑更容易让信仰积善获福的中国民众在情感上接受天主教的信仰。

此外,明代推行忠孝立国,尊岳飞和关帝为忠孝的模范,因此在劝善思潮中,托名关圣帝君降笔的善书也开始出现,其中较著名者如《三界伏魔关圣帝君忠孝忠义真经》(又名《关圣帝君济世消灾集福忠义经》),此书共19卷,在士人中颇为流行。据《忠义经序》记载,此书为嘉靖丙辰年(1556年)兵部尚书蒲州杨博巡抚荆楚时,楚王朱桢所赐,原书“紊叙简篇遗逸,字画错乱差讹”②,于是杨博“遂为校定重录,首揭侯像,并述侯辞曹之书,后人仰侯之赞,汇成一帙。携之京师。继役关中,未遑锓梓,适都督刘显移兵守川广,因以贻之,俾刻荒镇,以作士气,以风忠义,且播之天下”③。此书最终在川、广一带得以付梓,经文中描述的关帝形象,俨然已经成为掌管儒、释、道三教的最高神灵,如“关圣帝君诰”云:“掌儒释道教之权,管天下人才之柄,上司三十六天星辰云汉,下辖七十二地土垒幽酆。秉注生功德,延寿丹书;执定死罪过,夺命黑籍。考察诸佛诸神,监制群仙群职。高证妙果,无量度人,至灵至圣至上至尊伏魔大帝关圣帝君。”④可见,关圣帝君的神格已经不断被附加,为清代关帝信仰的流行奠定了基础。此书还收录了华盖殿大学士长沙李东阳、建极殿大学士华庭徐阶、东阁大学士昭武吴道南等明朝名臣撰写的“关帝赞”,可见其在明代士大夫阶层中受到了极高的重视。

① 方豪:《中国天主教史人物传》,北京:中华书局1988年版,第139—140页。
② 《藏外道书》第4册,第275页。
③ 《藏外道书》第4册,第275页。
④ 《藏外道书》第4册,第273页。

附　录

南宋金元至明代中叶道教大事记

公元	朝代	帝号	年号	年代	事　记
1127	南宋	高宗	建炎	元	五月庚寅，下诏“罢天下神霄宫”。辛未，下诏“籍天下神霄宫钱谷充经费”。 建炎初，敕命温州籍没林灵素家资。 于杭州敕建显应观，以祀崔府君，高宗赐书观额。 周真公等称许逊等六真降神于渝水，授灵宝净明秘法。
1128	南宋	高宗	建炎	二	十一月冬至日，宋高宗命于江都县设坛，祀昊天上帝，以宋太祖配祀。
1129	南宋	高宗	建炎	三	周真公于江西南昌西山玉隆万寿宫祈祷许逊降神，建“翼真坛”。
1130	金	太宗	天会	八	五月癸卯，下诏“禁私度僧尼”。
1131	南宋	高宗	绍兴	元	何守证撰《灵宝净明新修九老神印伏魔秘法序》。
1138	金	熙宗	天眷	元	卫州人萧抱珍开创太一教。
1140	南宋	高宗	绍兴	十	张守贞嗣为第三十二代正一天师。曾应诏治毗陵“树妖”及江涛冲决，赐号“正应先生”。
1141	南宋	高宗	绍兴	十一	茅山道士孙元政兴复武当山五龙诸宫观。
1142	金	熙宗	皇统	二	沧州刘德仁创大道教。
1144	南宋	高宗	绍兴	十四	宋高宗敕命于京城建四圣延祥观。
1145	南宋	高宗	绍兴	十五	辛未，初命僧道纳免丁钱。
1146	南宋	高宗	绍兴	十六	宋高宗诏灵宝道士宁全真祈晴。 茅山上清第二十八代宗师蒋景彻卒。
1148	金	熙宗	皇统	八	太一教主萧抱珍应诏赴阙，得赐“太一万寿”观额。
1151	南宋	高宗	绍兴	二十一	九月，宋高宗诏籍寺观绝产以赡学。
1152	南宋	高宗	绍兴	二十二	广益子刘永年刊《周易参同契分章通真义》。

续表

公元	朝代	帝号	年号	年代	事　记
1153	南宋	高宗	绍兴	二十三	王文卿(1093 年生)卒。道号冲和子,建昌南丰人。宣和初谓遇异人授以飞神之术与雷书,以行五雷法祈禳劾召而闻名。
1154	南宋	高宗	绍兴	二十四	宋高宗诏售紫衣、大师号,以为定制。
1156	南宋	高宗	绍兴	二十六	下诏重修苏州天庆观,赐田五百亩,除其赋。
1157	南宋	高宗	绍兴	二十七	贺允中奏:南宋道士女冠人数约一万人。 道士张道清自言见玉帝,帝君授以秘诀灵文,从此以善祈祷旱涝、符水治病驰名于京汉。
1158	南宋	高宗	绍兴	二十八	特旨召宁全真入殿廷,命奏章于天地,祈求国家平安。事毕,敕赐"洞微高士"号,继封"赞化先生",朝廷有斋醮事,常命其主典。 诏成都黄元道入京,封"达真先生",御制赞赐之。
1159	金	海陵王	正隆	四	王喆自称于甘河镇酒肆中遇异人授以真诀,自述云:"四旬八上得遭逢,口诀传来便有功。"
1162	金	世宗	大定	二	金世宗即位之初,允许出售寺观名额、僧道度牒、大师号,"凡释道之居,无名额者,许进输赐之。"太一道士侯澄于是投牒纳币,买了两个观额:赵州太一堂为太清观,真定府太一堂为迎祥观。
1164	南宋	孝宗	隆兴	二	茅山上清第三十代宗师李景暎卒。曾因祈雨有验,高宗遣使两召而不赴。
1166	金	世宗	大定	六	太一教萧抱珍卒。其弟子韩道熙嗣任掌教,改姓萧。
	南宋	孝宗	乾道	二	已退位的高宗与其后行幸余杭大涤山洞霄宫中,驻跸累日,御书《度人经》以赐之。
1167	金	世宗	大定	七	大道教主刘德仁应诏入居中都天长观,金廷赐号"东岳真人"。 王喆焚所居庵,赴山东传教,于马钰家后园结庵名"全真"。
	南宋	孝宗	乾道	三	敕命道士皇甫坦持香往祷潜山、庐山、青城等名山。
1168	金	世宗	大定	八	王喆携马钰于昆嵛山凿烟霞洞居之,丘处机、王处一、郝大通入山师事王喆。王喆在文登建"三教七宝会"。
	南宋	孝宗	乾道	四	宋孝宗下敕班祈雨雪之法于诸路。 刘永年卒。字广益,号顺理子,寿逾百龄。曾于高宗绍兴壬申(1152 年)刊彭晓《周易参同契分章通真义》。

续表

公元	朝代	帝号	年号	年代	事　　记
1169	金	世宗	大定	九	金廷下诏立熙宗所赐“太一万寿”观额碑于太一万寿观。 刘处玄、孙不二入全真道,出家师事王喆。王喆于宁海等地建“三教金莲会”、“三教三光会”、“三教平等会”、“三教玉华会”。是年九月,王喆携丘处机、刘处玄、谭处端、马钰四徒西归,王喆卒于开封客邸,年五十八。其徒王处一奉命赴铁查山云光洞修炼。
1171	金	世宗	大定	十一	太一教萧道熙应诏主持中都天长观。
1172	金	世宗	大定	十二	马钰于长安街市乞化“自然钱”,云游传道。
1173	南宋	孝宗	乾道	九	朱熹过南昌,访道士傅得一,赠匾、诗。 翁葆光作《悟真篇注疏序》。
1174	金	世宗	大定	十四	丘处机自此年之后六年,西游凤翔,乞食于磻溪,穴居修炼。
	南宋	孝宗	淳熙	元	宋孝宗召见高道傅得一于内殿,赐号“灵宝大师”。
1175	金	世宗	大定	十五	闽县报恩光孝寺所藏《政和万寿道藏》送往临安,太一宫抄录一部,四年而成,宋孝宗御书《琼章宝藏》,敕写录数藏,颁赐各大道观。
1176	金	世宗	大定	十六	金廷依宋制普试僧道,考试合格者发与度牒。 萧志冲师事道士霍子华,密诵经文,试经得度为道士,任为卫州管内道门威仪,领教门事。 敕西京僧、道、也里可温、答失蛮等有室家者,与民一体输赋。
	南宋	孝宗	淳熙	三	正一派第三十二代天师张守贞卒。
1178	金	世宗	大定	十八	金廷下诏禁民间创兴寺观。 萧道熙住持赵州太清观。
1179	南宋	孝宗	淳熙	六	宋孝宗赐杭州洞霄宫道藏,并赐该宫道士俞延禧画古涧松诗。
1180	金	世宗	大定	二十	大道教刘德仁(1122 年生)卒。号无忧子,沧州乐陵人。陈师正嗣任掌教。
1181	金	世宗	大定	二十一	金廷诏禁道士游方,遣发道人各还本乡。
1182	金	世宗	大定	二十二	孙不二卒于洛阳。生于 1119 年,山东宁海人,名富春,号清净散人,世人称为孙仙姑,原为马钰之妻。著有《孙不二元君传述丹道秘书》、《孙不二元君法语》。 马钰在登州福山县举行黄箓大醮。 金世宗召萧道熙至内殿,问以摄生之道。

续表

公元	朝代	帝号	年号	年代	事　　记
1183	金	世宗	大定	二十三	四月,马钰(1123年生)卒。著有《洞玄金玉集》、《丹阳神光灿》等书。谭处端继任全真掌教。
1185	金	世宗	大定	二十五	谭处端(1123年生)卒于洛阳朝元宫,号长真子。刘处玄继掌全真教。
1186	金	世宗	大定	二十六	丘处机还终南山刘蒋村修葺王喆旧居,取名"祖庭"。 下诏:"曩者边场多事,南方未宾,致令孔庙颓落,礼典凌迟。女巫杂类,淫进非礼。自今有祭孔庙,制用酒脯而已,犯者以违制论。"
1187	金	世宗	大定	二十七	金世宗诏全真道士王处一赴京,居天长观,问以卫生之道。 十一月,召王处一至燕京天长观,翌年为国家主持万春节醮事。
	南宋	孝宗	淳熙	十四	孝宗亲赴太一宫、明庆寺祈雨。 正一道士留用光因在衢州祈雨验,事闻于上,诏请赴阙。
1188	金	世宗	大定	二十八	万春节醮事,由丘处机、王处一共同主坛,两位全真宗师主持国家斋醮。
	南宋	孝宗	淳熙	十五	傅得一(1115年生)卒。一字宁道,一字齐贤,一字达宗,清江新淦(今江西新干县)人。
1190	金	章宗	明昌	元	正月戊辰,"制禁自披剃为僧道者"。 二月壬子,章宗诏提点天长观事、冲和大师孙明道在京师十方大天长观,为国设普天大醮七昼夜。 六月甲辰,"敕僧、道三年一试"。 以惑众乱民,禁罢全真道及毗卢、五行。
	南宋	光宗	绍熙	元	光宗诏见张道清不赴,乃遣使入山请设国醮,赐其居为"钦天观"。 第三十三代正一天师张景渊卒,其弟伯瑀代摄教事11年。
1191	金	章宗	明昌	二	十月,金廷"禁以太一混元受箓私建庵室者"。禁亲王及三品以上官员与僧道往来。 丘处机从终南祖庭东归山东栖霞,建太虚观居之。 《大金玄都宝藏》成,共6455卷。
	南宋	光宗	绍熙	二	茅山上清第三十二代宗师秦汝达应诏修金箓斋,赐号"明教先生"。 薛道光卒。

续表

公元	朝代	帝号	年号	年代	事记
1194	金	章宗	明昌	五	金章宗在和辅臣关于儒释道三教寺庙宇像问题的讨论中讲道:“僧道以佛、老营利,故务在庄严闳侈,起人施利自多,所以为观美也。”
1195	南宋	宁宗	庆元	元	茅山上清第三十一代宗师徐守经卒。“守一抱道,不求人知”,朝廷累召而不赴,朝中每有禬禳之事,辄遣使即山焚修。 茅山上清第三十二代宗师秦汝达卒。曾于光宗绍熙三年(1191年)应敕命封香修金箓斋,有白鹤彩云之异,赐“明教先生”号。
1197	金	章宗	承安	二	金廷出售观额、度牒、大师号、紫衣,以解决财政困难。全真教乘机买了不少观额、度牒,修造了一批观庵。 章宗召见王处一于便殿,问以养生之道,赐号“体玄大师”,命主中都崇福观。 秋七月壬寅朔,(章宗)幸天长观,建普天大醮。禁屠宰七日,无奏刑,百司权停决罚。
1199	南宋	宁宗	庆元	五	赐道士张道清以“真牧真人”号,并御书《真牧像赞》。
1200	南宋	宁宗	庆元	六	道士何蓑衣卒,以神异著称,赐号“通神先生”,为其筑“通神庵”于观中,御书匾额,出内帑钱万缗,重修天庆观。
1201	金	章宗	泰和	元	金章宗在亳州太清宫设罗天大醮祈皇嗣,王处一、萧志冲等应召主斋。
	南宋	宁宗	嘉泰	元	张庆先嗣第三十四代天师。
1202	金	章宗	泰和	二	金中都天长观毁于火灾,《大金玄都宝藏》遭焚。
1203	金	章宗	泰和	三	王处一在亳州太清宫举行普天大醮。 刘处玄卒,年五十七。其主要著作有《仙乐集》、《无为清静长生至真语录》、《黄帝阴符经注》、《黄庭内景玉经注》等。丘处机继掌全真教。
1204	南宋	宁宗	嘉泰	四	敕命升张道清所居钦天观为“钦天瑞庆宫”,加封张道清为“太平护国真牧真人”。
1205	金	章宗	泰和	五	金章宗再祈皇嗣于亳州太清宫。
1206	南宋	宁宗	开禧	二	道士留用光卒。字道辉,江西贵溪人。先师事蔡元久,壮岁游南岳,道经临川,逢道士张辅元传以“天心五雷法”,遂精祈禳劾治。

续表

公元	朝代	帝号	年号	年代	事　　记
1207	金	章宗	泰和	七	章宗元妃分赐王处一所居圣水玉虚观和丘处机所居栖霞太虚观道经各一藏。 太一教萧志冲奉诏禳蝗灾，任为道教提点，赐号“玄通大师”。
	南宋	宁宗	开禧	三	张道清（1136—1207 年）卒。字得一，号三峰，郢之蒲骚里（今湖北京山县）人。自幼灵异，“已而用符水为乡闾祈雨疗病，远近称神”。自言于绍兴二十七年（1157 年）见玉帝，授以秘诀灵文，从此以善祈祷旱涝、符水治病驰名于京汉。
1208	金	章宗	泰和	八	丘处机获天子称赞，敕所居为太虚观，加赐《玄都宝藏》6000 余卷，以为常住。
	南宋	宁宗	嘉定	元	宁宗幸太一宫、明庆寺祷雨。
1209	金	卫绍王	大安	元	全真道王处一应请至北京（今辽宁宁城西）设醮。
	南宋	宁宗	嘉定	二	第三十四代正一天师张庆先卒。张天麟代摄教事。 茅山上清第三十三代宗师邢汝嘉卒。字子嘉，建康溧水人，曾任右街道录，御前高士。
1210	金	卫绍王	大安	二	萧辅道嗣为太一掌教。
1212	金	卫绍王	崇庆	元	全真道士郝大通卒，年七十二。原名昇，宁海人。
1213	南宋	宁宗	嘉定	六	度宗皇后杨氏命人赍香币入茅山，就上清第三十四代宗师薛汝积受大洞毕法。 陈楠卒。字南木，号翠虚子。
1214	金	宣宗	贞祐	二	丘处机应山东驸马都尉之请，至登州、宁海招安杨安儿反金义军。 太一教萧辅道主持亳州太清宫。
1215	金	宣宗	贞祐	三	金廷售空名度牒、紫衣师号以补军储。 蒙古兵攻破太一教传播中心卫州城，太一广福万寿观也被“烬为飞烟”。
1216	金	宣宗	贞祐	四	太一教萧志冲卒，年六十六。本姓王，字用道，号玄朴子，博州堂邑人。 宣宗遣使至登州召丘处机赴汴京，不赴。
1217	金	宣宗	兴定	元	王处一卒。号玉阳子，宁海东牟（今山东省牟平县）人。

续表

公元	朝代	帝号	年号	年代	事　记
1218	金	宣宗	兴定	二	大道教三祖张信真卒,年五十五。 白玉蟾在南昌西山"为国升座",又应请诣九宫山瑞庆宫主国醮。
1219	南宋	宁宗	嘉定	十二	南宋宁宗与蒙古成吉思汗先后遣使召丘处机。丘处机决定应成吉思汗召。
	蒙古	太祖		十四	
1220	蒙古	太祖		十五	正月,丘处机应成吉思汗之召。正月,率领随行弟子十八人,自莱州启程北上。二月,抵燕京,居于玉虚观。四月离燕京,出居庸关。八月抵宣德州(治今河北宣化),居朝元观。十月,有诏促行。
1221	蒙古	太祖		十六	七月,丘处机一行抵阿不罕山,留弟子宋道安等九人立栖霞观。
1222	蒙古	太祖		十七	四月,丘处机一行抵西域成吉思汗军营。成吉思汗两次召见问道,丘处机以"不嗜杀人"、"敬天爱民为本"及"清心寡欲"等为对。
1223	金	宣宗	元光	二	大道教毛希琮(1186 年生)卒,年三十八。道号元阳。
	蒙古	太祖		十八	二月七日,丘处机请求东归;三月七日得旨东还,授以虎头金牌,令掌管天下道教,诏免道门赋税。
	南宋	宁宗	嘉定	十六	宋宁宗召上清派第三十五代宗师任元阜至京师修大醮禳淫雨,赐号"通灵先生"。
1224	蒙古	太祖		十九	丘处机回到燕京,居大天长观(太极宫)。
	金	哀宗	正大	元	金廷遣礼部尚书赵秉文于平凉祭奠阵亡将士,全真道士于志道主持醮事。
1226	南宋	理宗	宝庆	二	萧应叟《元始无量度人上品妙经内义》成书。
1227	蒙古	太祖		二十二	蒙古太祖诏改太极宫为长春宫。七月,丘处机卒,年八十。尹志平嗣掌全真教。丘处机(1148 年生),字通密,号长春子,山东登州人。
1228	蒙古	拖雷(监国)		元	大道教玉虚宫系立李希安为五祖。
	金	哀宗	正大	五	八月,"以旱,遣使祷于上清宫"。各派道士大受重用,太一教道士侯元仙即被任为南京上清宫提点,未几又应请主持亳州太清宫,为该宫奏免岁赋粮数百斛。

续表

公元	朝代	帝号	年号	年代	事　记
1229	蒙古	太宗		元	李志常见蒙古太宗窝阔台于乾元辇，进《易》、《诗》、《书》、《道德(经)》、《孝经》。
	南宋	理宗	绍定	二	白玉蟾诈称解化于盱江，年三十六，后又见于他处。
1230	蒙古	太宗		二	有诬告处顺堂(丘处机埋骨处)绘事有不应者，清和(掌教尹志平)即日被执，众皆骇散。公(指李志常)独请代之。
	南宋	理宗	绍定	三	张可大嗣为第三十五代正一天师。
1231	南宋	理宗	绍定	四	理宗降旨重建苏州天庆观，并御书“天庆之观”以赐之。 理宗追赠张道清为“真牧普应真人”，复于宝祐五年(1257年)加封“妙应真人”。
	蒙古	太宗		三	宋德方在燕京创建了清都观。
1232	蒙古	太宗		四	蒙古太宗南征还，尹志平迎见于顺天，慰劳甚厚。
1233	蒙古	太宗		五	李志常奉诏即燕京教蒙古贵官子弟18人，荐冯志亨佐其事。 宋德方应胡天禄之邀，去山西崞州之和平阳主醮事。
	南宋	理宗	绍定	六	临安太一宫道士胡莹微刊印《太上感应篇》，并撰《进太上感应篇表》，进之于朝，请求以行政权力，将该书“推行而传远”。理宗阅后颇为欣赏，题词“诸恶莫作，众善奉行”以广推行。
1234	蒙古	太宗		六	窝阔台皇后遣使劳问尹志平，并赐道经一藏。
1235	蒙古	太宗		七	尹志平去陕西营建宫观，度弟子千余人。
1236	蒙古	太宗		八	尹志平奉旨试经云中，度道士千人。
1237	蒙古	太宗		九	宋德方及其弟子秦志安等筹措重修道藏。
1234—1236	南宋	理宗	端平		第三十五代天师张可大累次应诏赴阙行斋醮事，劾治鄱阳湖水患、钱塘潮患。又设醮太乙宫，禳治蝗灾。
1238	蒙古	太宗		十	尹志平以教事付李志常后退隐。三月，诏封李志常为“玄门正派嗣法演教真常真人”。七月，得旨改中南灵虚观为重阳宫。

续表

公元	朝代	帝号	年号	年代	事　　记
1239	南宋	理宗	嘉熙	三	赐第三十五代天师张可大"观妙先生"号，命提举三山符箓兼御前诸宫观教门公事，主领杭州龙翔宫。 茅山上清派第三十五代宗师任元阜（1176年生）卒。
	蒙古	太宗		十一	元世祖遣密使入山造访，张可大为言符命。
1241	蒙古	太宗		十三	全真道会葬祖师王喆，四方道俗至者数万人。 春，尹志平委任斡勒守坚为终南山唐玉真公主延生观住持，提点陕西女官焚修事，"赐玉真清妙真人"号。 太宗征召大道教玉虚宫五祖李希安，辞老不起，帝以法服赐之。
1244	蒙古	太宗		三	秦志安补缀纂修《道藏》竣事，名为《玄都宝藏》，凡7800余卷。 秦志安（1188年生卒），年五十七。字彦容，号通真子，山西陵川人。
1245	南宋	理宗	淳祐	五	上清派第三十七代宗师汤志道应诏赴阙祈雨，对答称旨，赏赐甚厚。
1246	蒙古	定宗		元	忽必烈召见太一道四祖萧辅道。
1247	蒙古	定宗		二	忽必烈赐太一道四祖萧辅道"中和仁靖真人"号。 全真道士宋德方（1183年生）卒，年六十五。字广道，莱州掖城（今属山东）人。
1249	蒙古	定宗		四	特旨赐尹志平"清和演道玄德真人"号，又赐金冠法服。
1251	蒙古	宪宗		元	尹志平（1169年生）卒，年八十三。字太和，祖籍河北沧州。
1252	蒙古	宪宗		二	大道教天宝宫五祖郦希成被封为"太玄真人"。 太一道四祖萧辅道应忽必烈诏北上。忽必烈诏赠其教始祖萧抱珍为太一一悟传教真人，改太一万寿观为太一广福万寿宫。 萧辅道（1191年生）卒，字公弼，号东瀛子，卫州（今河南汲县）人。萧居寿嗣教为五祖。
	南宋	理宗	淳祐	十二	理宗敕于临安建西太乙宫。
1253	蒙古	宪宗		三	春正月，上命（尹志平）作金箓大斋，给散随路道士、女冠普度戒牒，以公为印押大宗师。

续表

公元	朝代	帝号	年号	年代	事　　记
1254	蒙古	宪宗		四	宪宗皇帝特降玺书,赐名“真大道”,中宫赐之冠服,并赐郦希成“太玄广惠真人”。 宪宗命各方国斋醮以超升幽魂,特敕命李志常主醮作大济度师,挑选全国高道于春三月在长春宫设黄箓普天大醮。
	南宋	理宗	宝祐	二	九月,理宗诣太乙宫为国祈祷。
1255	蒙古	宪宗		五	全真道掌教李志常与佛徒雪庭、福裕于御前辩论《化胡经》,起因为福裕见《老子八十一化图》“诽谤佛门”。在皇帝倾向佛教和道教理亏的情况下,李败。宪宗命禁毁《化胡经》,退还佛寺37处。全真道发展之势顿减。 世祖皇帝在王邸,闻李希安道行,赐以真人之号。
1256	蒙古	宪宗		六	李志常卒(1193年生),年六十四。字浩然,号真常子。著有《长春真人西游记》、《又玄集》等。中统二年(1261年),追赠“真常上德宣教真人”。至大三年(1310年)加封“真常妙应显文弘济大真人”。张志敬继掌教。
1258	蒙古	宪宗		八	佛道再就《化胡经》进行大辩论。佛以福裕为首,道以张志敬为首,全真败。令禁毁道藏伪经45部,归还佛寺237所。 真大道五祖郦希成卒,年七十八。孙德福嗣教为六祖。
	南宋	理宗	宝祐	六	浙东太守马廷鸾礼请神霄派莫月鼎祈雨,大验。 上清派第三十七代宗师汤志道卒。
1259	蒙古	宪宗		九	毛养素卒,享年82。字寿之,号纯素子,平水(今山西临汾市)人。
1260	蒙古	世祖	中统	元	春正月,太一道五祖萧居寿奉忽必烈之命,在设黄箓静醮,冥荐江淮战役捐躯者。 秋九月,赐萧居寿“太一演化贞常真人”号。 冬,诏(刘志真)就长春宫设罗天清醮,摄行大礼,凡七旦夜。
1261	蒙古	世祖	中统	二	命大道教玉虚宫五祖李希安掌管大道教。
1262	蒙古	世祖	中统	三	赐全真掌教张志敬“光先体道诚明真人”号。 第三十五代天师张可大卒。字子贤,号观妙先生。其子张宗演嗣教。 上清派第三十九代宗师景元范卒。曾任龙翔宫高士,左右街鉴义,理宗谢后曾从其受大洞毕法。
	南宋	理宗	景定	三	

续表

公元	朝代	帝号	年号	年代	事　　记
1264	蒙古	世祖	至元	元	春三月，奉敕在长春宫设金箓周天大醮七昼夜，并赴济渎投龙简。
1266	蒙古	世祖	至元	三	大道教玉虚宫五祖李希安卒，刘有明嗣教为六祖，赐号崇玄体道普惠真人。
1268	蒙古	世祖	至元	五	命真大道六祖孙德福统辖诸路真大道，赐号“通玄真人”。 全真道士姬志真卒，年七十六。 八月丁巳，蒙古敕长春宫修金箓周天大醮七昼夜，建尧庙及后土太宁宫。
1269	蒙古	世祖	至元	六	封全真道五祖为“真君”，七真为“真人”。
1270	蒙古	世祖	至元	七	全真道掌教张志敬（生于1220年）卒，年五十一。字义卿，燕京安次人。王志坦继任掌教。
1271	元	世祖	至元	八	授诸路道教都提点。
1272	元	世祖	至元	九	全真道掌教王志坦（生于1200年）卒，年七十三。祁志诚继任掌教。
1273	元	世祖	至元	十	真大道六祖孙德福（生于1218年）卒。掌教15年。李德和嗣教为七祖。
	南宋	度宗	咸淳	九	茅山第四十一代宗师王志心卒。
1274	元	世祖	至元	十一	春正月“丁酉，长春宫设周天金箓醮七昼夜”。 元世祖特旨“于奉先坊创太一广福万寿宫，中建斋坛，继太保刘秉忠禋六丁神将。岁给道众粟帛有差”。
1275	南宋	恭宗	德祐	元	鲁大宥、汪真常率徒众修复武当山紫霄、五龙诸宫。
1276	元	世祖	至元	十三	召见三十六代天师张宗演。 茅山第四十二代宗师翟志颖卒。字同叔，丹阳人。 赐萧居寿太一掌教宗师印。
1277	元	世祖	至元	十四	正月，赐天师张宗演“演道灵应冲和真人，领江南诸路道教”，命他在长春宫修周天醮，然后返还江南，但将其弟子张留孙留于京城。
1278	元	世祖	至元	十五	五月辛亥，授予张留孙任玄教宗师、江南诸路道教都提点，管领江淮荆襄道教事。

续表

公元	朝代	帝号	年号	年代	事　　记
1279	元	世祖	至元	十六	二月壬辰,“诏谕宗师张留孙悉主淮东、淮西、荆襄等处道教”。 十月“辛丑,以月直元辰,(世祖)命五祖真人李居寿作醮事,奏赤章,凡五昼夜”。
1280	元	世祖	至元	十七	太一道五祖萧居寿(生于1220年)卒,年六十。萧全祐嗣教为六祖。 茅山第四十三代宗师许道杞被召入京,“世祖以臂疾召见大都香殿,令试以法,愈;复命祈雪止风,皆奇验。赐宝冠法服,降玺书大护其教,佩印南还,三茅山悉统隶之”。 诏祁志诚等焚毁《道藏》“伪妄经文”及其板。
1281	元	世祖	至元	十八	佛道再次进行《化胡经》大辩论,全真道败,诏除《道德经》二篇之外,焚毁其余《道藏》“伪经”及其经板,焚经范围扩大。 茅山宗师蒋宗瑛卒,曾校勘《上清大洞真经》。
1282	元	世祖	至元	十九	真大道七祖李德和以教事付八祖岳德文。原玉虚宫一系渐次归入真大道。 六代纯一真人(萧全祐)嗣主法席,以师(张居祐)道行纯粹,勤恪有功,言于朝,宣授凝寂大师、卫辉路道教都提点。
1284	元	世祖	至元	二十一	宣授岳德文为崇玄广化真人、掌教宗师,统辖诸路真大道教事。
1285	元	世祖	至元	二十二	全真道掌教祁志诚荐张志仙代掌教后退隐。 道士鲁大宥卒。号洞云子,随州应山(今属湖北)人。
1286	元	世祖	至元	二十三	清微派道士黄舜申应诏赴阙,授“丹山雷渊广福普化真人”。 诏叶云莱钦受圣旨,领都提点,任武当护持。
1287	元	世祖	至元	二十四	玄教道士吴全节随张留孙谒世祖,颇受宠信。
1289	元	世祖	至元	二十六	世祖召见神霄派道士莫月鼎,试雷雨雪,有验。
1290	元	世祖	至元	二十七	李道纯《道德会元》成书。
1291	元	世祖	至元	二十八	第三十六代天师张宗演卒。其子张与棣嗣教为第三十七代天师。 茅山宗第四十三代宗师许道杞(生于1236年)卒。字祖禹,江苏句容人。王道孟嗣教为第四十四代宗师。

续表

公元	朝代	帝号	年号	年代	事　记
1292	元	世祖	至元	二十九	封第三十七代天师张与棣为“体玄弘道广教真人”,领江南诸路道教事。 王寿衍“奉诏访求江南遗逸,举永嘉徐似孙、金华周世昌,引见于香殿,奏对称旨”。
1293	元	世祖	至元	三十	祁志诚卒,年七十五。字信甫,钧之阳翟(今河南禹县)人。
1295	元	成宗	元贞	元	春正月癸亥“诏道家复行金箓科范”。 第三十七代天师张与棣卒。字国华,号希微子。张与材嗣教为第三十八代天师。 道士雷时中(生于 1221 年)卒。字可权,号默庵,又号双桥老人。著有《心法序要》、《道法直指》、《原道歌》等。 加封张陵为“正一冲玄神化静应显祐真君”号。
1296	元	成宗	元贞	二	授张与材为“太素凝神广道真人”,管领江南诸路道教事。 全真道士李道谦(生于 1219 年)卒。著有《七真年谱》、《甘水仙源录》、《终南山祖庭仙真内传》等。
1298	元	成宗	大德	二	授茅山第四十四代宗师王道孟“养素通真明教真人”。 授吴全节“冲素崇道玄德法师”、大都崇真万寿宫提点。
1299	元	成宗	大德	三	真大道第八祖岳德文(1235 年生)卒,年六十五,涿州(今河北涿县)人。赵真人某继任掌教。 成宗加玺书授孙德彧陕西五路西蜀四川道教提点,领重阳宫事。 陈义高(1255 年生)卒。字宜甫,闽(今福建福州市)人。
1300	元	成宗	大德	四	张志仙被封为“玄门掌教大宗师、辅元履道玄逸真人、管领□路道教所、同知集贤院道教事”。 夏文泳被张留孙征至京师。
1301	元	成宗	大德	五	二月戊戌,“赐昭应宫、兴教寺地各百顷,钞万锭;南寺地百二十顷,钞如万安之数”。

续表

公元	朝代	帝号	年号	年代	事　记
1302	元	成宗	大德	六	真大道九祖赵真人卒。赵德松嗣教为第十祖,封明照湛然普化真人。赵德松卒后,十一祖郑进元嗣教。 制授徐懋昭"葆和通妙崇正法师"、常州路通真观住持提点。 东华派道士林灵真(1239年生)卒,年六十四。俗名伟夫,字君昭,灵真为其法名,自号水南,人称水南先生。
1304	元	成宗	大德	八	加授张与才"正一教主,主领三山符箓"。 赐真大道十一祖郑进元为演教大宗师、明真慧照观复真人。
1305	元	成宗	大德	九	夏,吴全节奉旨搜贤,知叶玄文、邓牧心隐余杭天柱山,即而征之,固辞不起。
1306	元	成宗	大德	十	授吴全节为江淮荆襄等处道教都提点。
1307	元	成宗	大德	十一	授陈日新"洞玄明德崇教法师",大都崇真万寿宫提举。 陈可复卒。字复心,号雷谷子,庆元路定海县(今浙江镇海县)人。 真大道十一祖郑进元卒,年三十一。张清志嗣教为第十二祖。 制授吴全节为玄教嗣师、总摄江淮荆襄等处道教都提点、崇文弘道玄德真人,佩玄教嗣师印,视二品。
1308	元	武宗	至大	元	加封三十八代天师张与材为"太素凝神广道明德大真人",领江南诸路道教事,特授金紫光禄大夫,封留国公。 净明道刘玉(1257生)卒,年五十一。字颐真,号玉真子。弟子黄元吉嗣教。
1309	元	武宗	至大	二	加封孙德彧为"体仁文粹开元真人",领陕西道教事。
1310	元	武宗	至大	三	武宗加封全真道五祖为帝君,七真为真君(孙不二为元君),尹志平、李志常、宋德方为大真人、宋道安等15人为真人。
1311	元	武宗	至大	四	茅山第四十四代宗师王道孟告老,命弟子刘大彬嗣教为第四十五代宗师。 诏罢僧、道、也里可温、答失蛮、头陀、白云宗诸司。
1312	元	仁宗	皇庆	元	宣授杜道坚"隆道冲真崇正真人"。 赐孙履道"泰定虚白文逸真人"。 赐徐懋昭"保和通妙崇正真人",主领常州路通真观事宜。

续表

公元	朝代	帝号	年号	年代	事　记
1314	元	仁宗	延祐	元	茅山第四十四代宗师王道孟卒，年七十三。生于1242年，字牧斋，江苏句容人。 命赵嗣祺住仙都山（今浙江缙云县境）玉虚宫，又兼少微山（今浙江丽水县境）紫虚观提点。 毛颖达被命主祭丁甲神，掌遁甲之祠事。
1315	元	仁宗	延祐	二	张留孙的头衔层层增加为“开府仪同三司、特进、上卿、辅成赞化保运玄教大宗师、志道弘教冲玄仁靖大真人、知集贤院事、领诸路道教事”，多达43字。
1316	元	仁宗	延祐	三	第三十八代天师张与材卒。字国梁，号广微子，张宗演次子。张嗣成嗣教为第三十九代天师。 加封梓潼帝君为“辅元开化文昌司禄宏仁帝君”。刻铜印授赵嗣祺。
1317	元	仁宗	延祐	四	授张嗣成太玄辅化体仁应道大真人，主领三山符箓、掌江南道教事。 仁宗为张留孙庆七十寿诞，宰相百官咸与。 王寿衍“复奉旨求东南贤良”。 茅山道士刘大彬得“九老仙都君”印，仁宗特赐宗坛，以传道统。
1318	元	仁宗	延祐	五	王寿衍在奉旨访贤中，得永嘉戴侗《六书故》、鄱阳马端临《文献通考》二书，表上而颁行之。 道士郑所南（生于1241年）卒，年七十八。著有《释氏施食心法》、《太极祭炼内法》等。 茅山道士杜道坚（生于1237年）卒。字处逸，自号南谷子，安徽当涂人。
1321	元	英宗	至治	元	全真道掌教孙德彧（生于1243年）卒，年七十九。字用章，四川眉山人，师李道谦。蓝道元继任掌教。 玄教掌教张留孙（生于1248年）卒，年七十四。
1322	元	英宗	至治	二	吴全节继任玄教掌教，制授特进、上卿、玄教大宗师、崇文弘道玄德广化真人、总摄江淮荆襄等处道教、知集贤院道教事，佩一品印。
1324	元	泰定帝	泰定	元	授孙履道神仙玄门演道大宗师、泰定虚白文逸明德真人、掌管诸路道教、知集贤院道教事。 净明道传人黄元吉（生于1270年）卒，年五十五。字希文，人称中黄先生。出身豫章丰城（今属江西）名族。徐慧嗣教，赐号净明配道格神昭效法师。

续表

公元	朝代	帝号	年号	年代	事　　记
1325	元	泰定帝	泰定	二	加授张嗣成玄德正一教主、知集贤院道教事。
1326	元	泰定帝	泰定	三	神霄派王惟一卒。自号景阳子,括苍人。师莫月鼎,著有《道法心传》、《明道篇》。 全真教蓝道元以罪被黜。
1327	元	泰定帝	泰定	四	《茅山志》成,吴全节作序。
1329	元	文宗	天历	二	八月癸卯,"遣道士苗道一、吴全节修醮事于京师,毛颖达祭遁甲神于上都南屏山、大都西山。" 九月庚申,追赠张留孙为"辅成赞化保运神德真君"。
1331	元	文宗	至顺	二	吴全节向文宗进陆九渊《语录》。 神霄派金善信(生于1273年)卒。字实之,吴之长洲(今苏州市)人。
1335	元	顺帝	元统	三	《金丹大要》和《金丹大要列仙志》成书。 完颜德明继苗道一任全真道掌教
1336	元	顺帝	至元	二	金志扬(生于1276年)卒,浙江永嘉人。号野庵,常蓬头一髻,世呼之曰"金蓬头"。 桂心渊卒,江西贵溪人。名义方,字心渊。
1338	元	顺帝	至元	四	五月己丑朔,皇帝敕玉笥山道士郭宗纯为第八代祭遁真人,降玺书宠嘉之。 顺帝为吴全节庆七十寿诞。
1340	元	顺帝	至元	六	赵嗣祺(生于1277年)卒。字虚一,宋魏悼王十一世孙。
1343	元	顺帝	至正	三	制授薛玄曦为弘文裕德崇仁真人,杭州佑圣观住持,兼领杭州诸宫观,遣弟子摄其事。
1344	元	顺帝	至正	四	第三十九代天师张嗣成卒,字次望,号太玄子。多次奉命设醮有验,授太玄辅化体仁应道大真人。张嗣德嗣教为第四十代天师。
1345	元	顺帝	至正	五	玄教薛玄曦(生于1289年)卒。字玄卿,自号上清外史,江西贵溪仙浦里人。著有《上清集》、《樵问集》、《琼林集》等。
1346	元	顺帝	至正	六	玄教吴全节(生于1269年)卒,年七十八。字成季,号闲闲,饶州(江西波阳)安仁人。
1348	元	顺帝	至正	八	茅山宗道士张雨(生于1277年)卒,年七十二。又名天雨,字伯雨,法名嗣真,别号贞居,又号句曲外史。

续表

公元	朝代	帝号	年号	年代	事记
1349	元	顺帝	至正	九	玄教第三任掌教夏文泳（生于1277年）卒，年七十三。字明适，别号紫清，信州贵溪县（今属江西）之唐甸人。张德隆嗣教。
1350	元	顺帝	至正	十	净明道传人徐慧卒，年六十。又名异，字子奇，号丹扃子，著有诗集《杯水》等。赵宜真嗣教。
1352	元	顺帝	至正	十二	第四十代天师张嗣德卒。张正言嗣教为第四十一代天师。
1354	元	顺帝	至正	十四	于有兴任玄教掌教。
1355	元	顺帝	至正	十五	黄公望（1269年生）卒，字子久，号一峰，又号大痴道人，井西老人。
1359	元	顺帝	至正	十九	第四十一代天师张正言卒。张正常嗣教为四十二代天师。
1361	元	顺帝	至正	二十一	吴王朱元璋榜求天师张正常。正常遣使上笺，告以“天运有归”之符命。
1364	元	顺帝	至正	二十四	吴王朱元璋置太常司（后改太常寺），召道士冷谦为协律郎。令协乐章乐谱，考正四庙雅乐，较定音律及编钟、编磬，遂定乐舞之制。
1365	元	顺帝	至正	二十五	第四十二代天师张正常入觐吴王朱元璋，宠赐特至。
1368	明	太祖	洪武	元	朱元璋即皇帝位，张正常入贺，授正一教主嗣汉四十二代天师“护国阐祖通诚崇道弘德大真人”，领道教事，赐银印，秩视二品，其下特设“赞教”、“掌书”等官阶。后去元代封张陵子孙“天师”号，只称大真人。 立玄教院，以道士经善悦为真人，领道教事。
1370	明	太祖	洪武	三	夏，敕吏部改赠第三十九代天师张嗣成“正一教主，太玄弘化明成崇道大真人”，改封张嗣成妻胡氏为“恭顺慈惠淑静玄君”。 秋，召见张正常，问以鬼神情状。
1371	明	太祖	洪武	四	革去玄教院。
1372	明	太祖	洪武	五	征召正一道士邓仲修、黄裳吉、张友霖等入京。命宋宗真住持朝天宫。 命张正常“永掌天下道教事”。 令僧、道录司造“周知册”。 下令废“免丁钱”。 十二月，向全国僧道发行度牒。“时天下僧尼道士女冠，凡五万七千二百余人，皆给度牒，以防伪滥。”

续表

公元	朝代	帝号	年号	年代	事　记
1373	明	太祖	洪武	六	禁止度牒买卖,改为考试给牒。 令府州县止存大寺观一所,并其徒而居之,择有戒行者领其事。 征召正一道士傅若霖入京师,居朝天宫。 十二月,令民家女子年非四十以上者,不得出家为尼姑、女冠。
1374	明	太祖	洪武	七	太祖御注《道德经》颁行。 令宋宗真、邓仲修、傅若霖等删撰灵宝斋仪,成《大明玄教立成斋醮仪范》,该书据传统斋仪,去繁就简,编为定规内容,突出忠孝。太祖为作序,颁行全国,立为定制。
1377	明	太祖	洪武	十	张正常率弟子入觐,太祖赐宴于午门城楼上,敕内侍出所撰《御制历代天师赞》示之,令代祀嵩山。 张正常卒。字仲纪,号冲虚子,著有《汉天师世家》。太祖御制祭文,遣使致祭。张宇初嗣教为第四十三代天师。
1379	明	太祖	洪武	十二	授张宇初"正一嗣教道合无为阐祖光范真人",领道教事。 建神乐观职掌乐舞,以备大祀天地神祇及宗庙社稷之祭,隶太常寺,与道录司无相统属。
1382	明	太祖	洪武	十五	南京设道录司,以掌天下道教。府设道纪司、州设道正司、县设道会司。 赵宜真卒。号原阳子,江西福安人。著有《原阳子法语》等。
1383	明	太祖	洪武	十六	诏张宇初赴阙,命建玉箓大醮于紫金山。
1384	明	太祖	洪武	十七	诏征张三丰入朝,不赴。命其弟子沈万三、丘玄清敦请,亦不至。
1385	明	太祖	洪武	十八	太祖有旨于龙虎、三茅、阁皂三山,选有道行之士充神乐观提点。
1387	明	太祖	洪武	二十	诏男子20岁以上者,不许出家为僧道。 龙门律宗第三代律师陈通微传龙门戒法于周玄朴,是为龙门律宗第四代。
1390	明	太祖	洪武	二十三	张宇初奏请重修大上清宫,赐准。
1391	明	太祖	洪武	二十四	重申合并天下寺观,府州县只留大寺观一所。又禁止私建寺观,"非旧额者,悉皆毁之"。 命张宇初访求张三丰,不获。

续表

公元	朝代	帝号	年号	年代	事　　记
1392	明	太祖	洪武	二十五	命道录司各官依品支俸。 下令“凡游方行脚至者，以册（周知册）验之。其不同者，许获送有司，解至京治重罪。容隐者，罪如之。”
1393	明	太祖	洪武	二十六	全真道士丘玄清（生于1327年）卒，太祖遣官致祭。初从黄德祯，后师礼张三丰，居五龙庵，尤喜《道德》、《黄庭》二经。以贤德荐于朝廷，授以监察御史，转太常卿。 召见刘渊然，试以道术，赐号高道。
1394	明	太祖	洪武	二十七	正月，命礼部榜示天下僧寺道观，凡归并大寺，设砧基道人一人，以主差税。每大观道士编成班次，每班一年高者率之，余僧道俱不许奔走于外，及交构有司。 正月的诏令中，再次强调，僧道行童、道童随师习经三年（后改为五年）后，“赴京考试，通经典者，始给度牒；不通者，杖为民”。
1395	明	太祖	洪武	二十八	龙虎山道士曹希鸣任朝天宫住持。
1399	明	惠帝	建文	元	全真道士何道全卒于长安医舍。号无垢子，浙江四明人。自幼出家，其语录诗词由门人贾道玄辑录为《随机应化录》。
1402	明	惠帝	建文	四	令清理释道二教，凡历代以来，及洪武十五年前，寺观有名额者，不必归并，新创者，归并如旧。
1403	明	成祖	永乐	元	成祖即位，张宇初入贺，宠遇益隆，赐钱修葺大上清宫，命陪祀天坛。
1406	明	成祖	永乐	四	命张宇初纂修道藏书以进，为明道藏编纂之肇始。
1407	明	成祖	永乐	五	诏命张宇初于朝天宫主建玉箓大斋以荐拔亡灵。 遣给事中胡濙偕内侍朱祥赍玺书香币寻访张三丰。
1408	明	成祖	永乐	六	张宇初在南京朝天宫举行荐扬玉箓大斋，为刚去世的徐皇后超度。
1410	明	成祖	永乐	八	正一派第四十三代天师张宇初（生于1359年）卒。张宇清嗣教，成祖诏见，命设醮，制授“正一嗣教清虚冲素光祖演道大真人”，领道教事，并主持编修道藏事。
1411	明	成祖	永乐	九	授任自垣道录司右正一。

续表

公元	朝代	帝号	年号	年代	事　记
1412	明	成祖	永乐	十	授道士孙碧云为道录司右正一。 敕隆平侯张信等率军夫二十余万,大建武当山宫观。 八月于云南交阯之北江、交州、三江、谅江、奉化、建平六府设立道纪司,威蛮州设立道正司。
1413	明	成祖	永乐	十一	武当山主要宫观建成,赐名玄天玉虚宫、太玄紫霄宫、兴圣五龙宫、大圣南岩宫,选有道行者各二人住持,别选至诚敬谨道士每处50人看守。 敕准张宇清举荐任自垣、邵庆芳等为武当诸宫住持、提点。
1415	明	成祖	永乐	十三	诏修龙虎山大上清宫,敕建真懿观。 帝令礼部铸提点印送至武当山。
1416	明	成祖	永乐	十四	于云南交阯之建昌六府设道纪司,归化等15州设道正司,慈谦等37县设道会司。 武当山建金殿祀真武。敕命安车迎请张三丰,不得。 赐武当山宫观田地227顷,拨徙流犯人500为武当山佃户,专一供赡道士。 御制弘仁普济天妃宫之碑。
1417	明	成祖	永乐	十五	成祖撰《御制灵济宫碑》。 孙碧云卒。永乐初任武当山南岩宫住持,永乐十一年(1412年)敕授道录司右正一,其门下形成武当“榔梅派”。 诏张宇清往福建灵济宫修建祈谢金箓大斋。
1418	明	成祖	永乐	十六	定各府州县僧道数,并令赴僧录道录试其业给牒。 武当山诸宫观落成。命张宇清祀真武金像于武当山。
1419	明	成祖	永乐	十七	令湖广布政司右参议诸葛平,专一提调太和山事务,兼提调均州事。 四十四代天师张宇清在福建洪恩灵济宫建斋7日,集浙江、湖广、江西、福建道士7000余人参加斋会,创造了斋醮人数最多的历史纪录。
1420	明	成祖	永乐	十八	诏张宇清入朝,命率羽士修玉箓大斋,又建普度醮于京中灵济宫。
1421	明	成祖	永乐	十九	命张宇清主持建星辰坛、保安醮、祈谢大斋。 李素希(生于1329年)卒。洪武初年为五龙宫住持。

续表

公元	朝代	帝号	年号	年代	事　记
1424	明	成祖	永乐	二十二	成祖以太和山宫观告成,令张宇清率道众于玉虚宫建金箓大醮。
1425	明	仁宗	洪熙	元	遣使诏回于永乐中谪居云南龙泉观的刘渊然,封真人,寻进大真人。
1426	明	宣宗	宣德	元	因胡濙奏请,加封张宇清为大真人,掌天下道教事。 立云南、大理、会齿三府道纪司。
1427	明	宣宗	宣德	二	张宇清卒。字彦玑,别号西壁。著有《西壁文集》。张懋丞嗣教,为第四十五代天师。
1428	明	宣宗	宣德	三	张懋丞入朝,奉命建延禧醮于大内,诰封为"正一嗣教崇修至道葆素演法真人",领道教事。 敕太常寺丞任自垣提督太和山宫观事。
1432	明	宣宗	宣德	七	长春真人刘渊然(1351 年生)卒。江西赣县人。晚年告老,荐其徒邵以正,召为道录司左玄义。
1434	明	宣宗	宣德	九	第四十五代天师张懋丞治愈皇太子疾,给予度牒 500。
1435	明	宣宗	宣德	十	下诏:"禁僧道私自簪剃,及妄言惑众者。从给事中李性言也。"
1441	明	英宗	正统	六	皇帝谕:"新建寺观,曾有赐额者,听其居住,今后不许再私自创建。" 张懋丞建吉祥醮于朝天宫,给度牒 500。
1443	明	英宗	正统	八	朝廷给道童刘珪安等人 174 度牒。
1444	明	英宗	正统	九	道藏编竟,敕命邵以正督校,增所未备。
1445	明	英宗	正统	十	道藏刊板事竣,题名《正统道藏》,共 5305 卷。 正一派第四十五代天师张懋丞(1388 年生)卒,字文开。张元吉嗣教为第四十六代天师,诰封真人。 净明道"朱真人"卒。朱真人名权,自号臞仙。朱元璋第十六子,封宁王,后信奉净明道。
1447	明	英宗	正统	十二	颁佛、道二藏于天下,赐龙虎山大上清宫道藏一部。
1449	明	英宗	正统	十四	召天师张元吉问对,命建祈晴醮于朝天宫。
1451	明	代宗	景泰	二	诏凡僧道有赴播州或贵州纳米五石以饷军者,给与度牒。

续表

公元	朝代	帝号	年号	年代	事　记
1452	明	代宗	景泰	三	道士蒋守约由永乐时之乐舞生逐级晋升，于此年升任礼部尚书，掌太常寺事。
1454	明	代宗	景泰	五	四月，又“命礼部：凡僧道请给度牒者，于通州运米二十石赴口外万全等处官仓交收，以备军用”。
1455	明	代宗	景泰	六	召见张元吉问雷法之秘，命建金箓、黄箓二大斋于灵济宫，诰封张元吉为正一嗣教绍祖崇法安恬乐静玄同大真人，掌天下道教事。
1456	明	代宗	景泰	七	通妙真人邵以正于北京白云观新修三殿。
1457	明	英宗	天顺	元	英宗复位，张元吉入贺，命建祈谢醮于内庭。颁敕申禁伪出符箓及族属欺凌者。
1458	明	英宗	天顺	二	朝廷规定度牒发放由洪武初的三年一给、永乐中的五年一给，改为十年一给。 道士礼部尚书蒋守约卒，遣官谕祭，命工部为营葬事。
1459	明	英宗	天顺	三	诏封张三丰为“通微显化真人”。
1461	明	英宗	天顺	五	命张元吉于大内建醮，赐冠服剑器。
1462	明	英宗	天顺	六	邵以正卒。
1463	明	英宗	天顺	七	张元吉乞给道童350人度牒，礼部尚书姚夔谏阻之，诏给度150人。
1464	明	英宗	天顺	八	宪宗即位，首开传升制，命太监传奉圣旨升左正一孙道玉为真人，给诰命。“道士乞恩膺封自此始”。
1465	明	宪宗	成化	元	龙门律宗第五代沈静圆传戒法于嘉兴人卫真定。
1466	明	宪宗	成化	二	命礼部给度牒鬻僧以赈河南、淮扬饥民。 为例度之年，除给足额定度牒外，又“令额外给度僧道十五岁以上者五万名”。
1467	明	宪宗	成化	三	张元吉入朝，命以祖传印剑进览，赐金玉印及蟒衣玉带，御书“大真人府”赐之。加封张元吉为“正一嗣教体玄崇默悟法通真阐道弘化辅德佑圣妙应大真人”，掌天下道教事。
1469	明	宪宗	成化	五	张元吉恃宠骄恣，横行不法，私设牢狱，杀害人命。事发，解至京。有司议罪凌迟，妻子流放，绝其荫封。宪宗未许，命择其族人袭真人位。

续表

公元	朝代	帝号	年号	年代	事　记
1470	明	宪宗	成化	六	诏免张元吉死,杖之百,发充肃州卫军,家属随往。群臣谏,不听。
1472	明	宪宗	成化	八	命张元吉子张玄庆袭正一嗣教真人。
1473	明	宪宗	成化	九	诏准张玄庆之请,"放肃州卫军张元吉还其乡"。 遣太监陈喜送铜铸鎏金、银铸镀金真武圣像二尊,分别安放于武当太和、玉虚二宫。
1475	明	宪宗	成化	十一	十一月丙午,一次传升道官 15 人。
1476	明	宪宗	成化	十二	礼科给事中张谦等上言,自传升制以后,僧道官升迁过滥,原僧道官定额各八员,今僧官几四倍,道官几三倍。
1477	明	宪宗	成化	十三	第四十七代天师张玄庆入觐,降旨聘成国公朱仪女为妻。
1480	明	宪宗	成化	十六	近年张真人赴京朝贺,所给驿传廪给之规格,超过孔府衍圣公。
1481	明	宪宗	成化	十七	道录司右至灵邓常恩因献房中术,升为太常卿。
1484	明	宪宗	成化	二十	十月,"给空名度牒一万纸,分送山西巡抚都御史叶琪,陕西巡抚都御史郑时,募愿为僧道者,令诣被灾处输粟十石以助赈济,给度之"。 敕谕均州官员军民诸色人等,划定太和山道场四周界限,严禁流民在界内砍竹木,住种田地。
1485	明	宪宗	成化	二十一	礼部尚书周洪谟等上书言:成化十七年以前,京城内外,敕赐寺观至 639 所,后复增建,以至西山等处相望不绝,自古佛寺之多,未有过于此时者。又云:今僧官上世以下 98 人,道官真人以下 130 余人。 敕江西守臣重建龙虎山大真人府第。命天师张玄庆降香大华盖山及铁柱宫。
1486	明	宪宗	成化	二十二	诰封张三丰为"韬光尚志真仙",周颠仙为"宜猷辅化真仙"。
1487	明	宪宗	成化	二十三	封王文彬父为太常寺丞,母封安人。 令:僧道有父母见存,无人侍养者,不问有无度牒,许令还俗养亲。
1490	明	孝宗	弘治	三	夏,雷击谨身殿柱,命张玄庆建祈谢醮,又命设醮祈皇嗣,赐玉带金冠蟒衣银币等。

续表

公元	朝代	帝号	年号	年代	事　　记
1494	明	孝宗	弘治	七	令“僧道尼姑女冠有犯奸淫者,就于本寺门首枷号一个月,满日发落”。
1500	明	孝宗	弘治	十三	皇帝谕:僧道官僧人道士、有犯挟妓饮酒者、俱问发原籍为民。若奸拜认义父母亲属、俱发边卫充军。
1501	明	孝宗	弘治	十四	张玄庆自以有疾,请令其子彦頨袭教,允之。授张彦頨“正一嗣教致虚冲静承先弘化真人”。
1504	明	孝宗	弘治	十七	道士崔志端,由神乐观乐舞生逐级提升,于此年升礼部尚书、仍掌太常寺事。 内阁大学士刘健等上疏,请停颁诰命、封号,孝宗“嘉纳之”。
1505	明	孝宗	弘治	十八	命张玄庆赍御前香烛,朝礼武当、鹤鸣、葛仙三山降香。
1506	明	武宗	正德	元	因救灾或工程需银,诏准僧道官有缺,许纳银送部免考授官。
1507	明	武宗	正德	二	再兴传升僧、道官制度,以太常寺寺丞赵继宗为太常寺少卿。
1508	明	武宗	正德	三	朝廷颁给张彦頨部牒,准度道士。
1509	明	武宗	正德	四	张玄庆卒,字天赐。
1510	明	武宗	正德	五	第四十七代天师张彦頨上疏请重修大上清宫,敕遣内官监太监李文会同江西镇巡等官督造。
1513	明	武宗	正德	八	度番汉僧行道士4万人。
1516	明	武宗	正德	十一	道士李得晟撰《长春殿增塑七真仙范纪略》。
1518	明	武宗	正德	十三	建造杭州玉皇山福星道院。
1522	明	世宗	嘉靖	元	世宗即位,张彦頨入贺,召对问答,请太上诸秘、延禧箓文以进。

续表

公元	朝代	帝号	年号	年代	事　　记
1526	明	世宗	嘉靖	五	赐诰加封张彦頨为“正一嗣教怀玄抱真养素守默葆光履和致虚冲静承先弘化大真人”,掌天下道教事,并敕授上清宫道士傅德岩、邵启南为赞教,金永寿、詹望奎为掌书等官,以佐理大真人,敕往祷于武当山。 封邵元节为“清微妙济守静修真凝玄衍范志默秉诚致一真人”,赐金、玉、银、象牙印各一,领道教事。寻赠其父太常丞,母安人,师真人。 张彦頨奏乞差官修造天师府第,准奏,增造敕书阁、万法宗坛、天师家庙。并诏户部查明上清宫田产之被豪民侵匿者,降敕禁护之。
1528	明	世宗	嘉靖	七	龙门律宗第五代张静定传戒法于赵真嵩。
1530	明	世宗	嘉靖	九	兵科给事中高金上疏言褒宠邵元节过分,世宗怒,逮之入狱。
1532	明	世宗	嘉靖	十一	翰林编修杨名上书劾邵元节,获罪下狱,后被请谪戍边。 敕遣内官监左监丞曹玉会同江西巡抚重建大上清宫。
1533	明	世宗	嘉靖	十二	降敕以阜成门外八里庄庄田30顷为邵元节所主朝天宫等香火之资,准邵元节奏,将永恩寺及其园圃改建为元福宫。又遣中使于江西贵溪建道院,赐额仙源宫。
1534	明	世宗	嘉靖	十三	邵元节奏乞归山,途中,奏称被大学士李时之弟李旼所侮,诏逮旼下狱。 邵元节还朝,数加封拜礼部尚书,其徒陈善道、孙启南等皆沾光荣升。
1535	明	世宗	嘉靖	十四	张彦頨奏以本府庄田有司违例编寄庄各县差徭,下户部议,命悉蠲免。
1539	明	世宗	嘉靖	十八	邵元节卒,敕授大宗伯职,谥“文康荣靖”。 三月,授陶仲文为“神霄保国宣教高士”,锡以诰印。
1540	明	世宗	嘉靖	十九	进封陶仲文为礼部尚书,特授少保,食正一品俸。 杨最谏信方士,触世宗怒,立下诏狱,重杖之,杖未毕而死。
1542	明	世宗	嘉靖	二十一	准邵启南、陈善道奏。下敕保护邵元节之仙源宫,蠲免该宫坟茔田地5000亩粮差。 世宗遭宫婢之变后,日事斋醮求长生,不理朝政,独陶仲文得时见。

续表

公元	朝代	帝号	年号	年代	事　记
1543	明	世宗	嘉靖	二十二	六月,吏部给事中周怡上言,中有“陛下日事祷祀,而四方之水旱灾伤未能销”之语,世宗以为谤讪,“诏杖之阙下,逮下诏狱,命如杨爵例锢系之。”
1544	明	世宗	嘉靖	二十三	加封陶仲文少师,仍兼少傅、少保,后又授光禄大夫柱国,兼支大学士俸。复加伯爵俸禄,荫其子为尚宝丞。
1548	明	世宗	嘉靖	二十七	授陶仲文徒郭弘经“清微辅教志静宣诚高士”,王永宁“清微辅道翊范通真高士”,各赐以印。越二年,二人皆升为真人。
1549	明	世宗	嘉靖	二十八	张彦頨携其子永绪入觐,赐以名,诰授大真人号。诏携嗣子入觐,遣太监高忠至都门迎接,赐嗣子蟒衣玉带金帛,命录历代天师名讳进览,赐嗣子名曰永绪,后乞致仕,诏许之。
1550	明	世宗	嘉靖	二十九	封陶仲文为恭诚伯,岁禄二千石。 正一派第四十八代天师张彦頨(生于1490年)卒。
1555	明	世宗	嘉靖	三十四	第四十九代天师张永绪奉敕改建正一、静应、祥符三观。
1556	明	世宗	嘉靖	三十五	世宗自称“灵霄上清统雷元阳妙一飞玄真君”,后又加号“九天弘教普济生灵掌阴阳功过大道思仁紫极仙翁一阳真人元虚圆应开化伏魔忠孝帝君等,封孝烈皇后为元君”,追赠生父母道号。遣人于五岳及太和、龙虎、茅山、齐云、鹤鸣等道教名山广为采集芝草。 道士徐可成由神乐观乐舞生逐级晋升为礼部尚书,掌太常寺事。 华阴大地震,西岳庙、云台观尽数倾圮。楼观宗圣宫主殿三清殿震毁。
1558	明	世宗	嘉靖	三十七	崂山全真道士孙玄清至北京白云观坐钵堂一载,因祈雨有验,赐护护国天师府左赞、金山子海岳真人。
1562	明	世宗	嘉靖	四十一	命御史姜儆、王大任分行天下,访求方士及符箓秘书。
1563	明	世宗	嘉靖	四十二	诏封张三丰为清虚元妙真君。
1564	明	世宗	嘉靖	四十三	姜儆、王大任上所得秘法数千册,荐方士唐秩、刘文彬等数人。

续表

公元	朝代	帝号	年号	年代	事　记
1565	明	世宗	嘉靖	四十四	第四十九代天师张永绪卒(1539年生),字允承。赐伯爵例祭葬。
1566	明	世宗	嘉靖	四十五	名臣海瑞以死谏世宗崇道误国。下狱。是年冬,世宗因误食丹药而卒。

人名（神仙名）索引

（按笔画顺序排列）

五　画

六　画

七　画

八　画

九 画

十一画

十二画

十三画

十四画

十五画

十六画

十七画

其他名词术语索引

（按笔画顺序排列）

二　画

三　画

四　画

五　画

六　画

七 画

八 画

九 画

十　画

通真观　265,296,300,303,305,321,352,353,359

十一画

十二画

十三画以上

责任编辑:李之美
版式设计:顾杰珍
封面设计:石笑梦

图书在版编目(CIP)数据

中国道教通史.第三卷/卿希泰,詹石窗 主编. —北京:人民出版社,2019.12
ISBN 978-7-01-021714-7

Ⅰ.①中… Ⅱ.①卿…②詹… Ⅲ.①道教史-中国 Ⅳ.①B959.2

中国版本图书馆 CIP 数据核字(2019)第 282291 号

中国道教通史
ZHONGGUO DAOJIAO TONGSHI
第 三 卷

卿希泰 詹石窗 主编

人民出版社 出版发行
(100706 北京市东城区隆福寺街 99 号)

北京雅昌艺术印刷有限公司印刷 新华书店经销

2019 年 12 月第 1 版 2019 年 12 月北京第 1 次印刷
开本:710 毫米×1000 毫米 1/16 印张:44 插页:1
字数:665 千字

ISBN 978-7-01-021714-7 定价:295.00 元

邮购地址 100706 北京市东城区隆福寺街 99 号
人民东方图书销售中心 电话 (010)65250042 65289539